Baedeker

Allianz Reiseführer

Harz

W0076096

VERLAG KARL BAEDEKER

Hinweise zur Benutzung

Sternchen (Asterisken) als typographisches Mittel zur Hervorhebung bedeutender Bau- und Kunstwerke, Naturschönheiten und Aussichten, aber auch guter Unterkunfts- und Gaststätten hat Karl Baedeker im Jahre 1846 eingeführt; sie werden auch in diesem Reiseführer verwendet: Besonders Beachtenswertes ist durch * einen vorangestellten 'Baedeker-Stern', einzigartige Reiseziele sind durch ** zwei Sternchen gekennzeichnet.

Zur raschen Lokalisierung der Reiseziele von A bis Z auf der beigegebenen Reisekarte sind die entsprechenden Koordinaten der Kartennetzmaschen jeweils neben der Überschrift in Rotdruck hervorgehoben: Stolberg L 8

Farbige Streifen an den rechten Seitenrändern erleichtern das Auffinden der Großkapitel des vorliegenden Reiseführers: Die Farbe Blau steht für die Einleitung (Natur, Kultur, Geschichte), die Farbe Rot für die Reiseziele, und die Farbe Gelb markiert die praktischen Informationen.

Wenn aus der Fülle von Unterkunfts-, Gast- und Einkaufsstätten nur eine wohlüberlegte Auswahl getroffen ist, so sei damit gegen andere Häuser kein Vorurteil erweckt.

Da die Angaben eines solchen Reiseführers in der heute so schnellebigen Zeit fast ständig Veränderungen unterworfen sind, kann der Verlag weder Gewähr für die absolute Richtigkeit leisten noch die Haftung oder Verantwortung für eventuelle inhaltliche Fehler übernehmen. Auch lehrt die Erfahrung, daß sich Irrtümer kaum gänzlich vermeiden lassen.

Baedeker ist ständig bemüht, die Qualität seiner Reiseführer noch zu steigern und ihren Inhalt weiter zu vervollkommnen. Hierbei können ganz besonders die Erfahrungen und Urteile aus dem Benutzerkreis als wertvolle Hilfe gar nicht hoch genug eingeschätzt werden. Vor allem **Ihre Kritik, Berichtigungen und Verbesserungsvorschläge sind uns stets willkommen.** Sie helfen damit, die nächste Auflage noch aktueller zu gestalten. Bitte schreiben Sie in jedem Falle an die

Baedeker-Redaktion
Karl Baedeker GmbH
Zeppelinstraße 41
Postfach 31 62
D-73751 Ostfildern
Telefax: (07 11) 45 02-343
E-mail: baedeker@mairs.de; www.baedeker.com

Der Verlag dankt Ihnen im voraus bestens für Ihre Mitteilungen. Jede Einsenderin und jeder Einsender nimmt an einer jeweils zum Jahresende unter Ausschluß des Rechtsweges stattfindenden Verlosung einer Städtekurzreise für zwei Personen nach London teil. Falls Sie gewonnen haben, werden Sie benachrichtigt. Ihre Zuschrift sollte also neben der Angabe des Buchtitels und der Auflage, auf welche Sie sich beziehen, auch Ihren Namen und Ihre Anschrift enthalten. Die Informationen werden selbstredend vertraulich behandelt und die persönlichen Daten nicht gespeichert.

◀ *Im Harz sind die Hexen los und das nicht nur in der Walpurgisnacht am 30. April ... (siehe S. 58).*

Vorwort

Dieser Reiseführer gehört zur neuen Baedeker-Generation. In Zusammenarbeit mit der Allianz Versicherungs-AG erscheinen bei Baedeker durchgehend farbig illustrierte Reiseführer in handlichem Format. Die Gestaltung entspricht den Gewohnheiten modernen Reisens: Nützliche Hinweise werden in der Randspalte neben den Beschreibungen herausgestellt. Diese Anordnung gestattet eine einfache und rasche Handhabung. Der vorliegende Band hat den in der Mitte Deutschlands gelegenen Harz zum Thema und bezieht darüber hinaus einige im Eichsfeld, Mansfelder Land und im Nordharz gelegene Städte und den Kyffhäuser ein. Der Reiseführer gliedert sich in drei Hauptteile: Im ersten Teil wird über den Harz im allgemeinen, Naturraum, Klima, Pflanzen und Tiere, Naturschutz, Wirtschaft, Verkehr, berühmte Persönlichkeiten, Geschichte, Kultur und Kunst, Fachwerk im Harz, Mythen, Sagen und Brauchtum berichtet. Eine Sammlung von Literaturzitaten und einige Routenvorschläge leiten über zum zweiten Teil, in dem die Reiseziele – Städte, Landschaften, Täler – mit ihren Sehenswürdigkeiten beschrieben werden. Daran schließt ein dritter Teil mit reichhaltigen prakti-

Der Harz lockt Natur- und Kunstfreunde mit blühenden Wiesen und der Kunststadt Quedlinburg.

schen Informationen, die dem Besucher das Zurechtfinden vor Ort wesentlich erleichtern. Sowohl die Reiseziele als auch die Informationen sind in sich alphabetisch geordnet. Baedeker Allianz Reiseführer zeichnen sich durch Konzentration auf das Wesentliche sowie Benutzerfreundlichkeit aus. Sie enthalten eine Vielzahl eigens entwickelter Pläne und zahlreiche farbige Abbildungen.
Zu diesem Reiseführer gehört als integrierender Bestandteil eine ausführliche Reisekarte, auf der die im Text behandelten Reiseziele anhand der jeweils angegebenen Kartenkoordinaten leicht zu lokalisieren sind. Wir wünschen Ihnen mit dem Baedeker Allianz Reiseführer viel Freude und einen erlebnisreichen Aufenthalt im Harz!

Baedeker
Verlag Karl Baedeker

Inhalt

Baedeker Specials

Dunkler Wald und

Rosarium
*Rosen über Rosen
in Sangerhausen*

An einem schönen Septembermorgen des Jahres 1824 verließ der junge Heinrich Heine Göttingen, wo er damals eher lustlos Jura studierte. Zu Fuß machte er sich auf in Richtung Norden, in den nahe gelegenen Harz. Als eifriger Tagebuchschreiber hielt er seine Eindrücke in der später berühmt gewordenen "Harzreise" fest: "Die Berge wurden steiler, die Tannenwälder wogten unten wie ein grünes Meer, und am blauen Himmel oben schifften die weißen Wolken."
Das in der Mitte Deutschlands gelegene, nördlichste Mittelgebirge ist nur dreimal so groß wie Hamburg. Dennoch offenbart es sich auch heute noch seinen Besuchern mit tausend verschiedenen Gesichtern in Ost und West. Aufgrund seiner unterschiedlichen Höhe wird das sehr alte Gebirge in Ober- und Unterharz eingeteilt, getrennt durch den berühmten Brocken, die höchste Erhebung. Ein dichtes Netz kleiner Flüsse, Seen und Teiche gliedert den höhergelegenen Westteil, den Oberharz, in eine Abfolge von romantischen Tälern mit sanften bis schroff aufragenden Bergrücken. Auch im Unterharz schlängeln sich zahlreiche Bäche durch Wiesentäler, die jedoch in eine sanftere Hügellandschaft eingebettet sind. Das Mittelgebirgsklima bedingt die besondere Pflanzenwelt, im Westteil dominieren Fichtenwälder, in höheren Lagen durchsetzt von Hochmooren, während im Unterharz Laub- und Mischwälder vorherrschen.
An vielen Orten stößt man auf die Spuren des über tausendjährigen Bergbaus. Es waren die außerordentlichen Silber- und Kupfererzvorkommen, die den Harzbe-

Bodetal
*wildromantische Flußtäler
laden zu Wanderungen ein*

St. Andreasberg
*stillgelegte Minen und
viele Museen erinnern an den
Harzer Bergbau*

lichte Höhen…

wohnern einst Arbeit und Brot und den jeweiligen Herrschern die Mittel für prachtvolle Bauten gaben. In stillgelegten Minen und Bergbaumuseen erfährt man viel über die damaligen Arbeits- und Lebensbedingungen, die Bodenschätze und über die Entwicklung der Abbautechniken. Mittelalterliche Fachwerkstädte mit reichverzierten Bürgerhäusern wie in Goslar, Osterwieck, Stolberg, Wernigerode und Quedlinburg, stolze Burgen und Schlösser, grandiose Sakralbauten wie in Walkenried, Michaelstein, Gernrode, Ilsenburg, Halberstadt und Quedlinburg machen einen Urlaub zu einer spannenden Reise durch

die Geschichte. In kleinen Ortsmuseen wird Harzer Brauchtum lebendig – wußten Sie z.B., daß im 19. Jh. der 'Harzer Roller' ein Exportschlager war? Nein, nicht der würzige fettarme Käse, sondern der so genannte Kanarienvogel, den Tiroler Bergleute mitgebracht hatten und der bald wegen seiner ausgezeichneten Gesangskraft hohe Preise erzielte…
Überall stößt man auf Sagen, bunte Mythen und Märchen. Darüber hinaus locken Höhlen, wildromantische Flußtäler, eine Fahrt mit der Harzquer-, der Selketal- oder der Brockenbahn, die schmalspurig und schnaufend den Harz durchfahren, tausende Kilometer gut ausgebauter Wanderwege durch abwechslungsreiche Landschaften, Kneipp- und Moorheilbäder, Bergseen zum Schwimmen, Bootfahren und Segeln. Für jeden eröffnet sich eine schier unendliche Vielfalt, also halten Sie es mit Heinrich Heine "Auf die Berge will ich steigen, wo die dunklen Tannen ragen…"

Stolberg
kunstvolle Fachwerkhäuser

Halberstadt
schönes Relief in der Liebfrauenkirche

Eisleben
Bergmannsfigur Kamerad Martin

Zahlen und Fakten

Der in der Mitte Deutschlands gelegene Harz ist seit Aufhebung der trennenden Grenze, die mitten durch ihn verlief, wieder ein für jedermann offenes Gebirge, in dem es eine Fülle an Naturschönheiten und kunsthistorisch interessanten Plätzen zu entdecken gibt, dazu gehören seine Berge und Täler, seine Seen, Höhlen und Heiligtümer, seine Klöster und Kirchen, Schlösser und Fachwerkstädte sowie die eindrucksvollen Zeugnisse der über tausendjährigen Bergbaugeschichte. Darüber hinaus bezieht der Reiseführer einige, im Vorland des Harzes gelegene Städte ein wie Duderstadt, Mühlhausen, Heiligenstadt, Lutherstadt Eisleben, Aschersleben und Halberstadt sowie den Kyffhäuser, die 'kleinere Ausgabe des Harzes'. *Vorbemerkung*

Allgemeines

Der Name Harz geht vermutlich auf das alte deutsche Wort 'hart' zurück, das Bergwald und auch 'Höhe' bedeutete und schließlich zum Eigennamen wurde. *Name*

Der Harz ist eine durch viele Täler zergliederte ovale Gebirgsinsel, die nun wieder im Zentrum Deutschlands zwischen den Flüssen Leine und Saale liegt, zwischen 51° 30′ und 52° nördlicher Breite und zwischen 10° 10′ und 11° 30′ östlicher Länge. *Lage*

Seine größte Ausdehnung zwischen Nordwest und Südost beträgt zwischen Hahausen (Niedersachsen) und Hettstedt (Sachsen-Anhalt) 95 km und seine Breite vom Südwestrand bis zur Sehne knapp 35 km, insgesamt besitzt er eine Oberfläche von 2226 km². *Größe*

Der Harz gehört zu den Bundesländern Niedersachsen, Sachsen-Anhalt und Thüringen. Der flächenmäßig größte Teil mit den Kreisen Wernigerode, Halberstadt, Quedlinburg, Aschersleben, Hettstedt, Eisleben und Sangerhausen liegt in Sachsen-Anhalt. Die ehemals niedersächsische Kreisstadt Blankenburg gehört heute zum Kreis Wernigerode (Sachsen-Anhalt). Zu Thüringen gehören der Kyffhäuserkreis Artern sowie der Kreis Nordhausen. Die Kreise Goslar, Osterode und Wolfenbüttel liegen in Niedersachsen; Kreisreformen in Sachsen-Anhalt und Thüringen sind zu erwarten. *Verwaltung*

Heute leben im gesamten Harz einschließlich des Vorlandes rund 1,016 Mio. Einwohner, davon rund 250 000 im Westharzkern und rund 370 000 im Ostharzkern. *Bevölkerung*

Die Besiedlung des Harzraums erfolgte von den Randgebieten aus und noch heute erinnern viele Ortsnamen, die auf -schwende oder -rode enden an ihren Ursprung, als der notwendige Bauplatz durch Rodung oder Brandrodung (Feuerschwendung) besorgt wurde. *Besiedlung*

Die erste Siedlungswelle kam um 1200 an einer Linie etwa von Ballenstedt bis Bad Sachsa zum Stehen. Auch heute noch verläuft hier die Grenze der mitteldeutschen und niederdeutschen Mundarten, die auch 'Apel/Apfel'-Linie genannt wird.
Eine Besonderheit ist der Dialekt, den man zuweilen noch in den Oberharzer Bergstädten hört. Er geht auf die im 16. Jh. aus dem Erzgebirge eingewanderten Bergleute zurück. *Mundarten*

◀ *Teufelsmauer bei Thale*

**Der Harz
liegt mitten
in Deutschland**

Naturraum

Lage

Der Harz ist das nördlichste der deutschen Mittelgebirge. Das etwa 95 km lange und rund 35 km breite Gebirge streicht zwischen den Flüssen Leine (Westen) und Saale (Osten) von Nordwest nach Südost. Es bietet sich als Pultscholle dar, die sich nach Norden steil abtreppt und die hingegen nach Südosten eher allmählich abfällt. Es handelt sich um einen sehr alten Gebirgsstock, dessen Grundzüge bereits im Erdaltertum angelegt worden sind. Die anstehenden paläozoischen Grauwacken, Kiesel- und Tonschiefer unterstreichen dies.

Relief

Besonders im Norden und Westen steigt der waldreiche Harz steil aus dem hügeligen Vorland auf. Er gipfelt in einem mächtigen Granitmassiv, dessen höchste Erhebungen der Achtermann (926 m ü. d. M.), der Wurmberg (971 m ü. d. M.) und schließlich der Brocken (1142 m ü. d. M.) sind.

Naturräumliche
Gliederung

Der Harz wird grob in drei Teillandschaften untergliedert. Den Nordwesten bildet der 600 bis 700 m hohe Oberharz mit dem Oberharzer Devonsattel,

der Clausthaler Kulmfaltenzone, dem Oberharzer Diabaszug, der Söse-
mulde und dem Acker-Bruchberg-Zug. Auch ein Teil des Brockenmassivs
wird zum Oberharz gerechnet.

Seine Landschaft gliedert sich in einzelne Hochflächen, die von Flußläufen
zerschnitten werden. Ausgedehnte Nadelwälder, ein dichtes Flußnetz, das
der Leine bzw. der Aller zufließt, sowie zahlreiche Talsperren und Teiche
prägen das Landschaftsbild.
Die kaum bewaldeten Hochflächen von Clausthal-Zellerfeld und Sankt
Andreasberg bilden ein eigenes landschaftliches Gefüge. Der Reichtum an
Bodenschätzen führte zur Entstehung von Bergbausiedlungen, deren
bekannteste Goslar, Clausthal-Zellerfeld und Bad Grund sind.
Devonische Sandsteine, Tonschiefer und Kalkkomplexe bilden den Nord-
teil des Oberharzes. Im Süden und Westen grenzt er an das devonische
Korallenriff des heute 561 m hohen Iberges bei Bad Grund. In südöstlicher
Richtung schließt die bis zu 600 m hohe Clausthaler Ebene an, deren geo-
logischer Unterbau aus kieselhaltigem Gestein, Tonschiefer und Grauwak-
ken besteht. Im Norden des Oberharzes drängt der Pluton des Ocker-
granits an die Oberfläche, in südöstlicher Richtung folgen der Oberharzer
Diabaszug sowie die Sösemulde und nicht zuletzt der Acker-Bruchberg-
Zug, ein etwa 2 km breiter, im Unterdevon angelegter Quarzitkamm.

Zentraler Teil des Mittelgebirges ist der Mittelharz, zu dem man Teile des
Brocken-Granitmassivs ebenso zählt wie die Sieber-Mulde, die Blankenburger Zone mit dem Ramberg-Pluton, den Elbingeröder Komplex und
den Tanner Grauwackenzug. Der Mittelharz gehört räumlich zwar zum
Oberharz, weist aber beträchtliche Höhen auf, so daß er auch als 'Hochharz' bezeichnet wird. Im Norden dieser Teillandschaft ragen der Brocken
(1142 m), der Bruchberg (928 m) und der Acker (866 m) auf. Die umliegenden Hochflächen erstrecken sich in etwa 800 m Meereshöhe.
Zwischen den Brocken und dem Bruchberg breiten sich Hochmoore und
Feuchtzonen aus, die nicht zuletzt aufgrund der hohen Niederschlags-
intensität in diesem Raum entstanden sind bzw. weiter anwachsen.

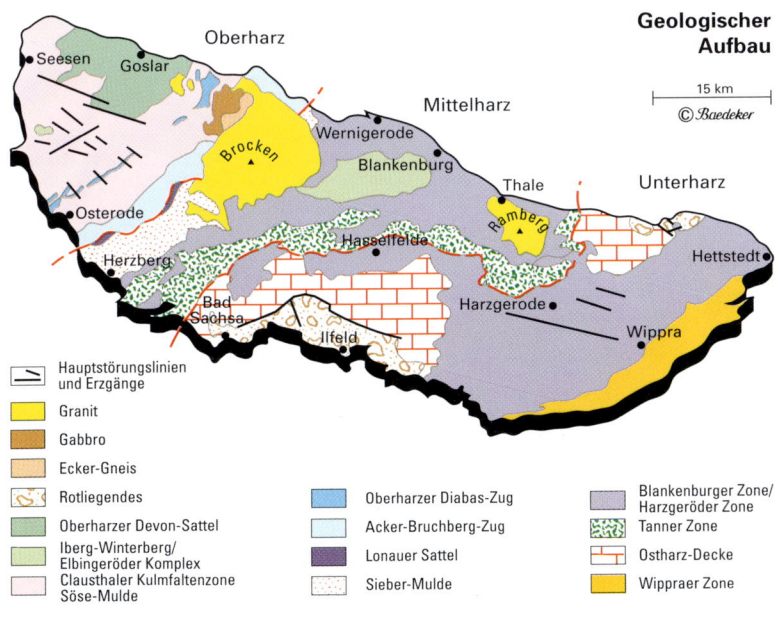

**Geologischer
Aufbau**

15 km

© Baedeker

Hauptstörungslinien
und Erzgänge

Granit

Gabbro

Ecker-Gneis

Rotliegendes

Oberharzer Devon-Sattel

Iberg-Winterberg/
Elbingeröder Komplex

Clausthaler Kulmfaltenzone
Söse-Mulde

Oberharzer Diabas-Zug

Acker-Bruchberg-Zug

Lonauer Sattel

Sieber-Mulde

Blankenburger Zone/
Harzgeröder Zone

Tanner Zone

Ostharz-Decke

Wippraer Zone

11

Naturraum

Der starke Oberflächenabfluß im Bereich des Brockenmassivs hat zur Ausbildung eines engmaschigen Flußnetzes und zur Entstehung tiefer Kerbtäler geführt. Wildromantische Felsbildungen, spektakuläre Wasserfälle, Tobel und Schluchten sind die Folgen der Flußerosion. Granit zeigt sich nicht nur am Brocken, sondern auch an der 1000 m hohen Heinrichshöhe und den Hahneklippen. Hohnekopf, Erdbeerkopf und Winterberg sind hingegen aus Kontaktgesteinen aufgebaut. Die Feuersteinklippen sowie die Schnarcherklippen bei Schierke, der Ottofelsen bei Wernigerode und die Hohnklippen zeigen sehr schön die für den Granit so typische Wollsackverwitterung (= Kantenabrundung einzelner Granitblöcke durch Witterungseinflüsse). Ein bemerkenswertes Ergebnis der Verkarstung im Bereich des Elbingeröder Komplexes sind die Rübeländer Tropfsteinhöhlen, in denen man einzelne Phasen der Gebirgsbildung nachvollziehen kann. Stellenweise liegen gleich mehrere Hohlräume übereinander. In südöstlicher Richtung bildet der Tanner Grauwackenzug die Grenze zwischen Mittel- und Unterharz.

Unterharz

Als 'Unterharz' bezeichnet man den südöstlichen und geologisch ältesten Teil des norddeutschen Mittelgebirges. Ihm werden die Harzgeroder und die Wippraer Zone ebenso zugerechnet wie die Südharz- und Selkemulde. Weite Hochflächen prägen die bergige Landschaft, die von 500 m ü. d. M. auf 300 m ü. d. M. am Ostrand des Harzes absinken. Nur im Norden ragen der Ramberg (582 m ü. d. M.) und der Auerberg (579 m ü. d. M.) bei Stolberg als markante Erhebungen empor.
Die der Saale zufließenden Flüßchen Bode, Selke und Wipper haben sich 50–100 m tief in die Landschaft eingekerbt und schöne Täler geschaffen. Die Tanner Zone, die Südharz- und die Selkemulde sind aus oberdevonischen bzw. unterkarbonischen Grauwacken aufgebaut. Die Gesteine der Wippraer Zone sind noch älter. Ihre Entstehung wird in die Zeit zwischen dem Ordovizium und dem Oberdevon datiert.

Zechsteingürtel

Am Südrand des Unterharzes – zwischen Herzberg und Pölsfeld bei Sangerhausen – ist ein 100 bis 1000 m breiter Zechsteingürtel ausgebildet, der vornehmlich aus sehr erosionsanfälligen Ablagerungen des Zechsteinmeeres besteht: Kalk, Gips, Anhydrit, Salz sowie kupferhaltigen Schiefer und diversen Konglomeraten. In das Gesteinsmaterial eindringendes Wasser und Kohlensäure haben durch vielfältige chemische Reaktionen zur Auslaugung der Salzlager sowie zur Auflösung der Gips- und Anhydritvorkommen geführt. Es entstand allmählich die für den Südharz charakteristische Karstlandschaft (slawisch 'Krs' = Fels) mit Erdfällen, Dolinen, Höhlensystemen (Heimkehle, Questenhöhle) und periodischen Wasserläufen (Periodischer See).

Erdgeschichte

Allgemeines

Der Harz ist ein sehr altes Gebirge mit einer rund 500 Mio. Jahre alten Entstehungsgeschichte. Er gilt unter den Naturforschern "als ein Kleinod unter den Gebirgen der Erde" (Karl August Lossen; 19. Jh.), und Goethe bezeichnete bei seiner Harzreise 1784 den Nordostrand des Harzes als die "klassische Quadratmeile" der Geologie. Auf relativ kleinem Raum lassen sich fast alle Gesteinsarten der erdgeschichtlichen Entwicklung finden. Aufgebaut ist der Harz vorwiegend aus Tonschiefern und Grauwacken, die im Oberharz von Karbon, im Brockengebiet und im unteren Bodetal von Granit überlagert werden. Der Südrand des Harzes ist von einem Zechsteingürtel umgeben, dessen Untergrund aus Kalkstein und weichem Gips besteht. Im Innern erinnert ein dichtes Netz von Erzgängen, u. a. am Rammelsberg bei Goslar oder bei St. Andreasberg im Mittelharz, an seine vielfältigen Mineralien, welche die Grundlage für den Harzer Bergbau bildeten. Die Oberfläche des Harzes ist ebenfalls abwechslungsreich und wird vom zentralen Bergland, ausgedehnten und leicht hügeligen Hochflächen und zahlreichen Tälern bestimmt.

Geologisch gesehen stammt ein großer Teil des Harzkerngebirges aus dem Devon vor 408–360 Mio. Jahren, als weite Teile Mitteleuropas von einem Meer bedeckt waren. Durch Flüsse und Winde fand eine intensive Verwitterung und Abtragung des Umlandes statt. Als Folge lagerten sich tonige, sandige und kalkige Sedimente von mehreren tausend Metern Höhe auf dem Meeresboden ab. Auch in den vorgelagerten Senken der bereits abgeschlossenen Kaledonischen Gebirgsbildung (im Silur; vor rund 440 Mio. Jahren) hatte sich meist roter Verwitterungsschutt abgelagert. Man findet ihn u. a. in den Konglomeraten und Sandsteinen des Rotliegenden im Mansfelder Gebiet und im Kyffhäuser.

Infolge tektonischer Bruchbildung entwickelte sich ein heftiger unterseeischer Vulkanismus, der im Karbon (vor rund 350 Mio. Jahren) die Variskische Gebirgsbildung einleitete. Damals hob sich das alpenhohe Gebirge von Südfrankreich in nordöstlicher Richtung über Vogesen, Schwarzwald, Odenwald, Rheinisches Schiefergebirge, Harz, Thüringer Wald, Frankenwald und Erzgebirge, schließlich in südöstlicher Richtung bis zu den Sudeten und den Polnischen Mittelgebirgen empor.

Neben den gebirgsbildenden sind im Harz auch die magmatischen Vorgänge sehr wichtig: Durch Risse in der gedehnten Erdkruste drangen heiße Magmen aus dem Erdinnern herauf und bildeten nach ihrer Erstarrung Granitmassive wie Brocken, Ramberg und Auerberg. Einige dieser heißen Magmen kamen nicht bis ans Tageslicht. Sie erkalteten in einigen tausend Metern Tiefe und bildeten hier Tiefengesteine. Im Laufe der weiteren Erdgeschichte erfolgte die Abtragung des Deckgebirges, so daß sich einst in großer Tiefe erkaltete Gesteine heute an der Oberfläche befinden. Während die glutflüssigen Magmen aufstiegen, drangen wäßrige und gasförmige Lösungen in die vorhandenen Gebirgsspalten und Klüfte ein, die u. a. Gold, Silber, Blei, Kupfer, Antimon, Mangan, Arsen, Zink und Schwefel enthielten. So bildete sich ein Teil der großen Harzer Erzgänge als Voraussetzung für die Harzer Bergbaugeschichte, die jedoch viel später einsetzte und bis zum Anfang des 20. Jh.s große Bedeutung hatte.

Scharfensteinklippe im Nationalpark Hochharz

Naturraum

Im Laufe der Variskischen Gebirgsbildung stieg auch das Brockenmassiv als Pluton empor. Das Magma erreichte jedoch nicht die Erdoberfläche, sondern drang durch Risse und Gänge der Sedimentgesteinsschichten, wodurch die charakteristische Gesteinsstruktur entstand. Der Pluton war noch von rund 2000 m hohen devonischen und karbonischen Gesteinsschichten überdeckt. Indem diese Sedimentgesteine mit dem Magma in Berührung kamen, wurden sie bei etwa 800 bis 1400° C einer Metamorphose unterworfen und bildeten als Kontaktgestein den sog. Hornfels. Die Kontaktzone des Brockengranits ist etwa 2000 m breit und endet am Barenberg bei Schierke, im Elendstal, am Hohnekopf und im Ilsetal.

Während der Zechsteinzeit (vor 258 Mio. Jahren) wurde das Gebiet erneut überflutet; am südwestlichen Harzrand bildete sich in einer dünnen Schicht der für den Harz so wichtige Kupferschiefer (sog. Faulschlammbildung in dem schlecht durchlüfteten Flachmeer). Auf dem Meeresgrund lagerten sich außerdem Anhydrit (Gips) sowie Stein- und Kalisalze ab. (Gips: Heute an den weißen Berghängen am Südrand des Harzes und in verschiedenen Höhlen zu sehen.)

Im Erdmittelalter (Mesozoikum: vor 250-70 Mio. Jahren) folgten die Ablagerungen des Trias mit Buntsandstein, Muschelkalk und Keuper. Heute anzutreffen im Muschelkalkrücken des Elm, dem aus Buntsandstein und Muschelkalk bestehenden Huyswald oder in den Sandsteinklippenzügen des Regensteins und der Teufelsmauer.

Im Tertiär (vor 70-2 Mio. Jahren) fand die sog. Saxonische Gebirgsbildung statt. Dabei wurden die bereits im Erdaltertum verfestigten und gefalteten Gesteinsmassen durch tektonische Vorgänge um mehrere hundert Meter emporgehoben und in Bruchschollen zerlegt. Der Harz ist eine solche alte gehobene Gebirgsmasse, die annähernd um 60° kippte, als sie auf eine andere Scholle gehoben wurde. Dadurch entstand die typische Gebirgsform des Harzes: Im Norden ragt er steil und unvermittelt aus dem Flachland auf, nach Süden und Osten fällt er dagegen sanft ins Vorland ab.

Seine heutige Form erhielt der Oberharz im Laufe von Millionen Jahren, als das tausende Meter dicke Deckgebirge, Hornfels und rund 300 m Granit, durch Wasser, Eis und Wind abgetragen wurde, wodurch die ehemals viel steilere Pultscholle jetzt abgeflacht und erheblich zerklüftet erscheint. Da Granit und die Kontaktgesteine langsamer verwittern als die übrigen Harzgesteine, und aufgrund weiterer Hebungsvorgänge, ragen heute noch Brocken, Heinrichshöhe, Königsberg und Winterberg empor.

Diese hohe Harzscholle verhinderte im Alttertiär eine erneute Überflutung, statt dessen setzte durch Flüsse und Regenfälle eine Abtragung ein, bei der Gesteine des Erdalterums wieder zum Vorschein kamen. Übrig blieben weite Ebenen, die von einigen Kuppen wie dem Brocken, dem Ramberg und dem Auerberg, überragt wurden.

Der verwitterte Granit bildet einen gelblichen Grus. Dazwischen blieben einzelne größere Blöcke als Härtlinge erhalten. Das Wasser spülte die lehmigen und sandigen Verwitterungsbestandteile allmählich heraus, so daß die Härtlinge weite Blockhalden bildeten. Die bekannten Klippen Ahrensklint, Feuerstein, Schnarcher- und Hohneklippen sind größere Härtlinge, an denen die Bildung von Klüften noch gut erkennbar ist. Einige dieser Klippen lenken an bestimmten Stellen die Magnetnadel aus der Nordrichtung ab (besonders die Schnarcherklippen und der Feuerstein), verantwortlich sind sowohl die Anreicherung von Magnetiten im Granit der Klippen, als auch ihre Magnetisierung und Polarisierung durch Blitzschläge. Die charakteristische Verwitterungsform der Granitblöcke wird als Wollsackverwitterung bezeichnet.

Im Jungtertiär erfuhr die Harzscholle eine weitere Heraushebung, Folge eines fast vertikalen Drucks von unten, der aber in verschiedenen Teilen des Harzes unterschiedlich groß war. An den Rändern der Scholle traten Brüche (Harznordrand) und Verbiegungen (Harzsüdrand) auf. Damals teilte sich der Ober- vom Mittel- und vom Unterharz. Zu dieser Zeit besaß der Harz bereits seine heutige Höhe. Danach bildete sich das heutige Gewässernetz: Die am Harzrand austretenden Flüsse zerschnitten die ehem. Flachlandschaften. Sie schufen durch ihre Täler, im Ostharz vor

Blauer See bei Rübeland

allem durch Bode, Selke und Wipper, eindrucksvolle Gebirgslandschaften. Im Süden greifen Täler mit breiterer Sohle tiefer ins Gebirge ein (Odertal, Ilfeld, Stolberg) und lassen stellenweise von der alten Rumpffläche nur noch runde Rücken übrig. Die Verschiedenartigkeit der Oberfläche hängt vor allem von der Härte des Gesteins ab.

Naturraum, Entstehungsgeschichte (Fortsetzung)

Während der Eiszeiten war die Gegend um den Brocken und den Acker-Bruchberg vergletschert. Die Nordischen Eismassen, die aus dem Gebiet von Skandinavien vordrangen, stießen weit in die Harztäler hinab. Zwischen den Eiszeiten setzten sich die Verwitterungsvorgänge fort. In den Gips-, Kalk- und Dolomitgesteinen machte sich eine verstärkte Verkarstung bemerkbar. Im Holozän wuchsen zwischen Acker- und Brockengebiet die Moore mit über 4 m mächtigen Torfablagerungen.

Messungen und Beobachtungen in jüngerer Zeit ergaben, daß die Aufwärtsbewegungen am Nordostrand des Harzes auch heute noch nicht zum Stillstand gekommen sind.

Klima

Der Harz, das am weitesten nach Norden vorgeschobene deutsche Mittelgebirge, unterliegt die meiste Zeit des Jahres dem ozeanischen (nordatlantischen) Klimaregime. Das Klima wird als rauh, feucht und kühl klassifiziert. Vorherrschende Windrichtung ist Südwest bis Nordwest, in den Gipfellagen West mit hoher Sturmhäufigkeit. Auf dem Brocken zählt man pro Jahr mindestens 70 Sturmtage! Gelegentlich machen sich aber auch kontinentale Einflüsse mit Ost- und Südostwinden bemerkbar.

Allgemeines

Aufgrund der relativ meernahen und sehr exponierten Lage am Übergang zum Norddeutschen Tiefland erhalten die Luvseite des Gebirges – das sind vor allem der Südwest- und Westrand des Gebirges – sowie die

Niederschläge

Blick in den Bodekessel und ...

... vom Hexentanzplatz

Niederschläge (Fortsetzung)

Hochlagen reichlich Niederschläge. Sehr bemerkenswert ist das West-Ost-Gefälle der Niederschlagskurven. Am Westfuß des Harzes bei Seesen (250 m ü.d.M.) mißt man im Jahr rund 800 mm Niederschlag, im höher gelegenen Braunlage (560–620 m ü.d.M.) rund 1250 mm und auf dem Brocken (1142 m ü.d.M.) etwa 1500 mm. Dagegen ist es am östlichen Harzrand, also auf der Leeseite, vergleichsweise trocken. In Lutherstadt Eisleben (160 m ü.d.M.) mißt man pro Jahr nur 500 mm und im weiter südöstlich gelegenen Ort Aseleben gar nur noch 430 mm Niederschlag! Der meiste Regen fällt in den Sommermonaten. Dies gilt in Abstufungen für alle Höhenlagen, sei es im Luv oder im Lee. Daneben weisen die Hochlagen des Harzes ein zweites Niederschlagsmaximum in der kalten Jahreszeit (November bis Februar) auf. Insgesamt gesehen hat man im Oberharz an 200 Tagen des Jahres mit Niederschlag zu rechnen. Der Brocken, die höchste Erhebung des Gebirges, ist an etwa 300 Tagen umwölkt oder von Nebel eingehüllt. Hier oben wurden auch schon sehr intensive Niederschläge registriert. Bisheriges Maximum sind 154 mm binnen 24 Stunden!

Schnee

Ein Großteil der winterlichen Niederschläge fällt in den Hochlagen als Schnee, weshalb der Harz auch als Wintersportgebiet geschätzt ist. In den Hochlagen kann die Schneedecke auf mehr als einen Meter anwachsen.

Regenschatten, Föhneffekte

Die von den Harzhöhen im Westen ins östliche Harzvorland hinunterfallenden Luftmassen haben am östlichen Gebirgsrand und weit in das mitteldeutsche Bördenland hinein eine Zone entstehen lassen, die sich durch relative Trockenheit auszeichnet.

Temperaturen

Daß es im Harz nicht nur feucht, sondern auch recht kühl sein kann, zeigt ein Vergleich der Jahrestemperatur-Mittelwerte. In der Leine-Niederung, die dem Harz westlich vorgelagert ist, beträgt die Jahresmitteltemperatur + 8,7° C, in den Bördengebieten des östlichen Harzvorlandes liegt dieser Wert bei + 9,2° C. Recht angenehm ist es am Südrand des Gebirges, wo die Jahresmitteltemperatur zwischen 8° und 9° C schwankt. In Braunlage liegt dieser Wert nur noch bei + 6° C und auf dem Brocken nur bei + 2,7° C!

Juli und August sind – wie nicht anders zu erwarten – die wärmsten Monate. In den Hundstagen kann die Quecksilbersäule im westlichen und vor allem im östlichen Harzvorland beträchtlich über die + 30°-Marke klettern. In Braunlage und auf dem Brocken ist es dann angenehmer: Nur gelegentlich steigen die Temperaturen hier oben über 25° C.
Im Hochwinter liegen die Temperaturmittelwerte in Braunlage unter – 2° C und auf dem Brocken unter – 4° C. Extreme Kältewerte hat man Ende Januar bzw. im Februar gemessen. Absolutes Minimum auf dem Brocken waren bislang – 28,4° C. Hier oben besteht selbst in den Sommermonaten die Gefahr von Bodenfrösten. Auf dem Brocken hat man im Jahr mit mindestens 100 Eis- und 85 Frosttagen zu rechen!

Klima, Temperaturen (Fortsetzung)

Was den Sonnenschein betrifft, unterscheidet sich der Harz nicht wesentlich von den benachbarten Landschaften. Im Braunlage kann man pro Jahr mit 1600 Sonnenstunden rechnen. Nur im Bereich des Brockenmassivs werden mit rund 1300 Std. deutlich weniger Sonnenstunden registriert.

Sonnenscheindauer

Stabile Hochdruckgebiete können besonders im Herbst und Winter für die Entstehung von Inversionswetterlagen sorgen. Dann breiten sich unterhalb von 400 bis 650 m ü.d.M. im Bereich bodennaher Kaltluftschichten Dunst- und Nebelfelder aus. Auf den Höhen ist es hingegen sonnig und vergleichsweise mild, und es herrscht sehr gute Fernsicht.

Inversionswetterlagen

In einigen Tälern und Mulden, besonders am Nordrand des Harzes, herrscht bei entsprechender Wetterlage (z.B. Inversion) akute Smoggefahr, d.h. abgasgeschwängerter Dunst zieht nur sehr zögerlich ab. Längere Schönwetterperioden und Hitzewellen in der warmen Jahreszeit bergen zudem die Gefahr der Entstehung von Ozonsmog.

Smog

Die nach Westen ausgerichteten Hänge und die Hochlagen des Harzes erhalten – wie bereits dargelegt – die meisten Niederschläge. Da diese seit einiger Zeit stark schadstoffbelastet sind, zeigen sich an besonders exponierten Stellen (Wetterseiten) bereits erhebliche Vegetationsschäden.

Saurer Regen

Pflanzen und Tiere

Die Harzhochfläche und die Randberge waren ursprünglich mit Laubmischwald bedeckt, in dem die Rotbuche vorherrschte. Ihre Verdrängung und die Entwicklung zu einem reinen Fichtenwald setzte im 17. Jh. ein. Die Harzer Fichte wuchs ursprünglich in Höhen um 800 m. Ihre Ausbreitung, vor allem in tieferen Lagen, hängt mit der Entwicklung des Harzer Bergbaus vom Mittelalter bis in das 19. Jh. zusammen. Die schnell wachsende Fichte lieferte festes und gerades Holz für den Stollenbau. Auch zum Feuersetzen bei der Lösung der Erze eignete sich ihr Holz. Nach dem Ausschlagen der Bäume nutzte man darüber hinaus den Stockausschlag, der in 12–15 Jahren arm- bis schenkelstarke Stämme austrieb, zur Gewinnung der Holzkohle, die im Hüttenbetrieb benötigt wurde. Immer größere kahlgeschlagene Harzflächen und die Holznot brachten schließlich die Grubenherren dazu, Forstordnungen zu erlassen.
Die Geschichte der Harzer Forstwirtschaft hängt eng mit den beiden Forstmeistern Johann Georg von Langen und Hans Dietrich von Zanthier zusammen, die unter dem Grafen Christian Ernst zu Stolberg-Wernigerode (1710–1771) damit begannen, die Wälder des Harzes vor der endgültigen Zerstörung zu bewahren. Sie pflanzten schnell wachsende Fichten an, die sich schließlich gegen die Laubbäume durchsetzten und heute v. a. im Norden und im Nordwesten das Bild des Harzes bestimmen. Naturnahen Laubmischwald mit vielen Buchen findet man nur noch in Resten am Rande, z. B. im Elendstal, das sich zwischen Schierke und Elend erstreckt. In niedrigeren Lagen an den Abhängen und in den Randgebieten des Harzes gibt es wieder Mischwälder, stellenweise sogar reine Laubwälder.

Flora

Naturschutz

Pflanzen
und Tiere,
Flora
(Fortsetzung)

Seit September 1990 ist der Hochharz Nationalpark, seine Erweiterung auf niedersächsischer Seite erfolgte 1994 (→ Zahlen und Fakten, Naturschutz). Auf den Wiesen blühen im Frühjahr die goldgelben Trollblumen und Orchideen, u. a. Knabenkrautarten und die Mückenhändelwurz. Mitte Juni ist Vollblütenzeit: Hier trifft man auf die überall verbreiteten Wiesenblumen sowie auf die leuchtendblauen Wiesenschwertlilien, die rosaroten Türkenbundlilien sowie an trockeneren Hängen auf die vom Aussterben bedrohte gelbe Arnika. Der Fichtenwald ist arm an Blüten; an lichten Stellen wächst im westlichen Harz der Rote Fingerhut, im trockeneren östlichen Teil eher der gelbblühende Großblütige Fingerhut. Der Boden des Laubwaldes ist blütenreicher und zeitweise mit weißen Buschwindröschen, gelben Anemonen, blauen Leberblümchen sowie Lerchensporn und Lungenkraut bedeckt.

Näheres zur Vegetation im Brockengebiet, im Bodetal und im Kyffhäuser erfährt man im Kapitel 'Reiseziele von A bis Z' unter den jeweiligen Stichworten.

Fauna

Der Harz bietet einer Vielzahl kleiner und größerer Tiere Lebensraum. Von den wildlebenden Tierarten kommt das Rotwild überall, das Rehwild selbst in höheren Lagen vor. Das ursprünglich aus Korsika stammende, 1906 hier eingeführte Mufflon, kleinste Unterart des Wildschafs, sowie das Wildschwein sind in den höheren Lagen nur zeitweise anzutreffen. Sie halten sich v. a. am Harzrand und auf dem südlicheren und östlicheren Harzplateau auf.

Die klassischen Raubtiere des Harzer Urwalds und natürlichen Feinde auch des Hochwilds wie Bär, Wolf und Luchs waren bereits am Anfang des 19. Jh.s ausgerottet. Der letzte Harzer Luchs wurde am 24.3.1816 bei den Sonnenklippen geschossen. So kommen heute nur noch Fuchs, Marder, Iltis, Hermelin und die Wildkatze im Harz vor. Auch der Waschbär, der kein natürliches Verbreitungsgebiet im Harz hat, sich aber immer stärker ausbreitet, wagt sich bis in die Hochlagen.

In den vielen Höhlen und stillgelegten Bergwerksstollen leben verschiedenste Arten von Fledermäusen. Zu den im Harz verbreiteten Vogelarten gehören die nachtaktiven Eulen und Käuze; auch auf Greifvögel trifft man. Vornehmlich in den ruhigeren Gebieten der oberen Harzlagen ist das Auerhuhn, das im Harz bereits als ausgestorben galt, wieder vertreten, sein Bestand aber nach wie vor akut gefährdet. Neben zahlreichen Singvogelarten trifft man häufig auf Spechte, seltener auf die im Volksmund als Brokkenamsel bezeichnete Alpenringdrossel, nicht zu überhören sind Alpenbraunelle, Sommer- und Wintergoldhähnchen. In Wassernähe gibt es im Harz vereinzelt auch Schrei- oder Fischadler.

Naturschutz

Zwei Parks wachsen zusammen

Der Harz wird seit über 1000 Jahren wirtschaftlich genutzt, die meiste Zeit davon sowohl unterirdisch als auch oberirdisch für Bergbauzwecke. "Mehr Schutz" für das Gebirge wünschte sich bereits Anfang dieses Jahrhunderts der Dichter Hermann Löns. Während der Westharz nun in jüngerer Vergangenheit auf vielfältige Weise, darunter auch für Fremdenverkehrszwecke genutzt wurde und Niedersachsen im Jahre 1960 den Naturpark Harz ausgewies, war der Brocken und die ihn umgebenden Wälder – eine Folge des Kalten Krieges – gesperrt. Hier erhielt sich eine kaum von Menschen berührte Pflanzen- und Tierwelt mit – einzigartig in Europa – fast völlig intakten Hoch- und Übergangsmooren. Nach der Grenzöffnung wurde der heute im Bundesland Sachsen-Anhalt gelegene Brocken wieder eines der meistbesuchten Reiseziele im Harz mit an manchen Tagen bis zu 30 000 Besuchern. Da nutzte man eine einmalige Chance und erklärte das rund 5900 ha große Gebiet um den Brocken zwischen Eckertalsperre und Großem Sandtal im Norden und Großem Winterberg, Schierke und Drei Annen Hohne im Süden zum 1.10.1990 zum Nationalpark Hochharz.

Nationalpark
Hochharz

Nationalpark HOCHHARZ

Antennen auf dem Brocken: einst 'Horchposten' zur Überwachung des Westens

Seit dem 1. Januar 1994 gibt es nun auch auf niedersächsischer Seite des Harzes den 15 800 ha großen Nationalpark Harz. Er erstreckt sich von Bad Harzburg im Norden über die Hochlagen bis nach Herzberg und zum Oderstausee im Süden. Insgesamt stehen somit 22 000 ha unter Naturschutz, das sind rund 10 % des Harzes, zwar bislang in zwei verschiedenen Parks, deren Zusammenwachsen jedoch bereits geplant ist. Der vereinigte und zu 95 % bewaldete Harz-Nationalpark wird dann mit dem Südhang, den Mittel- und Hochlagen bis zum Nordabfall bei Bad Harzburg alle typischen Landschaftsteile des Mittelgebirges einschließen.

Nationalpark Harz

Kernstück der Naturschutzkonzeptionen ist die Schaffung von Großschutzgebieten, in denen die Erhaltung und natürliche Entwicklung des Waldes frei von jeder Bewirtschaftung stattfindet. Leitgedanke für Großschutzgebiete ist, daß wir alle nur eine Zukunft haben, wenn es gelingt, der Ausplünderung der Erde Einhalt zu gebieten. Nationalparks sind ein Schritt auf dem Wege der Aussöhnung mit der mißhandelten Erde.

Der hier einmal entstehende Naturwald unterscheidet sich jedoch ganz wesentlich von dem jetzt vorhandenen Waldzustand. Besonders naturbelassene Bereiche sind schon heute als Kern- oder Ruhezone ausgewiesen, wo nicht mehr in die Waldentwicklung eingegriffen wird. Andere Gebiete sind geprägt von jahrhundertelanger Bewirtschaftung. Hier muß der Mensch die ersten Schritte zum Naturwald noch begleiten, z. B. mit der Ablösung von Fichtenforsten durch Mischwälder oder Wiedereinbringung hier einst heimischer Laubbaumarten. Diese Teile des Nationalparkes gehören während der Phase des Waldumbaus in die Entwicklungs- bzw. Sanierungszonen; so bald als möglich werden auch sie der Kernzone angegliedert. Im gesamten Nationalpark gilt das Wegegebot, d. h. er darf nur auf beschilderten Wegen betreten werden. Dennoch sind Besucher herzlich willkommen! Neben dem Erlebnis einer Natur, wie sie im Hochharz eine der letzten Zufluchtstätten gefunden hat, will der Nationalpark Einblicke in das Wesen und die Dynamik natürlicher Ökosysteme vermitteln.

Naturschutz

Weitere Informationen über die Nationalparks erhält man auf Anfrage bei den beiden Hauptverwaltungen: Nationalpark Hochharz, Lindenallee 35, 38855 Wernigerode, Tel. (039 43) 4 5020; Nationalpark Harz, Oderhaus, 37444 St. Andreasberg, Tel. (055 82) 91 89 0.

Einzelne besonders wertvolle Gebiete im Harz sind darüber hinaus zu Naturschutzgebieten erklärt worden, wie das Ilsetal, das Bodetal, das Elends- und das Eckertal. In diesen Naturschutzgebieten sind Tiere und Pflanzen besonders geschützt und es gilt ebenfalls das Wegegebot. Dazu kommen zahlreiche Naturdenkmale und flächenhafte Naturdenkmale, die einzelnen Bäumen, Gesteinen oder Biotopen den notwendigen Schutz geben sollen.

Vorbereitung

Eine Wanderung durch den Hochharz sollte den Wegmarkierungen der Wandervereine sowie den Angaben guter Wanderkarten folgen (im Maßstab 1:50 000, besser noch 1:25 000). Bei der Wanderausrüstung ist zu berücksichtigen, daß im Hochharz extreme Witterungsbedingungen vorherrschen und plötzliche Wetterumschläge stattfinden können.
Nach vorheriger Anmeldung sind auch Führungen durch die Nationalparkleitung möglich.
Weitere Informationen erteilen die Nationalparkverwaltungen.

Verhaltensregeln

Zum Erhalt der durch reiche Natur und Ursprünglichkeit ausgezeichneten Landschaften bedarf es des Schutzes und der Rücksichtnahme durch alle Besucher. Bitte beachten Sie:
"Der Nationalpark und die Naturschutzgebiete dürfen nur auf den beschilderten Wegen begangen werden.
Das Entnehmen von Pflanzenteilen ist nicht gestattet.
Tiere nicht jagen oder sonstwie beunruhigen. Jungtiere nicht berühren.
Ruhe halten, keine laute Musik machen.
Keinen Unrat, Abfälle wie Papier, Flaschen usw. zurücklassen.
Im Wald ist Parken, Zelten und Rauchen verboten.
Üben Sie praktischen Naturschutz durch sorgsamen Umgang mit der Natur.
Es ist nur zu persönlichen Zwecken erlaubt, zu filmen oder zu fotografieren, beachten Sie aber, daß Tierfotografie nur etwas für Spezialisten ist."
(Aus "Ein Einblick in Entstehung, Geschichte und Natur des Oberharzes"; eine Broschüre des Landes Sachsen-Anhalt und der Nationalparkverwaltung Hochharz).

Geschichte des Naturschutzes im Harz

Im Jahr 1718 erließ Graf Christian Ernst zu Stolberg-Wernigerode eine Verfügung, in der jedes Zerstören und Verschandeln des Harzer Waldes unter Strafe gestellt wurde. 1852 stellte der Quedlinburger Landrat die Teufelsmauer bei Thale "als einen Gegenstand der Volkssage und eine als seltene Naturmerkwürdigkeit berühmte Felsgruppe" unter Schutz, da die Bewohner der benachbarten Gemeinden die Felsen als Steinbruch benutzten. Diese Schutzanordnung blieb allen Widersprüchen zum Trotz auch für die Zukunft bestehen.
Als erster Nationalpark der Welt wurde 1872 in Amerika der berühmte Yellowstone National Park ausgewiesen. Nach diesem Vorbild forderte 1889 der Abgeordnete Wilhelm Wetekamp im preußischen Abgeordnetenhaus die Errichtung von sog. Staatsparken.
Im Jahr 1890 legte der Göttinger Professor Albert Peter auf dem Brockengipfel den Brockengarten an.
Der Dichter Hermann Löns forderte 1912 in einer "Der Harzer Heimatspark" betitelten Broschüre die Errichtung eines Nationalparks im Harz. Er schrieb: "...es erscheint notwendig, daß wir überall, wo es eben geht, urwüchsige Landschaften erhalten, in denen wir uns Leib und Seele laben, damit wir nicht infolge der Unrast, zu der uns unsere Zeit zwingt, an Körper und Geist Schaden nehmen."
In den dreißiger Jahren gab es in Deutschland Pläne für die Einrichtung verschiedener Nationalparks. Diese Entwicklung wurde jedoch, bis auf die

Ausweisung des Naturschutzgebietes Oberharz 1937, durch den Zweiten Weltkrieg unterbrochen.

In den fünfziger Jahren wurde in der DDR die Nationalparksplanung wieder aufgenommen, allerdings ohne Erfolg. Auf westlicher Seite entstand 1969 im Bayerischen Wald der erste deutsche Nationalpark.

Unmittelbar nach dem friedlichen Umbruch in der DDR und noch vor der Wiedervereinigung wurden die alten deutschen Nationalparkpläne aktiviert, und es kam zur Ausweisung des Nationalparks Hochharz, der 1994 auf niedersächsischer Seite ausgeweitet wird.

Naturschutz (Fortsetzung)

Wirtschaft

Die wirtschaftliche Entwicklung des Harzes hängt mit seiner Besiedlung zusammen, die Anfang des 10. Jh.s unter den sächsischen Königen verstärkt einsetzte. Das Gebirge selbst war zu der Zeit königliches Jagdrevier. Im Jahr 968 wurden Erzgänge im Rammelsberg bei Goslar entdeckt, und damit setzte der Harzer Bergbau ein, der fast tausend Jahre lang die weitere Geschichte entscheidend mitprägte. Heute ist er mit Ausnahme von Kalkabbau in Rübeland fast völlig zum Erliegen gekommen (s. unten, Bergbau).

Allgemeines

An die Stelle des seit der Erschöpfung der Lagerstätten aufgegebenen Bergbaus trat der Fremdenverkehr, der sich seit Anfang des 19. Jh.s zu großer wirtschaftlicher Bedeutung steigerte. Wanderfreudige Romantiker, der Anschluß des Harzes an zahlreiche Eisenbahnlinien und die Eröffnung der quer durch den Harz, auf den Brocken hinauf und durch das Selketal führenden Schmalspurbahnen führten dazu, daß der Harz ein im Sommer und im Winter beliebtes Aufenthaltsziel wurde.

Fremdenverkehr

Die kommerzielle Nutzung der jedoch viel älteren Heilquellen im Harz setzte 1810 mit der Eröffnung des Heilbades in Alexisbad ein, es folgte Bad Suderode 1837 und zahlreiche weitere (→ Praktische Informationen, Heilbäder). Heute gibt es kaum ein Leiden, gegen das nicht in irgendeinem der Harzer Kur- und Badeorte Linderung angeboten wird. Diese Entwicklung wurde in der ersten Hälfte des 20. Jh.s durch die beiden Weltkriege und vor allem durch die Teilung Deutschlands unterbrochen. Der bislang im Zentrum Deutschlands gelegene Harz wurde in West- und Ostharz getrennt. Während der Westteil am wirtschaftlichen Aufschwung teilnahm und sich zu einem dicht besiedelten Feriengebiet entwickelte, wurde der Brocken militärisches Sperrgebiet und für alle Zivilpersonen geschlossen. Der Ostteil des Gebirges entwickelte sich ebenfalls zu einem beliebten Fremdenverkehrsgebiet mit vielen Ferienheimen, die zum großen Teil unter der Verwaltung der Einheitsgewerkschaft FDGB standen. Nach der Öffnung der Grenzen im November 1989 begann sich der Tourismus neu zu entwickeln. Seither sind die Grenzbefestigungen verschwunden, die Straßenverbindungen wiederhergestellt und die Wanderwege wieder begehbar. Neben dem mit Hotels gut ausgestatteten Westharz stehen nun auch im Ostteil des Gebirges viele Hotels, Pensionen und Privatquartiere zur Verfügung. Überall sind Kurverwaltungen oder Fremdenverkehrsvereine eingerichtet worden, die sich um das Wohl der Gäste kümmern. Die Zahl der Übernachtungen steigt konstant und belegt anschaulich, daß der Gesamtharz wieder ein beliebtes Urlaubsgebiet in Deutschland ist.

Die ersten Skiläufer im Harz waren norwegische Studenten der Technischen Hochschule in Hannover und der Bergakademie in Clausthal, die bereits 1882 mit ihren langen Brettern in den winterlichen Bergen erschienen. 1883 beschaffte der Oberförster Ulrich in Braunlage für seine Förster und Waldarbeiter die ersten Schneeschuhe. Seither hat sich der als schneesicher geltende Oberharz zu einem beliebten Wintersportgebiet vor allem für die Bewohner aus Norddeutschland entwickelt (→ Praktische Informationen, Wintersport).

Wintersport

Wirtschaft

Kur- und Badeort Alexisbad im Selketal

Landwirtschaft

Schwächstes Glied der Wirtschaft im Harz war seit alters her die Landwirtschaft, die sowohl wegen der Bodenbeschaffenheit (vor allem Gesteinsuntergrund) als auch wegen des Klimas mit schwierigen Bedingungen zu kämpfen hatte. Zeitweise war der Ackerbau im Oberharz sogar von der Bergbehörde verboten: "Die Behörden wollten, daß die Leute nur an ihren metallenen und steinernen Acker in der Tiefen denken und sich nicht mit Allotriis auf der Oberfläche befassen sollten." (Johann Georg Kohl, "Deutsche Volksbilder und Naturansichten aus dem Harze", 1866.) So wird Landwirtschaft nur in den tieferen Lagen, besonders im Unterharz betrieben. Die Herden brauner Harzrinder sind auch nur noch selten zu sehen.

Holz- und Forstwirtschaft

Auch die Holz- und Forstwirtschaft spielte im Harz nur eine untergeordnete Rolle. Infolge des Bergbaus, v. a. durch den enormen Bedarf an Holzkohle zur Verhüttung der Erze, war in den Wäldern des Harzes besonderer Raubbau getrieben worden. Immer größere kahlgeschlagene Flächen überzogen das Gebirge, bis Anfang des 18. Jh.s unter Graf Christian zu Stolberg-Wernigerode mit einer geregelten Forstwirtschaft begonnen wurde. Dieser ist es letztlich zu verdanken, daß die Wälder vor der völligen Abholzung bewahrt wurden. Heute hat der Harzer Wald fünf Aufgaben zu erfüllen: Er sorgt für den Erhalt der Wasser-, Boden- und der Luftqualität, für die Erholung seiner Bewohner und Besucher, er dient dem Arten- und Naturschutz und zur Holzgewinnung (für Industrie- und Schwachholz, wenig Möbelholz). Daraus ergibt sich auch die Aufgabe, einen Ausgleich zwischen Walderhaltung und Waldnutzung zu finden.

Industrie

Die industrielle Entwicklung im Harz setzte im 18. Jh. mit der Ansiedlung zahlreicher kleinerer Industriebetriebe ein. Im 19. Jh. stieg ihre Zahl sprunghaft an, Schwerpunkte entwickelten sich jedoch nur am Harzrand, auf westlicher Seite in Goslar, Seesen, Osterrode, Herzberg und Bad Lauterberg, auf östlicher Seite in Wernigerode, Blankenburg und in Thale. Auch größere Gewerbebetriebe sind auf den Harzrand beschränkt.

Die Konzentration der Regen- und Schneefälle vor allem während der Wintermonate und die ungleiche Verteilung der Niederschlagsmengen im Harzgebiet – einige Gebiete waren zeitweise von Überschwemmungen bedroht, andere litten unter Wassermangel – führten zu vielen Problemen, früher vor allem im Bergbau und Hüttenwesen. Wenn beispielsweise im Sommer nicht genügend Aufschlagwasser zum Betrieb der Wasserräder zur Verfügung stand, fielen die Pumpen aus, mit denen die tiefer gelegenen Schächte und Stollen entwässert wurden. Aus diesem Grunde wurde im Harz ein großartiges Wassersammel- und Speichersystem angelegt.

Wasserwirtschaft

Seit 1927 wurden dann zahlreiche Talsperren angelegt: im westlichen Teil an Oker, Grane, Innerste, Söse, Oder und an der Ecker, im Ostharz an der Bode mit Vor- und Nachsperren (→ Reiseziele, Rappbodetalsperre) sowie an der Wipper. Insgesamt haben sie gegenwärtig ein Fassungsvermögen von rund 400 Mio. Kubikmeter Wasser. So begründet der Wasserreichtum des Harzes heute seine Bedeutung als Trinkwasserspeicher für einen bis nach Bremen reichenden Einzugsraum. Neben dem Hochwasserschutz dient das Wasser darüber hinaus, bevor es die Stauseen verläßt, noch zur Stromerzeugung. Nicht zuletzt sind die Seen auch beliebte Naherholungsziele.

Talsperren

Bergbau

Der alte Harzspruch "Es grüne die Tanne, es wachse das Erz, Gott schenke uns allen ein fröhliches Herz" zeugt noch heute von der überragenden Bedeutung, die der Bergbau für die ganze Region hatte. Am wichtigsten war die Silbergewinnung am Rammelsberg bei Goslar, die sich auf den gesamten Oberharz ausdehnte, die Eisenerzgewinnung konzentrierte sich in der Gegend um Elbingerode, und der Abbau von Kupferschiefer fand vor allem im Mansfelder Raum statt.

Allgemeines

Mit der Schließung der Grube in Bad Grund 1992 endete der über tausend Jahre alte Harzer Bergbau, der nicht nur diese mitteldeutsche Landschaft entscheidend mitgeprägt hat, sondern für das Bergwesen überhaupt von großer Bedeutung war.

Die Bergbautechnik verdankt gerade dem Harzer Bergbau wichtige technische Entwicklungen: Hier wurde die Vorstufe des Dynamits für Sprengungen entwickelt, die Fahrkunst zum Personentransport in die tiefen Schächte (→ Reiseziele, Sankt Andreasberg) sowie das Drahtseil erfunden. Harzer Bergleute gelangten als besonders qualifizierte Fachkräfte in

"Glück auf"

weit entfernte Gebiete, im 13. Jh. nach Böhmen und Kärnten, im 14. Jh. nach Schweden, im 16. Jh. nach Norwegen, in die Schweiz, nach England und nach Mittelamerika, im 19. Jh. sogar nach Australien, Afrika und Asien.

Heute erinnern an diese Epoche die zahlreichen Teiche, Graben- und Tunnelsysteme für den Transport des Wassers, riesige, teilweise bewachsene Halden, alte Schachtanlagen und vereinzelt noch Fördertürme.

Bereits in der Altsteinzeit hatten die Menschen damit begonnen, Rohstoffe durch bergmännische Arbeit zu gewinnen. Grabungen im Oberharz deuten auf einen bronzezeitlichen Bergbau; Funde aus dem 3. und 4. Jh. n. Chr. belegen, daß bereits zur Zeit der Römer am Rammelsberg bei Goslar Erzabbau betrieben wurde, der jedoch in Vergessenheit geriet. Um 970 wurde dann am Rammelsberg erneut eine bedeutende Silberader entdeckt, die den Wohlstand des gesamten Reichs mitbegründete und in den folgenden Jahrhunderten für die Entwicklung des Harzes eine wichtige Rolle spielen sollte.

Geschichte

Der Überlieferung nach kamen die ersten Bergleute aus dem Siegerland, nach ihnen heißt heute noch ein Stadtteil von Goslar Frankenberg.

Der Bergbau dehnte sich in den nächsten Jahrzehnten durch das Innerstetal bis in die Gegend von Zellerfeld aus und ließ bis zum 16. Jh. mehr als 30 Orte im westlichen Harz entstehen. Mit der Zunahme der Grubentiefe mehrten sich die Schwierigkeiten der Wasserhaltung. Kriege und Seuchen hemmten mehrmals die Entwicklung, und die Pest vom Jahre 1347 brachte den Oberharzer Bergbau ganz zum Erliegen. Erst die Berufung 'meißnischer Gesellen' aus dem Erzgebirge durch Herzog Heinrich den Jüngeren von Braunschweig-Wolfenbüttel im Jahre 1524 brachte eine neue Blüte. Die Bergarbeiter wurden durch eine Reihe von Vergünstigungen angelockt, die der Landesherr in der Bergfreiheit zugesagt hatte: Der Bergmann durfte Holz schlagen zum Bau seines Hauses und zum Ausbau der Schächte, er durfte brauen, backen, fischen und jagen, Märkte halten, genoß Steuerfreiheit und mußte keine Hand- und Spanndienste leisten.

In dieser Zeit entstanden, teils an der Stelle älterer Betriebe, die sieben freien Bergstädte Grund, Wildemann, Lautenthal, Clausthal, Zellerfeld, St. Andreasberg und Altenau, sowie andere Bergorte wie Bockswiese und Hahnenklee. In St. Andreasberg waren 1533 bereits 116 Gruben in Betrieb. Der Dreißigjährige Krieg brachte einen erneuten Rückschlag. Erst zu Beginn des 18. Jh.s erlebte der Bergbau wieder einen Aufschwung nach der Entdeckung ergiebiger Lagerstätten und nach einer Reihe wichtiger technischer Neuerungen, u. a. den weiteren Ausbau der 'Wasserkünste'. Das zum Bergwerkbetrieb (Förderanlagen, Pumpen, Pochwerke, Erzwäsche) nötige Wasser floß in Sammelgräben den zahlreichen, vor allem seit dem 16. Jh. angelegten Teichen zu.

1868 hatten die Sammelgräben eine Länge von 133 km erreicht. Der 1732 begonnene Dammgraben kam mit seinen Zweiggräben bis zum Jahre 1840 auf 49 km Länge; die 1714–1722 erbaute Talsperre Oderteich war anderthalb Jahrhunderte lang die größte Talsperre Mitteleuropas. 1868 leiteten meist verdeckte Aufschlaggräben von zusammen 71 km Länge das Wasser zu den Schächten, aus denen es dann durch Entwässerungsstollen von zusammen rund 80 km Länge wieder ins Freie gelangte. Der 8 km lange 13-Lachter-Stollen, der 13 Lachter (etwa 25 m) unter der Oberfläche von Clausthal nach Wildemann führt, wurde 1525 begonnen; die neueren Stollen (Georgsstollen und Ernst-August-Stollen) dienten gleichzeitig auch dem Erztransport auf Kähnen.

Durch den großen Bedarf an Grubenholz und der zur Verhüttung verwendeten Holzkohle wurde stellenweise der Waldbestand, besonders auf der Clausthaler Hochebene, stark gelichtet. Im Jahre 1775 wurde in Clausthal eine Fachschule, die spätere Bergakademie und heutige Technische Universität, gegründet, und von

Fahrkunst

hier verbreiteten sich dann wichtige Erfindungen wie die der Fahrkunst (1833) und die des Eisendrahtseils (1834). Nach einer letzten Blütezeit Anfang des 19. Jh.s versiegte der Bergbau im Oberharz. Nach Erschöpfung der Vorräte wurde bereits 1763 in Altenau der Erzbergbau eingestellt; es folgten die Stillegungen der Gruben in Sankt Andreasberg (1910) und schließlich in Bad Grund (1992). Die meisten der Bergstädte haben sich zu beliebten Fremdenverkehrsorten entwickelt. Im südlichen und östlichen Vorharz, wo bis 1990 noch Kupfererz abgebaut wurde, sind in Sangerhausen und in Mansfeld die Buntmetallurgie, in Thale die Stahlmetallurgie noch wichtige Erwerbszweige, die nach einer neuen Konzeption suchen.

Wirtschaft, Bergbau, Geschichte (Fortsetzung)

Auch wenn der aktive Erzbergbau im Harz zum Stillstand gekommen ist, die Bergbautraditionen bleiben lebendig, nicht nur in der Sprache und in den Bräuchen, sondern auch in den zahlreichen Bergbaumuseen. Im Abschnitt 'Reiseziele von A bis Z' werden sie vorgestellt. Im Kapitel 'Praktische Informationen von A bis Z' findet man unter dem Stichwort Bergbaumuseen eine Aufzählung der wichtigsten Bergbaumuseen der Region.

Bergbaumuseen

Verkehr

Schon früh kreuzten sich im Harzraum wichtige Verkehrswege. Von Norden nach Süden führte die in Skandinavien beginnende, nach Aufkommen des Salzhandels Salzstraße genannte Route, die sich südlich des Harzes in die Nürnberger und die Frankfurter Heerstraße verzweigte, die weiter nach Venedig und Genua führten. Sie traf auf die quer durch Nordeuropa verlaufende, zwischen Rhein und Elbe als Helweg bezeichnete Handelsstraße, auch als Höhenstraße bekannt.
Weitere Verkehrwege verliefen am nördlichen und südlichen Harzrand. Seit dem 10. Jh. führten dann auch Wege quer durch den Harz hindurch. Auf ihnen zogen die Herrscher mit ihrem gesamten Hofstaat zu ihren Jagdhöfen oder Pfalzen. Einer der ältesten und bekanntesten dieser sog. Stiege war der Kaiserweg, einst Heidenstieg genannt, ursprünglich ein Fußweg, den die sächsischen Kaiser als Fahrweg erweitern ließen. Er führte von Nordhausen über Ellrich, südlich an Braunlage vorbei, über Oderbrück, Torfhaus und Harzburg bis nach Goslar. Auf ihm soll Heinrich IV. vor den Sachsen von der Harzburg aus nach Thüringen geflohen sein.
Der 'Wilde Weg' ging von Wallhausen über Großleinungen, Rotha, Molmerswende nach Meisdorf. Außerdem existierten bereits der Honsterweg von Osterode über Clausthal und Zellerfeld nach Goslar sowie der aus Erfurt kommende Königsstieg oder Trockweg. Er führte von Nordhausen über Stiege oder Ilfeld, über Hasselfelde, Bodfeld nach Elbingerode, wo er sich nach Heimburg und Halberstadt (Osten) oder Wernigerode (Westen) verzweigte. Der Elendsstieg verband das mitten im Harz gelegene Altenau mit Elend, Braunlage, Hohegeiß und endete in Walkenried.

Verkehrswege

Harzer Schmalspurbahnen

Die Harzer Schmalspurbahnen (auch HSB genannt), zu denen die Harzquer-, die Selketal- und die Brockenbahn gehören, gelten als einmaliges technisches Denkmal. Mit einer Gesamtlänge von 131 km bilden sie Europas größtes zusammenhängendes Schmalspurnetz (Harzquerbahn: 60,5 km, Brockenbahn 19 km, Selketalbahn Gernrode–Harzgerode 18 km, Gernrode–Stiege 36 km Streckenlänge). Über insgesamt 400 Brücken und Durchlässe und nur durch einen einzigen Tunnel durchquert sie den Harz, fährt durch die vielfältige Landschaft mit ihren steilen Bergen, wildromantischen Tälern, Wiesen und Wäldern, durch prächtige Fachwerkstädte und vorbei an beeindruckenden Zeugnissen der Bergbaugeschichte. Dieses einzigartige Erbe ist seit der Wiedervereinigung nun erneut für ein brei-

Allgemeines

Verkehr

tes Publikum erreichbar, und eine Fahrt mit ihr gehört zu den schönsten Erlebnissen eines Harzaufenthaltes.

Geschichte

Die Harzer Schmalspurbahnen entstanden Ende des letzten Jh.s, um den Anschluß dieser Region mit ihren Bodenschätzen, Holzvorkommen und Kleinindustrien an das wirtschaftlich aufstrebende Deutschland herzustellen und den beginnenden Fremdenverkehr zu fördern.
Ursprünglich waren es drei Gesellschaften, die den Harz auf schmaler Spur erschlossen. 1886 wurde die Gernrode–Harzgeroder-Eisenbahn AG (GHE) gegründet, 1896 folgte die Nordhausen–Wernigeröder-Eisenbahn AG (NWE) und als letzte kam 1897 die Südharzeisenbahn von Walkenried nach Braunlage hinzu. Alle Bahnen waren miteinander verbunden und bildeten so ein großes Netz.

Weltkriege, Wirtschaftskrisen, der gestiegene Kraftverkehr und nicht zuletzt die Spaltung Deutschlands nach 1945 bestimmten im wesentlichen ihre Entwicklung im 20. Jahrhundert. 1946 wurde die GHE als Reparationsleistung vollständig demontiert und in den Jahren danach mühevoll wieder aufgebaut. Die Südharzeisenbahn war durch die Zonengrenzziehung vom restlichen Netz abgetrennt und wurde 1963 stillgelegt. Der Betrieb der beiden anderen Bahnen wurde 1949 von der Deutschen Reichsbahn übernommen.
Bis 1961 verkehrten Personenzüge auf der Brockenstrecke, danach wurde der Brocken zum Sperrgebiet und die wegen der vielen engen Bögen 'Quirl' genannte Brockenbahn eingestellt. Seit Juli 1992 fährt sie wieder fahrplanmäßig auf den höchsten Gipfel Norddeutschlands (1125 m ü. d. M.). Hundertzehn Minuten benötigt die Bahn für die rund 33 km lange Strecke von Wernigerode über Drei Annen Hohne und Schierke.
Seit 1974 stehen die Harzer Schmalspurbahnen unter Denkmalschutz. Bereits 1990 hatte sich die Interessengemeinschaft Harzer Schmalspurbahnen (IG HSB) gebildet, die für die Erhaltung der Bahn und die Weiterführung des Betriebes mit Dampflokomotiven eintritt. Seit 1993 werden die Schmalspurbahnen von der Harzer Schmalspurbahn GmbH betrieben, die neuen Eigentümer sind die Landkreise der Region und die an der Strecke gelegenen Kommunen. Selbst der Wiederaufbau der Strecke zwischen Sorge und Braunlage scheint nicht gänzlich ausgeschlossen zu sein.

Auskünfte

Auskünfte über Fahrpläne oder Sonderfahrten erteilen die:
Harzer Schmalspurbahnen GmbH (HSB), Unter den Zindeln, 38855 Wernigerode, Tel. 03943–558151.
Fahrpläne sind auch auf den Bahnhöfen (Informationsschalter) erhältlich.

Technik

Die schwierigen Geländeverhältnisse sowie die vorhandenen Gelder erzwangen den Bau der Strecken in einer Spurweite von 1000 mm (Normalspur: 1435 mm). Unter Verzicht auf aufwendige Brücken- und Tunnelbauwerke entstand eine Bahntrasse mit engen Kurven (Minimalradius: 60 m) und starken Steigungen (max: 1:30). Allein zwischen Steinerner Renne und Drei Annen Hohne gibt es 72 Kurven, hier liegt auch der einzige 70 m lange Tunnel. Selbst die auf den höchsten Gipfel Norddeutschlands fahrende Brockenbahn kommt ohne Zahnräder oder sonstige Hilfsmittel aus.
An Betriebsmitteln für den Personenverkehr stehen 17 Dampfloks (1'E1') aus den fünfziger Jahren zur Verfügung. Mit fünf Kuppelachsen und 700 PS ausgestattet sind die 70 Tonnen schweren Schmalspurdampfloks die stärksten in Europa. Für den Güterverkehr wurden Ende der achtziger Jahre zehn aus Normalspurlokomotiven umgebaute Dieselloks beschafft. Außerdem existieren noch acht historische Dampfloks, darunter drei, die zur Erstausstattung der Bahn gehören, sowie zwei historische Triebwagen, die für Sonderfahrten gemietet werden können (u. a. die 1897 gebaute Mallet-Lokomotive, die Lok 995901).

Naturschutz

Die Wiederinbetriebnahme der Brockenbahn, gegenwärtig sind fünf Zugpaare pro Tag vorgesehen, die bis zu 600 Ausflügler pro Fahrt auf den

Harzquerbahn in voller Fahrt

Naturschutz
(Fortsetzung)

Brocken transportieren, hat jedoch auch Kritiker auf den Plan gerufen. Nun wird versucht, über die Frequenz der Zugverbindungen den erwarteten Ansturm der Fahrgäste zu regulieren. Durch die Verbrennung schadstoffarmer, importierter Steinkohle sank der Schadstoffausstoß an Schwefeldioxid und Ruß auf 86 %.

Streckenverlauf

Hinweis

Die 60,5 km lange Harzquerbahn fährt quer durch den Harz von Wernigerode nach Nordhausen. Ihre Strecke folgt in etwa der ehem. Zonengrenze. Die Fahrzeit beträgt (für die direkte Strecke) rund drei Stunden. Auf der Strecke darf nicht geraucht werden. Darüber hinaus bestehen Anschlüsse an die Brockenbahn und an die Selketalbahn.
Autofahrer werden an den meist unbeschrankten Bahnübergängen durch Pfeifen (lang–kurz) gewarnt.
Neben dem Regelzugverkehr auf der Gesamtstrecke stehen für Sonderfahrten auch ein Traditionszug für 200 Personen sowie ein Triebwagen T 1 Bj. 1933 für 25 Personen zur Verfügung. Nähere Auskünfte erteilt die Harzer Schmalspurbahnen GmbH.

Wernigerode
Wernigerode-
Westerntor

Vom Bahnhof Wernigerode (km 0,0; 234 m) umfährt die Bahn den Nordwestrand der Stadt bis zum Bahnhof Wernigerode-Westerntor (km 1,0; 236 m). Im Bahnhofsgebäude am Westerntor ist die Betriebsleitung der Harzer Schmalspurbahnen untergebracht; hier liegt auch der Lokschuppen. Jeden Monat werden die Lokomotiven durchgesichtet; alle sechs Monate findet eine Bedarfsausbesserung statt: Achslager und Kuppelstangenlager werden aufgearbeitet, die abgefahrenen Spurkränze der Räder aufgearbeitet, andere Verschleißteile überprüft und erneuert.
Nach den Haltestellen Wernigerode-Kirchstraße (km 2,5; 256 m) und Wernigerode-Hasserode (km 4,3; 280 m) überquert die Bahn die Holtemme,

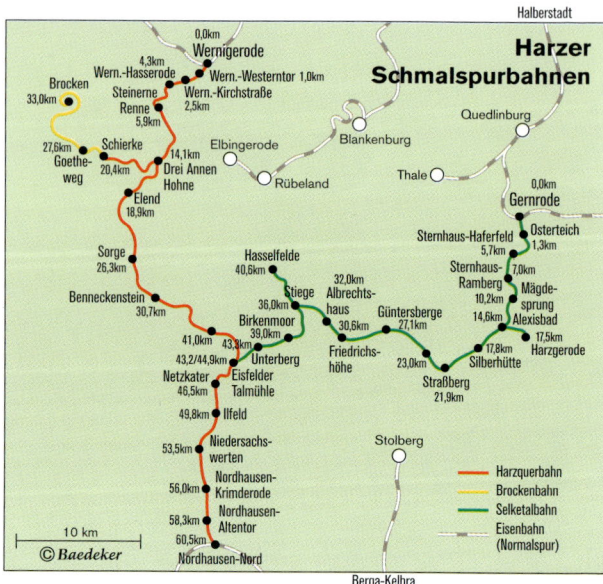

Harzer Schmalspurbahnen

Halberstadt

0,0km Wernigerode
4,3km Wern.-Hasserode
Wern.-Westerntor 1,0km
Wern.-Kirchstraße 2,5km
Brocken 33,0km
Steinerne Renne 5,9km
Schierke 14,1km
27,6km Goetheweg
20,4km Drei Annen Hohne
Elbingerode
Blankenburg
Quedlinburg
Thale
Rübeland
Elend 18,9km
Sorge 26,3km
Hasselfelde 40,6km
Stiege 36,0km
Albrechtshaus 32,0km
Günthersberge 27,1km
Gernrode 0,0km
Sternhaus-Haferfeld 5,7km
Osterteich 1,3km
Sternhaus-Ramberg 7,0km
Mägdesprung 10,2km
Alexisbad 14,6km
Benneckenstein 30,7km
Birkenmoor 39,0km
41,0km 43,8km
43,2/44,9km Unterberg
Netzkater 46,5km
Eisfelder Talmühle
Friedrichshöhe 30,6km
Straßberg 21,9km
Silberhütte 23,0km
Harzgerode 17,5km
17,8km
Ilfeld 49,8km
Niedersachswerfen 53,5km
Nordhausen-Krimderode 56,0km
Nordhausen-Altentor 58,3km
Nordhausen-Nord 60,5km
Stolberg
10 km
© Baedeker

Harzquerbahn
Brockenbahn
Selketalbahn
Eisenbahn (Normalspur)

Berga-Kelbra

Streckenverlauf
der Harzquerbahn
(Fortsetzung)
Steinerne Renne

und nun geht es durch eine sehr enge Kurve hinauf zur Steinernen Renne (km 5,9; 311 m). In der Nähe des Bahnhofs beginnen mehrere Rundwanderwege, u. a. zu den 2 km entfernten Wasserfällen der Steinernen Renne, wo die Holtemme über ein bizarres Felsengebilde in die Tiefe stürzt.
Auf der nun folgenden, 8 km langen Strecke durch das Dränge- und das Thumkuhlental überwindet die Bahn 230 Höhenmeter (max. Steigung 1:30; unterwegs ergibt sich ein schöner Blick zurück auf Wernigerode). Am Thumkuhlenkopf beginnt die einzige, 70 m lange Tunneldurchfahrt auf der ganzen Strecke.

Drei Annen Hohne

Drei Annen Hohne; km 14,1; 540 m. Aufenthalt zum Auffüllen des Wasservorrats; zwischen Wernigerode und hier hat die Bahn vier Kubikmeter Wasser in Dampf und in die Schubkraft der Zylinderkolben verwandelt sowie fast 20 Zentner Steinkohle verbraucht.

**Abzweig
Brockenbahn**

Kurz hinter Drei Annen Hohne liegt die Abzweigung der 14 km langen Brockenbahn. Bis Schierke ist es durch dichte Fichtenwälder, in zwei großen Bögen um die Regensteiner Köpfe herum und durch das Tal der Wormke; Damm und Brücke über die Wormke sind das beeindruckendste Hochbauwerk der Brockenbahn. Oberhalb Schierkes fährt der Zug in seinen Bahnhof Schierke (km 5,4; 685 m). Nachdem die Brockenstraße gekreuzt wurde, beginnt die sog. Brockenspirale. Damit die Eisenbahn ihren 1923 an der etwas wettergeschützten Ostseite des Brockengipfels erbauten, in 1125 m Höhe gelegenen Bahnhof erreicht, mußte die Strecke künstlich verlängert werden. So fährt sie nun, um die letzten Höhenmeter zu überwinden, eineinhalbmal um die Brockenkuppe.

Schierke

Weiter mit
der Harzquerbahn
Elend

Nächste Station der Harzquerbahn nach Drei Annen Hohne ist Elend; km 18,9; 505 m. Die Bahn überquert die Kalte Bode, durchfährt dichte Fichten- und dann lichtere Erlenwälder; zur Rechten passiert man den 971 m hohen Wurmberg und erreicht den höchsten Punkt der Strecke (557 m).

Sorge

Nächste Station ist das an der Warmen Bode gelegene Sorge (km 27,1; 486 m); anschließend folgt Benneckenstein (km 30,7; mit 530 m zweithöchstgelegener Ort der Strecke). Kurz hinter Benneckenstein überquert die Bahn die Rappbode, gelangt in ein großes geschlossenes Waldgebiet, steigt aus dem Dambachtal ein wenig und fährt durch Tiefenbachmühle (km 41,0; 411 m). Hier hält der Zug nur, wenn man es vorher beim Schaffner angemeldet hat.

Streckenverlauf der Harzquerbahn (Fortsetzung)

Nächste Haltestation ist die Eisfelder Talmühle (km 43,2; 352 m). Hier hat man Anschluß an die Selketalbahn, die älteste der Harzer Schmalspurbahnen. Sie verkehrt täglich siebenmal zwischen Eisfelder Talmühle und dem am nördlichen Harzrand gelegenen Gernrode (62 km Streckenlänge). Zunächst führt die Strecke nach Stiege hinauf, erreicht die Orte Günthersberge und Straßberg, fährt durch Silberhütte und Alexisbad. Hier zweigt eine Stichbahn nach Harzgerode ab; die Selketalbahn fährt weiter nach Mägdesprung, einem beliebten Ausgangspunkt für Wanderungen durch das Selketal, u. a. zur Burg Falkenstein und nach Ballenstedt. Die Bahn erreicht nun Sternhaus Ramberg und den Bedarfshaltepunkt Sternhaus Haferfeld (Haltepunkt nur bei vorheriger Anmeldung) und endet schließlich in Gernrode.

Eisfelder Talmühle
Abzweig
Selketalbahn

Nächste Station der nach Nordhausen führenden Harzquerbahn ist nach Durchfahrt des Behretals der Haltepunkt Netzkater (km 46,5; 309 m). In dessen Umgebung laden u. a. der 599 m hohe Poppenberg (mit Aussichtsturm), einige Forsthäuser und Waldgaststätten, u. a. Hufhaus, Christianenhaus, zu Wanderungen ein.

Weiterfahrt
Harzquerbahn

Mit der Bahn geht es nun durch das Ilfelder Tal, an mächtigen Steinbrüchen, Felswänden und an Klippen vorbei nach Ilfeld (km 49,8; 254 m). Hinter Ilfeld verläßt die Bahn das Gebirge. In Fahrtrichtung tauchen Gipsberge auf, z. B. rechter Hand der 80 m hohe Mühlberg; nächste Station ist Niedersachswerfen (km 53,5; 213 m), hier wird am Kohnstein Zechstein-Anhydrit, ein Kalziumsulfat, für die chemische Industrie abgebaut und zu Schwefelsäure und Ammoniak verarbeitet.

Ilfeld

Über den Haltepunkt Nordhausen-Krimderode (km 56,0; 198 m) erreicht die Harzquerbahn den Bahnhof Nordhausen-Altentor (km 58,3; 189 m) sowie Nordhausen-Nord (km 60,5; 184 m), Endstation der Bahn.

Nordhausen

Weitere Eisenbahnen im Harz und im Eichsfeld

Neben den berühmten Schmalspurbahnen gibt es weitere Eisenbahnstrecken, die das Gebiet erschlossen haben. Zu nennen sind die 1923 eingeweihte Eisenbahnstrecke von Berga über Kelbra nach Stolberg. Für einen Besuch der Höhle Heimkehle sowie für Stolberg selber ist die Station Uftrungen von Bedeutung.

Die 1875 errichtete, 19 km lange Rübelandbahn verbindet Blankenburg und Elbingerode. Die Fahrt dauert rund 70 Min.; Haltestationen sind Westend, Michaelstein, Braunesumpf, Hüttenrode, Neuwerk, Rübeland und Mühlental.

Rübelandbahn

Die Mansfelder Bergwerksbahn (Spurbreite 750 mm) verkehrt zwischen Klostermansfeld (bei Mansfeld) und dem Eduard-Schacht bei Hettstedt.

Mansfelder Bergwerksbahn

Berühmte Persönlichkeiten

Hinweis

Die nachstehende namensalphabetisch geordnete Liste vereinigt historische Persönlichkeiten, die durch Geburt, Aufenthalt, Wirken oder Tod mit dem Harz verbunden und über seine Grenzen hinaus bekannt geworden sind.

Gottfried August Bürger (1747–1794)

Gottfried August Bürger, der berühmte Münchhausen-Dichter, wurde 1747 als Pastorensohn in dem Harzdörfchen Molmerswende geboren. Er gehörte zu den bedeutendsten Lyrikern des Sturm und Drang und sein dichterisches Schaffen zählt als ein wesentlicher Beitrag zur klassischen deutschen Nationalliteratur. Bürger studierte in Halle Theologie, in Göttingen Jura, wo er auch als Privatdozent wirkte. Da er nicht von der Gnade der Fürsten leben wollte, ging es Bürger Zeit seines Lebens nicht gut, und er starb schließlich nach einem entbehrungsreichen Leben an Schwindsucht. Seine literarischen Erfolge gelangen ihm vor allem auf dem Gebiet der volkstümlichen Ballade, ferner durch antifeudale Dichtkunst, u. a. "Der Bauer an seinen durchlauchtigsten Tyrannen", "Für wen, du deutsches Volk", "Der Raubgraf". Zum Volksbuch wurde sein "Baron Münchhausen", eine köstliche Satire auf den Adel, die er anhand zweier Vorlagen aus dem Englischen rückübersetzte und stark erweiterte. In seinem Geburtshaus in Molmerswende werden Leben und Werk Bürgers gewürdigt.

Dorothea Christiane Erxleben (1715–1762)

Dorothea Christiane Erxleben wurde 1715 in Quedlinburg geboren. 1754 promovierte sie mit königlicher Genehmigung als erste Frau in Deutschland. Ihre Prüfungen legte sie mit der Auszeichnung 'summa cum laude' ab. Die Doktorin der Medizin praktizierte bis zu ihrem Tod in ihrer Heimatstadt. Bereits 1742 hatte sie unter ihrem Mädchennamen Leporin in Berlin eine "Gründliche Untersuchung der Ursachen, die das weibliche Geschlecht vom Studiren abhalten" veröffentlicht, eine gelehrte Widerlegung der herrschenden Vorurteile gegen Schulbesuch und Studium von Frauen. Ganz im Geiste der Aufklärung schrieb die Zeitgenossin Klopstocks: "Hätte man von Anbeginn der Welt alles dasjenige, was nützlich und heilsam ist, nur deßwegen unterlassen wollen, weil solches damahls, da es zuerst erfunden worden, noch neu und nicht im Gebrauch gewesen, wie viele Sachen würden denen Menschen fehlen, deren Nutze niemahls genug was gepriesen werden."

Hrotsvith von Gandersheim (um 935 bis 973)

Die Dichterin Hrotsvith (Roswitha) von Gandersheim stammte wohl aus sächsischem Adel und trat recht jung ins Kloster Gandersheim ein, vielleicht als Stiftsdame. Hier erhielt sie auch ihre Ausbildung. Vor 959 begann sie in lateinischer Sprache zu schreiben. Ihr Werk gliederte sie selbst chronologisch in drei Bücher. Zuerst verfaßte sie acht Heiligenlegenden in Hexametern, hierin griff sie als erste im deutschen Sprachraum das Motiv von dem Pakt mit dem Teufel auf und begründete damit die bis in unsere Zeit während Auseinandersetzung. Bedeutender sind ihre sechs Dramen in gereimter Prosa, ein christliches Gegenstück zu den Komödien des römischen Dichters Terenz (um 185–159 v. Chr.). In ihnen führte auch Hrotsvith die Lasterhaftigkeit vor, jedoch nur, um im Unterschied zu dem Heiden Terenz, den Triumph ihrer christlichen Helden (Heilige, Märtyrer, Einsiedler, Prediger und Jungfrauen) zu feiern. Sie scheute sich nicht, dabei auch erotische, leidenschaftliche oder drastische Szenen darzustellen. Ihre Versuche, ein christliches Lesedrama zu schaffen, stehen im frühen Mittelalter einzig da. Außerdem verfaßte sie historische Gedichte, in den "Gesta Oddonis" verherrlichte sie Kaiser Otto I., in einem weiteren beschreibt sie die Anfänge ihres Klosters bis 919.
Ihre im Mittelalter wenig beachteten Werke wurden erst 1493 wieder entdeckt und 1501 von dem Humanisten K. Celtis in Nürnberg veröffentlicht.

Diese Ausgabe löste bei den Humanisten eine Hrotsvith-Begeisterung aus, die bis weit ins 16. Jh. anhielt. Einige ihrer Erstausgaben befinden sich in der Herzog-August-Bibliothek in Wolfenbüttel und in der Bayerischen Staatsbibliothek in München.

Hrotsvith von Gandersheim (Fortsetzung)

Gleim, einer der bedeutenden Dichter der Aufklärung, erblickte 1719 als Sohn eines Steuerbeamten in Ermsleben das Licht der Welt und besuchte in Wernigerode das Lyzeum. In Halle studierte er Jura und Philologie und gründete in der Saalestadt den "Halleschen Dichterkreis", dem auch der Ansbacher Johann Peter Uz und der Wormser Johann Nikolaus Götz angehörten.

Johann Wilhelm Ludwig Gleim (1719–1803)

Zusammen übersetzten sie die "Oden des Anakreon" und dichteten nach dessen Vorbild. Gleim besang vor allem die Liebe, die Freundschaft und verteilte dabei kräftige Hiebe auf alle kriegführenden Helden, eifernden Priester und der Prinzen Dummheit. 1744 wurde Gleim Sekretär des Prinzen Wilhelm von Brandenburg und begleitete diesen in den 2. Schlesischen Krieg. Ab 1747 (bis 1791) erhielt er das Amt des Domsekretärs und Kanonikers des Halberstädter Doms. Er stellte fortan seine antiklerikalen Angriffe ein, förderte aber zeitlebens junge Poeten. Diese nannten das Haus von "Vater Gleim" einen "Tempel der Musen und der Freundschaft" (heute Gleim-Museum). Gleim schuf Wein- und Liebeslieder, Epigramme, Spruchdichtungen, Moralsatiren, burlesk-komische Romanzen und die "Preußischen Kriegslieder", in denen er – entgegen seiner Haltung in jungen Jahren – Preußens Gloria verherrlicht. Gleim führte mit allen Geistesgrößen seiner Zeit einen ergiebigen Schriftwechsel und sein Nachlaß (teilweise im Gleimhaus in Halberstadt ausgestellt) ist heute von großem Wert für die Erforschung der Literaturgeschichte.

Novalis, eigentlich Friedrich von Hardenberg, der bedeutendste Vertreter der deutschen Frühromantik in der Literatur, wurde 1772 im Schloß Oberwiederstedt in Wiederstedt bei Hettstedt geboren. "Die Familie bestand aus sieben Söhnen und vier Töchtern, welche durch Geist und Gemüt ausgezeichnet waren", schrieb der Freund Ludwig Tieck. "Novalis war groß, schlank und in edlen Verhältnissen, er trug sein lichtbraunes Haar in herabfallenden Locken...Seine Miene war stets heiter und wohlwollend. Sein Gespräch lebhaft und laut,seine Gebärde großartig... Langeweile kannte er nicht."

Friedrich von Hardenberg, genannt Novalis (1772–1801)

Friedrich von Hardenberg hatte das Gymnasium in Lutherstadt Eisleben, die Universitäten Jena, Leipzig, Wittenberg und die Bergakademie Freiberg besucht, war danach in der Saline Artern beschäftigt, wo er meteorologische Beobachtungen anstellte, um die Gradierung der Sole zu erhöhen und schrieb nebenbei u. a. die "Hymnen an die Nacht" und das "Wunderreich der ewigen Nacht".

Heinrich I. stammte aus dem sächsischen Geschlecht der Liudolfinger (ab Otto I. auch Ottonen genannt) und ehelichte Hatheburg, die Tochter des Grafen Erwin von Merseburg. Das enge Verhältnis zu den Merseburgern und zum Ort Merseburg behielt Heinrich I. zeitlebens bei, auch als er 909 in zweiter Ehe Mathilde zur Frau nahm. 912 erhielt Heinrich I. die Herzogswürde von Sachsen, 919 erfolgte seine Wahl zum ostfränkischen König. Die Nachricht von seiner Wahl soll dem überraschten Heinrich an seinem Vogelherd überbracht worden sein (→ Geschichte, Kultur und Kunst). Er erwarb Lothringen und begann, die slawischen Stämme östlich der Elbe und Saale zu unterwerfen. Da die Herrscher auf Reisen regierten, machte ihr zeitweiser Aufenthalt die jeweilige Pfalz zur Hauptstadt. Häufig hielt er sich in Quedlinburg auf, hierher rief er auch 929 eine Reichsversammlung ein, und hier liegt er auch begraben.

Heinrich I. (875–936)

Zum Schutz vor Überfällen der Ungarn ließ er an der Ostgrenze seines Reichs zahlreiche Burgen errichten oder ausbauen, hierfür nützte er einen neunjährigen Waffenstillstand mit den Ungarn. In dieser Zeit gründete er außerdem ein neues Heer der Panzerreiter. Als er sich sicher genug fühlte, kündigte er den Waffenstillstand auf. In der Schlacht an der Unstrut 933

Berühmte Persönlichkeiten

Heinrich I.
(Fortsetzung)

schlug er die Ungarn schließlich mit einem von allen Stämmen getragenen Heer. 936 starb Heinrich in Memleben, wurde dann jedoch auf seinen Wunsch in Quedlinburg beigesetzt.

Friedrich Gottlieb
Klopstock
(1724–1803)

Klopstock, 1724 in Quedlinburg geboren, trug schon als Gymnasiast schriftstellerische Pläne mit sich herum und während seines Theologiestudiums in Jena und Leipzig begann er sie zu verwirklichen. Nach dem Studium ging Klopstock zunächst als Hauslehrer nach Langensalza, folgte einer Einladung nach Zürich und nach Kopenhagen an den dänischen Hof. Zwischen 1754 und 1769 hielt er sich mehrfach längere Zeit in Halberstadt und in seinem Geburtsort Quedlinburg auf und wählte ab 1770 bis zu seinem Tod Hamburg als Wohnsitz. Klopstock war neben Lessing und Wieland der bedeutendste Dichter der deutschen Aufklärung und galt mit seiner ausdrucksstarken Lyrik als Vorbild für die klassische deutsche Literatur. Goethe nannte ihn das Dichtergenie einer neuen Epoche.

Sein Welt- und sein Menschheitsbild sind vom Anspruch des Menschen auf die Entfaltung seiner Individualität und von der Schönheit und Vollkommenheit der Natur als Gottesschöpfung geprägt. Neben dem "Messias" und den "Oden" schrieb er das biblische Trauerspiel "Der Tod Adams", das Prosawerk "Die deutsche Gelehrtenrepublik" sowie Oden über die revolutionären Kämpfe in Frankreich. 1792 wurde Klopstock zum Ehrenbürger der Französischen Republik ernannt und die darüber ausgefertigte Urkunde ist in seinem Geburtshaus in Quedlinburg ausgestellt.

Martin Luther
(1483–1546)

Martin Luther wurde 1483 in Eisleben geboren, hier starb er auch 1546. Aufgewachsen ist er allerdings in Mansfeld, wohin seine Familie bereits 1484 nach seiner Geburt gezogen ist. Im Alter von 22 Jahren trat er in das Augustinerkloster in Erfurt ein, wo er 1507 zum Priester geweiht wurde. 1512 promovierte er zum Doktor der Theologie und erhielt einen Lehrstuhl für Biebelexegese in Wittenberg. 1517 schlug er an der Wittenberger Schloßkirche seine 95 Thesen gegen den Mißbrauch des Ablasses an, ein Ereignis, das als Beginn der Reformation angesehen wird. Sein Bruch mit der katholischen Kirche wurde bei der Disputation mit J. Eck (1519) deutlich. Um 1520 entstanden seine bedeutendsten reformatorischen Schriften. Die Kirche belegte ihn 1521 mit dem Bann, doch auf dem Reichstag zu Worms lehnte er den Widerruf ab. Als 'Junker Jörg' hielt er sich auf der Wartburg verborgen und übersetzte hier das Neue Testament ins Deutsche (die Erstausgabe wurde 1534 ediert) und schuf gegen den römischen Klerus eine streitbare Literatur wie die Schrift "Wider das Papsttum zu Rom vom Teufel gestiftet", zu der Lucas Cranach d. Ä. seine Zeichnungen lieferte.

Energisch wandte sich Luther jedoch auch gegen die seiner Ansicht nach zu weitreichenden Forderungen des 'Bundschuhs', dem Zusammenschluß der Bauern; 1525 unternahm er noch eine Predigtreise durch den Harz, um den drohenden Ausbruch von bäuerlichen Unruhen zu verhindern – ohne Erfolg: "Die thüringischen Bauern habe ich selbst erfahren, daß je mehr man sie ermahnt und lehret, je störriger, stolzer und toller sie wurden, und haben sich allenthalben also mutwillig und trotzig gestellet, als wollten sie alle ohne Gnade und Barmherzigkeit erwürget sein." (zitiert nach: Andreas Lindemeier, "Harzreisen", 1991).

Luther verfaßte viele volkstümliche Schriften und schuf eine Fülle von Liedern, die noch heute gesungen werden. Damit formte er die deutsche Sprache ganz wesentlich.

Bis zu seinem Tod erschienen elf revidierte Bibelauflagen.

Thomas Müntzer
(1490–1525)

Der in die Geschichte als Bauernführer eingegangene Thomas Müntzer wurde um 1490 in Stolberg geboren. Er studierte Theologie und entwickelte sich bald zu einem unversöhnlichen Rebellen wider Adel, Fürsten und Papst. 1523/24 wirkte Müntzer als Pfarrer in Altstedt. In seinen Predigten legte er seine Vorstellungen von der deutschen Kirche dar, in der es keine sozialen Unterschiede geben sollte. Während seiner Zeit als Pfarrer in Allstedt führte Müntzer auch die deutsche Sprache für liturgische Handlun-

Dorothea Erxleben   Heinrich I.   Thomas Müntzer

gen, für die Predigt und das Kirchenlied ein. An manchen Tagen strömten zweitausend Menschen zu seinen Gottesdiensten. In der Burgkapelle von Allstedt hielt Müntzer am 13. Juli 1524 seine berühmte Fürstenpredigt, in der er die Adligen aufrief, an der Seite des Volkes für die Reformation einzutreten. Nachdem dieser Versuch gescheitert war, mußte er aus Allstedt und danach aus Mühlhausen fliehen. Ende 1524 gewann er Verbindung zu den Wiedertäufern und den aufständischen Bauern. Nach seiner Rückkehr nach Mühlhausen wurde er im Frühjahr 1525 zum Pfarrer gewählt, setzte eine radikaldemokratische Verfassung durch und wurde zum Anführer des Bauernkriegs in Thüringen. Am Schlachtberg von Frankenhausen kam es am 15.5.1525 zur unvermeidlichen militärischen Auseinandersetzung mit dem Heer der deutschen Fürsten. Der Bauernkrieg endete mit einer Niederlage für die Bauern und mit der Hinrichtung von Thomas Müntzer.
Im Geburtsort Müntzers, in Stolberg, erinnern das Heimatmuseum und ein Bronzedenkmal an den Mann, der die sozialen Nöte seiner Zeit mit den urchristlichen Lehren verband und zu lösen versuchte. In Allstedt wurde eine Gedenkstätte im Turm der 1200 erbauten Wigbertikirche und auf dem Schlachtberg über Bad Frankenhausen ein Panoramagemälde des Leipziger Malers Werner Tübke ("Die frühbürgerliche Revolution in Deutschland") eingerichtet

Thomas Müntzer (Fortsetzung)

Siehe Hardenberg, Friedrich von

Novalis

Otto I., auch Otto der Große genannt, war Sohn des Herzogs von Sachsen und ersten deutschen Königs Heinrich I.; er wurde 936 im Dom zu Aachen zum König gekrönt. Unmittelbar nach seiner Regierungsübernahme unterwarf Otto I. die opponierenden Herzöge von Franken, Lothringen und Bayern und ersetzte sie durch Familienmitglieder. Gleichzeitig schuf er eine enge Verbindung der weltlichen mit der geistlichen Macht, in dem er Kirchenfürsten mit den Privilegien und Vollmachten der Krone ausstattete. Gegen die ständig einfallenden Ungarn ließ er weitere Grenzfestungen entlang der Saale bauen und bereitete ihnen schließlich 955 auf dem Lechfeld eine vernichtende Niederlage.
Unter Otto I. begann die verstärkte Ostexpansion in die slawischen Gebiete östlich und nördlich der Elbe. 968 gründete er den wichtigen Missionsstützpunkt und das Bistum Magdeburg. Auf Bitten des Papstes Johannes XXII. zog er mit einem Heer nach Italien, übernahm den Schutz der Kirche und wurde zum Kaiser gekrönt. Durch die Hochzeit seines Sohnes Otto II. mit der byzantinischen Prinzessin Theophanu beschwichtigte er die Bayern und konnte in seiner Regierungszeit das Heilige Römische Reich Deutscher Nation errichten, dessen Geschicke er u. a. von den Pfalzen in Magdeburg, Quedlinburg und Merseburg sowie von seiner Lieblingspfalz Memleben steuerte, wo er 973 starb.

Otto I. (912–973)

33

Berühmte Persönlichkeiten

Eike von Repgow, auch Repgau und Reppichau genannt, wurde 1180 in Reppichau (heute Bundesland Anhalt) geboren. Statt der Lanze führte der Ritter die Feder und schrieb um 1215 den "Sachsenspiegel", in dem er die recht unterschiedliche Rechtsprechung der mittelalterlichen Pfalzgrafen zusammentrug und so eine erste Gesetzessammlung der Landes- und Lehnsrechte schuf. Der "Sachsenspiegel" war zunächst in Latein abgefaßt, um 1220 übertrug ihn Eike von Repgow auf der Burg Falkenstein wohnend in die deutsche Sprache. In diesem Werk ließ er eine Fülle zeitkritischer Gedanken einfließen und betonte immer wieder die Gleichheit von arm und reich vor Gott. 1374 wurden 14 seiner Artikel vom Papst als Ketzerei verdammt. Einige seiner Rechtsgrundsätze wurden zu bekannten Sprichworten, z. B. "Wer zu erst kommt mahlt zuerst!" Der Sachsenspiegel gilt gleichzeitig als eines der ersten bedeutenden Werke in der deutschen Literatur und als Vorbild für den Deutschenspiegel (1274), den Schwabenspiegel (1275) und den Frankenspiegel (1328). Der Sachsenspiegel beeinflußte stark das Magdeburger Recht, er wurde abgeschrieben, ergänzt und fand immer mehr Ausbreitung. Man übersetzte ihn ins Tschechische, Polnische und Ukrainische. Für die deutsche Rechtsprechung zog ihn 1932 das Reichsgericht Leipzig letztmals zu Rate.

Im Jahre 1227 schrieb Eike von Repgow auch die "Sächsische Weltchronik", einen Abriß der Geschichte von der Erschaffung der Welt bis zur Gründung des Heiligen Römischen Reiches Deutscher Nation auf der Basis der einst stärksten Territorialmacht Sachsen.

Geschichte, Kultur und Kunst

Die kulturgeschichtliche Entwicklung in der Harzregion ist von der Ur- und Frühgeschichte bis zur Gegenwart in die Gesamtentwicklung des mitteldeutschen Kulturraums eingebettet. In fast allen Harzorten bieten heute kleinere und größere Museen einen Überblick über die regionale Geschichte.

Vorbemerkung

Zur Zeit der sächsischen Herrscher (919–1024) und auch der fränkischen Salier (1024–1125) erlebte der Harz als eines der Zentren des Heiligen Römischen Reichs Deutscher Nation seine Blütezeit. So spielen der Harz und sein Vorland in der frühen deutschen Kunstgeschichte eine bedeutende Rolle.

Chronologie

Die ersten Spuren von Menschen im Harzvorland stammen aus der Altsteinzeit.

Um 100 000 v. Chr.

Jägersippen halten sich im Harzraum auf.

40 000 v. Chr.

In der Bronzezeit wandern Germanen und Kelten in den Harzraum ein.

um 5000 bis 2000 v. Chr.

Im Mansfelder Gebiet wird Kupferschiefer oberflächlich abgebaut.

seit 1800 v. Chr.

Eisengewinnung im Harzraum.

seit 800 v. Chr.

Karl der Große erobert sächsisches Stammesgebiet rund um den Ostharz.

772–804 n. Chr.

Der Sachsenherzog Heinrich wird als Heinrich I. erster deutscher König.

919 n. Chr.

Regierungszeit der sächsischen Herrscher: Heinrich I. (919–936); Otto I. (936–973); Otto II. (973–983); Heinrich II. (1002–1024).

Ottonen (919–1024)

Gründung der ersten mitteldeutschen Bistümer Magdeburg, Meißen, Merseburg und Zeitz.

968

Entdeckung und Nutzung von Silbererz am Rammelsberg bei Goslar.

um 970

Regierungszeit der fränkischen Salier:
Heinrich III. (1039–1056); Heinrich IV. (1056–1106; in seine Regierungszeit fällt der Investiturstreit 1075–1122); Heinrich V. (1106–1125).

Salier (1024–1125)

Unterteilung des Harzes in Grafschaften.

1125

Besiedlung des Oberharzes; Erzbergbau bis zur Pest 1348.

um 1200

Krisenreiche Bergbauentwicklung; Reformation und Bauernkrieg; die Harzgrafen sichern sich den Unterharz.

1360–1526

Bergleute aus dem Erzgebirge beleben erneut den Oberharzer Erzbergbau; Gründung der sieben freien Bergstädte; Beginn des Grubenbergbaus.

1520–1620

Teiche werden zur Grubenentwässerung angelegt; Holzmangel forciert Fichtenkulturen; 1775 Gründung der Bergakademie Clausthal; heute Technische Universität.

18. Jahrhundert

1803	Franzosen besetzen den Harz.
1815	Napoleon wird besiegt, der Harz unter Preußen und Hannover neu aufgeteilt.
19. Jahrhundert	Zunahme des Fremdenverkehrs. Ab 1843 Bau der Harzer Eisenbahnen; 1887–1905 Bau der Selketalbahn; 1897–1899 Bau der Harzquer- und der Brockenbahn.
1886	Gründung des Harzklubs; Wanderwege werden gebaut und Schutzhütten errichtet.
1945	Zerstörungen im Zweiten Weltkrieg im Ostharz, u. a. Halberstadt und Nordhausen; im Juli Rückzug der Westalliierten aus dem Ostharz.
1949	Gründung von BRD und DDR. Errichtung des Eisernen Vorhangs.
1952	Der auf dem Gebiet der DDR liegende Brocken wird Sperrzone.
13.8.1961	Mauerbau in Berlin, Ende des Brockentourismus; Minen und Selbstschußanlagen am Berg.
1989	Reisefreiheit für DDR-Bürger, das Brockengebiet wird vor der Wiedervereinigung Nationalpark.
3. Dezember 1989	Öffnung der Brockenkuppe.

Kulturgeschichte

Von der Frühzeit (100 000 v. Chr.) bis zur Herausbildung des frühen deutschen Nationalstaates (10. Jh.):

Altsteinzeit

In der Altsteinzeit (100 000–40 000 v. Chr.) lebten die Menschen im Harzvorland in umherziehenden Horden als Jäger, Sammler und Fischer. Sie wohnten in Zelten, Hütten und in Höhlen; Werkzeuge und Waffen waren aus Stein, Holz und Knochen.
Funde von bearbeiteten Geweih- und Feuersteinspitzen und Knochen eiszeitlicher Tiere an Rast- und Siedlungsplätzen, u. a. in den Rübeländer Höhlen, an der Bode bei Wedderleben, bei Quedlinburg und bei Frankenhausen, belegen, daß die Menschen nur zur Nahrungssuche in das wildreiche Gebirge eindrangen, das zu dieser Zeit von einem dichten Urwald bedeckt war.
In der Jüngeren Altsteinzeit (40 000–5000 v. Chr.) bildeten sich Sippen der Jäger und Sammler heraus. Erstmals wurden Werkzeuge hergestellt, es begann sich die Arbeitsteilung durchzusetzen. Das Beil wird ein neues und wichtiges Werkzeug. Der Hund wird zum ersten Haustier des Menschen.

Jungsteinzeit

In der Jungsteinzeit (5000–2000 v. Chr.) erfolgte der Übergang zu Ackerbau und Viehzucht. Im Harzvorland entwickelten sich Bauernkulturen. Die Menschen wurden seßhaft, lebten und arbeiteten in Sippen, gliederten sich in Einzelfamilien auf und schufen Siedlungen mit Blockhütten. Auf Nahrungssuche drangen sie immer tiefer in das Gebirge ein, Spuren fanden sich in den Flußtälern der Bode und der Selke, bei Elbingerode, Braunlage und Hasselfelde. Geräte, Werkzeuge und Waffen wurden technisch verbessert; die Gebrauchsgegenstände verfeinert und künstlerisch bearbeitet, vor allem bei keramischen Gefäßen. Die Menschen pflegten den Tauschhandel. In Gräbern, an Kultstätten und an Siedlungsplätzen, u. a.

Prachtvolle Renaissance-Tumba für Graf Hoyer VI. in Lutherstadt Eisleben ▶

Kulturgeschichte

Jungsteinzeit (Fortsetzung)

bei Thale, Ballenstedt, Hettstedt und Sangerhausen, wurden Steinwerkzeuge (Messer, Beile, Hacken, Äxte), Knochenreste von Haustieren (u. a. Rinder, Schweine, Ziegen), Schalen, Krüge und Kannen gefunden. Diese Kulturen werden anhand der Muster und Formen ihrer Gefäße unterschieden, u. a. Bandkeramik, verschiedene Becherkulturen und Schnurkeramik.

Bronzezeit

Während der Bronzezeit (2000–800 v. Chr.) ging die Besiedlung weiter; wie die Kultstätte auf dem Wurmberg (bei Braunlage) zeigt, wurde nun der gesamte Harz erfaßt. Aus Schweden, Dänemark und Norddeutschland stammende Germanen stießen im Harzraum auf die aus dem Süden einwandernden Kelten. Funde in Neinstedt und bei Quedlingburg, u. a. Waffen, Schmuck und kostbare Grabbeigaben, zeigen, daß sich trotz lange andauernder Kämpfe eine bemerkenswerte Kultur entwickelte. Es herrschte die patriarchalische Sippen- und Stammesordnung, die Hügelgräber- und Urnenfeldkultur. Die Entdeckung von kupfer- und zinnhaltigem Erz ermöglichte die Herstellung von Bronzegeräten, Beile, Pfeilspitzen und Schmuck wie Hals- und Armringe. Fundorte waren u. a. die Georgshöhle bei Thale, der Lehofberg bei Quedlinburg, das Gräberfeld bei Meisdorf und der Peterstein bei Wernigerode. Es existierten frühe Formen der Warenproduktion.

Rund um den Harz entstanden die ersten Fluchtburgen, befestigte Burgwälle zum Schutz der Bevölkerung und zur Herrschaftssicherung der Adelsschicht. An sie erinnern nur wenige Spuren, u. a. am Ausgang des Bodetals bei Thale, am Hexentanzplatz (Talburg- und Winzenburg) und auf der Roßtrappe, die Struwenburg im Norden, Pipinsburg, Questenberg und Sachsenburg im Süden.

Eisenzeit

In der Eisenzeit (ab 800 v. Chr.) wurde Eisen erzeugt, verarbeitet und zum wichtigsten Werkstoff; gleichzeitig entstanden neue Handwerkstechniken. Zur Verhüttung und Eisengewinnung wurde Holzkohle benötigt, hierfür auch die ersten Meiler angelegt; gleichzeitig wurde mit dem Abbau von Salz begonnen.

Um 50 v. Chr. gab es wieder zahlreiche Stammesbewegungen. Im Ostharz siedelten sich die Hermunduren, im Westharz die Cherusker an. Die Hermunduren wurden 5 n. Chr. von den Römern über die Elbe zurückgedrängt und verschmolzen später mit dem Volksstamm der Thüringer. Die Cherusker besiegten zwar unter Arminius die Römer 9 n. Chr. im oder nordöstlich vom Teutoburger Wald, sie gingen aber später in den Völkern der Engern, Thüringer und vor allem der Ostfalen auf.

Im Jahr 375 zerstörten die Hunnen das Reich der Ostgoten und lösten damit die Völkerwanderung aus.

Herausbildung der ersten Stammesstaaten

In Mitteleuropa bildeten sich 400–530 die ersten Stammesstaaten heraus. Adelsgräber mit kostbaren Beigaben in Ermsleben und Großörner (bei Hettstedt) belegen das Entstehen eines Stammesadels. Das im 5. Jh. mächtige, von der Elbe bis zur Donau reichende Reich der Thüringer wurde nach wechselvollen Kämpfen 531 von den vereinigten Franken und Sachsen vernichtet und von ihnen aufgeteilt, der letzte König Irminfried, ein Schwiegersohn Theoderichs des Großen, ermordet. Die geschlagenen Fürsten flüchteten mit ihrem Gefolge in die Berge, wo sie an schwer zugänglichen Plätzen die ersten frühmittelalterlichen Burganlagen errichteten. Gräberfelder und Siedlungen konzentrieren sich um Halberstadt, Aschersleben, Klostermansfeld und Quedlinburg.

Für ihre Waffenhilfe bekamen die Sachsen (die sich nach ihrem einschneidigen Kurzschwert, dem Sax oder Sachs nannten) Gebiete von der Nordsee bis zur Elbe-Saale-Linie zuerkannt.

Im 7./8. Jh. wanderten slawische Stämme in die Gebiete der Elbe, Saale und Unstrut ein.

Karolinger

Im Fränkischen Reich gelangten die Karolinger an die Macht (751 Krönung Pippins III. zum Frankenkönig). Die Einführung des Lehnswesens führte zu einer erheblichen Stärkung der Zentralgewalt.

Karl der Große (742–814; seit 768 Frankenkönig, 800 Kaiserkrönung) unterwarf die Bayern und die Sachsen und dehnte sein Reich bis nach Oberitalien und Westgermanien aus. Seine Kriege gegen die Sachsen dauerten von 772 (Eroberung der Eresburg und Zerstörung der Irminsul, des sächsischen Heiligtums in Form einer hölzernen Säule) bis 804. Erst nach zahlreichen Aufständen und dem berüchtigten 'Blutgericht zu Verden' an der Aller im Jahr 782, wo Karl angeblich 4500 Sachsen hinrichten ließ, unterwarf sich der sächsische Herzog Widukind und ließ sich taufen.

Karolinger
(Fortsetzung)

Die fränkische Landnahme war verbunden mit der Ausbreitung des christlichen Glaubens, u. a. durch Wipertus († 747) und Bonifatius († 754), und der karolingischen Kunst. Mit dem Namen Karls des Großen ist die sog. Karolingische Renaissance verbunden, eine die gesamte Kultur und Kunst beeinflussende Erneuerungsbewegung, in welcher spätantike, frühchristlich-byzantinische Vorstellungen aufgegriffen (u. a. auch mit dem Import von antiken Säulen) und mit dem germanischen Erbe verschmolzen wurden. Sie schlug sich in Dichtung, Schrift, Buchmalerei und Baukunst nieder.

Im Harzgebiet entstanden christliche Zentren, aus denen später die Bistümer Halberstadt (810) und Hildesheim (815) hervorgingen, sowie die Klöster Wendhusen, Drübeck, Ilsenburg. Sie hatten die durchgreifende Missionierung und den Aufbau kirchlicher Strukturen zu sichern. An Bauwerken erhalten haben sich aus dieser Zeit in unserem Raum nur die Krypta der St.-Wiperti-Kirche in Quedlinburg (ein dreischiffiger Bau, der erstmals den Stützenwechsel in Deutschland zeigt).

Nach der Eingliederung der Sachsen in das Fränkische Reich bildete der Harz die Grenze zwischen der germanischen und der slawischen Welt. Das 805 erstmals erwähnte Magdeburg entwickelte sich zum Handelsplatz. Karl der Große sicherte sein Herrschaftsgebiet durch die Bildung von Grenzmarken; die besetzte er mit Markgrafen und ließ Grenzbefestigungen anlegen. Vielerorts wurden Steinburgen gebaut, auf denen ein eingeborener Stammesführer als Graf oder Herzog eingesetzt wurde, und in deren Schutz sich Siedlungen bildeten. In dem Mitte bis Ende des 9. Jh.s erstellten Hersfelder Zehntverzeichnis werden in der Harzregion bereits über 300 Siedlungen und Gemeinwesen namentlich angeführt, dazu kamen in der Folgezeit über 500 Burgen und Pfalzen.

Das frühe Deutsche Reich (1000–1500)

Auf dem Gebiet des durch die karolingische Reichsteilung (843) entstandenen ostfränkischen Reichs, aus dem Deutschland hervorging, lebten die Stämme der Sachsen (um 870 aus der Vereinigung des ostfälischen und westfälischen Herzogtums entstanden), Franken, Bayern und Alemannen. In ihnen hatten sich einzelne führende Familien herausgebildet, die Stammesherzöge.

Allgemeines

Die Bevölkerung nahm stark zu; auf dem Land hatte sich die Agrartechnik gewandelt (Scharpflug anstelle des Hakenpflugs; Einsatz von Pferden in der Feldarbeit; Einführung von Wasser- und Windmühlen); viele Städte wurden gegründet (die meisten deutschen Städte haben ihre Anfänge im 12. bis 14. Jh.; auch heute erinnern noch viele Ortsnamen auf -ode oder -schwende an ihren Ursprung durch Rodung oder Brandrodung, dem sog. Feuerschwenden); das Stadtrecht entwickelte sich; zunächst lagen die Städte nur am Harzrand, entlang der frühen Handels- und Heeresstraßen, im Laufe der Zeit auch im Harzinnern.

Die Funde reicher Erzlager, wie Silber am Rammelsberg bei Goslar, Blei bei Gernrode, Eisenerz bei Stolberg, Thale, Benneckenstein, Tanne, Ilsenburg, Königshütte und Rübeland, sowie von Kupfererz bei Mansfeld und Hettstedt, führten zum Entstehen des Bergbaus und der genannten Bergbauorte.

Seit dem 11. Jh., vor allem um 1200 entstanden dann im Auftrag des weltlichen und geistlichen Adels zahlreiche Steinburgen (u. a. Rothenburg, Falkenstein; siehe auch S. 40/41).

Burgen im Harz

"**M**ag die Burg auf einem Berge oder in einer Ebene stehen, sie ist nicht zum angenehmen Aufenthalt, sondern zum Schutz erbaut, mit Wall und Graben umgeben, der Raum im Innern beschränkt, noch dazu eingeengt durch Ställe für das Vieh. Daneben befinden sich dunkle Gewölbe für das Geschütz, angefüllt mit Pech, Schwefel und sonstigem Zubehör für Waffen und Kriegsmaschinen. Überall Pulvergeruch, Gestank nach Hunden und Hundekot – ein lieblicher Dunstkreis, dünkt mich! Reiter kommen und ziehen davon, darunter Wegelagerer, Diebe, Strauchräuber; denn meist ist unser Haus jedem geöffnet. Wir wissen ja nicht, wer anklopft, fragen auch nicht viel danach. An die Ohren schlägt das Blöken der Schafe, das Brüllen der Rinder, Hundegebell und Geschrei von Menschen, die den Acker bestellen, das Rasseln und Knarren von Wagen und Gespannen. In meinem Elternhause kommt noch das Geheul der Wölfe aus den nahen Wäldern dazu... So vergeht keine Stunde ohne Unruhe, Störung und Angst, ohne Ereignisse, die an dem Menschen zehren und ihn aufreiben, ihn hin- und herschleudern und um seine Ruhe bringen." Dies schrieb Ulrich von Hutten (1488–1523) über die Lebensbedingungen auf der elterlichen Burg Steckelberg bei Fulda 1518 an einen Freund.

Neben Kirchen und Klöstern sind Burgen die einprägsamsten baulichen Überreste aus der Zeit des Mittelalters. Allein im Harz und in seinem Vorland sind bis heute etwa 500 Orte bekannt, an denen einmal Pfalzen, Königsburgen, Grafen-, Adels- oder Bischofsburgen sowie sonstige Befestigungsanlagen standen. Gründe für ihren Bau gab es viele: Seit Jahrhunderten lag der Harz im Grenzland verschiedener Stämme und im Schnittpunkt unterschiedlichster politischer Interessen. Unter den Karolingern und Sachsen sollte eine Kette von Burgen die Ostgrenze des Reichs vor allem vor den Ungarn schützen; zur Herrschaftssicherung nach innen dienten sie bei den Kämpfen der Salier gegen die Sachsen, der Staufer gegen Heinrich den Löwen und die Bischöfe; Schutz boten sie schließlich auch in den Auseinandersetzungen der Bistümer untereinander und gegen die weltlichen Fürsten und zuletzt im Kampf aller gegen alle. Darüber hinaus sicherten sie Verkehrswege, Paßstraßen, Flußübergänge und abgelegene Orte, im Harz schützten sie auch die Hüttenwerke, in denen die Bodenschätze verarbeitet wurden.

Bereits in vor- und frühgeschichtlicher Zeit suchten die Menschen zu ihrem Schutz Höhlen, später Wall- oder Fliehburgen auf, u. a. die Steinkirche bei Scharzfeld, auf der Roßtrappe oder auf dem Hexentanzplatz. Die ersten mittelalterlichen Herrenburgen entstanden im 6./7. Jh.; ursprünglich war das Recht, Burgen zu bauen, altes Königsrecht und die frühen Burgen waren überwiegend Reichs-, Königs- oder Bischofsburgen. Sichere bauliche Überlieferungen gibt es erst aus dem 11. und 12. Jh., als vor allem Heinrich III. und Heinrich IV. Burgenpolitik im großen Stil betrieben und die großen Burgen entstanden (Hornburg, Langenstein, Westerburg, Kyffhausen, Harzburg). Mit seinem schwäbischen Baumeister Benno II. von Osnabrück hatte Heinrich IV. einen Spezialisten für den Burgenbau, der auf einer Pilgerfahrt nach Jerusalem sogar die Festungsbaukunst des Orients kennengelernt haben soll. Unter ihm wurden die Bauern zum Burgenbau gezwungen. Bei der übermäßig großen Bautätigkeit auf relativ kleinem Gebiet ist vorstellbar, daß hierin auch einer der Gründe der sächsischen Aufstände gegen die Salier lag (Berechnungen des Burgenforschers H. Wäscher ergaben, daß die fronenden Bauern für den Bau der Burg Kyffhausen u. a. 21 000 m³ Erde bewegen, 65 000 m³ Steine brechen, 5000 m³ Holz schlagen und 71 000 Transporte leisten mußten).
Um 1200 entstanden die vielen kleineren Harzburgen, als sich immer mehr adelige Geschlechter mit großem Kostenaufwand Burgen bauen ließen. Im 12./13.Jh. und im 14. Jh. wurden v. a. alte Burgen ausgebaut (Vierturmkastelle in Arnstein, Freckleben und Grillenburg). Bis Mitte des 16. Jh.s behielt der Burgenbau jedoch seine Bedeutung. Neue Kriegstechniken, die Erfindung des Schießpulvers und die Ent-

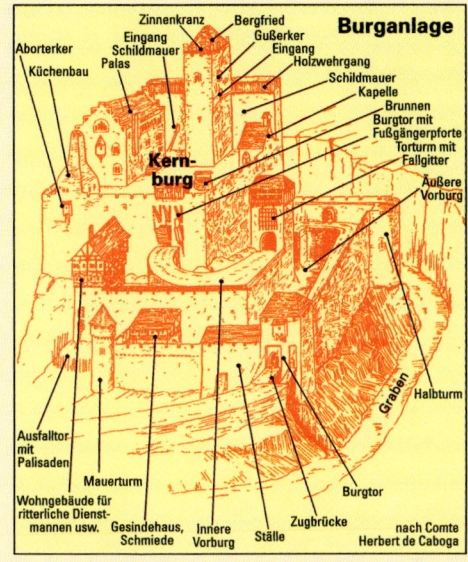

Burganlage

Zinnenkranz
Bergfried
Eingang
Gußerker
Aborterker
Schildmauer
Eingang
Küchenbau
Palas
Holzwehrgang
Schildmauer
Kapelle
Brunnen
Burgtor mit
Fußgängerpforte
Torturm mit
Fallgitter
Kern-
burg
Äußere
Vorburg
Ausfalltor
mit
Palisaden
Halbturm
Mauerturm
Burgtor
Wohngebäude für
ritterliche Dienst-
mannen usw.
Gesindehaus,
Schmiede
Innere
Vorburg
Zugbrücke
Ställe
*nach Comte
Herbert de Caboga*

wicklung der Feuerwaffen führten dazu, daß die Burgen ihre Verteidigungsaufgaben nicht mehr erfüllen konnten. So erfolgte, soweit sie nicht zerstört waren, ihr Umbau zu Wohnschlössern (Stolberg, Blankenburg, Herzberg) und Gutshöfen (Heimburg) oder ihre Aufgabe. Häufig dienten sie als Steinbruch für den Bau von Häusern und Straßen. Eine Renaissance erlebten die Burgen während der Romantik. Eine wissenschaftliche Beschäftigung kam jedoch erst im 20. Jh. auf, als die Denkmalpflege und die Burgenforschung einsetzte.

Die einfache Burg bestand meist nur aus einem Wohnturm mit oder ohne Ringmauer. Burgen bedeutender Geschlechter waren zusätzlich geschützt: durch Ringmauern, Vorburgen, Wallanlagen und dazwischenliegende Gräben. Die Haupt- oder Kernburg bestand im wesentlichen aus Bergfried und Palas. Strategisch wichtigster Bau war der Bergfried. Sein unterstes Geschoß, das auf der Höhe des Geländes lag, diente als Burgverlies. In der flachgedeckten Decke darüber befand sich eine Öffnung, das sog. Angstloch, durch das die Gefangenen an einem Strick herabgelassen wurden. Über dem Burgverlies, meist 6–12 m über dem Boden, lag der Turmeingang. Ihn erreichte man über eine im Verteidigungsfall einziehbare Holztreppe oder über eine Strickleiter.

Der Palas war das Herrenhaus mit den Wohnräumen der Burgherren. Im Erdgeschoß lagen Vorratsräume, Keller und Küche. Der große und manchmal heizbare Saal, Halle oder Dürnitz genannt und sowohl Garderobe, Empfangs- und Speiseraum, war im ersten Obergeschoß. Die Kemenaten, Wohn- und Schlafräume, lagen neben oder über dem Saal oder in einem eigenen Kemenatenbau nahe dem Palas. Auch fehlte selten eine Burgkapelle. Zur Wasserversorgung wurden Brunnen angelegt, die zwischen 20 und über 100 m tief sein konnten (Kyffhausen 176 m). Nebengebäude, häufig aus Fachwerk, lagen entlang der Ringmauer. Sie waren bei Feuerausbruch stark brandgefährdet.

Hinter den Burgmauern war es meist eng und dunkel, in den langen Wintermonaten kalt und zugig. Oft ging es auch nicht sehr hygienisch zu. Nur wenige Räume waren beheizbar, offene Kamine gab es seit dem 11. Jh., Kachelöfen ab dem 13. und gußeiserne Öfen erst ab dem 16. Jh.; Verglasung, zunächst mit Blei, wurde erst gegen Ende des 14. Jh.s üblich. Vorher wurden die Fenster einfach mit Läden verschlossen, die durchscheinende Pergamente und dünne Häute enthielten, damit wenigstens ein schwaches Licht in die Räume dringen konnte. Zur Beleuchtung der Burgräume wurden anfänglich Kienspäne oder Pechfakeln benutzt, später Öllampen. War kein Besuch auf der Burg, ging man früh zu Bett und stand bei Tagesanbruch auf. An den langen Winterabenden versammelte man sich um den offenen Kamin, wo gelesen, gespielt und musiziert wurde.

Kulturgeschichte

Unter den nun folgenden Herrschern der Ottonen und Salier erlebte die Kunst eine Blütezeit, die Romanik (der Begriff kam in Frankreich 1820 auf). Sie wird in eine frühe (960/70–1070/80), eine hohe (Ende 11.–Mitte 12. Jh.) und eine späte Romanik gegliedert (ab 1140), die dann in Deutschland im Laufe des 13. Jh.s von der Gotik abgelöst wird.

Karolinger, Ottonen und Salier besaßen keine feste Hauptstadt. Sie zogen statt dessen mit ihrem gesamten Hofstaat von Pfalz zu Pfalz (lat. Palatium = Name des Hügels in Rom, auf dem der Kaiserpalast stand, daraus entwickelte sich die Bezeichnung für die Residenz eines Königs), weshalb sie auch als Wanderkönige bezeichnet werden.

Zwischen dem 10. und 13. Jh. kam es zunächst zu einer Stärkung der Zentralgewalt und schließlich zu ihrer Schwächung, wobei die Harzregion als Kernland und Hausmachtgebiet der Ottonen und auch der Salier eine wichtige Rolle spielte. Am Harzrand lagen die am häufigsten besuchten Königspfalzen, Quedlinburg, Werla, Pöhlde, Nordhausen, Tilleda und Allstedt; mit den beiden Damenstiften Gandersheim und Quedlinburg befand sich das geistliche Zentrum der ottonischen Könige ebenfalls im Harz.

An die Spitze der Sachsen, deren Herzöge die Oberhoheit über Thüringen erlangt hatten, waren die Liudolfinger aus dem Gandersheimer Gebiet gerückt. 912 wurde der Liudolfinger Heinrich (875–936) zum Herzog von Sachsen, und 919 von den übrigen Stammesfürsten (875–936) zum König des ostfränkischen Reichs gewählt (920 erstmalige Erwähnung des "regnum teutonicum" als Bezeichnung für die deutschen Stämme). Der begeisterte Vogelfänger Heinrich soll sich zum Zeitpunkt seiner Wahl in Quedlinburg aufgehalten haben, wo sich sein 'Finkenherd' befand, eine auf einer Waldlichtung gelegene Vogelfalle aus Netzen und Leimruten. Noch heute bezeichnet eine schmale Reihe von Fachwerkhäusern in Quedlinburg den sog. Finkenherd, die historische Stelle allerdings beanspruchen auch andere Harzorte, darunter Nordhausen und Pöhlde für sich.

Mit dem Herzogtum Sachsen besaßen Heinrich I. und seine Nachfolger eine starke Territorialmacht. Das Zentrum des Reichs verlagerte sich nach Sachsen, der Harz wurde Kernland. Er gehörte zum Eigengut der Könige; das Gebirgsinnere war bereits seit 775 Reichsbannforst (Karl der Große hatte den Harz nach altem fränkischen Recht – "vastrum causa regis!", "alles Ödland dem König!" – zum königlichen Jagdgebiet erklärt) mit zahlreichen Jagdhöfen, u. a. Selkenfelde, Siptenfelde, Hasselfelde und Bodfeld. Hier lagen aber auch die um 970 (wieder)entdeckten größten Silbervorkommen des Reichs (am Rammelsberg, oberhalb Goslars). Dieses Ereignis, das die bisherige Rückständigkeit des Harzes gegenüber den Landschaften besonders am Rhein und an der Donau bald ausglich, bildete in den folgenden Jahrhunderten die Quelle für den wirtschaftlichen und kulturellen Aufschwung, der rund 200 Jahre anhielt.

Die größte außenpolitische Gefahr stellten die Ungarn dar. Einen neunjährigen Waffenstillstand nutzte Heinrich I., um sein Reich durch die Anlage und den Ausbau zahlreicher Burgen und die Aufstellung eines Reiterheeres zu schützen. 932 fühlte er sich stark genug und kündigte den Waffenstillstand. Die Ungarn griffen daraufhin 933 erneut an, wurden jedoch in der Schlacht bei Riade an der Unstrut erstmals in gemeinsamer Anstrengung aller Stämme zurückgewiesen.

Otto I. (912–973; seit 962 Kaiser des Hl. Römischen Reichs Deutscher Nation), Sohn und Nachfolger Heinrichs I., festigte seine Herrschaft durch die Einsetzung von Bischöfen und Klosteräbten zu Reichsfürsten.

Um 940 unterwarf Markgraf Gero die Wenden im Gebiet der Mark Brandenburg; 955 kam es zu der Schlacht auf dem Lechfeld gegen die Ungarn; Otto I. schlug den großen Slawenaufstand nieder.

Durch die Heirat Ottos II. (um 955–983) mit der byzantinischen Prinzessin Theophanu und durch den Beginn der Kreuzzüge gelangten byzantinische Einflüsse in den eher von rauhen Sitten geprägten Harz.

Die ottonische (frühromanische) Kunst befreite sich stärker als die ihr vorausgegangene karolingische Kunst von den spätantiken Traditionen und

Quedlinburger Domschatz: Reliquienschrein Ottos I.

gilt damit als Beginn einer eigentlich deutschen Kunst. Zu den ottonischen Meisterwerken der Sakralbaukunst zählt die Stiftskirche St. Cyriakus in Gernrode, eine kreuzförmige, flachgedeckte Basilika mit Nonnenemporen und der frühesten Hallenkrypta im norddeutschen Raum. Die hervorragend erhaltene Basilika zeichnet sich durch eine klargestaltete Außenarchitektur und das durch einfachen Stützwechsel hervorgehobene Innere aus; schön erhalten sind auch die Wandmalereien im Innern. In diese Zeit fällt auch der Bau der Klosterkirche St. Wiperti und der Grabkirche auf dem Schloßberg, beide in Quedlinburg, sowie der Klosterkirche in Drübeck.

In der Bildhauerkunst entstanden u. a. selbständige Kultbilder aus Holz, Kirchenportale mit erzählenden Reliefs (sowohl in Bronze als auch in Holz), Elfenbeinschnitzereien für Reliquienkästen, Buchdeckel. Sie knüpften an karolingischen Vorbildern an, nahmen aber auch byzantinische Anregungen auf. Ottonische Malerei hat sich v. a. in der Buchmalerei erhalten. In den Domschätzen in Quedlinburg und Halberstadt sind einige frühromanische Meisterwerke zu sehen.

Das im 10. Jh. von den sächsischen Kaisern bevorzugte Quedlinburg büßte seine Bedeutung allmählich zugunsten des 922 gegründeten Goslar ein. Bereits Heinrich II., der letzte sächsische Herrscher (1002–1024), hatte seine Pfalz Werla nach Goslar verlegt.

Mit dem Übergang des Königtums an Konrad II. (1024–1039) gelangte die fränkische Familie der Salier an die Macht. Wie schon für die Ottonen waren auch für Konrad II. die geistlichen Fürsten die wichtigste Stütze seines Königtums; unter ihm wurden die Lehen der Untervasallen (Herzogslehen) erblich. Ferner versuchten er und seine Nachfolger mit dem Einsetzen von ursprünglich unfreien Dienstleuten als Verwalter, den sog. Ministerialen, ein gewisses Gegengewicht gegen die Herzöge und Fürsten zu schaffen und eine geschlossene Krondomäne zwischen dem Harz und dem Thüringer Wald zu sichern. Heinrich III. (1039–1056) versuchte, die Macht der Herzogtümer einzuschränken, u. a. indem er sie an landfremde Fami-

Ottonische Kunst (Fortsetzung)

Salier

43

Kulturgeschichte

lien vergab. Es gelang ihm auch noch, 1053 die Wahl seines dreijährigen, in Goslar geborenen Sohnes Heinrich durchzusetzen. Beim Tod seines Vaters war dieser jedoch erst sechs Jahre alt. Als Heinrich IV. (1056–1106) schließlich die Macht übernahm, befand er sich gegenüber Fürsten und Adligen, die in der 'kaiserlosen' Zeit ihre Herrschaftsbereiche ausgebaut und Burgen und Schlösser errichtet hatten, in einer schwachen Position. Da Heinrich kein Herzogtum unter eigener Verwaltung hatte, versuchte er, oft gewaltsam, im sächsisch-thüringischen Raum Königsgut wiederherzustellen. 1070 entzog er unter einem Vorwand dem sächsischen Wortführer Otto von Northeim die Güter und gab Bayern an die Welfen. Die Folge war ein Aufstand.

1073 erhoben sich die Sachsen gegen Heinrich IV., zwangen ihn zur Flucht von der Harzburg, die 1074 von den Aufständischen zerstört wurde. Zwar konnte Heinrich die Sachsen 1075 schlagen, auch wurden seine Königsburgen wieder instandgesetzt und das Krongut gesichert, Otto von Northeim erhielt jedoch die Verwaltung Sachsens. Ein weiterer Konflikt brach zwischen Heinrich IV. und dem Papst aus über die Besetzung (Investitur) hoher Kirchenämter, der in Heinrichs Gang nach Canossa (1077) gipfelte. Sein Sohn Heinrich V. ernannte den bis dahin unbekannten Grafen Lothar von Querfurt, Nordthüringengau und Süpplingenburg (1175–1137) zum Herzog von Sachsen und erhoffte sich durch ihn Unterstützung im Kampf gegen den sächsischen Hochadel. Lothar stellte sich jedoch an die Spitze der Opposition; 1115 verlor Heinrich V. am Welfesholz bei Mansfeld gegen die vereinigten Sachsen und in der Folge seinen Einfluß auf den Norden des Reichs (1118 Zerstörung der Reichsburg Kyffhausen).

1125 wurde Lothar zum König, 1133 zum Kaiser gekrönt († 1137). Er stärkte nach dem Vorbild der Ottonen erneut die Zentralmacht, indem er die starken Territorialmächte, u. a. die Herzogtümer Franken, Sachsen und Bayern zur Basis des Reiches machte. 1126 belehnte er seinen Schwiegersohn, Heinrich den Stolzen von Bayern († 1139), mit dem Herzogtum Sachsen. Die im Slawenaufstand verlorenen ostelbischen Gebiete eroberte er zurück; Lothar gründete neue Klöster und ließ zahlreiche Kirchen errichten. Während seiner Regierungszeit erhielten die Städte größere Freiheiten, wie Münz-, Zoll- und Marktrechte. Vielerorts setzten die Stadtbürger ihre Rechte auf Selbstverwaltung durch.

Die im Anschluß auf die Herrschaft der Ottonen folgende Epoche der Hochromanik wird in der Kunstgeschichte häufig nur Romanik genannt. Sie entstand unter dem Eindruck der Italienpolitik der deutschen Könige und Kaiser. Die aus Italien angesiedelten Benediktiner und die später in Frankreich reformierten Zisterzienser erschlossen und kultivierten unwegsame Gebiete, führten den entwickelten Ackerbau ein, pflegten Fisch- und Tierzucht, förderten den Bergbau, begannen mit der Herstellung von Baumaterial, schrieben die Chronik ihrer Zeit nieder, bauten Klöster und Klosterkirchen und verbreiteten schließlich das Christentum. Auf diese Weise bereicherten die Mönchsorden auch die Kunstgeschichte dieser Region mit ihren Leistungen. Zwei bedeutende Baudenkmäler aus dieser Zeit befanden sich in Goslar. Heinrich III. hatte den als Baumeister bewährten schwäbischen Geistlichen Benno, den späteren Bischof von Osnabrück, nach Goslar berufen und ließ ihn den Dom (1819 bis auf die Eingangshalle abgebrochen) sowie die Kaiserpfalz errichten, die – trotz der Umbauten im 12. und 13. sowie der Wiederherstellung im 19. Jh. – den ursprünglichen Zustand bewahrt und in Deutschland weithin Schule gemacht hat (u. a. Wartburg, Burg Dankwarderode in Braunschweig, die Pfalzen Eger, Gelnhausen, Wimpfen, Seligenstadt und Münzenberg). Weit verbreitet ist der Typ der dreischiffigen kreuzförmigen Basilika mit flacher Dachkonstruktion. Die Innen- und Außenwände werden klar gegliedert mit Lisenen, Halbsäulen und Bogenfriesen; oberitalienischer Einfluß schlägt sich in der Bauornamentik nieder, Säulen, Kapitelle, Kämpfer und Gesimse werden reicher verziert, ebenso die Wandfriese und Portal- und Fensterumrahmungen (vor allem dann im frühen 12. Jh.).

Klosterkirche in Drübeck   *St. Ulrich in Sangerhausen*

Zu den herausragenden Bauten dieser Zeit gehören außerdem die Quedlinburger Stiftskirche und die Sangerhäuser Klosterkirche St. Ulrich (der Steinmetz beider Kirchen hatte zuvor die Abteikirche Sant'Abbondio bei Como in Oberitalien verziert), die Stiftkirche Gandersheim (die vom Goslarer Dom den Westbau und von Quedlinburg den Nonnenchor übernahm) sowie die Halberstädter Liebfrauenkirche.

Der französische Einfluß auf die deutsche Romanik kam über die Hirsauer Bauschule und zeigte sich in der Hinwendung zur stärkeren Chorbildung mit ansetzenden Nebenchören, mit Apsiden und Nebenapsiden, mit Chor- und Umlaufkapellen. In vielen Orten entstanden romanische Dorfkirchen, meistens in schlichter Gestalt, bestehend aus einem kreuzförmigen Langhaus mit Querschiff, Chor und Apsis, aus Feld- oder Bruchsteinen hochgemauert, häufig mit einem wehrhaften Westturm versehen.

Die Entwicklung der romanischen Bildenden Kunst vollzog sich im engen Zusammengehen mit der Ausstattung der Kirchenbauten. Großplastiken wie Madonnen, Kruzifixe, Kreuzigungsgruppen, später vereinzelt profane Plastiken, treten neben das Relief; das Kircheninnere wird mit figürlichem Schmuck ausgestattet (Lettner, Chorschranken, Taufsteine); zu den Meisterwerken Harzer Bildhauerkunst gehören das Hl. Grab in Gernrode, die Äbtissinnengrabsteine in Quedlinburg, die Reliefs der Chorschranken in der Halberstädter Liebfrauenkirche, der sog. Krodoaltar aus dem Goslarer Dom (heute im Museum) und die bronzenen Arm- und Rückenlehnen des Goslarer Kaiserstuhls. In den Domschätzen von Quedlinburg und Halberstadt haben sich weitere Kunstwerke dieser Epoche wie hölzerne Kultbilder (teilweise noch mit Goldblech verkleidet), der Goldschmiedekunst und der Elfenbeinschnitzerei, der Buchmalerei sowie der Webkunst erhalten.

Lothar III. hatte 1134 den Askanierfürsten Albrecht von Ballenstedt, genannt Albrecht der Bär (1100–1170), mit der Nordmark, der späteren Altmark belehnt; der zum Christentum übergetretene Fürst Pribislav von Brennabor (Brandenburg) bestimmte Albrecht den Bären an Sohnes statt zum Erben der späteren Mark Brandenburg.

Hochromanik (Fortsetzung)

Meisterwerk romanischer Knüpfkunst des Quedlinburger Domschatzes

Welfen und Staufer

1129 wird der Welfe Heinrich der Löwe, Sohn Heinrichs des Stolzen und Enkel des Kaisers Lothar III. in Ravensburg geboren († 1195). Als Herzog von Bayern und Sachsen führte er eine selbständige Eroberungspolitik in den elbslawischen Gebiete durch, geriet dabei jedoch zunehmend in Konflikt mit den Magdeburger Erzbischöfen. Dieser gipfelte in der Zerstörung von Braunschweig, Haldensleben und Halberstadt. 1180 wurde Heinrich durch den Staufer Friedrich I. Barbarossa (1152–1190; seit 1155 Kaiser) geächtet; bis auf Braunschweig und Lüneburg wurden ihm alle seine Erbgüter aberkannt.

Friedrich I. Barbarossa

Auch der Staufer Friedrich I. Barbarossa hielt sich öfters im Harzgebiet auf, besonders auf der Burg Tilleda, am Fuße des Kyffhäusers, in Quedlinburg und in Gernrode. Er bemühte sich anfangs, das Königreich zu stärken, wich jedoch zunehmend den Auseinandersetzungen mit dem territorialen Hochadel aus. 1181 entmachtete er zwar Heinrich den Löwen, mit der Aufteilung von dessen Herrschaftsgebieten – das westliche Sachsen erhielt Graf Bernhard von Anhalt, das östliche Sachsen Herzog Albrecht –, leitete er die feudale Aufsplittung von Sachsen und von Deutschland ein.

Territoriale Zerstückelung des Harzraums

Auch der Harz zerfiel zusehends in weltliche und kirchliche Einzelherrschaften: Neben dem Bistum Halberstadt und den Klöstern Walkenried und Gernrode hatten sich im 14. Jh. einflußreiche Harzgrafenschaften entwickelt: am Südrand Scharzfeld, Hohnstein und Stolberg, am Nordrand Wernigerode, Blankenburg-Regenstein und Falkenstein, im Osten Mansfeld.

Die Scharzfelder Grafen starben im 15. Jh. aus, ihr Besitz kam an die Hohnsteiner, die im 13. Jh. auf der Burg Ilfeld saßen, sich später aber nach der südöstlich von Ilfeld gelegenen Burg Hohnstein nannten; sie starben 1593 aus. Die Stolberger, deren Stammreich um 1200 beginnt, wurden eines der angesehensten Harzgrafengeschlechter, besonders nach dem Gewinn des Wernigeröder Besitzes. Die Grafen von Wernigerode führten seit dem 13. Jh. ihren Namen nach der Burg am Nordrand des Gebirges. 1417 fand eine Erbverbrüderung mit dem Hause Stolberg statt, und seit 1429 regierten die Stolberger als Grafen von Stolberg-Wernigerode über das vereinigte Gebiet. Die Grafen von Blankenburg-Regenstein, deren Ahnherr Poppo um 1130 mit diesem Besitz belehnt wurde, beherrschten mit ihrem Burgendreieck Blankenburg-Regenstein-Heimburg die am Gebirgsfuß von Goslar nach Quedlinburg führende Straße. Sie starben 1599 aus. Die Falkensteiner sind aus den auf der Konradsburg sitzenden Grafen hervorgegangen und schon 1332 ausgestorben. Unter dem Grafen Hoyer von Falkenstein verfaßte Eike von Repkow 1230 auf der Burg Falkenstein den Sachsenspiegel, das bedeutendste Rechtsbuch des deutschen Mittelalters, das bis ins 19. Jh. das deutsche Recht beeinflußte.

Den Südostrand des Harzes beherrschten die seit dem 11. Jh. bekannten und durch den Mansfelder Kupferbergbau reich gewordenen Grafen von Mansfeld, deren Besitz durch Erbteilung allmählich zersplitterte und nach und nach an Kursachsen und Halberstadt fiel. In Graf Albrecht III. von Mansfeld (1480–1560) fand Luther einen eifrigen Förderer der Reformation. Zum Harz gehörten außerdem die Reichsstädte Goslar und Nordhausen. Durch Lehensverhältnisse und andere Besitzansprüche hatten Anfang des 16. Jh.s im Harzgebiet außerdem Einfluß: die Grafen von Schwarzburg, der Kardinal-Erzbischof von Mainz und Magdeburg und Administrator von Halberstadt, Albrecht von Brandenburg, die Kurfürsten von Sachsen-Wittenberg, der Herzog Georg von Sachsen-Meißen und der Herzog Heinrich d. J. von Braunschweig.

Während des ganzen Mittelalters behielt die Kirche ihre Stellung als größte Förderin der Kunst bei. In Wettbewerb zu ihr traten jedoch nach dem Adel auch zunehmend die durch Handel, Handwerk und Bergbau reich gewordenen Städte. Diese hatten sich aus den alten Siedlungs- und Marktplätzen um Pfalzen, Burgen, Kirchen und Klöster entwickelt, u. a. Goslar, Halberstadt, Quedlinburg, Gandersheim und Eisleben. Ihre Bürger umgaben die Städte mit schützenden Palisaden- und Steinmauern, stellten Bürgerwehren zur Selbstverteidigung auf, belagerten und zerstörten Burgen, da infolge des Zerfalls des Rittertums zahlreiche Raubritter ihr Unwesen trieben.

Technische Neuerungen wie die Erfindung des Spinnrades, der Papiermühle, des Buchdrucks u. a. förderten die handwerkliche und landwirtschaftliche Produktion, beeinflußten die Markt- und Handelstätigkeit.

Schon im 12. Jh. hatten sich in Frankreich, bedingt durch breite Entfaltung von Handwerk und Handel, große Bürgerstädte und eine neue Stilrichtung entwickelt, die Gotik. In Deutschland löste sie im 13. Jahrhundert die Romanik ab (der Begriff war ursprünglich abwertend gemeint und bezeichnete die Kunst der Barbaren = Goten). Unter Beibehaltung des basilikalen Grundrisses wurden in der gotischen Kathedrale die schweren Mauermassen durch hohe Fenster, Arkaden und Emporen, durch gerüsthafte Skelettkonstruktionen mit schlanken Pfeilern, Strebewerk und Kreuzrippengewölben ersetzt. Die Kreuzrippe trägt das Gewölbe und leitet den Gewölbedruck auf den Pfeilern, die durch das nach außen verlegte Strebewerk von Strebebögen und -pfeilern gestützt werden. An die Stelle des Mauerwerks traten farbig leuchtende Glaswände. Getreu dem Vorbild der großen französischen Kathedralen wurden die Seitenschiffe nun um den Chor herumgeführt, der durch einen Kapellenkranz erweitert war. Der Wandaufriß ist drei- oder viergeschossig, auf Arkaden folgen Emporen, Triforium und Obergaden.

Auch im Harzgebiet entstanden gotische Kirchen und Klosteranlagen. Jedoch erreichte ihre Zahl und Bedeutung nicht mehr die vergangener Perioden, als der Harz noch politisches Zentrum des Reichs war. Walkenried, eine Zisterzienserkloster ist leider nur als Ruine erhalten, wurde 1215 begonnen und der Westbau des Halberstädter Doms wurde im 2. Viertel des 13. Jh.s. erbaut. Der Halberstädter Dom blieb auch sonst bis zum Ende des Mittelalters der bedeutendste Kirchenbau im Harz und in seinen

Kulturgeschichte

rein gotischen Teilen ein Werk von großartiger einheitlicher Wirkung. Weitere eindrucksvolle gotische Sakralbauten sind heute noch in Eisleben (St. Andreas), Aschersleben (St. Stephani), Duderstadt (St. Cyriakus), Mühlhausen (St. Blasii, Marienkirche), in Mansfeld (Schloßkirche) und in Nordhausen (Dom) zu sehen.

Profanbauten

Zugleich traten auch die wohlhabenderen Städte, in denen sich die Handwerker in Zünften und die Kaufleute in Gilden zusammenschlossen, als Bauherren auf. Vielerorts entstanden die für das Harzer Stadtbild so typischen weltlichen Bauten in Fachwerk- und in Steinbauweise wie Rathäuser mit Rolandsfiguren, Zunft- und Gildehäuser, Fruchtkästen und Getreidespeicher teilweise mit beachtenswerter Innenausstattung wie in Goslar (Huldigungssaal im Rathaus) und in Mühlhausen (Rathaus). Besonders schöne Beispiele haben sich u. a. in Goslar, Duderstadt, Osterwieck, Hornburg, Wernigerode, Quedlinburg, Stolberg und in Osterode erhalten (zu den Stilmerkmalen siehe S. 52, Fachwerk im Harz).

Die Hanse erreichte ihren wirtschaftlichen Höhepunkt; die deutsche Sprache bildete sich als Geschäfts- und Verkehrssprache heraus. Fahrende Sänger zogen von Stadt zu Stadt und verbreiteten ihre volkstümliche Lyrik; mit den Meistergesängen entstand die bürgerliche Literatur; die ritterliche Dichtkunst erlebte ihre Blüte; 1216 schrieb Eberhard von Gandersheim eine Reimchronik, die als Beginn der mittelhochdeutschen Dichtung gilt; auf Burg Morungen bei Sangerhausen und auf der Rothenburg im Kyffhäuser wirkten die Minnesänger Heinrich von Morungen († 1218) und Kristian von Luppin. Zwei Zisterzienserinnen des Klosters Helfta (bei Lutherstadt Eisleben), Mechthild von Magdeburg (1207–1282; "Fließendes Licht der Gottheit", um 1250 in niederdeutscher Sprache veröffentlicht) und Gertrud von Hakeborn († 1299), verkörpern die Blüte deutscher mittelalterlicher Frauenbildung.

Bereits Friedrich II. hatte den geistlichen und weltlichen Fürsten wichtige landesherrliche Rechte überlassen; 1356 bestätigte schließlich Karl IV. in der Goldenen Bulle den Kurfürsten das Recht zur Königswahl, darüber hinaus erhielten sie auch Bergwerks-, Salz- und Münzregalien. Ihre Stärkung bedeutete eine weitere Schwächung der deutschen Zentralgewalt.

Die Naturwissenschaften, vor allem Astronomie, Geographie, Mathematik und Medizin erlebten einen großen Aufschwung.

Reformation, Bauernkrieg und Dreißigjähriger Krieg

Der Bergbau hatte einen enormen wirtschaftlichen Aufschwung ermöglicht; gleichzeitig setzte eine starke Landflucht ein. Ursache war die in ganz Europa verbreitete Agrarkrise und die damit verbundene Verschlechterung der Lage der Bauern im Spätmittelalter. Weltliche und kirchliche Grundherren erhöhten die bäuerlichen Abgaben, erweiterten die Frondienste und schränkten die Allmende ein (zur Allmende gehörten Weide, Wald und Gewässer, die bei der Besiedlung Eigentum der Gemeinde blieben und gemeinwirtschaftlich genutzt wurden). Ganze Landstriche und Dörfer wurden aufgegeben und verödeten (in Mitteldeutschland zwischen 40 und 68 %). Seit dem 13. Jh. hatte es immer wieder kleinere und größere Aufstände der Landbevölkerung gegeben. Im Harz war die Ausbeutung und Unterdrückung infolge der Zersplitterung der Herrschaften besonders unerträglich, darüber empörten sich auch Teile der Stadtbevölkerung. Hans Böheim (der Pfeifer von Niklashausen), Joß Fritz u. a. forderten teilweise unter Berufung auf das Evangelium die Beseitigung einzelner Mißstände; die Reformbewegung breitete sich aus: Landesherren und Adlige forderten die Aneignung der Kirchengüter; das Bürgertum strebte die Einschränkung der Kirchenmacht an, Bauern und Teile der Stadtbevölkerung hofften auf eine Verbesserung ihrer sozialen Lage, u. a. forderten sie die Abschaffung des Kirchenzehnten und der Leibeigenschaft.

Seinen Höhepunkt fand der bäuerliche Protest im Bauernkrieg. Für die bürgerliche Geschichtsschreibung war er eine im wesentlichen konservative Bewegung gegen den sich konsolidierenden Territorialstaat, für die marxistische Geschichtsschreibung waren Reformation und Bauernkrieg Kernstück und Höhepunkt der frühbürgerlichen Revolution in Deutschland.

Die Veröffentlichung der 95 Thesen Martin Luthers an der Schloßkirche zu Wittenberg gegen den Ablaßhandel und die Verweltlichung der Kirche (1517) sowie die Verbreitung seiner Idee "von der Freiheit eines jeden Christenmenschen" fand im Harz viele Anhänger. Auch wenn Luther (1483–1546) noch versuchte, gegen die seiner Ansicht nach falsch verstandene Auslegung seiner Lehre insbesondere durch den in Stolberg geborenen Thomas Müntzer (1468–1525) vorzugehen ("Wider die mörderischen und räuberischen Rotten der Bauern"), konnte er die Ausbreitung des Bauernkriegs von Südwest- nach Mitteldeutschland nicht verhindern. Zu den wichtigsten Zentren gehörten u. a. Mansfeld, Allstedt, Sangerhausen, Nordhausen, Stolberg, Hohnstein, Schwarzfeld, Blankenburg, Quedlinburg, Ballenstedt, Halberstadt und Wernigerode; zahlreiche Burgen und Klöster wurden eingeäschert.
Am 15. Mai 1525 wurden die Aufständischen unter der Führung Thomas Müntzers bei Frankenhausen vernichtend geschlagen, gefangen genommen und hingerichtet. Sieger waren die weltlichen Fürsten, die ihre Macht auf Kosten des niederen Adels und der Geistlichkeit ausbauen konnten. Die Welfen übernahmen den Oberharz, die Wettiner große Teile des Mansfelder Landes und die Brandenburger den Nordosten. Die Reformation breitete sich im gesamten Harzgebiet aus, Klöster wie das Quedlinburger Stift, Michaelstein, Ilfeld oder Ilsenburg traten zum Protestantismus über.

Die Stilrichtung der Renaissance setzte sich im Harzraum nur langsam durch und beschränkte sich zunächst auf die Umgestaltung mittelalterlicher Burgen in repräsentative Wohnschlösser. Zahlreiche Burgen waren 1524/25 von aufständischen Bauern zerstört, oder in der Zwischenzeit aufgegeben worden, auch in der Reformationszeit säkularisierte Klöster zerfielen. Sehenswerte renaissancene Wohnschlösser entstanden u. a. in Stolberg, Quedlinburg, Blankenburg, Herzberg, Mansfeld und Allstedt.
In der zweiten Hälfte des 16. Jh.s entstanden in den größeren Städten die ersten prächtigen Renaissancerathäuser, meist langgestreckte Baukörper mit hohen Giebeln, Erkern, Zwerchhäusern, Arkaden und schönen Sitznischenportalen. In den unteren Etagen sorgten häufig Kaufhallen und Warenlager für Betriebsamkeit. Die Festsäle in den oberen Etagen dienten nicht allein für kommunale Sitzungen und Empfänge, sondern auch für Konzerte, Theateraufführungen und Bälle. Auch zahlreiche Wohnhäuser entstanden in dieser Zeit; bemerkenswerte Profanbauten sind in Goslar, Quedlinburg, Duderstadt, Bad Gandersheim, Osterwieck, Stolberg, Wernigerode und in Blankenburg zu sehen.
Ein Meisterwerk mitteldeutscher Bildhauerkunst ist die Tumba für den Grafen Hoyer VI. in der Andreaskirche (Lutherstadt Eisleben; Abb. s. S. 37).

Im Dreißigjährigen Krieg (1618–1648) brachen die Gegensätze zwischen Protestanten und Katholiken, zwischen den Reichsständen, die mehr Macht wollten, und dem habsburgischen Kaiser, der die religiöse und politische Einheit des Reichs anstrebte, aus. Seine Auswirkungen waren v. a. für den Harz verheerend. Zunächst fielen die kaiserlichen Truppen unter Wallenstein ins Land und zogen 1625 siegreich gegen den Mansfelder Grafen zu Felde. 1626 wurde Christian von Dänemark bei Lutter am Barenberge durch Wallensteins Nachfolger Tilly vernichtend geschlagen. Hierdurch war der Harz den kaiserlichen Truppen ausgeliefert. Die Orte dienten ihnen als Quartier, die Städte mußten hohe Geldsummen bezahlen, Burgen, Schlösser, Klöster, Höfe und Häuser wurden ausgeplündert. Die Bevölkerung wehrte sich, flüchtete in die Berge und schloß sich zu kleinen Kampfbänden zusammen, u. a. zu den Harzschützen. Am Ende des Krieges war über die Hälfte der Bewohner des Harzes ums Leben gekommen (die Bevölkerung in Halberstadt sank von 13000 auf 2300) und zahlreiche Städte zerstört worden.

Duderstadt: barocke Taufe und ...　　　*... Gildeleuchter in der St.-Cyriakus-Kirche*

Dreißigjähriger Krieg (Fortsetzung)

Nach dem Friedensschluß 1648 fanden zunächst umfangreiche territoriale Veränderungen statt, Brandenburg erhielt die Bistümer Halberstadt und Minden sowie die Grafschaft Regenstein und Teile Hohnsteins. Größte Nutznießer waren hierbei die Hohenzollern, die ihren Einfluß im Harz weiter ausdehnen konnten.

Weitere Kunstströmungen

Barock

Nicht jede der vielfältigen Kunstströmungen des 17. bis 20. Jh.s ist im Harzgebiet durch markante Bau- und Kunstwerke vertreten. Nach den verheerenden Zerstörungen des Dreißigjährigen Krieges begann sich langsam die wiederentdeckte Lebensfreude im üppigen Barockstil durchzusetzen. Im Harzraum entstanden jedoch nur wenige barocke Neubauten; dafür erhielten einige zerstörte Kirchen, Schlösser oder Rathäuser bei ihrem Wiederaufbau prächtige Innenräume mit ausladend reichen Altären und Kanzeln, prunkvolle Treppenaufgänge, Festsäle und Räume mit aufwendigen Wand- und Deckenmalereien; zu den hervorragenden Bauwerken dieser Zeit gehören die Klosterkirche Grauhof bei Goslar, die Stephanikirche in Goslar, die beiden Schlösser in Blankenburg, Schloß und Haus Krummel in Wernigerode, die Schlösser in Sondershausen (hier entstand auch das sog. Karussell), Ballenstedt, Liebenburg (bei Langelsheim) und Heiligenstadt sowie das Brunnenhaus Popperode bei Mühlhausen.

Überall im Harz entstanden die auch heute noch für den Harz typischen Hallenkirchen, darunter die Oberharzer Holzkirchen in Clausthal, Altenau und in St. Andreasberg.

Klassizismus

Mit der Französischen Revolution 1789 und den großartigen Leistungen der Philosophen, Dichter und Musiker der Aufklärung, setzte sich in Deutschland der Klassizismus vor allem in der Baukunst, Philosophie und Literatur durch. Im Harzraum wirkten u. a. Klopstock (→ Berühmte Persönlichkeiten), Bürger (→ Berühmte Persönlichkeiten), Bach und Händel. Im Jahr 1754 promovierte die in Quedlinburg geborene Dorothea von Erxleben in Halle (Saale) als erste deutsche Frau zum Doktor der Medizin (→ Berühmte Persönlichkeiten). 1772 wurde der romantische Dichter

Friedrich von Hardenberg, genannt Novalis, in Wiederstedt geboren (†
1801; → Berühmte Persönlichkeiten). Im Harzraum gibt es nur wenige
klassizistische Bauwerke, dazu zählen das Marstallgebäude in Sondershausen; Friedrich Schinkels Eisenhütte in Königshütte wurde 1965/66
abgerissen; sein von ihm entworfener 'Roter Saal' im Stolberger Schloß ist
erhalten, ebenso das Josephskreuz auf dem Auerberg bei Stolberg.

Klassizismus
(Fortsetzung)

19. und 20. Jahrhundert

Im Reichsdeputationshauptschluß von 1803 wurden auf Druck Napoleons
die politischen und rechtlichen Grundlagen des alten Reichs zerstört, 112
Kleinstaaten beseitigt, fast sämtliche geistlichen Herrschaften säkularisiert
und über 3 Mio. Untertanen und kleinere Territorien mediatisiert (reichsun-
mittelbar gemacht). Nachdem Franz II. 1806 die Kaiserkrone ablegte, war
das Hl. Römische Reich Deutscher Nation beendet. Der Harz wurde 1807
bis auf das Fürstentum Anhalt dem Königreich Westfalen unter Napoleons
Bruder Jérome einverleibt, wobei das eroberte Gebiet den Départements
Harz, Saale und Oker mit den Distrikthauptorten Osterode, Nordhausen,
Blankenburg und Goslar zugeteilt wurde.
Nach dem Ende der Napoleonischen Herrschaft sorgten die Beschlüsse
des Wiener Kongresses für weitere Veränderungen. 1815 erhielt Preußen
seinen anhaltinischen Besitz zurück und darüber hinaus große Teile von
Kursachsen und 1866 das hannoversche Harzgebiet.
Der Bergbau, der im Laufe der Zeit immer stärker zur Landschaftsverände-
rungen geführt hatte, verlor im 19. Jh. trotz bedeutender technischer Erfindungen (→ Zahlen und Fakten, Wirtschaft) nach und nach seine wirtschaftliche Bedeutung. Ursache war die Erschöpfung der Erzlager und die
billigere Konkurrenz. Nach 1945 produzierten auf dem Gebiet der ehem.
DDR die Hüttenbetriebe und Gruben trotz der negativen Bilanz weiter, um
ihre Wirtschaft von ausländischen Importen unbhängiger zu machen.

Bereits Mitte des 18. Jh.s war der Harz als Reiseziel entdeckt worden.
Bedeutende Künstler und Literaten trugen eifrig dazu bei, im In- und Aus-
land das Interesse am Harz zu wecken (→ Der Harz in Zitaten). Zu den
bekanntesten Harzreisenden im 18. Jh. gehörten u. a. die Dichter Goethe
und Novalis, ihnen folgten im 19. Jh. Joseph von Eichendorff, Wilhelm
Raabe, Hans Christian Andersen und Heinrich Heine; schon früher hatte
der Kupferstecher und Verleger Mattäus Merian (1593–1650) Harzansich-
ten geschaffen. Im 19. Jh. hielten dann Caspar David Friedrich, Ludwig
Richter, Carl Gustav Carus, Karl Ferdinand Blechen, das Ehepaar Heinrich
Georg und Elise Crola (die sich im Harz niederließen) und die beiden im
Harz geborenen Robert Riefenstahl und Ernst Helbig sowohl die Naturschönheiten, als auch kulturgeschichtliche Sehenswürdigkeiten in ihren
Bildern fest. Im Schloßmuseum in Wernigerode sind mehrere Werke oben-
genannter Künstler zu sehen. In der 2. Hälfte des 19. Jh.s kam der Anschluß des Harzes an die Eisenbahnlinien (1841 Verlängerung der ersten
deutschen Staatsbahn von Braunschweig bis nach Bad Harzburg). Dies
förderte die gesamte wirtschaftliche Entwicklung der Region, ermöglichte
den Transport der Bodenschätze und belebte den Fremdenverkehr. 1843
waren Halberstadt und Bad Harzburg über die Eisenbahn erreichbar, 1856
folgte Seesen, 1862 Quedlinburg und Thale, 1866 Goslar und Nordhausen,
1868 Herzberg, 1870 Osterode und 1872 Wernigerode. Das Innere des
Harzes erschlossen die Kleinbahnen, darunter die Harzquer- und Brok-
kenbahn (→ Zahlen und Fakten, Verkehr). Immer mehr Besucher kamen,
1886 wurde der Harzklub gegründet, Wanderwege angelegt und Schutzhütten gebaut.

Harz als Reiseland

Die Auffassungen des Historismus, als man versuchte, die Stilformen von
der Romanik bis hin zum Klassizismus nachzuempfinden oder gar zu vereinen, spiegeln sich im Umbau des Barockschlosses Wernigerode zum
Ideal einer mittelalterlichen Ritterburg; die Schloßkirche wurde im neugoti-

Historismus

schen Stil gestaltet; auch die Roseburg von Bernhard Sehring (bei Ballenstedt) sowie Schloß Röderhof bei Halberstadt sind Neubauten in historisierendem Stil.

1945 bis heute

Vor allem die Harzrandstädte wurden kurz vor Ende des Zweiten Weltkrieges durch Bombardierungen schwer getroffen, die Innenstädte von Halberstadt und Nordhausen dem Erdboden gleichgemacht. Nach Kriegsende verlief die deutsch-deutsche Grenze mitten durch den Harz. Der östliche Teil des Harzes gehörte zu den ehem. DDR-Bezirken Erfurt, Halle und Magdeburg, der westliche zum Bundesland Niedersachsen. Seit dem Mauerbau 1961 wurde der Brocken militärisches Sperrgebiet. Nach dem Zweiten Weltkrieg hatte der Wohnungsbau zur Linderung der Wohnungsnot im allgemeinen Vorrang vor der Sicherung bzw. dem Wiederaufbau zerstörter Bau- und Kunstdenkmale. Nach 1959 entstanden in einigen Städten der ehem. DDR mit standardisierten und industriell vorgefertigten Bauelementen Neubauzentren in vorwiegend monotoner Plattenbauweise, aus Platzgründen jedoch nur am Harzrand. Erst in den siebziger Jahren wurde verstärkt damit begonnen, historisch gewachsene Altstadtbereiche zu sanieren und unter denkmalschützerischen Gesichtspunkten zu restaurieren.

Wiedervereinigung
Deutschlands

Ende der 1980er-Jahre verstärkte sich in der ehemaligen DDR der Ruf nach der Wiedervereinigung. Der Druck seitens der Bevölkerung wurde so stark, daß am 9. November 1989 die Öffnung der innerdeutschen Grenze erfolgte. Aus den von der DDR-Volkskammer für den 18. März 1990 angesetzten Wahlen ging eine große Koalition unter Führung des CDU-Politikers Lothar de Maizière hervor, die den Beitritt der DDR zur Bundesrepublik Deutschland beschloß. Nach der Wirtschafts-, Währungs- und Sozialunion trat am 3. Oktober 1990 der Einigungsvertrag in Kraft.

Touristischer
Aufschwung

Nach der Öffnung der innerdeutschen Grenze blühte der Harz-Tourismus auf. Dazu trug auch die Ausweisung des Nationalparks Hochharz (1990) und seine 1994 erfolgte Erweiterung zum zweitgrößten deutschen Waldnationalpark bei. Darüber hinaus sorgte die UNESCO für ein weiteres Anschwellen des Touristenstroms, denn sie nahm kulturhistorisch bedeutsame Stätten in Goslar (1992), Quedlinburg (1994) und Lutherstadt Eisleben (1996) in ihre Weltkulturerbeliste auf.

Fachwerk im Harz

Allgemeines

Viele Dörfer und Städte im Harz verdanken ihr malerisches Stadtbild zum großen Teil dem Fachwerkbau, der im 16. und 17. Jh. seine Blütezeit erlebte. In Deutschland wird diese in ganz Europa verbreitete Holzbauweise unterschieden in schwäbisches oder alemannisches, fränkisches und niedersächsisches Fachwerk, wobei letzteres den Harz und die Landschaft bis hin zur Elbe einschließt. Im gesamten Harz sind zudem holzverschalte Häuser typisch. Diese Schalbretter, die das Fachwerk verstecken, schützen besser vor den extremen Witterungseinflüssen.

Beschreibung

Der Fachwerkbau ist die Urform der modernen Stahl- und Eisenskelettbauweise, sein tragender Rahmen besteht jedoch aus Holz (meist Eiche), später auch Nadelholz). Die einzelnen Zwischenräume (Gefache, Fache) dieses Gerüsts werden mit nichttragenden natürlichen Materialien ausgefüllt (Rutenflechtwerk mit Lehm beworfen, Stroh-Lehm-Gemisch, seit dem späteren Mittelalter auch Ziegelsteine, selten Bruchsteine), so daß eine geschlossene Wand entsteht. Die senkrechten Pfosten (Stiele, Ständer, Säulen) werden unten von der Schwelle (Bundschwelle), oben vom dem Rähm (Rahmen, Spange, Oberschwelle, Bundbalken) gehalten. Zwischen Schwelle und Rähm wird zur weiteren Wandaufteilung der Riegel, ein waagrechter Verbindungsbalken angebracht, Sturzriegel über, Brüstungs-

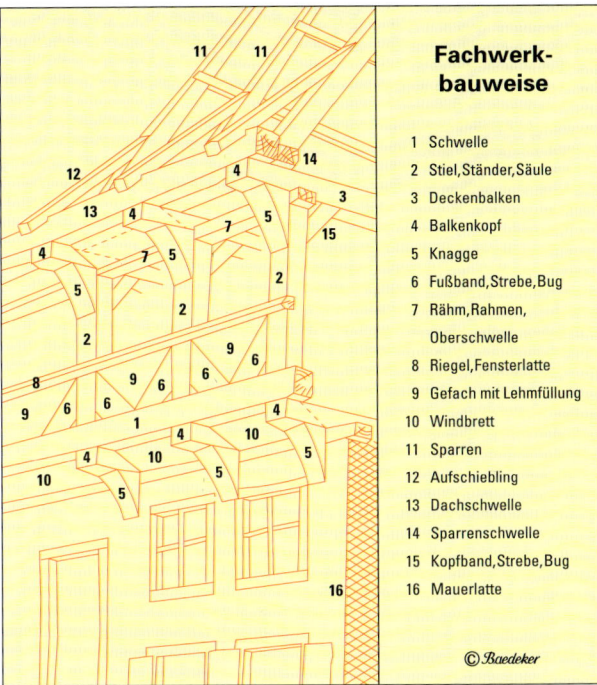

Fachwerk-
bauweise

1 Schwelle

2 Stiel, Ständer, Säule

3 Deckenbalken

4 Balkenkopf

5 Knagge

6 Fußband, Strebe, Bug

7 Rähm, Rahmen, Oberschwelle

8 Riegel, Fensterlatte

9 Gefach mit Lehmfüllung

10 Windbrett

11 Sparren

12 Aufschiebling

13 Dachschwelle

14 Sparrenschwelle

15 Kopfband, Strebe, Bug

16 Mauerlatte

© Baedeker

Beschreibung (Fortsetzung)

riegel unter den Fensteröffnungen. Zur Windaussteifung dienen die schräg verlaufenden Streben (Fuß- und Kopfbänder). Beim Stockwerkbau bildet jedes Stockwerk mit Schwellenkranz und Rähmkranz ein sich geschlossenes Element. Die Holzverbindungen waren bis ins 15. Jh. verblattet (dabei wurden die Balken von außen in ein ihnen angepaßtes Bett eingelegt), dann verzapft. Die oberen Stockwerke stehen (kragen) oft etwas nach außen vor, so daß die Bodenfläche größer wurde (Überhang). Die Balken dieser Auskragungen werden durch Dreieckshölzer, Knaggen, oder durch freistehende Kopfbänder mit den Ständern verriegelt. Als Verstrebungen dienen verschiedene Kreuzungen (z.B. Andreaskreuz), Winkelbänder (Wilder oder Stehender Mann) und Raute.

Geschichte

Zu den ältesten aufrecht stehenden Bauwerken der Menschen gehören Pfahl- und Blockbauten, Beispiele sind schon aus der Jungsteinzeit bekannt (zwischen 5000 und 1900 v. Chr.). Bereits der Blockbau setzte handwerkliches Können voraus, an den Stämmen mußten Eckverbindungen hergestellt werden, um aneinanderstoßenden Wänden gegenseitig Halt zu bieten, und einige Holzbauten in verschiedenen Ländern zeigen, daß das Zimmermannshandwerk bis in vorchristlicher Zeit recht ausgeprägt war. Der römische Baumeister und Architekturtheoretiker Vitruv (geb. 84 v. Chr.) hatte bereits in seinem zehnbändigen Werk "De architectura" (nach 33 v. Chr.) die technisch-konstruktive Bedeutung des Fachwerks betont, die er als "opus craticium" bezeichnete (= Gatter- oder Fachwerk). In seiner "Germania" schrieb der römische Geschichtsschreiber Tacitus 98 n. Chr. über die Häuser der Germanen: "Nicht einmal behauene Steine oder Ziegel benutzen die Germanen; ohne Acht auf ordent-

Phantasievolle Verzierungen …   *… an Harzer Fachwerkhäusern*

**Geschichte
(Fortsetzung)**

liches und schönes Aussehen benutzen sie für alles unbehauenes Holz. Doch streichen sie an bestimmten Stellen ihre Häuser sehr sorgfältig mit einer weißen Erde, so daß es wie eine Bemalung und Verzierung mit farbigen Ornamenten wirkt." Ursprünglich wurden die Pfosten direkt in den Boden gerammt, wo sie häufig zu faulen begannen. Dann stellten die Menschen die Ständer auf große flache Steine oder Mauern.

Das uns heute bekannte Fachwerkhaus geht nicht auf das Bauernhaus zurück, sondern auf das Kaufmannshaus der Marktsiedlung. Seine Urform ist der Ständerbau, das älteste erhaltene Beispiel im Harz ist der um 1400 errichtete sog. Ständerbau in Quedlinburg (heute Fachwerkmuseum). Das für alle städtischen Berufsarten im wesentlichen gleiche Bürgerhaus entstand dann im Laufe des 15. Jahrhunderts.

Nach einer Blütezeit im 16. und 17. Jh. setzte bald der Niedergang der Fachwerkarchitektur ein. Holz wurde zunehmend als 'billiges' Material durch den 'vornehmeren' Stein verdrängt. Das Patriziat der mittelalterlichen Handels- und Hansestädte bevorzugte bereits seit dem 14. Jh. Stein als Baumaterial, Vorbild war das mehrgeschossige, aber einräumige Steinhaus von den Ritterhöfen auf dem flachen Land. Aber auch die natürliche Vergänglichkeit des Holzes durch Wind und Regen, Sonnenschein und Frost sowie die Gefahr verheerender Stadtbrände taten ihr übriges. Selbst die im 19. Jh. aus Zeit- und Geldgründen errichteten Fachwerkbauten wurden verputzt oder ver-schiefert, um ihnen ein 'modernes' Ausse-

Ständerbau (Quedlinburg)

hen zu verpassen. Erst Ende des 19. und Anfang des 20. Jh.s gelangte die Fachwerkarchitektur zu neuem Ansehen und verleiht heute, wo sie erhalten blieb, Ortschaften und ganzen Landschaften ihren besonderen Reiz.

Stilgeschichte

In der Gotik (bis Mitte des 16. Jh.s) entstanden zunächst einfache Gebäude in Fachwerkkonstruktion mit einem niedrigen Zwischengeschoß. Nur das Obergeschoß, ursprünglich ohne Fenster und nicht als Wohnraum genutzt, kragt vor. Die Knaggen, die Balkenköpfe und die Dreiecke zwischen den Fußstreben werden verziert; häufiges Motiv ist der Treppenfries. In der Renaissance (bis Mitte des 17. Jh.s), der Blütezeit des Fachwerks,

Schmuckformen im Fachwerk

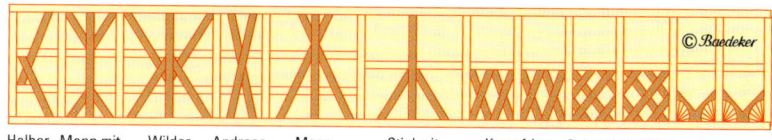

| Halber Mann | Mann mit Fuß- und Kopfband | Wilder Mann | Andreas- kreuz | Mann | Stiel mit Fußbändern | Kreuzfries | Schrägkreuzfries | Sonnen- scheiben |

rückt das Schmückende in den Vordergrund. Die Verzierungen sind entweder in die Konstruktion eingebunden (u. a. Andreaskreuz, Mann, steigende und fallende Strebe) oder in die tragenden Elemente der Konstruktion (Ständer, Schwellen, Balkenköpfe) eingeschnitten.

Die Dreiecksfelder (Brüstungsfelder) sind mit Halb- und Vollkreisen, Rosetten, Blendarkaden oder geschnitzten Täfelungen geschmückt; viele Zeichen sind Heils-, Wunsch- und Abwehrzeichen. Ein Teil der symbolischen Darstellungen geht auf das germanische Futhark-Alphabet zurück, die sog. Runen, das seinerseits aus altitalischen Schriften abgeleitet ist; darunter Pentagramme und Hexagramme (fünf- und sechseckige Sterne), Zauberknoten, Lebensbäume und Schlangen.

Die meist einfach gehaltenen Balkenköpfe zieren manchmal fantastische Masken und originelle figürliche Darstellungen. Die Schwellen tragen häufig Inschriften, die das Baujahr, den Namen des Bauherrn oder zumeist fromme Sprüche mitteilen. Die Füllhölzer zwischen den Balken sind als gedrechselte Stäbe, gedrehte Schnüre oder in Schiffskehlenmustern eingelassen.

Im Barock (bis Ende des 18. Jh.s) werden die Häuser wieder schlichter; anstelle der Brüstungsplatten werden die Gefache durch die Form der Balken selbst geschmückt. Das Vorkragen der Stockwerke hört allmählich auf, statt dessen werden Erker angebracht. Zunächst werden Balken überstrichen, später verputzt. Das Grundprinzip des Fachwerks, alle konstruktiven Teile sichtbar zu machen, geht verloren.

Vom Ende des 18. bis zum Ende des 19. Jh.s entstehen neben Fachwerkhäusern zunehmend verputzte Häuser. In der Zeit des Historismus, Ende des 19. Jh.s, wird auf historische Vorbilder zurückgegriffen, und es entstehen Häuser unterschiedlicher Bauart; Anfang des 20. Jh.s tauchen dann Jugendstilelemente in der Dekoration auf.

Fachwerk
im Harz,
Stilgeschichte
(Fortsetzung)

Mythen, Sagen und Brauchtum

Am 30. April ist im Harz die Hölle los. In vielen Orten wird – wie in Thale, Hohegeiß, Nordhausen, Wernigerode, Bad Harzburg, Braunlage, Bad Grund, Bad Sachsa und Sankt Andreasberg – das Walpurgisfest gefeiert. Heute tanzen allerdings keine Hexen mehr auf Besen, Mistgabeln, Ziegenböcken oder Schaufeln durch die Luft und auf den Brocken, um sich dort in Orgien mit Teufeln und anderen Unholden zu vereinigen. Statt dessen verkleiden sich an diesem Tag vor allem Jungen und Mädchen zu Teufelchen und Hexen, an manchen Orten werden Strohpuppen verbrannt. Es erinnert jedenfalls eher an Volksfeste als an Hexenbeschwörungen. Um Mitternacht endet dann der Spuk bei Erscheinen der Maikönigin.

Allgemeines

Im gesamten Harz sprießen Sagen und Legenden, in deren Mittelpunkt Zwerge, Teufel, Hexen, gute und böse Feen, Prinzessinnen, Dämonen, seltene Pflanzen und Tiere stehen.

Gab es sie wirklich, oder sind sie nur Erfindungen des Mittelalters?

Der Harz mit seinen undurchdringlichen Wäldern, wilden Schluchten, bizzar geformten Felsen und seinen langen Wintern galt früher als ein unheimliches, den Menschen Angst und Schrecken einflößendes Gebirge. So wundert es nicht, daß er zu den sagenreichsten Landschaften Deutschlands zählt. Hexentanzplatz, Teufelsmauer, Regenstein, Wildemann, Osterode, Questenburg (heute noch Schauplatz einer der urtümlichsten Frühjahrskultfeiern), Steinkirche, Rammelsberg, Brocken und natürlich der Kyffhäuser... Von Seesen bis Sangerhausen, von Wernigerode bis Nordhausen: Der Harz ist übersät von geschichtsträchtigen und sagenumwobenen Plätzen, Felsen und Höhlen. Die mit ihnen verbundenen Mythen, Sagen und Legenden bieten tiefen Einblick in die Vergangenheit, in ihnen sind heidnische Bräuche, Vorstellungen aus früher Götter- und Geisterwelt und christliches Gedankengut, Sagenhaftes und Geschichtliches, Legende und Wahrheit verschmolzen.

Harz – Sagenland

Mythen, Sagen und Brauchtum

Kultplätze

Wie Funde bestätigen, waren sagenumwobene Orte häufig ehem. Kult- und Opferplätze sowie Fluchtstätten für Menschen, die ihre Götter vor allem in den Naturgewalten erkannten und diese auf hochgelegenen Bergen und Felsen verehrten.

Hier feierten die Menschen auch ihre Frühlings- und Maifeiern, die dann – mit neuem Inhalt – weiterlebten, beispielsweise das Fest für die germanische Frühlingsgöttin Ostara im christlichen Osterfest.

Die Walpurgisfeiern gehen vielleicht auf die ursprünglich in dieser Nacht gefeierte Vermählung des einäugigen Göttervaters Wotan mit der Fruchtbarkeitsgöttin Freya, zurück, auch als das Fest zur Befreiung des Lichtgottes aus den Banden des Winters bekannt. Benannt sind sie allerdings nach Walpurga, einer englischen Heiligen, die im 8. Jh. vor allem an der Bergstraße missionierte und zufällig die Kalenderheilige des 1. Mai ist.

'Verteufelung'

Mit der Christianisierung zur Zeit Karls des Großen wurde jeder Umgang mit dem alten Glauben verfolgt, die bekannten Heiligtümer gewaltsam zerstört. Die Heiden hielten jedoch im Geheimen noch einige Zeit an ihren Göttern und Gebräuchen fest. Fränkische Soldaten hatten den Auftrag, den Zugang zu den alten Kultstätten zu verwehren (u. a. vom sog. Frankenlager aus im Achtermann-Wurmberggebiet). Wenn sie nun Ende April, Anfang Mai den Frauen begegneten, die mit ihren Besen auf die Berge stiegen, um die heiligen Stätten vom Schnee zu befreien und für die Frühlingsfeiern vorzubereiten, Frauen, die sich vielleicht, um nicht erkannt zu werden, auch noch die Gesichter geschwärzt hatten, ist der Blick 'auf dem Besen zum Blocksberg reitenden Hexen' fast fertig. Der oberste Gott Wotan wurde zum Teufel, seine Götter und Göttinnen zu seinem verfluchten Gefolge. Aus den Kultplätzen wurden Hexentanzplätze, aus den steinernen Treppen, die zu ihnen hinaufführten, Heiden- oder Hexentreppen wie zum Hexentanzplatz oder zum Wurmberg, die Schneebesen wurden zu Reitutensilien, der hl. Opfertrank zu einem giftigen Hexensud, die hl. Steine zu Teufelskanzeln und Hexenschüsseln – und "den ganzen Berg entlang strömt ein wütender Zaubergesang" (Goethe).

Brocken

Auf der Brockenkuppe wurden bisher keine Hinweise gefunden, die auf vorchristliche Feiern hindeuten. War er ein Kultplatz oder war er, ähnlich dem griechischen Olymp, Göttersitz und damit für menschliche Kulthandlungen zu heilig gewesen? Kamen also Bezeichnungen wie Teufelskanzel, Hexenwaschschüssel und Hexenaltar erst im späten Mittelalter auf? Die Frage ist nicht geklärt. Um 1663 hatte der Leipziger Magister Praetorius mit seinem Werk "Blockes-Berges-Verrichtung" über den Brocken geschrieben: "dieser ist gar berühmt durch gantz Teutschland von den Hexen und Unholden, daß sie allda jährlich in der Nacht Walburgae auf den ersten Maji ihren Convent und Hof halten sollen..." und damit einen wichtigen Anlaß zu seiner 'Verteufelung' geliefert. Doch erst Goethe, der in seinem "Faust" die Walpurgisnacht auf den Brocken verlegte (→ Der Harz in Zitaten), machte den Brocken als Hexentanzplatz weltweit bekannt und gab dem alten Volksglauben eine klassische Darstellung.

Roßtrappe Hexentanzplatz

Auf der Roßtrappe bei Thale befindet sich heute noch der übergroße steinerne Hufabdruck eines Pferdes; ihr gegenüber liegt die frühere Kultstätte der 'Hexentanzplatz'. Vom Bodetal führt die sog. Heidentreppe empor; um den Hexentanzplatz zog sich der 'alte Sachsenwall', von dem noch Überreste erhalten sind, und im Vorraum der Walpurgishalle steht ein um 1900 gefundener, sächsischer Opferstein.

Sagengestalten Venediger

Zu den unheimlichen Gestalten der Sagen und Legenden gehören auch die sog. Venediger oder Walen, die zwischen dem 13. und 18. Jh. den Harz durchstreift haben sollen. "Waren es Hausierer, Italiener, Ungarn, die Arzneien herumtrugen oder Mausefallen verkaufende Slowaken?", diese Überlegungen machte sich jedenfalls Heinrich Pröhle 1853 im Vorwort zu seinen "Harzsagen". Er stellte nämlich fest, "daß alle Hausierer, auch die bei uns einheimischen, Italiener heißen, insbesondere sofern sie auch, viel-

Gustav Spangenberg: "Hexenritt" (um 1870)

Sagenumwobener Kyffhäuser

leicht nur heimlich, mit Gift handeln. Venefica ist Hexe und Giftmischerin" (ebenda).
Vielleicht waren es aber tatsächlich Italiener auf der Suche nach seltenen Edelmetallen?

Sagengestalten
(Fortsetzung)

Zu den bekanntesten Gestalten der Harzer Sagenwelt gehören natürlich die 'Herren der Berge', die Zwerge und die Berggeister oder -mönche, als Bewohner von Höhlen und Erdbauten, die zwar klein aber überraschend stark waren und unerwartet aus Stollenmundlöchern auftauchten. Sie trugen meist spitze Kapuzen und hüteten sagenhafte Schätze, die ihnen nicht gehörten. Sie besaßen alle Eigenschaften der frühen Bergarbeiter, die abgeschieden von den übrigen menschlichen Siedlungen lebten und bis etwa 1650 Kapuzen trugen... Ihre unterirdischen Gänge hatten geringe Durchmesser, so waren sie häufig klein an Wuchs und vom ewigen Hämmern und Steineschleppen durchtrainiert. Von den Schätzen, die sie ans Tageslicht beförderten, blieb für sie nur ein Hungerlohn übrig. Auch Mönche, z. B. aus dem Kloster Walkenried, betrieben in den Anfängen Bergbau.

Zwerge,
Berggeister

Was für das Riesengebirge der Rübezahl, ist im Harz der Berggeist oder auch der 'Wilde Mann'; der Name Rübezahl ist irisch-keltischen Ursprungs (Ribe na tsaol) und bedeutet 'der unzähliger Gestalten Fähige', er ist eine der Gestalten des keltischen Wald- und Hirschgottes Cernunnos. Sowohl vom Berggeist als auch vom Rübezahl heißt es, daß sie den Ehrlichen und Fleißigen belohnen und den Bösen und Faulen bestrafen.

Wilder Mann

Eine weitere bekannte Harzer Sagenfigur ist die Haulemutter, hinter der sich die märchenbekannte Frau Holle verbirgt. Sie ist eine der Gestalten der alten Großen Mutter, Zentralfigur der Urreligion aus der Zeit vor der Einwanderung der indoeuropäischen Völker. Sie tritt auch als Berggeist auf, der sich häufig als Bergjungfrau zeigt (Jungfrau heißt dabei nicht junge, sondern die unverheiratete Frau).

Haulemutter,
Bergjungfrau

Von Heiligen und Hexen

Bis zum 12. Jh. bekämpfte die Kirche Dämonenglauben und Zauberei als heidnischen Aberglauben, und Übertretungen wurden im allgemeinen mit Kirchenbußen belegt. Mit dem Aufflammen der Ketzerbewegung setzte sich jedoch die Lehre des Kirchenvaters Augustinus von einem möglichen Pakt zwischen Mensch und Dämon durch, und die zauber- oder abergläubischen Handlungen wurden folgerichtig als Teufelsdienst und damit als Häresie verurteilt. Bereits der um 1225 verfaßte Sachsenspiegel sah die Feuerstrafe für Ketzerei und Zauberei vor.

In Deutschland wurde die systematische Hexenverfolgung besonders gefördert durch die Bulle Papst Innozenz' VIII. aus dem Jahr 1484: "Wir haben neulich nicht ohne große Betrübnis erfahren, daß es in einzelnen Teilen Oberdeutschlands... viele Personen von beiden Geschlechtern gäbe, welche, ihres eigenen Heiles uneingedenk, vom wahren Glauben abgefallen, mit dämonischen Inkuben und Sukkuben sich fleischlich vermischen, durch zauberische Mittel mit Hilfe des Teufels die Geburten der Weiber, die Jungen der Tiere, die Früchte der Erde... und andere Zeugnisse der Erde zugrunde richten, ersticken und vernichten, die Männer, Weiber und Tiere mit heftigen innern und äußern Schmerzen quälen und die Männer am Zeugen, die Weiber am Gebären, beide an der Verrichtung ehelicher Pflichten zu verhindern vermögen." Deshalb beauftragte der Papst die beiden Inquisitoren für Süd- und Norddeutschland, Heinrich Institoris und Jakob Sprenger, die Zauberer und Hexen auszuspähen, zu bestrafen und auszurotten.

Mit Erfolg: 1486 veröffentlichten die beiden ein Gesetzbuch in Hexensachen, den "Hexenhammer" ("Malleus Maleficarum"), wobei sie die Hexerei eindeutig auf das weibliche Geschlecht projizierten. Dieses Werk erlebte bis 1669 noch 30 Auflagen und gehörte damit zu den meistgedruckten Werken der Frühzeit des Buchdrucks. In seinem dritten Teil ist das Gerichtsverfahren festgelegt: Der Richter durfte auf bloßes Gerücht hin anfangen zu inquirieren, als Zeugen durften sogar Exkommunizierte auftreten, ja Ketzer wider Ketzer, Hexen wider Hexen, die Frau gegen den Mann, Kinder gegen Eltern usw., selbst Hauptfeinde des Angeklagten waren zugelassen.

Hauptgebiete der Hexenverfolgung lagen in Zentraleuropa; in Deutschland u. a. in den sächsischen Herzogtümern. Über die Zahl der Opfer gibt es keine genauen Angaben, da oft keine Protokolle überliefert sind, Schätzungen schwanken zwischen 100 000, 500 000 und sehr viel höheren Zahlen; der Anteil der Frauen betrug über 80 %.

Schon im 16. und 17. Jh. fehlte es nicht an Männern, die sich der Inquisition widersetzten. Mit Erfolg bekämpfte jedoch erst der gelehrte Christian Thomasius aus Leipzig († 1718) den Hexenwahn. 1714 leitete dann Friedrich Wilhelm I. durch ein Edikt die Beendigung der Hexenprozesse in Deutschland ein. Letzte gesetzliche Hinrichtungen fanden 1610 in den Niederlanden, 1684 in England, 1745 in Frankreich, 1775 in Deutschland (Kempten) und 1782 in der Schweiz statt.

Der Begriff Hexe geht auf das althochdeutsche Wort 'hagzissa' (Hag = Wald, Hecke) zurück, und bedeutete etwa 'Zaunreiterin'; auch der norwegische Ausdruck 'tysja', Elfe, könnte mit dem Namen zusammenhängen.

In germanischer Zeit waren die Frauen hoch angesehen, sie waren auch Priesterinnen und Wahrsagerinnen. Über sie ist in Jakob Grimms "Deutscher Mythologie" (1835) zu lesen: "Frauen, nicht Männer, war das Auslesen und Kochen kräftiger Heilmittel angewiesen, wie die Bereitung der Speisen ihnen oblag. Linnen weben, Wunden verbinden, vermochte ihre linde weiche Hand am besten. Die Kunst, Buchstaben zu schreiben und zu lesen, wird in ältester Zeit hauptsächlich Frauen beigelegt. Von jeher wurde in ihnen eine innere heilige Kraft verehrt."

Mit der Verbreitung des Christentums wurden die Frauen jedoch als minderwertig angesehen. Die bei Grimm aufgeführten besonderen Fähigkeiten wurden ihnen nun zum Nachteil ausgelegt. Gerade den ehem. 'weisen Frauen' unterstellte man am ehesten magisch-schädigende Kräfte im Umgang mit den (unsichtbaren) Mächten. Naturheilkunde, soweit sie nicht von Mönchen und Nonnen, wie von der berühmten Äbtissin Hildegard von Bingen, ausgeübt wurde, Hebammendienste, Empfängnisverhütung, sicher auch Abtreibungen, Drogengebrauch und Heilsbeschwörungen, wurden in den 'Jahren der Verzweiflung' und noch darüber hinaus, Millionen von Frauen zum Verhängnis, vom Kindes- bis zum Greisenalter. Der Ablauf der berüchtigten Prozesse war immer der gleiche: kein Verhör ohne Folter, kein Urteil ohne Tod und Feuer.

Ein erschröckliche geschicht / so zu Derneburg in der Graffschafft Reinstein / am Hartz gelegen / von dreyen Zauberin / vnnd zwayen Mañen / Jn etlichen tagen des Monats Octobris Jm 1 5 5 5. Jare ergangen ist.

Auch rund um den Harz gab es Hexenverfolgungen. Bereits um 1540 machte eine 'Hexe' aus Elbingerode Angaben über die "rechten zauberschen", sie "pflegen in Walpurgen nacht auf den Brocken zu fahren...". Herzog Heinrich Julius von Braunschweig, 1566–1613 Bischof in Halberstadt und angeblich ein hochgebildeter Rechtsgelehrter, machte sich als Hexenverfolger einen ganz 'hervorragenden' Namen. Unter ihm brannten die Scheiterhaufen in nie gesehener Zahl. 1573 wurde eine Anna Beringers aus Nordhausen wegen Zauberei verbrannt. In Quedlinburg wurden im Jahre 1574 wohl 40 Frauen und 1589 sogar 133 Personen als Hexen dem Flammentode überliefert. Auch der damalige Amtmann Peregrinus Hühnerkopf zu Westerburg legte einen großen Eifer bei der Verfolgung armer unglücklicher Weiber an den Tag. Die der Zauberei Beschuldigten ließ Hühnerkopf auf der Westerburg im 'Schweißstüblein' verwahren und dann, nachdem ihnen durch die Tortur und gewisse betäubende Tränke die tollsten Geständnisse abgequält waren und die hochweisen, erleuchteten juristischen Fakultäten und Schöppenstühle das Urteil gesprochen, auf einem Platze vor der Westerburg, im 'Schäferteiche' lebendig verbrennen.

(Der Text basiert auf einer 1979 veröffentlichten Schrift von Dr. Walter Böckmann anläßlich einer Ausstellung "Der Harz in Sage, Märchen und Geschichte".)

Mythen, Sagen und Brauchtum, Sagengestalten (Fortsetzung)	Die Große Mutter nimmt im Harz, wie auch in anderen Gebirgen, die Rolle einer Bergherrin und Herrin der Tiere ein (als solche ist sie Hüterin des Waldes und der Jagd). Zu ihrem Gefolge gehören Hase (einer ihrer vielen Namen war Ostara; der Osterhase und die vielen Osterfeuer rund um den Harz halten für den Eingeweihten die Erinnerung an sie wach), Bock (er gilt als Ausdruck der Fruchtbarkeit in den Herden; der männliche Nachfolger der alten Muttergottheit, der germanische Wotan, fährt in einem Wagen, der von vier Böcken gezogen wird – wie die Urmutter von einem von Katzen gezogenen Wagen), Katze, Schlange, Schwein, Eule und Taube. Sie sind Tiere aus der viehzüchterischen, jagdlichen und bäuerlichen Umwelt des vorgeschichtlichen Menschen. Heute präsidiert der Bock als stinkende Verkörperung des bezeichnenderweise bocksfüßigen Teufels das Walpurgisfest, an dem auch die übrigen Begleittiere der Großen Mutter, nun aber als verfluchtes Gefolge, auftauchen.
Hirsch	Eine herausragende Rolle im Harz spielt der Hirsch, der auf den keltischen Hirschgott Cernunnos verweist. Mit seinem Strahlen-Geweih ist er Sonnensymbol, am Brocken führt er z. B. als goldener Hirsch zu geheimnisvollen unterirdischen Schlössern und Schätzen, als schwarzer Hirsch weist er den Weg ins Totenreich. Als Wappentier führten ihn manche alten Harzgrafengeschlechter; die Stolberg-Stolberg haben darüberhinaus auch noch die Säule, die manche für die alte keltische Säule, die den Himmel trägt, halten.
Weißes Pferd	Über allen Tiersymbolen der Großen Mutter aber steht das Weiße Pferd. Weiße und hellgraue Pferde galten auch bei den Germanen als heilig. Sie weideten in den heiligen Hainen und durften nur zu den heiligen Umzügen verwendet werden. Der Schimmer- (Schimmel)wald bei Harzburg gilt als eines der alten Zuchtgebiete der heiligen Pferde; Niedersachsen und Westfalen führen noch heute das weiße Pferd als Wappentier.

Volkstümliche Feste und Veranstaltungen

Allgemeines	Überall im Harz finden darüber hinaus weitere volkstümliche Feste und Veranstaltungen statt, die häufig auf alte Bräuche von Köhlern, Berg- und Fuhrleuten und Hirten zurückgehen. Dazu gehören Johannisfeiern (früher hatten die Bergleute am Johannistag arbeitsfrei), Finkenmanöver, Peitschenknallen sowie das Jodeln, auch Ledauzen genannt. Seit 1900 verständigten sich Harzer Waldarbeiter und Fuhrleute untereinander öfters mit Jodlern, begünstigt durch die Echowirkung in den Bergtälern. Heute finden in Clausthal-Zellerfeld und in Altenbrak sog. Jodlerwettstreite statt.
Finkenmanöver	Einer der ältesten Bräuche ist das sog. Finkenmanöver. Sobald ein Finke einen Konkurrenten in seinem Revier hört, beginnt er zu 'schlagen', d. h. Töne von sich zu geben. Einige schaffen bis zu 400 Schläge in der halben Minute. Auch heute noch finden Wettkämpfe im Schön- und Starksingen statt, die allerdings von Tierschützern kritisiert werden, da die Finken vor den Manövern lange Zeit in verdunkelten Käfigen gehalten werden. Im Bergbau erfüllten die Vögel übrigens eine lebenswichtige Aufgabe: Fiel der im Käfig gehaltene Finke tot um, war die Atemluft viel zu kohlenmonoxidhaltig und der Arbeiter wußte, daß er schnellstens aus dem Stollen mußte. Einige Veranstaltungen werden in dem Kapitel 'Reiseziele' im Zusammenhang mit den Austragungsorten vorgestellt; eine Übersicht über die Veranstaltungstermine und -orte findet sich im Kapitel 'Praktische Informationen' unter dem Stichwort Veranstaltungen.

Glossar

Fachausdrücke aus Architektur und Kunst

Andreaskreuz	Kreuz mit schrägstehenden Balken (x-förmig).

(griech. = Bogenrundung) halbrunde oder vieleckige Nische als Abschluß des Chores oder der Seitenschiffe in Kirchen. — **Apsis**

(lat. = Bogen) Auf Säulen oder Pfeilern ruhender Bogen; auch Bezeichnung für einen Bogengang, wurde Gestaltungselement der Basilika, wo Arkaden das Mittelschiff von den Seitenschiffen trennen. — **Arkade**

Urspr. ein kostbarer Stoff, dann der daraus gefertigte Prunkhimmel über einem Thron oder Bischofsstuhl.
In Stein oder aus Holz umgesetzt als Auszeichnung über einem Altar oder einem Grabmal, in verkleinerter Form als Gehäuse über Figuren an gotischen Strebepfeilern oder nur als Überfang einer Einzel- bzw. Gewändefigur gotischer Kirchenportale. — **Baldachin**

Geländer aus dickbauchigen Säulchen oder aus geschwungenen Vierkantpfosten; vor allem an barocken Treppen. — **Balustrade**

(griech. = Königshalle) Für den christlichen Kirchenbau aus der Antike übernommene Hallenform (abgeleitet von römischen Markt- und Gerichtsstätten) mit mindestens drei nebeneinander angeordneten Schiffen, die sich in Höhe und Breite unterscheiden, wobei das Mittelschiff über die Seitenschiffe aufsteigt und im Licht- oder Obergaden durchfenstert ist; senkrecht zu Langhaus und Chor kann zwischen beiden das schiffähnliche Querhaus liegen; wo Langhaus und Querhaus sich kreuzen, entsteht die Vierung. — **Basilika**

Der ausladende, meist profilierte Fuß einer Säule oder eines Pfeilers, um den Druck der Stütze auf eine größere Grundfläche zu verteilen. — **Basis**

Alleinstehendes Gebäude, das als Schutzhütte dient. — **Baude**

Mittelalterliche Werkstattgemeinschaft der an einem Kirchenbau beschäftigten Steinmetzen und Bauleute. — **Bauhütte**

Turm und letzte Zuflucht innerhalb einer mittelalterlichen Burganlage (siehe Abb. S. 41). — **Bergfried**

Zweibogiges Fenster (entsprechend: Trifore = dreibogiges Fenster usw.). — **Bifore**

Doppelte Arkade; meist werden zwei kleine Bögen von einem großen Bogen überfangen. — **Biforium**

Ein 'blinder', der Wand vorgeblendeter Bogen. Die Blendarkade ist eine Bogenstellung ohne Öffnungen. — **Blendbogen, Blendarkade**

Die nicht oder wenig bearbeitete und deswegen vorstehende Stirnsteine eines Steinquaders im Wand- oder Mauergefüge. — **Bosse**

In der gotischen Baukunst ein Kernpfeiler mit ringsherum gruppierten kleinen und großen Dreiviertelsäulen; in der Hochgotik wird diese Gruppierung so verdichtet, daß der Kernpfeiler unsichtbar ist. — **Bündelpfeiler**

(lat.) Wärmestube in einem Kloster. — **Calefaktorium**

Befestigter Platz; Standlager römischer Truppen. — **Castrum**

(griech. = Tanzplatz) In der Sakralarchitektur ehem. Raum für den Chorgesang der Kleriker, seit dem 15. Jh. allgemeine Bezeichnung für den Altarraum. — **Chor**

Häufig reich dekorierte Trennmauern zwischen Laienkirche und dem Priesterbereich. — **Chorschranken**

Glossar

Chorumgang
Um den Chor herumführender Gang in Verlängerung der Seitenschiffe und in offener Verbindung mit dem Chormittelschiff.

Confessio
Das unter dem Hochaltar einer Kirche angelegte Grab eines Märtyrers, des Kirchengründers oder des Titelheiligen; die Vorform der mittelalterlichen Krypta.

Dienste
Lange, dünne Viertel-, Halb- oder Dreiviertelsäulchen. Häufig in Bündeln, die den Gurt oder die Rippe eines Kreuzrippengewölbes stützen.

Dom
(lat. = Haus) Bischofskirche, auch bedeutende Stiftskirche.

Donjon
(lat. dominare = beherrschen) Wohnturm der mittelalterlichen Burg in Frankreich.

Dormitorium
(lat.) Schlafsaal eines Klosters.

Empore
In der kirchlichen Baukunst ein tribünen- oder galerieartiger Einbau, der zum Kirchenraum geöffnet ist.

Epitaph
Gedächtnismal, Grabinschrift, jedoch kein eigentliches Grabmal. Seit dem 14. Jh. aufrechtstehende Platten mit der Darstellung des Verstorbenen, an Wänden und Pfeilern von Kirchen aufgestellt.

Erdfall
Vertiefung in der Erdoberfläche, die durch unterirdische Auslaugung von Salz, Gips oder Kalkstein und Einbrechen der darüber liegenden Schichten entstanden ist.

Fachwerk
Holzbauweise, siehe Abb. S. 53.

Fahrkunst
Mechanik zum Ein- und Ausfahren der Bergleute. Zwei senkrechte Gestänge mit Trittbrettern im Abstand von 1,60 m bewegen sich gegenläufig auf und ab. Der Bergmann wechselt immer zum Stillstand das Trittbrett.

Fiale
Gotische Zierform (schlankes Türmchen) als Bekrönung des Strebepfeilers (siehe Strebewerk).

Fresko
Malerei auf noch feuchtem Wand- oder Deckenputz, die mit ihm trocknet und abbindet.

Fries
Meist waagerechter Streifen mit ornamentalen oder figürlichen Darstellungen für Schmuck, Gliederung oder Abschluß einer Wand.

Gaden, Fenstergaden, Obergaden
Obergeschoß einer architektonischen Wandgliederung, v. a. der überhöhte und durchfensterte Teil des Mittelschiffs in einer Basilika.

Galiläa
Narthex, Vorhalle einer Basilika, wo sich die Heiden (sog. Galiläer) aufhalten durften.

Gesims
Architekturelement in Streifenform, das waagrecht aus einer Mauer vorspringt und der Vertikalgliederung der Architektur dient.

Gewände
Schräge Schnittfläche eines Fensters oder Portals in der Mauer (rechtwinkliger Einschnitt: Laibung).

Gewölbe
Gerundete Raumüberdeckung, die aus einzelnen, keilförmig zwischen feste Widerlager verspannten Steinen besteht.
Grundlegende Form ist das Tonnengewölbe (Querschnitt entspricht teils einem Halbkreis, teils einem Spitzbogen). Das Kreuzgratgewölbe entsteht durch Addition von 4 Kappen, die von diagonalen Durchdringungsbögen (Grate) getrennt werden. In der Gotik treten an die Stelle der Grate profilierte Rippen (= Kreuzrippengewölbe).

Quer zur Längsachse eines Gewölbes laufender Verstärkungsbogen, der auch die Unterteilung in Joche verstärkt.
Gurtbogen

Aus der Mauer oder aus dem Pfeilerkern halb heraustehende Säule. Entsprechend gibt es auch Viertel- und Dreiviertelsäulen.
Halbsäule

Durch eingestellte Stützen und Bogen in mehrere Schiffe geteilte Anlage, deren Decken- bzw. Gewölbehöhe annähernd gleich ist. Entsprechend Hallenchor und Hallenkrypta.
Hallenkirche

(lat.) Dekorativ-figürlich ausgeschmückter 'Anfangs'-Buchstabe eines Textes.
Initiale

Einlegearbeit. Verzierung bei Möbeln, Fußböden und Decken mit Blattholz (Furnier); neben verschiedenen und verschiedenfarbigen Hölzern können auch andere Materialien (Elfenbein, Perlmutt, Schildpatt, Metall) verwendet werden.
Intarsie

Der zwischen zwei Hauptstützpunkten einer Architektur befindliche Abschnitt; im Sakralbau auf Gewölbeabschnitte und mit diesen korrespondierenden Raumkompartimente bezogen.
(Französisch = travée).
Joch

Vorspringende Platte auf Pfeilern oder Säulen, auf der Gewölbe oder Bögen aufliegen.
Kämpfer

In der Regel reichverzierter Leuchter in Ständerform.
Kandelaber

Pfeiler- oder Säulenkopf, Zwischenglied zwischen Stütze und Last, häufig reich ornamentiert.
Kapitell

Profaner Raum eines Klosters, in der Regel an der Ostseite des Kreuzgangs gelegen, in dem Besprechungen und Lesungen (Kapitel) sowie außerliturgische Feste abgehalten wurden.
Kapitelsaal

Das durch Grate (siehe Gewölbe) oder Rippen ausgesonderte Teilstück eines Gewölbes.
Kappe

Vertieftes, oft verziertes Feld in einer Decke oder Bogenlaibung.
Kassette

Von der Kathedra (= Sitz oder Thron des Bischofs) abgeleitete Bezeichnung der Bischofskirche, Dom.
Kathedrale

(lat.) Heizbarer Raum in einem Steinhaus, auch dieses selbst.
Kemenate

Abgeschlossener baulicher Komplex für Mönchs- und Nonnengemeinschaften, bestehend aus der Klosterkirche und den um einen Kreuzgang angeordneten Wohn- und Arbeitsräumen der Klostergemeinschaft (Kapitelsaal, Refektorium, Dormitorium, Parlatorium, Calefaktorium, Brunnenhaus und Tonsurkapelle, Küche und Vorratsräumen). Zu jedem Kloster gehörte ein größerer Wirtschaftshof.
Kloster

Kleines Holzstück zur Verstärkung zwischen Pfosten und Rähm bzw. Schwelle des Fachwerks (siehe Abb. S. 53).
Knagge

siehe Stiftskirche.
Kollegiatskirche

Bezeichnung einer kirchlichen Pfründe, deren Inhaber nur das Einkommen bezieht, ohne das Kirchenamt zu verwalten.
Kommende

Ein aus der Mauer hervorragender Stein zum Tragen von Bögen, Gesimsen, Figuren, Architraven etc.
Konsole

Glossar

Konversen	Laienbrüder und -schwestern in einer Klostergemeinschaft.
Kreuzgang	Die um einen Klosterhof im Rechteck herumgeführten Hallengänge, welche die einzelnen Klosterräume miteinander verbinden.
Krypta	Unterkirche, aus der Confessio entstanden. Im 10. Jh. entwickelt sich die Hallenkrypta unter dem hierfür erhöhten Chor. Die Begründung ist im Reliquienkult des frühen und hohen Mittelalters zu suchen.
Kunst	Bergmännischer Begriff für jegliche Art von Maschine (Fahrkunst, Wasserkunst etc.).
Kurie	Sitz des päpstlichen Hofs; päpstliche Zentralbehörde(n).
Laibungsbogen	Innerer Abschlußbogen über einer Fenster- oder Portalnische.
Langhaus	Bei Kirchen über dem lateinischen Kreuz der gestreckte Teil zwischen Westbau und Presbyterium.
Lapidarium	Sammlung von Steindenkmälern.
Lettner	Die anstelle der Chorschranken zwischen dem Chor und dem Mittelschiff eingezogene halbhohe Trennwand.
Lisene	Senkrechter, flach aus der Mauer heraustretender Wandstreifen ohne Basis und Kapitell zur Gliederung der Wandfläche.
Lombardische Bänder	Baudekor, bestehend aus rhythmisch gesetzten Lisenen, die mittels Blendbögen miteinander verbunden sind.
Lukarne	Dachfenster mit geschoßhohem Ausbau an der Hausflucht.
Mandorla	(ital. = Mandel) Heiligenschein, der die ganze Figur umschließt.
Maßwerk	Gemessenes, gezirkeltes gotisches Ornament in Spitzbogenfeldern. Gitterform in gotischen Maßwerkfenstern.
Mausoleum	Gewaltiges Grabmal in der Art eines Tempels auf hohem Sockel des Königs Mausolos in Halikarnass (nach 353 v. Chr.), nach dem alle späteren großen Grabmale benannt wurden.
Ministeriale	(lat.) Dienstleute im Hof-, Verwaltungs- und Kriegsdienst, später im Ritterstand und niederen Adel aufgegangen.
Münster	Eigentlich Kloster (lat. monasterium), auch bedeutende Stifts- und Bischofskirche.
Narthex	Portalvorbau, Vorhalle einer Kirche.
Netzgewölbe	Gewölbe mit netzartig angeordneten Rippen, die die Jocheinteilung des Gewölbes verwischen.
Niedersächsischer Stützwechsel	Seit dem 10. Jh. in Sachsen verbreitete Rhythmisierung der Langhausarkaden durch das Zusammenfassen dreier Bogen auf zwei Zwischensäulen mit Hilfe abschnittbildender Pfeiler (siehe auch Stützenwechsel).
Obergaden	siehe Gaden.
Oratorium	In frühchristlicher Zeit Bezeichnung für alle Sakralbauten, später für eine kleine Kapelle, Betraum oder Chorempore.
Palas	Repräsentativer Saal- und Wohnbau einer Burg oder Pfalz.

Fächerförmiges, dem Palmblatt nachgebildetes Ornament, symmetrisch und aufrecht stehend.	Palmette
(lat.) Sprechraum eines Klosters.	Parlatorium
Königlicher Regierungs- und Wohnsitz.	Pfalz
Freistehende Säule, meist rechteckig mit Fuß und Kopfstück, im Gegensatz zu Wandpfeiler und Pilaster, die mit der Wand verbunden sind.	Pfeiler
Flacher Wandpfeiler (an Außen- oder Innenwand) mit Basis und Kapitell, antiker Abkunft. Im Mittelalter zugunsten der Lisene zurücktretend; v. a. wichtiges Wandgliederungselement der Renaissance, des Barock oder des Klassizismus.	Pilaster
Vesperbild. Maria hält den toten Christus auf ihrem Schoß.	Pietà
Eine durch Einsturz alter Grubenbaue entstandene trichterförmige Vertiefung.	Pinge
(griech.: plastike = Kunst des Gestaltens) Die Plastik entsteht durch Aneinanderfügen der Formmasse zu einem Körper.	Plastik
Viel- oder Mehrfarbigkeit.	Polychromie
Vieleck.	Polygon
Repräsentativer, durch Größe oder Schmuck hervorgehobener Eingang; v. a. im Kirchenbau der Romanik und Gotik sowie im Profanbau der Renaissance und des Barock.	Portal
Der gemalte oder geschnitzte Unterbau eines Flügelaltaraufsatzes (Flügelretabel).	Predella
(griech.) Der Priesterbereich im Ostbau einer Kirche mit Chorgestühl und Altären.	Presbyterium
Wohnung und Amtsbezirk des Ordensoberen, des Priors, Stellvertreter des Abtes.	Priorei
Ursprünglich ein Bau, der außerhalb des hl. Bezirks lag; heute die gesamte nichtkirchliche Architektur.	Profanbau
Von einem Mutterkloster abhängiges Kloster unter der Leitung eines Propstes oder Priors (Prior = Stellvertreter des Abtes).	Propstei
Der quer zum Langhaus liegende Trakt einer Kirche.	Querhaus
Das quer zum Längsschiff liegende Schiff einer Kirche.	Querschiff
Chorkapelle, die zusammen mit anderen einen Kapellenkranz um den Chorumgang bildet.	Radialkapelle
Speisesaal in einem Kloster.	Refektorium
Horizontaler Bildstreifen, z. B. eines Altars, eines Tympanons, eines Fensters.	Register
Plastische Darstellung in und vor einem Flächengrund. Flach-, Halb- und Hochrelief je nach Erhabenheit.	Relief
Behälter zur Aufbewahrung der Überreste (Reliquien) eines Heiligen.	Reliquiar

Glossar

Retabel	Altaraufsatz.
Rippe	Tragendes Konstruktionsteil (plastischer Steinbogen) einer Decke; beim Gewölbe bilden die Rippen das Gerüst für die nichttragenden Flächen. In der Spätzeit des Gewölbebaus wurde die Rippe zur Dekoration.
Risalit	(lat. = Vorsprung) Vorspringender Teil einer Fassade.
Rolands-standbild	Seit Mitte des 14. Jh.s faßbare Symbolfigur aus Holz oder Stein, urspr. Ausdruck für den Besitz der Marktfreiheit und der Gerichtsbarkeit; später kamen weitere Bedeutungen hinzu. Im Harz zu sehen in: Halberstadt, Nordhausen, Quedlinburg, Neustadt und Questenberg.
Rosette	Dekorativ vereinfachte Blütenform, kreisförmiges Ornament, von dessen Mittelpunkt Blattformen radial ausstrahlen; sie kommt sowohl flach als auch plastisch vor.
Rotunde	Kleiner Rundbau oder ein runder Raum.
Rundbogenfries	Aneinanderreihung kleiner Blendbögen als bekrönender Teil romanischer Wände.
Rundpfeiler	Stütze von kreisförmigem Querschnitt ohne Schwellung und Verjüngung.
Saalkirche	Dorfkirchen oder Kapellen, bei denen der Kirchenraum nicht durch Stütz-Bogen-Stellungen in mehrere Schiffe geteilt wird.
Säkularisation	Einziehung kirchlichen Eigentums durch weltliche Gewalten. Aufhebung aller Fürstbistümer, Reichsabteien und Klöster durch den Reichsdeputationshauptschluß 1803.
Sarkophag	Meist kunstvoll verzierter Sarg aus Stein, Ton, Holz oder Metall.
Säulenportal	Portal, in dessen abgestufte Öffnung Säulen eingestellt sind.
Scheitel	Höchster Punkt eines Bogens oder Gewölbes.
Schiff	Die gestreckten, häufig als Addition einzelner Joche gebildeten Teilräume einer Basilika. Nach ihrer Lage werden Mittel-, Seiten-, Quer- oder Süd-schiff unterschieden.
Schlußstein	Der oberste und zuletzt eingesetzte Stein eines Bogens oder Kreuzrippen-gewölbes, häufig ornamental verziert.
Schwelle	Horizontalbalken auf einem Steinfundament als Fußstück (s. Abb. S. 53).
Schwibbogen	Bezeichnet einen zwischen zwei Mauerkörpern gespannten, frei schwe-benden Bogen.
Scriptorium	Mittelalterliche Schreibstube im Kloster.
Skulptur	Arbeit der Bildhauerei, die aus einem festen Stück (Holz, Stein) herausge-arbeitet wird.
Spolie	(lat. = Beute) Werkstück einer Architektur, das aus einem älteren in einen jüngeren Bau übertragen (wiederverwendet) wurde.
Stabwerk	Im gotischen Fenster die senkrechten Pfosten, die das Maßwerk unterstüt-zen.
Ständer	Stiel, Säule, Pfosten, senkrechte Holzstütze beim Fachwerk (siehe Abb. S. 53).

Chor mit gestaffelt angeordneten Apsiden. — Staffelchor

(griech. = Säule) Pfeiler oder aufgestellte Platte aus Stein in unterschiedlicher Verwendung, z. B. als Grabstele. — Stele

Kirche eines Kollegiatsstifts. — Stiftskirche

In der gotischen Architektur das System aus Strebepfeilern und -bögen zur statischen Verankerung von Wänden und zur Ableitung des Gewölbedrucks. — Strebewerk

Der rhythmische Wechsel von Säule und Pfeiler (jambisch) oder von zwei Säulen und Pfeiler (daktylisch) bei den Mittelschiffwänden der romanischen Basilika (niedersächsisch, wenn auf einen Pfeiler zwei Säulen folgen). — Stützwechsel

Schnell erhärtende Werkmasse aus Gips, Kalk, Sand. Beliebtes Material für die Innenraumdekoration. — Stuck

Portal der romanischen und gotischen Baukunst, bei dem die Mauer abgestuft zurücktritt. In diese Abstufungen wurden häufig Säulen gesetzt. — Stufenportal

Der waagrechte obere Abschluß einer Tür oder eines Fensters. — Sturz

Kleines Gehäuse neben oder auf dem Altar, das Kelch und Hostien aufnimmt; in der Architektur ein baldachinartiger Aufbau aus Säulen und Dach. — Tabernakel

Zylinderförmiger Unterbau einer Kuppel mit Fenstern zur Belichtung des Kuppelraumes. — Tambour

Wandteppich. — Tapisserie

Ein in Bogenstellungen sich öffnender Laufgang unter der Fensterzone an der inneren Hochschiffwand gotischer Kirchen. Blendtriforien haben keinen dahinterliegenden Laufgang. — Triforium

Dreiflügeliger Altar; dreiteilige Bildtafel. — Triptychon

Plastische Kreuzgruppe auf dem Triumphbalken in der Höhe des Mittelschiffs vor der Vierung romanischer Kirchen. — Triumphkreuz

Grabmonument mit rechteckiger Platte auf geschlossenem Unterbau. — Tumba

(griech. = Handpauke) Rundbogiges Feld über dem Türsturz eines Kirchenportals, meist mit Skulpturen geschmückt. — Tympanon

siehe Pietà. — Vesperbild

Raum, wo Langhaus und Querhaus einer Basilika sich kreuzen, im Grundriß quadratisch. — Vierung

Der über der Vierung im Außenbau gesetzte Turm. — Vierungsturm

Verstärkung oder Gliederung einer Mauer durch Pfeiler, Pilaster oder Dienste. — Vorlage

Pfeiler, der stärker als der Pilaster aus der Wand heraustritt und statische Funktion hat. — Wandpfeiler

Turmdächer mit geschweifter Kontur werden Haubendach oder Kuppeldach genannt. Zu den Haubendächern gehören sowohl die Welsche — Welsche Haube

Glossar

Welsche Haube (Fortsetzung)

(= Zwiebeldach, selten Kaiserdach), die unten konvex, oben konkav geschweift ist, und das umgekehrt geschweifte Glockendach.

Westchor

Seit der karolingischen und ottonischen Architektur verbreiteter Westabschluß einer Kirche als Pendant zum Ostchor.

Westriegel

In der sächsischen Architektur seit dem 10. Jh. verbreiteter Westbautyp mit querliegendem, außen weitgehend ungegliedertem Unterbau. Das Mittelstück häufig als Westchor oder -empore ausgebildet.

Westwerk

Turmartig überhöhter, mehrgeschossiger und über Treppentürme erschlossener Zentralbau, als Westabschluß karolingischer Basiliken mehrfach nachgewiesen. Über einem niedrigen, von Seitenräumen eingefaßten Eingangsraum liegt ein hoher, zum Langhaus hin geöffneter und von Emporen umschlossener Raum, in der Regel eine Kapelle mit eigenem Altar.

Würfelkapitell

Würfelförmiges Kopfstück einer Säule mit abgeschrägten unteren Ecken.

Zentralbau

Im Gegensatz zum Langbau der Basilika der Bau mit einem oder mehreren um einen Punkt angelegten Räumen über rundem, ovalem oder polygonalem Grundriß.

Ziborium

Tabernakel; auf Säulen ruhender Aufbau über einem Altar.

Zwerchgiebel

Ein über der Außenwand und in ihrer Flucht liegender Giebel. Steht quer zur Firstlinie.

Zwerggalerie

In der Außenmauer ausgesparter Laufgang mit kleiner Bogenstellung und zierlichen Säulen.

Zwickel

Dreiseitig begrenztes Flächenstück, z. B. zwischen zwei Bogen einer Arkade.

Der Harz in Zitaten

Mephisto: Du mußt des Felsens alte Rippen packen,
Sonst stürzt sie dich hinab in dieser Schlünde Gruft.
Ein Nebel verdichtet die Nacht.
Höre, wies durch die Wälder kracht!
Aufgescheucht fliegen die Eulen.
Hör, es splittern die Säulen
Ewig-grüner Päläste!
Girren und Brechen der Äste!
Der Stämme mächtiges Dröhnen!
Der Wurzeln Knarren und Gähnen!
Im fürchterlich-verworrenen Falle
Übereinander krachen sie alle,
Und durch die übertrümmerten Klüfte
Zischen und heulen die Lüfte.
Hörst du Stimmen in der Höhe?
In der Ferne? in der Nähe?
Ja, den ganzen Berg entlang
Strömt ein wütender Zaubergesang!

Hexen im Chor: Die Hexen zu dem Brocken ziehn,
Die Stoppel ist gelb, die Saat ist grün.
Dort sammelt sich der große Hauf,
Herr Urian sitzt obenauf.
So geht es über Stein und Stock,
Es furzt die Hexe, es stinkt der Bock.
Die alte Baubo kommt allein;
Sie reitet auf einem Mutterschwein.

Johann Wolfgang
von Goethe
Deutscher Dichter
(1749–1832)

Johann Wolfgang von Goethe, "Faust", erster Teil, Walpurgisnacht; 1808.
Der Dichter hatte den Harz in den Jahren 1777, 1783 und 1784 bereist.

12. September
Uns weckte ein reizender Morgen. Neu gestärkt durchwandelten wir im
kühlen Hauche des heiteren Morgens die lieblichsten Täler; links der fin-
stere Harz mit den Ruinen mehrerer alter Burgen, rechts die fürchterlich-
schöne Teufelsmauer, die sich vom alten Vater Brocken aus bis nach Böhmen hin erstreckt. Nach 9 Uhr des Morgens erreichten wir das romantische Dörfchen: Thale mit dem schönen Schlosse, und dem Gebirgsstrom
daneben, und bald darauf die Blechhütte am Fuße der Roßtrappe. Hier
stärkten wir uns durch ein derbes Prandium und bestiegen darauf, von
einem Knaben geführt auf einem steilen gefährlichen Pfade den berühmten Roßtrapp. Durch keine Um- und Beschreibelei mag ich dieses göttliche
Naturschauspiel entweihen, nur durch Andeutungen einzelner Züge will
ich die Phantasie aufmuntern in Stunden der schönsten Erinnerung sich
das große Bild neu und lebend, allein würdig dem Original, wieder zu
schaffen. Um das Ganze ganz zu genießen, möchte man einen Januskopf
mitbringen. Denn die Gegend selber ist janisch. Vorn starren uralte Häupter
ewiger Felsen, indes im Rücken die liebliche Jugend bunter unendlicher
Täler herauflacht. Gegenüber die ungeheuere Felsenmauer – Der unab-
sehbare tiefe Abgrund von Wasserfällen durchbraust – Einzelne Abre-
schen hangend – Über dem Abgrund schwebende Schmetterlinge wie
flatternde Silberflocken, wie Sternchen in tiefer Nacht – Im Hintergrunde
Aussicht in furchtbare Höhen dunklen Schwarzwaldes. – Als wir uns mit
vieler Mühe von dem Abdrucke des ungeheueren Roßhufes auf dem Gipfel
des Felsens, von dem die ganze Partie den Namen hat, und auf dem wir
standen, losgerissen hatten, kamen wir durch lauter schöne Gegenden

Joseph von
Eichendorff
Deutscher Dichter
(1788–1857)

Der Harz in Zitaten

Joseph von
Eichendorff
(Fortsetzung)

(z. B. gleich anfangs der Weg, der sich am Felsenhange herumzieht; rechts zu Füßen die Bode rauschend. Schöne Aussicht nach Thale) und nach einer kurzen Ruhepause in einem lieblichen rings engeingeschlossenen Tale, endlich zu Mittag in Blankenburg an, wo Schöpp unser schon seit gestern sehnlichst harrte, und uns ein gutes Mittagessen vorausbestellt hatte. Gleich nach dem Essen begaben wir uns auf den Berg in das herrliche antique dasige Schloß, die ehemalige Residenz der Herzöge von Braunschweig ...

Joseph von Eichendorff, "Tagebuch der Harzreise 1805".

Heinrich Heine
Deutscher Dichter
(1797-1856)

Das Befahren der zwei vorzüglichsten Clausthaler Gruben, der "Dorothea" und "Carolina", fand ich sehr interessant und ich muß ausführlich davon erzählen.

Ich war zuerst in die Carolina gestiegen. Das ist die schmutzigste und unerfreulichste Carolina, die ich je kennengelernt habe. Die Leitersprossen sind kotig naß. Und von einer Leiter zur andern geht's hinab, und der Steiger voran, und dieser beteuert immer: es sei gar nicht gefährlich, nur müsse man sich mit den Händen fest an den Sprossen halten, und nicht nach den Füßen sehen, und nicht schwindlicht werden, und nur beileibe nicht auf das Seitenbrett treten, wo jetzt das schnurrende Tonnenseil heraufgeht, und wo, vor vierzehn Tagen ein unvorsichtiger Mensch hinuntergestürzt und leider den Hals gebrochen. Da unten ist ein verworrenes Rauschen und Summen, man stößt beständig an Balken und Seile, die in Bewegung sind, um die Tonnen mit geklopften Erzen, oder das hervorgesinterte Wasser heraufzuwinden. Zuweilen gelangt man auch in durchgehauene Gänge, Stollen genannt, wo man das Erz wachsen sieht, und wo der einsame Bergmann den ganzen Tag sitzt und mühsam mit dem Hammer die Erzstücke aus der Wand herausklopft.

... immerwährendes Brausen und Sausen, unheimliche Maschinenbewegung, unterirdisches Quellengeriesel, von allen Seiten herabtriefendes Wasser, qualmig aufsteigende Erddünste, und das Grubenlicht immer bleicher hineinflimmernd in die einsame Nacht.

... Nach Luft schnappend stieg ich einige Dutzend Leitern wieder in die Höhe und mein Steiger führte mich durch einen schmalen, sehr langen, in den Berg gehauenen Gang nach der Grube Dorothea. Hier ist es luftiger und frischer, und die Leitern sind reiner, aber auch länger und steiler als in der Carolina.

... Bergleute mit ihren Grubenlichtern kamen allmählich in die Höhe mit dem Gruße "Glückauf!" und mit demselben Wiedergruß von unserer Seite stiegen sie an uns vorüber; und wie eine befreundet ruhige, und doch zugleich quälend rätselhafte Erinnerung, trafen mich, mit ihren tiefsinnig klaren Blicken, die ernstfrommen, etwas blassen, und vom Grubenlicht geheimnisvoll beleuchteten Gesichter dieser jungen und alten Männer, die in ihren dunklen, einsamen Bergschachten den ganzen Tag gearbeitet hatten, und sich jetzt hinauf sehnten nach dem lieben Tageslicht, und nach den Augen von Weib und Kind.

Heinrich Heine, "Die Harzreise", 1824.

Hans Christian
Andersen
Dänischer Schrift-
stoller
(1805-1875)

Bei Elbingerode, einer kleinen Bergstadt, sagte ich meiner Reisegesellschaft Lebewohl.

Bald erhoben sich die nackten Felswände an beiden Seiten, ein schmaler Fußpfad lief an dem engen Flußbett entlang, ich war in Hübeland, ein Name, den man von "Räuberland" herleitet, weil hier in alten Zeiten auf einem der Felsen eine Räuberburg lag, die aber jetzt bis auf die Wallgräben verschwunden ist.

Auf jener Seite des Dorfes führte ein kleiner Bergpfad nach der Vertiefung im Felsen, wo man in die Baumannshöhle hineingeht; hier fand ich zwei andere Reisende; jeder von uns bekam ein angezündetes Grubenlicht; der Führer ging voran, und wir stiegen hinab in die versteinerte Phantasiewelt. Von Höhle zu Höhle stiegen wir immer tiefer; bald war es so eng und niedrig, daß wir einzeln, mit gekrümmtem Rücken unter den herabhängenden Kalksteinmassen hingehen mußten, bald so hoch und groß, daß wir bei unsern Lichtern nicht einmal die Seitenwände sehen konnten.

...Rund umher gähnten diese tiefen, dunklen Abgründe uns entgegen; rund umher hingen die wunderbarsten Stalaktiten, die jedoch nicht alle den Gegenständen entsprachen, denen sie nach des Führers Erklärung ähnlich sehen sollten. Ich glaube, daß es mir doch auch nicht an Phantasie fehlt, aber ich konnte mit ihm nicht einig werden. Übrigens gab es tausenderlei Dinge, die er nicht hervorhob, in denen aber weit mehr Bedeutung lag. – Zu unsern Füßen sprudelte eine Quelle; wir tranken von dem reinen, klaren Wasser; der eine der Reisenden fand hier einen Tierknochen, den er mit sehr vieler Aufmerksamkeit betrachtete und dann versicherte, daß es ganz gewiß ein Überbleibsel aus grauem Altertum sein müsse; ich hatte nichts dagegen, denn er sah ganz natürlich wie ein Knochen von einer Kuh aus, und die Kühe sind von altem Geschlecht.

Die Höhle hat übrigens ihren Namen von ihrem Entdecker. Es war ein Bergmann namens Baumann, der sie im Jahre 1670 zum ersten Mal betrat, um nach Erz zu suchen; er fand keines und wollte nun umkehren, konnte aber den Ausgang nicht finden. Zwei Tage und zwei Nächte kroch er umher, ehe er ihn fand, war aber dann an Körper und Seele so abgemattet, so von der Angst und dem Hunger angegriffen, daß er kurz darauf starb, nachdem er noch so viel Zeit gehabt hatte, auf die innere wunderbare Struktur der Höhle aufmerksam zu machen.

Hans Christian Andersen, "Reiseschatten", 1831.

Hans Christian Andersen (Fortsetzung)

Der Vogelfang ist ein förmlicher Erwerbszweig der Harzer. Besonders im Oberharze werden die Sing- und Schneißvögel mit Leimruten und auf dem Vogelherde gefangen. Mancher kundige Vogelsteller fängt hier im Jahre über tausend Singvögel, Harznachtigallen, Gimpel, Seidenschwänze usw. Die Schmuckesten und Gesündesten werden zu Sing- und Stubenvögeln ausgewählt. Sie werden den Winter über abgerichtet, dann in kleine Gitterbauer zusammengesteckt und weggebracht aus ihren Harzwäldern. Viele tausend dieser befiederten Sänger entsendet jährlich der Harz, ja sie werden bis nach dem meerumspülten Holland, selbst bis nach Rußland geschickt. Oft begegnen einem die rüstig zu den Städten des flachen Landes hinabwandernden Papagenos und Papagenas, ihre mit weißem Leinen überzogenen überhochgetürmten Holzgestelle voll kleiner Käfige auf dem Rücken, worin die eingefangenen Singvögel betrübt ihre kleinen Köpfchen zusammensteckend oder unter das Gefieder duckend, piepsen und zwitschern, während ihre Trägerinnen sich mit munteren Gesprächen den Weg verkürzen.

Aus "Das Königreich Hannover", 1847; hier zitiert nach: Manfred Bornemann, "Die alten Harzer", 1980.

J. W. Appel und andere Verfasser

Es ist schon lange her, da hatte ein Bergmann die Nachtschicht auf der Juliane und mußte des Nachts um elf Uhr jedesmal anfahren und seinen Kameraden ablösen. Er ging also um die bestimmte Zeit aus seinem Hause auf der Spitalstraße in Zellerfeld und kam oben aus der Stadt auf den Kreuzweg. Siehe! da saß eine kohlrabenschwarze Katze und klagte und schmeichelte ganz erbärmlich und dabei doch auch freundlich um ihn herum. Sie wollte nicht von ihm weg und wetzte sich immer an seinen Beinen, bald an dieser, bald an jener Seite, bald vorn, bald hinten. Da sie nicht weichen wollte, fragte er sie: "Du hast heut Abend wohl noch nichts zu leben gehabt?" und dabei machte er seinen Brotbeutel auf und nahm daraus ein ziemlich großes Stück Brot und warf ihr das hin. Begierig faßte das die Katze und sprang damit fort, und er fuhr an, ohne daß er etwas Arges daraus machen hätte. Am zweiten Abend ging's ebenso, nur mit dem Unterschiede, daß ihm, wie er weiter hinauf auf die Höhe kam, noch eine Katze kam und an ihm so lange herumschmeichelte, bis er auch ihr ein Stück Brot hingeworfen. Das schien ihm doch aber zu unverschämt, und er nahm

Die Hexenkatzen

71

Der Harz in Zitaten

sich vor, am andern Tage ein Hausmittel dagegen anzuwenden. Wie er den folgenden Tag heimgekommen ist und ausgeschlafen hat, ist sein erstes, nachdem er aufgestanden ist, einen tüchtigen Knüttel voll Nägel zu schlagen, um damit die Katzen, wenn sie ihm etwa wieder mit ihrer Bettelei lästig werden wollen, zu bewillkommnen. Wie er des Abends wieder anfuhr, kam die erste Katze wieder und machte es wie die vorigen Abende. Er wollte sich nicht lange damit herumärgern und schlug sie mit dem Stock so derb über den Kopf, daß sie quäkend zu Boden stürzte. Durch diesen Schrei aber wurden so viel Katzen zusammengerufen, die alle über den Bergmann herfielen und anfingen zu kratzen und zu beißen, daß er am andern Morgen früh zerfleischt und zerrissen tot auf dem Kreuzwege gefunden ward. Nachdem fand sich's, daß das lauter Hexen gewesen, die es auf seinen Tod abgesehen und ihn auch tot gemacht haben. Eine derselben hat am andern Tage ein Tuch über dem Kopfe gehabt und sich vom Chirurgus verbinden lassen; denn sie hat so viele kleine Nagellöcher im Kopfe gehabt, wie in dem Stocke des zerfleischten Bergmanns Nägel gewesen sind.

Aus "Harzsagen", Heinrich Pröhle, 1853 (1. Auflage); hier zitiert nach "Denkmäler Deutscher Volksdichtung", herausgegeben von Will-Erich Peuckert, 1957.

Die Umgebung des Städtchens Osterode ist eine Hauptkornkammer für das Gebirge, und von ihm ziehen auf alten gewohnten Bergwegen, die sie gewöhnlich als "Harzstraßen" bezeichnen, kleine und große Trupps von Frauen aus, hoch bepackt mit ländlichen Erzeugnissen aller Art. Auch die schwere Leinwand und andere Fabrikate, die man in der Ebene fürs Gebirge erzeugt, werden ihnen aufgeladen. Sie schleppen wohl zuweilen einen Zentner und mehr...
Ihre Wanderungen gehen im Winter wie im Sommer fort. Nur wenn im Harze, wie es zuweilen geschieht, alle Wege tief unter Schnee vergraben sind, gerät ihr Gewerbe ins Stocken. Dann schneit wohl ein armes Weberdorf auf lange Wochen ein, und die guten Leute können ihre Produkte nicht an den Mann bringen. Diese häufen sich in ihren kleinen Vorratskammern, während im Geldbeutel Ebbe eintritt, und sobald nur im Gebirge die Wege wieder ein wenig gangbar werden, müssen dann Mutter und Tochter mit doppelter Ladung hinaus. Zuweilen, wenn sie dabei ein rauhes Unwetter überfällt, erliegen sie unterwegs ihrer Last, und es geschieht dann wohl, daß man von einem solchen Paare armer Harzgängerinnen nichts wiederfindet, als neben ihren Leichen ihre Körbe und verstreuten Waren.
Da sich einige von ihnen besonderen Zweigen dieses Geschäfts vorzugsweise hingeben, so haben die Harzer auch bestimmte Namen für Die, welche das Obst der Ebene im Gebirge verschleppen, nennen sie die "Eppelfrahns" (die Äpfelfrauen), die, welche das Gemüse verhandeln, heißen "Hecker" (wahrscheinlich Hökerin). Auch das Botenlaufen im Gebirge ist fast ganz in den Händen dieser Frauen, und auch, wo der Reisende oder sonst jemand etwas von Ort zu Ort zu transportieren hat, da stellt sich eine geduldige Frau oder ein Mädchen ein, die es "aufhuckt".
Da die Männer durch ihre Gewerbe und Künste weit mehr an einen bestimmten Fleck gebunden sind, so begegnet man daher auch den beweglichen und wandernden Harzfrauen auf allen Landstraßen und Gebirgswegen weit häufiger als den Männern.

Johann Georg Kohl, "Deutsche Volksbilder und Naturansichten aus dem Harze", 1866.

Eines Tages mußte Graf Albrecht nach seiner Burg Botfeld bei Elbingerode verreiten, und Oda blieb mit Siegfried allein. Er frug sie, ob sie sich das Regensteiner Felsennest nicht endlich einmal ansehen wollte; er würde sie gern führen und ihr alles zeigen. Diesen Vorschlag nahm sie freudig an, und sie gingen beide hinaus und erstiegen die oberste Platte des Felsens, von der man die Feste in ihrem ganzen Umkreise übersehen konnte. Der breite

Rücken des Berges, der eigentlich nur ein umgeheuerer, teils bewaldeter, teils wild zerklüfteter Felsblock war, nach Norden und Westen steil abfallend, von Süden und Osten sanfter ansteigend, bestand aus mehreren höher und tiefer gelegenen Flächen, die durch Felsentreppen miteinander verbunden und groß genug waren, um jede für sich eine stattliche Burg zu tragen. Es hatte auch wirklich jede einzelne derselben ihre eigene sehr starke Befestigung, die ebenso wie die dazu gehörigen Gebäude zum Teil aus dem gewachsenen Felsen heraus oder in ihn hinein gearbeitet waren. Gänge, Wölbungen, Hallen und Gemächer waren aus lebendigem Stein, und im Innern der Häuser schlossen sich die gemauerten Räume unmittelbar an die aus dem Felsen gehöhlten und fanden in ihnen ihre Fortsetzung und Ergänzung. Der höchstgelegene und wichtigste Teil der Feste bestand sogar nur aus natürlichem Felsen und enthielt in mehreren Geschossen übereinander geräumige Hallen und Kammern mit klafterdicken Wänden und rund ausgemeißelten Türen und Fensterbögen. Das ganze aber, das mit seinen bald vorgeschobenen, bald versteckt zurücktretenden Werken, Türmen, Ecken und mächtigen Felsbauten, seinen Häusern, Gärten und Gehöften dem hier nicht Heimischen planlos kraus und darum noch abenteuerlicher und größer erschien, als es schon an und für sich in hohem Grade war, dieses großartige, die kühnsten Vorstellungen übersteigende Ganze war in unregelmäßigen Zickzack- und Bogenlinien, je nach Umriß und Gestalt des hohen Felsenberges von unerklimmbaren künstlichen oder natürlichen Steinmauern umgürtet, und seine Umschreitung nahm eine beträchtliche Zeit in Anspruch.

So war der Regenstein eine Felsenburg oder vielmehr ein Verband, eine Gesamtheit von Burgen, die in ihrer Vereinigung an Größe und Stärke, an sturmfreier Sicherheit sowohl wie an Schönheit der Lage wohl nirgends ihresgleichen hatte.

Julius Wolff, "Der Raubgraf", Sämtliche Werke, Band 1, 1912

Kaum ein anderes deutsches Mittelgebirge bietet auf verhältnismäßig kleinem Raum eine so reiche Abwechslung. Am Fuß des Gebirges breiten sich parkartige Buchenwälder aus. Weite dunkle Fichtenwälder und düstere Moore bedecken die Höhen. Durch tiefeingeschnittene Felsschluchten oder breite Täler stürzen die Gewässer von der Hochfläche herab. An den Talwänden und auf den Höhen ragen schroffe Klippen und eigenartig geformte Felsbildungen auf. Waldumgebene Wiesen und hellglänzende Teiche unterbrechen die Wälder der welligen Hochebene. Weite Wasserflächen einiger in den letzten Jahren angelegter Stauseen beleben das Landschaftsbild. In die Talkessel des Gebirgsrandes schmiegen sich anmutige Städtchen, vielfach überragt von alten Schlössern oder Burgruinen. Auf der Höhe liegen mehrere noch fast ganz aus Holz erbaute Orte, die ihre Entstehung dem Bergbau verdanken.

Schon frühzeitig lockte das aus der norddeutschen Ebene weithin sichtbar aufragende Waldgebirge Besucher an. Galt zunächst das Interesse den Bodenschätzen, den Silbererzen der Bergwerke und dem Wald, so wandte man sich doch auch bald den 'Kuriositäten' zu. Reisebeschreibungen des XVII. und XVIII. Jahrhunderts lassen erkennen, daß man damals besonders die Roßtrappe im Bodetal, den Regenstein bei Blankenburg, die Baumannshöhle bei Rübeland, die Einhornhöhle bei Scharzfeld und auch schon den Brocken besuchte. Erst später trat die Freude an der Natur, die Wanderlust und die Erholung in der gesunden Luft der weiten Wälder in den Vordergrund. – Die meisten Besucher kommen aus Norddeutschland, für das der Harz das nächste deutsche Mittelgebirge ist.

Karl Baedeker, "Der Harz und sein Vorland, Reisehandbuch", 1943 (3. Auflage).

Am Bahnhof Schierke standen Männer mit Angelruten, die mich mit weißbärtiger Freundlichkeit grüßten. Gern übernahm ich es, sie zu fotografieren, doch noch begeisterter fotografierten sie mich. Der Weg vom Bahnhof

Julius Wolff (Fortsetzung)

Baedekers "Harz"

Thomas Rosenlöcher Schriftsteller

Der Harz in Zitaten

aufwärts war so organisiert, daß einer hinter dem anderen ging und alle hundert Meter wer stand, der allen alles erklärte.

…Von unten ein Lärmen wie in Bädern zur Hochsaison: Das war die Brokkenstraße und auf dieser Brockenstraße eine Hauptwandergruppe von zirka 80 Leuten; darunter vor allem die Frauen von Lachkrämpfen geschüttelt. Eine Weile wartete ich, um diese Hauptwandergruppe an mir vorbeizulassen, doch als sie vorüber war, kam schon die nächste Hauptwandergruppe, solange, bis ich begriff, daß auch sie nur Bestandteil einer endlosen Hauptwandergruppe war. Ganze Büros waren entlaufen, und die blassesten Brillenträger hatten die farbigsten Anzüge an. Wahre Bierfässer rollten sich gegenseitig empor und schleppten zur Verstärkung noch einen Bierkasten mit. Scharenweise grölten sie aufwärts, und ihre Vergnügungshütchen verhöhnten die Kuppen der Berge. "Das Wandern ist des Müllers Lust", sagte ein Jüngling traurig und kippte mit der Schnapsflasche rücklings die Böschung hinab. – Da aber schritt eine echte Knickerbockerhose achtunggebietend voran und stellte mich gleich in den Schatten. Und dann kam eine ganz Abteilung ernsthafter Wanderer mit Bergstock und Jägerhut, und selbst der seit meiner Kindheit völlig verschwundene Gamsbart war wieder da. So daß ich mich wenigstens auf ihrer Höhe zu halten versuchte, doch Gamsbart um Gamsbart zog rasierpinselartig an mir vorüber. Nur ein Wanderer, der die Luft besonders scharfnasig durchschnitt, hielt sich, wohl aus Mitleid, noch neben mir. Direkt von Göttingen kommend, machte er jeden Tag seine sechzig Kilometer. Gerade heute, wo kaum wer noch wisse, was eigentlich Wandern heiße. Fünfzig Kilometer wären das mindeste. Selbstverständlich auch seine Schuhwerkfrage, behauptete er und sah gar nicht erst auf das Flappgeräusch meiner Füße herab. "Die Schuhe sind das A und O", sagte er schon einen Meter vor mir. "Mit solchen Schuhen jedenfalls", meinte er, bereits in der Biegung, "hätte ich mir gar nicht erst einen Rucksack aufsetzen brauchen."

Thomas Rosenlöcher, "Die Wiederentdeckung des Gehens beim Wandern", Edition Suhrkamp, 1991.

Routenvorschläge

Vorbemerkung

Die Routenvorschläge sollen dem per Auto oder Motorrad Reisenden Anregungen liefern, ohne ihm die Freiheit zur eigenen Planung und Streckenwahl zu nehmen.

Der Harz ist kein sehr großes Gebirge. Bei einem längeren Aufenthalt bietet es sich an, die vielen Sehenswürdigkeiten in verschiedenen Tagesausflügen zu Fuß, mit öffentlichen Verkehrsmitteln oder mit dem Privatfahrzeug zu erreichen. Die beigelegte große Reisekarte leistet bei der Zusammenstellung individueller Touren eine gute Hilfe.
Im folgenden wird nun eine große Rundfahrt um den Harz herum beschrieben, auf der fast alle Reiseziele berührt werden. Mehrfach wird auf mögliche Abstecher von der Hauptroute hingewiesen.
Die angegebene Kilometerzahl bezieht sich auf den direkten Routenverlauf; bei größeren Abstechern werden die einfachen Entfernungen in Kilometern angegeben.
Orte, die im Abschnitt 'Reiseziele von A bis Z' unter einem Hauptstichwort beschrieben sind, erscheinen in der Routenbeschreibung in **halbfetter** Schrift. Die Beschreibungen der anderen erwähnten Orte können über das Register gefunden werden.

Rundreise um den Harz (ca. 700 km)

Ausgang

Reisende aus dem Norden und Nordwesten Deutschlands beginnen die Tour am besten in Goslar, Reisende aus dem Nordosten und Osten in Halberstadt; Besucher aus dem Süden beginnen sie entweder in der Lutherstadt Eisleben oder in Duderstadt; Besuchern aus dem Westen und Südwesten bieten sich Duderstadt oder Seesen als Ausgangspunkte an.

Routen-
beschreibung

Folgende Routenbeschreibung beginnt in **Goslar**, von dem aus das Rammelsberger Bergbaumuseum, die Klosterruine Riechenberg, die Klosterkirche Grauhof und **Vienenburg** (11 km) mit dem ältesten Bahnhof Deutschlands besucht werden können. Ein Abstecher ins Innere des Oberharzes führt nach **Hahnenklee-Bockswiese** mit seiner an Norwegen erinnernden Stabkirche.
Im Uhrzeigersinn geht es nun weiter. **Bad Harzburg** mit den Überresten der unter Heinrich IV. erbauten Harzburg bietet sich auch für einen Abstecher nach **Osterwieck** (21 km) an, einer kleinen Fachwerkstadt, von der aus Hornburg (12 km) oder die Westerburg (18 km) mit der ältesten erhaltenen Wasserburg Deutschlands besichtigt werden können.
Über **Ilsenburg** und nach einer Besichtigung der romanischen Klosterkirche in Drübeck geht es nach **Wernigerode**, "der bunten Stadt am Harz" (Hermann Löns). Hier beginnt die nach **Nordhausen** fahrende Harzquerbahn, an die auch die Brockenbahn angeschlossen ist. Kurz hinter Drei Annen Hohne trennt sich die Brockenbahn von der Harzquerbahn und fährt über **Schierke** zum **Brocken** hinauf.
Im südlich gelegenen **Elbingerode** kann das Schaubergwerk Büchenberg besichtigt werden; nur wenig östlich hiervon liegt **Rübeland** mit seinen zwei interessanten Tropfsteinhöhlen. Die **Rappbodetalsperre** ist der größte Stausee des Harzes und beginnt etwas südlich von Rübeland.
Über das Kloster Michaelstein, heute Sitz des Telemann-Kammerorchesters und Aufführungs- und Forschungsstätte zur Musik des 18. Jh.s , geht es nach **Blankenburg**, von dem aus die Burgruine Regenstein und die sagenhafte Teufelsmauer angefahren werden können.
Der nächste Abstecher führt über Derenburg nach **Halberstadt** (23 km) mit dem besuchenswerten Dom und dem berühmten Domschatz.

Eine tolle Alternative zum Auto: freie Fahrt für die Schmalspurbahn

Rundreise
um den Harz
(Fortsetzung)

Die Fachwerkstadt **Quedlinburg** ist für ihre auf dem Schloßberg gelegene Stiftskirche und ihren Domschatz berühmt. Von hier geht es nun in die Industriestadt **Thale**, die am Fuße zweier eindrucksvoller Felsen, der Roß-trappe und dem Hexentanzplatz, liegt, ein möglicher Ausgangspunkt für eine Wanderung ins wildromantische **Bodetal**.

Gernrode mit seiner ottonischen Stiftskirche ist auch Ausgangspunkt für eine Fahrt mit der Schmalspurbahn ins **Selketal**. Mit dem Fahrzeug erreicht man es über die Roseburg und **Ballenstedt**, dem einstigen Stammsitz der Anhaltiner, Meisdorf und nach einem Besuch der hoch über der Selke gelegenen prachtvoll erhaltenen Burg Falkenstein.

Von Ballenstedt ist außerdem eine Fahrt nach **Harzgerode** im Unterharz, oder ins nordöstlich im Harzvorland gelegene **Aschersleben** (15 km) mit seiner spätgotischen St. Stephanikirche möglich; auf der Fahrt lohnt eine Unterbrechung in Ermsleben zur Besichtigung der Konradsburg, in welche im 12. Jh. ein Kloster eingebaut wurde.

Nach einem Besuch des Mansfeld-Museum in **Hettstedt** wird **Mansfeld** besucht mit seinem schön gelegenen, gleichnamigen Schloß. Ein Abste-cher in den Unterharz führt entlang der Wipper und an der hochgelegenen Rammelburg (nicht zu besichtigen) vorbei in das kleine Städtchen **Wippra** (15 km).

Unsere Route bleibt jedoch im östlichen Harzvorland; zahlreiche Abraum-halden rechts und links der Straße und einige Fördertürme erinnern an den einst für diese Region so wichtigen Kupferbergbau. An dem ehem. Kloster Mansfeld vorbei erreicht man **Lutherstadt Eisleben**, Geburts- und Ster-beort Martin Luthers.

Über die Rosenstadt **Sangerhausen** und nach einem möglichen Abste-cher nach Allstedt (12 km) erreicht man **Bad Frankenhausen**, das am Fuße des **Kyffhäusers** liegt.

Über **Kelbra** und nach einem Besuch der Heimkehle kommt man nach **Stolberg**, wegen seiner Lage und der vielen schönen Fachwerkhäuser auch 'Perle des Südharzes' genannt.

Von Stolberg geht es wieder an den südlichen Harzrand, nach **Nordhausen**, in dem trotz weitgehender Zerstörungen im April 1945 einige historische Bauwerke erhalten blieben. Hier befindet sich auch die Endstation der aus Wernigerode kommenden Harzquerbahn.

Rundreise
um den Harz
(Fortsetzung)

Nun bietet sich ein größerer Abstecher ins **Eichsfeld** an mit den Städten **Mühlhausen** (45 km), **Heiligenstadt** (17 km) und **Duderstadt** (23 km; die Entfernung Duderstadt–Nordhausen beträgt 50 km) für den man jedoch ausreichend Zeit einplanen sollte (insgesamt 135 km).

Nächste Etappe am südlichen Harzrand ist die sehenswerte Ruine des Zisterzienserklosters in **Walkenried**; anschließend geht es über **Bad Sachsa** ins Innere des Oberharzes nach **Braunlage** und **Sankt Andreasberg** mit seinem besuchenswerten historischen Silberbergwerk. Wieder am Südrand des Harzes liegt **Bad Lauterberg**. Weiter geht es über **Herzberg** mit seinem Fachwerkschloß, von dem aus die bei Scharzfeld gelegene Einhornhöhle, die Steinkirche sowie die Burgruine Scharzfels besucht werden.

Herzberg ist auch ein geeigneter Ausgangspunkt für einen Abstecher in die schöne Fachwerkstadt **Duderstadt**, von wo aus **Heiligenstadt** (23 km) und **Mühlhausen** (17 km) besucht werden können.

Die Harztour führt nach **Osterode**, unternimmt einen weiteren Abstecher nach **Bad Gandersheim**, u. a. wegen seiner berühmten Stiftskirche, und bleibt nun im Oberharz; **Altenau**, **Clausthal-Zellerfeld** mit seinem sehenswerten Oberharzer Bergwerksmuseum, **Wildemann** mit dem 19-Lachter-Stollen und **Bad Grund** gehören zu den sieben alten Oberharzer Bergwerksstädten, die heute alle beliebte Fremdenverkehrsorte sind.

Über **Seesen**, das am Westrand des Harzes liegt, Lautenthal und **Langelsheim** erreicht man Goslar, den Ausgangspunkt der Rundfahrt.

Im Süden des Harzes

Durch das
Eichsfeld

Eine Route durch das im Süden gelegene **Eichsfeld** beginnt in der Fachwerkstadt **Duderstadt**, führt durch schöne Landschaft nach **Heiligenstadt**, **Mühlhausen** und über **Sondershausen** nach **Bad Frankenhausen**, das am Fuße des **Kyffhäuser** liegt (bis hier ca. 120 km Wegstrecke). Nun setzt man die Reise entweder über die Rosenstadt **Sangerhausen** in östlicher Richtung oder über **Nordhausen** in westlicher Richtung fort und folgt dann der oben beschriebenen Route rund um den Harz herum.

Harzhochstraße

Die Harzhochstraße durchquert den ganzen Harz; sie beginnt in dem nahe der Autobahn A 7 gelegenen **Seesen** im Nordwesten des Oberharzes und endet am Südostrand des Unterharzes in **Mansfeld**. Dabei führt sie über die Orte **Bad Grund**, **Clausthal-Zellerfeld**, **Braunlage**, **Hasselfelde**, Stiege und **Harzgerode**, die alle Ausgangspunkte für weitere Ausflüge sind (die direkte Strecke ist rund 130 km lang).

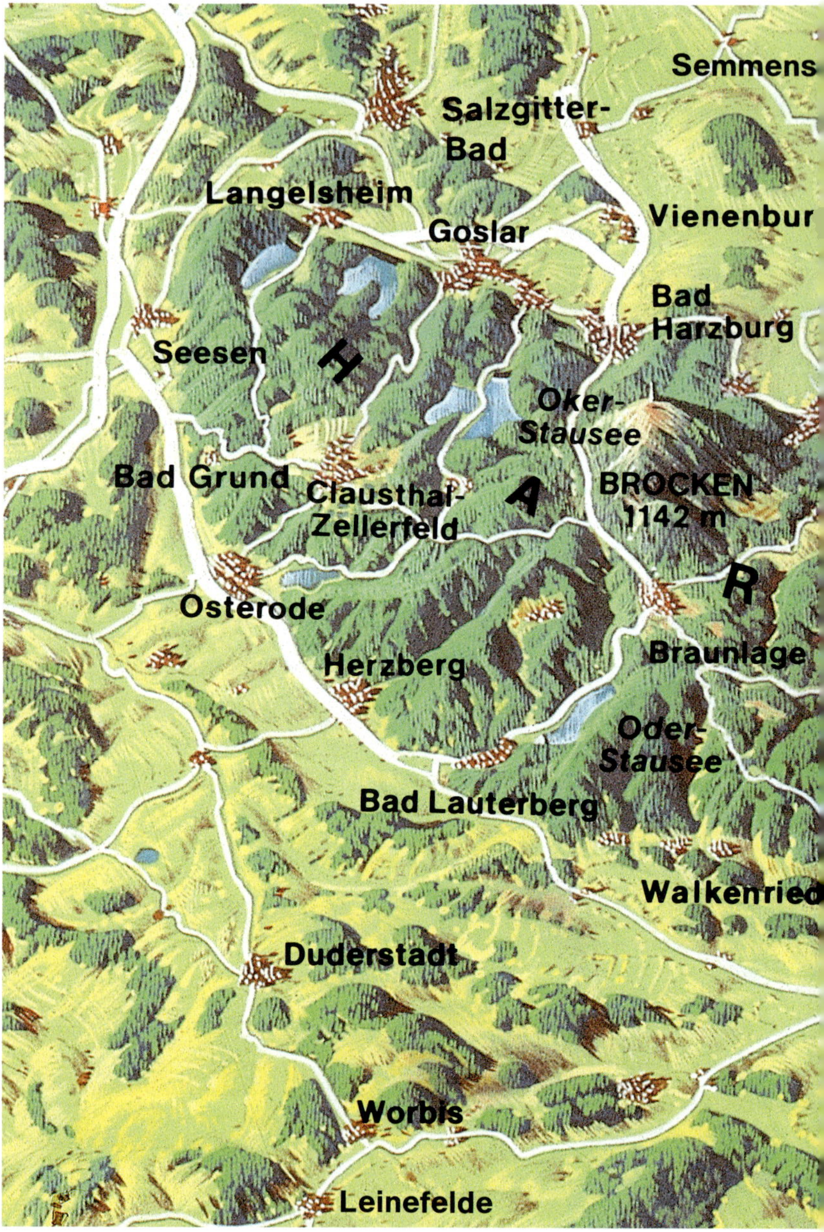

Bad Gandersheim

Semmens

Salzgitter-
Bad

Langelsheim

Goslar

Vienenbur

Bad
Harzburg

Seesen

H

Oker-
Stausee

Bad Grund

Clausthal-
Zellerfeld

A

BROCKEN
1142 m

Osterode

R

Herzberg

Braunlage

Oder-
Stausee

Bad Lauterberg

Walkenried

Duderstadt

Worbis

Leinefelde

Jerxheim

Oschersleben

ardesheim

Egeln

Derenburg

Halberstadt

rnigerode

Blankenburg

Quedlinburg

Aschers-
leben

*Rappbode-
talsperre*

Thale

Gernrode

Ballenstedt

Z

sselfelde

Hettstedt

Harzgerode

Mansfeld

Stolberg

Lutherstadt
Eisleben

Nordhausen

Berga

Sangerhausen

Kelbra

BERANN

Sonders-
hausen

Artern

79

Reiseziele von A bis Z

Altenau E 4

Bundesland: Niedersachsen
Höhe: 420 m ü. d. M.
Einwohnerzahl: 3000

Der Kur- und Wintersportort Altenau liegt im oberen → Okertal, an der Oker-
mündung in den gleichnamigen Stausee, am Fuße des 928 m hohen
Bruchbergs. Er ist ein schöner Ausgangspunkt für Wanderungen im Oberharz und verfügt über ein breites Unterhaltungsangebot (u. a. Ferienpark,
Rodelbahn, Eissporthalle). Der Bruchberglanglauf für jedermann startet alljährlich am letzten Januarsonntag; Anfang Juni krähen die Hähne um die
Wette und am Pfingstmontag findet alljährlich das Harzer Musiktreffen statt.

Lage und Allgemeines

Altenau gehört zu den sieben alten Bergstädten des Oberharzes. Aus dem
Erzgebirge stammende Bergleute begannen hier in der zweiten Hälfte des
16. Jh.s mit dem Abbau von Eisenerzen und Silber. 1617 erhielt der Ort
Stadtrecht und 1636 die Bergfreiheit. Zahlreiche Poch- und Hüttenwerke
entstanden, die ihren Betrieb erst 1911 endgültig einstellten.

Geschichte

Heute ist Altenau eine moderne Kurstadt mit einem alten Stadtbild. In der
Ortsmitte steht das im Juli 1995 eingeweihte Kurgastzentrum. Die St.-
Nikolaikirche entstand nach 1670 als Holzkirche mit verbrettertem Fachwerk. Im Innern der dreischiffigen Halle mit umlaufenden Emporen steht
ein mit Ornamenten und Statuen geschmückter Kanzelaltar von 1719.
Eine Gedenktafel am Haus Breite Straße 4 erinnert an den Altenauer Maler
und Heimatdichter Karl Reinecke (1885–1943), von dem einige Holz-
schnitte, Skizzen und Ölbilder in der Heimatstube ausgestellt sind (Hütten-
straße 9; geöffnet: Mi., Sa. 15.00–17.00, So. 10.30–12.00 Uhr). Außerdem
werden hier als Ergänzung zur Bergbautechnik die Lebensumstände der
Oberharzer Bergarbeiter, Köhler und Fuhrleute geschildert. Die Ausstellung "Wunder aus Holz" zeigt das Lebenswerk eines Holzschnitzers (Hüt-
tenstraße 18; geöffnet: Mi.–Mo. 9.00–12.00, 14.00–18.00 Uhr).

Sehenswertes

Umgebung von Altenau

Südlich des Ortes beginnt der sog. Weg am Dammgraben, auch längste
Kurpromenade des Harzes genannt. In dem 1732–1840 angelegten, rund
15 km langen Wasserlauf wird das Wasser vom Bruchberg gesammelt und
den Clausthaler und Zellerfelder Teichen zugeführt. Die Wasserscheide
zwischen Söse und Oker mußte mit einem Damm überwunden werden,
der 1732–1734 erbaut wurde und 940 m lang und 16 m hoch ist.

Dammgraben

Der kleine Höhenluft- und Wintersportort Torfhaus liegt östlich von Altenau, rund 800 m hoch. Im 16. Jh. wurde hier für die Harzer Hüttenwerke Torf
gestochen. Heute stehen die Hochmoore mit ihrer vielfältigen Flora unter
Naturschutz. In Torfhaus beginnt der 'Goetheweg', benannt nach dem
Dichter, der von hier am 10. 12. 1777 zum → Brocken aufstieg. Das Nationalparkhaus informiert über den Nationalpark Harz (tgl. 9.00–17.00 Uhr).

Torfhaus

Nationalparkhaus

◀ *Stiftskirche St. Cyriakus in Gernrode*

Altenau,
Umgebung
(Fortsetzung)

Weitere Ausflugsziele von Altenau sind der südöstlich gelegene Oderteich
(→ Sankt Andreasberg, Umgebung) und der 928 m hohe Bruchberg,
Quellgebiet der Oker (→ Okertal), der bereits zum Naturschutzgebiet
gehört, das sich von hier über Torfhaus bis zum → Brocken erstreckt.

Schulenberg

Der 450 Einwohner zählende Kur- und Wintersportort liegt 6 km nordwestlich von Altenau auf dem 489 m hohen Wiesenberg, oberhalb des Oker-
stausees. Er wurde 1954 hierher verlegt, nachdem das alte Bergdorf durch
das Aufstauen der Oker überflutet wurde (→ Okertal). An heidnische Zeiten erinnert der Brauch des 'Osterwasserholens'. Um 6.00 Uhr morgens
beginnt am Ostersonntag ein Fußmarsch zur Hubertusquelle, der schweigend zurückgelegt werden muß. Nach dem Genuß des frischen Wassers
erwartet die Teilnehmer, die nun aus ihrem Schweigegebot entlassen sind,
Gesundheit und Glück.

Aschersleben Q/R 5

Bundesland: Sachsen-Anhalt
Höhe: 116 m ü. d. M.
Einwohnerzahl: 35 000

Lage und
Allgemeines

Aschersleben liegt im nordöstlichen Harzvorland, an der Mündung der
Eine in die Wipper. Bereits im Mittelalter kreuzten sich hier wichtige Han-
dels- und Heerstraßen, und auch heute stoßen hier noch mehrere Fernver-
kehrsstraßen und Eisenbahnlinien aufeinander. Zahlreiche mittelständische Unternehmen bestimmen das Wirtschaftsleben der Stadt.

Geschichte

Das fruchtbare Harzvorland war bereits in der Jungsteinzeit besiedelt. Um
750 wird der Ort als Ascegerslebe (= Lehen des Asceger) in einem Schen-
kungsverzeichnis des Klosters Fulda zum ersten Mal erwähnt. Neben dem
Kloster verfügten auch das Kloster Ilsenburg, der Bischof von Halberstadt
und die Grafen von Ballenstedt über Landbesitz. Letztere gingen später als
Askanier in die Geschichte ein, aus deren Geschlecht Albrecht der Bär
stammte, der Gründer der Mark Brandenburg und Berlins. Von ihrer
Stammburg auf dem Wolfsberg blieb der Rest eines Wehrturms erhalten.
Der Ort lag an der alten Straße von Halle nach Halberstadt und entwickelte
sich zu einem wichtigen Handelsplatz. 1263 erlangte der Bischof von Halberstadt die Lehnsherrschaft über Aschersleben, welches 1266 das Halberstädter Stadtrecht erhielt, sich der Hanse anschloß und 1377 das
Marktrecht und 1443 die Gerichtsbarkeit erwarb. Im Jahr 1599 wurde hier
der Barockdichter Adam Olearius geboren, der als Begründer der wissen-
schaftlichen Reisebeschreibung gilt. 1648 gelangte die Stadt an Brandenburg, gehörte 1807–1813 zum Königreich Westfalen und ab 1815 zu Preußen. Ihre Industrialisierung setzte im 19. Jh. ein und brachte mit Kali- und
Kohlebergbau einen raschen Aufschwung.

Sehenswertes in Aschersleben

Stadtbefestigung

Auf dem Steilhang über der Eine, im heutigen Tierpark, finden sich noch
Überreste einer vorgeschichtlichen Fluchtburg sowie eines Turms aus dem
10. Jh. (s. unten).
Sehenswert ist die aus der Mitte des 15. Jh.s stammende, ursprünglich 2,2
km lange Stadtmauer mit 15 hochragenden Mauertürmen. Im Norden stehen der hochgotische, 42 m hohe Johannistorturm, ein ehem. Stadttor mit
Wappen und Maßwerkfenstern, der Rabenturm und der Schmale Heinrich;
südöstlich erhebt sich der Lieberwahnsche Turm (die drei letzten wurden
1442 erbaut). Das Rondell entstand 1507–1583 für Kanonen. Im Westen
liegen noch Zwinger mit der Großen Schale (1461) und der Turm vor dem
Grauen Hof.

Mittelteil des Flügelaltars in der Stephanikirche

※ Stephanikirche

An der Stelle eines Vorgängerbaus entstand 1406–1507 die spätgotische dreischiffige Kirche St. Stephani. Von ihrer geplanten Zweiturmfassade kam nur der 80 m hohe Südturm zur Ausführung. Über dem doppeltürigen Westportal ist die Steinigung des hl. Stephanus dargestellt.
Im Kircheninnern ruhen die Kreuzrippengewölbe auf Achtecksäulen und enden in skulptierten Schlußsteinen. Zur Ausstattung gehören das gotische bronzene Taufbecken von 1464, die hölzerne und mit Stuck verzierte barocke Kanzel von 1656, der Kirchenstuhl von 1602 sowie die steinerne Orgelempore von 1596. Sehenswert sind außerdem zahlreiche Altargemälde, u. a. ein Flügelaltar aus der Cranach-Schule, auf dessen Mittelteil Maria mit Kind auf einer Mondsichel, umgeben von Johannes dem Evangelisten und dem hl. Andreas abgebildet ist. Auf der Rückseite ist eine Einhornjagd dargestellt.

Am Marktplatz erhebt sich das Rathaus, dessen ältester Teil, der Nordflügel, ein zuvor vielleicht freistehender Glockenturm, noch von 1518 stammt. An- und Umbauten folgten 1884–1895. Sehenswert sind die Erker in den Giebelwänden, das Portal und der aus der Marktfassade herausragende Treppenturm. Der Hennebrunnen ist von Georg Wrba (1906).

Rathaus

Südlich des Rathauses steht das Krukmannsche Haus, das zu den schönsten erhaltenen Bürgerhäusern der Stadt gehört und laut der lateinischen Umschrift 1572 erbaut wurde.
Westlich und südwestlich des Markts stehen noch zahlreiche andere Wohnhäuser mit schönen Sitznischenportalen, Fachwerkaufsätzen, Giebelfassaden aus Renaissance und Barock (Hohe Straße, Über den Stei-

Krukmannsches Haus

Aschersleben

Aschersleben

200m

© Baedeker

Labels on map: Geschwister-, Scholl-, Straße, Schrötemsbreite, Hinter dem Zoll, Magdeburger Str., Douglasstraße, Auf dem Graben, Johannis-torturm, Johannis-platz, Bahnhof-straße, Bahnhof, Ermsleben, Zollberg, Lange Reihe, Carl-v.-Ossietzky-Platz, Johannispromenade, Klinik, Herren-, Margareten-kirche, Karlstr., Raben-turm, Schmaler Heinrich, Museum, breite, Vor dem Brücken Steintor, Grauer Hof, Markt-kirche, Volks-haus, Rathaus, Krukmannsches Haus, Holz-markt, Poststr., Bestehornstraße, Bürg-platz, Zippel-markt, Breite Straße, St.-Stephani, Kirche, Hopfen-markt, Fleisch-hauerstr., Lieberwahnscher Turm, Wilhelmstr., Speckseite, Feldstraße, Hennestraße, Askanierstraße, Stephans-park, Tierpark, Rondell, Stadt-park, Über dem Wasser tor, Vor dem Wasser tor, Westdorfer Str., Albrechtstraße, Quenstedt

<table>
<tr><td>Wohnhäuser (Fortsetzung)</td><td>nen, Markt und Tie). Der Graue Hof (an dem gleichnamigen Verbindungsweg zwischen beiden Straßen) gehörte als Wirtschaftshof ursprünglich zum Kloster Michaelstein (→ Blankenburg, Umgebung).</td></tr>
</table>

Heimatmuseum

Öffnungszeiten
So., Di.–Fr.
9.00–12.00
14.00–17.00

Im ehem. Haus der Freimaurerloge 'Zu den drei Kleeblättern' von 1788 befindet sich das Heimatmuseum (Markt 21). Es besitzt eine ur- und frühgeschichtliche Sammlung, informiert über die Stadtgeschichte und den Bergbau im Unterharz. Neben der paläontologischen Sammlung von Prof. Dr. Martin Schmidt (dazu gehört das versteinerte Skelett eines 4 m langen Saurierfischs) sind ein Mineralienkabinett und ein Biedermeierzimmer zu sehen. Seltenheitswert besitzt ein römisches Arztbesteck aus dem 3. Jh., das 1889 beim Pflügen am Stadtrand entdeckt wurde, sowie der neu eingerichtete Logentempel, in dem über die Freimaurerloge berichtet wird.

Marktkirche

Ebenfalls am Markt befindet sich die Markt- oder Hl.-Kreuzkirche des in der Reformationszeit aufgehobenen Franziskanerklosters. Ein schlichter fünfjochiger Bau mit Kreuzrippengewölbe aus dem 13. Jh., der sich seit 1699 im Besitz der reformierten Kirche befindet. Im Innern ist sie barock ausgestattet mit einer sehenswerten Kanzel von 1703 und einem großen Orgelprospekt von 1738.

Margaretenkirche

Die in der Neustadt stehende Margaretenkirche wurde 1586 an der Stelle einer abgebrannten Vorgängerkirche erbaut und später barock verändert. Zur Ausstattung der mit einer Holztonne überwölbten Kirche gehören ein Taufstein von 1587, eine barocke Kanzel, ein Kruzifix von 1671 und einige Gemälde aus dem 17. Jahrhundert.

Südwestlich der Stadt beginnt eine Parkanlage mit einem Planetarium und einem 12 ha großen Tierpark. Hier befinden sich auch Überreste der mittelalterlichen Stadtbefestigung, die Westdorfer Warte (14. Jh.), die Ruine eines Burgturms aus dem 10. Jh. sowie die Wälle der frühgeschichtlichen Burg.

Stephanspark

Im Waldrevier leben in weiträumigen Freigehegen rund 1200 Tiere, u. a. Rotwild und Damhirsche, Mufflons und Rehe. Zu den Attraktionen gehören die Wolfsanlage, Gehege mit Marderhunden, Luchsen, Rot- und Silberfüchsen, ein großes Aquarium sowie das Gehege mit Tierkindern, der Streichelzoo und Volieren.

* Tierpark

An der Straße nach Groß Schierstedt steht kurz vor dem Ortsausgang, rechterhand auf einem Hügel, ein 2 m hoher und 2 m breiter Quarzfindling, in dem sich die Reste mehrerer Nägel befinden, auch Speckseite genannt. Einer Legende nach wurde der Stein bei Gewitter so weich, daß sich Nägel einschlagen ließen. Im Mittelalter war es üblich, daß Handwerksburschen bei Geschicklichkeitswettbewerben Nägel in Steine schlugen. Die Geschichte des Steines ist jedoch älter. Bei Ausgrabungen 1885 wurden im Umkreis von 8 m eine künstliche Erhöhung aus Asche, Steinen und Humus festgestellt, Urnen und Skelette freigelegt.

Speckseite

Umgebung von Aschersleben

In dem 6 km südöstlich gelegenen Mehringen sind Reste eines 1525 zerstörten Klosters sowie eine 1584 erbaute Dorfkirche (im 19. Jh. erneuert; mit romanischem Tympanon, welches die Steinigung des hl. Stephanus darstellt) zu sehen.

Mehringen

In Freckleben, weitere 6 km südöstlich von Mehringen, erhebt sich die gleichnamige Burg am linken Ufer der Wipper, erstmals 973 erwähnt. Die erhaltenen Teile stammen von einer kastellartigen Burg, die im 12./13. Jh. in eine ältere Anlage hineingebaut und von Mantelmauern umgeben wurde. Erhalten haben sich u. a. ein runder Wohnturm, Teile der Ringmauer, Wirtschaftsgebäude sowie ein 25 m hoher quadratischer Bergfried.

Burg Freckleben

Ermsleben, 7 km südwestlich von Aschersleben, ist der Geburtsort des Dichters Johann Ludwig Gleim, an den eine Gedenktafel in der Thomas-Müntzer-Straße erinnert (→ Berühmte Persönlichkeiten).
Auf einem Bergsporn, 2 km südlich der Stadt, erhebt sich die Ruine der Konradsburg. Seit der Bronzezeit ist hier eine befestigte Höhlensiedlung nachgewiesen. Im 10. Jh. entstand die mittelalterliche Adelsburg, seit dem 11. Jh. Stammsitz der späteren Grafen von Falkenstein (→ Selketal, Burg Falkenstein). Sie wurde um 1120 als Sühne eines Mordes in ein Benediktinerkloster umgewandelt. Im Bauernkrieg erstürmten Aufständische die Klosterburg und zerstörten sie teilweise. Danach war sie Lehnsgut und ab 1712 Vorwerk der Domäne Ermsleben. An die alte Burg erinnern noch Reste einer Ummauerung und einer Kapelle.
Um 1200 entstanden die heute vorhandenen Bauteile, als an der Stelle der alten Kapelle eine romanische Basilika erbaut wurde. Von dieser sind der dreischiffige Chor (die Madonna im Innern ist von 1500) und die darunter liegende fünfschiffige Krypta erhalten (1953 restauriert). Ihr Tonnengewölbe wird von zehn Säulen mit reich geschmückten Kapitellen getragen, ein bedeutendes Denkmal spätromanischer Architektur im Harz.
Die übrigen noch vorhandenen Wirtschaftsgebäude entstanden im 17. bis 19. Jh.; sehenswert ist auch das 1965 restaurierte Brunnenhaus, in dem ein Tretrad aus dem 18. Jh. steht, das von einem Esel bewegt wurde. In 8 Min. wurde so ein 40-l-Eimer aus dem 48 m tiefen Schacht befördert. Sa., So. 9.00–16.00 Uhr und nach telefonischer Vereinbarung (Tel. 034743–325).

Ermsleben

* Konradsburg

Besichtigungen

Ascherleben, Umgebung (Forts.) Frose	Die dreischiffige spätromanische Basilika in Frose (7 km nordwestlich von Aschersleben) wurde um 1170 erbaut und gehörte zu einem von Markgraf Gero 950 gegründeten Benediktinerkloster. Im 13. und 18. Jh. wurde sie umgebaut; ihre heutige Ausstattung stammt von 1892.
Hoym	9 km nordwestlich $\longrightarrow$ Quedlinburg, Umgebung
Harkerode Burgruine Arnstein	10 km südlich von Aschersleben $\longrightarrow$ Hettstedt, Umgebung
Meisdorf	13 km südöstlich $\longrightarrow$ Selketal

Bad Frankenhausen südlich von M/N 12

Bundesland: Thüringen
Höhe: 132 m ü. d. M.
Einwohnerzahl: 10 000

Lage und
Allgemeines

Die alte Salzstadt Bad Frankenhausen liegt in der Diamantenen Aue, wie das breite und fruchtbare Tal der kleinen Wipper genannt wird, zwischen dem $\longrightarrow$ Kyffhäuser und den bewaldeten Höhen der Hainleite. Heute ist die Stadt wegen ihres Solbades, dem milden Klima und ihrer waldreichen Umgebung ein beliebter Urlaubsort.

Geschichte

Die fränkische Siedlung Franconhus entstand vermutlich an den 998 in einer Urkunde Ottos III. zum ersten Mal erwähnten Salzquellen. Im 12. Jh. gelangte sie in den Besitz der Beichlinger Grafen, die sich eine Burg erbauten, deren Reste im Sockel des heutigen Schlosses noch zu erkennen sind. Durch Verkauf gelangten Burg, Stadt und Salzquellen 1340 an die thüringischen Grafen von Schwarzburg.
Im April und Mai 1525 war Frankenhausen eines der Zentren des Thüringer Bauernaufstandes. Am 15. 5. 1525 hatten rund 6000 aufständische Bauern und Bürger unter Führung von Thomas Müntzer ($\longrightarrow$ Berühmte Persönlichkeiten) auf dem Hügel oberhalb der Stadt ihre Wagenburg aufgeschlagen. Am Vortag hatten sich die Truppen des Landgrafen von Hessen und die Söldner des Herzogs Georg von Sachsen vereinigt. Bei der anschließenden Schlacht wurde der zahlenmäßig überlegene Bauernhaufen fast vollständig niedergemacht (über 5000 Tote und 600 Gefangene, unter ihnen befand sich auch Thomas Müntzer). Mit dieser Niederlage endete der Bauernkrieg in Thüringen. Die Stätte des Gemetzels heißt heute noch Blutrinne und ein Gedenkstein erinnert an das Ereignis.
Durch das traditionelle Salzsieden gelangte der Ort bald wieder zu Wohlstand. 1818 verschrieb der Frankenhäuser Arzt Dr. Manniske erstmals Solebäder, und als am Ende des 19. Jh.s die Salzgewinnung an Bedeutung verlor, wurde der Kurbetrieb ausgebaut. Zweites wirtschaftliches Standbein war seit 1831 die Perlmuttknopfherstellung. 1924 arbeiteten über 800 Knopfmacher in 19 Fabriken. Heute spielt sie jedoch keine besondere Rolle mehr.

Sehenswertes in Bad Frankenhausen

Schloß
Heimatmuseum

Öffnungszeiten
Di.–So.
10.00–12.00
14.00–17.00

An der Stelle der von den Beichlingern im 12. Jh. errichteten Unterburg steht heute im Süden der Stadt ein Renaissanceschloß, das 1533 für den Grafen Heinrich d. J. von Schwarzburg erbaut, nach dem Stadtbrand 1689 wiedererrichtet, ein Jahrhundert später barock erneuert und zuletzt 1975 umfassend renoviert wurde. Heute ist hier das Heimatmuseum mit Ausstellungen über Natur und Geschichte der Stadt und der Kyffhäuserlandschaft untergebracht.
In 13 Räumen wird über die Geschichte der Region und der Salzstadt von der Steinzeit bis heute berichtet; die Hintergründe des Bauernkriegs wer-

Bad Frankenhäuser Schloß

den veranschaulicht, mit Zinnfiguren wurde die entscheidende Schlacht von 1525 nachgestellt; in der geologischen Abteilung erfährt man den Aufbau des Kyffhäusers; Flora und Fauna haben ihren Platz in den naturkundlichen Abteilungen; darüber hinaus finden Wechselausstellungen und Konzerte statt.

Heimatmuseum (Fortsetzung)

Die Unterkirche gehörte ursprünglich zu dem 1215 gegründeten und 1536 säkularisierten Zisterzienserinnenkloster. Bei einem Brand 1689 wurde das 1546 zur Hauptkirche umgewandelte Gotteshaus zerstört. In die spätgotischen Außenwände wurde 1691–1701 nach Plänen von Hans Walther ein Emporensaal eingebaut. Unter der Ausstattung befinden sich eine mit prachtvollem Schnitzwerk geschmückte Strobel-Orgel (sie verfügt über 49 Register mit rund 3400 Pfeifen), ein gotisches Kruzifix (um 1300) und einige, z. T. aus der Oberkirche stammende Grabmäler aus dem 16.–18. Jahrhundert.

Unterkirche

Chor und Apsis der Altstädter Kirche St. Petrus (Lange Straße) stammen noch von dem romanischen Vorgängerbau aus dem 12. Jh., der Fachwerkanbau fand im 18. Jh. statt. Im Apsisgewölbe ist eine beschädigte Wandmalerei aus dem 13. Jh. zu sehen.

Altstädter Kirche

Am Markt steht das 1833/34 erbaute zweigeschossige Rathaus an der Stelle eines spätgotischen, ebenfalls durch Brand zerstörten Gebäudes von 1444.

Rathaus

Im Stadtkern stehen einige sehenswerte Bürgerhäuser aus der Blütezeit des Salzhandels, u. a. Kräme 4 und 6; Klosterstraße 10, 14, 20 a.; Anger 11, 14 (Frankenhausen-Information) und 24/25; Erfurter Straße 9, das ehem. Gasthaus 'Zum Schwan' von 1555 (heute Drogerie).

Bürgerhäuser

Auf dem alten Salinengelände liegen heute der Kurpark, das Solebad und der Solebrunnen mit der Elisabeth- und der Schüttschachtquelle.

Kurpark

Bad Frankenhausen

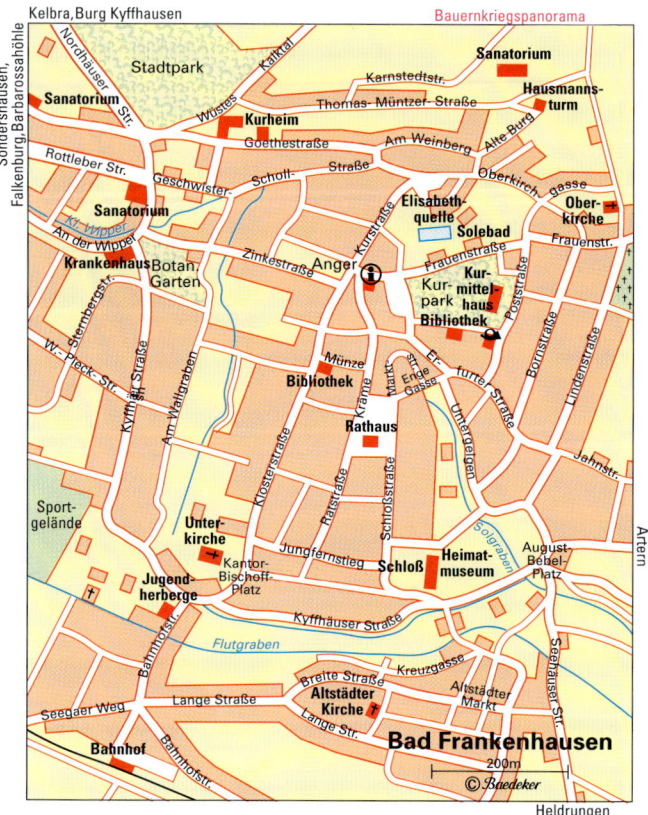

Oberkirche	Über die Poststraße gelangt man zur 1383 erbauten (mehrfach veränderten) Liebfrauen- oder Oberkirche, die wie der Hausmannsturm einst zur Stadtbefestigung gehörte. Nachgebender Untergrund führte zur starken Nordostneigung des Kirchturms, daher hat das Gotteshaus auch seinen Beinamen Schiefe Kirche. 1962 trug man aus Sicherheitsgründen das Kirchendach ab und seither ist der Bau eine Ruine. Der Turm mit seinem barocken Abschluß von 1761 ist das Wahrzeichen der Stadt.
Hausmannsturm	Von dem nordöstlich stehenden Hausmannsturm, dem Überbleibsel der im 13. Jh. zum Schutz der Salzquellen erbauten Oberburg, hat man einen schönen Blick auf die Stadt bis zur Hainleite. Ende des 16. Jh.s bezog ein Brandwächter, der sog. Hausmann, die Burg, von der sich der Palas und an dessen Nordseite Reste des runden Bergfrieds erhalten haben.

Umgebung von Bad Frankenhausen

✳✳ Bauernkriegs-panorama	Durch das Wüste Kalktal gelangt man zu dem rund 1 km nördlich von Bad Frankenhausen gelegenen, 266 m hohen Schlachtberg. Auf diesem steht

Werner Tübke: "Frühbürgerliche Revolution in Deutschland" (Ausschnitt)

Bauernkriegs-
panorama (Forts.)

ein in den Jahren 1973–1975 errichteter Rundbau, der im Volksmund auch Elefantenklo genannt wird (ausgeschildert ist er mit "Panoramamuseum"). Das Gebäude beherbergt die Bauernkriegsgedenkstätte Bad Frankenhausen. Ihre Einrichtung geht auf einen Anfang der siebziger Jahre gefaßten Entschluß zurück, am Ort jener Entscheidungsschlacht eine Gedenkstätte zu errichten, die an den Thüringer Bauernaufstand und an Thomas Müntzer als dessen zentraler Gestalt erinnern sollte.

Im Innern ist das Monumentalgemälde "Frühbürgerliche Revolution in Deutschland" des Leipziger Malers Werner Tübke (geb. 1929) zu sehen. Zwischen 1976 und 1987 entstand sein 123 m langes und 14 m hohes, raumumfangendes Gemälde (1722 m² bemalte Fläche) in historisierender, betont realistischer Darstellungsweise.

Mittelpunkt des Werkes ist die Entscheidungsschlacht des Bauernkriegs auf dem Schlachtberg. Darüber hinaus wird in 75 Schlüsselszenen mit rund 3000 Bildfiguren die Menschheit an der Wende vom Mittelalter zur Neuzeit als einer Umbruchsphase dargestellt, in der das Lebensgefühl von tiefer Religiosität, Aberglauben und furchtvoller Endzeiterwartung geprägt war, daneben aber Humanismus, Reformation und Bauernkrieg einen umfassenden Erneuerungsprozeß auslösten, der zu einer grundlegenden Umwälzung in Kirche und Gesellschaft führen sollte.

Öffnungszeiten
Di.–So.
1.4.–30.9.
9.00–18.00
1.10.–31.3.
10.00–17.00
im Juli und
August auch
Mo. 13.00–18.00

Führungen zu
jeder vollen
Stunde

7 km westlich → Kyffhäuser

13 km südöstlich → Kyffhäuser

22 km nordöstlich → Sangerhausen, Umgebung

Göllingen

Heldrungen

Allstedt

Bad Gandersheim außerhalb des Kartenbildes

Bundesland: Niedersachsen
Höhe: 125 m ü.d.M.
Einwohnerzahl: 12000

Lage und Allgemeines

Im Tal der Gande, umgeben von bewaldeten Höhen des westlichen Harzvorlandes, liegt das Solbad Bad Gandersheim. Die Stadt ist für ihre über tausenjährige Stiftskirche sowie für die seit 1958 im Juli und August stattfindenden Domfestspiele bekannt.

Geschichte

Der spätere Sachsenherzog Liudolf, Großvater Heinrichs I., stiftete 852 in der Nähe einer Kaufmannssiedlung das Damenstift Gandersheim. Dieses erlangte 877 die Reichsunmittelbarkeit (die Siedlung erhielt im gleichen Jahr Zollrechte), und vier Jahre später wurde die erste Kirche geweiht. In dem Stift lebte Mitte des 10. Jh.s bis zu ihrem Tod 975 Hrotsvith (Roswitha) von Gandersheim, die erste deutsche Dichterin (→ Berühmte Persönlichkeiten).
Mit der Wahl Heinrichs I. zum deutschen König 919 begann die Blütezeit von Kloster und Marktsiedlung. Letztere gewann zunehmend an Bedeutung, so daß sich die Stadt 1329 von der Stiftsherrschaft freikaufen konnte. 1589 wurde das Kloster in ein evangelisches Mädchenstift umgewandelt (1810 aufgehoben). Bereits 1210 wurde die heilende Wirkung der Gandersheimer Solquellen urkundlich erwähnt. Ab 1878 entwickelte sich die Stadt, in der drei ergiebige Solequellen entspringen, zu einem Kurbad.

Sehenswertes in Bad Gandersheim

**Stiftskirche

Besichtigung
tgl. 10.00–12.00
14.30–17.00
Do. und So. nur
14.30–17.00

Die das Stadtbild beherrschende doppeltürmige Stiftskirche bildet zusammen mit ihren angrenzenden Gebäuden den Mittelpunkt von Bad Gandersheim.
Sie steht an der Stelle mehrerer Vorgängerbauten, die nach Bränden errichtet wurden (erster, um 881 geweihter Bau; für 926 ist die Weihe einer "turris occidentalis" überliefert, vermutlich ein Westwerk nach dem Vorbild der Klosterkirche in Corvey; 1007 Weihe eines Neubaus).
Der heutige Bau, eine flachgedeckte Basilika mit doppeltürmigem Westriegel, zweigeschossigem Westquertrakt, querrechteckiger Vierung, sächsischem Stützenwechsel (aus Pfeilern und zwei Säulen) sowie quadratischen Quer- und Chorarmen entstand im wesentlichen unter Äbtissin Adelheid II. (1063–1094), einer Schwester Heinrichs IV. Mitte des 12. Jh.s wurden nach einem Brand Chor, Querhaus und die Seitenschiffe eingewölbt und die beiden Westtürme erbaut.
Im 14. und 15. Jh. wurden schließlich die gotischen Seitenkapellen an der Südfront angefügt. Ursprünglich befand sich vor dem Westriegel, der heute einen tiefen Vorraum für das Westportal bildet, ein zweigeschossiger

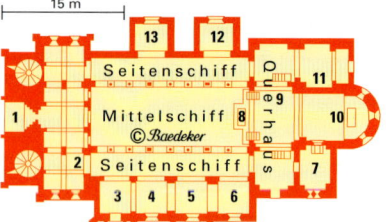

Bad Gandersheim

15 m

13 12
Seitenschiff
11
1 Mittelschiff 8 9 10
©Baedeker
2 Seitenschiff 7
3 4 5 6

Querhaus

Stiftskirche

1 Hauptportal
2 Relief mit Hand Gottes
3 Südportal
4 Peter-Pauls-Kapelle
5 Johann-Baptist-Kapelle
6 Bartholomäus-Kapelle
7 Stephanus-Kapelle, heute Sakristei
8 Lettner
9 Bartholomäusaltar
10 Hoher Chor
11 Mecklenburgisches Mausoleum
12 Andreas-Kapelle
13 Antonius-Kapelle

Stiftskirche in Bad Gandersheim

Stiftskirche
(Fortsetzung)

Vorbau, das sog. Paradies, der jedoch 1838 wegen Baufälligkeit abgebrochen wurde (ein hoher Rundbogen markiert das Tonnengewölbe im einstigen Obergeschoß).

Inneres

Man betritt das Gotteshaus meist nicht durch das Hauptportal (Bronzetür von Ursula Wallner-Querner, 1969), sondern durch das Südportal (im Tympanon eine Darstellung von 1115); an der Südwand ein Relief mit der Hand Gottes (1155). Der westliche Querarm ist eine Säulenvorhalle mit seitlichen quadratischen Nebenräumen, darüber befindet sich der von den Nonnen genutzte sog. Fräuleinchor. Das Langhaus mit zunächst doppeltem, dann einfachem Stützenwechsel öffnet sich in großen Rundbogenarkaden zu den schmalen, gewölbten Seitenschiffen. Vieles von den Ausstattungsstücken befindet sich im Herzog-Anton-Ulrich-Museum in Braunschweig. Hervorzuheben sind jedoch u. a. der vor dem Lettner (1912) stehende Dreikönigsaltar (Ende 15. Jh., urspr. Mauritiuskirche), das überlebensgroße Triumphkreuz (um 1500), der Bartholomäusaltar (1490); im Hohen Chor, unter dem sich die dreischiffige Krypta befindet, steht der fünfarmige 1,84 m hohe Bronzeleuchter (um 1430), ein Meisterwerk niedersächsischer Gießerkunst. In der Marienkapelle, dem sog. Mecklenburgischen Mausoleum, steht das Grabmal der Äbtissinnen Christine († 1683) und Marie Elisabeth († 1713) von 1686, in der Andreaskapelle das der Äbtissin Elisabeth (1748 von Johann Kaspar Käse), die Glasfenster entstanden 1959–1979 (Claus Wallner); in der Antoniuskapelle ruht der Stifter Herzog Liudolf († 9. Jh.), die aus Eiche gefertigte Liegefigur ist von 1270; der daneben stehende Marienaltar entstand 1521.

Stiftsgebäude

Kreuzgang und Konventsgebäude wurden im 19. Jh. abgebrochen. Östlich der Stiftskirche folgen die ehem. Stiftsgebäude, in ihrer Mitte der 1978 von Siegfried Zimmermann geschaffene Roswithabrunnen. Das zweigeschossige Hauptgebäude besitzt einen schönen Renaissancegiebel (um 1599 nach Plänen von Heinrich Overcate aus Lemgo nach einem Brand

**Stiftsgebäude
(Fortsetzung)**

der alten Abtei erbaut; an den Erkerfassaden die Wappen der Familien Waldeck, Hoya, Schwarzburg und Henneberg; zwischen den beiden Erkern der barocke Elisabethbrunnen von Johann Kaspar Käse, 1748).

**Ehem. Michaels-
kapelle**

Im anschließenden Fachwerkhaus befindet sich im Untergeschoß der älteste Gebäudeteil, die dreischiffige ehem. Michaelskapelle und heutige Marienkapelle (um 1188).

* Kaisersaal

Nördlich des Münsterchors liegt das Hauptgebäude, ein um 1736 angefügter, zweigeschossiger Flügel, Bauherr war Alexander Rossini. Er beherbergt den sog. Kaisersaal, ein schönes Beispiel landesfürstlicher Hofhaltung. Eine nach italienischem Vorbild eingewölbte, reich bemalte Decke sowie 35 Porträts von Fürsten, Äbtissinnen und Kanonissen (Ernesti und Johann Harbourg, 1724–1736) schmücken den barocken Saal.

* Rathaus

An dem von Fachwerkhäusern gesäumten Markt (westlich der Stiftskirche) steht das Rathaus. 1580 brannten sein Vorgängerbau und die benachbarte Moritzkirche, ursprünglich Filialkirche für die außerhalb des Stadtgebiets gelegene Georgskirche, bis auf die Grundmauern ab. Bei seinem Neubau wurden die Reste der Kirche (u. a. der Kirchturm) einbezogen, so entstand eines der schönsten Renaissancerathäuser in Niedersachsen (mit beachtenswertem Ratsherrensaal). Am Ende der Freitreppe befindet sich ein reich geschmücktes Portal; über dem Gesims prangt ein mittelalterlicher Wappenstein mit den braunschweigischen Leoparden.

Museum

**Öffnungszeiten
Di.–Sa.
15.00–17.00
So. 10.00–12.00
15.00–18.00**

Im ehem. Kirchturm der Moritzkirche ist heute das Städtische Museum untergebracht. Eine Ausstellung stellt die Entwicklung des Handwerks und die Tradition der Gilden, eine andere die Stadtgeschichte seit der Gründung des Stiftes Gandersheim dar. Außerdem wird eine Militariasammlung gezeigt.
Um den Marktplatz herum stehen schöne Fachwerkhäuser, das älteste, der sog. Bracken (Markt 8), ist von 1473, das nebenstehende (Markt 9) von 1552. Weitere Bauten sind u. a. im Steinweg (3, 5 und 37) zu sehen.

**Ehem. Burg
und Schloß**

Die nördlich der Stiftskirche gelegene ehem. Burg der Braunschweiger Herzöge ist heute Sitz des Amtsgerichts. Der schlichte zweigeschossige Bau mit einem rechteckig vorgezogenen Treppenturm wurde 1530 an der Stelle einer Vorgängerburg aus dem 12. Jh. errichtet.

St. Georg

Westlich des Ortskerns liegt an der Gande die einstige Pfarrkirche der Stadt, die St. Georgskirche. Ihr Westturm stammt noch aus dem 12. Jh., das Langhaus von 1428, der Chor von 1550. Die farbige Ausmalung schuf Magnus Boischuh 1676, die Kanzel ist von 1623, der Altar, der ursprünglich aus der Stiftskirche stammt, ist von 1711 und wahrscheinlich ein Werk von Anton Schilli.

Umgebung von Bad Gandersheim

Brunshausen

Bereits 70 Jahre vor Gandersheim hatte der Sachsengraf Liudolf der Reichsabtei Fulda einen Hof in Brunshausen (1,5 km nördlich von Bad Gandersheim) geschenkt. Sie gründete hier das gleichnamige Kloster. 1134 wurde es dem benachbarten Kloster Clus (s. unten) unterstellt, nach der Reformation in ein Damenstift umgewandelt und 1792 aufgegeben. Die heute zweischiffige Kirche vom Ende des 14. Jh.s (der Westbau wurde 1876 verändert) steht an der Stelle mehrerer Vorgängerbauten, deren ältester bis in die Zeit der Klostergründung zurückgeht.

**Clus
Ehem. * Kloster-
kirche**

1 km nordwestlich von Brunshausen steht die ehem. Benediktinerklosterkirche Clus, die im 12. Jh. gegründet wurde und zum Gandersheimer Frauenstift gehörte. Das Kloster selber wurde 1596 aufgehoben. Chor (der

einst eine flache Decke und einen geraden Abschluß hatte) und östliches Querhaus sind vermutlich älter als 1134, als Mönche aus Corvey an der Weser das Kloster übernahmen. Bis 1159 wurden das Langhaus, der Westbau mit der Michaelskapelle und die zwei Westtürme hinzugefügt (der Südturm wurde Anfang des 19. Jh.s abgebrochen). Um 1485 erfolgte der gotische Umbau der Kirche. Im Innern ist das Langhaus durch Stützenwechsel gegliedert; der Schnitzaltar wurde 1487 in Lübeck erworben, aus dem späten 15. Jh. sind die Reste der Glasmalerei im Chor.

Bad Gandersheim, Umgebung, Clus (Fortsetzung)

Bad Grund   B/C 4

Bundesland: Niedersachsen
Höhe: 350 m ü. d. M.
Einwohnerzahl: 3000

Der Luftkurort mit Moorheilbad Bad Grund liegt am Westrand des Harzes in einem Tal, in das fünf Täler münden (Teufels-, Lange-, Kels-, Knollen- und Schurftal). Die älteste der ehemals sieben Oberharzer Bergstädte wird deshalb auch 'Fünftälerstadt' genannt und ist wie ihre Umgebung aus zahlreichen Sagen und Märchen bekannt.

Lage und Allgemeines

Schon 1317 wurde eine Waldarbeitersiedlung 'Im Grund' unterhalb des Ibergs erwähnt, aus der sich seit der Mitte des 14. Jh.s ein lebhafter Bergwerksort entwickelte, besonders nachdem neben den früh erschlossenen Eisensteingruben auch Silberadern entdeckt wurden. Im 15. Jh. kam der damals 'Gittel im Grund' genannte Ort an die Herzöge von Braunschweig-Lüneburg, die ihm 1535 Stadtrecht verliehen und den Bergbau förderten, in Laubhütte, Teichhütte und Gittelde entstanden herzogliche Hütten, die Roherzeugnisse und seit dem 16. Jh. auch Werkzeuge und Waffen herstellten. Nach Zerstörungen und Brandschatzungen im Dreißigjährigen und auch im Siebenjährigen Krieg erholte sich die Bergstadt mit Hilfe des ertragreichen Bergbaus wieder. 1777–1799 wurde der Tiefe Georgsstollen, ein 19 km langer Entwässerungsstollen für die Gruben des Clausthal-Zellerfelder Reviers aufgefahren. Wegen der starken rheinischen Konkurrenz wurde 1855 die Eisengewinnung aufgegeben, dafür gewann der auf Bleiglanz, Zinkblende, Kupferkies und Schwerspat ausgerichtete Bergbau der Gruben "Hilfe Gottes" und "Bergwerkswohlfahrt" an Bedeutung. Mit der Schließung der letzten Grube 1992 endete der über tausend Jahre alte Bergbau im Harz.
Schon 1510 erholte sich Herzogin Elisabeth von Braunschweig-Wolfenbüttel in hiesigen Schlackebädern. Das erste Badehaus eröffnete jedoch erst 1855. Seither hat sich die ehemalige Bergstadt zu einem beliebten Kurort entwickelt.

Geschichte

Sehenswertes in Bad Grund

In der Mitte des alten Ortskerns mit hübschen Fachwerkhäusern aus dem 17. bis 19. Jh. liegt der Marktplatz mit der 1640 erbauten St.-Antonius-Kirche.

Ortsbild

Das im Aufbau befindliche Bergbaumuseum befindet sich oberhalb des Kurgartens, auf dem Gelände des 1855 angelegten Knesebeck-Schachtes. Der gehörte zu dem letzten noch tätigen Oberharzer Erzbergwerk, der 1992 stillgelegten Grube "Hilfe Gottes". Vor dem Museum steht ein 47 m hoher stählerner Hydrokompressorenturm, Wahrzeichen des Museums. Bis 1977 versorgte der 'Zeigefinger Gottes' die Grube mit Druckluft. Auf dem Freigelände finden sich neben den modernen Betriebsanlagen Relikte des historischen Bergbaus. Führungen finden jeweils zur vollen Stunde statt: 1.5.–31.10. Di.–So. 10.00–16.00, Pause zwischen 12.00 und 14.00 Uhr; 1.11.–30.4. Do. und So., letzte Führung um 15.00 Uhr.

*Bergbaumuseum

Bad Grund

Bergbaumuseum (Fortsetzung)

Im Museum wird die Entwicklung der Bergbautechnik, einheimische Mineralien und daraus gefertigte Produkte dargestellt.

*Uhrenmuseum

Im Kurpark befindet sich das Uhrenmuseum mit über 700 Uhren aus aller Welt. Zu den Besonderheiten gehört eine Flötenuhr mit 36 Flöten und acht Melodien, eine Harfenuhr mit Glockenspiel auf 12 Glocken sowie Trompetenuhren (Elisabethstraße 14; geöffnet: Di.–So. 10.00–18.00 Uhr).

**Iberger Tropfsteinhöhle

Ein Spaziergang führt nördlich vom Markt an der Sporthalle vorbei zur Iberger Tropfsteinhöhle, die vor 450 Jahren von Bergleuten auf der Suche nach Erzlagerstätten entdeckt wurde. Seit 1876 ist sie zugänglich, und heute gehört sie zu den meistbesuchten Sehenswürdigkeiten im Harz. Ihr Eingang liegt etwas oberhalb eines Parkplatzes an der Harzhochstraße B 242. Der 563 m hohe Iberg ist ein Kalkstock, der aus einem mächtigen Korallenriff des Devon vor rund 370 Mio. Jahren entstand. Seinen Namen erhielt er von den früher hier vorkommenden Eiben. In Jahrmillionen wusch eindringendes Regenwasser Hohlräume und Gänge aus dem Kalkstein. So entstand ein rund 8 km langes Höhlensystem, von dem 150 m gut begehbar sind. Im Innern (Achtung, es herrschen 8° C!) enthält die Höhle einige Tropfsteingebilde; die verschiedenfarbig schillernden Stalaktiten (von der Decke hängende Zapfen) und Stalagmiten (vom Boden aufwachsende Säulen oder Kegel) sind aufgrund ihrer eigentümlichen Form nach Harzer Sagen-Figuren benannt. Die verschiedene Färbung der Tropfsteine, die in einem Menschenalter nur um wenige Millimeter wachsen, rührt von den Ablagerungen der im Kalkstein enthaltenen Erze her (geöffnet: Apr.–Okt. tgl. 9.00–16.30 Uhr; Nov., Febr. und März Di.–So. 10.00–15.30 Uhr; Dez. und Jan. Do., So. 10.00–16.30 Uhr; 25.12.–6.1. 10.00–15.30 Uhr).

Albertturm

Auf dem Gipfel des Ibergs steht der 32 m hohe Albertturm (Aussichtsturm). Von hier hat man einen weiten Blick über das Tal, die Hochfläche von Clausthal-Zellerfeld und bei klarer Sicht bis zum Brocken.

Märchental

Im Märchental, unterhalb der B 242 am Parkplatz der Tropfsteinhöhle, sind zahlreiche handgefertigte Märchenhäuser und -figuren in Miniaturgröße für Kinder dargestellt (geöffnet: Mai–Oktober tägl. 10.00–17.00 Uhr).

Hübichenstein

Westlich des Ibergs erhebt sich an der B 242 der Hübichenstein, eine 40 m hohe Felsnadel aus Kalkstein. Ein Bronzeadler zu Ehren Kaiser Wilhelms I. krönt seine Spitze. Um den Felsen ranken sich viele Sagen und Märchen. Er ist das Reich der Zwerge und Elfen, ihr König Hübich soll in einem unterirdischen Schloß unter dem Felsen leben. Ursprünglich war dieser höher. Im Dreißigjährigen Krieg schossen jedoch kaiserliche Truppen den oberen Teil herunter. Auf der Naturbühne am Fuße des Felsens finden Veranstaltungen statt, u. a. am 30. April die Walpurgisfeier.

Arboretum

Nahe dem Hübichenstein lädt das Arboretum mit vielen fremdländischen Bäumen und Sträuchern zu einem Besuch ein.

Eselstation Waldwinkel

Im südwestlich von Grund gelegenen Hotel-Restaurant Waldwinkel herrscht Zirkusatmosphäre, es ist nämlich 'vor allem' Eselstation (Esel-Ausflüge).

Umgebung von Bad Grund

Windhausen

5 km südwestlich von Bad Grund liegt Windhausen mit seinem Dorfmuseum (Obere Harzstraße); die Fachwerk-Saalkirche entstand um 1800.

Gittelde

5 km westlich von Bad Grund liegt das bereits 891 erwähnte Gittelde an der alten Thüringer Heerstraße, die am westlichen und südlichen Harzrand von Seesen nach Nordhausen führte. Der Ort besaß im Zusammenhang

mitdem Abbau von Silber, Kupfer und Eisenerz große Bedeutung und hatte bereits 965 Münz-, Zoll- und Marktrecht. Hier endet der 1851–1864 angelegte, 1928–1930 erneuerte, 26 km lange und nach König Ernst August von Hannover benannte Stollen, der bei → Clausthal-Zellerfeld beginnt. Er entwässerte die tiefer liegenden Strecken und verband alle wichtigen Schächte miteinander. Sein Grubeneingang (Mundloch) wurde mit einem romantisierenden Burgtor überbaut.
Die im 17. Jh. erneuerte Johanniskirche steht auf dem Gebiet einer ehem. Burg, die vielleicht Außenhof der nahen Königspfalz Pöhlde (→ Herzberg, Umgebung) war. In der Kirche befindet sich ein Schnitzaltar aus der 1. Hälfte des 16. Jh.s; Exponate aus Hüttenbetrieben, Bergbau, Handwerk, Gewerbe und Haushalt werden in der Heimatstube ausgestellt (Schulstraße; erster So. im Monat von 10.00 bis 12.00 Uhr geöffnet).

Bad Grund, Umgebung, Gittelde (Fortsetzung)

3 km nordwestlich von Gittelde steht links der Straße die Ruine der Stauffenburg. Sie entstand nach 1050 durch die Grafen von Katlenburg, Reichsvögte des nahen Hüttenortes Gittelde. Später gelangte sie an die Welfen und wurde Amtssitz, Gerichts- und Verwaltungsmittelpunkt für die Berg- und Hüttenwerke Gitteldes. Ihren Höhepunkt erlebte die Stauffenburg als Witwensitz der Herzogin Elisabeth 1495–1522, die Bergleute und Stahlschmiede aus Ellrich und Stolberg nach Gittelde und Grund zog. Ab 1524 wurde Eva von Trott, Geliebte Herzog Heinrichs des Jüngeren von Wolfenbüttel, nach ihrem Scheinbegräbnis in Gandersheim vom Herzog auf der Stauffenburg verborgen gehalten, wo sie 10 uneheliche Kinder gebar. Ab 1713 wurde die Burg aufgegeben und zuletzt als Steinbruch genutzt.

Ruine Stauffenburg

Bad Harzburg   F 2/3

Bundesland: Niedersachsen
Höhe: 300 m ü.d.M.
Einwohnerzahl: 24 000

Bad Harzburg liegt am Nordrand des Harzes, umgeben von bewaldeten Bergen und schönen Tälern, am Ausgang des Radautals. Mit sechs Heilquellen, einem Thermalsolebad, zahlreichen Sport- und Freizeiteinrichtungen sowie einer internationalen Spielbank ist die Stadt heute ein vielbesuchter Kurort und ein beliebtes Heilbad.
Bad Harzburg ist Ziel der seit 17 Jahren stattfindenden Harzüberquerung. Überregionale Bedeutung haben mittlerweile die Bad Harzburger Musiktage sowie das alljährlich im August abgehaltene Salz- und Lichterfest gewonnen.

Lage und Allgemeines

Zum Schutz der Kaiserpfalz in Goslar und der Silberminen im Rammelsberg ließ Heinrich IV. 1065–1068 auf dem Großen und Kleinen Burgberg die Hartesburg erbauen, die bedeutendste salische Schutzburg des Harzgebietes, die eigentlich aus zwei Burgen bestand. In den darauf folgenden Jahren kam es zu zahlreichen Aufständen im sächsischen Gebiet. Diese gipfelten im Sieg des sächsischen Adels über den Kaiser und in der Zerstörung der Harzburg. Zwar wurde sie im 12. und 13. Jh. unter Friedrich Barbarossa und unter Otto IV. teilweise wieder aufgebaut, ihre ehem. Bedeutung erlangte sie jedoch nicht mehr. Die unterhalb des Burgbergs gelegene Siedlung, die 1338 zum ersten Mal als 'Neustadt unter der Harzburg' erwähnt wurde, bestand weiter. Als man 1569 unter der Burg eine Salzquelle entdeckte, führte deren Nutzung zu einem wirtschaftlichen Aufschwung. Im Dreißigjährigen Krieg wurden auch die letzten Reste der Burg zerstört. Die erste medizinische Badestube wurde Anfang des 19. Jh.s eröffnet, 1837–1841 die erste Staatseisenbahn von Braunschweig über Wolfenbüttel nach Harzburg gebaut. Seither entwickelte sich die Stadt zu einem der bedeutendsten Kurorte in Deutschland.

Geschichte

Sehenswertes in Bad Harzburg

Bummelallee

Hauptstraße ist die Herzog-Wilhelm-Straße, die sich vom Bahnhof (im Norden der Stadt) bis fast zum Kurpark erstreckt. In ihrem südlichen Abschnitt führt sie als sog. Bummelallee an der Radau entlang.

Heilquellen

Im Kurmittelhaus, dem sog. Badehaus, werden die verschiedenen Anwendungen verabreicht; zu Badezwecken dienen die Johann-Albrecht-Quelle und die Dr.-Harras-Schneider-Quelle, die in 812 m Tiefe mit einer Temperatur von 26 Grad entspringt; in der gegenüberliegenden Wandel- und Trinkhalle wird das Wasser der Krodoquelle, Barbarossaquelle und der Juliusquelle sowie des Schwefelbrunnens ausgegeben.

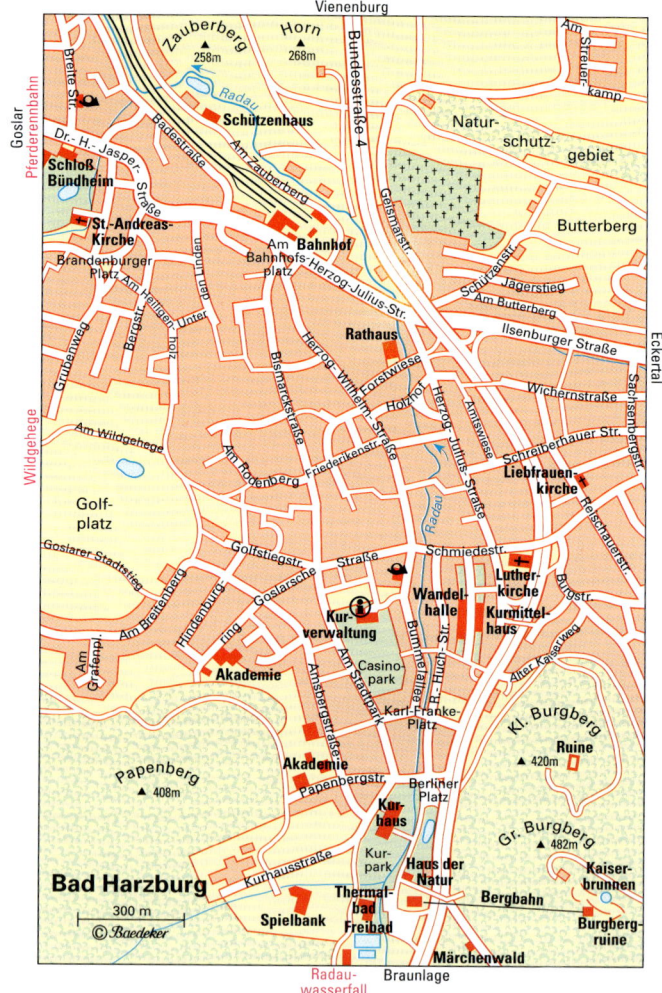

Die an der Lutherstraße gelegene gleichnamige dreischiffige Hallenkirche entstand um die Jahrhundertwende an der Stelle mehrerer Vorgängerbauten. Im Innern sind zwei mittelalterliche Statuen an den Pfeilern zum nördlichen Seitenschiff sehenswert: Maria auf der Mondsichel mit dem Jesuskind und die hl. Anna.

Lutherkirche

Das im Kurpark nahe der Bergbahn-Talstation gelegene 'Haus der Natur' unterrichtet in einer Ausstellung über Geologie, Flora und Fauna des Harzes (geöffnet: Mo.–Fr. 9.00–18.00, Sa. 9.00–13.00 Uhr).

Weitere Sehenswürdigkeiten

Oberhalb des Golfplatzes (9 Loch) stehen zwei von dem Architekten Bernhard Hoetger (1874–1949) für einen Kunstmäzen entworfene Gebäude: Vinuwuk und Sonnenhof von 1922/23.

Weitere Unterhaltung bieten das Wildgehege, der Märchenwald sowie Veranstaltungen auf der Pferderennbahn, die in der Nähe des Harzburger Gestüts im Stadtteil Bündheim liegt.

Im nordwestlich sich anschließenden Bündheim stehen in einer Parkanlage die St. Andreas Kirche (17. Jh., jedoch mehrfach umgebaut; im Innern sind Altar und Kanzel sehenswert) und das Schloß Bündheim. Es wurde für Julius von Braunschweig-Wolfenbüttel 1572 mit Steinen aus der Harzburg erbaut. In seiner heutigen Form entstand es im 17. Jh. neu und dient v. a. kulturellen Zwecken.

Schloß Bündheim
* St. Andreas

Der 482 m hohe, auf drei Seiten steil abfallende Große Burgberg erhebt sich im Südosten der Stadt. Eine Kabinenbahn fährt in wenigen Minuten vom Kurpark aus zum Gipfel hinauf und überwindet in drei Minuten 186 Höhenmeter.

Burgberg
* Ausblick

Von der einst mächtigen Burganlage, die durch einen 10 m breiten, tief eingeschnittenen Graben in einen kleineren östlichen und einen größeren westlichen Burgteil getrennt war, sind nur noch Gräben und einige Mauerreste zu sehen: im Norden der Ostburg die Fundamente eines Palas, im Osten Reste eines Bergfrieds mit vorgelegter Ringmauer und Zwinger, am Nordende der Mauer Fundamente eines Wehrturms; im Nordosten der Westburg der 42 m tiefe Burgbrunnen, der von einer Ende des 11. Jh.s angelegten Wasserleitung aus Tonröhren gespeist wurde; durch ihn soll 1073 Heinrich IV. aus der belagerten Burg entkommen sein; neben dem Brunnen steht die Ruine eines Halbrundmauerturms, der vermutlich aus der Zeit Ottos IV. (1208–1218) stammt.

Harzburg

Die Canossa-Säule wurde 1877 zu Ehren Bismarcks errichtet.

Nördlich vom Großen Burgberg liegt der Kleine Burgberg (462 m hoch) mit den unbedeutenden Resten der Kleinen Harzburg. Diese wurde vermutlich im 12. Jh. in eine ältere Anlage hineingebaut, jedoch nicht vollendet.

Umgebung von Bad Harzburg

Etwa 3 km südlich von Bad Harzburg liegt an der B 4 im gleichnamigen Tal der 1859 durch eine Ableitung der Radau geschaffene Wasserfall. Der Fluß stürzt hier über 22 m hohe Felsklippen in die Tiefe.

Radauwasserfall

Auf der gegenüberliegenden Straßenseite befindet sich das Stollenmundloch des Radaustollens.

Von hier sind das Molkenhaus und der Eckerstausee, der 13 Mio. m³ Wasser faßt, beliebte, nur zu Fuß oder mit dem Bus erreichbare Ziele.

Molkenhaus
Eckerstausee

Die 555 m hohe Rabenklippe ist eine wilde Felsgruppe, die steil ins Eckertal abfällt (südöstlich von Bad Harzburg; auch vom Großen Burgberg aus zu erreichen); ein Stück des Weges legt man auf dem 'Kaiserweg' zurück (→ Zahlen und Fakten, Verkehr).

Rabenklippe

7 km westlich → dort

Okertal

10 km nördlich → dort

Vienenburg

Bad Lauterberg E 7

Bundesland: Niedersachsen
Höhe: 300 m ü.d.M.
Einwohnerzahl: 13000

Lage und
Allgemeines

Die ehem. Bergarbeiterstadt Bad Lauterberg, heute Kneippheilbad und Schrothkurort, liegt in dem breiten, von bewaldeten Bergen umgebenen Odertal am Südharz, am Fuße der Odertalsperre. Eine hübsche Altstadt, schöne Ausflugsziele in der Umgebung sowie ein großes Unterhaltungsangebot haben die Stadt zu einem beliebten Aufenthaltsort gemacht.

Geschichte

Um 1183 ließ Graf Sigebodo aus dem Hause Scharzfeld auf dem Hausberg das Castrum Lutterberg errichten. Anfang des 15. Jh.s gelangten die Herrschaften Scharzfeld und Lutterberg an die nordthüringischen Grafen von Hohnstein, die den Bergbau im Harz förderten. 1521 erließen sie in der Grafschaft Lutterberg die Bergfreiheit, in der einheimischen und fremden Bergleuten Vorrechte eingeräumt wurden. Aus einem kleinen, am Fuße des Burgberges gelegenen Dorf entwickelte sich eine Bergbausiedlung. Ab

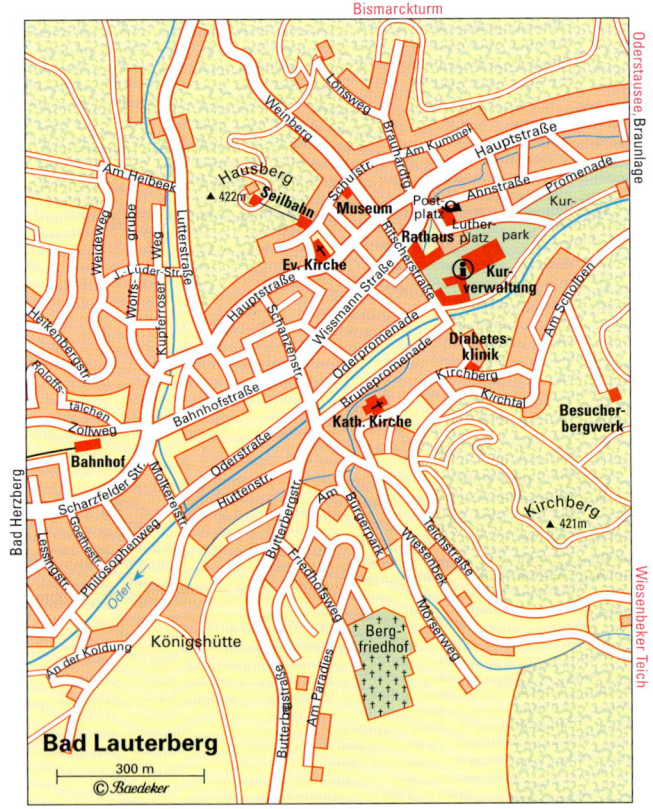

St. Andreas

1688 wurde Kupfer geschürft, 1705 die Kupferhütte und 1733 die Königshütte gegründet. Bei Auseinandersetzungen zwischen dem Herzog von Grubenhaben und den Grafen von Hohnstein wurde die Burg Lutterberg zerstört; während des Dreißigjährigen Krieges und am Ende des 17. Jh.s brannte die Stadt mehrere Male bis auf die Grundmauern ab. 1866 wurde Lauterberg preußisch. Aufgrund der zu geringen Erzvorkommen kam es 1868 zur Einstellung des Kupferbergbaus und des Hüttenwesens.

Der seit 1826 in Lauterberg praktizierende Arzt Ernst Benjamin Ritscher gründete 1839 die Kaltwasserheilanstalt und legte so den Grundstein für den Kurbetrieb. 1906 folgte die Ernennung zum Bad, 1929 erlangte Lauterburg die Stadtrechte. Heute wird nur noch in der Grube Wolkenhügel im Luttertal Schwerspat, das 'Weiße Gold' des Harzes, abgebaut.

Geschichte (Fortsetzung)

Sehenswertes in Bad Lauterberg

In dem großen, an der Oder gelegenen Kurpark befinden sich das Kurgastzentrum mit einem Kinderland- und Spielzeugmuseum (geöffnet: Di., Do., Sa., So. 10.30–12.00, 14.30–17.30, Mi. und Fr. nur 14.30–17.30 Uhr), eine Trink- und Wandelhalle sowie ein Hallen-Wellenbad.

Kurpark

Hinter dem Kurpark erhebt sich der 422 m hohe Hausberg, auf den eine Seilbahn hinauffährt. An die 1415 zerstörte Burg Lutterberg erinnern keine Überbleibsel mehr.

Hausberg

An der Hauptstraße steht die 1736 an der Stelle mehrerer Vorgängerbauten errichtete Andreaskirche. Im Innern der mit einem bemalten Tonnengewölbe ausgestatteten Kirche verläuft eine zweigeschossige Empore. Der Altaraufsatz entstand nach einem Brand 1667. Der hölzerne Taufengel hängt seit 1801 vor dem Altar. An der nördlichen Kirchentür steht ein 1894 in der Königshütte gegossener Opferengel. In der Kirche finden regelmäßig Musikveranstaltungen statt.

✳St. Andreas

Bad Lauterberg (Fortsetzung) Heimatmuseum	Das Wohnhaus des Badbegründers Ernst Benjamin Ritscher (Ritscherstraße 13; geöffnet: Mi., Sa. 9.30–12.30, 14.00–17.00, So. 9.30–12.30 Uhr) beherbergt das besuchenswerte Heimatmuseum mit einer Ausstellung über Brauchtum und Entwicklung Bad Lauterbergs von der Bergarbeiterstadt bis zum modernen Kneipp- und Heilbad. Außerdem sind eine Sammlung Harzer Mineralien, Bergmannswerkzeug, Bergbaumodelle und Grubenkarten sowie Objekte des Afrikaforschers Herrmann von Wissmann (1853–1905) zu sehen.
Besucherbergwerk	Über die Wilhelmibrücke gelangt man vom Kurpark zum Besucherbergwerk, einem rund 280 m langen Stollenverbund aus den ehem. Gruben Aufrichtigkeit und Scholmzeche. In den Stollen aus dem 17. bis 19. Jh. sind Bergmannswerkzeuge, alte Förderkübel, Gleise, Grubenwagen u. a. ausgestellt (Führungen: Di. 16.00, Fr., Sa. 15.00 und 16.00 Uhr).
Königshütte	Im Süden des Dorfes wurde 1731 auf dem Gelände der 1609 erstmals erwähnten Süßenhütte die Königshütte eröffnet, ein kurhannoversches Eisenhüttenwerk mit zeitweise bis zu 600 Beschäftigten (zu erreichen über die Molkereistraße). Ab 1820 wurden das Hochofenwerk und die Gießerei nach Plänen der Oberbergräte Mummenthey und Mühlenpfordt erweitert. Heute befinden sich hier eine Gießerei für Grau- und Kugelgraphitguß. Von der Königshütte sind zahlreiche Gebäude erhalten, u. a. das Fachwerkwohnhaus für den Verwalter, das aus Bruchstein in neuromanischem Stil erbaute Formhaus mit Rundbogenfenstern, die Wohnung des Kohlenvogts, die Hüttenschenke, ein klassizistischer Fachwerkbau, das Eisenlager von 1825 sowie um 1830 fertiggestellte Beamtenwohnhäuser. Der eigentliche Hüttenbetrieb fand in zwei großen, um 1870 erbauten Gebäuden statt. Auf dem Gelände gibt es ein Hüttenmuseum. Jeden 2. und 4. Dienstag im Monat finden Führungen statt (Treffpunkt ist um 15.00 Uhr am Hüttenbrunnen). Der in der Hofmitte stehende gußeiserne Brunnen wurde 1855 auf der Pariser Weltausstellung gezeigt.

Umgebung von Bad Lauterberg

Ausflugsziele	In der Umgebung von Bad Lauterberg liegen viele Ausflugsziele, dazu zählen der auf dem Kummelberg stehende Bismarckturm (Aussichtsturm), der 687 m hohe, nördlich gelegene Große Knollen (mit Aussichtsturm), die Einhornhöhle sowie die Burg Scharzfels (→ Herzberg, Umgebung).
Wiesenbeker Teich	2 km südöstlich von Bad Lauterberg beginnt im Wiesenbeker Tal der 1722 von Bergleuten angelegte gleichnamige Teich (Wassersport).
Oderstausee	1931–1933 wurde der 4 km nordöstlich von Bad Lauterberg gelegene Oderstausee angelegt. Er ist knapp 5 km lang und hat ein Fassungsvermögen von rund 30,6 Mio. m^3. Er dient der Stromversorgung sowie zur Regulierung des Wasserstands der Oder. Gleichzeitig bietet er als nahes Ausflugsziel viele Wassersportmöglichkeiten.
Herzberg	6 km südwestlich → dort

Bad Sachsa   F 8

	Bundesland: Niedersachsen Höhe: 330 m ü. d. M. Einwohnerzahl: 9000
Lage und Allgemeines	Der Kur- und Wintersportort Bad Sachsa liegt geschützt am Fuße des 660 m hohen Ravensberges, am Südrand des Harzes.

Die erste Erwähnung des Ortes als Sachsahu ist von 870. Er entwickelte sich im Schutz der unter Heinrich IV. errichteten Burg auf dem Sachsenstein, die vermutlich 1074 während der Sachsenaufstände zerstört wurde. Nach dem Dreißigjährigen Krieg kam Sachsa zu Brandenburg. Friedrich der Große überließ dem Ort den 619 ha großen, unterhalb des Ravensbergs gelegenen Stadtforst zur Nutzung. Der Kurbetrieb wurde 1874 aufgenommen, und seit 1905 trägt die Stadt den Zusatz 'Bad'.

Geschichte

Bad Sachsas Ortsbild ist von seiner langen Geschichte als Kurort geprägt. Im Kurpark stehen Kurmittelhaus (mit zwei Solebewegungsbädern), Kurhaus, in dem u. a. Konzerte und andere Veranstaltungen stattfinden, sowie neuerdings ein Freizeit- und Spielhaus.

Stadtbild

Kurbad

In der Talstraße befindet sich das Salztal-Paradies, eine großzügig angelegte Freizeitanlage u. a. mit römischem Dampfbad, tropischem Duftgarten, Badeland, Tennis- und Squashhallen. Darüber hinaus sorgt ein breites Angebot an Kur-, Sport- und Unterhaltungsmöglichkeiten für das Wohl der Kur- und Urlaubsgäste.

Salztal-Paradies

Im Ortsmittelpunkt steht die barocke St.-Nikolaikirche, deren Westturm noch romanischen Ursprungs ist. Ihr Fachwerkvorbau mit Portal an der Südseite stammt von 1691. Im Innern der ansonsten um 1300 erbauten Kirche sind ein Altar von 1595, Kanzel und Gestühl von 1711 sowie ein Taufbecken von 1887 zu sehen.

St. Nikolai

Das Rathaus besitzt einen schönen, jugendstilgeschmückten Sitzungssaal.

Rathaus

In der Marktstraße und in der Uffestraße haben sich einige malerische Fachwerkhäuser erhalten. Das Heimatmuseum (Hindenburgstraße 6; geöffnet: jeden 1. und 3. So. im Monat 14.00–17.00 Uhr) gibt einen Überblick zur Stadtgeschichte; zu sehen sind außerdem eine Galerie mit Bildern der Jahrhundertwende, eine eingerichtete Böttcherwerkstatt, eine Mineralien- und eine Fossiliensammlung.

Weitere Sehenswürdigkeiten

Östlich vom im Ortsteil Neuhof gelegenen Bahnhof von Bad Sachsa erhebt sich der Sachsenstein. Er ist ein 325 m hoher, langgestreckter und nach Westen steil abfallender Gipsfelsen. An seiner bewaldeten Oberfläche bildet der Gips stellenweise Blasen von einigen Metern Durchmesser, die sog. Zwerglöcher. An seinem Nordende sind spärliche Reste der von Heinrich IV. errichteten Sachsenburg zu erkennen.

Sachsenstein

Umgebung von Bad Sachsa

Auf dem 1,5 km nordwestlich von Bad Sachsa gelegenen Katzenstein befindet sich der Harzfalkenhof, eine der beliebtesten Sehenswürdigkeiten des Ortes. Bei regelmäßig stattfindenden Flugvorführungen sind Falken, Adler, Eulen und andere Greifvögel zu sehen (geöffnet: Frühjahr bis Herbst, 10.00–18.00 Uhr).

Harzfalkenhof

Im Katzental liegt der Märchengrund, einer der ältesten Märchenparks in Deutschland. Hier werden in beweglichen Bildern Szenen aus den bekanntesten Märchen dargestellt (geöffnet: 10.00–18.00 Uhr, im Winter nur bis 17.00 Uhr).

Märchengrund

2 km westlich von Bad Sachsa liegt der kleine Luftkurort Steina rund 350 m ü. d. M.; hinter der Kirche gelangt man ins Steinatal, wo ein Forstlehrpfad beginnt. Die Tettenborner Straße führt zum Römerstein, dem bekanntesten Zechsteinriff am südwestlichen Harzrand. Dieser Rest des vor rund 258 Mio. Jahren entstandenen Riffs erhebt sich etwa 35 m über einem Wiesengelände. Einer Sage nach war hier die Zwergenprinzessin Ruma gefangen gehalten. Sie konnte jedoch unterirdisch fliehen und trat verwandelt als Rhumequelle bei Pöhlde wieder hervor.

Steina

Bad Sachsa,
Umgebung (Forts).
Ravensberg

Der 660 m hohe Ravensberg ist vulkanischen Ursprungs. Er erhebt sich rund 5 km nordwestlich von Bad Sachsa. Von seiner Spitze, um die ein 3,8 km langer Rundweg führt, bietet sich ein schöner Blick auf den Brokken, zum Kyffhäuser und zum Thüringer Wald.

Walkenried

5 km südöstlich ⟶ dort

Tettenborn

In Tettenborn (6 km südlich von Bad Sachsa) erinnert das Grenzlandmuseum an 40 Jahre geteiltes Deutschland (geöffnet: So. 10.00–12.00 Uhr). Ausgestellt werden u. a. Uniformen der ehem. DDR-Grenztruppen und ein originalgetreu nachgebauter Grenzsicherungszaun mit Stacheldraht, Selbstschußanlage und Alarmdrähten.

Ballenstedt   O 5/6

Bundesland: Sachsen-Anhalt
Höhe: 225 m ü. d. M.
Einwohnerzahl: 9400

Lage und
Allgemeines

Ballenstedt liegt am Nordostrand des Harzes, dessen Wälder bis dicht an den Ort heranreichen. Berühmtester Sohn der Stadt ist Albrecht der Bär, erster Markgraf von Brandenburg und Begründer des Hauses Askanien (oder Anhalt). Bekannt ist Ballenstedt außerdem durch den Hofmaler und Schriftsteller Wilhelm von Kügelgen (1802–1867) sowie durch die Geschwister Caroline und Wilhelmine Bardua, erstere eine bedeutende Malerin (1781–1864), in den Tagebuchaufzeichnungen der zweiten (1798 bis 1865) bleibt das Ballenstedt des 19. Jh.s lebendig.
Das Wirtschaftsleben der Stadt basiert seit dem Mittelalter auf Forst- und Landwirtschaft, später siedelten sich auch Handwerksbetriebe an. Heute spielt der Fremdenverkehr eine große Rolle.

Geschichte

Die Ortsgründung geht vermutlich auf einen Ritter Ballo zurück, der sich in der heutigen Altstadt eine Burg erbauen ließ. Diese diente seit 1030 den Grafen von Ballenstedt als Stammsitz, die sich seit etwa 1100 nach der Burg von Aschersleben Grafen zu Askanien nannten. Graf Esico von Ballenstedt stiftete das auf dem heutigen Schloßberg gelegene, 1046 geweihte Kollegiatsstift, aus dem 1123 ein Benediktinerstift hervorging, das der Hirsauer Kongregation beitrat. Aus diesem Geschlecht ging der um 1100 in Ballenstedt geborene Albrecht der Bär hervor, der 1134 mit der Ostmark belehnt und damit erster Markgraf von Brandenburg wurde († 1170). 1498 brannte der Ort nieder und erhielt nach seinem Wiederaufbau 1543 das Stadtrecht. Bedeutung bekam Ballenstedt jedoch erst nach 1765, als die Herzöge von Anhalt-Bernburg ihren Wohnsitz hierher verlegten, den sie bis zum Erlöschen der Linie 1863 beibehielten. Im 19. Jh. entwickelte sich Ballenstedt dank seiner Lage zu einem bevorzugten Wohnsitz für wohlhabende Pensionäre, was sich u. a. in der Bautätigkeit niederschlug. Auch heute ist die Stadt, trotz der Ansiedlung einiger Betriebe der Gummi-, Hydraulik, Meß- und Elektroindustrie, ein beliebter Ferienort.

Sehenswertes in Ballenstedt

Altstadt

Das Bild der heutigen Altstadt wird noch teilweise durch schlichte, häufig verputzte Fachwerkbauten aus dem 17./18 Jh. geprägt. Von der alten Stadtbefestigung (um 1551) sind noch der Oberturm (am Breitscheidplatz), der Unterturm, der ältere Marktturm sowie Teile der Stadtmauer in der Wallstraße erhalten.

St. Nikolai

Im Mittelpunkt des alten Stadtkerns steht die im 12. Jh. erbaute Nikolaikirche, die bis auf den Westquerturm abbrannte. Der heutige einschiffige Bau entstand um 1500 im spätgotischen Stil neu. 1881–1883 kamen der Treppenanbau am Turm und die Sakristei hinzu. Die geschnitzten Emporen an den Längsseiten und im Westen des flachgedeckten Kirchenschiffs sind von 1587, auf ihren Brüstungsfeldern befinden sich Gemälde und Wappen. Einige Grabsteine stammen aus dem 16. Jahrhundert.

St. Nikolai (Fortsetzung)

Der in den Badstuben, zwischen Neuem Rathaus und der Nikolaikirche, gelegene Oberhof ist ein um 1480 auf dreiflügeligem Grundriß erbauter Adelssitz. Die die beiden Seitenflügel verbindenden Arkaden wurden im 19. Jh. angefügt.
Weitere sehenswerte Fachwerkhäuser und verputzte Traufenhäuser aus dem 17. und 18. Jh. befinden sich in den umliegenden Straßen, u. a. das ehem. Johannishospital von 1718 (Graben 16) und das Gutshaus von 1698 (Burgstraße 15).

Oberhof

Am dreieckigen Markt steht das Alte Rathaus, ein zweigeschossiger Fachwerkbau von 1682 (rekonstruiert), über dessen Doppeltür das Wappen der Fürsten von Anhalt-Bernburg prangt. In dem Gebäude ist die Stadtbibliothek untergebracht, außerdem finden hier regelmäßig Veranstaltungen statt. Der ebenfalls an dem Platz stehende Marktturm diente bis ins 19. Jh. als Gefängnis.

Altes Rathaus

Das Neue Rathaus entstand 1906 nach Plänen des Berliner Architekten Alfred Messel, sein bauplastischer Schmuck stammt von Georg Wrba.

Neues Rathaus

Über den Breitscheidplatz gelangt man auf die Hauptgeschäftsstraße und Flaniermeile, die 1710 angelegte Allee. Sie verbindet die im Osten gelegene Altstadt und den im Westen gelegenen Schloßberg miteinander. An ihr stehen noch einige ehem. Patrizierhäuser, u. a. Allee 38, das Wohnhaus der Caroline Bardua.
Im Hause Kügelgenstraße 35a lebte Wilhelm von Kügelgen, ab 1833 Hofmaler und ab 1852 Kammerdiener des letzten Herzogs Karl Alexander von Anhalt-Bernburg. Er wurde durch seine "Jugenderinnerungen eines alten Mannes" bekannt, in denen er das höfische und bürgerliche Leben im damaligen Deutschland schilderte.

Neustadt

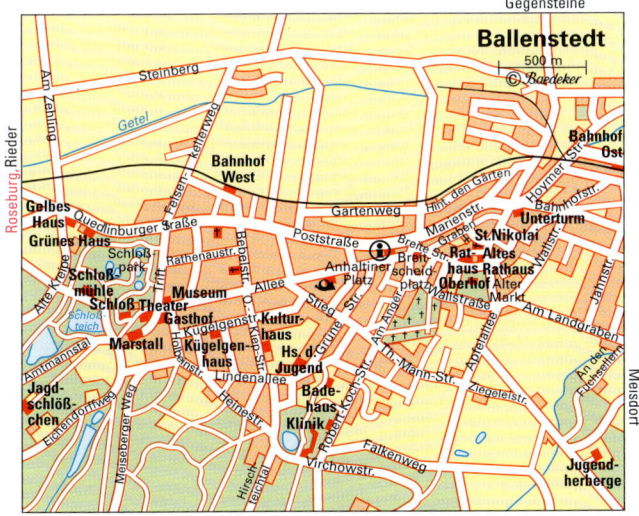

Ballenstedt

Schloß Ballenstedt

Museum

Auf dem Schloßplatz steht ein schlichtes Barockpalais von 1756, das zeitweise als Zeughaus genutzt worden ist. Heute befindet sich in diesem Bau das Städtische Museum (geöffnet: Di.–Sa. 9.00–12.00 und 14.00–17.00, So. 9.00–12.00 Uhr). Zu sehen ist neben ur- und frühgeschichtlichen Funden aus der Umgebung eine Ausstellung zur Geschichte der Stadt und ihrer Residenzzeit. Ein Raum erinnert an Wilhelm von Kügelgen.

Großer Gasthof

Am Schloßplatz steht auch die Ruine des 1733 als fürstliches Jagd- und Zeughaus erbauten Großen Gasthofs. Im Innern des langgestreckten dreigeschossigen Baus mit dreiachsigem Mittelrisalit gibt es einen sehenswerten Redoutensaal mit Musikempore. Das Gebäude soll bereits 1756 von Martin Peltier als Gast- und Wohnhaus umgestaltet worden sein. In seiner Verlängerung folgt der langgestreckte klassizistische Marstall von 1820 mit hervortretendem dreiachsigen Mittelteil.

Schloßtheater

1788 wurde das ebenfalls am Schloßplatz gelegene, zweigeschossige kreuzförmige Schloßtheater errichtet, in dem berühmte Musiker wie Franz Liszt (1852) und Albert Lortzing (1846) aufgetreten sind.

*Schloß Ballenstedt

Die Hauptsehenswürdigkeit ist das auf einem steilen Felsen stehende, die Stadt überragende Schloß, eine nach Osten geöffnete barocke Dreiflügelanlage. Es steht an der Stelle eines 1046 gegründeten Kollegiatsstifts, das 1123 in ein Kloster umgewandelt wurde. Nach dem Bauernkrieg wurde es aufgehoben und gelangte an die Fürsten von Anhalt, die es zu einem fürstlichen Jagd- und Sommersitz ausbauten. 1766, als das Schloß Residenz der Fürsten von Anhalt-Bernburg wurde, erfolgten weitere Umbauten am Südflügel. Nach privater Nutzung (bis 1945) beherbergte es bis 1990 eine Ingenieurschule für Forstwirtschaft. Heute befinden sich in seinen Räumen eine Schloßgalerie, ein Restaurant sowie im z. T. romanischen Schloßturm und im ehem. Refektorium (am westlichen Ende des Nordflügels) ein Teil des anhaltischen Museums (geöffnet: Mi.–So. 10.00–16.00 Uhr).

Von der ehem. Klosterkirche St. Pancratius und Abundus sind noch der Westbau und Teile der Krypta von einem Neubau des 12. Jh.s erhalten (im Nordflügel des Schlosses). Zwischen den quadratischen Türmen (die 1609 gekürzt und mit ihren Zwerchhäusern versehen wurden) liegt die quadratische kreuzgewölbte Nikolaikapelle, die barock und zuletzt 1938 verändert wurde, als in der Gruft der anhaltinischen Fürsten nach einem Entwurf von Paul Schultze-Naumburg eine Gedenkstätte für Albrecht den Bären eingerichtet wurde.

Schloß Ballenstedt (Fortsetzung) Klosterkirche

Die Gestaltung des sich nördlich anschließenden Schloßparks geht auf Entwürfe von Peter Joseph Lenné zurück, dem Generaldirektor der königlichen Gärten in Preußen (1789–1866). Ab 1858 entstand ein Park, dessen Hauptachse vier terrassenförmig hintereinander angelegte Wasserbecken bilden, im obersten befindet sich eine 24 m hohe Drachenfontäne aus Mägdesprunger Zinkguß (Modell von Johann Heinrich Kureck von 1862). Im westlichen Park stehen mehrere Gebäude, u. a. ein Musikpavillon und die Schloßmühle (1785; beide wieder aufgebaut), ein Gedenkstein für Gustav IV. Adolph, König von Schweden, das Grüne Haus (um 1830; an der Straße nach Rieder) sowie das Gelbe Haus.
Im Südwesten des Parks steht auf dem Röhrkopf das 1770 (vermutlich nach Plänen von Martin Peltier) errichtete Jagdschlößchen.

Schloßpark

Umgebung von Ballenstedt

2,5 km nordwestlich außerhalb der Stadt (in Richtung Rieder) steht leicht erhöht die Roseburg, eine Burganlage im romantischen Stil mit zahlreichen Türmen, Zinnen, Zugbrücke, Torhaus, Wehrgang und Palas. Sie wurde 1905–1925 an der Stelle der bereits 964 erwähnten Rudolfsburg nach Plänen des Berliner Architekten Bernhard Sehring erbaut (von ihm stammt u. a. das 1895 erbaute Gebäude des heutigen Theater des Westens in Charlottenburg und das Düsseldorfer Schauspielhaus von 1904/05) und von einer 1600 m langen Mauer umgeben. In dem schön angelegten Park befinden sich Wasserspiele, Brunnen, Brücken und Skulpturen (teilweise Originalstücke). Die Parkanlage ist tgl. 8.00–17.00 Uhr geöffnet.

∗Roseburg

Im 4 km nordwestlich gelegenen Rieder steht eine spätgotische Dorfkirche mit massivem, quergestellten romanischen Westturm (im Innern Emporen von 1568 und eine Kanzel von 1721).

Rieder

Die nördlich von Ballenstedt sich erhebenden Gegensteine (ein markierter Wanderweg beginnt beim Ballenstedter Bahnhof) sind Ausläufer der Teufelsmauer (→ Blankenburg, Umgebung). Vom Großen Gegenstein genießt man einen weiten Ausblick über das Harzvorland und den Harz.

Gegensteine

9 km südöstlich → Selketal

Burg Falkenstein

5 km östlich → Selketal

Schloß Meisdorf

Benneckenstein

H 6/7

Bundesland: Sachsen-Anhalt
Höhe: 563 m ü. d. M.
Einwohnerzahl: 2800

Der Kur- und Wintersportort Benneckenstein liegt im Quellgebiet der Rappbode und am Rande einer Hochfläche, die den Übergang zwischen Ober- und Unterharz bildet. Er ist von Wiesen und Wäldern sowie bewaldeten Bergen umgeben, darunter der 594 m hohe Buchenberg, der 580 m

Lage und Allgemeines

Benneckenstein

Lage und
Allgemeines
(Fortsetzung)

hohe Rehkopf und die 627 m hohe Carlshaushöhe. Benneckenstein ist die zweithöchste Station der Harzquerbahn (→ Zahlen und Fakten, Verkehr) und schöner Ausgangspunkt für Ausflüge ins Umland.

Die wirtschaftlichen Grundlagen der kleinen Stadt basierten seit dem Mittelalter auf Eisenerzvorkommen und Waldreichtum. Im 19. Jh. arbeiteten hier Nagelschmiede und Holzschnitzer, die ihre Erzeugnisse auf den Märkten des ganzen Landes vertrieben. 1887 pries der Arzt Dr. Richter die klimatischen Vorzüge von Benneckenstein und in der Folge entwickelte sich der Fremdenverkehr.

1645 kam in dem Ort der Komponist, Organist und Musiktheoretiker Andreas Werckmeister zur Welt († 1706), der die gleichschwebende Stimmung (Temperatur) erfand. Er teilte den Oktavenraum in 12 gleiche Halbtöne ein und schuf so die Voraussetzung dafür, daß jede Melodie in jede beliebige andere Tonart transponiert werden kann.

Finkenmanöver

Seit 1868 findet am Pfingstmontag das Finkenmanöver statt, an dem Buchfinkenmännchen um die Wette singen.

Geschichte

Die erste Erwähnung 'Benkensteins' findet 1319 in einem Lehnsbrief der Äbtissin von Gandersheim statt, der Ort selber war jedoch bereits im 11./ 12. Jh. besiedelt worden. Den Ortsnamen erklärt eine Sage mit folgender Begebenheit: Ein schwer beladenes altes Weiblein ließ sich erschöpft auf dem Boden nieder und schlief ein. Ein junger Jäger setzte sich versehentlich auf die Alte drauf. Die auf diese Art unsanft geweckte schrie erbost: "Ben–eck–en–Stein?".

Die frühe Geschichte von Benneckenstein war ein ständiges Hin und Her. Der Kaiser schenkte den Ort dem Stift Gandersheim, das Stift gab ihn an das Kloster Michaelstein, die überließen ihn den Grafen von Benneckenstein und durch diese geriet er in den Besitz der Grafen von Hohnstein. Die Hohnsteiner errichteten eine Burg, zerstritten sich jedoch um Benneckenstein, dessen Bedeutung im Eisenbergbau und Hüttenwesen bestand. Die eine Hälfte ging an das Hochstift Halberstadt und 1648 samt Stift an die Mark Brandenburg. Die andere Hälfte erbten die Fürsten von Sondershausen-Schwarzburg. Friedrich II. kaufte schließlich die zweite Hälfte für 36 000 Taler zurück und vereinte das mittlerweile zur Stadt erhobene Benneckenstein unter preußischer Regie.

Der Fremdenverkehr entwickelte sich ab 1887 und 1899 erhielt Benneckenstein Anschluß an die Harzquerbahn.

Ortsbild

Die alte Burg der Hohnsteiner ist verschwunden, ebenso die mittelalterliche Stadt. Allzu oft verursachten die offenen Feuer der Nagelschmieden Stadtbrände und die verschonten selten ein Haus.

St. Laurentius

An der Straße nach Trautenstein erhebt sich auf einer Anhöhe die St. Laurentius-Kirche, die 1852 an den ursprünglich freistehenden Glockenturm eines Vorgängerbaus angebaut wurde.

Unterhalb der Kirche erstreckt sich ein hübscher Kurpark mit einem Teich und mehreren Sportstätten.

Alte Pfarre

In der Unterstadt 34 steht das älteste erhaltene Gebäude Benneckensteins, das sog. Werkmeisterhaus, die ehem. Alte Pfarre. Es wurde 1656 erbaut. Hier lebte und wirkte Andreas Werckmeister (s. oben).

Sehenswert sind außerdem das Rathaus (Bahnhofstraße), das aus dem 17. Jh. stammende Alte Rathaus (Nordhauser Straße) sowie ein am südlichen Ortsrand gelegenes Waldschlößchen mit der Waldbühne. In den Sommermonaten treten hier oft Harzer Volkskunstgruppen in ihren historischen Trachten auf. Höhepunkt ist alljährlich der Pfingstmontag mit dem traditionellen Finkenmanöver. Als Urahn der Vogelfänger gilt Heinrich I., der gerade seiner Lieblingsbeschäftigung nachging, als man ihm die Königskrone überbrachte. Später hielten sich die Bergleute Buchfinken, die sie in den Berg mitnahmen. Drohte eine Gefahr durch Schlagende Wetter, so warnten die Finken rechtzeitig.

✳ Waldbühne

Umgebung von Benneckenstein

3 km nördlich von Benneckenstein liegt Tanne (800 Einwohner) im Tal der Warmen Bode, ebenfalls eine alte Bergbaustadt, heute jedoch als Kur- und Wintersportort bekannt. Im Kurpark wurde der Harzgarten, ein Stauden-garten mit harztypischer Flora, angelegt.

Tanne

Der kleine Ort Sorge (5 km nördlich von Benneckenstein; 200 Einwohner) liegt im Tal der Warmen Bode, am Fuße des → Brockens. Hier stand eine der ältesten Eisenhütten des gesamten Harzes (1945 stillgelegt). Im Ort steht ein schöner Fachwerkbau, der 1770 erbaut und über 100 Jahre als Faktorei genutzt wurde.

Sorge

Durch Tanne und Sorge führt ein schöner Wanderweg nach Elend (10 km → Elbingerode, Umgebung), der bis Tanne als Naturlehrpfad markiert ist.

Wanderweg
nach Elend

5 km nordöstlich → Hasselfelde, Umgebung

Trautenstein

Blankenburg K/L 4

Bundesland: Sachsen-Anhalt
Höhe: 198 m ü. d. M.
Einwohnerzahl: 19 000

Blankenburg, Residenzstadt und Verkehrsknotenpunkt, liegt am Nordrand des Mittelharzes. Wegen seiner geschützten Lage und des milden Klimas sowie der bis an den Ort heranreichenden Laubwälder ist es ein beliebter Kur- und Erholungsort. Ferner ist Blankenburg heute ein wichtiges Indu-

Lage und
Allgemeines

Großes Schloß und...

...Rathaus in Blankenburg

107

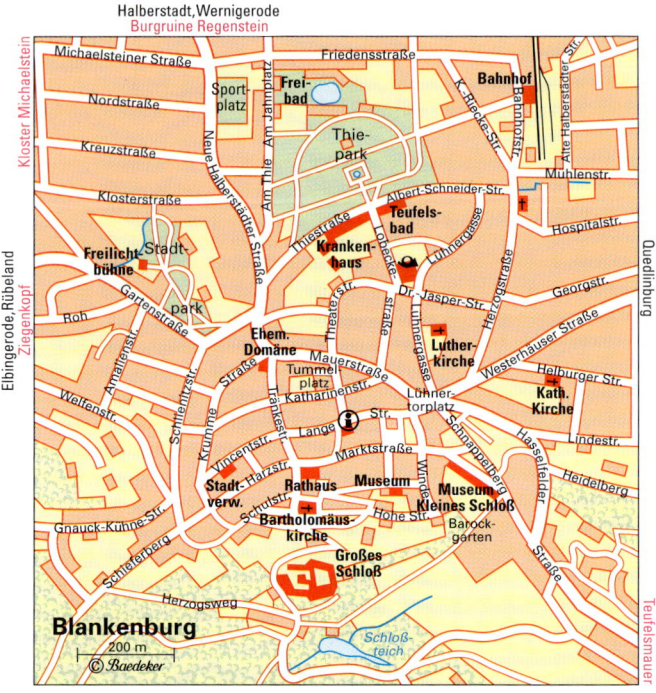

Wirtschaft und
Allgemeines
(Fortsetzung)

striezentrum für Metall- und Holzverarbeitung, Nahrungsgüter und Forstwirtschaft.
Die Stadt besitzt zahlreiche Sehenswürdigkeiten und ist ein schöner Ausgangspunkt für Ausflüge in die Umgebung, u. a. zum Kloster Michaelstein,
zur Burgruine Regenstein und zur Teufelsmauer, einem geologischen
Naturdenkmal.

Geschichte

Die auf dem blanken Kalkfelsen von Lothar von Süpplingenburg errichtete
Burg Blankenburg wird im Jahre 1123 das erste Mal erwähnt. In ihrem
Schutz wuchsen Siedlung und die spätere Stadt. Als Hausgut des Süpplin-
genburger Grafengeschlechts gelangte sie nach dem Tod von Kaiser
Lothar III. von Süpplingenburg (1075–1137) als Erbe an dessen Enkel
Heinrich den Löwen von Braunschweig. Da dieser mit den Erzbischöfen
von Magdeburg in Fehde lag, setzten die Erzbischöfe die Regensteiner als
Lehnsleute ein. Diese gründeten um 1200 die gleichnamige Stadt am Fuß
der Burg, die im 14. Jh. Goslarer Recht, Markt- und Münzrecht erteilt
bekam. Bergbau, Hüttenwesen und Bierherstellung verhalfen der Stadt im
16. Jh. zu wirtschaftlichem Aufschwung.
Nach dem Aussterben der Grafen von Blankenburg ging der Ort 1599 an
das Herzogtum Braunschweig-Wolfenbüttel, den rechtmäßigen Besitzer,
über. 1690 wurde Blankenburg Residenz und 1707 bis 1731 reichsunmit-
telbares Fürstentum. Vom August 1786 bis Februar 1798 lebten hier der
spätere König Ludwig XVIII. von Frankreich und einige hundert Vertreter
des Hochadels im Exil.
Wirtschaftlich bedeutsam war die Gründung der Harzer Werke im Jahre
1870 und die Inbetriebnahme der Rübelandbahn (1885; → Zahlen und
Fakten, Verkehr). Der Fremdenverkehr begann Anfang des 19. Jh.s, die
ersten Brunnenkuren wurden 1846 durchgeführt.

Sehenswertes in Blankenburg

Hoch über die Stadt erhebt sich das schon von weitem sichtbare Große Schloß. Es steht an der Stelle der bereits 1123 erwähnten Blankenburg, die bis 1546 zu einem Renaissanceschloß umgebaut wurde. Der heutige Bau, eine geschlossene Dreiflügelanlage, entstand 1705–1718 für Ludwig Rudolf von Braunschweig nach Plänen von dem Wolfenbütteler Hofbaumeister Hermann Korb. *Großes Schloß

Der Innenhof wird im Norden durch den Kirchenflügel mit der Schloßkapelle, im Osten durch den sog. Alten Flügel mit dem Kaiser- oder Ahnensaal, ein zweigeschossiger mit Stuck verzierter Festsaal, und im Süden mit dem Turmflügel begrenzt. Dieser wurde 1723 hinzugefügt und enthält den Redoutensaal. Der vorgestellte Turm ist ein Treppenhaus und mit in Nischen eingestellten Statuen, einem Giebel und einer barocken Haube geschmückt. Von der einstigen Burg blieb der Unterteil eines Bergfrieds im Nebenhof erhalten.

Gegenwärtig ist die weitere Nutzung des Schlosses offen.

Im nordöstlichen Teil des Schloßparks steht am Ende der Stadtmauer das Kleine Schloß, einst Fürstliches Gartenhaus. 1725 wurde es im Barockstil als Fachwerkbau begonnen und 1777 unter Herzog Karl als Massivbau erneuert. Die zum Garten gewandte Fassade wird durch drei Risalite mit weitausschwingenden Giebeln gegliedert. *Kleines Schloß

Seit 1948 ist in dem Schloß das Museum der Stadt Blankenburg untergebracht. Im Erdgeschoß befindet sich eine Ausstellung zur Entwicklung der barocken Residenz unter Herzog Ludwig Rudolf; in fünf Räumen werden Möbel, Fayencen, Gemälde und Kleinkunst zur Stadtentwicklung im 18. Jh., zum landesherrlichen Absolutismus sowie zur Baugeschichte der beiden Schlösser gezeigt. Im oberen Stock wird die Geschichte der Stadt bis zur Gegenwart vermittelt, Schwerpunkte sind bäuerliche Arbeits-

Museum

Öffnungszeiten
Di.–Sa.
10.00–17.00
So. 14.00–17.00

Kleines Schloß

Museum
(Fortsetzung)

und Hausgeräte mit einer komplett eingerichteten Bauernstube, der Bergbau und das Hüttenwesen.
Die der regionalgeschichtlichen Bibliothek befinden sich wertvolle alte Bücher, die nach Voranmeldung auch Interessenten zur Verfügung stehen.

Terrassengarten

Südlich schließt sich der 1725 in seiner heutigen Form angelegte Barockgarten an mit Springbrunnen, Sandsteinfiguren, einer Grotte und der Kopie des Braunschweiger Löwen, der ersten, 1166 in Braunschweig frei aufgestellten Bronzeplastik in Europa.

* St. Bartholomäus

Besichtigung
Di. 13.00–15.00
Sa. 10.00–12.00

Auf halber Höhe zwischen dem Großen Schloß und dem Rathaus liegt die ehem. Zisterzienserklosterkirche und heutige Bartholomäuskirche. Mit ihrem Bau wurde vermutlich unter dem Grafen Siegfried II. (1186–1246) begonnen. Aus dieser Zeit stammen auch die Stifterfiguren, die sich an den Seiten des Chores befinden und der Sakramentenschrein in der Sakristei. Im 14. Jh. wurde sie zu einer dreischiffigen gotischen Hallenkirche umgebaut und danach mehrfach restauriert. Unter der sehenswerten Ausstattung befinden sich u. a. der Hauptaltar (1712) mit Kreuzigungsrelief, die zwischen gedrehten Säulen stehende Sandsteinkanzel, ein Stiftungsgeschenk von 1580, das Taufbecken aus Rübeländer Marmor und die große Triumphkreuzgruppe (16. Jh.). Einige Grabsteine stammen aus dem 14. Jahrhundert. Die heutige Orgel ist von 1839 (1932 gründlich erneuert).
In der Kirche finden regelmäßig Sommerkonzerte statt.

* Rathaus

An der Südseite des Marktplatzes steht das Rathaus an der Stelle eines 1233 errichteten Vorgängerbaus. Das heutige Gebäude entstand unter Einbeziehung gotischer Bauteile Anfang des 16. Jh.s, 1582 erhielt es das zweite Obergeschoß. Zehn in die Wände eingemauerte Kanonenkugeln erinnern an den Beschuß der Stadt im Dreißigjährigen Krieg (1625). Am fünfseitigen Treppenturm der Hauptfassade befindet sich das Wappen der Grafen von Blankenburg, des Herzogs von Braunschweig und eine Inschrift in lateinischer Sprache, nach der letzterer das Rathaus renovieren ließ. 1738 wurden der Dachreiter und das Portal am Treppenturm barock umgestaltet.
Der Brunnen von 1894 steht an der Stelle eines steinernen Wassertrogs, den Rohrleitungen mit Wasser aus dem Schloßteich versorgten.

Herbergsmuseum

Öffnungszeiten
Mo.–Fr.
9.00–17.00

Im denkmalgeschützten Altstadtbereich steht in der Bergstraße 15 ein 1684 errichtetes Fachwerkhaus, in dem sich das Herbergsmuseum befindet. Um die Jahrhundertwende diente das Gebäude als Herberge für wandernde Handwerksgesellen und wurde auch als Versammlungslokal der örtlichen Arbeiterbewegung genutzt. Heute stellt es die einzige historische Gesellenherberge ganz Deutschlands dar, die als Museum zugänglich ist.

Weitere Sehenswürdigkeiten

Oberhalb des Kleinen Schlosses sind noch Mauerreste und in der Krummen Straße zwei Schalentürme der mittelalterlichen Befestigungsanlage erhalten. In der Bäuerschen Straße 16 und 17 stehen zwei vor 1500 erbaute Ständerbauten; in der Vincentstraße 1 ein Fachwerkhaus aus der Zeit um 1600. Weitere historische Gebäude befinden sich um den Markt herum, am Bartholomäuskirchhof, in der Bergstraße sowie in der Tränkestraße.

Umgebung von Blankenburg

Calvinsberg

Südlich vom Großen Schloß liegt der 352 m hohe Calvinsberg mit Resten der Luisenburg.

Ziegenkopf

Auf der Rübeländer Straße gelangt man zum südwestlich von Blankenburg gelegenen Ziegenkopf, von dem man einen schönen Blick über das Harzvorland, die Harzberge bis zum Brocken genießt.

Von der Rübeländer Straße über den Eichenbergweg gelangt man auf die Wilhelm-Raabe-Warte.

Wilhelm-Raabe-Warte

3 km nördlich von Blankenburg ragt der 296 m hohe Regenstein auf, ein poröser Sandsteinfelsen der jüngeren Kreidezeit, der von Süden allmählich ansteigt, während er nach Norden und Westen etwa 75 m schroff abfällt. Funde aus der Umgebung belegen eine Siedlungstätigkeit seit etwa 8000 Jahren. Vom 12. bis 15. Jh. befanden sich südwestlich und nordwestlich des Regensteins dörfliche Siedlungen, u. a. Nienrode, das Vorwerk und Bedienstetensiedlung war. Dazu gehörte auch die im südwestlichen Mühlental gelegene Felsenmühle.

*Burgruine Regenstein

Öffnungszeiten
1.5.–10.10.
tgl. 9.00–18.00
1.11.–30.4.
Di.–So.
9.00–16.00

Die Burg wird 1169 zum ersten Mal als Castrum erwähnt und gilt als die älteste deutsche Felsenburg. Sie war an der Stelle einer älteren Fluchtburg und Kultstätte erbaut worden unter Einbeziehung bereits vorhandener, sowohl natürlicher als auch künstlich in den Felsen gehauener Räume. Seit 1167 war sie Sitz von Konrad, Sohn des Grafen Poppo von Blankenburg, dem Begründer des Regensteiner Grafenhauses. Dieses Geschlecht besaß vom 12. bis 15. Jh. befanden eine Vormachtstellung im Harz und nördlichen Harzvorland. Zeitweisen verfügten die Regensteiner über 14 Burgen, in ihrem Dienst standen bis zu 60 Vasallen und Städte wie Quedlinburg, Derenburg, Halberstadt und Blankenburg waren unter ihrem Einfluß. Durch jahrzehntelange Kriege mit dem Bistum Halberstadt büßten die Regensteiner Grafen in der Mitte des 14. Jh.s ihre Macht ein. In der Mitte des 15. Jh.s gaben sie ihre Stammburg auf und übersiedelten auf die Blankenburg. Da begann der Verfall der Burg Regenstein. Dem berühmtesten Regensteiner, dem Grafen Albrecht II., widmete Julius Wolff 1884 einen Roman (→ Der Harz in Zitaten).

In der Mitte des 17. Jh.s brach zwischen dem Herzogtum Braunschweig und Kurbrandenburg ein Streit um die Rechte an der alten Grafschaft Regenstein aus. Dieser gipfelte in der Besetzung der verfallenen Burg durch Brandenburg. Unter dem Großen Kurfürsten Friedrich Wilhelm wurde die Burg zu einer preußischen Festung ausgebaut mit Mauern und

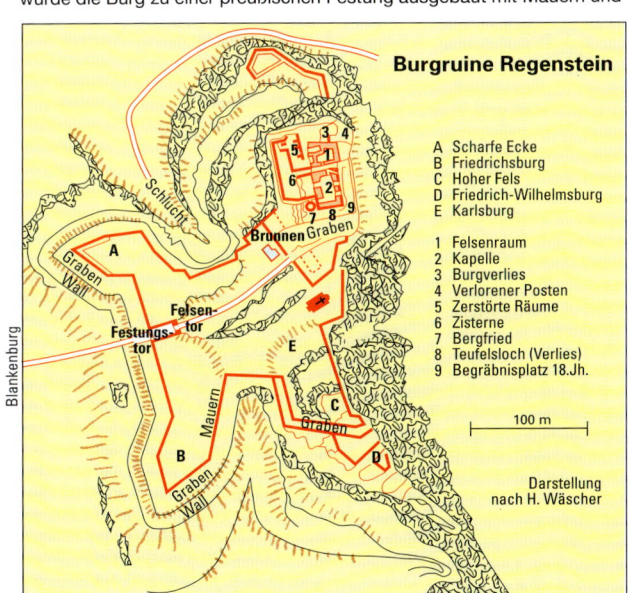

Burgruine Regenstein

A Scharfe Ecke
B Friedrichsburg
C Hoher Fels
D Friedrich-Wilhelmsburg
E Karlsburg

1 Felsenraum
2 Kapelle
3 Burgverlies
4 Verlorener Posten
5 Zerstörte Räume
6 Zisterne
7 Bergfried
8 Teufelsloch (Verlies)
9 Begräbnisplatz 18. Jh.

100 m

Darstellung nach H. Wäscher

Blankenburg

Burgruine Regenstein bei Blankenburg: Kernburg mit Turm

Burgruine Regenstein (Fortsetzung)

Gräben, vier Eckbastionen und einer fünften inneren, der sog. Karlsburg. Im Siebenjährigen Krieg eroberten die Franzosen 1757 die Festung. Obwohl sie kurz danach von den Preußen zurückgewonnen wurde, ließ Friedrich II. sie 1758 bis auf die Grundmauern schleifen.

Erhalten sind von der mittelalterlichen Burg der Stumpf eines runden Bergfrieds und mehrere in den Sandsteinfelsen gehauene Räume. Bei jüngsten Ausgrabungen fanden die Archäologen über 6000 historische Waffen- und Ausrüstungsstücke, die demnächst in den freigelegten Kasematten ausgestellt werden.

Alljährlich finden hier am ersten Augustwochenende Ritterturniere statt.

＊Kloster Michaelstein

4 km nordwestlich von Blankenburg liegt hinter dem Ortsteil Oesig (man folge der Michaelsteinerstraße in Richtung Heimburg) das ehem. Zisterzienserkloster Michaelstein. Es war 1140 bei der Höhlenkirche Volkmarskeller gegründet und 1152 hierher verlegt worden. 1525 und 1533 wurde es so schwer beschädigt, daß die Klosterkirche abgebrochen werden mußte; 1544 wurde es in eine protestantische Klosterschule umgewandelt und der Westflügel im 18. Jh. als Jagdschloß der Blankenburger Herzöge ausgebaut. Nach 1945 wurde es teils landwirtschaftlich, teils als Wohnung genutzt. Seit 1968 ist die Anlage Sitz des Telemann-Kammerorchesters und des Instituts für Aufführungspraxis der Musik des 18. Jh.s, die sich für die Sanierung des Klosters und die Einrichtung eines Musikinstrumentenmuseums einsetzten.

Von den vier Flügeln der Klausur sind der östliche und der südliche romanisch. Der westliche Flügel (hier liegt auch der Eingang) wurde 1718 barock umgebaut, der nördliche ebenfalls verändert. Um 1270 erhielt der Kreuzgang sein Kreuzrippengewölbe. Im Ostflügel (an dessen nördlichem Ende erinnern Mauerreste an die hier einstmals anschließende Sakristei der Klosterkirche) liegt der Kapitelsaal, im Südflügel das Calefaktorium (Wärmstube) und das Refektorium (Speisesaal), das heute als Konzertsaal genutzt wird. Im Westflügel wurde 1718 nach Plänen von Hermann Korb die flachgedeckte Hofkirche mit Emporen und Hoflogen eingerichtet. Hier liegen auch die Räume des Musikinstrumentenmuseums. Die Exponate sind meist aus dem 17. und 18. Jahrhundert.

Kloster Michaelstein (Fortsetzung)

Der Kreuzgang ist frühgotisch (um 1270). Zu den erhaltenen Klostergebäuden gehört auch das Nordtor.

An der südlichen Außenmauer des Refektoriums befindet sich der nach alten Vorbildern angelegte Klostergarten mit über 200 Zauber- und Heilkräutern, die im Mittelalter verwendet wurden.

Klostergarten

Kloster und Klostergarten sind Mi.–So. 14.00–17.00 Uhr zugänglich.

Öffnungszeiten

** Teufelsmauer

An der Südostseite von Blankenburg beginnt die sagenumwobene Teufelsmauer, ein schroff gezackter, mit Strauchwerk bewachsener Sandsteinrücken, der sich parallel zum Harz bis Timmenrode erstreckt, nach einer 3 km langen Unterbrechung bei Thale und Neinstedt sowie zwischen Gernrode und Ballenstedt wieder auftaucht, wo er als sog. Gegensteine endet. Funde versteinerter Meerestiere bezeugen, daß der Nordharz vor etwa 90 Mio. Jahren eine Küstenlandschaft war. Durch tektonische Verwerfungen kam die Sedimentformation außerhalb des Erdreichs aufrecht zum Stehen und begann zu verwittern. Einer Legende nach verabredeten Gott und der Teufel, daß letzterer soviel Land erhalten solle, wie er bis zum ersten Hahnenschrei ummauern könne. Der bereits um 3.00 Uhr morgens krähende Hahn einer Bauersfrau unterbrach den Teufel, der vor Wut die schon fertigen Teile der Mauer zerhieb. Übrig blieben nur bizarre, steil in die Landschaft ragende Felsformationen, die bereits im Jahre 1852 unter Naturschutz gestellt wurden, und die seit dem 19. Jahrhundert zu den beliebtesten Sehenswürdigkeiten im Harz gehören (Abb. s. S. 8).

Verschiedene Tourenvorschläge führen der Teufelsmauer entlang; einen herrlichen Rundblick genießt man vom 319 m hohen Großvaterfelsen; schöne Aussichtspunkte bietet auch der Löbbeckestieg, ein 1879 vom Blankenburger Bürgermeister angelegter Kammweg (nur für Schwindelfreie), der bis zum Kuckucksberg führt, einem einstigen Stützpunkt der Burg Regenstein. Der Abstieg erfolgt über Timmenrode bei → Thale.

7 km nordwestlich von Blankenburg liegt das kleine Dorf Heimburg mit den spärlichen Resten einer schon 1073 erstmals erwähnten Heimburg. Die häufig umstrittene, mehrfach zerstörte und wieder aufgebaute Burg war einst Sitz der Blankenburger Nebenlinie Regenstein-Heimburg. 1650 stellte sie M. Merian auf einem Stich bereits als Ruine dar, die jedoch noch ihre Anlage, bestehend aus ovaler Kernburg, Unterburg und einer umlaufenden Ringmauer, erkennen läßt.

Heimburg

Die Dorfkirche entstand 1724–1726; im Innern sind ein hölzerner Kanzelaltar von 1744, ein Sandsteinaufbecken von 1794 und einige alte Grabsteine zu sehen.

8 km nordwestlich → Wernigerode, Umgebung

Benzingerode

Zwischen Blankenburg und Thale liegt das 1000 Einwohner zählende Wienrode. Vor der 1702–1709 erbauten Kirche stehen barocke Grabdenkmale.

Wienrode

8,5 km südlich von Blankenburg liegt Hüttenrode auf einer Hochfläche des Unterharzes. Der 1400 Einwohner zählende Ort wurde 1133 als erstmal als Heddenro erwähnt und verdankt seine Entstehung ebenfalls dem Eisenerzbergbau. Wegen seiner schönen landschaftlichen Umgebung, seiner Nähe zu Sehenswürdigkeiten wie → Rappbodetalsperre, → Bodetal, → Rübeländer Tropfsteinhöhlen, → Brocken oder → Wernigerode ist er ein beliebter Ferienort. Alljährlich wird am ersten Sonntag im August die Hüttenröder Grasedanz gefeiert, bei der das Ende der Heuernte festlich begangen wird.

Hüttenrode

An der Straße vom Hüttenroder Berg hinab ins Tal nach Rübeland liegt an der B 27 der sog. Blaue See (→ Rübeland, Umgebung).

Blauer See

Bodetal   F–M 4–6

Bundesland: Sachsen-Anhalt

Verlauf und
Allgemeines

Die 169 km lange Bode entsteht durch den Zusammenfluß zweier Bäche, die beide am Südwesthang des → Brockens entspringen. Gespeist werden sie von den Sickerwassern der Hochmoore dieses Berges mit den höchsten Niederschlagsmengen in Mitteldeutschland (→ Zahlen und Fakten, Klima). Die Warme Bode beginnt nicht weit von Oderbrück im Schwarzen Sumpf. Über Braunlage, Sorge und Tanne erreicht sie Königshütte, wo sie sich mit der über Schierke und Elend heranfließenden Kalten Bode zur Bode vereint. Nur kurz gebremst durch ein Sperrwerk zieht sie durch → Rübeland nach Wendefurth, wo sie gestaut wird (→ Rappbodetalsperre). Anschließend fließt sie über Altenbrak und Treseburg zu der am Harzrand gelegenen Eisen- und Hüttenstadt → Thale. Hier verläßt sie den Harz, um bei Oschersleben den Großen Bruchgraben aufzunehmen, der eine Verbindung nach Westen zum Flußgebiet der Weser herstellt. Bei Nienburg mündet sie in die Saale und über die Elbe schließlich ins Meer.

❊❊Tal der Bode

Hinweis

Es gibt drei besuchenswerte Talabschnitte der im Ostharz gelegenen Bode. Es sind einmal die obersten Talabschnitte unmittelbar nach den Quellen von Kalter und Warmer Bode (→ Brocken), das → Rübeländer Kalksteingebiet mit seinen Tropfsteinhöhlen sowie der Abschnitt zwischen Treseburg und Thale, das Durchbruchstal im Ramberggranit. Es gehört zu den schönsten und abwechslungsreichsten Tälern des Harzes und steht seit 1937 unter Naturschutz. Eine botanische Besonderheit des Bodetals sind etwa 500 Eiben, die teilweise über 2500 Jahre alt sind und als die ältesten Bäume in Europa gelten.

Als im Tertiär der Harz gehoben wurde, floß die Ur-Bode noch in großen Windungen durch eine breite Talmulde hoch über der heutigen Talsohle. Nun konnte der Fluß sein Bett nicht mehr verlassen. Er schnitt sich deshalb im Laufe von Jahrmillionen immer tiefer in Ramberggranit, Hornfels und Schiefer ein und schuf das 'Tal der engen Wege'. Heute noch markieren Strudeltöpfe und ausgewaschene Kehlen an den höhergelegenen Felswänden den einstigen Verlauf der Bode. Besonders eindrucksvoll ist der Einschnitt des Bodetals unmittelbar am dicht bewaldeten nördlichen Harzrand bei → Thale. Hier bilden die beeindruckenden Felsen der 437 m hohen Roßtrappe zusammen mit dem 451 m hohen Hexentanzplatz ein großartiges 'Felsentor', das den Fluß, der hinter Thale das Gebirge verläßt, in die große Ebene entläßt.

Altenbrak

Der auch als 'Perle des Bodetals' bezeichnete Kurort Altenbrak (520 Einwohner; 340 m ü.d.M.) liegt am Ufer der Bode, umgeben von ausgedehnten Laub- und Nadelwäldern, zwischen der → Rappbodetalsperre (im Nordwesten) und Treseburg (südöstlich).

Vermutlich entstand der 1448 erstmals erwähnte Berg- und Hüttenort im 13. Jahrhundert. Nach einem Brand gründeten die Einwohner an der "olden Brake", dem brachliegenden Stelle, den heutigen Ort. 1729 legten schwäbische Bergleute oberhalb des Dorfes die Ludwigshütte an, die zusammen mit dem Eisenwerk 1875 stillgelegt wurde.

Neben vielen anderen Veranstaltungen finden alljährlich am ersten Sonntag im September der Harzer Jodelwettstreit statt. Austragungsort ist seit

Waldbühne

1952 die schön gelegene Waldbühne, auf der zwischen Ende Mai und Ende August zahlreiche Theater- und Musikfestspiele stattfinden (Auskünfte über Spielpläne und Kartenvorverkaufsstellen erteilt die Gemeindeverwaltung in Altenbrak → Praktische Informationen, Auskunft).

Die Bode ▶

Bodetal

Altenbrak
(Fortsetzung)

In der Nähe von Altenbrak liegen zahlreiche lohnenswerte Ausflugsziele, u. a. → Rübeland (14 km), der Hexentanzplatz (12 km, s. unten) oder die Burgruine Regenstein bei → Blankenburg (14 km).

Wendefurth

3 km flußaufwärts liegt das 1573 erstmals erwähnte Wendefurth, Ortsteil von Altenbrak, an dem gleichnamigen, der → Rappbodetalsperre vorgelagerten Stausee. Der 3,5 km lange, 10 Mio. m^3 fassende Wendefurther Stausee, Unterbecken eines Pumpspeicherwerks mit 80 MW Energieerzeugung, hat große Bedeutung für den Wassersport (Baden, Rudern, Surfen; im Spätsommer auch Kanuslalom, wenn die Stauseen der Rappbode für den Frühjahrshochwasserschutz beträchtlich geleert werden); hier wird auch Forellenzucht betrieben.

Thale

→ dort

**Wanderung von
Thale nach
Treseburg (10 km)**

Der genau dem Flußlauf folgende, wildromantische und mit einem blauen Dreieck markierte Wanderweg führt flußaufwärts durch eine von Granitfelsen und bewaldeten Steilwänden eingefaßte Schlucht, welche der Fluß in starkem Gefälle durchrauscht. Das abwechslungsreiche Gebiet mit seiner Fülle von Naturschönheiten, seltenen Pflanzen (u. a. Adonisröschen, Zweiblatt, Trollblume, Rasensteinbrech, Seidelbast, Türkenbundlilie, Alpenaster, Silberblatt, Engelsüß, Hirschzunge und die schmallippige Sitter, eine Orchideenart; im Kästental stehen noch einige Eiben = althochdeutsch Kasten) und Tieren steht seit 1937 unter Naturschutz.

Ausgangspunkt

Ausgangspunkt ist die im Süden gelegene Talstation der Thaler Schwebebahn. Nun folgt man der Bode auf dem linken Flußufer. Kurz vor dem Katersteg (nach rund 1 km) zweigt rechts der sog. Präsidentenweg ab, der zur Roßtrappe hinaufführt (→ Thale). Die Katersteg genannte Brücke führt

Waldkater

zum Waldkater, einer Jugendherberge und Gaststätte auf dem gegenüberliegenden Ufer. Angeblich soll es die früher im Bodetal heimischen Wildkatzen wieder vermehrt geben. Eine Marke zeigt den Hochwasserstand an der Jahreswende 1925/26 an.

Goethefelsen

Etwa 200 m oberhalb des Katerstegs erhebt sich der Goethefelsen, eine steil aufragende Felswand mit einer 1949 angebrachten Gedenktafel, die an die Besuche des Dichters in den Jahren 1783, 1784 und 1805 erinnert. Ursprünglich hieß der Felsen Siebenbrüderfelsen: Weil sieben Riesen einst eine Jungfrau verfolgten, waren sie zur Strafe versteinert worden.

Goethestein

Wenige Meter talaufwärts ragt eine riesige Granitplatte in das Flußbett hinein, der sog. Goethestein. Hier rastete der Überlieferung nach Goethe und studierte die Verwitterungsspalten des Granits. Eine weitere andere Legende bezieht sich auf den nahegelegenen Kronensumpf, die tiefste Stelle unweit des Steins: Auf ihrer Flucht vor einem Riesen namens Bodo sprang die Königstochter Brunhilde auf einem Roß von der Roßtrappe zum Hexentanzplatz hinüber. Dabei verlor sie ihre Krone. Der Riese jedoch stürzte ab. Seither muß er als Höllenhund die Krone bewachen, die auf dem Grund des nach ihm genannten Flusses liegt (einer anderen Legende zufolge liegt die Krone im Bodekessel, s. unten). Die hufeisenförmige Einkerbung im Steinboden der Roßtrappe (→ Thale) soll von Brunhildes Pferd stammen.

Jungfernbrücke

Der Bodetalweg führt weiter in den Hirschgrund und über die Jungfernbrücke (bereits 1820 verkaufte hier ein Thaler Bürger Erfrischungen).
Auf dem gegenüberliegenden (rechten) Bodeufer beginnt ein Fußweg zum Hexentanzplatz.
Der Wanderweg führt nun um den Roßtrappefelsen herum. Rechterhand zweigt die Schurre ab, ein steil ansteigender, um 1850 ausgebauter Zickzackweg. Er führt durch ein Geröllfeld zur Roßtrappe hinauf. Bei jedem stärkeren Regenfall rutscht und 'schurrt' das Geröll weiter talabwärts. Wenn man sich für diesen Abstecher entscheidet, entdeckt man auf halber Höhe und etwas abseits des Weges ein Überbleibsel des Bergbaus, die Zinnoberhöhle.

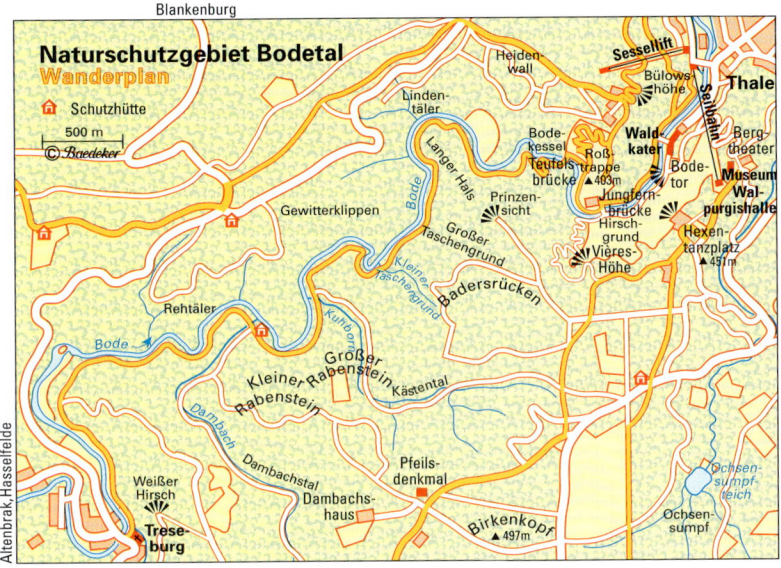

Naturschutzgebiet Bodetal
Wanderplan

Schutzhütte
500 m
© Baedeker

Als nächstes erreicht man die Teufelsbrücke. Vor ihrer Errichtung war ein Weiterwandern unmöglich, da der Blaue Sumpf das Durchwaten des Flusses verwehrte. Hier windet sich die Bode durch ein ganz besonders enges Tal. Schürfungen und Strudeltöpfe an den umliegenden Felswänden sind eindrucksvolle Zeugnisse der Erdgeschichte. Sie erinnern daran, daß der Flußlauf ursprünglich viel höher lag als heute. Von der Teufelsbrücke eröffnet sich auch ein fesselnder Blick aufwärts zur senkrecht abfallenden Wand des Roßtrappefelsens (403 m) und auf der gegenüberliegenden Talseite zum Felsen des Hexentanzplatzes (451 m).

Wanderung von Thale nach Treseburg (Fortsetzung) Teufelsbrücke

Nach Überquerung der Teufelsbrücke gelangt man an den Bodekessel. Auch hier wird die Kraft des fließenden Wassers durch höher als der heutige Flußlauf gelegene Auswaschkehlen in den Felswänden deutlich. Die natürlichen Gegebenheiten erschwerten besonders im Bodekessel die Arbeit der früher hier tätigen Holzflößer, die gefällte Baumstämme flußabwärts zu den Hütten flößen sollten. An manchen Stellen war der Fluß so unzugänglich, daß die Flößer sich über der reißenden Strömung abseilen mußten, um hängengebliebene Baumstämme wieder freizumachen. Zwischen Teufelsbrücke und Bodekessel befand sich bis 1784 ein kleiner, Wasserfall, der die Flößerei jedoch behinderte und daher gesprengt wurde. Danach geht es abwechseln bergaub und bergauf. Das anstehende Gestein geht von Granit in weicheren Schiefer über. Die Hänge werden sanfter, Felsen sind nur noch gelgentlich zu sehen. Das Tal verliert an Wildheit. Zum Schluß umrundet man den Langen Hals, einen Bergvorsprung, überquert die beiden Bäche Großer und Kleiner Taschengrund, passiert den Einschnitt zum Kästental und gelangt schließlich zum Ausgang des Dambachstals. Die letzten 3 km bis Treseburg führen entlang der nun ruhig dahinfließenden Bode.

Bodekessel

Langer Hals

Ein möglicher Rückweg führt über den Aussichtspunkt Weißer Hirsch (s. unten), am Dambachshaus und dem Denkmal für Wilhelm Pfeil vorbei (einem Oberforstmeister, 1773–1859) entweder links über die La-Vières-Höhe oder geradeaus, auf dem Fußweg, der neben dem Fahrweg zum Hexentanzplatz führt.

Rückweg

Bodetal (Fortsetzung) Treseburg	Das 150 Einwohner zählende Treseburg liegt in einer Flußschlinge an der Einmündung der Luppbode in die Bode. Die beiden Flüsse bilden eine alte Grenze, die ehemals preußischen Besitz im Süden und Osten von braunschweigischem im Norden und Westen trennt. Der Ort führt seinen Namen auf eine 1060 als Tretheburg erwähnte Burg zurück, die ihn nördlich überragte und vermutlich im Bauernkrieg zerstört wurde. Zwischen dem 15. und 19. Jh. wurde hier auch Bergbau und Hüttenwesen betrieben. Heute ist der Luftkurort, der von bis zu 500 m hohen, mit Laub- und Nadelwäldern bewachsenen Bergen umgeben ist, ein schöner Ausgangspunkt für Wanderungen im Bodetal. In der Umgebung finden sich die sog. Harzer Katzaugen, ein mit grüner Hornblende durchwachsener Quarz, der geschliffen als Schmuckstein verwendet wurde.
Weißer Hirsch	Einen schönen Blick auf Treseburg genießt man vom Weißen Hirsch, dem 414 m hohen Felsvorsprung östlich des Ortes. Der Fußweg beginnt jenseits der Bodebrücke und führt über die Luppbode in rund 30 Min. hinauf.
Wilhelmsblick	Zum nördlich gelegenen Wilhelmsblick folgt man dem Fußweg am linken Ufer der Bode flußabwärts, zur Roßtrappenstraße hinauf, durch einen 20 m langen, 1861 erbauten Tunnel, von oben hat man einen schönen Blick auf das Bodetal. Eine Felstreppe führt zur Krügershöhe (365 m) hinauf, von der man die Bode an sechs verschiedenen Stellen sieht.
Thale	→ dort

Braunlage G 5/6

Bundesland: Niedersachsen
Höhe: 560–620 m ü. d. M.
Einwohnerzahl: 7000

Lage und Allgemeines	Im Mittelpunkt des Harzes, am Südfuß des 971 m hohen Wurmbergs, liegt Braunlage in einem nach Süden offenen Tal der Warmen Bode. Umgeben von Wald und Wiesen ist es ein altbekannter und beliebter Kur- und Wintersportort. Neben einem breiten kulturellen Angebot sorgen zahlreiche Sporteinrichtungen für die Unterhaltung der Gäste. Einer der Höhepunkte ist der 30. April, an dem alljährlich die Walpurgisnacht gefeiert wird.
Geschichte	Der Ortsname geht auf ein Waldstück zurück, das in einer Urkunde des 13. Jh.s als 'Brunsloh' (braunes Gehölz) erwähnt wird. Die Erträge des Bergbaus (1203 wird der Wurmberg als Abbaugebiet für Eisenerz das erste Mal erwähnt) verhalfen der Siedlung jedoch erst zwischen 1561 und 1796 zu wirtschaftlicher Blüte. Nach der Erschöpfung der Erzvorkommen wurde 1836 eine Glashütte gegründet, und Mitte des 19. Jh.s setzte der Kurbetrieb ein.

Sehenswertes in Braunlage

Ortsbild	Vom historischen Ortskern ist nur wenig erhalten, zum Beispiel ein Fachwerkhaus am Heinrich-Jaspar-Platz, gegenüber der Trinitatiskirche, vom Anfang des 17. Jh.s mit geschnitztem Gebälk. Weitere schöne Fachwerkhäuser befinden sich an der Herzog-Wilhelm-Straße und in der Pfarrstraße 1 (ein spätbarockes Pfarrhaus mit Walmdach und teils waagerechter, teils senkrechter Verbretterung).
St. Trinitatis	Die nahe gelegene Kirche St. Trinitatis ist ebenfalls typisch für den Harz mit Brettern verkleidet.
Kohlenmeiler	An das Köhlerhandwerk erinnert ein Kohlenmeiler, der noch ca. alle zwei Jahre beim Schützenplatz am Waldrand aufgeschichtet wird. Zwei Wochen lang muß der Kohlenmeiler kohlen, dann wird die fertige Holzkohle, die einst für die Erzverhüttung so wichtig war, verkauft. Etwa 45 m^3 Buchenholz ergeben rund 50 Zentner Holzkohle.

Das am Kurpark gelegene Heimat- und Skimuseum vermittelt einen Überblick über die Ortsgeschichte. Berücksichtigt werden auch die örtliche Geologie, Bergbau, Verhüttung und Köhlerei sowie die Glashütte. Ein weiterer Schwerpunkt ist die Wintersportabteilung und Skiherstellung, die bereits 1883 durch den Oberförster Artur Ulrich angelegt wurde (Am Graben 4; geöffnet: Di., Fr. 10.00–12.00 Uhr).

Heimat- und Skimuseum

In 17 Min. führt die Kabinenseilbahn auf den nördlich von Braunlage gelegenen Wurmberg, mit 971 m vierthöchster Berg des Harzes. Von dem Aussichtsturm, der gleichzeitig Anlaufturm einer Skisprungschanze im Winter ist, genießt man einen großartigen Rundblick. Im Sommer ist der Wurmberg Ausgangspunkt für Spaziergänge und Wanderungen, im Winter ist hier das Dorado der Skiläufer.

* Wurmberg

An seinem Osthang sind die Reste einer frühgeschichtlichen Kultstätte zu sehen. Eine 80 m lange Treppe aus unbearbeiteten Hornfelsblöcken führt zu einem oberen Plateau. Hier beginnt ein 87 m langer gepflasterter Weg, der sog. Heiden- oder Hexenstieg. Über ihn gelangt man zu einem Ringwall (seit seiner Freilegung 1949 sind 16 oder 18 Steinblöcke 'verloren'

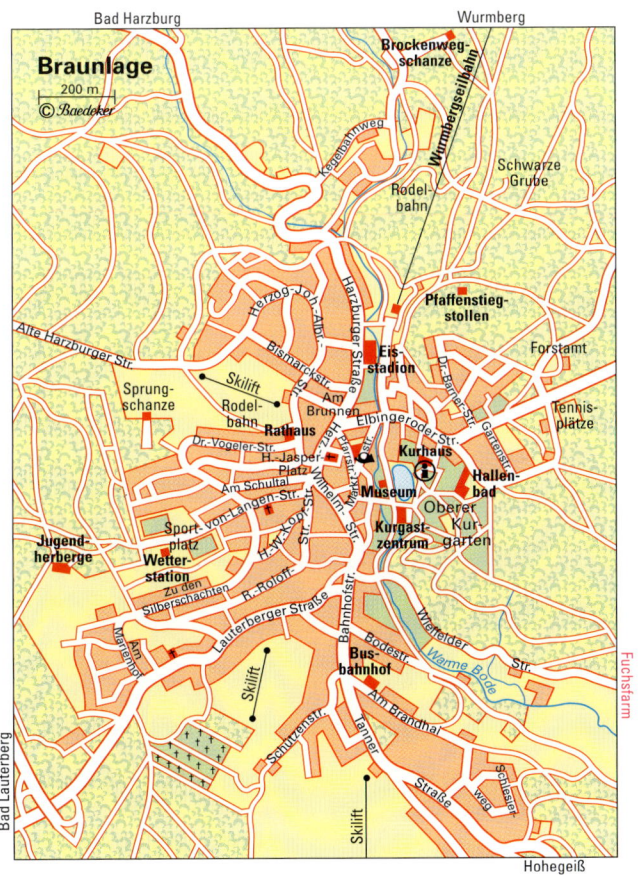

Brocken

Braunlage,
Wurmberg
(Fortsetzung)

gegangen), in dessen Mitte Mauerreste liegen, ein innerer Kern (vielleicht der Sockel einer hl. Säule oder eines Altars) und ein Umlauf. Auch wenn seine Bedeutung nicht vollständig geklärt ist, vermutet man, daß hier einst Götter verehrt und Gestirne beobachtet wurden (→ Geschichte, Kultur und Kunst: Mythen, Sagen und Brauchtum).

Hohegeiß

Der 1100 Einwohner zählende Kur- und Wintersportort Hohegeiß, Ortsteil von Braunlage, liegt 6 km südlich in 642 m Höhe. Alljährlich findet am Pfingstsonntag das sog. Finkenmanöver statt, wo Finkenmännchen um die Wette singen. Sehenswert ist die barocke Holzkirche zur Himmelspforte, die 1701–1704 erbaut wurde, sowie das Heimatmuseum (im 1. Stock der Grundschule, Hindenburgstraße 4; geöffnet: Sa. 16.00–18.00 Uhr, im Juli und August auch Mi.). Eine Besonderheit stellen auch die bis zu 400 Jahre alten 'dicken Rottannen' im westlich von Hohegeiß gelegenen Naturschutzgebiet dar.

Sankt
Andreasberg

6 km südwestlich → dort

Brocken im Nationalpark Hochharz   **G 4**

Bundesland: Sachsen-Anhalt

Allgemeines und
**Bedeutung

Der Brocken ist mit 1142 m ü.d.M. der höchste Berg des Harzes und hat aufgrund seines rauhen Klimas die niedrigste Waldgrenze der deutschen Mittelgebirge. Er bildet einen großen, von der Ilse, der Ecker und der Kalten Bode umflossenen Granitstock mit einigen Ausläufern, dem Kleinen Brocken (1019 m) im Norden, der Heinrichshöhe (1044 m) im Südosten und dem Königsberg (1034 m) im Südwesten (zur Entstehung → Zahlen und Fakten, Naturraum).

Brockenwald

Ungeklärt ist die Namensherkunft des Brockens, der einst auch Brakenberg hieß und außerhalb des Harzes volkstümlich als Blocksberg bekannt ist. Urkundlich erwähnt wird sein Name erstmals 1401 als 'Brockenberge' in einem Landfriedensbündnis, 1407 als 'Brocberg' in einem Forstverzeichnis und 1490 in einem Brief des Grafen Heinrich zu Stolberg-Wernigerode, in dem von "de gantze Brackenberg" die Rede ist. Bracken bedeutete abgestandene, zur Nutzung untaugliche Bäume. Im Mittelalter bedeutete Bruch aber auch Moor, und da es auf dem Brocken seit Jahrhunderten Moore gibt, könnte sein Namen auch daher rühren. Brocken könnte aber auch von 'brechen' kommen und dem Bild vom Brocken als einem 'aufgebrochenen Berg' entsprechen (die freiliegende Granitkuppe und die sie umgebenden Felsbrocken). Es wäre aber auch denkbar, daß der Name einfach auf seine "wahrhaft monströse, brockenhafte Gestalt" zurückgeht (Thorsten Schmidt in "Der Brocken, Berg zwischen Natur und Technik").

Schon 1890 richtete der Göttinger Biologe Albert Peter auf dem Brocken einen Alpenpflanzengarten ein. 1937 wurde der Brocken sowie weitere Gebiete (Ilsetal, Tal der Kalten Bode, Königsberg, Heinrichshöhe, Rennekkenberg und Hohnegebiet) Naturschutzgebiet. Nach dem Zweiten Weltkrieg blieb der größte Teil des Hochharzes militärisches Sperrgebiet. Eine Folge dieser Zeit der aufgezwungenen Abgeschiedenheit war auch, daß sich die Natur regenerieren konnte. Seit der Öffnung der Brockenmauer am 3. Dezember 1989 zählt das kleine Bergplateau wieder zu den meistbesuchten Reisezielen im Harz, und an manchen Tagen finden wahrhafte Völkerwanderungen auf den Gipfel statt. Zum Schutz des Brockenmassivs mit seinen Bergfichtenwäldern und Hangmooren wurde im September 1990 der Hochharz zum Nationalpark erklärt (→ Zahlen und Fakten, Naturschutz).

Auf der abgerundeten Kuppe, die u. a. von Granitblöcken und zu Grus verwittertem Granit, dem sogenannten Hexensand, bedeckt ist, existieren die für den Brocken so typischen subalpinen Zwergstrauchheiden. Diese sind aus der Sicht des Naturschutzes besonders wertvoll, da sie sehr selten gewordene Überbleibsel aus der Eiszeit beherbergen, dazu gehören u. a. die Scheiden-Segge, die Starre Segge, der Alpen-Flachbärlapp, das Brokkenhabichtskraut sowie die Brockenanemone. Ansonsten dominieren im Hochharz die Bergfichtenwälder wie der Reitgrasfichtenwald, der Moorfichtenwald und der Blockfichtenwald.

In den Blockfichtenwäldern treten sehr häufig verschiedene Bärlapparten, Beersträucher, wie die Blau- und Preiselbeere, sowie die für den Blockfichtenwald typische Eberesche und Karpatenbirke auf. Daher wird diese Waldgesellschaft auch gerne als Karpaten-

Brockenanemone

121

birken-Fichtenwald bezeichnet. Stark entwickelt ist hier die Moos- und Flechtenvegetation. Darunter sind viele bestandsbedrohte Flechtenarten, die sehr langsam wachsen und dreißig bis fünfzig Jahre benötigen, um die Größe eines Fingernagels zu erreichen.

Die Moor-Fichtenwälder mit ihren Torfmoosdecken und dem Scheidigen Wollgras leiten zu einer offenen Moorvegetation über. Hier finden wir auch Zwergbirken und die Krähenbeere.

Tierwelt

Auch die Vielfalt der Tierarten gilt es zu erwähnen. Großtiere wie Hirsch und Reh (in zu hohem Bestand) bewohnen auch die obere Bergwaldzone. In einigen Revieren tritt die Wildkatze auf. Auch Baummarder, Gartenschläfer, Siebenschläfer sowie einige Reptilien sind vertreten. Unter den Vogelarten befinden sich Auerhuhn und Raufußkauz, nahe der Waldgrenze Alpenringdrossel und Birkenzeisig. Gerade die seltenen Tierarten konnten hier wegen des Fehlens menschlicher Einflüsse überleben und ihr Erhalt ist ebenso wie der Schutz der Pflanzengesellschaften ein vordringliches Gebot. Weitere Hinweise sind u. a. dem von Michael Succow herausgegebenen Buch "Unbekanntes Deutschland" zu entnehmen.

Nähere Auskünfte erteilt die Nationalparkverwaltung Hochharz, Lindenallee 35, 38855 Wernigerode sowie die Nationalparkverwaltung Harz, Oderhaus, 37444 Sankt Andreasberg.

Witterung

→ Zahlen und Fakten, Klima

Geschichte der
Besteigungen

Im Jahre 1518 bestätigt Kaiser Maximilian I. Graf Botho III. zu Stolberg-Wernigerode den Brocken als Reichslehen. Die Erstbesteigung des Bergs ist unbekannt, kann aber bei der Landwehr- (1401) und Forstbegrenzung (1407) vorausgesetzt werden. 1460 wird bereits die Quelle auf dem Gipfel erwähnt. Sicher sind die Brockenbesteigungen des Nordhäuser Arztes und Botanikers Johannes Thal ab 1570, der 1588 auch ein Werk über die Harzer Pflanzenwelt veröffentlichte. Die erste Beschreibung des Berges stammt vom Hildesheimer Bürgermeister Henni Arneken, der 1579 den Brockengipfel erklomm. 1591 hatte Herzog Heinrich Julius von Braunschweig mit Ehefrau und Hofstaat eine Gipfelfahrt auf einem eigens dafür durch den Wald geschlagenen Weg unternommen. Unter den zahlreichen weiteren Gipfelstürmern seien noch Zar Peter der Große (1697) erwähnt. Goethe bestieg den Brocken 1777, 1783 und 1784, seine Eindrücke schlugen sich u. a. im "Faust" nieder, der 1790 erschien (→ Der Harz in Zitaten). Der Berg zog auch andere Literaten an, u. a. Heinrich Heine (1824, "Die Harzreise") und Hans Christian Andersen (1831). Otto von Bismarck weilte zweimal auf dem Gipfel (1832 und 1846, als er hier seine zukünftige Ehefrau kennenlernte), und Hermann Löns besuchte den Berg während eines mehrwöchigen Urlaubs in Wernigerode sogar insgesamt 16 Mal. Viele Künstler haben ihre Ansicht vom Brocken als Gemälde, Skizze oder Zeichnung hinterlassen. Zu den eindrucksvollsten Brockenbildern gehören die Gemälde und Grafiken von Georg Melchior Kraus, Carl Gustav Carus, Ludwig Richter, Ernst Helbig, Robert Riefenstahl und dem Brockenmaler Adolf Rettelbusch.

Auf den Brocken

Geschichte
nach 1945

Seit Dezember 1989 ist der höchste Berg des Harzes wieder zugänglich. Am 20. April 1945 hatten die Amerikaner den Brocken besetzt und für jeden Zivilverkehr gesperrt. Infolge des Viermächteabkommens und der Aufteilung Berlins mußten sie ihn am 27. April 1947 räumen (nachdem sie vorher alles Brauchbare demontiert und den Rest zerstört hatten). Nach ihrem Abzug nahmen sowjetische Truppen ihre Stelle ein. Die über den Harz verlaufende innerdeutsche Grenze zwischen der Bundesrepublik Deutschland und der ehem. Deutschen Demokratischen Republik wurde nach dem Mauerbau in Berlin (13. August 1961) hermetisch geschlossen, mit Sperranlagen befestigt und somit praktisch unüberwindlich. Der grenz-

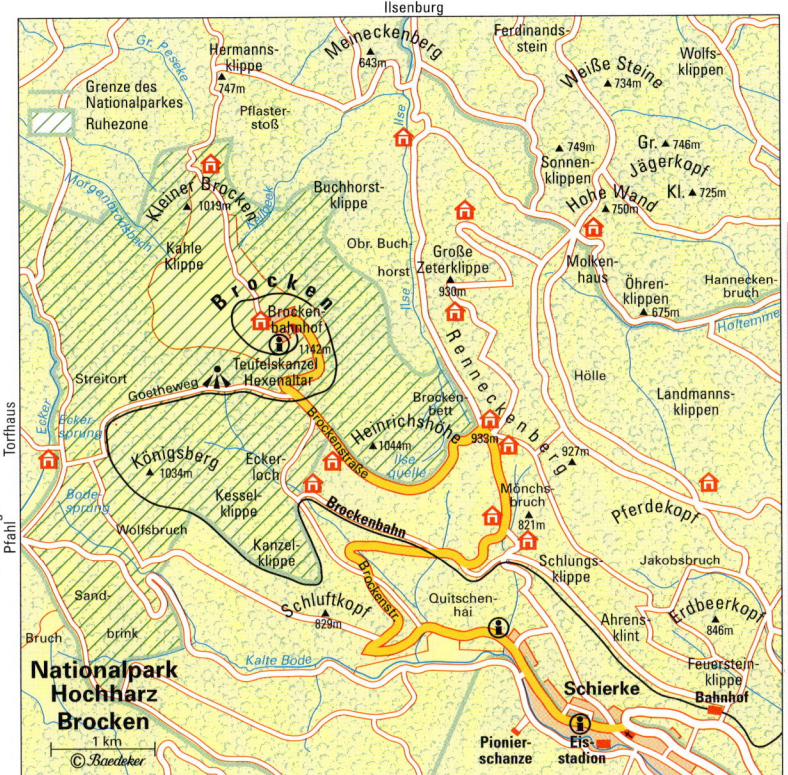

Nationalpark
Hochharz
Brocken

1 km

© Baedeker

nah gelegene Bereich um den Brocken gehörte zum absoluten Sperrgebiet, das bis zur 'Wende' des Jahres 1989 von Privatpersonen nicht betreten werden durfte.

Auf der kahlen Brockenkuppe, wo schon 1936–1938 ein Fernsehsendeturm aufgestellt worden war, ließ der Staatssicherheitsdienst der ehem. DDR einen 'Horchposten des Warschauer Paktes' mit aufwendigen Spionageeinrichtungen, v. a. zur Überwachung des westlichen Funkverkehrs, errichten. Das westliche 'Pendant' stand bis zu seiner Sprengung im August 1994 übrigens auf dem südlich gegenüber gelegenen Wurmberg (→ Braunlage).

Die Besteigung des Brockens ist aus verschiedenen Himmelsrichtungen und auf verschieden langen Wanderwegen möglich, etwa auf dem klassischen 'Goetheweg' vom westlich unterhalb gelegenen Torfhaus (s. S. 124). Die meisten Wege führen ganz oder streckenweise durch den Nationalpark. Hier dürfen die markierten Wege nicht verlassen werden. Die Bergtour beginnt aber heute vorzugsweise in → Schierke. Hier in der Umgebung bilden seltsam verwitterte Granitfelsen natürliche Aussichtswarten, darunter die 'Feuersteinklippen' (761 m ü.d.M.; 20 Min. nördlich), die in Goethes "Faust" vorkommenden 'Schnarcher' am Barenberg (696 m ü.d.M.; 30 Min. südlich), der 'Ahrensklint' (Klint = Klippe; 822 m ü.d.M.; 40 Min. nördlich) und die 'Hohneklippen' (80 Min. nordöstlich).

Geschichte nach 1945 (Fortsetzung)

Besteigung des Brockens

Anstieg von Schierke Granitklippen

123

Brocken

Anstieg von Schierke (Fortsetzung)

Der Anstieg von Schierke ist nur auf einem Kremserwagen oder zu Fuß möglich, da die 11 km lange asphaltierte Brockenstraße für den allgemeinen Motorkraftverkehr gesperrt ist. Es stehen jedoch gleich drei Routen zur Auswahl. Der kürzeste, aber steilste und schwierigste führt durch das Eckerloch. Der rund 17 km lange Glashüttenweg ist landschaftlich abwechslungsreich und nicht zu steil. Vom Bahnhof Schierke geht es zu den Feuersteinklippen und zum Ahrensklint. Kurz darauf stößt man auf den alten Glashüttenweg (benannt nach einer ehemaligen Glashütte im Jakobsbruch), der an den Kapellenklippen vorbei zur Wernigeröder Skihütte am Brockenbett führt. Hier trifft er auf die Brockenstraße.

Brockenstraße

Der leichteste (und langweiligste) Anstieg erfolgt über die Brockenstraße. Sie beginnt am oberen Ortsende und führt westwärts zunächst mäßig bergan (schöner Rückblick), nach 2 km in einer Rechtskehre stärker ansteigend, stets durch Wald, und in einer weiteren Kehre über das Schwarze Schluftwasser. Kurz darauf kreuzt man die Schienen der Brockenbahn (s. unten) und gelangt in Windungen zum Brockenbett (910 m ü. d. M.; 7 km von Schierke). Hier scharf links und im Bogen wieder stärker bergauf, unterhalb der Heinrichshöhe hin. Jenseits eines zweiten Bahnübergangs (1028 m ü. d. M.) erreicht man die Brockengipfelfläche.

Anstieg von Bad Harzburg

Die 23 km lange Route zum Brocken hat ihren Ausgangspunkt am Parkplatz an der Bergbahn, an der Straße nach Torfhaus. Mit derselben fährt man zunächst auf den 483 m hohen Burgberg hinauf. Von hier folgt man dem Kaiserweg bis zum Molkenhaus (Gaststätte). Am Kinderspielplatz vorbei gelangt man zum Eckerstausee, über die Staumauer, die Scharfensteinklippe zur Hermannsklippe und den Bismarckklippen, dann über den 1019 m hohen Kleinen Brocken bis zum Brockengipfel.

Anstieg von Altenau/Torfhaus Goetheweg

Seit der Grenzöffnung ist der Brocken auch wieder von → Altenau-Torfhaus aus zu besteigen. Ausgangspunkt ist das bereits 800 m ü. d. M. liegende Torfhaus (von Altenau fährt im Sommer täglich der Brockenbus nach Torfhaus). Der ausgeschilderte rund 18 km lange und gut befestigte Weg ist nach Goethe benannt, da dieser von hier "des gefürchteten Gipfels schneebehangenen Scheitel" bestieg (in "Harzreise im Winter", am 10. Dezember 1777). Der Weg führt von Torfhaus aus an Mooren vorbei den Abbegraben hinauf. Bei den Quitschenbergklippen und der Luisenklippe befindet sich ein Rastplatz. Weiter geht es am Goethebahnhof vorbei (ein ehemaliger Haltepunkt der Brockenbahn), streckenweise über Knüppeldämme, zum Goethemoor. Hier genießt man einen schönen Blick über das Hochmoor. Kurz unterhalb des Gipfels trifft der Goetheweg auf die Brockenstraße, auf der man schließlich den Gipfel erreicht.

Anstieg von Ilsenburg

Der 13 km lange Anstieg beginnt in → Ilsenburg. Der sogenannte Heinrich-Heine-Weg (er wanderte 1824 auf diesem Weg und beschrieb ihn in seiner "Harzreise") gilt als der schönste. Vom zentralen Wanderpunkt Blochhauer führt er auf Waldwegen durch das malerische Ilsetal. Rund 3 km vor dem Gipfel trifft er ebenfalls auf die Brockenstraße.

Brockenbahn

Von der Harzquerbahn (→ Zahlen und Fakten, Verkehr) zweigt bei der Station Drei Annen Hohne (540 m ü. d. M.) die 1899 eröffnete Brockenbahn ab. Auf ihrer Fahrt überwindet sie enorme Steigungen (max. 1:30). Zunächst wendet sie sich ansteigend nach Westen und kreuzt hinter der Station Schierke die Brockenstraße, durchquert am klippenreichen Eckerloch das Schluftwasser (845 m ü. d. M.) und umfährt in einem weiten Bogen den Königsberg. Dann durchschneidet sie im weiteren Verlauf eine Moorfläche (Aussichtsplattform) und windet sich zuletzt spiralförmig zum Gipfel hinauf, zu der in 1130 m Höhe liegenden Endstation.

Brockengipfel

Subalpine Matten und Funktionsgebäude bestimmen das Bild des waldfreien Plateaus, dieses hat sich seit 1990 durch Abriß der Mauer, des Grenzzaunes, der Radome, von Antennen und sowjetischen Militäreinrichtungen laufend verändert und wird sich weiter verändern.

**Gebäude und Anlagen
auf dem Brockenplateau**

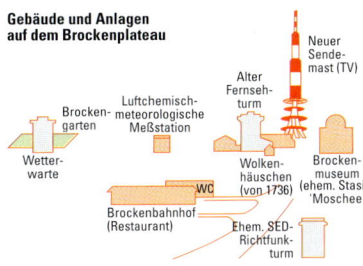

Brockengipfel
(Fortsetzung)
Brockenmuseum

Eine Ausstellung im Brocken-museum, die ehemalige Sta-si-'Moschee', unterrichtet über die Geschichte des Berges und des National-parks (tgl. 9.30–17.00 Uhr).

Wolkenhäuschen

Ältestes Gebäude auf dem Brocken ist das 'Wolken-häuschen' von 1736.

Sendeanlagen

Nach erfolgreichen Ver-suchssendungen errichtete 1936–1938 die Deutsche Reichspost einen 52 m hohen Fernsehturm (14 Etagen), der 1948 um sechs Stockwerke gekürzt wurde. Die unteren Eta-gen wurden zum Restaurant umgebaut, in den oberen installierte die Deut-sche Post Sendeanlagen (UKW und Fernsehen). Der freistehende Anten-nenträger (121 m hoch) ist von 1973. Seit 1994 baut die Telekom ein neues dreigeschossiges Sendegebäude, so daß in Zukunft der alte Fernsehturm (wieder) für touristische Zwecke genutzt werden kann.

Brockenhaus

Von dem ehem. Brockenhaus – 1800 auf dem Gipfel erbaut, 1859 nieder-gebrannt, danach wieder aufgebaut und laufend vergrößert, 1945 total zerstört – finden sich nur noch spärliche Ruinenreste.

Wetterwarte

Die heutige Wetterwarte ist bereits der dritte Observatoriumsbau und wurde 1939 an diese Stelle verlegt. Seit 1836 werden hier regelmäßig die Wetterdaten erfaßt.

Bahnhof

Das erste Empfangsgebäude entstand 1898 aus Holz, das heutige Bahn-hofsgebäude 'Brocken' an gleicher Stelle 1923 aus Brockengranit. Hier ist eine Gaststätte eingerichtet.

Brockengarten

Der Versuchsgarten für Hochgebirgspflanzen wurde 1890 angelegt und beherbergt heute wieder über 1000 Pflanzenarten aus allen Erdteilen.

Granitklippen

Die markanten Granitklippen am südlichen Plateaurand tragen mythisch-mystische Bezeichnungen wie u.a. Teufelskanzel und Hexenaltar.

**Fernsicht

Die Chance, die vielgerühmte Fernsicht (bis 125 km im Umkreis) zu genie-ßen, ist sehr gering, denn über 300 Tage ist der Berg umwölkt bzw. umnebelt.

Brockengespenst

Wenn bei tiefstehender Sonne der Schatten von Personen oder Gebäuden auf eine aufsteigende Nebel- oder Wolkenwand riesenhaft vergrößert erscheint, spricht man vom 'Brockengespenst'. Dieses äußerst seltsame Phänomen wurde erstmals auf dem Brocken beobachtet.

Clausthal-Zellerfeld · C/D 4

Bundesland: Niedersachsen
Höhe: 550–610 m ü..d.M.
Einwohnerzahl: 16500

Lage und
Allgemeines

Der Kur- und Wintersportort Clausthal-Zellerfeld liegt im Oberharz, umge-ben von rund 70 Seen und Teichen, die einst für den Antrieb der Entwässerungspumpen und Wasserräder in den nahen Bergwerken ange-legt worden sind. Die beiden 1924 vereinigten Städte Clausthal und Zeller-feld gehörten zu den sieben alten Bergstädten des Oberharzes. Heute ist die Stadt Sitz einer Universität. Mit ihren schönen Fachwerkhäusern, der größten Holzkirche Deutschlands, einer berühmten Mineraliensammlung und einem Bergwerksmuseum ist sie ein beliebter Ferienort und idealer Ausgangspunkt für Ausflüge in das umliegende Gebirge.
Alljährlich finden im Februar ein internationales Schlittenhunderennen und am ersten Sonntag im August ein Jodlerwettstreit statt.

Clausthal-Zellerfeld

Geschichte

Zellerfeld entwickelte sich um das von Goslar etwa 1150 gegründete Benediktinerkloster Cella, als hier mit dem Holz der ausgedehnten Wälder die Verhüttung der Erze des Rammelsberges begann. Bald fanden sich auch Silberadern, und der Bergbau wurde aufgenommen. Nach 1348 kam dieser wieder zum Erliegen, als durch die Pest der größte Teil der Oberharzer Bevölkerung starb. 1431 wurde das Kloster aufgehoben. Herzog Heinrich d. J. von Braunschweig-Wolfenbüttel veranlaßte die Wiederaufnahme des Bergbaus und berief Fachleute aus dem Erzgebirge, aus Annaberg, Joachimsthal und Freiberg; diese brachten ihre Technik, v. a. ihre Bauten zur Wasserlösung, und auch ihre Sitten, Bräuche und Sprache mit. Der Ort erlebte einen erneuten Aufschwung und bekam im Jahre 1532 die Bergfreiheit erteilt. Im Dreißigjährigen Krieg wurde die Stadt von Tilly geplündert, 1672 bei einem Großfeuer zerstört und auf dem heute noch erkennbaren, barocken schachbrettartigen Grundriß wieder aufgebaut. Clausthal entstand zu Beginn des 16. Jh.s bei einer mittelalterlichen Wegklause auf dem Gebiet des Herzogs Ernst von Braunschweig-Grubenhagen, der es 1554 zur Freien Bergstadt erhob. Während der Blüte des Bergbaus 1640–1750 entwickelte sich die Stadt rasch, da die Clausthaler Gruben die bedeutendsten im gesamten Oberharz waren. 1725 und 1844 zerstörten Brände große Teile der Stadt. 1775 gründete der Berghauptmann von Reden in Clausthal eine Fachschule für Bergbau, die 1821 mit einer Forstschule verbunden wurde. 1834 erfand hier Julius Albert das Eisenseil, das zum ersten Mal im 480 m tiefen Schacht der Grube Carolina eingesetzt wurde. 1843 kam in der Stadt Robert Koch zur Welt († 1910), der Arzt, Bakteriologe und Nobelpreisträger von 1905.
Die beiden Städte Clausthal und Zellerfeld wurden 1924 vereinigt, die Gruben wegen der erschöpften Erzvorkommen kurz darauf geschlossen.
Seit 1972 bildet Clausthal-Zellerfeld zusammen mit dem Ortsteil Buntenbock, der Bergstadt ⟶ Altenau mit Torfhaus, der Bergstadt Wildemann und Schulenburg die Samtgemeinde Oberharz, eine Verwaltungseinheit im Landkreis Goslar.

Clausthal

* Marktkirche zum Hl. Geist

Besichtigung
Mo.–Sa.
9.30–12.30
14.00–17.00
So. 13.00–17.00

Die an der Stelle eines beim Stadtbrandt zerstörten Vorgängerbaus 1637–1642 erbaute Marktkirche zum Heiligen Geist beherrscht den in der Ortsmitte von Clausthal gelegenen Hindenburgplatz. Mit 2200 Sitzplätzen ist sie die größte Holzkirche Deutschlands mit hohem Dach und vier seitlich vorgebauten Treppentürmen. Ihr Äußeres ist vollständig mit waagrecht genagelten Brettern verkleidet, in die verschieden große rechtwinklige Sprossenfenster eingeschnitten sind. An ihrer Westseite erheben sich hintereinander der oben ins Achteck übergehende Glockenturm mit welscher Haube und ein Dachreiter mit Uhr, der ebenfalls eine welsche Haube trägt. Der 22 m breite Kirchensaal wird im Innern von einer dreiseitig umlaufenden Empore umgeben, das Mittelschiff von einer korbbogigen Tonnengewölbe überspannt. An der Westseite ist die Empore zweigeschossig; die im Osten gelegene Chorempore ist mit dem 1641 von Andreas Duder geschaffenen, reliefgeschmückten Hochaltar verbunden, ein im Knorpelstil angefertigtes Meisterwerk des frühen Barocks, dargestellt werden Abendmahl, Kreuzigung und Auferstehung. Altar und Kronleuchter (1660) sind Stiftungen des Oberbergmeisters Georg Illing.
Der geschnitzte Orgelprospekt stammt von Johann Albrecht Unger (1758). Die auf einer lebensgroßen Mosesstatue ruhende Kanzel wurde 1642 von Andreas Duder geschnitzt. Die zwölf Apostel umsäumen den Schalldeckel, die Evangelisten und Johannes der Täufer stehen am Kanzelkorb.

Oberbergamt

Westlich der Marktkirche steht das langgestreckte, 1726–1730 auf dem massiven Erdgeschoß eines Vorgängerbaus errichtete holzverkleidete Oberbergamt. Die in Quaderform gehaltene Bohlenverschalung der Frontseite ist von 1838, die übrigen Fassaden sind verschiefert. In seinem Innern sind das Treppenhaus und ein prächtiger Rokokosaal sehenswert.

Im Hof steht ein Fachwerkgebäude des 18. Jh.s mit weit vorkragendem Obergeschoß; es entstand 1907 als Gebäude der Bergakademie, die 1864 aus der seit 1821 bestehenden Bergschule hervorgegangen war.

Im Süden des Hindenburgplatzes liegt das 1730 erbaute, dreistöckige Rathaus, in dem Goethe 1777 bei seiner Harzreise übernachtete.

Nördlich der Kirche befindet sich in den Gebäuden der 1775 gegründeten ehem. Bergakademie die Technische Universität (seit 1968).
Hier ist eine der größten Mineraliensammlungen Europas mit über 120 000 Exponaten untergebracht (Adolf-Römer-Straße 2a; geöffnet: Mo. 14.00 bis 17.00, Di.–Fr. 9.00–12.00 Uhr). Breiten Raum in der seit der Gründung der Bergschule angelegten Sammlung nehmen die Entstehung der Minerale sowie die Minerale und Gesteine des Harzes ein.
Die Universitätsbibliothek beherbergt die Bibliothek von Caspar Calvör mit rund 4000 Hand- und Druckschriften aus dem 17. und 18. Jahrhundert.

Clausthal, Oberbergamt (Fortsetzung)

Rathaus

**Mineraliensammlung

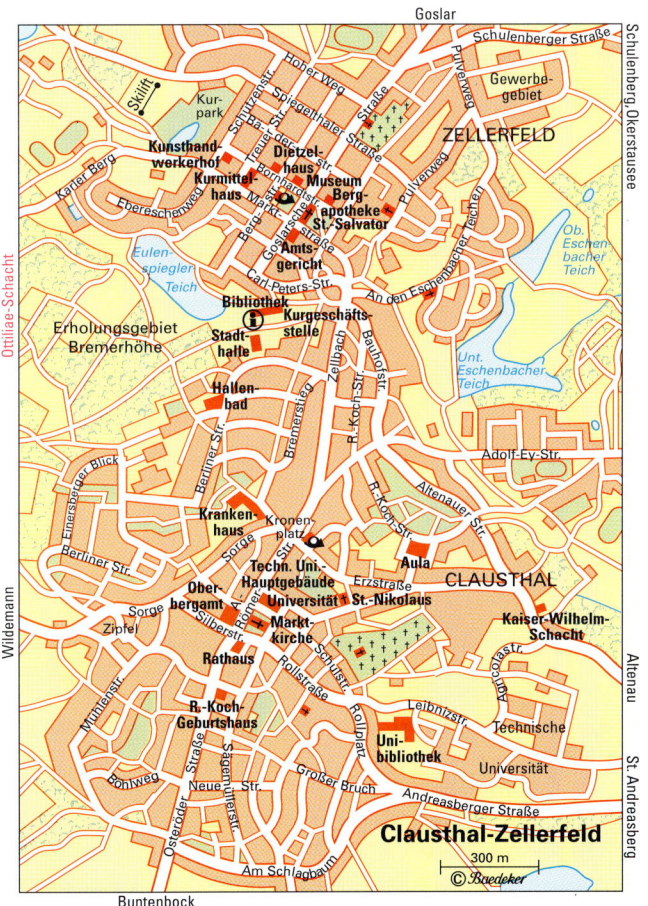

Weitere Sehens-
würdigkeiten
in Clausthal

Ehemalige Bergarbeiterhäuser aus dem 18. und 19. Jh., kleine einge-
schossige, ebenfalls holzverkleidete Traufenhäuser, stehen in der Zehnt-
nerstraße und am Hohen Weg (heute häufig mit ausgebauten Dachge-
schossen).
In der Osteröder Straße 13 steht das Geburtshaus von Robert Koch, dem
Begründer der modernen Bakteriologie, der 1882 den Erreger der Tuber-
kulose, 1883 den der Cholera entdeckte und 1905 den Medizin-Nobelpreis
erhielt.

Zellerfeld

Marktplatz

Mittelpunkt des Ortsteils, dessen schachbrettartiges Straßenmuster noch
heute das Stadtbild bestimmt, ist der Marktplatz, der von der St. Salvator-
kirche beherrscht wird.

St. Salvator

Von 1674 bis 1684 entstand nach den Plänen von Erich Hans Ernst ein einschiffiger Steinbau, aus städtebaulichen Gründen übrigens in Nord-Süd-
Ausrichtung, der 1863 von Conrad Wilhelm Hase im Innern zu einer dreischiffigen Hallenkirche umgebaut wurde. In der Kirche befindet sich das
Grabmal von Caspar Calvör (s. oben) und ein Altarbild von W. Tübke.

Bergapotheke

Nördlich gegenüber steht die 1674 für Johann Andreas Herstelle erbaute
Bergapotheke (Bornhardtstraße 12), ein bretterverkleideter Fachwerkbau
mit 68 geschnitzten fratzenhaften Köpfen an den Balkenenden der Außenwände. 1682 erhielt das Gebäude reiche, teilweise vollplastisch ausgeführte Stuckdecken, mit biblischen und mythologischen Darstellungen.

** Oberharzer
Bergwerks-
museum

In dem bereits 1892 gegründeten Oberharzer Bergwerksmuseum wird die
Bergbaugeschichte der Region vom Mittelalter bis zum Ende des 19. Jh.s

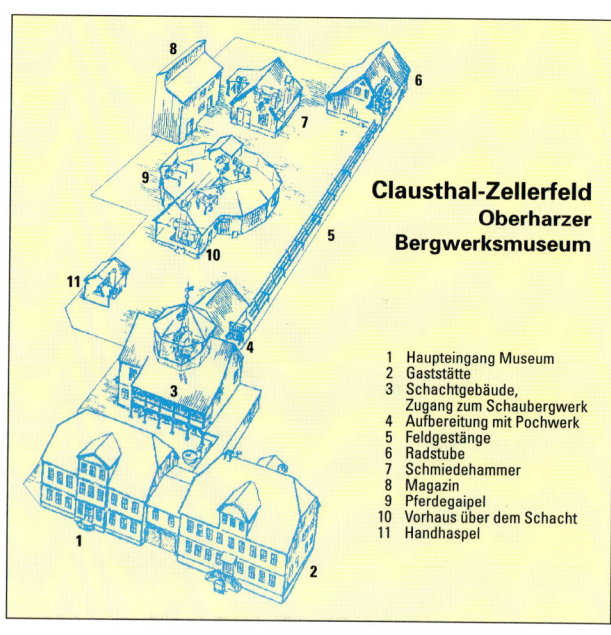

Clausthal-Zellerfeld
Oberharzer
Bergwerksmuseum

1 Haupteingang Museum
2 Gaststätte
3 Schachtgebäude,
   Zugang zum Schaubergwerk
4 Aufbereitung mit Pochwerk
5 Feldgestänge
6 Radstube
7 Schmiedehammer
8 Magazin
9 Pferdegaipel
10 Vorhaus über dem Schacht
11 Handhaspel

Im Bergwerksmuseum

lebendig. Seinen Haupteingang bildet das um 1700 erbaute Rathaus (Bornhardtstraße 16). Im Hauptgebäude sind u. a. eine Mineraliensammlung, Modelle des Bergbau- und Hüttenwesens, bergmännische Ausrüstungsgegenstände, Münzen, Zinn- und Kupfergeschirr sowie Gegenstände des Oberharzer Brauchtums ausgestellt. An dieses schließt sich nördlich das Schachtgebäude aus dem Jahr 1787 an mit dem Zugang zum 250 m langen Besucherstollen des Schaubergwerks. In dem original eingerichteten Schacht wird die Untertagearbeit der mit Bergkittel, Mooskappe und Harzer Frosch (Grubenlampe) ausgestatteten Bergmänner gezeigt. Sie fuhren mit der 1833 hier erfundenen Fahrkunst (→ Sankt Andreasberg) in den unteren Füllort und nach anstrengender Arbeit auch wieder ans Tageslicht.

Auf dem Freigelände liegen eine Reihe von historischen Gebäuden und Grubeneinrichtungen.

In der **Radstube** ist ein Wasserrad von 6 m Durchmesser untergebracht. In der **Bergschmiede** wurden die für die Gruben, Pochwerke und Hütten erforderlichen Werkzeuge hergestellt. Hatte der Bergmann auf dem Gange Erz geschürft, setzte er einen Schacht an, stellte darüber einen **Handhaspel** auf, warf Kübel und Seil ein und förderte das Erz und Gestein zu Tage. Ab einer Tiefe von 30 m wurde Pferdekraft zu Hilfe genommen. Der 1830 errichtete **Pferdegaipel** (aus der Grube 'Hilfe Gottes' in → Bad Grund) ist eine jahrhundertelang übliche Förderanlage, welche bis zu Tiefen von etwa 200 m benutzt wurde. Im Vorhaus über dem Schacht sieht man ein originales kreuzgeflochtenes Hanfseil, welches bis zur Erfindung des Eisendrahtseils 1834 benutzt wurde. Über das **Feldgestänge** wurde die mit einem Wasserrad gewonnene Kraft bis zu mehreren hundert Metern übertragen (im Hauptgebäude ist eine Darstellung dieser Einrichtung zu sehen). **Striegel** und **Striegelgerenne** dienten zur Regulierung des Wasserstandes in den Teichen. Im **Pochwerk** wurde das geförderte Roherz zerkleinert und anschließend unter fließendem Wasser in erzhaltige schwere und die leichteren Bestandteile getrennt. Das Auswaschen besorgten Kinder vom

Bergwerksmuseum (Fortsetzung)

Öffnungszeiten tgl. 9.00–17.00

Freigelände

Museum
(Fortsetzung)

10. Lebensjahr an, Mädchen bis zur Konfirmation, Jungen bis zum Berufs-anfang als Berg- oder Hüttenmann.

Dietzelhaus

In dem wenig entfernten, 1673 für den Oberbergmeister Daniel Flach erbauten Dietzelhaus ist u. a. das Mineralienkabinett des Museums mit einer Spezialsammlung Harzer Mineralien untergebracht.

Glockenspiel

Die am Markt stehende Post schmückt ein sehenswertes Glockenspiel. Täglich um 9.10, 12.10 und 17.35 Uhr, Fr., Sa. und So. zusätzlich um 15.00 Uhr, setzen sich zwei geschnitzte Bergleute auf einer nachgebildeten Fahrkunst in Bewegung.

Kunsthandwerker-hof

Am Ende der Bornhardstraße lädt der Kunsthandwerkerhof zu einem Besuch ein. In der alten Zellerfelder Münze sind neben einem gemütlichen Café eine Glasbläserei, eine Töpferei, ein Goldschmied und eine Seiden-malerin untergebracht. Ihnen kann bei der Arbeit zugeschaut und ihre Erzeugnisse käuflich erworben werden. (Leider haben sie ganz unter-schiedliche Öffnungszeiten; die Glasbläserei ist geöffnet: Mo.–Fr. 9.00 bis 13.00, 14.00–18.00, Sa. 9.00–14.00, So. 11.00–17.00 Uhr)

Ottiliae-Schacht

Am Westrand des Stadtteils Clausthal, 2 km südwestlich vom Museum entfernt, liegt der Ottiliae-Schacht mit dem 1876 errichteten und ältesten noch erhaltenen stählernen Fördergerüst in Deutschland. Die übertage gelegenen Anlagen können nach Voranmeldung besichtigt werden (Anmeldung beim Bergwerksmuseum, s. oben). Hier werden v. a. die Hori-zontal- und Vertikalfördertechniken im Harzer Erzbergbau dargestellt.

Kaiser-Wilhelm-Schacht

Die übertägigen Anlagen des 1930 stillgelegten Kaiser-Wilhelm-Schachts gehören ebenfalls zum Museum; zu sehen sind u. a. Maschinenhaus, Schachthalle, Kaue und Versorgungsgebäude der Anlage sowie das zweit-älteste Fördergerüst in Deutschland (1880).

Umgebung von Clausthal-Zellerfeld

Allgemeines

Clausthal-Zellerfeld ist von einer Seenlandschaft umgeben, die mit ihren zahlreichen markierten Wegen zum Wandern einlädt.

Pfauenteich

Östlich von Clausthal liegt der älteste im Harz angelegte Teich, der schon 1298 als Banedick erwähnte Mittlere Pfauenteich.

Buntenbock

3 km südlich von Clausthal liegt auf einer Hochfläche und im Quellgebiet der Innerste das eingemeindete Dorf Buntenbock (850 Einw.). Der Kur- und Wintersportort wurde um 1300 von Fuhrleuten gegründet, die Erz und Holz transportierten. Diese Tradition lebt in dem alljährlich verliehenen Fuhrherrendiplom weiter. Von Mai bis Oktober wird an den Wochenenden um die Wette gesägt, gejodelt und gemolken.

＊Wildemann

In einer Flußschleife der Innerste, 9 km westlich von Clausthal-Zellerfeld, liegt der Kneipp- und Luftkurort Wildemann (420 m ü. d. M.) an der Einmün-dung des Spiegeltals in das enge Tal der Innerste. Wegen seines Ortsbilds und seiner schönen Umgebung wird er auch das 'Kleintirol des Harzes' genannt. Die kleinste der sieben Oberharzer Bergstädte zählt heute 1300 Einwohner; 1529 erhielt der Ort die Stadtrechte und Mitte des 16. Jh.s die Bergfreiheit zugesprochen. Ab 1520 hatten hier Bergleute aus dem Erzge-birge den Bergbau nach seinem Niedergang um 1310 wieder aufgenom-men. Ihren Namen erhielt die Grube nach der berühmten Harzer Sagen-gestalt (→ Geschichte, Kultur und Kunst: Mythen, Sagen und Brauchtum). Dringendstes Problem war die Entwässerung der Gruben, in die von allen Seiten Wasser eindrang. Da Wasserpumpen damals noch unbekannt waren, begann man, aus tieferliegenden Tälern Wasserlösungsstollen auf die Bergwerke zuzutreiben, über die das Wasser abfloß.

Umgebung,
Wildemann
(Fortsetzung)

1524 wurde am Nordfuß des Gallenbergs der Tiefe Wildemann-Stollen angesetzt, dem 1551 der 25 m höhere Obere Wildemann-Stollen folgte, der heutige 19-Lachter-Stollen (Lachter ist ein altes Bergmannsmaß und gibt die Stollentiefe an, 1 Lachter = 1,90 m).
Seit dem 16. Jh. gehört der am Pfingstsonntag unternommene Viehaustrieb zur festen Tradition. Auf heidnischen Ursprung geht das sog. Osterwasserholen am Ostersonntag zurück: eine Gesundheit und Glück versprechende Wanderung zur Irmgardquelle wird schweigend begonnen, um dann fröhlich gefeiert zu werden.

Der 19-Lachter-Stollen wurde ab 1551 als Wasserlösungsstollen begonnen. Da er nur mit Schlägel und Eisen aufgefahren wurde und es sich um 'klemmiges' Gestein handelte (teilweise betrug die Vortriebsleistung je Mann und Schicht nur 1 cm) wurde er erst 1690 beendet. Mit einer Länge von 8800 m verlief er von Wildemann bis weit hinter Clausthal-Zellerfeld. Er entwässerte das Clausthaler und Zellerfelder Revier und diente auch zur Beförderung der gefundenen Erze. An seinem Mundloch befand sich früher ein Pochwerk zur Erzwäsche und -aufbereitung.

*19-Lachter-
Stollen

Führungen
tgl. 11.00
im Sommer auch
häufiger, Auskunft
erteilt die Kurver-
waltung

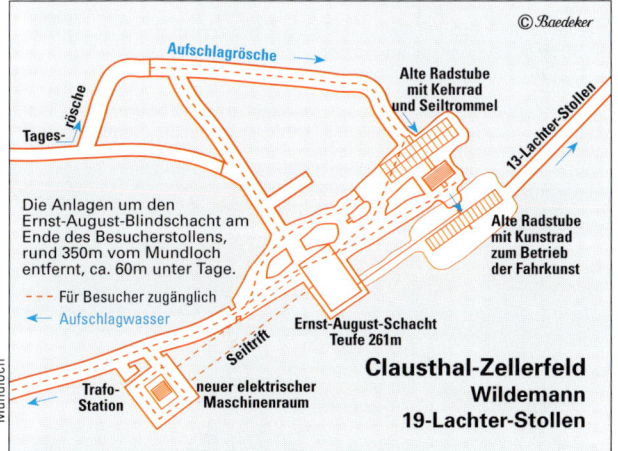

1851–1864 wurde der erheblich tiefer gelegene, 26 km lange Ernst-August-Stollen angelegt. Sein Mundloch liegt in Gittelde (→ Bad Grund, Umgebung). Damit verlor der 19-Lachter-Stollen seine Bedeutung zur Wasserlösung. Von ihm wurde noch der Ernst-August-Schacht, ein Blindschacht von 261 m Tiefe, bis auf das Niveau des Ernst-August-Stollens geteuft.
Heute sind rund 400 m des Stollens zur Besichtigung freigegeben. Der Zugang liegt am südlichen Ortsende, am Bohlweg; Achtung: Im Stollen herrschen ganzjährig nur 10°C!
Zu sehen sind die verschiedenen Arten des Stollenausbaus (gemauert, in Holz und Eisen), nach 250 m kreuzt der alte Wasserlauf den Weg. Sein Wasser dient heute der Trinkwasserversorgung von Wildemann. Am Ende der begehbaren Stollenstrecke erreicht man den 261 m tiefen Ernst-August-Schacht. In seinem Maschinenraum wurde 1897 bereits eine elektrische Fördermaschine eingebaut. Hier sind bergmännische Werkzeuge und Geräte ausgestellt. Die Fördermaschine ersetzte das Kehrrad, das bislang für den Antrieb sorgte (sein Durchmesser beträgt 9 m). In den neuen Maschinenraum wurde 1914 der elektrische Förderhaspel eingebaut.

Duderstadt

Clausthal-Zeller-
feld, Umgebung
Wildemann (Forts.)
Dorfkirche

Die auf einem Bruchsteinsockel stehende Fachwerkkirche Maria-Magda-
lena ist 1915 erbaut worden. Sie ist die Kopie einer 1656 hier errichteten,
1914 abgebrannten Kirche; im Innern ist ein schön verzierter Kanzelaltar.

Bad Grund

6 km östlich → dort

Duderstadt

Bundesland: Niedersachsen
Höhe: 180 m ü. d. M.
Einwohnerzahl: 23 000

Lage

Duderstadt liegt im → Eichsfeld, einer mitten in Deutschland gelegenen
alten Kulturlandschaft, die durch die Täler von Wipper und Leine in Unteres
und Oberes Eichsfeld gegliedert wird. Der über 1000jährige Hauptort des

**Stadtbild

Unteren Eichsfelds hat sich seinen mittelalterlichen Stadtkern mit rund 550
gut erhaltenen Fachwerkhäusern, seinen Kirchenbauten und großen Teilen
seiner einstigen Stadtbefestigung erhalten. Seine Umgebung wird wegen
ihrer Fruchtbarkeit auch als Goldene Mark bezeichnet. Darüber hinaus ist
die Stadt ein schöner Ausgangspunkt für Ausflüge in die nähere Umgebung.

Geschichte

Die Stadt liegt in einem bereits seit der Jungsteinzeit besiedelten Raum,
erstmals erwähnt wurde sie 929, als Heinrich I. seiner Frau Mathilde neben
anderen Orten auch Tutersteti überschrieb. 974 gelangte der Ort an das
Reichsstift Quedlinburg und erhielt 1279 das Braunschweiger Stadtrecht.
1334 wurde Duderstadt an das Erzbistum Mainz verpfändet, das nach und
nach das gesamte Eichsfeld gewann. Aufgrund ihrer Lage am Kreuzungspunkt wichtiger Handelsstraßen erlebte Duderstadt einen enormen Aufschwung. Ihre Unterstützung Thomas Müntzers (→ Berühmte Persönlichkeiten) im Bauernkrieg führte zu dem Verlust zahlreicher Privilegien. Weitere Rückschläge brachten der Dreißigjährige Krieg, die Folgen der Pest
1683 und mehrere Stadtbrände. 1802 kam Duderstadt an Preußen, 1815
bis 1866 an Hannover und anschließend bis 1945 wieder an Preußen. Im

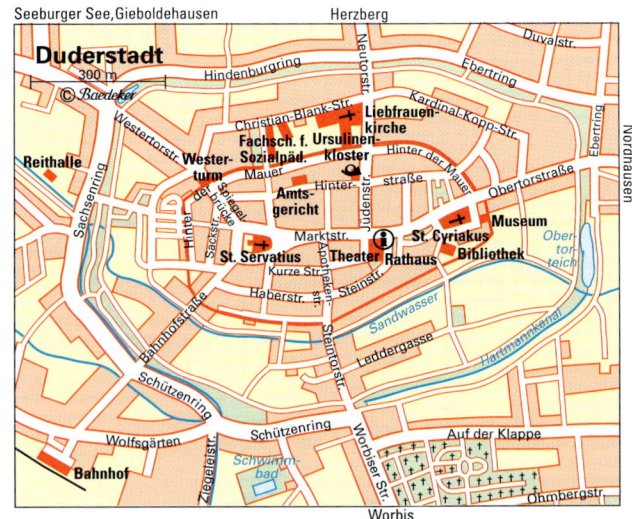

Rathaus

Westertor

weiterer Verlauf litt Duderstadt wie viele andere im Zonenrandgebiet liegende Städte an den Folgen der Teilung Deutschlands.

Geschichte
(Fortsetzung)

Sehenswertes in Duderstadt

Mittelpunkt ist die breite Marktstraße, ihren östlichen Abschluß bildet St. Cyriakus, ihren westlichen St. Servatius.

Marktstraße

In der Mitte steht das Rathaus, das zu den schönsten Renaissancerathäusern Deutschlands gehört. Die auf einem massiven Steinunterbau ruhende, dreitürmige Fachwerkkonstruktion entstand vom 13. bis zum 18. Jh. in mehreren Phasen. Um 1230 wurde ein zweigeschossiges unterkellertes Fachwerkgebäude erbaut, das als Rathaus diente. An dieses wurde 1302 das heute noch bestehende Couphus (Kaufhaus) angebaut. Es diente für den Marktverkehr als Verkaufsraum. Das darübergelegene Obergeschoß enthielt durch die ganze Länge des Gebäudes einen großen zweischiffigen Bürgersaal. Rund 40 Jahre später entstand im Südosten des Gebäudes ein kleiner Anbau sowie im westlichen Kaufhausteil ein einbruchsicherer und feuerfester Raum, die sog. Folterkammer. Um 1432 wurde der ältere Teil des Rathauses durch einen massiven Neubau ersetzt. Es entstand der dreigeschossige Steinbau des Südostflügels mit weiteren Sitzungsräumen, dem Ratsweinkeller und der Salzkammer. 1532–1536 wurde das Rathaus erneut stark vergrößert. Für Lagerzwecke erhielt es den Fachwerkaufbau mit den von dem Zimmermann Hans Weske geschaffenen Erkertürmen. Gleichzeitig entstand nach Plänen von Valentin Colst die heute noch bestehende zweigeschossige Nordlaube mit ihren drei großen Rundbogen und der Freitreppe. Sie bekam 1674, bei der letzten Rathauserweiterung ihr Schutzdach; als Dachträger dienen lebensgroße, in Eiche geschnitzte Figuren (1673 von Andreas Georg Kersten). Sie stellen die Tugenden des guten Stadtrates dar: Der Ritter steht für die

✳ Rathaus

Öffnungszeiten
Mo.–Fr.
9.00–16.30
Sa., So.
9.30–12.30
1.4.–31.10.
auch mittags
geöffnet

133

Duderstadt

Rathaus (Fortsetzung)

Stärke, die beiden Frauengestalten für die Gerechtigkeit sowie für Glaube, Hoffnung und Liebe. Bei dieser Gelegenheit wurde im Südwesten ein zweigeschossiger Fachwerkflügel angebaut.

Glockenspiel

Vom Westturm ertönt von 9.00 bis 19.00 Uhr alle zwei Stunden ein Glokkenspiel. Dabei grüßt der Anreis aus der Luke. Der Legende nach reiste er im 15. und 16. Jh. als Festungsbaumeister durch das Land und errichtete auch die Befestigung von Duderstadt.

Das Rathaus wurde 1983–1988 umfassend restauriert. Heute sind hier ein Teil der städtischen Verwaltung und das Fremdenverkehrsamt untergebracht. Darüber hinaus ist es Kulturzentrum und sehenswertes Ausstellungsgebäude; es finden regelmäßig Führungen statt. Außer historischen Ausstellungen sind in der ehem. Salzkammer Exponate zum Thema Handel und Finanzen sowie in der Folterkammer mittelalterliche Folterinstrumente zu sehen.

Vom östlichen Erkerturm bietet sich ein schöner Blick über die Stadt.

Mariensäule

Dem Rathaus gegenüber steht die 10 m hohe, 1711 aus Sandstein gearbeitete Mariensäule, bekrönt von Maria mit dem Kind. Auf dem Sockel sind das Landeswappen der Kurfürsten von Mainz sowie das Duderstädter Wappen zu sehen.

Nepomuk-Denkmal

Westlich vor der St. Cyriakuskirche befindet sich das Sandstein-Denkmal (1724 von Ernst Merten) für den 1729 heiliggesprochenen Johannes von Nepomuk, der um 1350 im böhmischen Pomuk zur Welt kam. Der 1389 zum Generalvikar des Erzbistums Prag ernannte Nepomuk wurde 1393 von König Wenzel IV. festgenommen und wegen eines Streits zunächst gefoltert und zuletzt gefesselt von der Karlsbrücke in die Moldau geworfen. Seit dieser Zeit gilt er als Schutzpatron der Brücken.

Links vor dem Westwerk der St. Cyriakuskirche steht das Denkmal des in Duderstadt geborenen Kardinals und Fürstbischofs von Breslau, Georg von Kopp (1837–1914).

✱✱St. Cyriakus

Östlicher Abschluß der Marktstraße bildet die zweitürmige Cyriakus- oder Oberkirche, die wegen ihrer Schönheit auch Eichsfelder Dom genannt wird. Einige Stilmerkmale des Baus deuten auf die für die spätgotische Baukunst in Deutschland so wichtige Prager Dombauhütte der Familie Parler. Ihr riegelartiger Westbau stammt von einer um 1240 erbauten Vorgängerkirche; das Hauptportal mit der Madonnenstatue über dem Eingang (die jetzige Figur entstand 1723) gehört zu den Meisterwerken gotischer Steinmetzarbeit. Von den geplanten zwei Türmen wurde zunächst nur der Nordturm errichtet, der südliche folgte erst 1852. 1394 wurde nach Plänen von Wilhelm Knoke mit dem Neubau einer größeren Kirche begonnen, der sich bis ins 16. Jh. hinzog.

Das Mittelschiff wird von einem Netzgewölbe abgeschlossen, die beiden Seitenschiffe von Kreuz- bzw. Sterngewölben, der Chor von einem Kreuzrippengewölbe. Der Chor ist aus einem Achteck heraus fünfseitig geschlossen und eine Nachbildung des Chors des Prager Doms. Die 1876 bei Melchior, Köln, hergestellten Chorfenster sind einem Flügelaltar nachempfunden. Sie zeigen Christus und Maria, die zwölf Apostel sowie den Kirchenpatron St. Cyriakus und den Stadtpatron St. Laurentius. Die Fenster des südlichen Seitenschiffs zeigen Szenen aus dem Leben des hl. Laurentius, die des nördlichen Seitenschiffs Szenen aus dem Leben von St. Cyriakus (dieser war römischer Diakon unter Papst Marcellus und erlitt 305 in Rom das Martyrium).

Ausstattung

Unter der Ausstattung befindet sich ein spätgotischer Flügelaltar (um 1500) mit Szenen aus dem Leben Christi, auf seiner Rückseite die Verkündigung durch den Engel. Im nördlichen Seitenchor steht der älteste Altar Duderstadts aus dem 15. Jh., er ist der Dreifaltigkeit Gottes gewidmet. Ursprünglich befand er sich in der Kapelle des St. Martini-Hospitals vor dem Westertor. An den Seitenwänden befinden sich noch Reste früherer Altäre: im südlichen Schiff ein Relief aus einem Altarbild mit den weinenden Frauen (1490), im nördlichen Seitenchor ein Relief mit der hl. Sippe

Altar in der St. Cyriakus-Kirche

(um 1510), das zum St.-Annen-Altar gehörte, ein Meisterwerk des Übergangs zur Frührenaissance. An einem Mittelschiffpfeiler ist eine gotische Kanzel angebracht; unter den Türmen steht eine barocke Figurengruppe der Hl. Familie auf der Flucht nach Ägypten. Die überlebensgroßen Figuren der Apostel sowie Christus als guter Hirte und seine Mutter als Himmelskönigin an den Pfeilern schuf 1684 Georg Kersten. Sehenswert sind außerdem die Grabmale einiger Duderstädter Patrizierfamilien. Im Mittelgang sind an den Wangen des barocken Gestühls zehn geschnitzte Gildeleuchter aufgestellt, Arbeiten aus dem 17. und 18. Jh.; der Taufstein (1694) und die Orgel (1733/35 von Johann Kreutzburg) sind ebenfalls barocken Ursprungs. Die Pietà im südlichen Seitenschiff sowie die Kreuzwegstationen sind im 19. Jh. entstanden. Sehenswert sind außerdem ein romanisches Reliquienkreuz aus dem 13. Jh., ein Kelch der St. Jakobusbruderschaft aus dem 15. Jh. sowie zahlreiche liturgische Gewänder, Altar- und Kanzeltücher oder Behänge.

Beide Kirchen, St. Cyriakus und St. Servatius (s. unten), sind aus dem im Eichsfeld heimischen hellen Sandstein errichtet, der aus den städtischen Steinbrüchen am Fuße des Sonnensteins stammt.

Hinter St. Cyriakus befindet sich das Heimatmuseum. Es ist in einer 1767 im barocken Fachwerkstil erbauten ehem. Schule untergebracht.
Über der Eingangstür prangt das Stadtwappen sowie eine lateinische Inschrift: "Hier lieben und unterrichten Löwen die Jugend".
Das Museum vermittelt einen Überblick über die Entwicklung des Eichsfelds. In der archäologischen Sammlung sind u. a. Zeugnisse aus prähistorischer Zeit sowie die heute unter dem Haus verlaufende, freigelegte alte Stadtmauer zu sehen. Andere Austellungen informieren über das heimische Handwerk, die Landwirtschaft, das frühindustrielle Gewerbe sowie die Entwicklung des ländlichen und städtischen Brauchtums. Zahlreiche Skulpturen und andere Objekte vermitteln einen Eindruck von der Kirchenkunst und -geschichte der Eichsfelder Region.

St. Cyriakus,
Ausstattung
(Fortsetzung)

Heimatmuseum

Öffnungszeiten
Di.–Fr.
10.00–12.30
14.30–17.00
Sa., So.
10.00–12.30
1.4.–31.10.
auch mittags
geöffnet

Duderstadt

St. Servatius

Den westlichen Abschluß der Marktstraße bildet als Pendant zur Oberkirche die St. Servatiuskirche, auch Unterkirche genannt. Um 1370 war mit dem Bau der Kirche an der Stelle der ehem. Pfalzkapelle begonnen worden. Mitte des 15. Jh.s war sie zu klein geworden. Unter Einbeziehung des alten Chors errichtete man eine dreischiffige Hallenkirche, die kleiner ist und im Stil einfachere und strengere Formen aufweist als die St. Cyriakuskirche. Der quadratische Turm folgte Anfang des 16. Jh.s. Bei einem Großfeuer 1915 wurde fast die gesamte barocke Ausstattung zerstört. Erhalten sind das Altarbild des Hauptaltars von 1714 (heute an der Ostwand des nördlichen Seitenschiffs), das Taufbecken sowie zwei Ölgemälde (an der nördlichen Außenwand) und zwei große Christusfiguren (an den Westwänden der beiden Seitenschiffe in Höhe der Orgel). Das gotische Epitaph der Familie von Wehren ist von 1383. Die 15 Darstellungen an der Orgelempore sind von Ernst P. Jordan. 1928 wurde der 64 m hohe Turm in seiner heutigen Form fertiggestellt.

Weitere Sehenswürdigkeiten Stadtbefestigung

Westertor

Die Stadtmauer umgibt Duderstadt noch in weiten Bereichen. Im Nordwesten der Stadt steht der Westertorturm, der in seiner heutigen Form nach einem Großfeuer 1424 erbaut wurde. Seine Turmspitze hat sich aufgrund eines Konstruktionsfehlers (dem Turm fehlt die mittlere Helmstange oder Stuhlsäule zur Stabilisierung des Dachstuhls) im Laufe der Zeit verdreht und ist heute ein Wahrzeichen der Stadt.

Außerhalb der Mauer verläuft der im 16. Jh. errichtete, nun mit Bäumen bewachsene Ringwall; von hier oben hat man einen schönen Blick auf Duderstadt.

Vor dem Westertor liegt ein Platz, die ehem. Gerichtsstätte der Goldenen Mark. Hier steht die "Madonna im Lindenzaun" von Johann Bernhard Kopp (1752).

Von dem 1443 gegründeten ehem. Hospital St. Martini (ebenfalls vor dem Westertor gelegen, heute Teil des städtischen Krankenhauses) ist die Kapelle erhalten.

Fassadenschmuck am Haus Marktstraße 84

Duderstadt besitzt eine Vielzahl farbenprächtiger Fachwerkhäuser, die ältesten stammen aus dem 16. Jh. (zu den Stilmerkmalen der einzelnen Epochen → Geschichte, Kultur und Kunst: Fachwerk im Harz).
Die schönsten Beispiele stehen in der Apothekenstraße, um die St. Cyriakuskirche, in der Steintorstraße, der Westertorstraße, in der Haberstraße und in der Steinstraße. In der Marktstraße stehen das 1698 erbaute Hotel zur Tanne (Nr. 20), in dem 1777 Goethe auf seiner ersten Harzreise übernachtete, und das einzige barocke Steinhaus (Nr. 91), 1752 für das Kloster Teistungenburg erbaut.
Das Haus in der Jüdenstraße 29 besitzt ein sehenswertes Renaissanceportal. In der Sackstraße steht eine 1911 nach Plänen des Freiherrn von Tettau errichtete Häuserzeile.

Duderstadt (Fortsetzung) Fachwerkhäuser

Hinter dem Rathaus liegt das Geburtshaus von Louis Hackethal, dem Erfinder des gleichnamigen Drahtes, der das Telefonieren ohne störende Nebengeräusche ermöglichte. Eine Ausstellung informiert über sein Leben und Schaffen (Schnarrenstraße 22; geöffnet: Sa. 10.30, So. und Fei. 10.30 und 14.30 Uhr, Treffpunkt am Rathaus).

Hackethal-Haus

Nördlich außerhalb der Stadtmauer steht die 1889 von Georg Kardinal Kopp für die Ursulinen gestiftete Liebfrauenkirche an der Stelle eines Vorgängerbaus von 1472 (im Innern eine Madonna auf der Mondsichel aus Lindenholz, um 1500).

Liebfrauenkirche

Umgebung von Duderstadt

12 km nordwestlich von Duderstadt liegt der rund 1 km² große und 2–5 m tiefe Seeburger See, auch das 'Auge des Eichsfelds' genannt, ein beliebtes Ausflugs- und Naherholungsziel.

Seeburger See

12 km nördlich von Duderstadt liegt Gieboldehausen in der Nähe der Mündung der Hahle in die Rhume. Der 3500 Einwohner zählende Ort besitzt einen schönen Altstadtkern mit zahlreichen Fachwerkhäusern sowie ein stattliches Fachwerkschloß von 1510. Die 1431 erbaute Laurentiuskirche wurde 1727–1731 im Renaissancestil erhöht und neu eingewölbt. Im Innern ist die Ausstattung aus der Erbauungszeit erhalten geblieben.

Gieboldehausen

15 km nordöstlich → Herzberg, Umgebung

Rhumequelle

Eichsfeld

A–D 7–12

Bundesländer: Thüringen und Niedersachsen

Die alte Kulturlandschaft Eichsfeld liegt mitten in Deutschland zwischen dem Nordwestrand des Thüringer Beckens und dem Südrand des Harzes. Hier entspringen Unstrut, Wipper und Leine. Die Täler der beiden letztgenannten Flüsse trennen das Eichsfeld in ein Oberes (im Süden) und ein Unteres (im Norden) Eichsfeld.
Landschaft, Kultur und Geschichte des Eichsfelds sind äußerst vielfältig, dies schlägt sich nicht zuletzt in den in dieser Region gelegenen Städten, Burgen, Schlössern, Kirchen und Klöstern nieder.

Lage und Allgemeines

Das Obere Eichsfeld liegt auf einer im Durchschnitt 450 m hohen Muschelkalkhochfläche, die mit Laubwäldern, Dauergrünland und Ackerland bewachsen ist. Sein Hauptort ist das thüringische → Heiligenstadt.
Im 450 bis 520 m hohen bewaldeten Dün (das sich nach Osten in der Hainleite fortsetzt) fällt das Obere Eichsfeld ziemlich schroff zum Unteren Eichsfeld ab.

Oberes Eichsfeld

**Eichsfeld
(Fortsetzung)
Unteres Eichsfeld**

Das Untere Eichsfeld ist eine nach Süden geneigte Buntsandsteintafel mit aufgesetzten Muschelkalk-Zeugenbergen, das 533 m hohe Ohmgebirge nördlich von Worbis und die 445 m hohen Bleicheroder Berge. Hauptort ist das niedersächsische → Duderstadt.

Geschichte

Spuren der Besiedlung reichen bis in die Jungsteinzeit zurück. Erstmals erwähnt wird Eichsfeld, das 'Land der Eichen', als germanischer Gau im Jahr 897. Nach ersten Erwerbungen der Mainzer Kurfürsten im 8. Jh. wurde das landwirtschaftlich geprägte Gebiet Eichsfeld in den folgenden Jahrhunderten durch Schenkung, Kauf oder Eroberung ein fester zusammenhängender Bestandteil des Erzbistums Mainz, im Oberen Eichsfeld errang es im 13. Jh. die Landesherrschaft, 1342 kaufte es das Untere Eichsfeld, das seit 1334 als Pfand der Herzöge von Braunschweig-Grubenhagen in seinem Besitz war. Über Jahrhunderte gehörte diese Region nun zum Erzbistum Mainz mit Heiligenstadt als Sitz des kurmainzischen Statthalters. Nach dem Augsburger Religionsfrieden 1555 führte der Mainzer Kurfürst, entsprechend dem Grundsatz "Cuius regio, eius religio" (die Untertanen müssen dem Bekenntnis des Landesherrn folgen), die Eichsfelder zum heute noch fest verwurzelten katholischen Glauben zurück, wobei die hier tätigen Jesuiten starke Helfer waren. Im Jahr 1803 kam das gesamte Eichsfeld zu Preußen, nach dem Tilsiter Frieden 1807 zum Harz, einem Departement des französischen Königreiches Westfalen. Nach dem Wiener Kongreß (1815) wurde das Obere Eichsfeld preußisch, das Untere Eichsfeld hannoveranisch. Nach 1945 verlief zwischen dem Oberen und dem Unteren Eichsfeld die Grenze zwischen den beiden deutschen Staaten. Seit dem Fall der Grenzzäune wächst die Region wieder zusammen.

Wirtschaft

Das Eichsfeld ist traditionell eine wirtschaftlich wenig entwickelte Region. Die Menschen lebten vor allem von der Heimarbeit (für Textil- und Tabakindustrie) oder als Wanderarbeiter. Um die Wende des 19. zum 20. Jh. setzte in Bischofferode der Kalisalzbergbau ein. Der 1959 in der DDR beschlossene 'Eichsfeldplan' sollte die wirtschaftliche Struktur im Oberen Eichsfeld verbessern, u. a. wurde in Leinefelde Textilindustrie, in Deuna ein großes Zementwerk angesiedelt, hinzu kam die Zigarrenherstellung. Die 1993 beschlossene Fusion der west- und ostdeutschen Kaliwerke führt zur Aufgabe des Kalistandortes Bischofferode. Der damit verbundene Verlust der Arbeitsplätze verschärft die Probleme in der Region zusätzlich.
Im klimatisch mehr begünstigten und fruchtbareren Unteren Eichsfeld, das in der Gegend um Duderstadt auch Goldene Aue genannt wird, werden Getreide und Tabak angebaut sowie Kalisalz abgebaut.

**Sehenswertes
im Eichsfeld**

Im Eichsfeld liegen zahlreiche besuchenswerte Orte. Folgende sind unter ihrem Namen als Reiseziele im vorliegenden Reiseführer beschrieben:
→ Duderstadt, → Heiligenstadt sowie → Mühlhausen.

Eisleben

→ Lutherstadt Eisleben

Elbingerode   J 5

Bundesland: Sachsen-Anhalt
Höhe: 460 m ü. d. M.
Einwohnerzahl: 4600

**Lage und
Allgemeines**

Der kleine Luftkurort Elbingerode liegt geschützt am Übergang der Hochebene des Unterharzes zum bergigen Oberharz. Im Mittelalter lebte die Bevölkerung von Erzbergbau und Eisenverhüttung. Heute sind die Forst-

wirtschaft sowie mehrere Kalkbrüche in der Umgebung die Haupteinnahmequellen. Aus dem Kalkstein wird in Elbingerode Branntkalk hergestellt, ein wichtiger Rohstoff für die Bau- und Hüttenindustrie.
Neben hübschen Fachwerkhäusern besitzt der Ort zwei Schaubergwerke, welche über die über 1000jährige Geschichte des Bergbaus im Mittelharz und über die Arbeit in der Grube berichten.

Lage und Allgemeines (Fortsetzung)

Die 1206 als Avelingeroth erstmals erwähnte Siedlung, die innerhalb eines bodenschatzreichen Gebietes lag und bereits im 13. Jh. Markt- und Münzrecht besaß, sowie die 1220 genannte, vermutlich um 1200 erbaute Burg lagen am wichtigen Königsstieg Trogfurt–Nordhausen in einem Gebiet, das vermutlich schon im 10. und 11. Jh. königliches Jagdrevier war. In den folgenden Jahren wechselte Elbingerode mehrfach die Herrschaft, von den Wernigerödern gelangte es an die Grafen von Heldrungen und schließlich 1427 bis 1564 an die Grafen von Stolberg. Für das Jahr 1540 sind zahlreiche Hexenprozesse überliefert. Seine Blütezeit erlebte der Eisenerzbergbau in dem sog. Elbingeröder Komplex zwischen der großen Pestepidemie 1347–1349 und dem Dreißigjährigen Krieg, dann begann der Niedergang. Erst im 19. Jh. setzte mit technischen Neuerungen und Neuansiedlung von Holzfällern und Bergleuten ein vorübergehender Aufschwung ein. 1970 wurde die Erzförderung dann endgültig eingestellt.

Geschichte

Zu den Sehenswürdigkeiten des Städtchens gehören Fachwerkhäuser, eine alte Apotheke, das Brauhaus und die nach einem Brand 1858 im gotischen Stil wieder erbaute Stadtkirche. Auf dem 503 m hohen Galgenberg, einer zum Naturdenkmal erklärten Kalksteinklippe mit reicher Flora, ließen die Halberstädter Bischöfe Galgen aufstellen und gelegentlich Aufsässige und Wilddiebe hängen. 1514 ließ Graf Botho an der Stelle der mittelalterlichen Burg ein Renaissanceschloß errichten, an das heute nur wenige Mauerreste erinnern. Es wurde 1559 und 1622 schwer umkämpft, war aber 1650, wie ein Kupferstich von Matthäus Merian zeigt, noch vollkommen erhalten. 1739 wurde es abgerissen.

Stadtbild

4 km nordöstlich außerhalb von Elbingerode lädt das Schaubergwerk Büchenberg zu einem Besuch ein (Anfahrt: an der Straße B 244 in Richtung Wernigerode, nach 2 km Abzweigung in Richtung Heimburg). Mehr als 1000 Jahre lang wurde hier bis zur Stillegung der Grube im Jahr 1970 Eisenerz geschürft. Über eine 145 Stufen zählende Treppe (ein Schrägaufzug ermöglicht auch Gehbehinderten und Rollstuhlfahrern den Besuch) gelangt man zur 1. Sohle und in deren 600 m langen Streckenvortrieb, in dem bis 1970 Erz abgebaut worden ist. In einem Querstollen wird äußerst lebendig die Entwicklung der bergmännischen Bohrtechnik gezeigt, ferner

*Schaubergwerk Büchenberg

Führungen tgl. 10.00, 12.00, 14.00, 15.00

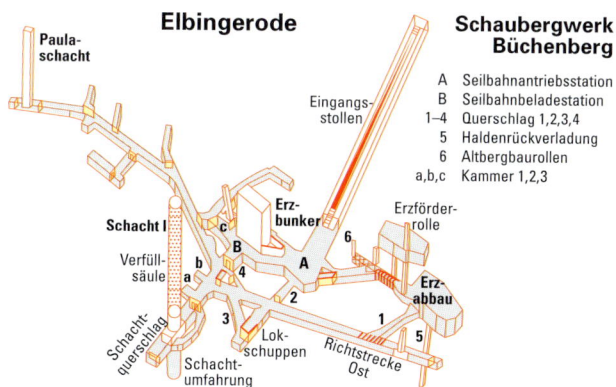

Elbingerode

Paula-schacht

Eingangs-stollen

Schacht I

Erz-bunker

Erzförder-rolle

Verfüll-säule

Schacht-querschlag

Lok-schuppen

Schacht-umfahrung

Richtstrecke Ost

Erz-abbau

Schaubergwerk Büchenberg

A Seilbahnantriebsstation
B Seilbahnbeladestation
1–4 Querschlag 1,2,3,4
5 Haldenrückverladung
6 Altbergbaurollen
a,b,c Kammer 1,2,3

Elbingerode

Büchenberg
(Fortsetzung)

Bergbauge-
schichtlicher
Lehrpfad

Anlagen zur Grubenentwässerung und zum Abtransport der Erze mittels Seilbahnloren zur 8 km entfernten Bahnverladung nach Minsleben.
Ein bergbaugeschichtlicher Lehrpfad (Ausgangspunkt ist ein kleiner Parkplatz an der B 244, ca. 3,5 km nördlich von Elbingerode) führt an Stollenmundlöchern, Pingen, Suchschürfungen, Schachthalden und anderen Zeugnissen des Elbingeröder Bergbaus vorbei.

✱Besucherberg-
werk Drei Kronen
und Ehrt

Zwischen Elbingerode und Rübeland liegt im Mühlental (an der B 27) das Besucherbergwerk Drei Kronen und Ehrt (Führungen: Di.–So. 9.00, 11.00, 13.00 und 15.00 Uhr). Die seit 1530 betriebene Eisenerz- und Schwefelkiesgrube wurde im Jahr 1990 stillgelegt. Mit einer Grubenbahn wird über einen Tagesstollen eingefahren; unter Tage informiert dann eine Ausstellung über die Entwicklung der Bergbautechnik von ihren Anfängen bis zur Stillegung.

Umgebung von Elbingerode

Königshütte

Königshütte liegt 3 km südwestlich von Elbingerode am Zusammenfluß von Warmer und Kalter Bode; der 700 Einwohner zählende Ort entstand 1936 durch den Zusammenschluß der beiden Hüttenorte Rothehütte und Königshof.

Burg Bodfeld

Kurz vor der Ortseinfahrt liegen südöstlich der Straße die Überbleibsel der Burg Bodfeld, eines 935 erstmals erwähnten königlichen Jagdhofes. Innerhalb einer trapezförmigen Wallanlage wurden die Grundmauern der St.-Andreaskirche ausgegraben.
Südlich von Königshütte stand auf einem Felsplateau über dem Bode-Zusammenfluß eine um 1300 erbaute Burg, die aus einer mit Graben und Wällen gesicherten Hauptburg und einer südlich davor gelegenen Vorburg bestand; erhalten sind als Ruine der Burgfried und Mauerreste.

Kleinste Holzkirche des Harzes in Elend

Ungefähr 3 km südlich von Elbingerode liegen auf einem auf drei Seiten von der Bode umflossenen Bergsporn die Reste der Susenburg, die vermutlich unter Heinrich IV. nahe dem Jagdhof Bodfeld erbaut wurde.

Elbingerode, Umgebung, Susenburg

Der kleine Kurort Elend (500 Einwohner) liegt in einem weiten Talkessel der Kalten Bode, 5,5 km südwestlich von Elbingerode. Mönche aus Ilsenburg machten auf ihrem Weg nach Rom auf der Elendsburg Rast. Aus dieser Zeit kommt der heutige Namen (ali lant oder eli elendi = fremdes Land). Von der aus dem 14. Jh. stammenden Elendsburg sind noch Gräben und eine Zisterne zu sehen. Im Ort steht die 1897 erbaute, kleinste Holzkirche des Harzes. Sie besitzt fünf bleiverglaste Fenster mit schönen Malereien.
5 km flußabwärts liegt Mandelholz, Sitz der Harzschützen während des Dreißigjährigen Kriegs. Elend ist Ausgangsort schöner Wanderungen, die u. a. zum → Brocken, zu den Schnarcherklippen (5 km nordwestlich), zum Ottofelsen (9 km nordöstlich) und zum Ahrensklint, einer Felsgruppe (9 km nordwestlich → Schierke), führen.

Elend

5 km östlich → dort

Rübeland

Gernrode

Bundesland: Sachsen-Anhalt
Höhe: 230 m ü. d. M.
Einwohnerzahl: 4800

Gernrode, ein staatlich anerkannter Kur- und Erholungsort, liegt am Nordrand des Ostharzes am Fuße des Rambergs. Abgesehen von seiner reizvollen Hanglage am Fuße des aussichtsreichen Stubenberges ist die Stadt wegen ihrer weithin sichtbaren, über 1000 Jahre alten Stiftskirche aus ottonischer Zeit berühmt. Die Bevölkerung von Gernrode lebte im Mittelalter vorwiegend von Bergbau und Schieferbrüchen, die heutige Wirtschaft basiert auf der Holzverarbeitung. Eine Besonderheit ist die Kuckucksuhrenfabrik in der Altstadt, die einzige außerhalb Süddeutschlands, die auch besichtigt werden kann.

Lage und Bedeutung

Zwischen Gernrode und → Harzgerode (12 km südlich) verkehrt die Selketalbahn (→ Zahlen und Fakten, Verkehr sowie → Selketal).

Selketalbahn

Zur Sicherung seiner ostsächsischen Besitzungen erbaute sich Markgraf Gero (937–965) oberhalb des Steinbaches die Burg Geronisroth. Im Jahr 961 gründete er auf dem Burggelände ein Nonnenkloster, dem seine verwitwete Schwiegertochter Hathui als Äbtissin vorstand. Zusammen mit der päpstlichen Bestätigungsbulle erhielt das Kloster 963 eine Reliquie des hl. Cyriakus, dem die Klosterkirche geweiht wurde. Nach Geros Tod erhob Otto I. das Kloster zum Reichsstift, die Schutzvogtei in Gernrode ging auf die Askanier über. 1136 ist erstmals ein nach Gero benanntes Dorf östlich des Burgbergs erwähnt, dessen weitere Entwicklung mit dem Kloster verbunden blieb. Ende des 12. Jh.s erhielt der Ort das Marktrecht und vermutlich 1539 das Stadtrecht erteilt.
Danach fiel der Besitz an die Fürsten von Anhalt (seit 1709 Anhalt-Bernburg). Im nahen Gebirge wurde seit dem frühen Mittelalter Bergbau auf Silber, Kupfer und Zinn betrieben. Einen erneuten Aufschwung erlebte die Stadt seit dem späten 19. Jh. im Zuge der Entwicklung zum Luftkurort.

Geschichte

Ehem. Stiftskirche ✳✳St. Cyriakus

Die ehem. Stiftskirche ist montags bis freitags von 9.00 bis 17.00, samstags von 10.00 bis 14.30 und sonntags nach dem Gottesdienst bis 12.00 Uhr geöffnet. Eine Kirchenführung findet täglich um 15.00 Uhr statt.

Besichtigung

Gernrode

Reichsstift Gernrode

Das von Gero auf dem Burggelände gegründete Kloster gehörte neben jenen von → Quedlinburg, Gandersheim (→ Bad Gandersheim) und Essen zu den vornehmsten Stiften des Reiches. Im Zuge der Reformation wurde es nach 1521 ein freiweltliches protestantisches Damenstift umgewandelt und schließlich Ende des 16. Jh.s aufgelöst. Fortan diente die Stiftskirche als evangelische Pfarrkirche.

Baugeschichte

Die aus Kalkbruchstein erbaute einstige Stiftskirche St. Cyriakus gehört zu den besterhaltenen romanischen Sakralbauten der ottonischen Zeit in Deutschland. Man vermutet den Baubeginn bereits im Jahre 959, da für 965 die Bestattung des Markgrafen Gero vor dem Hochaltar in der Kirche bezeugt ist. In der 1. Hälfte des 12. Jh.s erfolgte ein durchgreifender Umbau, auf den vor allem der heutige Westabschluß zurückgeht. Für die Unterbringung der Gebeine des hl. Metronius baute man eine zweite Krypta an der Westseite der Kirche, da in der Ostkrypta bereits die Überreste des hl. Cyriakus ruhten. Über die neue Hallenkrypta baute man den Westchor, an die Stelle des Mittelturms traten die beiden seitlichen runden Türme. Damals wurden auch die Emporen im Querhaus eingebaut. Um 1170 entstanden der Kreuzgang und die Stiftsgebäude, von denen nur der zweistöckige Nordflügel des Kreuzgangs erhalten blieb. 1858–1872 kam es zu einer grundlegenden Restaurierung der Kirche nach Plänen von Ferdinand von Quast. Die zwischenzeitlich geschlossenen Langhausarkaden wurden wieder geöffnet, Balkendecken, Orgel, Kanzel und Gestühl nach altem Vorbild neu geschaffen, die Apsiden ausgemalt und der Dachreiter wieder aufgesetzt; 1907–1910 wurden die Rundtürme und 1965 die Ostkrypta renoviert. Am Kirchengrundriß fällt die deutliche Achsenverschiebung (besonders der Querachsen) auf, die man auf Veränderungen des Untergrunds im Laufe der Jahrhunderte zurückführt.

Kircheninneres

Die dreischiffige flachgedeckte Basilika wird durch das nördliche Seitenschiff betreten. Das Langhaus wird von den steilen Proportionen seiner

St. Cyriakus: Westchor und…

…Ostchor

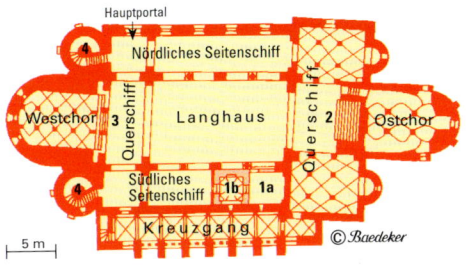

Gernrode
Ehemalige
Stiftskirche
St. Cyriakus

1 Heiliges Grab
a Vorkammer
b Grabkammer
2 Grabmal des
Markgrafen Gero
3 Romanischer
Taufstein
4 Rundtürme des
Westwerkes

Hochwände bestimmt. Auf beiden Seiten ruhen je vier rundbogige Arkaden auf einem quadratischen Mittelpfeiler und zwei Säulen (sog. Gernroder Stützenwechsel), diese öffnen sich zu den Seitenschiffen. Ihre Kapitelle tragen reichen ornamentalen und figürlichen Schmuck. Über den Seitenschiffen befinden sich die im 12. Jh. zugemauerten, 1859 dann wieder freigelegten Langhausemporen mit Zwillingsarkaden und Blendbögen, die auf byzantinische Baugewohnheiten zurückgehen sollen. Theophanu, die Ehefrau Ottos II., stammte ursprünglich aus Byzanz und hielt sich mehrere Male im benachbarten Quedlinburg auf.

St. Cyriakus, Kircheninneres (Fortsetzung)

Der erhöhte Ostchor mit der darunterliegenden dreischiffigen Ostkrypta ist der älteste Bauteil der Kirche; hier befand sich vermutlich die Reliquie des hl. Cyriakus. In der halbrunden Apsiskuppel des Chors wird Christus als Weltenrichter dargestellt, darunter der hl. Cyriakus als Schutzpatron der Kirche, unter diesem schließlich der Stifter Gero, eingerahmt von seinen Söhnen Gero und Siegfried. Links außen erblickt man Hathui, die erste Äbtissin und Ehefrau Siegfrieds (die Malerei stammt aus dem 13. oder 14. Jh.). In der Vierung, deren mächtige Bögen im 19. Jh. nach Abbruchspuren rekonstruiert wurden, steht das spätgotische Steingrabmal (Tumba von 1519) für den Kirchenstifter Markgraf Gero († 965).

Vor dem Westchor steht ein romanischer Taufstein aus der zweiten Hälfte des 12. Jh.s, eine ländliche Arbeit aus Alsleben; an der Wandung mehrere Christusdarstellungen, Maria, Johannes der Evangelist und Engel. In der Apsis des Westchors befindet sich eine Darstellung des Jüngsten Gerichts.

Von besonderer Bedeutung ist das Heilige Grab, das um 1050–1075 in das südliche Seitenschiff eingefügt wurde (im 12. Jh. umgebaut; 1926–1929 und 1954 restauriert). Es besteht aus einer Vor- und der eigentlichen Grabkammer und ist die älteste erhaltene Nachbildung des Heiligen Grabes in Jerusalem. Im Innern der normalerweise verschlossenen Grabkammer befinden sich die Reste eines Christus-Sarkophages und zwei beschädigte Stuckfiguren, eine weibliche Gestalt (Maria Magdalena?) und eine Bischofsfigur.

Heiliges Grab

Die Außenwände des Hl. Grabes sind mit Stuckornamenten und -figuren reich verziert. Dargestellt werden Szenen aus dem Ostergeschehen: an der nördlichen Wand der auferstandene Christus (links) und Maria Magdalena (rechts), an der Westseite steht zwischen zwei Säulen, in einer Nische, eine Frauenfigur (Maria Magdalena vor dem Grab des Auferstandenen?), eingerahmt von einem doppelten Rankenfries mit vielen rätselhaften und symbolischen Tieren und anderen Zeichen, in der linken oberen Ecke ist Johannes der Täufer auszumachen, rechts steht ihm vielleicht der Stammvater Moses gegenüber. Im Kircheninnern sind außerdem ein Tafelbild des Markgrafen Gero in archaisierender Tracht (um 1510) sowie verschiedene Äbtissinnengrabsteine (14.–16. Jh.) sehenswert.

Von den einstigen Stiftsgebäuden ist nur der im Süden an die Stiftskirche angebaute, zweigeschossige spätromanische Nordflügel des Kreuzganges (um 1200; stark restauriert) mit Kreuzgratgewölbe und reich verzierten

Kreuzgang

Außenwand des Heiligen Grabes

Kreuzgang (Fortsetzung)	Kapitellen erhalten. Im Stiftshof steht ein großes Marmorbecken; innen an der Westwand befindet sich ein Drachenrelief des 11./12. Jahrhunderts.
Weitere Sehenswürdigkeiten	Den Mittelpunkt der an Fachwerkbauten (meist aus dem 17./18. Jh.) reichen Stadt bildet der dreieckige Marktplatz mit dem schlichten Rathaus,
Marktplatz	ein 1665 erbautes, zuletzt 1910 erneuertes Gebäude. An der Marktstraße stehen einige klassizistische Putzbauten, beispielsweise die Häuser Nr. 17 und 23.
St. Stephanus	Von der westlich vom Rathaus befindlichen früheren Pfarrkirche St. Stephanus, deren Langhaus 1847 zu einem Schulgebäude umgebaut wurde, ist der ursprünglich wohl spätromanische Westturm mit barocker Haube und einer fast 800 Jahre alten Glocke erhalten. Die Küsterei (2. Hälfte 16. Jh.) hat Fachwerk über einem gemauerten Erdgeschoß.

Umgebung von Gernrode

*Aussicht vom Stubenberg	Von der Höhe des im Süden der Stadt auf 281 m ansteigenden Stubenbergs oder auch Stufenbergs (rund 15 Min.) bietet sich eine sehr schöne Aussicht.
Bad Suderode	1,5 km westlich von Gernrode schließt sich Bad Suderode an, ein kleiner heilklimatischer Kurort, der windgeschützt zwischen dem Nordosthang des Harzes und den vorgelagerten Muschelkalk- und Sandsteinzügen (Bückeberg, Teufelsmauer) liegt. Eine Kalziumquelle, der Behringer Brunnen, sprudelt bereits seit 1480. Sehenswert ist eine romanische Dorfkirche mit mittelalterlichen Fresken und der Preußenturm mit Aussichtsplattform auf dem Schwedderberg. Bad Suderode ist Ausgangspunkt schöner Wanderwege ins → Bode- und → Selketal sowie in das südlich des Kurorts aufsteigende Ramberggebiet.

Stecklenberg, das sog. Blütendorf am Harzrand, liegt am Ausgang des Wurmbachtals, 4 km westlich von Gernrode. Der klimatisch begünstigte Harzort, der sich dank einer Chlorkalziumquelle auch zu einem Kurort entwickelte, ist vor allem durch zwei beeindruckende Burgruinen, der Lauenburg und die Stecklenburg, bekannt.

Gernrode, Umgebung (Fortsetzung) Stecklenberg

Die 339 m hoch gelegene Lauenburg entstand wohl unter Heinrich IV.; sie gehört neben der Harzburg und der Burg Kyffhausen zu den größen Burgen im Harz. 1164, als sie das erste Mal erwähnt wird, ist sie Sitz der Stiftsvögte von Quedlinburg. Bald darauf fiel die Burg zunächst an Heinrich den Löwen und dann an Friedrich Barbarossa. Im 13. Jh. spielte die Lauenburg in den Kämpfen zwischen dem Halberstädter Bischof und den Grafen von Regenstein (→ Blankenburg, Umgebung) eine wichtige Rolle (→ Blankenburg, Umgebung). Bis Ende des 15. Jh.s war sie bewohnt, dann diente die Burg als Steinbruch. Sie bestand aus zwei selbständigen Burgen, der im Osten gelegenen Großen Lauenburg und der durch einen tiefen Halsgraben getrennten, etwas höher gelegenen Kleinen Lauenburg. Von der Großen Lauenburg sind nur Mauerreste, von der Kleinen Lauenburg außerdem die Ruine des ursprünglich 30 m hohen Bergfrieds erhalten; sein Zugang lag 4,5 m über dem Erdboden, im Innern sind noch Reste eines Kamins zu erkennen.

Lauenburg

Die tiefer als die Lauenburg gelegene Stecklenburg war vermutlich im 11. Jh. in einen vor- und frühgeschichtlichen Wall hineingebaut worden. Im 12. Jh., als sie sich unter Lehnshoheit des Stiftes Quedlinburg befand, wurde die bisherige Vorburg zur Kernburg ausgebaut und im 14. Jh. zuletzt verstärkt. Erhalten sind Grundmauern, Reste des Bergfrieds, vom Palas sowie von der südlichen Ringmauer.

Stecklenburg

4 km östlich → Ballenstedt, Umgebung

Roseburg

9 km südwestlich von Gernrode liegt der Kur- und Wintersportort Friedrichsbrunn (1200 Einwohner) am Südwesthang des Rambergs. Er wurde 1774/75 als preußisches Kolonistendorf gegründet und nach Friedrich II. benannt. Die Menschen lebten von Holzfällerei, Köhlerei und ab 1860 von der Stockmacherei. Einen Aufschwung erlebte der Ort, als 1870 der Weihnachtsbaumhandel begann. Ab 1890 gewann der Fremdenverkehr an Bedeutung. Durch ausgedehnte Fichten- und Buchenwälder führt eine Vielzahl von Wanderwegen, u. a. der zu der sich östlich erhebenden Viktorshöhe (582 m ü.d.M.; 3,5 km), dem höchsten Punkt des Rambergs. Seine Abhänge sind mit Granitblöcken überstreut, darunter die beiden Felsen Große und Kleine Teufelsmühle; nach Alexisbad (6 km, → Selketal) oder zur Klobenbergbaude (1,5 km), von der aus bei klarem Wetter der → Brocken zu sehen ist.

Friedrichsbrunn

Viktorshöhe

Goslar

D/E 2

Bundesland: Niedersachsen
Höhe: 260 m ü.d.M.
Einwohnerzahl: 48 800

Die alte Kaiser-, Reichs- und Hansestadt Goslar liegt am nordwestlichen Harzrand im breiten Tal der Gose. Im Süden wird sie vom 600 m hohen Rammelsberg, im Westen vom Steinberg eingerahmt. Wegen ihrer vielen Sehenswürdigkeiten, dazu zählen fünf große Kirchen, die Kaiserpfalz, die Reste der mittelalterlichen Stadtbefestigung sowie zahlreiche schöne Fachwerk- und Steinhäuser, wird sie auch als 'nordische Rom' oder die 'Schatzkammer der Deutschen Kaiser' genannt. 1992 hat die UNESCO die gesamte Altstadt und das Rammelsberger Bergbaumuseum in die Liste des Weltkultur- und Naturerbes aufgenommen. Heute stellt sich Goslar als viel und gern besuchtes Kultur-, Tagungs- und Kongreßzentrum dar, die darüber hinaus ihren Besuchern ein breites sportliches Angebot macht. Seit 1974 verleiht Goslar den 'Kaiserring', einen international angesehenen

Lage und Allgemeines

** Stadtbild

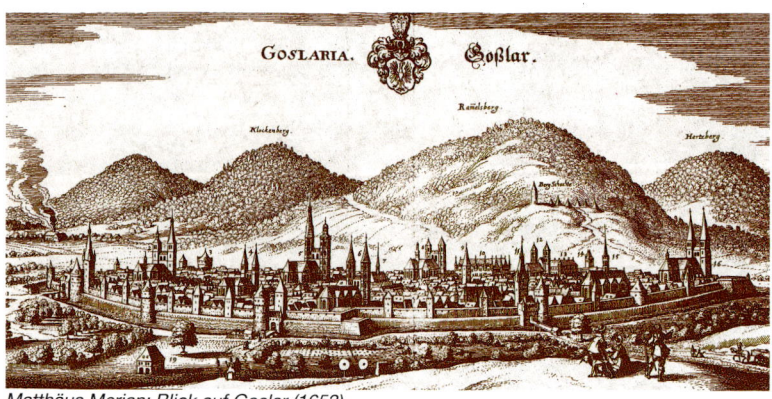

Matthäus Merian: Blick auf Goslar (1653)

Allgemeines
(Fortsetzung)

Kunstpreis für moderne Kunst, und so bereichern zahlreiche Kunstwerke von Kaiserringträgern und von anderen, weniger bekannten Künstlern das Stadtbild.

Walpurgisnacht

Alljährlich findet am 30. April die Walpurgisnacht statt.

Geschichte

Goslar verdankt seine Entstehung der Entdeckung einer ungewöhnlich reichen Silberader am Rammelsberg, die bereits zur Römerzeit ausgebeutet wurde. Unter Kaiser Otto I. entdeckte man um 968 das Erzvorkommen neu, später wurden dann auch Kupfer und Blei abgebaut. Neben der Bergmannssiedlung am Frankenberg, bei dem heutigen oberen Ausgang der Stadt im Südwesten, und dem Bergdorf (s. unten) im Süden wurde um 990 ein Marktort und eine königliche Münze angelegt. Die wachsende Bedeutung des Bergbaus führte unter Heinrich II. zur Verlegung der Kaiserpfalz Werla nach Goslar, wodurch es zu einer der wichtigsten Städte des Reiches wurde. Von Heinrich III. sind 15 und von Heinrich IV., der 1056 in Goslar zur Welt kam, 30 Hofhaltungen in Goslar bekannt. 1107/08 wurde Goslar durch Heinrich V. zur zweiten deutschen Stadt erhoben. Im Kampf zwischen Staufern und Welfen wurde die wegen ihres Silberreichtums begehrte Stadt 1206 vom Heer des welfischen Gegenkönigs Otto IV. erstürmt und zerstört. Die Verleihung von Vorrechten durch Kaiser Friedrich II. (1219), der Beitritt zur Hanse (1281) und die Erhebung zur freien Reichsstadt (um 1340) leiteten eine zweite Blütezeit ein. Nach dem Erwerb der Bergrechte am Rammelsberg erreichte die Stadt zu Beginn des 16. Jh.s den Höhepunkt ihrer Macht, was sich auch in einer enormen Bautätigkeit niederschlug: über 40 Kirchen, Stifte, Klöster, Kapellen und Hospitäler wurden errichtet, die Stadt durch eine mächtige Festungsanlage mit 185 Wachtürmen gesichert. Aufgrund der Kämpfe um die Einführung der Reformation (seit 1528 war Goslar protestantisch) und der Beitritt zum Schmalkaldischen Bund (1531) verlor die Stadt ihren kaiserlichen Schutz. Im Vertrag von Riechenberg mußte sie 1552 zugunsten von Heinrich dem Jüngeren von Braunschweig-Wolfenbüttel auf den Besitz der Bergwerke und der meisten ihrer Harzforsten verzichten. Nun setzte ein langandauernder Niedergang ein, in dessen Verlauf Goslar eine kleine Handwerker- und Ackerbürgerstadt wurde. 1802 kam die mittlerweile völlig verarmte Reichsstadt an Preußen, 1807–1813 gehörte sie zum Königreich Westfalen, 1816–1866 zu Hannover, dann wurde sie wieder preußisch. Mitte des 19. Jh.s erhielt Goslar durch den Bau der Eisenbahn und den wachsenden Fremdenverkehr neuen Auftrieb.
Seit 1985 ist die gesamte Stadt im Sinne der Haager Konvention "schützenswertes Kulturgut".

Stadtbeschreibung

Die kleine Goslarer Altstadt ist bequem zu Fuß zu durchwandern. Es empfiehlt sich daher, das Auto auf dem großen Parkplatz an der im Süden gelegenen Kaiserpfalz stehen zu lassen.
Die weitere Beschreibung der Sehenswürdigkeiten erfolgt in Form eines Rundganges.

Hinweis

**Kaiserpfalz

Die mächtige Kaiserpfalz, mittelalterliche Residenz der Monarchen, steht im Kaiserpfalzgarten, Kaiserbleek 6, und ist der größte aus romanischer Zeit stammende Palastbau in Deutschland.

Die erste Kaiserpfalz, die östlich vor dem heutigen Gebäude lag, entstand vermutlich 1005–1015 unter Heinrich II., der auch die königliche Hofverwaltung von Werla nach Goslar verlegen ließ. Unter Heinrich III. erhielt der Pfalzbereich ab 1040–1050 seine bedeutenden Bauten, es entstanden das Kaiserhaus, der Dom (die Stiftskirche St. Simon und Judas) und die Ulrichskapelle.
Das Kaiserhaus, das seine heutige Gestalt einer Rekonstruktion im Sinne der Romantik von 1867–1879 verdankt, besteht aus drei in gerader Flucht einander folgender Gebäuden: In der Mitte liegt der zweigeschossige Saalbau, an seiner Südseite die Ulrichskapelle, die heute durch einen historisierenden Arkadengang mit dem Obergeschoß des Kaiserhauses verbunden ist; an seiner Nordseite befanden sich die (um 1700 abgetragene) Liebfrauenkapelle (heute ein erneuerter Wohnflügel) sowie Wohn- und Magazingebäude. 1065 brannte das Kaiserhaus, 1132 stürzte der Saalbau ein. Nach einer nochmaligen verheerenden Feuersbrunst 1289 ging das Gebäude in den Besitz der Stadt über, die es in der Folge als Gerichts-

Baugeschichte

Kaiserpfalz

147

Goslar

stätte und Sitz der Zollverwaltung benutzte. In den folgenden Jahrhunderten suchte man durch mehrere Ausbesserungen den fortschreitenden Verfall aufzuhalten. Die St. Ulrichskapelle wurde 1575 städtisches Gefängnis, der Saalbau diente als Lagerhaus. 1886/87 wurde die große Freitreppe vor der Ostfassade hinzugefügt.

Besichtigung

Vor dem Kaiserhaus stehen die Reiterstandbilder von Friedrich Barbarossa (Robert Toberentz) und von Wilhelm I. (Walter Schott; beide 1900 hier aufgestellt) sowie zwei Kopien des Braunschweiger Löwen.
Der 50 m lange und 17 m breite, aus dem 12. Jh. stammende Bau hat im Obergeschoß neben dem großen Mittelfenster auf beiden Seiten je drei auf zwei Säulchen ruhende Rundbogenfenster. Das jetzige hohe Dach mit seinem Mittelgiebel stammt aus dem 15. Jahrhundert. Im Untergeschoß befand sich ein damals flachgedeckter Saal (sein spitzbogiges Quertonnengewölbe erhielt er 1289). Der obere Saal wird durch ein Querhaus in seiner Längenstreckung geteilt; hier stand vermutlich der Thron. Die sechs Holzstützen, welche die Balkendecke tragen, sind von 1477.

Inneres

Der Kaisersaal ist innen mit monumentalen Historienbildern geschmückt, die 1879–1897 Hermann Wislicenus ausführte. Der große Zyklus schildert bedeutende Ereignisse aus der deutschen Geschichte, der kleine enthält Darstellungen aus dem Dornröschen-Märchen. Auf der Südwand besiegt Karl der Große die Sachsen und stürzt die Irminsäule; auf der Längswand (v.l.n.r.) baut Heinrich II. in Goslar die Villa regia; Heinrich II. wird von Papst Benedikt VIII. in der Peterskirche gekrönt; Heinrich III. baut die Pfalz aus; Heinrich III. führt Papst Gregor IV. nach Deutschland; Geburt Heinrichs IV., der mit dem Bann belegt wird und gegen die Fürsten und seinen eigenen Sohn kämpft; Heinrich V. wird in der Pfalz in Goslar durch einen Blitz verletzt. Auf dem großen Mittelbild wird die Reichsgründung 1871 dargestellt: Kaiser Wilhelm I., gefolgt vom Kronprinzen, umgeben von Bismarck, Moltke, Prinz Friedrich Karl und General Roon; Konrad III. spricht Heinrich dem Stolzen Bayern ab; Kniefall Friedrich Barbarossas vor Heinrich dem Löwen (1176); Heinrich der Löwe erhält Bayern als Lehen; Friedrich Barbarossas Kreuzzug und Sieg bei Ikonium; Friedrich II. versöhnt sich in Goslar mit dem Sohn Heinrichs des Löwen; Friedrich II. empfängt eine sarazenische Gesandtschaft an seinem Hof in Palermo; Ruine der Kaiserpfalz nach dem Brand von 1289, vor der ein alter Mann Kindern von den großen Zeiten erzählt.
Auf der Nordwand ist Luther auf dem Reichstag in Worms (1521) und das Erwachen Barbarossas im Kyffhäuser (→ Kyffhäuser) dargestellt.
An der Nordseite des Gebäudes folgt ein mit Rundfenstern ausgestatteter Anbau, ursprünglich der älteste Wohntrakt der Pfalz. Heute beherbergt er neben Verwaltungsräumen eine Sammlung von Zustands- und Rekonstruktionszeichnungen der Pfalz. Die Fundamente der einst hier stehenden Kapelle Unserer Lieben Frau wurden ab 1913 freigelegt.

St. Ulrichskapelle

Die Bauzeit der doppelgeschossigen Ulrichskapelle ist nicht ganz geklärt, sie entstand zwischen 1050 und 1150. Ihr Erdgeschoß besitzt den Grundriß eines griechischen Kreuzes, ihr durch die offene Vierung miteinander verbundenes Obergeschoß die Form eines Achtecks. Im Erdgeschoß steht das aus dem ehem. Dom hierher überführte bemalte Grabmal Heinrichs III. († 1056), in dem sich die vergoldete Kapsel mit seinem Herzen befindet (der Kaiser selber ist im Dom zu Speyer begraben). Die auf dem Grab ruhende Platte zählt zu den Meisterwerken mittelalterlicher Plastik (um 1250).

Goslarer Krieger

Hinter der St. Ulrichskapelle steht die Plastik "Goslarer Krieger" des Briten Henry Moore (1898–1986), Kaiserringträger 1974.

Domvorhalle

Von dem 1819–1822 abgerissenen Dom blieb nur die Domvorhalle erhalten, mit deren Hilfe die Lage des Doms rekonstruiert werden kann. Andersfarbige Pflastersteine auf dem heutigen Parkplatz zeichnen den einstigen

Domgrundriß nach. Seine Längsachse war auf die Mitte der Kaiserpfalz ausgerichtet. Er war von Heinrich III. als Stiftskirche St. Simon und Juda gegründet worden; Baubeginn war 1047. Die Weihung der kreuzförmigen dreischiffigen Basilika mit Stützenwechsel,

Domvorhalle (Fortsetzung)

20 m

© *Baedeker*

Mitte 11. Jh.   Anfang 13. Jh.

Querhaus und zweitürmigem Westbau erfolgte 1050. Um 1144 wurde sie eingewölbt und im Spätmittelalter gotisch verändert.

Die am Westende des ehem. nördlichen Seitenschiffs gelegene Vorhalle wurde zwischen 1150 und 1200 als Eingang zum Dom angebaut. Ihre Außenfassade öffnet sich in zwei Rundbogenarkaden, die von einer Mittelsäule getragen werden, die mit reichem plastischen Schmuck überzogen ist (am Kapitell hat sich der Künstler namens Hartmann verewigt). An der Giebelwand befinden sich zwei Nischenreihen mit farbigen Relieffiguren aus Stuck (v.l.n.r.): Heinrich III. mit einem Modell des Doms, die Kirchenpatrone Simon, Matthias und Judas sowie Kaiser Konrad II. (?), darüber Maria zwischen zwei Leuchtern und Engeln.

Im Innern der Vorhalle wurden die aus dem Dom geretteten Ausstattungsstücke aufgestellt. Neben Architekturfragmenten, verschiedenen Grabsteinen steht als wichtigstes Stück der nach dem Vorbild zu Aachen geschaffene Kaiserstuhl, ein aus dem 12. Jh. stammender Sandsteinsitz mit durchbrochenen, reich verzierten Bronzelehnen (11. Jh.), Meisterwerke der mittelalterlichen Erzgießereiarbeit.

Vorhalle

Von der Pfarrkirche St. Johannis des Bergdorfes blieb nach ihrer Zerstörung 1527 die Klauskapelle erhalten. Sie liegt westlich von der Kaiserpfalz und war im 12. Jh. zunächst als Stadttorkapelle erbaut worden. Später wurde sie in die Stadtbefestigung einbezogen. In ihrem Innern sind eine bemalte Flachdecke (geschmückt mit den Wappen des Herzogs von Sachsen und Goslarer Patrizierfamilien sowie gotischen Rosetten), das aus dem 13. Jh. stammende Holzkruzifix, ein romanischer Steinaltar und die spätgotische Kanzel sehenswert.

Klauskapelle

Am Südwestrande der Altstadt steht die dreischiffige, im 12. Jh. auf kreuzförmigem Grundriß erbaute Kirche, die um 1230 einem neugegründeten Kloster angeschlossen wurde. Die Kirche war ursprünglich flachgedeckt, wurde aber um 1250 eingewölbt. Ende des 13. Jh.s erhielt sie den halbkreisförmigen Chorabschluß. Ende des 15. Jh.s erfolgte die Einbeziehung ihres Westbaus in die Stadtmauer. Die zwei quadratischen Westtürme wurden 1784 abgebrochen und durch den barocken Haubenturm ersetzt. Im Kircheninnern wurden 1877 über den Arkaden im Mittelschiff Wandmalereien aufgedeckt, die um 1230 entstanden sind (sie sind durchgepaust und auf neuem Putz nachgemalt worden). Sie stellen Szenen aus dem Alten Testament dar (u. a. Urteil Salomons, Davids Salbung, David und Goliath); die Malereien der Westwand sind etwas jünger und stellen u. a. die Begegnungen Abrahams mit Melchisedek, den segnenden Christus, Abrahams Opfer, Kain und Abel sowie den thronenden Christus dar. Von den übrigen Ausstattungsstücken sind der Altar (1675), die Kanzel (1698) und die Emporenbrüstung (Arbeiten aus der Werkstatt der Goslarer Bildschnitzerfamilie Jobst Heinrich Lessen d. J. und Heinrich Lessen d. Ä.) und der Grabstein eines kaiserlichen Vogts und seiner Frau im südlichen Seitenschiff (um 1260) sowie das Kruzifix (15. Jh.) zu erwähnen.

∗ Frankenberger Kirche St. Peter und Paul

Unterhalb der Frankenberger Kirche steht das sog. Kleine Heilige Kreuz. Seine Grundmauern stammen von einem im 14. Jh. gestifteten Hospital und Altenheim. 1668 erhielt es seinen Fachwerkaufbau. In einer Stütz-

Kleines Heiliges Kreuz

mauer im Garten befindet sich eine romanische Reliefplatte mit zwei Heiligen (Petrus und Paulus ?).

An das Kleine Hl. Kreuz schließen das 1505 gebaute Küsterhaus und ein Torbogen aus dem Jahre 1510 an (dieser stand bis zu Anfang des 20. Jh.s in der Bergstraße 61). Der davorstehende Brunnen ist ein Nachbau des Rathaushofbrunnens von Nürnberg, den Pankraz Labewolf im 16. Jh. schuf. Die Brunnensäule und die Figur sind von G. Fürstenberg (1951).

Altstadt

Allgemeines

Goslar besitzt eine gut erhaltene Altstadt mit vielen historischen, aus dem 15. bis zum 18. Jh. stammenden Gebäuden (rund 800 aus der Zeit vor 1800), darunter befinden sich v. a. reich dekorierte Fachwerkbauten. Die meisten sind Traufenhäuser mit verschiefertem Giebel (wenn vorhanden). Sehenswerte Ensembles befinden sich in der Bergstraße, Jakobistraße, Frankenbergerstraße, Kettenstraße, Abzuchtstraße, Wortstraße und Glokkengießerstraße.

Steinbauten

Zu den ältesten Wohnhäusern gehören die steinernen Kemenaten, die für den Adel, die Stiftsgeistlichkeit oder Patrizier gebaut wurden. Sie bestanden aus je einem Raum im Erd- und Obergeschoß sowie einem Kamin. Beispiele sind u. a. die Kapelle des Großen Hl.-Kreuz-Spitals (um 1225), die ursprünglich als Kurie eines Stiftsherrn diente; Schreiberstraße 1, Reste von 1250, Schreiberstaße 2, Ende 13. Jh. mit kleeblattbogigen Zwei- und Dreifenstergruppen; Frankenbergerstraße 23 (14. Jh.). Gotische Steinbauten aus dem 15. und 16. Jh. sind in der Worthstraße 7 (um 1500), Königstraße 1 A (um 1510) und Königstraße 1 (1514; Goslarer Museum, s. unten), Marktstraße 1 mit Fassade zur Münzstraße (1517, im kreuzrippengewölbten Obergeschoß Steinmetzarbeiten in der Art der Jakobi-Vorhalle), Schreiberstraße 10 (1518).

Fachwerkbauten

Der Holzreichtum des Harzes ist sicher mit ein Grund für die Vorliebe dieser Bauweise. Typisch für die Häuser im späten 16. und frühen 16. Jh. sind meist auf Knaggen vorkragende Obergeschosse und die Treppen- und Trapezfriese an den Schwellhölzern. Sehenswerte Beispiele sind das Küsterhaus der Frankenberger Kirche (1504), das Brusttuch im Hohen Weg 1 (s. oben), Häuser An der Gose 31 (spätes 15. Jh.), Schilderstraße 53 (um 1500) und 27 (um 1510), das Mönchehaus in der Mönchestraße 3 (s. unten) sowie in der Marktstraße 1 und 2.
Zwischen 1550 und dem frühen 17. Jh. entstanden viele Häuser, deren in Kreise oder Halbkreise gegliederte Brüstungsbohlen mit Rosetten- oder Fächerornamenten, symbolischen sowie figürlichen Darstellungen geschmückt wurden. Schöne Beispiele stehen in der Gosestraße 6, Am Schuhhof 7 und 8, Glockengießerstraße 3 (um 1560; ehem. Stiftskurie) und 30 (1567), Königstraße 7A (1566), Jakobistraße 23 (1589), Bergstraße 2 (Fachwerk von 1555, Quaderputz von 1877) und 53 (Haus des Glockengießers Magnus Karsten, 1573), Schwiecheldtstraße 7/8 (1577), Bäckerstraße 2 und 3 (1606 und 1592), Kreuzgasse 1 (Haus des Münzmeisters Schlanbuch, 1612), Worthstraße 11 (1617).
Ende des 17. Jh.s entstanden zahlreiche Häuser mit Beschlagwerk- und Knorpelwerkdekoration, Beispiele sind zu sehen in der Beckstraße 13 (1622), Worthstraße 8 (1648), Kornstraße 9 (Erker von 1649), Am Schuhhof 4 (1633), Frankenbergerstraße 23 (Erker von 1650) Bähringerstraße 1 (nach 1650), Schilderstraße 12 (1660), Münzstraße 11 (Hofseite, 1670), das Siemenshaus (s. unten), Schilderstraße 54 (1691), Bergstraße 55 (um 1700), Rosentorstraße 27 (ehem. Stift Neuwerk, 1719).
Die stark verfachten Fachwerkformen des 18. Jh.s, als Ideenreichtum und Phantasie allmählich nachließen, entstanden zum großen Teil nach den Bränden von 1728 und 1780. Beispiele stehen v. a. in der Breiten Straße.

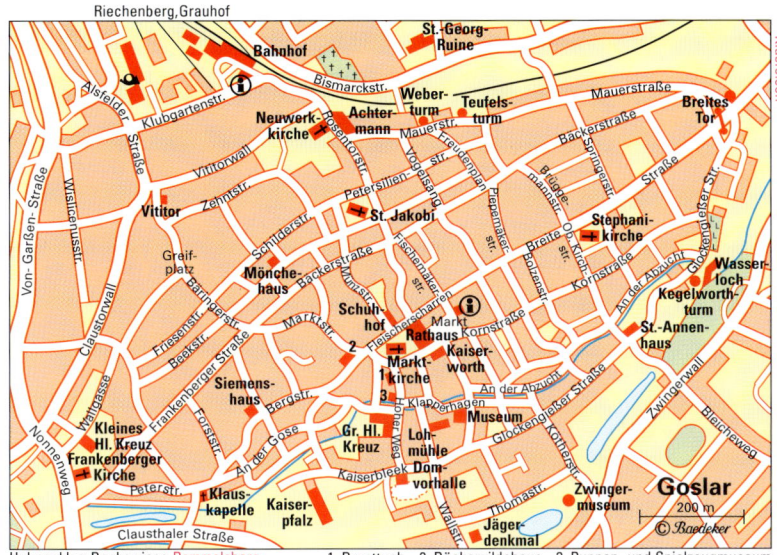

Hahnenklee-Bockswiese, Rammelsberg   1 Brusttuch   2 Bäckergildehaus   3 Puppen- und Spielzeugmuseum

Das 1693 erbaute Stammhaus der Familie Siemens (Schreiberstraße 12) gehört mit seinem Seitenflügel und den Wirtschaftsgebäuden zu den größten und besterhaltenen Bürgerhäusern der Stadt. Montags bis freitags können Däle (Diele), Hof und Brauhaus von 9.00 bis 12.00 Uhr besichtigt werden.

Siemenshaus

Ihm gegenüber steht das Fachwerkhaus des Glockengießers Magnus Karsten mit schönen Schnitzereien (1595; heute Hotel).

1254 stiftete der kaiserliche Vogt Dietrich von Sulinge das ehem. Spital zum Großen Heiligen Kreuz als Heim für alte, kranke und pflegebedürftige Bürger der Stadt (Hoher Weg 7). Es besteht aus mehreren Gebäuden, von denen heute das Eckhaus mit einem großen Portal und einer durchlaufenden Diele im Innern sowie die am Hohen Weg anschließende ältere Kemenate (1225) die bedeutendsten sind. In ihrem Erdgeschoß mit einfachen Rundbogenfenstern befindet sich die St. Johanniskapelle (im Innern stehen ein steinerner Altar aus dem 13. Jh., ein barockes Kruzifix mit versilbertem Körper sowie eine Bibel von 1671). Daneben liegt eine im 16. Jh. überbaute Toreinfahrt.

Ehem. *Spital zum Großen Hl. Kreuz

An der Nordseite des Hauptgebäudes wurden um 1650 in zwei Geschossen übereinander 18 Kammern für die ehem. Bewohner, die sog. Pfründnerkammern, eingebaut; eine Galerie führt ins Obergeschoß. Mehrere Kruzifixe aus dem 13. Jh. und ein Triumphkreuz von 1538 hängen links über dem Kapelleneingang. In einer zugemauerten Fensternische an der selben Wand steht die überlebensgroße Figur eines Schmerzensmannes (um 1530).

In einem Teil des Stiftes sind Kunsthandwerker mit Werkstätten und Verkaufsräumen untergebracht.

Ebenfalls im Hohen Weg befindet sich ein privates Musikinstrumenten- und Puppenmuseum (Hoher Weg 5; geöffnet: tgl. 11.00–17.00 Uhr). Zahlreiche Musikinstrumente aus drei Jahrhunderten sowie Puppen und anderes Spielzeug sind hier ausgestellt.

Puppen- und Spielzeugmuseum

Goslar

Einst standen entlang der Abzucht, so heißt die innerhalb der Stadt fließende Gose, 28 Mühlen. Von denen hat sich nur die im 16. Jh. erbaute Lohmühle erhalten. Hier wurde aus Baumrinde und Baumfrüchten die Lohe hergestellt, ein für Gerber wichtiger Rohstoff.

*Goslarer Museum

Öffnungszeiten
1.4.–31.10.
10.00–17.00
sonst bis 16.00

Unweit östlich steht in der Königstraße 1 das Goslarer Museum, das in einem zweigeschossigen Patrizierhaus von 1514, einem anschließenden Fachwerkbau vom Ende des 15. Jh.s sowie einem 1922–1933 erbauten Neubau untergebracht ist. Zu sehen sind Sammlungen zur Stadtgeschichte; ein Teil der Ausstattung des ehem. Doms St. Simon und Judas, darunter der sog. Krodoaltar, ein bronzener Reliquienbehälter aus dem 11. Jh., der von vier knienden Bronzefiguren getragen wird, sowie Glasmalereien aus dem 13. Jh., spätgotische Wandteppiche und eine aus sieben überlebensgroßen Figuren bestehende Kreuzigungsgruppe (um 1520); Gildezimmer, Apotheke und Druckereiraum schildern das Wirtschaftsleben der Stadt und Möbel, Musikinstrumente, Bronze-, Zinn- und Silbergeräte, Glas, Porzellan und Tonwaren lassen Kulturgeschichte lebendig werden. Den Abschluß bildet eine geologisch-mineralogische Abteilung.

**Marktplatz

Marktbrunnen

Mittelpunkt der schönen Altstadt ist der Marktplatz mit dem Rathaus (an der Westseite), der Kaiserworth und dem Marktbrunnen. Er stammt noch aus dem 13. Jh. und wurde 1546 hier aufgestellt. Der im 14. Jh. zu den zwei Bronzeschalen hinzugefügte vergoldete Reichsadler symbolisiert die Freie Reichsstadt. Neben der Treppe des Rathauses steht die Bronze "Nagelkopf" von Rainer Kriester (1935 in Plauen geboren).

Rathaus

Das Rathaus ist ein einfacher gotischer Steinbau, der in mehreren Bauabschnitten entstand. Sein Hauptflügel öffnet sich zur Marktseite in fünf

Auf dem Marktplatz

breiten Arkaden, die um 1450 entstanden. Zwischen dem vierten und fünften Bogen befand sich einst der Pranger, heute steht hier eine Säule mit einer Nachbildung der Goslarer Normalelle. Sie entsprach etwa einer Unterarmlänge (67 cm). Die sechs Fenster über den Arkaden sind von 1896, sie werden von spitzen Giebeln bekrönt. An der Südseite führt eine Freitreppe von 1537 in das Hauptgeschoß. An der Westseite befinden sich verschiedene Anbauten aus dem 15. und 16. Jh.; über dem Eingang zum Ratskeller ein Sandsteinrelief des Kaisers Konrad II.

Im Nordwesten schließt sich die 1498–1506 errichtete Marienkapelle an, in einer Nische über dem Eingang ein spätgotisches Marienstandbild. An der nördlichen Giebelfront wurde 1560 ein Fachwerkobergeschoß angebaut.

Über die 1537 erbaute Freitreppe gelangt man in die große Diele (Däle) des Obergeschosses. Ein spätgotischer Marienleuchter aus Messing sowie zwei sog. Geweihleuchter mit thronenden Kaiserfiguren (um 1500; der größere wird Hans Witten zugeschrieben) hängen von der Decke herab.

Hauptsehenswürdigkeit ist der ehem. Sitzungssaal der Goslarer Ratsherren, auch Huldigungssaal genannt, der mit farbenprächtigen auf Holz gemalten Bildern eines niedersächsischen Meisters ausgeschmückt ist (Anfang 16. Jh.). An der kassettierten Decke sind Christi Verkündigung, Geburt, Anbetung und Darstellung im Tempel, umgeben von den vier Evangelisten und zwölf Propheten, dargestellt. Kunstvoll geschnitzte Kielbogen von Hans Smet und Heinrich Marborg bilden die Rahmen der Wandgemälde, auf denen der Bürgermeister Papen, der Stifter der Bilder, vor der Jungfrau kniend, elf Kaiser und zwölf Sibyllen zu sehen sind. An der Ostwand befindet sich die 1506 geweihte, nischenartige Dreieinigkeitskapelle, in der die Ratsherren vereidigt wurden (Wandgemälde: Ecce Homo, Kreuztragung, Kreuzigung und Gnadenstuhl; auf den Innenseiten der Türflügel Christus als Schmerzensmann und Maria als Mater dolorosa). Zu den Ausstattungsstücken gehören die Kopie des um 1230 entstandenen Goslarer Evangeliars mit schönen, byzantinisch beeinflußten Miniaturen, Silberbecher, eine Silberschale und sakrale Gegenstände. Die ehemals hier aufgestellte reichverzierte Bergkanne, ein Meisterwerk der Silberschmiedekunst von 1477, befindet sich im Goslarer Museum.

Gegenüber dem Rathaus steht das ehem. Kämmereigebäude mit einem Glocken- und Figurenspiel an seinem Giebel, das die Geschichte des Harzer Erzbergbaus illustriert (9.00, 12.00, 15.00 und 18.00 Uhr).

An der Südseite des Marktes steht die Kaiserworth, die 1494 als Gildehaus der Gewandschneider (Tuchhändler) erbaut wurde (das hohe Satteldach wurde später aufgesetzt; heute Hotel). Das Erdgeschoß des zweigeschossigen Gebäudes öffnet sich mit einer sechsbogigen Arkadenhalle zum Marktplatz. In der Mittelachse des Obergeschosses trägt ein achteckiger kleinerer Turm einen Erker mit geschweifter Haube. In Nischen über figürlichen Konsolen stehen acht hölzerne Kaiserfiguren aus dem 17. Jh. (daher der Name Kaiserworth; Worth = Wohnhaus) und an der Ostseite noch zwei steinerne Figuren, Abundantia und Herkules (Sinnbilder für nie versiegenden Reichtum und Kraft) darstellend; an der Konsole darunter das bekannte Dukatenmännchen (ebenfalls Ausdruck für den Reichtum der Gilde).

Hinter dem Rathaus erhebt sich an der Westseite des Marktes die Marktkirche, die ab 1170 an der Stelle eines Vorgängerbaus als kreuzförmige dreischiffige Basilika errichtet wurde. Die beiden Türme wurden im 13. Jh. fertiggestellt, 1593 erhielten sie ihre unterschiedlichen Helme (der Nordturm diente bis ins 19. Jh. als Wacht- und Aussichtsturm) und 1844 wurden sie nach einem Brand erneuert.

1240 wurde die Flachdecke durch ein spitzbogiges Kreuzgratgewölbe ersetzt, um 1300 der Chor erweitert, mit einem Rippengewölbe überspannt und mit fünf hohen Maßwerkfenstern versehen. Ende des 15. Jh.s entstanden die zwei äußeren Seitenschiffe. Unter der Ausstattung befin-

Rathaus
(Fortsetzung)

*Huldigungssaal

Kämmereigebäude

Kaiserworth

*Marktkirche
St. Cosmas
und Damian

Goslar

Marktkirche
(Fortsetzung)

Besichtigung
Di., Mi., Do., Sa.
10.30–15.30
Fr. 10.30–14.00
So. 12.00–15.30

den sich die in einer Vitrine im nördlichen Querschiff aufbewahrten neun spätromanischen Glasmalereien mit Szenen aus dem Leben der Kirchenpatrone St. Cosmas und Damian. Sie entstanden um 1250 für die Chorfenster der Marktkirche. Im nördlichen romanischen Seitenschiff hängt ein Ölgemälde von Ernst Pasquale Jordan (1910). Im südlichen Querschiff sind einige Malereien erhalten, die um 1480 entstanden und u. a. die Versuchung durch den Satan und die Anbetung des goldenen Kalbs darstellen. Das Messingtaufbecken mit Flachreliefs ist von Magnus Karsten (1573), die Wandleuchter aus Messing von Hans Morten 1581 geschaffen. Die reich verzierte hölzerne Kanzel mit biblischen Szenen von Hans Seck ist ebenfalls von 1581. Der Hochaltar stammt von Andreas Gröber (1659; nach einem Brand 1844 verändert) und zeigt (von oben nach unten) das Ostergeschehen. Sehenswert ist auch das Wandgrabmal des Arztes Andreas Wilhelm Fischbeck († 1708), der zusammen mit seiner Frau und seinem Sohn abgebildet ist.

✳ Brusttuch

Gegenüber dem Westportal der Marktkirche steht im spitzen Winkel zweier Straßen das eigenartigste Goslarer Bürgerhaus, das sog. Brusttuch, das 1521–1526 im Auftrag des Hüttenbesitzers Johannes Thalling erbaut wurde. Auf einen hohen steinernen Unterbau folgt ein niedriges gotisches Fachwerkgeschoß mit einem Erker an der Stirnseite sowie ein steiles windschiefes Dach. Seinen Namen hat das Haus vermutlich von den 'Brosdokern', den Gewandschneidern, die vor dem Haus ihre Umschlagtücher anboten. Unterhalb der oberen Fenster verläuft ein breiter Bogenfries mit holzgeschnitzten biblischen und anderen Bildern sowie derblustigen Darstellungen von Menschen und Tieren, darunter auch die 'Butterhanne', eine Magd, die sich in den drallen Schenkel zwickt und inzwischen Wahrzeichen Goslars geworden ist. Sie stammen von dem Bildhauer Simon Stappen, der auch in Braunschweig, Celle und → Osterwiek (Eulenspiegelhaus) gearbeitet hat. Im Innern des heute als Hotel dienenden Gebäudes sind schöne Räume mit Schnitzwerk, Balkendecken und Gemälden zu sehen.

Oberstadt

Bäckergildehaus

Nordwestlich vom Brusttuch steht das Bäckergildehaus (Marktstraße 45), heute Sitz der Industrie- und Handelskammer, das mit Unterbrechungen 1501–1557 erbaut wurde; neben dem rechten Fenster am Unterbau sind ein Adler und typische Goslarer Backwaren abgebildet, das Wappen der Bäckergilde.

Zinnfiguren-
museum

In einer 1644 erbauten ehem. Poststation mit historischem Innenhof (Münzstraße 11) befindet sich heute ein Zinnfigurenmuseum (geöffnet: tgl. 10.00–17.00 Uhr) mit über 100 Schaubildern zur Stadt- und Weltgeschichte.

✳ Mönchehaus
Museum für
moderne Kunst

In der Mönchestraße 3 steht das 1528 erbaute Mönchehaus, heute ein Museum für moderne Kunst (geöffnet: Di.–Sa. 10.00–13.00, 15.00–17.00, So. 10.00–13.00 Uhr) mit einer reichverzierten Eingangstür, einer zweigeschossigen Diele sowie dem sog. Apostelzimmer mit Grisaillenmalerei von Daniel Poppe (1561) im Obergeschoß. Neben verschiedenen Werken zeitgenössischer Künstler (u. a. Kiefer, Beuys, Calder, Christo, Ernst) aus eigenen Beständen sind wechselnde Ausstellungen zu sehen.

St. Jakobi

Unweit nordöstlich befindet sich die älteste Pfarrkirche Goslars, die 1073 erstmals erwähnte Kirche St. Jakobi, die in mehreren Bauphasen erbaut wurde. Sie entstand im 11. Jh. als flachgedeckte dreischiffige Pfeilerbasilika. Im 12. Jh. wurde der westliche Querbau mit Maskenkonsolen und Fabelwesen vorgestellt, die beiden Rundtürme wurden erst im 16. Jh. fertiggestellt (im 17. Jh. verändert, die Glockenstube ist aus dem 18. Jh.). Um 1250 erfolgte die Einwölbung der Kirche und ein neuer Chor wurde angefügt. Um 1500 begann der Umbau zur Hallenkirche: Die Seitenschiffe wurden durch breitere Neubauten ersetzt und die Mauern des Mittelschiffs entfernt. Die südliche Vorhalle ist von 1526.

An den Chorwänden im Innern der Kirche befinden sich seitlich der Fenster fünf um 1270 gemalte Prophetenfiguren unter Baldachinnischen. Weitere Wandmalereien aus dem 16. Jh. sind an der südlichen Längswand zu sehen. Zur Ausstattung zählen außerdem die drei 1727 von Jobst Heinrich Lessen d. Ä. für die Klosterkirche Riechenberg geschaffenen Altäre (Hochaltar und zwei Seitenaltäre), das Taufbecken von 1592, die Orgel (um 1650 mit älteren Teilen), das spätgotische Vesperbild, eine 1515 von Hans Witten aus Lindenholz geschaffene Pietà, ein Meisterwerk spätgotischer Schnitzarbeiten, sowie die mit Flachreliefs geschmückte Kanzel von 1620.

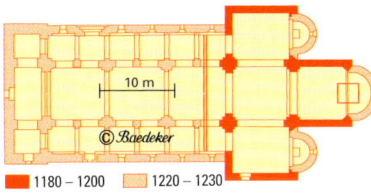

| 1180 – 1200 | 1220 – 1230 |

Nördlich der Jakobikirche steht in der Rosentorstraße die dreischiffige kreuzförmige Pfarrkirche Neuwerk mit Querhaus und zweitürmigem Westbau. Sie war Klosterkirche eines Benediktinerinnenklosters, das der kaiserliche Vogt Volkmar von Wildenstein im 12. Jh. vor den Toren Goslars gegründet hatte. Die Nonnen folgten bald darauf den Regeln des Zisterzienserordens, ohne ihm jedoch anzugehören. Von dem Kloster ist nur die 1173 erstmals erwähnte Neuwerkkirche erhalten. Während des ersten Bauabschnitts im 12. Jh. entstanden Chor und Querhaus (1186 Weihe des Hauptaltars), bis 1200 folgten Langhaus und der Westbau, dessen Turmspitzen erst im 14. Jh. fertiggestellt wurden. 1220–1230 wurde das Langhaus eingewölbt und ausgemalt. Im Tympanon über dem Hauptportal hat sich eine etwas verblaßte spätromanische Malerei erhalten, die thronende Gottesmutter mit dem Jesuskind. An der Ostseite beeindruckt die zweigeschossige Chorapsis; die untere Zone ist mit Halbsäulen und einem Rundbogenfries versehen, in der oberen stützen Freisäulen über weit ausladenden Konsolen eine Blendarkade.

Im Innern der Kirche befinden sich beeindruckende Wandmalereien von 1230/40, die im 18. Jh. übertüncht und im 19. Jh. wieder freigelegt worden sind. In der Wölbung der Chorapsis das Bild der thronenden Mutter Gottes mit dem Jesuskind. Über ihrem Kopf schweben sieben Tauben, die Gaben des Hl. Geistes darstellend; ihr Thron steht auf den sieben Stufen der Seligkeit, die auf beiden Seiten von je sieben Löwen flankiert werden. Sie verkörpern die Stämme Israels sowie die zwölf Apostel. Links von dieser Gruppe steht Petrus, daneben kniend der Erzengel Gabriel, rechts Paulus und Stephanus. Zwischen den Apsisfenstern vier alttestamentliche Szenen: links Jakobsleiter, Abrahams Opfer, Jephtha erschlägt seine Tochter, Judith mit dem Haupt des Holofernes.

Die Lettnerkanzel mit Stuckreliefs von 1230 dient heute als Orgelempore. Für die eigenartigen henkelförmigen Ausbuchtungen an den Halbsäulen im Mittelschiff der Kirche gibt es keine schlüssigen Erklärungen, dargestellt sind ein menschliches Gesicht, ein Teufelskopf, eine sich in den Schwanz beißende Schlange und ein Kranz. Am Pfeiler gegenüber vom Hauptportal befindet sich das Steinrelief eines Engels, der ein Spruchband trägt. Darauf hat sich der Steinmetz und mögliche Baumeister Wilhelmus selbst ein Denkmal gesetzt (frühes 13. Jh.). Das Sakramentshäuschen ist von 1484, am nördlichen Seitenaltar eine Lindenholz-Pietà von 1476, am südlichen Seitenaltar eine Eichenholz-Pietà (Mitte 15. Jh.). Erwähnenswert sind außerdem die Vesperbilder in den Nebenapsiden (15. Jh.) und das spätgotische Stiftergrab in der Vierung mit den Bildnissen des Klostergründers Volkmar von Wildenstein und seiner Frau Helena († um 1500).

Im Garten der Neuwerkkirche steht die Granitskulptur "Tor in Goslar" des Schweizer Künstlers Max Bill (1908–1994).

St. Jakobi (Fortsetzung)

＊Pietà

＊＊Neuwerkkirche

Besichtigung 1.4.–31.10. Mo.–Sa. 9.30–11.30 Mo.–Do. 14.30–16.30 Sa. 14.00–16.00 Nov.–Dez. Mo.–Fr. 9.30–11.30

Wandmalereien

Tor in Goslar

155

Bronzeskulptur (Fortsetzung)

Gleich hinter dem Rosentor steht in der Rosentorstraße außerdem das in Bronze gegossene Figurenpaar "Mann mit Stock, Frau mit Regenschirm" des 1932 in Kolumbien geborenen, in New York und Paris lebenden Malers und Plastikers Fernando Botero.

Georgenberg

Im Norden der Stadt liegt der 275 m hohe Georgenberg mit den Grundmauern des um 1025 gegründeten Augustinerchorherrenstifts. Es wurde 1527 bei den Kämpfen mit dem katholischen Herzog Heinrich von Braunschweig von den Bürgern Goslars selbst zerstört. Im 12. Jh. wurde eine Kirche in der Form eines achteckigen Zentralbaus erbaut, an den später ein dreischiffiger Chor angefügt wurde. Ausgrabungen ergaben, daß an dieser Stelle zuvor eine karolingische Burg gestanden hatte.

Unterstadt

Stephanikirche

An der Breiten Straße, die in den Osten der Altstadt führt, erhebt sich die Stephanikirche, die 1729–1734 nach Plänen des Hannoveraner Baumeisters Daniel Köppel an der Stelle eines 1142 erstmals erwähnten Vorgängerbaus errichtet wurde. Die dreischiffige Hallenkirche besitzt einen mächtigen Westturm, große Rundbogenfenster zwischen den kassettierten Strebepfeilern und einen polygonalen Chorabschluß.
Unter der Ausstattung befindet sich eine schöne spätbarocke Altarwand von Johann Caspar Mohr und Ph. C. Hirschbeck (1767), das Abendmahlsbild in der Predella entstand um 1610 (Christoph Gertner zugeschrieben); die Orgelempore wurde von Jobst Heinrich Lessen d. J. für die Klosterkirche Riechenberg geschaffen (um 1735). Kanzel und Taufstein sind von 1743, mehrere bemerkenswerte Kelche aus dem 14. bis 16. Jh., das Ciborium um 1300 und die silberne Kanne von 1622.

Im Haus Breite Straße 95 kam der französische Feldherr Moritz von Sachsen (1696–1750) zur Welt, Sohn von August dem Starken und der Gräfin Aurora von Königsmarck.

St. Annenhaus

Das in einem Garten gelegene St. Annenhaus (Glockengießerstr. 65) gehörte zum 1488 eingerichteten Spital der Jakobigemeinde und dient seither als Altenheim. Der Fachwerkbau wurde 1671 mit großer Diele erneuert, nach Osten schließen sich die Chorkapelle, die Küche und Wohnräume an. Bei einem Umbau 1713 wurde die Dielendecke farbig bemalt. Den hier aufgestellten Schnitzaltar stiftete Jobst Heinrich Lessen d. J. 1713; die Kruzifixe sind aus dem 13. und 16. Jh.; die Malereien auf beiden Seiten des Altars entstanden um 1600, die Glasmalereien im Chorfenster in der 2. Hälfte der 17. Jh.s. Eine Nesseltuchstickerei aus dem 14. Jh. zeigt 32 Szenen der Lebens- und Leidensgeschichte der hl. Margarete.

Klusfelsen

Östlich vom Breiten Tor liegt der über 30 m hohe Sandsteinfelsen Klus am Abhang des Petersbergs mit einer bereits 1169 erwähnten, in den Felsen gehauenen Kapelle.

Ehem. Chorherrenstift St. Peter

Auf der Kuppe des 275 m hohen Petersbergs wurden 1871 die Fundamente des 1050 von Heinrich III. gestifteten Chorherrenstiftes St. Peter freigelegt, eine dreischiffige romanische Säulenbasilika mit vorgelegtem Querschiff, die um 1527 zerstört und später als Steinbruch benutzt wurde. Von hier oben genießt man einen schönen Blick auf die Stadt Goslar.

*Stadtbefestigung

Allgemeines

Die Stadtbefestigung von Goslar, von der noch eindrucksvolle Reste erhalten sind, stammt ursprünglich aus dem 12. Jh., sie wurde im 15. und im 16. Jh. jedoch erheblich verstärkt. Die 1,5 m dicke, bis 10 m hohe Stadtmauer besaß über 100 halbrunde und eckige Wehrtürme.

Im Osten der Stadt steht das 1443 erbaute Breite Tor, das mächtigste der vier ehem. Haupttore der Stadt, zu denen noch das Vititor und das Claustor gehörten. Es wurde 1505 mit dem 47 m hohen Rundturm versehen und 1728 verkürzt. Neben einem der Türme steht die Skulptur "Gedenkstätte Goslar", eine CorTen-Stahlplatte des Amerikaners Richard Serra (geb. 1939), Kaiserringträger 1981.

Breites Tor

Gedenkstätte Goslar

In der Mauerstraße stehen der halbrunde Weberturm und der Teufelsturm, sie waren beide in die Stadtmauer einbezogen. Zwischen Breitem Tor und St.-Annen-Wall im Süden der Stadt befindet sich das sog. Wasserloch, ein Festungsbau über der Gose, die hier die Befestigung durchfließt. Weiter südlich schließen ein Teil der Stadtmauer und der Kegelworth-Turm an.

Auf dem Thomaswall am Kahnteich steht der mächtige, 1517 erbaute Zwingerturm mit 5,50 m starken Mauern und 24 m Durchmesser. Er sollte den Rammelsberg und die Ostflanke des Stadtwalls schützen. Im Belagerungsfall fanden bis zu 1000 Menschen auf seinen vier Etagen Schutz. Heute beherbergt er ein Museum des späten Mittelalters, in dem Waffen, Belagerungsgeräte und Folterwerkzeuge aus der Zeit ausgestellt sind.
Am ehem. Rosentor steht der sog. Achtermann (1508), an seiner Nordseite sieht man in einer Nische eine Kaiserfigur und zwei Wappen.
Außerhalb der Stadt befanden sich Warttürme, u. a. auf dem Rammelsberg der Maltermeisterturm und auf dem Sudmerberg die Warte.

Zwingermuseum

Öffnungszeiten tgl. 9.00–17.00

Umgebung von Goslar

An dem südlich die Stadt überragenden, 636 m hohen Rammelsberg befinden sich die 1988 stillgelegten Erzgruben. Einer Sage zufolge legte hier das Pferd des Ritters Ramm beim Scharren mit seinen Hufen eine Silberader frei. Der 968 erstmals urkundlich erwähnte Bergbaubetrieb geht wohl ins 3. Jh. zurück. Er ist damit das älteste und bedeutendste deutsche Bergwerk und steht seit 1992 auf der UNESCO-Liste des Weltkulturerbes. Vom Maltermeisterturm, im 14. Jh. auf halber Höhe des Rammelsbergs errichtet, wurde das Bergwerk überwacht. Ab 1578 kündigte die Glocke den Bergleuten Beginn und Ende der Schicht an; 1750 zog hier der sog. Maltermeister ein, der das Grubenbrandholz verwaltete (Malter = Raummaß für Holz; 1 Malter = 1,859 m³). Vom Turm hat man einen schönen Blick.

Rammelsberg

Hinter dem Turm liegen die Anlagen des über 1000 Jahre alten Rammelsberger Erzbergwerks, in dem Blei, Zink, Kupfer, Silber und etwas Gold gefördert wurden. Seit seiner Stillegung 1988 wird es schrittweise in ein Bergbaumuseum und Besucherbergwerk umgebaut. Bislang sind übertage Mannschaftskaue, Lampenstube und in der ehem. Waschkaue eine Ausstellung über die Bergbaugeschichte zu sehen. Untertage wird der 1764–1810 unter J. Chr. Roeder aufgefahrene Roeder-Stollen besichtigt mit Grubenräumen und Wasserrädern, die für die Erzförderung und zur Grubenentwässerung genutzt wurden.
Darüber hinaus müssen der 1000 m lange Rathstiefster Stollen erwähnt werden, der Mitte des 12. Jh.s als Entwässerungsstollen angelegt wurde, sowie das Feuergezäher Gewölbe, ein Mitte des 13. Jh.s ausgemauerter Grubenraum; hier stand ein Wasserrad.

*Bergbaumuseum

Öffnungszeiten tgl. 9.30–18.00

3 km nordwestlich von Goslar liegen die Reste des 1117 gegründeten und 1803 aufgehobenen Augustinerklosters Riechenberg. Von der 1122 geweihten Klosterkirche St. Maria sind nur der 1150 angelegte Krypta vollständig erhalten; zu sehen sind außerdem der Nordflügel des Querhauses mit Apsis, die nördlich sich anschließende Sakristei mit spätgotischem Netzgewölbe und einer Bibliothek im Obergeschoß sowie weitere Mauer- und Säulenfragmente. Die barocke Kirchenausstattung befindet sich in der St. Jakobikirche in Goslar (s. oben). Der Grundriß der dreischiffigen flachgedeckten Basilika mit sächsischem Stützenwechsel ist noch erkennbar.

Klosterruine Riechenberg

Neben den Querhausapsiden gelangt man in die Krypta, die als die schönste und bedeutendste romanische Krypta Niedersachsens gilt. Der dreischiffige kreuzgratgewölbte Hallenraum besitzt Säulen, deren Schäfte und Kapitelle kunstvoll gestaltet sind. Ihre Einzelformen sind durch oberitalienische Einflüsse bedingt, die durch Königslutter vermittelt sein könnten. 1150 wurde der Mitbegründer des Stifts, Propst Gerhard, in der Krypta beigesetzt.

Nordwestlich der Kirche liegt das Klostergut mit Wirtschaftsgebäuden aus der Mitte des 18. Jh.s, der geschmückte Portalbau ist von 1737.

*Klosterkirche
Grauhof

4 km nördlich, im Stadtteil Jürgenohl, befindet sich das 1803 aufgehobene Augustinerkloster Grauhof, das nach der Zerstörung des Klosters 1527 auf dem Georgenberg (s. oben) hierher verlegt worden war.
Die Klosterkirche, eine der prächtigsten Barockkirchen Norddeutschlands, entstand 1711–1717 nach Plänen des Mailänders Francesco Mitta; Daniel Köppel fügte 1741 die zweigeschossige, im Osten gelegene Sakristei hinzu. Seit 1946 wird das Kloster von Franziskanern betreut.
Der Mittelraum der dreijochigen Kirche wird von Kreuzgewölben überspannt, die hohen Kapellen dagegen sind tonnengewölbt. Unter dem erhöhten, langgestreckten und geradeschließenden Chor liegt eine Gruft. Unter der reichen Ausstattung befindet sich der 1717 fertiggestellte Hochaltar, in der Giebelzone über dem Altarbild ("Christus am Kreuz", Joh. H. Pickhart, 1794) sind überlebensgroße Schnitzfiguren der Schutzheiligen Augustinus und Georg mit der Erdkugel, darüber abschließend drei Sonnen als Symbole der Dreifaltigkeit zu sehen. An den Seitenwänden steht das 1717 fertiggestellte Chorgestühl; vier der sechs Ältäre in den Seitenkapellen stammen vermutlich von Franz Lorenz Biggen (Altäre aus dunkelgrauem Marmor mit Reliefs, Figuren und Ornamenten aus weißem Marmor; von ihm ist auch das Grabmal des Propstes Bernhard Goeken); die beiden übrigen Altäre sind Meisterwerke des sog. Knorpelstils (1670), der Marienaltar (im Norden) wird Wilhelm Schorigus d. J., der Passionsaltar Heinrich Lessen d. Ä. zugeschrieben. Die Kanzel ist von 1721, die Orgel wurde 1737 von Christian Treutmann angefertigt. Die kürzlich restaurierte und wieder voll bespielbare Orgel besitzt 42 Register und rund 3500 Pfeifen und gilt als eine der größten und schönsten deutschen Barockorgeln.

Die Pläne für die südlich der Kirche gelegenen Konventsgebäude und des Kreuzgangs sind auch von Mitta. Der Westflügel wurde 1815 abgerissen.

Granestausee

8 km südwestlich → Langelsheim, Umgebung

Goslar-Hahndorf

Die Weihe der vom Kloster Riechenberg aus gegründeten Kirche (8 km nördlich von Goslar) fand 1133 statt. Allerdings gibt es nur geringe romanische Überreste; der Altar entstand um 1600, die Kanzel Anfang des 18. Jahrhunderts.

Okertalsperre

11 km südlich → Okertal

Hahnenklee-
Bockswiese

15 km südlich → dort

Werla

19 km nordöstlich von Goslar befand sich über dem Steilufer der Oker, am Schnittpunkt mehrerer alter wichtiger Heer- und Handelsstraßen, die Pfalz Werla. Sie wurde unter Heinrich I. nach 920 an der Stelle frühzeitlicher Befestigungen errichtet und nahm insgesamt 25 ha ein. Nachdem sie im 11. Jh. von der Pfalz Goslar abgelöst wurde, verlor sie ihre Bedeutung. Einst bestand sie aus einer Hauptburg mit Palas und Heizungsanlage, die im Süden und Osten durch einen Steilabfall natürlich gesichert war. In ihrem Norden und Westen boten zwei sog. Innere Vorburgen zusätzlichen Schutz. Zuletzt riegelte die Äußere Vorburg den gesamten Burgplatz gegen Norden und Nordwesten ab. Ende des Mittelalters wurde die Pfalz endgültig aufgegeben und als Steinbruch genutzt.

Hahnenklee-Bockswiese C/D 3

Bundesland: Niedersachsen
Höhe: 600 m ü. d. M.
Einwohnerzahl: 1800

Der Kur- und Wintersportort Hahnenklee-Bockswiese liegt im Nordharz in einer Talmulde, am Fuße des Bocksbergs. Die beiden Gemeinden gehören heute zur 15 km nördlich gelegenen Stadt → Goslar.
Ein vielfältiges Angebot an sportlichen und kulturellen Veranstaltungen, zahlreiche in der Nähe gelegene Ausflugsziele sowie ihre nordische Stabkirche haben die Stadt zu einem gernbesuchten Ferienort gemacht.
Alljährlich wird in der Nacht vom 30. April auf den 1. Mai das Walpurgisfest gefeiert.

Lage und Allgemeines

Walpurgisnacht

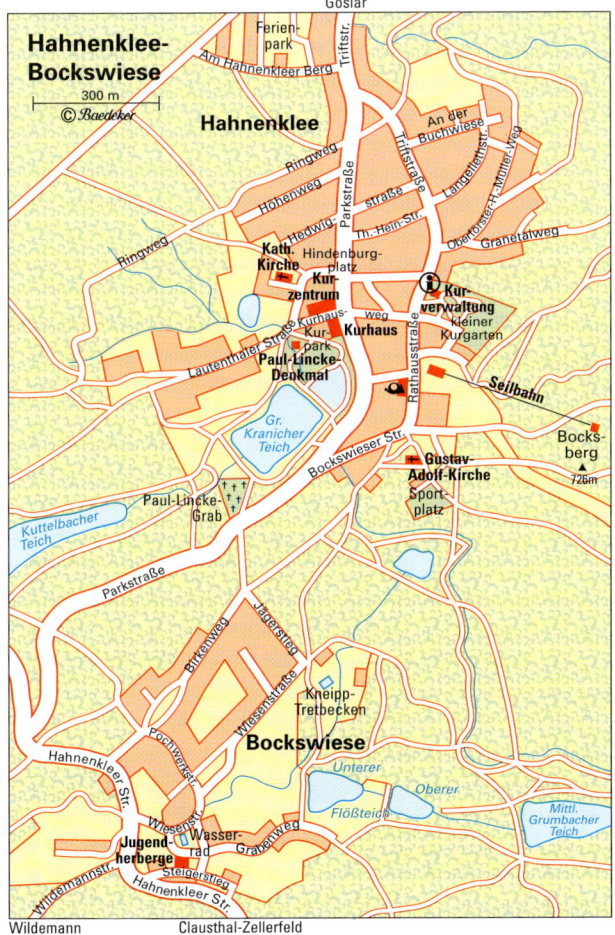

159

Hahnenklee-
Bockswiese
(Fortsetzung)
Geschichte

Die Entstehung von Hahnenklee geht auf eine Sage zurück, nach der an dieser Stelle im 12. Jh. ein scharrender Hahn zufällig Erz freigelegt haben soll. Sicher ist, daß im 13. Jh. sowohl in Hahnenklee als auch in Bockswiese Erze abgebaut wurden. Im 14. Jh. haben dann Mönche des Benediktinerklosters Cella in Hahnenklee einen Viehhof angelegt, der sich zu einem Gutshof entwickelte. Erstmals werden erwähnt: 1548 der 1,1 km lange Hahnenklee-Stollen im Granetal, 1541 die Gruben Erasmus und Ritter St. Jürgen und schließlich 1577 die Gruben Drei Brüder und Gnade Gottes. Mit einigen Unterbrechungen wurde der Bergbau in Hahnenklee bis 1828 und in Bockswiese bis 1930 betrieben. Der Fremdenverkehr entwickelte sich ab 1880 und bildet heute die Haupteinnahmequelle.

Sehenswertes in Hahnenklee-Bockswiese

*Stabkirche

Auf einem zwischen Hahnenklee und Bockswiese gelegenen Hügel steht die nach dem schwedischen König benannte Gustav-Adolf-Kirche, Deutschlands einzige Stabkirche. Sie wurde 1907/08 nach Plänen von Karl Mohrmann ganz aus Holz erbaut. Der Baustil hat seinen Ursprung im nordeuropäischen Raum, wo schon 1000–1100 n. Chr. nach dem Vorbild der Wikingerschiffe solche Kirchen errichtet wurden. Das Langhaus mit seinem pyramidenförmigen dreistufigen Dach wird in der Mitte von einem ebenfalls dreifach gestuften Dachreiter überragt. An der Ostseite schließt ein turmartiges rundes Dach die halbrunde Apsis ab, im Westen erhebt sich der freistehende Glockenturm. Zwölf Masten oder Stäbe bestimmen die Grundkonstruktion der Kirche. Die Querbalken sind ohne Verwendung von Nägeln genutet und gespundet. Im Innern gliedern runde Holzstützen den Kirchenraum und tragen die Emporen. Decke und Wände sind holzverkleidet. Altar und Kanzel sind dem aus Goslar stammenden Bildschnitzer Seegebarth, die Gemälde zeichnete der Maler Böhlmann.

Weitere Sehens-
würdigkeiten

Auf dem Waldfried befindet sich das Grab des Berliner Operettenkomponisten und Kapellmeisters Paul Lincke (1866–1946), der seinen Lebensabend in Hahnenklee verbrachte. Im Haus der Kurverwaltung erinnert eine kleine Ausstellung in der Heimatstube an ihn (geöffnet: Mi. 15.00–17.00, Fr. 10.00–12.00 Uhr). Alle zwei Jahre wird der Paul-Lincke-Ring an einen Komponisten der heiteren Muse vergeben.
Im Park des Hotels Hahnenkleer Hof gibt es neuerdings ein kleines Bergbaumuseum.

Bocksberg

Eine Kabinenseilbahn fährt auf den Gipfel des 726 m hohen Bocksbergs. Das in der Bergstation untergebrachte Edelsteinmuseum ist bis auf weiteres nicht zu besichtigen. Vom Gipfel führt ein steiler Weg zum Auerhahnteich (611 m) hinab; in seiner Nähe liegt das Forsthaus Auerhahn, ein ehem. Jagdhaus der Herzöge von Braunschweig von 1675.

Halberstadt   M 2/3

Bundesland: Sachsen-Anhalt
Höhe: 125 m ü. d. M.
Einwohnerzahl: 43 700

Lage und
Allgemeines

Halberstadt liegt im nördlichen Harzvorland am rechten Ufer der Holtemme und bezeichnet sich als das 'Tor zum Harz'. Im Nordwesten wird die Stadt vom Huy, im Süden von den Spiegelsbergen umgeben. Bereits im 9. Jh. war sie Bischofssitz und wurde zu einem wichtigen Zentrum der Christianisierung. Die wirtschaftliche Grundlage bildeten Landwirtschaft, Handwerk und Handel; seit dem 19. Jh. kam es zu einer verstärkten Ansiedlung von Betrieben des Maschinenbaus, der Lebensmittel- und Holzverarbeitung.

Mit ihrem gotischen Dom, der Liebfrauenkirche und dem wertvollen Domschatz gehört die Stadt zu den kulturellen Höhepunkten einer Harzreise.

Ausgrabungen unter dem heutigen Dom ergaben, daß die Gegend bereits vor über 6000 Jahren besiedelt war. Aufgrund der Lage am Schnittpunkt zweier wichtiger Straßen entwickelte sich eine Siedlung, in welche Karl der Große 804 den ursprünglich in Seligenstadt (→ Osterwieck) gegründeten Bischofssitz verlegte. Neben der ersten Siedlung im Bereich der heutigen Altstadt entstand eine zweite Siedlung auf dem Domberg. Eine dritte entwickelte sich mit dem Markt im Gebiet des heutigen Fischmarkts. Im Jahr 989 erhielt der Bischof von Halberstadt von Otto III. das Markt-, Münz- und Zollrecht sowie die Gerichtsbarkeit. 1108 wird Halberstadt erstmals als Stadt bezeichnet. 1179 zerstörte Heinrich der Löwe, Neffe Kaiser Friedrich Barbarossas, die Stadt, die 1184 soweit wiederhergestellt war, daß sie das Goslarer Stadtrecht übernahm. 1387 trat sie der Hanse bei und trieb einen ausgedehnten Handel mit den Niederlanden, Flandern und England. Mehrere Versuche der Bürgerschaft, sich aus der bischöflichen Oberherrschaft zu befreien, mißlangen. Nach dem Dreißigjährigen Krieg wurde das Bistum Halberstadt 1648 aufgelöst und in ein brandenburgisch-preußisches Fürstentum umgewandelt. Ende des 17. Jh.s verhalfen durch den Großen Kurfürsten ins Land gerufene Hugenotten der Stadt zu einem erneuten Aufschwung. Eine Zeit geistig-kultureller Blüte erlebte Halberstadt in der zweiten Hälfte des 18. Jh.s, als der Dichter und Domsekretär Johann Wilhelm Ludwig Gleim (1719–1803) in der Stadt lebte. 1806–1813 gehörte Halberstadt zum Königreich Westfalen, 1816 wird es in die preußische Provinz Sachsen eingegliedert. Nach Anschluß an das Eisenbahnnetz 1843 siedelte sich in Halberstadt Industrie an.

Die alte Fachwerkstadt Halberstadt wurde am 8. April 1945 durch Luftangriffe zu 82 % zerstört, nur noch wenige Fachwerkhäuser erinnern an die einstige Hansestadt. Um den Domplatz herum fanden umfangreiche Wiederherstellungsarbeiten statt. Heute ist Halberstadt als Modellstadt für die Sanierung seines historischen Stadtkerns auf dem Weg zu architektonischer Geschlossenheit.

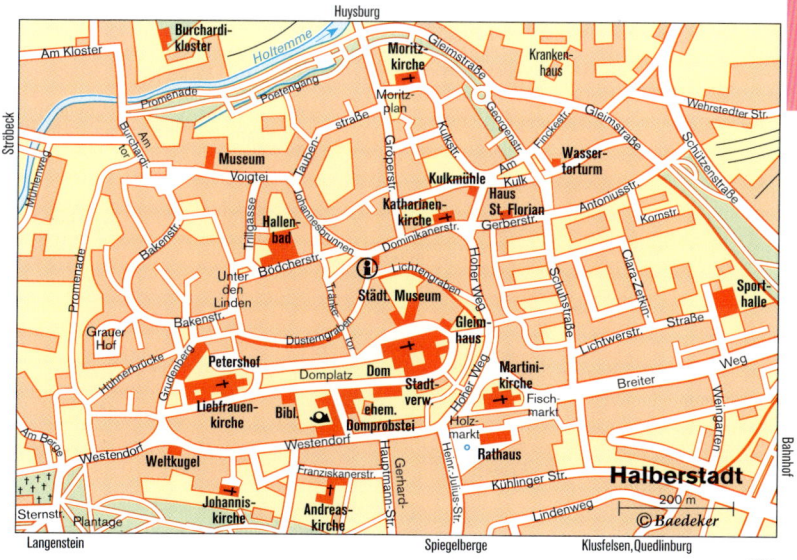

Domplatz

Die bedeutendsten Sehenswürdigkeiten gruppieren sich um den etwas erhöht gelegenen Domplatz. Im Osten beherrscht der Dom St. Stephan den Platz, diesem stand im Westen der Bischofspalast gegenüber. An ihn schloß sich die viertürmige Liebfrauenkirche mit dem Chorherrenstift an. Den Platz umgab eine aus Mauern und im Süden vor allem aus Gräben bestehende Befestigung. Diese wurde durch fünf ebenfalls befestigte Zugänge durchbrochen. Von ihr sind außer der Domstützmauer im Norden nur wenige Reste erhalten.

Den Domplatz umgaben ursprünglich 44 Kurien der Dom- und Stiftsherren, von denen heute noch einige zu kulturellen Zwecken genutzt werden wie das Städtische Museum oder das Gleimhaus.

Nordöstlich des Dombezirks befinden sich weitere romanische und gotische Kirchenbauten, u. a. die Katharinen- und die Moritzkirche und im Osten die Martinikirche. Größtenteils handelt es sich um Klosterkirchen, denn bis ins 16. Jh. gab es in Halberstadt sechs verschiedene Klöster.

**Dom St. Stephan

Führungen

Der wichtigste Teil des Doms und der Domschatz sind nur im Rahmen einer Führung zu besichtigen: November bis März, dienstags bis sonntags um 11.30 und um 14.30 Uhr.
April bis Oktober, dienstags bis freitags um 10.00, 11.30, 14.00 und 15.30 Uhr, samstags um 10.00 und 14.00, sonn- und feiertags um 11.30 und 14.30 Uhr. Treffpunkt ist der Eingang zum Kreuzgang.

Baugeschichte

Der Dom St. Stephan ist eine langgestreckte kreuzförmige Basilika von großer einheitlicher Wirkung, ein Meisterwerk in der Geschichte der norddeutschen Gotik. Er steht an der Stelle verschiedener Vorgängerbauten. Bereits 804 hatte Karl der Große hier einen aus Seligenstadt (→ Osterwieck) verlegten Missionsstützpunkt zu einem Bistum erhoben. Die karolingische Kirche wurde 859 zum ersten Mal erweitert und in der Folgezeit mehrfach erneuert.

Der heutige Bau entstand etwa ab 1240, die Weihe fand zweieinhalb Jahrhunderte später, im Jahre 1491, statt. Zuerst wurde die zweitürmige Westfassade errichtet, während der noch in Benutzung bleibende romanische Bau des 11. Jh.s nach und nach abgerissen wurde. Die Bauleute kamen von der Zisterzienserabtei → Walkenried. Dann folgten gegen Ende des 13. Jh.s die anstoßenden ersten drei Joche des Langhauses. Nach einer

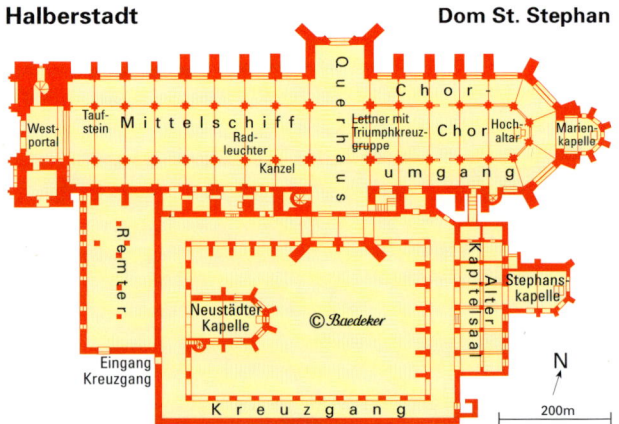

Halberstadt　　　　　　　　　**Dom St. Stephan**

Dom in Halberstadt

längeren Unterbrechung wurden die Arbeiten mit dem Bau der Marienkapelle wieder aufgenommen, 1354 mit dem hochgotischen Chor begon-
nen (1402 fertiggestellt). Erst dann folgten das übrige Langhaus und das
Querschiff. Aber trotz der langen Bauzeit und der verschiedenen Bau-
abschnitte blieben der aus Frankreich übermittelte Baugedanke und die
Einheitlichkeit der gesamten Anlage gewahrt. Die entscheidenden, im
13. Jh. festgelegten Maßverhältnisse wurden im wesentlichen beibehalten.
Die obersten Stockwerke der beiden Westtürme mit den achteckigen
Spitzhelmen sind nach rheinischem Vorbild 1893–1896 errichtet worden.
Nach starker Beschädigung wurde der Dom 1946–1960 nach alten Vor-
lagen wieder aufgebaut.

Das Innere der dreischiffigen Basilika spiegelt die einheitliche stilistische
Erscheinung der Außensicht wider. Die Bündelpfeiler des Langhauses, auf
denen ein Kreuzrippengewölbe ruht, stehen dicht zusammen, was aus den
Fundamenten des Vorgängerbaus erklärbar wird. Das Querhaus ist weit
nach Westen vorgezogen, im Osten schließen sich ein langgestreckter
Chor mit Umgang sowie eine Scheitelkapelle an. Der Chorraum wird vom
Langhaus durch einen spätgotischen Lettner, der 1510 eingebaut wurde,
abgeschlossen, hohe Steinschranken trennen ihn vom Umgang.
Am Haupteingang steht ein auf vier Löwen ruhendes Taufbecken aus
Rübeländer Marmor von 1195; der prächtige Orgelprospekt an der
Westempore ist von 1718 (mit neuem Orgelwerk); die Skulpturen auf den
Pfeilerkonsolen sind vom Übergang vom 15. zum 16. Jh. (Nordseite:
Katharina, Johannes, Schmerzensmann, Maria, Mauritius und Sebastian;
Südseite: Maria und Erasmus); an der Westseite des nördlichen Seiten-
schiffs: Stephanus; an der Decke ein schmiedeeiserner Radleuchter vom
Beginn des 16. Jh.s.
Die Kanzel stammt von 1592, auf den Bildern die Evangelisten, eine Dar-
stellung des Ostergeschehens am Kanzelkorb sowie drei Tugenden am
Kanzelaufgang; vor der Vierung die Skulpturen des Georg und Hierony-

Baugeschichte
(Fortsetzung)

Inneres

163

Halberstädter Madonna

Armreliquiar

Dom St. Stephan,
Inneres
(Fortsetzung)

mus; neben dem Lettner Laurentius und Maria Magdalena, an der Südempore der Gründer des Bistums, Karl der Große, an der Nordempore die Geschichte des Sündenfalls. Über dem Lettner befindet sich die um 1205 für den Vorgängerbau geschaffene, holzgeschnitzte Triumphkreuzgruppe: in der Mitte der Gekreuzigte, links Maria, rechts Johannes, unter ihren Füßen die Mächte der Finsternis in Gestalt des Drachens und eines Königs. Zu beiden Seiten Engelgestalten mit dem dreifachen Flügelpaar. Der tragende Balken der ganzen Gruppe zeigt vorderseitig die Köpfe der Apostel, zum Hohen Chor hin die der Propheten.
Die Glasmalereien der Marienkapelle und des Chorumgangs blieben erhalten, sie stammen aus dem 14. und 15. Jh.; sehenswert sind außerdem die 14 Statuen an den Chorpfeilern (12 Apostel und die hll. Stephanus und Sixtus), die Lichterkrone aus dem 15. Jh. und die Plastiken der hll. Hieronymus (um 1460), Georg mit dem Drachen (1487) und Sebastian (1510) an den Vierungspfeilern sowie mehrere Grabdenkmäler aus dem 15. bis 17. Jahrhundert.

Kreuzgang

An die Südseite des Doms schließt sich der zweigeschossige kreuzgratgewölbte Kreuzgang aus dem 13. Jh. an, sein Obergeschoß wurde im 16. Jh. durch den Einbau eines neuen Kapitelsaals verändert. An der Ostseite des Kreuzgangs liegt der sog. Alte Kapitelsaal aus dem 12. Jh., an den sich die Stephanskapelle anschließt. Am Westflügel springt die 1516 geweihte Neustädter Kapelle in den Kreuzganggarten vor. Vor dem Westflügel liegt der dreischiffige, im 12. Jh. erbaute zweischiffige Remter (Speisesaal, Refektorium) mit tonnengewölbtem Keller.

✳✳Domschatz

Im neuen Kapitelsaal und im Obergeschoß des Remters ist der Domschatz untergebracht, der zu den bedeutendsten in Europa gezählt wird. Sehr viele Stücke stammen aus Byzanz und vermutlich aus dem Brautschatz Theophanus, der byzantinischen Ehefrau Ottos II. Der Grundstock der Sammlung geht auf eine Stiftung des Halberstädter Bischofs Konrad zurück, der 1205, nach dem 4. Kreuzzug, zahlreiche Kunstschätze aus Byzanz mitbrachte. Zu sehen sind altchristliche, byzantinische und mittelalterliche Kunstgegenstände, u. a. liturgische Gewänder und Geräte des 11. bis 16. Jh.s, Reliquien, drei romanische Wandteppiche, nach den auf ihnen dargestellten Personen Abrahams-, Christus- und Karlsteppich genannt (sie wurden um 1180 und um 1235 für die Chorwände des Doms in Wolle gewirkt); ein spätromanischer Stollenschrank (um 1220) mit figürlichen Tafelmalereien, Handschriften und Buchmalereien, ein karolingisches Evangeliar und eine byzantinische Weihbrotschale (11. Jh.) und die 1230 in Eichenholz gefertigte Halberstädter Madonna.

Domschatz
(Fortsetzung)

Südwestlich vom Dom liegt die zweigeschossige ehem. Dompropstei, die 1591–1611 im Auftrag von Heinrich Julius, Herzog von Braunschweig und Bischof von Halberstadt erbaut wurde. Ein steinerner Laubengang trägt ein in Fachwerk ausgeführtes Obergeschoß. In den zum Domplatz gerichteten Brüstungsfeldern des Obergeschosses sind zahlreiche Wappen ehem. Domherren angebracht. Heute dient das 1956–1960 restaurierte Gebäude Verwaltungszwecken. Nebenan steht das neuromanische Postgebäude mit 1986 freigelegten Wandmalereien.

Ehem. Propstei

An der Westseite des Domplatzes steht die viertürmige Liebfrauenkirche, eine dreischiffige Pfeilerbasilika aus Bruchsteinen, die zu den schönsten Kirchen im romanischen Stil in dieser Region gehört. Vermutlich wurde sie 1005 bis 1020 erbaut und im 12. Jh. nach Hirsauer Vorbild erneuert (1956 bis 1960 wieder aufgebaut). Ein rechteckiges Turmpaar überragt das Langhaus im Westen, ein achteckiges im Osten. Der Innenraum ist betont schlicht gehalten; Chor und Querschiff wurden im 13. Jh., das Langhaus erst im späten Mittelalter eingewölbt. 1839–1848 wurde das Gewölbe im Langhaus wieder entfernt und durch eine flache Holzdecke ersetzt. Sehenswert sind u. a. die Chorschranken mit spätromanischen farbigen Stuckreliefs (um 1200), mit denen die Steinmetze den Dreikönigsschrein

✳✳Liebfrauen-
kirche

Besichtigung
10.00–16.00
Führung
13.00

Liebfrauenkirche: Westtürme *Ausschnitt der Chorschranke*

Halberstadt

Liebfrauenkirche (Fortsetzung)

im Kölner Dom nachzugestalten versuchten. Die etwa 1,25 m hohen Reliefs stellen Christus und Maria mit je sechs Jüngern dar. Die Barbarakapelle wurde Anfang des 15. Jh.s an das südliche Querschiff angebaut und mit Malereien im Gewölbe ausgestattet. An den Turmbau stößt südlich die Taufkapelle an, die 1552 um eine Apsis erweitert wurde. Der Taufkessel ist von 1614 (W. Kippmann). Der bedeutende, fast 600 Jahre alte Flügelaltar war im September 1993 gestohlen worden. Nach seinem Wiederauffinden wurde er restauriert, und heute strahlt er in altem Glanz.
Der westlich der Kirche gelegene romanische Kreuzgang wurde im 15. Jh. gotisch erneuert. Hier werden Architekturreste von Halberstädter Fachwerkbauten ausgestellt (geöffnet: Mo.–Fr. 9.00–16.00 Uhr).

Petershof

Schon seit dem 10. Jh. ist der nördlich von der Liebfrauenkirche stehende Petershof (Domplatz 49) die ehem. Bischofsresidenz. Das heutige Bauwerk mit seinem schönen Renaissanceportal entstand 1552–1555, verlor jedoch bei späteren Umbauten seine charakteristischen Giebel.

Städtisches Museum

Öffnungszeiten
Di.–Fr.
9.00–17.00
Sa., So.
10.00–17.00

An der Nordseite des Domplatzes (Domplatz 36) steht das in der ehem. Spiegelschen Kurie untergebrachte Städtische Museum. Der zweigeschossige Barockbau mit hohem Mansardendach, auffälligem Mittelrisalit, Giebelfeld und Spiegelschem Wappen wurde 1782 erbaut. Das Museum besitzt Sammlungen zur Ur- und Frühgeschichte des Nordharzer Vorlandes und zur Stadtgeschichte. Ausgestellt sind ferner kunsthandwerkliche Objekte, Gemälde und Plastiken aus fünf Jahrhunderten, eine historische Apotheke (1800) und eine Handschuhmacherwerkstatt vom Anfang des 20. Jahrhunderts.

Museum Heineanum

In einem Seitenflügel der ehem. Spiegelschen Kurie befindet sich das Museum Heineanum (Öffnungszeiten siehe Städtisches Museum) mit der seit 1830 vom Ornithologen Ferdinand Heine (1809–1894) angelegten Vogelsammlung. Gezeigt werden vom Saurier bis zum Urvogel Vögel des Harzes, Vögel der Welt und bedrohte Vögel. Die Sammlung besteht aus insgesamt rund 17000 Vogelpräparaten und 5800 Gelegen. Besonders wertvoll sind zwei montierte Saurierskelette aus der Halberstädter Umgebung, Plateosaurus und Eurycleidus, sowie der Urvogel Archaeopteryx.

Gleimhaus ✳Literaturmuseum

Öffnungszeiten
Di.–Fr.
9.00–16.00
Sa., So.
10.00–16.00

An der Nordseite des Doms steht das Gleimhaus (Domplatz 31), wo der Dichter und Domsekretär Johann Wilhelm Ludwig Gleim (1719–1803; → Berühmte Persönlichkeiten) von 1747 bis zu seinem Tod lebte. Der zu seiner Zeit vielgelesene Gleim ist heute vor allem als Organisator und Sammler bekannt. Wie seine reiche Hinterlassenschaft bezeugt, pflegte er leidenschaftlich Schriftwechsel und Kontakte zu allen großen Dichtern seiner Zeit, u. a. Bürger, Goethe, Herder, Klopstock, Lessing, Schiller und Wieland. Im sog. 'Freundschafts- oder Musentempel' hängt eine von ihm angelegte Sammlung mit rund 135 Bildnissen berühmter Zeitgenossen. Hervorzuheben sind u. a. Gleim als Dichter der Grenadierlieder von J. H. Ramberg (1790), Lessing von G. O. May, Herder von Anton Graff, Herzogin Anna Amalia von Weimar und andere von F. A. Tischbein. Heute beherbergen das hübsche Fachwerkhaus aus dem 16. Jh. sowie der nebenanstehende Neubau eines der kostbarsten Archive deutscher Nationalkultur mit über 10000 Originalbriefen, Porträts, Landkarten und Graphiken aus der damaligen Zeit sowie eine wertvolle Bibliothek.

St. Martini

Südöstlich vom Dom steht die dreischiffige Marktkirche St. Martini mit zwei unterschiedlich hohen Türmen, die jahrhundertelang als Wachttürme dienten (damit der auf dem Südturm wohnende Wächter freie Sicht hatte, blieb der Nordturm niedriger) und heute das Wahrzeichen von Halberstadt sind. Mit ihrem Bau wurde im 13. Jh. an der Stelle und unter Einbeziehung einer romanischen Vorgängerkirche nach Hirsauer Vorbild begonnen und im 14. Jh. als gewölbte gotische Hallenkirche weitergebaut. Unter der sehenswerten Ausstattung befinden sich ein um 1300 entstandener Bronzekessel, die Kanzel von 1595, der Orgelprospekt von 1596 und der Hochaltar von 1696. Zwischen den beiden Türmen befindet sich eine Aussichtsplattform mit einer kleinen Ausstellung zur Baugeschichte.

St. Martini
(Fortsetzung)

Vor dem Rathaus, einem Neubau aus dem Jahr 1998, steht ein 4,20 m hoher, steinerner Roland von 1433 (der zweitälteste deutsche Roland nach dem in Bremen). Er versinnbildlicht den städtischen Besitz des Markt-, Münz- und Zollrechts sowie der Gerichtsbarkeit. Weitere Rolandsfiguren sind im Harz u. a. in Nordhausen, Quedlinburg, Neustadt und Questenberg erhalten.

Weitere Sehens-
würdigkeiten
Roland

Die nordöstlich vom Dombezirk stehende Katharinenkirche gehörte zu einem im 13. Jh. von den Regensteiner Grafen gegründeten Dominikanerkloster und wurde im 14. Jh. als dreischiffige gotische Hallenkirche errichtet. Im Innern sind ein kleines Kruzifix in der Kreuzwegkapelle (13. Jh.), die von K. Petersen 1952 geschaffenen Kreuzwegstationen, eine Kreuzigungsgruppe und Leuchterengel (15. Jh.), die Kanzel und der Orgelprospekt (17. Jh.) sowie der Hochaltar und die Nebenaltäre aus dem 18. Jh. zu sehen.

St. Katharinen

Seit dem 13. Jh. hatte sich auf dem Martiniplan und um den Holz- bzw. Fischmarkt herum die Altstadt entwickelt, hier standen das 1381 aus Sandstein erbaute Rathaus sowie prachtvolle Fachwerkhäuser. Die erhaltenen, großteils restaurierten Häuser aus dem 15. bis 19. Jh. stehen v. a. nördlich des Domplatzes in der sog. Unterstadt sowie in den Straßen um die Katharinenkirche herum, z. B. St. Florian (an der Ecke Gerber-, Dominikanerstraße und Hoher Weg), ein historisches Gasthaus von 1578; weitere Häuser stehen im Hohen Weg 1 (Kulkmühle, 1594), Am Kulke 10 (1678), in der Dominikanerstraße 3 (sog. Kolpinghaus, 2. Hälfte des 17. Jh.s) und 4 (17. Jh.), im Lichtengraben 14 und 15 (zwischen 1525 und 1580 erbaut), im Düsterngraben 12 (Domschenke, 1537) sowie entlang der Voigtei.

Historische
Wohnhäuser

In der Voigtei 48 wurde ein kleines Museum zur bürgerlichen Wohnkultur und zum Handwerk um 1900 eingerichtet (der Eingang liegt im Innenhof; Öffnungszeiten: Di. bis So. 10.00–16.00 Uhr).

Schraube-
Museum

Im Hof des Hauses Voigtei 6 (um 1700 mit klassizistischer Haustür) steht ein im 19. Jh. erbauter Holzkran.

An der Ecke der Straßen Westendorf und Grudenberg steht die sog. Weltkugel, ein um 1557 erbautes Gebäude; eines der ältesten Fachwerkhäuser der Stadt ist das im Westendorf 25, es wurde in der 2. Hälfte des 15. Jh.s erbaut; das Haus Westendorf 45 stammt von 1588.

Nicht weit entfernt steht die Johanniskirche, die 1648 am Ende des Dreißigjährigen Krieges erbaut wurde mit einem freistehenden Glockenturm.

Johanniskirche

Die turmlose Pfarrkirche St. Andreas wurde Anfang des 14. Jh.s als dreischiffige Franziskanerklosterkirche erbaut; der heutige Bau entstand nach ihrer Zerstörung 1945 neu.

St. Andreas

Nördlich von St. Florian gelangt man zur Kirche St. Moritz, die im 11. Jh. als romanische Pfeilerbasilika errichtet und nach 1238 in eine flachgedeckte Basilika umgebaut wurde (1978 restauriert). Im Innern sind der Mittelschrein eines spätgotischen Flügelaltars, ein Bronzeleuchter, das aus dem 15. Jh. stammende Chorgestühl sowie der Orgelprospekt von 1787 sehenswert.

*St. Moritz

Reste der zwischen 1230 und 1323 errichteten Stadtmauer, die im 18. Jh. jedoch abgelegt wurde, sind in der Schützen- und Schwanebecker Straße erhalten, dazu gehört auch der im Nordosten der Stadt stehende Wasserturtorum von 1444. Ganz in der Nähe die Ruine der Franzosenkirche (1713–1718), die an die nach 1685 unter dem Großen Kurfürsten in Brandenburg angesiedelten Hugenotten erinnert.

Stadtbefestigung

St. Burchardi · Nordwestlich außerhalb steht die 1265 geweihte Kirche des ehem. Zisterzienserinnenklosters St. Burchardi.

Halberstädter See · Im Osten der Stadt liegt an der B 81 der aus einer stillgelegten Kiesgrube entstandene Halberstädter See, ein beliebtes Erholungsgebiet mit Bootsverleih und dem Campingplatz SH 200.

Judenfriedhöfe · Auf den teilweise noch erhaltenen Judenfriedhöfen Am Berge und am Neustädter Friedhof stehen Grabsteine aus dem 17. Jahrhundert.

*Spiegelsberge · Am südlichen Stadtrand liegen die Spiegelsberge, eine 180 m hohe, parallel zum Harz verlaufende Sandsteinklippe der Oberkreide. 1761 ließ Ernst Ludwig Christoph von Spiegel (1753–1785) die Landschaft zu einem Park mit Gartenarchitekturen umgestalten. Hier steht u. a. der Aussichtsturm Belvedere, ein 1769–1782 erbautes Jagdschlößchen mit Teilen des abgerissenen Schlosses in Gröningen, heute eine beliebte Ausflugsgaststätte (geöffnet: tgl. außer Do. 10.00–18.00 Uhr). Im Keller befindet sich das aus dem Gröninger Schloß stammende 'Große Weinfaß' mit 132760 l Fassungsvermögen, das 1594 von Michael Werner, dem Erbauer des Heidelberger Fasses, angefertigt wurde. Am Fuße der Spiegelsberge liegt das Spiegelmausoleum.

Tiergarten · Hier befindet sich auch ein 7 ha großer Tiergarten (Zugang Kirschallee) mit überwiegend heimischen Tieren, wie Rothirsch, Mufflon, Wildschwein, Fuchs und Dachs. In den Volieren nisten Eulen und Greifvögeln. Großes Vergnügen bereitet den kleinen Besuchern das sonntägliche Ponyreiten (geöffnet: tgl. 9.00–17.00, im Sommer bis 19.00 Uhr).

Umgebung von Halberstadt

Klusfelsen · Südlich von Halberstadt erreicht man nach 45 Min. Fußmarsch die in den Klusbergen gelegenen steil aufragenden Sandsteinfelsen, die seit Urzeiten zu menschlichen Behausungen ausgehöhlt worden sind. In christlichen Zeiten diente der Hauptkomplex mit der noch erkennbaren Kapelle als Einsiedelei (Klausnerberge). Hier hielt sich 1516 eine Bruderschaft auf, die von Hirten der Gegend gegründet worden war.

Wegeleben · Wegeleben liegt 12 km östlich von Halberstadt, der Ort wurde im 10. Jh. das erste Mal erwähnt. Aus dieser Zeit blieben der Turm einer Burg und Reste starker Ringmauern erhalten. Sehenswert ist das Renaissancerathaus und die frühgotische Basilika St. Peter und St. Paul. Die Schutzheiligen der Kirche sind im Giebel abgebildet. An den Längsemporen befinden sich Gemälde mit Szenen aus dem Leben Jesu, der Schnitzaltar stammt aus dem 15. Jahrhundert.

Groß Quenstedt · Groß Quenstedt liegt an der Holtemme und 5 km nordöstlich von Halberstadt entfernt. Von der einstigen Dorfkirche blieb der romanische Turm stehen, das Schiff fand 1576 Erneuerung.

*Schachdorf Ströbeck · In Ströbeck, einem Dörfchen im Vorharz und 10 km nordwestlich von Halberstadt entfernt, können alle Einwohner Schach spielen. 1011 saß hier im quadratischen Turm, dem sog. Schachturm, der Wendenfürst Guncelin gefangen und aus Langeweile brachte er dem Wachpersonal und den Bediensteten das Schachspielen bei – so jedenfalls berichtet die Legende. Seit 1623 ist Schach sogar Schulfach, und wer nach Ströbeck einheiraten oder hinziehen wollte, mußte lange Zeit erst sein Können im Schachspiel unter Beweis stellen.

Der Dorfplatz ist seit 300 Jahren ein Brettspiel und jeder Besucher von Ströbeck darf hier seine Künste mit lebenden Figuren in mittelalterlichen Kostümen zeigen. Im Schachmuseum ist u. a. ein Schachspiel zu sehen, das der Große Kurfürst 1651 dem Ort schenkte.

8 km südwestlich von Halberstadt liegt der hübsche Luftkurort Langenstein am Fuße eines schmalen, vermutlich schon in frühgeschichtlicher Zeit besiedelten Bergrückens. Hier entstand um 1150 durch den Bischof von Halberstadt eine Burg, die im 13. Jh. in den Kämpfen zwischen dem Bischof von Halberstadt und den Regensteiner Grafen eine große Rolle spielte; 1644 wurde sie von den Schweden geplündert und 1653 schließlich abgebrochen. Auf dem Weg zur Burgruine kommt man an mehreren, in den Felsen gehauene Wohnungen vorbei. Die letzte war noch bis 1916 bewohnt.

Langenstein

Burgruine Altenburg

Im Langensteiner Park, der um 1858 von dem Gartenarchitekten Pätzold angelegt worden ist, steht ein ehemaliges Schloß (heute Rehabilitationszentrum). Im Giebelfeld des zweigeschossigen Gebäudes befindet sich noch das Wappen der in Genua geborenen Maria von Branconi (1746–1793), in deren Auftrag es 1778–1781 erbaut worden war. Sie hatte in Italien den Braunschweiger Erbprinzen Karl Wilhelm Ferdinand kennengelernt und war ihm nach Deutschland gefolgt. Schnell entwickelte sich der Ort zu einem gesellschaftlichen Mittelpunkt, der zahlreiche illustre Besucher anzog, unter ihnen auch Goethe.

Schloß

4 km östlich von Langenstein befindet sich die Gedenkstätte Langenstein-Zwieberge, ein ehemaliges Außenlager des Konzentrationslagers Buchenwald.

Gedenkstätte Langenstein-Zwieberge

Etwa 8 km nordwestlich von Halberstadt beginnt der Huy (= Höhe), ein auf 314 m Höhe ansteigender, etwa 18 km langer bewaldeter Bergrücken. Neben einer reichhaltigen Flora und Fauna sind die Flüstergrotte, die Daneilhöhle, der Jürgenbrunnen, die Gletschertöpfe und die Huysburg zu sehen. Letztere ist eine alte Wallburganlage, auf der um 1084 der Halberstädter Bischof Burchard II. ein Benediktinerkloster gründete, das 1804 aufgehoben wurde.

*Huy

Huysburg

Die 1121 geweihte dreischiffige Klosterkirche St. Maria ist weitgehend erhalten (bis auf den zweitürmigen Westbau mit seinen spätgotischen Türmen und die eingewölbten Seitenschiffe) und gilt als schönes Beispiel niedersächsischer Baukunst an der Schwelle zur hochromanischen Architektur. Im 18. Jh. erhielt sie ihre jetzige Ausstattung.

In den zum Teil noch erhaltenen Klostergebäuden (u. a. der nördliche Kreuzgangflügel aus der Zeit um 1400, das einstige Refektorium, heute Bibliothek, und das sogenannte Neue Gebäude von 1746) befindet sich seit 1972 wieder ein Benediktinerkloster.

*St. Maria

1804 bekam General von Knesebeck vom Preußenkönig Friedrich Wilhelm III. den Röderhof geschenkt, ein ehem. Klostergut. Dieser ließ am Fuße des Huys in romantisierendem Stil Schloß Röderhof errichten.

Im umliegenden Park findet man noch romanische Bauteile des Klosters. Eine empfehlenswerte Wanderung beginnt am Kloster Huysburg und folgt dem Kammweg in Richtung Huy-Neinstedt (rund 1,5 Std.).

Schloß Röderhof

Harzgerode   N 7

Bundesland: Sachsen-Anhalt
Höhe: 390 m ü. d. M.
Einwohnerzahl: 5600

Der Luftkurort Harzgerode liegt auf einer bewaldeten Hochfläche im Unterharz, zu ihm gehören die im → Selketal gelegenen Ortsteile Mägdesprung, Alexisbad und Silberhütte. Das hübsche Städtchen liegt an der Selketalbahn, die mit der Harzquerbahn verbunden ist. Auf der 17 km langen Strecke Gernrode–Alexisbad–Harzgerode überwindet diese älteste noch unter Dampf stehende Schmalspurbahn des Harzes auf einer einstündigen Fahrt einen Höhenunterschied von 209 m (→ Zahlen und Fakten, Verkehr).

Lage und Allgemeines

Harzgerode

Allgemeines
(Fortsetzung)

Im Mittelalter wurden hier Silber- und Eisenerze geschürft, die im nahen Selketal verhüttet worden sind. Heute sind hier mittelständische Unternehmen angesiedelt. Darüber hinaus hat sich Harzgerode zu einem beliebten Ferien- und Ausflugsort entwickelt. Im Sommer sorgen regelmäßig stattfindende Festspiele, im Winter zahlreiche Wintersportmöglichkeiten für Unterhaltung.

Geschichte

Harzgerode entstand vermutlich im Zusammenhang mit dem im Selketal gelegenen Kloster Hagenrode, Tochterkloster eines 970 auf dem Thankmarsfelde zwischen Gernorde und Harzgerode gegründeten, 975 nach Nienburg verlegten Benediktinerklosters. Unter Otto III. erhielt der als Hansacanroth erstmals erwähnte Ort 993 Markt- und Münzrecht. Im 13. Jh. gelangte er an die Askanier, wurde dann mehrfach verpfändet ehe er 1535 endgültig an die Fürsten von Anhalt fiel. Unter diesen entstand das in der Ortsmitte gelegene Schloß. Aufgrund seiner reichen Silber- und Erzvorkommen gewann das 1338 mit dem Stadtrecht ausgestattete Harzgerode rasch an Bedeutung und wurde zum Mittelpunkt des Unterharzer Bergbaus. Zwischen 1635 und 1709 war die Stadt Residenz der Fürsten von Anhalt-Bernburg, einer Nebenlinie des Bernburger Herzogshauses.
Nach der Schließung des letzten Bergwerks 1912 verlegte sich Harzgerode auf den Fremdenverkehr.

Markt

An dem von schönen Fachwerkhäusern umgebenen Marktplatz steht auch das 1900 eingeweihte Rathaus. Auf einem massiven Erdgeschoß mit großen Rundbogenfenstern erheben sich zwei Fachwerkgeschosse mit einem Erker und einem hübschen Erkerturm. Der gegenüber liegende ehem. Roedersche Hof (Markt 8) wurde Anfang des 17. Jh.s und die ehem. Bergfaktorei (Markt 5) in der ersten Hälfte des 18. Jh.s erbaut.
Schöne alte Häuser stehen auch in der Mittelstraße und in der Oberstraße. In der Alten Münze (Münzstraße) wurde 1539 der erste anhaltinische Silbertaler geprägt.

Schloß Harzgerode

An der Ostseite des Marktes befindet sich die dreischiffige Bergmanns-kirche St. Marien, die 1699 auf den Resten eines romanischen Vorgänger-baus errichtet wurde. In dem von einem hölzernen Tonnengewölbe gedeckten Innern befindet sich eine dreistöckige Empore mit einer reich gestalteten barocken Fürstenloge von 1699; im untersten Geschoß ist die Fürstengruft und weitere Grabdenkmale aus dem 16. und 17. Jh. unterge-bracht. Sehenswert sind außerdem die hölzerne Kanzel (Ende 17. Jh.), der klassizistische Orgelprospekt sowie ein Gemälde der letzten Herrscher des Anhalt-Bernburg-Harzgeroder Fürstenhauses (Ende 17. Jh.).

St. Marien

An der Stelle einer 1326 erstmals erwähnten Burg steht das 1549–1552 nach Plänen von B. Binder erbaute dreigeschossige Renaissanceschloß. Der fast quadratische Innenhof wird durch eine rundbogige Toreinfahrt betreten, über dem Tor prangt noch das alte Bernburger Wappen. Nach-dem es im 19. Jh. als Residenz aufgegeben worden war, wurde das Schloß zu einem Verwaltungs- und Wohnbau umgestaltet.

∗ Schloß

Im Schloß befindet sich eine Heimatstube mit einer kleinen Ausstellung über die Entwicklung des Harzgeroder Bergbaus, Gußstücke der in Mäg-desprung ansässig gewesenen Gießereiindustrie sowie von den im Harz vorkommenden Obst-, Laub- und Nadelbäumen. Der früher als Rittersaal genutzte Festsaal besitzt einen Parkettfußboden, der aus all diesen Holz-arten angefertigt wurde (Besichtigung: Mo.–Do., 10.00, 11.00 und 14.00 Uhr, Fr. 10.00 und 11.00 Uhr).

Heimatstube

Umgebung von Harzgerode

3 km westlich → Selketal

Alexisbad

4 km nordwestlich → Selketal

Mägdesprung

4 km südwestlich → Selketal

Silberhütte

4 km südwestlich von Harzgerode liegt der Kurort Neudorf auf einer Hoch-fläche im Quellgebiet der Schmalen Wipper (440 m ü. d. M.; 730 Einwoh-ner). In der Heimatstube (geöffnet: Di. 17.00–19.00 Uhr) wird die Geschichte des Ostharzer Bergbaus gezeigt, an den auch in der Umge-bung von Neudorf noch zahlreiche Spuren erinnern.

Neudorf

Die Gegend des 6 km südlich von Harzgerode gelegenen Dankerode war, wie Funde von Band- und Schnurkeramiken zeigen, schon früh besiedelt. Im Jahr 992 wurde der Ort das erste Mal erwähnt. Die spätromanische Dorfkirche mit sehenswerter Ausstattung besitzt einen quadratischen Chorturm, ihr barocker Kanzelaltar ist von 1718, das Kruzifix und ein silber-vergoldeter Kelch stammen aus der Zeit um 1500.

Dankerode

6 km nordöstlich → Selketal

Burgruine Anhalt

6 km südöstlich von Harzgerode liegt der kleine Ort Schielo, ein Kurort mit Einrichtungen für Herz- und Kreislaufkranke.

Schielo

Das tausendjährige Königerode liegt 7 km südöstlich von Harzgerode ent-fernt auf einer Hochfläche, mitten im Wald. Einst schlugen hier des Königs Knechte jenes Holz, das in den Kupfererzgruben des Mansfelds in Riesen-mengen verwendet worden ist. Heute ist das 980 Einwohner zählende Königerode ein ruhiger Ferienort. Die Dorfkirche entstand 1749/50 an der Stelle eines Vorgängerbaus; ihre hölzerne Decke ist überreich bemalt.

Königerode

8 km südwestlich → Selketal

Straßberg

10 km nordöstlich → Selketal

Burg Falkenstein

Hasselfelde J/K 6

Bundesland: Sachsen-Anhalt
Höhe: 460 m ü. d. M.
Einwohnerzahl: 3000

Lage und Allgemeines

Hasselfelde liegt auf einer Hochfläche des waldreichen Mittelharzes an einer Kreuzung wichtiger Verkehrswege. Im Mittelalter besaß der Ort reiche Silber-, Kupfer- und Eisenvorkommen, heute stützt sich die Wirtschaft auf Land- und Forstwirtschaft und den Fremdenverkehr. Über die Harzquer- und die Selketalbahn (→ Zahlen und Fakten, Verkehr), an die Hasselfelde angeschlossen ist, sind Fahrten zum → Brocken möglich.

Geschichte

In der östlich von Hasselfelde liegenden Königsburg weilte 1043 und 1052 Kaiser Heinrich III. zur Jagd. 1223 bekam der Ort Stadtrechte verliehen und schützte seine Bewohner durch den Bau einer Stadtmauer. Als Besitzung des Hochstiftes Halberstadt ging Hassselfelde als Lehen an die Blankenburger Grafen und gehörte nach deren Aussterben von 1599 bis 1918 zum Herzogtum Braunschweig.

Stadtbild

Die Stadtmauer zerstörten bereits 1346 die Hohnsteiner, die mit den Blankenburger Grafen der Stadt ständig in Fehde lagen. Fünf große Feuersbrünste zwischen 1559 und 1893 vernichteten die gesamte mittelalterliche Bausubstanz von Hasselfelde. Von der einstigen Königsburg blieben einige Mauerreste erhalten; die neugotische Stadtkirche entstand 1845 bis 1851 an der Stelle eines niedergebrannten Vorgängerbaus.

Hasselvorsperre

2 km nordwestlich von Hasselfelde liegt die Hasselvorsperre (1,5 Mio. m³ Stauinhalt). In ihr wird das Wasser gereinigt, bevor es zur Trinkwassertalsperre der Rappbode weiterfließen darf.

∗Wilder Rabenstein

Ein Wanderweg führt vom Ort entlang der Hasselvorsperre zum Naturdenkmal Wilder Rabenstein mit der Großen und Kleinen Rabensteinklippe, ein Aussichtspunkt direkt über dem Stausee der → Rappbodetalsperre.

Pullman City

Goldgräberstimmung vor vertrauter Harzkulisse: Der Erlebnispark Pullman City II, direkt an der Bundesstraße 81 gelegen, versetzt seine Besucher in den Wilden Westen Amerikas. Für Jung und Alt wird hier von April bis Anfang November täglich ein Erlebnisangebot inszeniert, das kaum Wünsche offen läßt, Spiele, Shows und Vorträge gehören ebenso dazu wie Gastronomie, Handwerk oder Reitunterricht (www.pullmancity-2.de).

Umgebung von Hasselfelde

Stiege

Der 1300 Einwohner zählende kleine Ferienort Stiege liegt 3 km südöstlich von Hasselfelde entfernt. Der Bahnhof ist Ausgangsbahnhof für die Harzquer- und die Selketalbahn und hat die kleinste Wendeschleife Europas. Sehenswert ist die barocke Fachwerkkirche (1707–1711) mit Empore, Herrschaftsloge und freistehendem hölzernen Glockenturm. Von der 1203 erstmals erwähnten Burg der Regensteiner Grafen blieb nach den Umbauten von 1909 kaum noch historische Substanz erhalten.

Trautenstein

Im oberen Rappbodetal liegt der kleine Kur- und Wintersportort Trautenstein (5 km westlich von Hasselfelde; 700 Einwohner). In seiner Umgebung wurden früher Eisen-, Silber- und Kupfererze abgebaut. Sehenswert ist die 1701 geweihte barocke Fachwerkkirche mit Holztonnengewölbe und Hufeisenempore. Der Taufstein ist ein klassizistischer Harzer Eisenguß von 1830 und in der Form eines antiken Altars gestaltet. Unter den vielen Wanderzielen empfiehlt sich die 618 m hohe Bärenhöhe, eine Wasserscheide im Harz für die nach Süden und Norden abfließenden Bergbäche.

Am rechten Ufer der Rappbodevorsperre liegen die Reste vom Burg-graben und von Wällen der Trageburg, einer vermutlich im 13. Jh. an einem Rappbodeübergang erbauten Schutzburg.

7 km nordöstlich → Bodetal

8 km nördlich → dort

Heilbad Heiligenstadt A 12

Bundesland: Thüringen
Höhe: 250–300 m ü. d. M.
Einwohnerzahl: 16000

Heiligenstadt, die traditionelle Hauptstadt des Oberen Eichsfeldes (→ Eichsfeld), ist Kneippkurort und trägt seit 1929 den Beinamen Heilbad. Sie liegt südlich vor dem Harz, am Nordwestrand des Thüringer Beckens, zu Füßen von Iberg und Dün im Leinetal. Über Jahrhunderte war Heiligen-stadt Hauptstadt des zum Erzbistum Mainz gehörenden Eichsfeldes und hat viele sehenswerte Zeugnisse seiner Geschichte bewahrt.
Viele bekannte Namen sind mit der Stadt verbunden: Hier wurde um 1460 der Bildschnitzer Tilman Riemenschneider geboren, predigte 1525 Tho-mas Müntzer (→ Berühmte Persönlichkeiten), ließ sich Heinrich Heine 1825 taufen, und Theodor Storm war hier 1856–1864 als Kreisrichter tätig. Aus dieser Zeit stammen einige Novellen, Märchen und zahlreiche Gedichte. Heiligenstadt bietet heute mit Theateraufführungen, Konzerten und volkstümlichen Veranstaltungen eine abwechslungsreiche Unterhal-tung, pflegt zahlreiche, meist im katholischen Glauben verwurzelte Sitten und Gebräuche, u. a. die am Palmsonntag stattfindende Leidensprozes-sion, die größte Szenenprozession Deutschlands, die bereits 1581 durch die Jesuiten neubelebt wurde; am letzten Wochenende im September wird das Fest der Heiligenstädter Möhrenkönige begangen, das auf eine Legende zurückgeht, nach der ein Wächter in seiner Verzweiflung das

Lage und Allgemeines

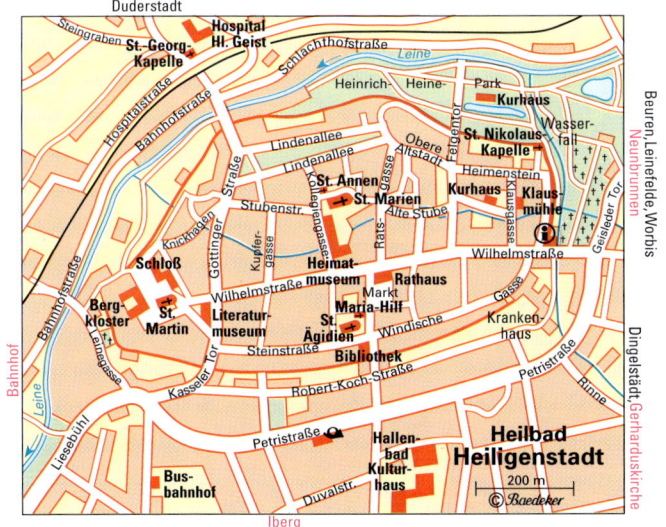

Heiligenstadt

Allgemeines (Fortsetzung)

Stadttor mit einer Möhre verriegelt haben soll); ein weiterer Höhepunkt ist die Heimensteiner Kirmes, die an jedem zweiten Pfingsttag im Jahr stattfindet.

Während das Eichsfeld und seine Hauptstadt in der Vergangenheit keine nennenswerte Industrie aufzuweisen hatten, wurden nach dem Zweiten Weltkrieg in dieser Gegend Betriebe zur Herstellung von Bekleidung und Kurzwaren angesiedelt.

Wallfahrtsstätten Hülfensberg

Klüschen Hagis

In der Umgebung liegen zahlreiche traditionelle Wallfahrtsstätten, u. a. der 444 m hohe Hülfensberg mit dem romanischen Hülfenskreuz und einer gotischen Wallfahrtskirche (bei Geismar, 21 km südlich von Heiligenstadt), sowie das Klüschen Hagis mit seiner 1768–1771 erbauten Barockkirche in Martinfeld (12,5 km südlich, bei Bernterode).

Geschichte

Vermutlich bestand auf dem Martinsberg eine fränkische Königsburg, in deren Schutz sich im 8. oder 9. Jh. eine dörfliche Siedlung entwickelte. Um 960 wurde hier das St.-Martin-Stift gegründet. Der 973 zum ersten Mal urkundlich erwähnte Ort gewann aufgrund seiner Lage nahe der Kreuzung der uralten Ost-West-Völkerstraße sowie der Nord-Süd-Handelswege schnell an Bedeutung. Durch Schenkung an den Kurfürsten von Mainz gekommen, wurde es Ausgangspunkt der auf Thüringen gerichteten Territorialpolitik des Erzbistums Mainz. Der 1227 zur Stadt ernannte Ort wurde mit einer Stadtmauer und drei Toren befestigt.

Nach dem Bauernkrieg und der Reformation begann der Mainzer Erzbischof auf der Grundlage des Augsburger Religionsfriedens (1555), die lutherisch reformierten Bewohner des Eichsfeldes zum 'alten' Glauben zurückzuführen. Neben verstärktem Mysterien- und Heiligenkult ('Heiligenstädter Leidensprozession') wurde diese Rekatholisierung vor allem von dem seit dem Jahre 1575 in Heiligenstadt ansässigen Jesuitenkolleg getragen.

Durch den Reichsdeputationshauptschluß im Jahre 1803 zu Preußen gekommen, war die Stadt nach dem Frieden von Tilsit (1807) Sitz des Harz-Departements im französischen Königreich Westfalen. Nach dem Wiener Kongreß gelangte Heiligenstadt wieder zu Preußen (1816).

Der als Jude geborene Heinrich Heine ließ sich 1825 in Heiligenstadt christlich taufen ("Der Taufzettel ist das Entréebillett zur europäischen Kultur.").

Das 1929 eingerichtete Kneippbad hat sich in jüngerer Zeit zu einer viel besuchten Kureinrichtung für Erkrankungen des Herz-Kreislauf-Systems entwickelt.

Sehenswertes in Heiligenstadt

*St. Martin

Ältestes Bauwerk und Ausgangspunkt für die Ortsgründung ist die ehem. Stiftskirche St. Martin, auch Stifts- oder Bergkirche genannt. Die dreischiffige gotische Hallenkirche entstand 1304–1487 an der Stelle eines Vorgängerbaus, von dem noch die zweischiffige Krypta am Ostende des nördlichen Seitenschiffs erhalten ist (Mitte 13. Jh.). Von den geplanten zwei Türmen seitlich des Chors wurde nur der südliche mit den beiden Achteckobergeschossen ausgeführt.

Das Tympanon des Nordportals schmückt eine Darstellung des hl. Martin zu Pferde (um 1350). Von der mittelalterlichen Ausstattung blieben im Innern der Taufkessel, ein Pulthalter in Form eines Chorknaben sowie das gotische Grabmal des Erzbischofs Adolf von Mainz († 1390) erhalten.

Schloß

Neben der Martinskirche steht das Kurmainzer Schloß, ein dreigeschossiger, 1736–1738 nach den Plänen von Christoph Heinemann errichteter Barockbau mit einem Segmentgiebel über dem Mittelrisalit. Der Fachwerkanbau stammt aus dem 20. Jahrhundert. Im Giebel das kurmainzische Stadtwappen. Im Innern sind ein weiträumiges Treppenhaus sowie Räume mit schönen Stuckverzierungen zu sehen.

St. Marienkirche

Literaturmuseum Theodor Storm

Mitten in der Altstadt erhebt sich die dreischiffige gotische Hallenkirche St. Marien, auch Altstädter Kirche oder Liebfrauenkirche genannt mit ihren zwei achteckigen Türmen, den Wahrzeichen der Stadt. Mit ihrem Bau wurde um 1300 begonnen; das auf Bündelpfeilern ruhende Kreuzrippengewölbe des Langhauses entstand in der 2. Hälfte des 14. Jh.s, der höher aufragende Chor wurde erst nach 1700 abgeschlossen. Im Innern sind eine schöne Madonna (1414), ein Bronzetaufbecken (1492) sowie an den Langhauswänden Fresken (1507) zu sehen.

* Marienkirche

Gegenüber der Marienkirche steht die Friedhofskapelle St. Annen, ein frühgotischer Zentralbau auf achteckigem Grundriß, der vermutlich zur gleichen Zeit wie die Türme der Marienkirche erbaut wurde (um 1300). Das achtteilige Rippengewölbe im Innern entspricht dem Kappellengrundriß.

St. Annen

In der Nähe befindet sich das ehem. Jesuitenkolleg (Kollegiengasse 10), ein 1739/40 nach Plänen von Christoph Heinemann errichteter Barockbau. Der langgestreckte dreigeschossige Sandsteinbau besitzt ein reichverziertes Hauptportal, u. a. trägt es das Stifterwappen. Hier ist heute das Eichsfelder Heimatmuseum untergebracht. Im Innern des Gebäudes spiegeln Treppenhaus, Stuckdecken und Deckengemälde die einstige barocke Pracht wider. Zu sehen sind Ausstellungsstücke zur Geschichte der Stadt und der gesamten Region, zur Geologie, zur Entwicklung des Handwerks und sakrale Kleinkunst aus dem Eichsfeld.

* Eichsfelder Heimatmuseum

Öffnungszeiten
Di–Fr.
9.00–12.00
14.00–16.00
Sa., So.
14.00–16.00

Die dreischiffige gotische Hallenkirche St. Ägidien, die katholische Pfarrkirche der Neustadt, entstand vermutlich nach 1333. Unter ihrer reichen Ausstattung sind ein Altaraufsatz (1638), ein gotischer Bronzetaufkessel von 1507 und ein schöner Flügelaltar (im Schrein Anna Selbdritt; 15. Jh.) sehenswert. Das Chorgestühl stammt aus dem 17. Jh.; der Doppelgrabstein für die Märtyrer und heutigen Stadtpatrone Aureus und Justinus wurde 1335 in der Martinskirche aufgestellt und 1803 hierher verlegt. Neben der Kirche die sehenswerte Maria-Hilf-Kapelle von 1405.

St. Ägidien

Maria-Hilf-Kapelle

175

Wandmalerei in der Marienkirche

Neues Rathaus

Das Neue Rathaus entstand 1739 nach Plänen von Christoph Heinemann als zweigeschossiger Barockbau (im 19. Jh. verändert). Der Neptunbrunnen, 1736 auf dem Marktplatz aufgestellt, stand ursprünglich vor dem Schloß. Gegenüber liegt das Gebäude des Kreisgerichtes (Wilhelmstraße; C. Heinemann), in dem Theodor Storm 1856–1864 als Kreisrichter wirkte. Während dieser Jahre entstanden elf seiner Novellen.

Weitere Sehenswürdigkeiten

Literaturmuseum

Neben großen Teilen der mittelalterlichen Stadtmauer haben sich Fachwerkhäuser im fränkischen Stil erhalten, u. a. das Mainzer Haus am Kasseler Tor von 1443; es beherbergt das Literaturmuseum Theodor Storm (geöffnet: Di.–Fr. 9.00–12.00, 13.00–16.00, So. 14.00–16.00 Uhr). Weitere schöne Beispiele stehen in der Windischen Gasse 48 (von 1539), in der Steinstraße 5 (sog. Witzelsche Wohnhaus aus dem 17. Jh.), Am Judenhof, Am Klausberg, Am Knickhagen (u. a. das Alte Kornhaus von 1227) sowie in der Klausgasse (die 1748 erbaute Klausmühle).

Gerharduskirche

Außerhalb der alten Stadt (Rinne 17) steht die Gerharduskirche (1928, Neobarock) mit einem Redemptoristenkloster. Seine Mönche gehören ebenso zum Stadtbild wie die Ordensschwestern des St.-Vinzenz-Krankenhauses oder die Heiligenstädter Schulschwestern.

Heine-Park

Am Fuße der Stadtmauer liegt der Heinrich-Heine-Park mit dem Kneipp-Bad.

176

Umgebung von Heiligenstadt

Ein gern besuchtes Ausflugsziel ist der südlich gelegene Iberg (= Eibenberg, hier noch heute bedeutender Eibenbestand) mit dem Iberghaus (Gaststätte), von dem man einen schönen Blick auf Heiligenstadt hat. An seinem Fuß liegt das Naherholungsgebiet Neun Brunnen.

Iberg

11 km östlich von Heiligenstadt liegt Beuren mit dem 1208 erstmals erwähnten ehem. Zisterziensernonnenkloster Beuren. Die Klosterkirche St. Andreas entstand im 12. Jh. und wurde 1673–1679 nach Plänen von Antonio Petrini barock umgebaut.

Beuren

Südlich von Beuren erhebt sich auf den Ausläufern des Dün (oder Duen) auf rund 500 m Höhe die alte kurmainzische Burg Scharfenstein (ursprünglich 12. Jh.; im 16. Jh. und später mehrfach verändert).

Burg Scharfenstein

3 km nordöstlich von Beuren liegt das 12500 Einwohner zählende Leinefelde am Südufer der Leine. Ab dem 19. Jh. war der Ort ein wichtiger Verkehrsknotenpunkt (Rheinstraße; wichtigster Bahnhof des Eichsfeldes). Hier wurde Johann Carl Fuhlrott geboren (1804–1877), Begründer der Paläanthropologie, der Wissenschaft vom vorgeschichtlichen Menschen. Er fand 1856 das Skelett des Neandertalers.

Leinefelde

Das 15 km südöstlich von Heiligenstadt gelegene Dingelstädt (5300 Einwohner) ist Ausgangspunkt zum romantischen oberen Unstruttal. Östlich von hier erstreckt sich der Dün, ein bis zu 500 m ansteigender Muschelkalkrücken. In dem um 900 das erste Mal erwähnten, 1859 mit Stadtrechten ausgestatteten Ort stehen zahlreiche sehenswerte Bauten. Das Rathaus, ein niedersächsischer Renaissancebau (ehem. Thurn- und TaxisPoststation), ist von schönen Gebäuden umgeben. Am Ortsausgang steht die kleine, 1688 erbaute einschiffige Marienkirche, eine alte Wallfahrtsstätte, mit einer spätgotischen Schmerzensmutter. Ältestes Haus ist die Große Mühle (Mühlhäuser Straße 11), eine bis vor kurzem noch betriebene Wassermühle mit einem geschmückten Säulenportal. Im Gesimsfries über dem Schlußstein befindet sich das Wappen und die Jahreszahl 1571. Am Nordrand von Dingelstädt erhebt sich der Kerbsche Berg. Zu der 1889/90 auf mehreren Vorgängerbauten errichteten Franziskanerklosterkirche führt alljährlich am 3. Sonntag im Juli eine Wallfahrt. Im Innern sind bemerkenswerte spätgotische Schnitzfiguren zu sehen. Um den Berg führt ein 1752 geweihter Kreuzweg, dessen 15 Stationen von Cyriakus Frankenberg stammen.

In Kefferhausen, 2,5 km westlich von Dingelstädt, entspringt die Unstrut. Weitere 12 km südlich von Dingelstädt steht das Kloster Zella (→ Mühlhausen, Umgebung).

Dingelstädt

19 km nordöstlich von Heiligenstadt liegt Worbis zwischen den 535 m hohen Ohmbergen im Norden und dem Dün im Süden. In der Stadt stehen zahlreiche restaurierte Wohnhäuser im Fachwerkstil (16.–18 Jh.) sowie die besuchenswerte frühbarocke Antoniuskirche des ehem. Franziskanerklosters. Die Klosterkirche wurde 1670–1677 nach Plänen von Antonio Petrini erbaut und besitzt eine reiche Innenausstatung, die 1775 von Cornelius Schmitt entworfen wurde.

Außerdem sehenswert sind die spätbarocke Stadtkirche St. Nikolaus (1765; im Innern ein spätgotischer Altarschrein mit der Darstellung der Passion Christi, um 1500); die 1683 den Pesttoten gewidmete St. Rochuskapelle (an der Duderstädter Straße), die barocke Hardtkapelle (1749; an der Nordwand die vierzehn Nothelfer dargestellt) sowie das Heimatmuseum (geöffnet: Di.–Do. 10.00–12.00, 14.00–16.00, Fr. und So. 10.00 bis 12.00, 14.15–16.30 Uhr).

Worbis

∗St. Antonius

Oberhalb der Ortschaft Bornhagen (18 km südwestlich von Heiligenstadt), unmittelbar an der thüringisch-hessischen Landesgrenze, liegt die große

∗Burgruine Hanstein

Heiligenstadt,
Umgebung (Forts.)
*Burg Ludwigstein

Ruine der 1308–1314 errichteten Burg Hanstein (385 m ü. d. M.), die stolzeste Ruine des Werratals und heute wieder ein beliebtes Wanderziel – mit dem unweit südwestlich aufragenden Gegenstück, der Burg Ludwigstein (236 m ü. d. M., Jugendherberge; 1415 von Landgraf Ludwig I. von Hessen als Trutzfeste gegen die kurmainzische Burg Hanstein erbaut), über dem linken Ufer der Werra beim hessischen Werleshausen (berühmter 'Zweiburgenblick').

Teufelskanzel

Ein schöner Wanderweg, der dem ehem. innerdeutschen Grenzverlauf folgt, führt zur sagenumwobenen Teufelskanzel. Von hier genießt man einen schönen Blick auf die Werraschleife und das Hessische Bergland.

Lindewerra

300 m unterhalb der Teufelskanzel liegt der kleine Ort Lindewerra mit seinem Stockmacher-Museum (Besichtigung nach Vereinbarung, Stockmanufaktur, Tel. 05652–6601).

Herzberg

Bundesland: Niedersachsen
Höhe: 235–300 m ü. d. M.
Einwohnerzahl: 16700

Lage und
Bedeutung

Herzberg liegt an den Ausläufern des Siebertals, am Südwestrand des Harzes. Die Stadt, zu der noch die Ortsteile Sieber, Lonau, Scharzfeld und Pöhlde gehören, wird von dem Schloßberg mit dem 960 Jahre alten Welfenschloß überragt. Sie wird auch Eingangstor zum Südharz genannt und ist einer der beliebtesten Ferienorte im Südharz. Im Wirtschaftsleben der Stadt spielen neben dem Fremdenverkehr eine Papierfabrik, ein Eisen- und Stahlwerk sowie Kunststoffplattenwerke eine Rolle.

Geschichte

Im Jahr 1029 soll Werner von Lutterberg, Herr zu Osterode und Vogt zu Pöhlde, an der Stelle des heutigen Schlosses ein Jagdhaus erbaut haben, das 1157 von Heinrich dem Löwen im Tausch gegen die Burg Badenweiler von Kaiser Friedrich Barbarossa erworben wurde. Bis 1866 blieb das Schloß im Besitz der Welfen und war bis 1714 fürstliche Residenz. Nach der Teilung des Welfenhauses 1286 kam Herzberg an die Linie Braunschweig-Grubenhagen und nach deren Aussterben 1596 bis 1714 an die Linie Braunschweig-Lüneburg.
Im Schutze der Burg entstand eine 1337 erstmals erwähnte Siedlung, die 1568 das Markt- und 1569 das Braurecht erhielt. Im 18. und 19. Jh. entwickelten sich mehrere Betriebe, darunter eine bedeutende Gewehrfabrik. 1866 gelangte der Ort zu Preußen. Im Jahr 1929 wurde Herzberg, was ursprünglich Hirschberg bedeutete, zur Stadt erhoben.

**Schloß Herzberg

Öffnungszeiten
Apr.–Okt.
Di.–So.
10.00–13.00 u.
14.00–17.00;
Nov.–März
Di.–So.
11.00–13.00 u.
14.00–16.00

Das in Fachwerkbauweise ausgeführte Schloß Herzberg liegt im Westen der Stadt auf einem Bergrücken oberhalb der Sieber. Der heutige Bau entstand mit Ausnahme der Kellergewölbe nach einem Brand 1510 als vierflügelige Renaissanceanlage neu und diente bis 1714 als fürstliche Residenz. 1629 kam hier als Sohn von Herzog Georg von Calenberg Ernst August

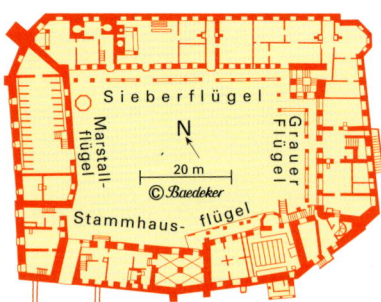

zur Welt, der erste Kurfürst von Hannover und Begründer des englisch-hannoverschen Königshauses. Gegenwärtig befinden sich hier seit 1885 das Amtsgericht (verhandelt wird im Sieberflügel, in der ehem. Schloßküche), Wohnungen, im sog. Stammhausflügel ein Restaurant und zwei sehenswerte Museen: ein Zinnfiguren- und ein Forstmuseum (s. unten).

Schloß Herzberg (Fortsetzung)

Den Hof betritt man durch ein Tor im Stammhausflügel, der mit dem Wappen des Herzogs Johann Friedrich geschmückt ist (1735 datiert). Erdgeschoß und erstes Obergeschoß sind massiv, das zweite in Fachwerk ausgeführt. Auf der Hofseite kragt es weit vor und liegt auf fünf schlanken Säulen auf.
An den Stammhausflügel stößt im Osten der Graue Flügel (1861 spätklassizistisch erneuert). Unter Herzog Christian Ludwig erfolgten 1648–1660 umfangreiche Umbauten, u. a. entstanden der langgestreckte Sieberflügel sowie der dreigeschossige Fachwerktreppenturm mit Welscher Haube und offener Laterne im Winkel zwischen Sieber- und Grauem Flügel. Sowohl seine Portale als auch seine Fachwerkstreben sind mit buntem Schnitzwerk im Knorpelstil verziert.

Das Zinnfigurenmuseum gibt in 104 Einzelbildern einen Überblick über wichtige Ereignisse in der deutschen Geschichte. Die Ausstellung "Der Harz – Land und Leute einst und jetzt" der niedersächsischen Landesforstverwaltung zeichnet im Rückblick auf tausend Jahre Harzer Geschichte die Entwicklung von Bergbau und Forstwirtschaft nach. Das Vorhandensein von Erz, Wald und Wasser waren Voraussetzung für den Bergbau, der die Entwicklung des Harzes bestimmte. Mit ihm verbunden war die Holzwirtschaft, die sich jedoch später zu einem unabhängigen Wirtschaftszweig entwickelte.

Museen im Schloß

An den Stammsitz der Welfen erinnert auch ein Faksimile des Evangeliars Heinrichs des Löwen, das zu den größten Leistungen der Buchkunst im Mittelalter gehört. Geschaffen hat das Original, das sich in der Herzog-August-Bibliothek in Wolfenbüttel befindet, im 12. Jh. der Mönch Herimann in seiner Werkstatt im Kloster Helmarshausen für den Herzog und dessen Ehefrau, die englische Königstochter Mathilde.
Im Rittersaal finden regelmäßig Konzerte und Vorträge statt.

Im Stadtzentrum unterhalb des Schlosses liegt der Juessee; um den hübschen Marktplatz stehen einige schöne alte Fachwerkhäuser, die an die Zeit erinnern, als Herzberg Residenz des Welfenhauses war. Die Nikolaikirche entstand 1845 an der Stelle älterer Vorgängerbauten. In der Gruft stehen die Särge einiger Welfenherrscher des 17. und 18. Jahrhundert.

Weitere Sehenswürdigkeiten

Umgebung von Herzberg

Zur Stadt Herzberg gehören die Ortsteile Sieber, Lonau, Pöhlde und Scharzfeld. Sie sind ganzjährig beliebte Erholungs- und Luftkurorte und Ausgangspunkte für Wanderungen und Fahrten in die Umgebung, u. a. zum westlich gelegenen Sösestausee oder zum Oderstausee (im Osten) bis hin zum → Brocken, in den Unterharz sowie in das Südharzvorland.

Ausflugsziele

9 km nordöstlich von Herzberg liegt das 900 Einwohner zählende Sieber am gleichnamigen Fluß. Der Erholungsort bietet seinen Sommer- oder Wintergästen ein vielfältiges Unterhaltungsangebot, u. a. einen Freizeit- und Abenteuerpark sowie einen 5 km langen Forstlehrpfad, der über Flora und Fauna des Harz unterrichtet.

Sieber

4 km nördlich von Herzberg liegt der kleine, 500 Einwohner zählende Luftkurort Lonau mit Kureinrichtungen am Zusammenfluß zweier Bäche.

Lonau

Sowohl Sieber als auch Lonau sind geeignete Ausgangsorte für Wanderungen, u. a. auf den 687 m hohen Großen Knollen (mit Aussichtsturm und Baudenbewirtschaftung) oder auf die Hanskühnenburgklippe. Auf dem

Großer Knollen Hanskühnenburg

Herzberg

Umgebung,
(Fortsetzung)

811 m hohen Bergrücken steht ein 8 m hoher Quarzitfelsen, der an eine Ruine erinnert und zur Sage von einer verwunschenen Burg Anlaß gab.

Scharzfeld

Der 2300 Einwohner zählende Erholungsort Scharzfeld (4 km südlich von Herzberg) liegt an der Oder, einem Rhumenebenfluß, am Übergang von den Harzbergen zum Vorland. Sein Name geht auf die in lichten Buchenwäldern gelegene Burgruine Scharzfels zurück.

＊Steinkirche

Nördlich oberhalb von Scharzfeld gelangt man zur 260 m hoch gelegenen sog. Steinkirche, einer Felsenhöhle, die sich in dem zwischen dem Mönche- und Bremketal steil aufragenden Steinberg öffnet. Hier fanden sich Spuren von Eiszeitmenschen und Rentierjägern aus der jüngeren Altsteinzeit (15 000–8000 v. Chr.). In der etwa 30 m tiefen, 4–8 m hohen Natursteinhöhle, die in frühchristlicher Zeit weiter ausgemeißelt wurde, soll Bonifatius das Evangelium gepredigt haben. Sie diente bis ins 14. Jh. als Kirchenraum. Oberhalb der Steinkirche sind noch Reste einer vorgeschichtlichen Wallanlage zu erkennen.

＊Einhornhöhle

Öffnungszeiten
1.4.–31.10.
tgl. 10.00–18.00

Bekannt geworden ist der Ort auch durch die 2 km nördlich von Scharzfeld gelegene Einhornhöhle, eine zu Beginn des Eiszeitalters (vor rund 270 Mio. Jahren) entstandene, sich heute 557 m im Zechstein-Dolomit hinziehende Höhle (im Innern herrscht eine Durchschnittstemperatur von 5,3°C). Ihre früheste Beschreibung lieferte 1583 der spätmittelalterliche Chronist Johannes Letzner; bekanntere Besucher waren u. a. Wilhelm Leibniz (um 1700), Goethe (1784), Rudolph Virchow (1872) und Hermann Löns (Anfang des 20. Jh.s). Man betritt die Höhle durch einen 1905 künstlich angelegten, 14 m langen Stollen (400 m ü.d.M.) und steigt durch einige größere Hallen zum alten Eingang hinauf (390 m ü.d.M.). Der größte Raum ist die Blaue Grotte, in die Tageslicht fällt. Schon frühzeitig aufgefundene fossile Knochen (denen man heilende Kräfte zuschrieb) von Raubtieren, u. a. von den Höhlenbären, haben zur Legende des Einhorns geführt. Spätere Funde ergaben die Anwesenheit von Menschen in der Höhle während der Jungsteinzeit (vor rund 5000 Jahren).

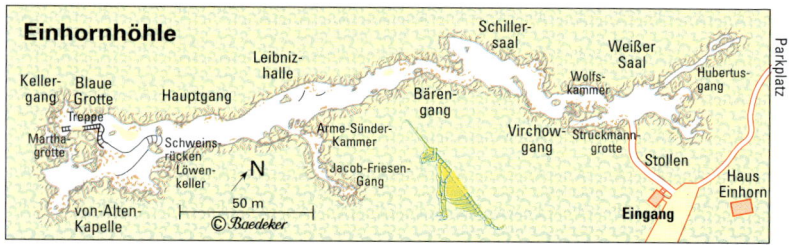

＊Burgruine Scharzfels

Die Burgruine Scharzfels liegt malerisch auf einem 120 m über dem Odertal aufragenden Dolomitfelsen, der vermutlich schon in ur- oder frühgeschichtlicher Zeit besiedelt war. Die im 10. Jh. zum Schutz der nahegelegenen Pfalz und Abtei Pöhlde erbaute Burg wurde Stammsitz der Grafen von Scharzfeld und diente vom 10. bis 12. Jh. einigen deutschen Herrschern als Jagdquartier. Im Laufe ihrer Geschichte wechselte die 1131 erstmals erwähnte Burg mehrfach die Besitzer. Im Dreißigjährigen Krieg wurde sie zur Festung ausgebaut und galt als uneinnehmbar, bis sie im Siebenjährigen Krieg 1761 von französischen Truppen zerstört wurde. Im 17. Jh. diente sie als Staatsgefängnis, in dem Eleonore von Knesebeck 1695 bis 1697 gefangen gehalten wurde. Sie soll als Vertraute von Sophie Dorothee, Gemahlin des Kurfürsten Georg Ludwig von Hannover, dieser zu einem Liebesabenteuer mit dem Grafen Königsmarck verholfen haben. Ihrer Verurteilung entzog sie sich durch eine abenteuerliche Flucht vom Dach aus hinab in den Wallgraben. 1857 entstand im Auftrag Georgs V. von Hannover ein Neubau in neuromanischem Stil.

Von der einst aus Oberburg (Hauptburg) und Unterburg bestehenden Anlage sind einige in den Fels gehauene Gänge und Gewölbe, spärliche Mauerteile des runden Bergfrieds der Oberburg sowie der in der Unterburg gelegene, 32 m tiefe Brunnen erhalten. Das Eingangstor und die zur Oberburg hinaufführende Treppe wurden in der Mitte des 19. Jh.s erneuert. Von oben genießt man einen schönen Ausblick.

Herzberg, Umgebung, Ruine Scharzfels (Fortsetzung)

250 m nordöstlich von hier stand auf einem Steilabfall die mittelalterliche Burg Frauenstein, die das Gelände nördlich der Burg Scharzfels kontrollierte. 250 m südwestlich der Burg Scharzfels legte im Siebenjährigen Krieg der französische Marschall Vaubecourt die Geschützbasis Scharzfels-Schandenburg an, von der aus der nahe Scharzfels belagert wurde.

Frauenstein Scharzfels-Schandenburg

5 km südlich von Herzberg liegt der Erholungsort Pöhlde (2500 Einwohner) am Fuße des Rotenbergs. Hier befand sich im 10. Jh. eine bedeutende Königspfalz, die mit dem 'Vogelherd' Heinrichs I. in Verbindung gebracht wird (→ Geschichte, Kultur und Kunst). Diesen Anspruch muß sich Pöhlde jedoch mit anderen Harzorten teilen. Später hielten sich hier häufig deutsche Könige und Kaiser auf. 950 vermachte Heinrich seiner Frau Mathilde den Ort mitsamt der Burg. Sie gründete 950 mit aus Corvey stammenden Mönchen ein Benediktinerkloster, das ebenso wie die Burg während des Bauernkriegs zerstört wurde.
Die heutige Fachwerkkirche ruht auf einem massiven Unterbau, sie wurde nach 1525 über dem Mittelschiff der ehem. Klosterkirche errichtet. Von der alten Ausstattung sind Reste des Chorgestühls aus dem 13. Jh. erhalten. Vor der Kirche steht die alte Gerichtslinde, das Wahrzeichen Pöhldes.

Pöhlde

Ein schöner Spaziergang führt zur 4 km südlich gelegenen Rhumequelle, auch Rhumesprung genannt. Aus dem 40 m tiefen Hauptquelltrichter, zahlreichen Nebenquellen, vermehrt durch den Zufluß zweier Talbäche, sprudeln bis zu 5000 Liter Wasser pro Sekunde. Damit ist sie eine der wasserreichsten Quellen Europas.

Rhumequelle

Hattorf (10 km westlich von Herzberg; 4400 Einwohner) ist ein schön gelegener Erholungsort mit einem mittelalterlichen Wehrturm und Fachwerkhäusern, in dem sich bereits der Dichter, Zeichner und Maler Wilhelm Busch (1832–1908) mehrere Male aufhielt. An ihn erinnert ein kleines Museum (Kirchstraße; geöffnet: 1.5.–30.9. tgl. 11.00–16.00 Uhr).

Hattorf

Hettstedt

R 7

Bundesland: Sachsen-Anhalt
Höhe: 150–180 m ü.d.M.
Einwohnerzahl: 19000

Die Industriestadt Hettstedt liegt im östlichen Harzvorland im engen Wippertal. Zahlreiche Abraumhalden in unmittelbarer Umgebung der Stadt erinnern an die über 800jährige Bergbaugeschichte. Seit 1200 wurde hier wie auch in der Umgebung von → Mansfeld und Eisleben (→ Lutherstadt Eisleben) Kupfererz abgebaut und verhüttet. Seit der Stillegung 1990 bemüht sich Hettstedt um die Ansiedlung neuer Gewerbezweige.

Lage und Bedeutung

1046 schenkte Kaiser Heinrich III. den Marktflecken Heiczstete dem Bischof von Meißen. In den unversöhnlich geführten Auseinandersetzungen mit dem Klerus machte Heinrich der Löwe 1181 den Ort dem Erdboden gleich. Doch bald darauf begann für Hettstedt eine langwährende Blütezeit: 1199 wurde auf dem Kupferberg Kupferschiefer gefunden, bald darauf abgebaut und verarbeitet. Das Mansfelder Gebiet war der ergiebigste Kupferbezirk Deutschlands: Zwischen Eisleben und Hettstedt gab es neun größere Hütten. Auf Kupfer beruhte bis ins 20. Jh., trotz vieler Kriegswirren und verheerender Stadtbrände, das wirtschaftliche Leben in der Stadt.

Geschichte

Hettstedt

Stadtbild

Ab 1430 wurde Hettstedt mit einer Stadtmauer umgeben. Entlang der Wipper stehen noch Teile der Ringmauer; von den drei Stadttoren sind im Norden das 1537 erbaute Saigertor und im Osten das 1556 errichtete Brükkentor, Franzosenturm genannt, erhalten. Ein Bergfried mit Fachwerkaufsatz erinnert an ein Wasserschloß, das im 13. Jh. zum Schutze des Bergbaus im Süden der Innenstadt entstand. Seit dem 19. Jh. befindet sich hier ein Brauereibetrieb.

Rathaus

Das Rathaus ist 1525 erbaut worden, verlor jedoch 1684, 1879 und 1913 durch Umbauten sein ursprüngliches Aussehen.

St. Jacobi

Die 1418–1429 errichtete Jacobikirche wurde nach einem Brand 1704–1706 wieder aufgebaut. Im Innern besitzt der Chor ein beachtenswertes spätgotisches Netzgewölbe, das Langhaus ein hölzernes Tonnengewölbe von 1706. Sehenswert ist auch die barocke Innenausstattung.

✳Mansfeld-Museum

Öffnungszeiten
Di–So.
10.00–17.00
1.11.–28.2.
nur bis 16.00
geöffnet

Laut Cyriakus Spangenberg, dem einstigen Mansfelder Chronisten, entdeckten 1199 zwei Goslarer Bergknappen namens Nappian und Nauke hier in Hettstedt das Kupfererz. Das gegenwärtig im Aufbau befindliche Mansfeld-Museum hat sich zur Aufgabe gestellt, die rund 800jährige Geschichte des Mansfelder Kupferschieferbaus widerzuspiegeln. Das Technikmuseum ist im liebevoll restaurierten Barockschloß Burgörner untergebracht, auch Humboldtschloß genannt (im Ortsteil Burgörner, Schloßstraße 7; Anfahrt: Man verläßt Hettstedt in Richtung Mansfeld, vor dem Ortsausgang Hettstedt zweigt man kurz hinter der Eisenbrücke nach Burgörner ab). Es war einst Landsitz der Familie von Dacheröden, in die Wilhelm von Humboldt einheiratete. Sehenswert sind die zweiläufige barocke Treppe von 1726 und der Schöne Saal mit seiner für die Entstehungszeit typischen Gutsherrenhaus-Dielung. Die Exponate des Museums sind sowohl Innen als auch im Freigelände ausgestellt. Zu sehen sind historische Berg- und hüttenmännische Werkzeuge, Schrift- und Sachzeugen des Altbergbaus sowie die den Bergbau begleitenden Industriezweige, ein Streckenvortrieb mit Streb und Förderanlage, eine original eingerichtete Revierstube sowie der funktionstüchtige Originalnachbau der ersten deutschen Dampfmaschine Watt'scher Bauart, die am 23.10.1785 auf dem damaligen König-Friedrich-Schacht in der Flur von Burgörner in Betrieb genommen worden ist, um das Sickerwasser aus dem Schacht zu pumpen. Außerhalb des geschlossenen Museumskomplexes befindet sich das Lichtloch 24 (rund 100 m tief) des Mansfelder Schlüsselstollens. Im Festsaal des Schlosses finden Wechselausstellungen und Konzerte statt.

Nappian

Mansfelder Bergwerksbahn

Eine dampflokbetriebene Schmalspurbahn (750 mm Spurbreite) verkehrt zwischen Klostermansfeld und dem Eduard-Schacht südlich von Hettstedt-Burgörner (→ Mansfeld, Umgebung).

Umgebung von Hettstedt

Welfesholz

2 km östlich von Hettstett erinnert der 'Durchlöcherte Stein', ein 2 m hoher Kreuzstein mit einer Aushöhlung, an die Schlacht am Welfesholz. Im Jahr 1115 unterlag hier Heinrich V. den Truppen des Sachsenherzogs und späteren Königs Lothar III. von Supplingenburg; bei der Schlacht fiel auch der berüchtigte kaiserliche Heerführer Hoyer von Mansfeld.

Schloß Oberwiederstedt

Das Dörfchen Wiederstedt liegt 3 km nördlich von Hettstedt. Im oberen Ortsteil steht das einstige Schloß der Familie von Hardenberg, in dem am 2.5.1772 der Dichter Georg Philipp Friedrich von Hardenberg, genannt Novalis, geboren worden ist (→ Berühmte Persönlichkeiten). Das Schloß von 1561 – ursprünglich stand an der gleichen Stelle ein Augustinerinnen-

Schloß Burgörner beherbergt das Mansfeld-Museum

Bergmannsfigur 'Kamerad Martin'

Bergbaumaschine im Mansfeld-Museum

Ilfeld

Hettstedt, Umgebung, (Fortsetzung)

kloster – nahm die Familie von Hardenberg 1634 in Besitz. Seit 1981 war es dem Verfall preisgegeben und sollte abgerissen werden, was jedoch vom Kuratorium Novalis verhindert werden konnte. Nach seiner Teilrestaurierung wurde 1989 das Novalis-Museum eröffnet, welches dem Leben und Schaffen des Dichters gewidmet ist (geöffnet: So. 10.00–16.00 Uhr; Tel. 03476–812359).

Zur Zeit werden hier außerdem eine Bibliothek zur Frühromantik sowie eine Forschungsstätte eingerichtet.

Sandersleben

Nordöstlich von Hettstedt, nur 4 km entfernt, liegt das Wipperstädtchen Sandersleben, das sich im 11. Jh. bei einer Burg herausbildete, die im 16. Jh. in ein heute noch bewohntes Schloß umgebaut worden ist. Sehenswert ist auch das Rathaus, ein Renaissancebau von 1559 mit drei Giebeln, Erker und Freitreppe.

Die Marienkirche ist 1519 aus Feldsteinen gebaut. Innen befindet sich ein sehenswerter Figurengrabstein mit einem knienden Ritter

Walbeck

Das 5 km nordwestlich von Hettstedt gelegene Walbeck war im Mittelalter ein vielbesuchter Königshof, in dessen Schutz 985 das Benediktinerinnenkloster St. Andreas gegründet wurde. Von dem ottonischen Bauwerk, das 1525 von aufständischen Bauern zerstört wurde, blieben Teile des Kreuzgangs und zwei Räume erhalten, die beim Bau des Schlosses, heute Schule, Verwendung fanden. Im ehem. Schloßgarten ist ein kleiner Tierpark eingerichtet. Die barocke Dorfkirche besitzt eine kostbare Innenausstattung.

Harkerode

*Burgruine Arnstein

Im 10 km nordwestlich von Hettstedt gelegenen Harkerode steht eine klassizistische Dorfkirche (1831) sowie ein Schloß (um 1700; 1910 restauriert).

Südöstlich außerhalb (in Richtung Sylda) erhebt sich auf einem Bergrücken über dem Einetal die wuchtige Burgruine Arnstein, an diese schließt östlich ein Doppelwall und Graben an, die zur frühmittelalterlichen Schalksburg gehören.

Die Burg Arnstein besteht aus westlicher Haupt- und östlicher Vorburg und entstand vor 1135 im Auftrag des Grafen von Arnstein zum Schutz der Harzrandstraße zwischen Wernigerode und Eisleben. Sie wechselte mehrfach den Besitzer. Nach dem Aussterben der Arnsteiner gelangte die Burg 1296 an die Grafen von Falkenstein, von diesen Mitte des 14. Jh.s an die Grafen von Regenstein und schließlich 1387 an die Grafen von Mansfeld. Unter diesen kam es zu Um- und Neubauten (1530 unter Hoyer von Mansfeld). Am Übergang des 15./16. Jh.s wurde sie zu einem Wohnschloß umgebaut. Von der ab 1736 dem Verfall preisgegebenen Anlage sind noch Reste von Bergfried und Palas zu sehen. Der romanische Palas besaß ursprünglich drei überwölbte Geschosse, in der Gotik wurde er in ein gewölbtes Erdgeschoß und drei durch Balkendecken geschiedene Obergeschosse umgebaut.

Hier schrieb 1788 Freiherr Adolf Franz von Knigge (1752–1796) sein berühmt gewordenes emanzipatorisches Erziehungsbuch "Über den Umgang mit Menschen", kurz 'Knigge' genannt.

Burg Falkenstein

25 km südwestlich → Selketal

Ilfeld J 8

Bundesland: Thüringen
Höhe: 240–330 m ü. d. M.
Einwohnerzahl: 3100

Lage und Bedeutung

Der Erholungsort Ilfeld liegt am Südharzrand zwischen hohen bewaldeten Bergen am rechten Ufer der Behre, wo diese aus einem engen Waldtal in das niedrigere Harzvorland tritt.

Um 1150 ließen die Bielsteiner Grafen auf dem Burgberg die Ilburg bauen, nach der sie sich dann umbenannten. Aus Reue über einen Mord stiftete Elger I. eine ewige Lampe an der Stelle des heutigen Klosters. Sein Sohn Elger II. erwarb in der zweiten Hälfte des 12. Jh.s durch Heirat und Erbschaft die nahe Burg Hohnstein, wechselte seinen Wohnsitz und nahm nun den Namen Hohnstein an. Zusammen mit seiner Frau Lutrude stiftete er jedoch das Kloster Ilfeld an der Stelle der ewigen Lampe. Besetzt wurde es mit Prämonstratensermönchen aus Pöhlde (→ Herzberg, Umgebung). 1385 wird zum ersten Mal eine Siedlung Ilfeld erwähnt. 1525 zerstörten aufständische Bauern die Ilburg und plünderten das Kloster. 1546 richtete der Abt Thomas Stange in den Räumen eine evangelische Klosterschule ein, die dank des berühmten Pädagogen weit über den Ort hinaus bekannt wurde. Seit 1945 beherbergen die Klostergebäude ein Krankenhaus.
Mit dem Anschluß an die Harzquerbahn (→ Zahlen und Fakten, Verkehr) 1899 setzte in Ilfeld der Fremdenverkehr ein.

Auf dem Burgberg erinnern nur noch wenige Überreste an die Ilburg, die vermutlich als Steinbruch für den Bau des gleichnamigen Klosters verwendet wurde. Im Ort selber stehen schöne Fachwerkhäuser; in der "Goldenen Krone" übernachtete Goethe 1777 während einer seiner Harzreisen.

Der 2 km nördlich von Ilfeld gelegene Rabensteiner Stollen wurde 1750 angelegt, die Förderung wegen geringen Ertrag 1866 wieder eingestellt. Heute befindet sich hier ein öffentlich zugängliches Steinkohle-Bergwerksmuseum dank einer Initiative von Bergbaustudenten der Universität Clausthal-Zellerfeld. Bislang ist erst ein Teil des insgesamt 6,5 km langen Stollens für den Besucherverkehr erschlossen (geöffnet: tgl. außer Mo. 10.00–17.00 Uhr sowie nach Voranmeldung).

Auf dem 601 m hohen Poppenberg (nordöstlich von Ilfeld) steht der 1894 aus Stahl errichtete, 33,50 m hohe Aussichtsturm, auf den 167 Stufen hin-

Neustadt in der Umgebung von Ilfeld

Poppenturm
(Fortsetzung)

aufführen. Oben hat man eine prächtige Aussicht auf den → Brocken, das südliche Harzvorland bis zum → Kyffhäuser. Der Turm ist ein beliebtes Wanderziel und Wahrzeichen von Ilfeld.

Lange Wand

Südlich von Ilfeld erstreckt sich am linken Behreufer die rund 100 m lange, bis 25 m hohe, nord–südlich verlaufende Lange Wand. Das Naturdenkmal entstand durch die Abtragungstätigkeit der Behre.

Umgebung von Ilfeld

Neustadt

4 km südöstlich von Ilfeld liegt der von Wäldern umgebene Erholungsort Neustadt (260 m ü.d.M.; 1200 Einwohner), auch Perle des Südharzes genannt. Der 1372 erstmals erwähnte Ort entwickelte sich zum Mittelpunkt der Grafschaft Hohnstein und erhielt 1485 das Brau- und Marktrecht sowie die Gerichtsbarkeit.

Im Ort stehen schöne alte Fachwerkhäuser, u. a. das 1679 erbaute Pfarrhaus und die Post; das Alte Tor von 1412 sicherte den südlichen Ortsteil und war bis 1946 bewohnt. Der 1730 aus Eichenholz geschnitzte, 3,31 m hohe Roland am Ratskeller, Wahrzeichen der Stadt, war Symbol für das Markt- und Gerichtsrecht der Stadt. Die 1695 im romanischen Stil erbaute St. Georgskirche erhielt 1871 ihren gotischen Turmhelm.

* Burgruine
Hohnstein

Hauptsehenswürdigkeit ist die oberhalb der Stadt, auf einem nach drei Seiten steil abfallenden Bergsporn gelegene Burgruine Hohnstein. Die Anlage bestand aus einer hochgelegenen Oberburg (Kernburg), die im Süden durch eine tiefer gelegene Unterburg und im Osten durch eine Vorburg mit angrenzendem Bollwerk geschützt war, und gehörte zu den größten mittelalterlichen Burganlagen im Harzgebiet. Sie entstand um 1120 im Auftrag von Graf Konrad von Hohnstein. Durch Heirat gelangte die Burg an

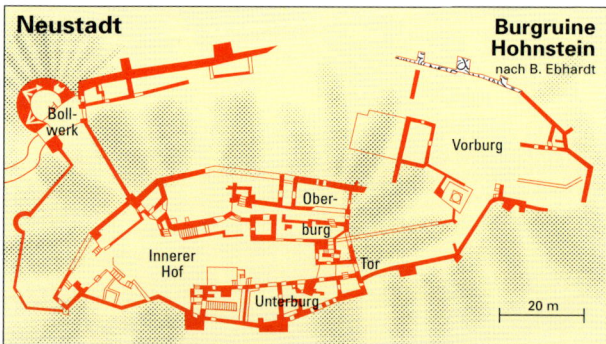

die Grafen von Ilfeld, die sich fortan nach der Burg in Hohnstein umbenannten. 1413 erwarben die Grafen von Stolberg die Burg und ließen sie zu einem wehrhaften Renaissanceschloß umbauen. Im Dreißigjährigen Krieg brannte sie aus und blieb seither Ruine. Erhalten blieben Teile der Vorburg mit dem ersten Tor und dem angrenzenden Bollwerk, einem halbrunden Geschützturm, das zweite Eingangstor, die Gebäude der Unterburg und die über Treppen erreichbare Oberburg mit Resten des Palas und des Bergfrieds. Im Jahr 1908 ließen die Grafen von Stolberg im äußeren Burghof ein romantisches Jagdschloß errichten, das immer ein beliebtes Ausflugslokal war und es hoffentlich auch bald wieder wird.

Von hier oben genießt man einen weiten Rundblick zum → Kyffhäuser, zur Hainleite, zur Eichsfelder Pforte und den Bleicheröder Bergen.

1 km nördlich von Neustadt liegt die Ruine der 1344 erstmals erwähnten, vermutlich jedoch schon unter den Karolingern erbauten Heinrichsburg.

Ilsenburg   G/H 3

Bundesland: Sachsen-Anhalt
Höhe: 240–300 m ü.d.M.
Einwohnerzahl: 7000

Ilsenburg liegt im Nordharz am Fuße des → Brockens und am Ausgang des Ilsetals. Sein hübsches Ortsbild und die vielen in der Nähe gelegenen Naturschönheiten machen den Ort im Sommer wie im Winter zu einem empfehlenswerten Ferienort. Ein ganz besonderes Ereignis ist der seit 1927 alljährlich stattfindende Brockenlauf (→ Veranstaltungen).

Lage und Bedeutung

Der Ort entstand zu Füßen der bereits 995 erwähnten Elysinaburg (Elysinen = Erlen), einer königlichen Jagdpfalz. Heinrich II. schenkte sie 1003 dem Bischof von Halberstadt, der sie zu einem Benediktinerinnenkloster umbauen ließ. Auf dem nahen Ilsestein entstand stattdessen eine neue Reichsburg, die bereits 1107 zerstört wurde. Auch das Kloster blieb nicht verschont. 1525 stürmten es aufständische Bauern und brannten es teilweise nieder. Nach der Reformation gelangte die Siedlung an die Grafen von Stolberg-Wernigerode, die 1650–1710 hier ihren ständigen Sitz hatten. Seit dem 11. Jh. wurde in dem Ort Eisen gewonnen. 1546 ging hier der erste Hochofen im Harz in Betrieb. 1697 besuchte Zar Peter der Große die Ilsenburger Eisenhütte, die damals zu den modernsten Anlagen in ganz Europa gehörte. Die Eisenkunstguß-Erzeugnisse wurden berühmt und in viele Länder exportiert. Sie entstanden teilweise nach Modellen großer Künstler, darunter u.a. Dürer, Schinkel, Mucha, Thorwaldsen.

Geschichte

Im Ilsetal

Sehenswertes in Ilsenburg

Schloß

Das hochgelegene, heute als Hotel genutzte Schloß Ilsenburg steht an der Stelle der 1003 in ein Kloster umgewandelten Ilsenburg. Die bis auf den Westflügel und den Kreuzgang noch erhaltenen Klosterbauten sind von 1120–1176. Nach der Reformation ging das Kloster in den Besitz der Grafen von Stolberg-Wernigerode über, die dort seit 1609 ihren Wohnsitz hatten. Graf Botho ließ ab 1862 das im neuromanischen Stil aufgeführte kleine Schloß (sog. Bothobau) auf den Fundamenten der alten Wirtschaftsgebäude erbauen.

✳Klosterkirche
St. Petri und Pauli

Führungen
Di.–Fr.
13.00
Sa., So.
11.00

Sehenswert ist die 1078–1087 nach cluniazensischem Vorbild erbaute Klosterkirche. Durch Zerstörungen und Umbauten im 16. Jh. zeigt sie sich heute leider ohne ihre nördlichen Bauteile (Turm, Seitenschiff, Querhaus, Chorseitenschiff und Apside). Ursprünglich war ihr Grundriß kreuzförmig und dreischiffig, außerdem besaß sie die typische Doppelturmanlage im Westen (heute steht nur noch der Stumpf des Südturms). Die flache Holzbalkendecke war um 1200 durch ein Kreuzrippengewölbe und im 16. Jh. durch das heutige Kreuzgratgewölbe ersetzt worden. Im Innern sind noch Teile des verzierten Fußbodenestrichs (Ende 12./Anfang 13. Jh.), die reich geschnitzte Altarwand, die Kanzel (beide von Bastian Heidekamp, 1706) und die barocke Grabplatte des Grafen Ernst zu Stolberg-Wernigerode (1710) zu sehen.

Im Südflügel liegt das dreischiffige Refektorium (Speisesaal), dessen Gewölbe von zwölf Säulen mit reich verzierten Kapitellen getragen wird; im Ostflügel sind Sakristei, Kapitelsaal und Dormitorium (Schlafsaal).

Marienkirche

Auf halbem Weg zwischen Schloß und Dorf steht die ursprünglich 1131 als Hospitalkirche des Klosters geweihte Dorfkirche, die 1883 im neuromanischen Stil erneuert wurde; im Innern ein Taufstein aus der Reformationszeit (Jost Wink) und ein Kruzifix aus dem 13. Jh. (Besichtigung nach Voranmel-

Kunstvolle Ofenplatte im Hüttenmuseum

dung im Pfarramt, Tel. 2637). Vor der Kirche stehen mehrere Grabsteine aus dem 17. und 18. Jh.; die Kreuzigungsgruppe aus Ilsenburger Kunstguß ist die Nachbildung einer Figurengruppe des Nürnberger Bildhauers Adam Krafft (1460–1508). Nebenan befindet sich die Grabstätte des Malerehepaars Georg Heinrich und Elise Crola, die Stifter der Figurengruppe. Sie lebten 1852–1879 in einem 1687 erbauten Haus in der Mühlenstraße 10.

Marienkirche (Fortsetzung)

In einem der Wohnsitze der Grafen zu Stolberg-Wernigerode aus dem 18. Jh. ist das Hüttenmuseum untergebracht (Marienhöferstraße 9). Die Ausstellung vermittelt Einblick in die Geschichte und Arbeitsweise der Ilsenburger Eisenhütte und zeigt schöne alte gußeiserne Ofenplatten aus dem 16. bis 18. Jh.; im Innenhof des dreiflügeligen Baus lädt ein gemütliches Café zu einer kleinen Pause ein.

Hüttenmuseum

Öffnungszeiten
Di.–Fr.
9.00–17.00
Sa., So.
9.00–12.00

Nördlich vom Bahnhof, in der Schmiedestr. 16, befindet sich die Fürst-Stolberg-Hütte. Ihre Produktion ist heute überwiegend auf Eisenkunstguß, ausgerichtet, der von alten Originalmodellen in von Hand hergestellten Formen nachgegossen wird. Betriebsbesichtigungen mit wirklich sehenswertem Schaugießen finden statt: Mo. bis Fr. 10.00 und 14.00 Uhr.

Fürst-Stolberg-Hütte

Umgeburg von Ilsenburg

Der Wanderweg führt südwestlich aufwärts in das wildzerklüftete Ilsetal. Heinrich Heine beschrieb 1824 die malerische Landschaft und den Bergbach, der über das grünbewachsene Granitgestein tost und sprudelt: "Ja, die Sage ist wahr, die Ilse ist eine Prinzessin, die lachend und blühend den Berg hinabläuft."

*Ilsetal

Auf dem Weg kommt man an der alten Nagelhütte (1762) des Blockhauers und am Zanthier-Park vorbei. Er ist nach dem Waldreformer H. D. von Zanthier (1717–1778) benannt, der in dem Haus neben dem Park 1763 die erste deutsche Forstakademie begründete. Im Park informiert ein Gesteinslehrpfad über die hier vorkommenden Gesteinsarten.

Zanthier-Park

Der 474 m hohe Ilsestein ragt etwa 150 m über den Grund auf. Verwitterte Fundamente erinnern an die sagenumwobene, um 1018 hier erbaute und 1107 zerstörte Ilsenburg. Der hohe Eisengehalt des Ilsesteingranits bedingt ein Abweichen der Kompaßnadel.

Ilsestein

Vom Ilsestein geht es an der Ilsesteinquelle vorbei zu den 521 m hohen Paternosterklippen, von denen sich ein schöner Blick zum Brocken bietet (Beschreibung des Wanderwegs zum Brocken → Brocken).
Auch die südlich vom Ilsenstein gelegene Waldgaststätte Plessenburg, ein ehem. Jagdschloß der Grafen von Stolberg-Wernigerode, ist ein lohnendes Ausflugsziel.

Rund 5 km südwestlich von Ilsenburg befinden sich die als Naturdenkmal geschützten Ilsefälle. Ein Denkmal erinnert an Heinrich Heine, der auf seiner Harzreise hier auch vorbeikam.

Ilsefälle

3 km östlich von Ilsenburg liegt Drübeck, das seinen Namen vermutlich von Dri Beke (drei Bäche) herleitet, mit seinem 960 erstmals erwähnten Benediktinerinnenkloster St. Vitus. Im Bauernkrieg und während des Dreißigjährigen Kriegs wurden das 1540 in ein ev. Kanonissenstift umgewandelte Kloster sowie die Kirche schwer beschädigt.

Kloster Drübeck

Die heutige Klosterkirche entstand im 12. Jh. an der Stelle zweier Vorgängerbauten (geöffnet: Mo.–Fr. 11.00–12.00, 13.00–15.00, Sa., So. 11.00 bis 12.00 Uhr). Ihr 1860 in alter Form restaurierter zweitürmiger Westbau besitzt einen Eingangsportals eine Westapsis, die sich zum Langhaus öffnet. Das Innere der einst dreischiffigen Basilika (nördliches Seitenschiff und nördliches Querhaus sind zerstört) wird durch die flache Balkendecke und den einfachen Stützenwechsel bestimmt. Die Arkadenbögen im Langhaus werden durch Entlastungsbögen betont; fünf der sechs Kapitelle der Langhaussäulen sind vermutlich älter als die Kirche. Im 18. Jh. wurden die

*Klosterkirche

Romanisches Kleinod:

Klosterkirche Drübeck

Ilsenburg,
Umgebung,
Kloster Drübeck
(Fortsetzung)

einst fünfschiffige, unter dem Chor gelegene Krypta sowie der Chor selber um fast die Hälfte gekürzt. Damals wurden auch die Fenster im Mittelschiff teilweise zugemauert. Unter der Ausstattung befindet sich ein schöner Schnitzaltar (um 1500), eine Leinenstickerei aus der 1. Hälfte des 14. Jh.s. sowie Reste von Stuckverzierungen.

Vor dem heutigen Kircheneingang wurde ein Teil des Fußbodens des Kreuzgangflügels freigelegt.

Die alte Linde im Klosterhof ist über 200 Jahre alt; ihre Krone überspannt den ganzes Klosterinnenhof. Der hier stehende verschalte Fachwerkbau wurde 1735 als Wohngebäude für die Nonnen errichtet. Deren Quartiere wurden in Ferienwohnungen umgewandelt.

Darlingerode

1 km östlich von Drübeck liegt der kleine Erholungsort Darlingerode. Sieben im Kreis aufgestellte Feldsteine, Sieben Kaisersteine oder auch Altenröder Steinkreis genannt (am Ortsausgang in Richtung Wernigerode), bildeten eine karolingische Gerichtsstätte. Hier soll alten Urkunden zufolge 995 Kaiser Otto III. Gericht gehalten und Urteile vollstreckt haben. In der romanischen Dorfkirche steht ein Schnitzaltar (um 1500), die Kanzel entstand im 17. Jahrhundert. In den umliegenden Wäldern gibt es zahlreiche Erdfälle zu sehen.

Kelbra M 11

Bundesland: Sachsen-Anhalt
Höhe: 160 m ü. d. M.
Einwohnerzahl: 3200

Lage und
Allgemeines

Kelbra liegt in der Goldenen Aue, wie der wegen seiner Lößböden so fruchtbare Landstrich zwischen → Sangerhausen, Artern und → Nord-

Talsperre Kelbra

hausen genannt wird. Das von der Helme durchflossene Gebiet wird im Norden vom Harz und im Süden vom → Kyffhäuser begrenzt und war schon frühzeitig besiedelt. Auch heute hat in Kelbra die Landwirtschaft noch eine große Bedeutung.

Im Westen grenzt ein Stausee unmittelbar an die kleine Stadt, die sich inzwischen zu einem beliebten Erholungsort entwickelt hat.

Aufgrund seiner Lage gehört Kelbra zu den ältesten Siedlungen in der Goldenen Aue, ist jedoch erst seit 1128 in historischen Urkunden nachgewiesen. Der Ort entwickelte sich im Schutz einer Wasserburg, die den Grafen von Rothenburg gehörte. 1251 stiftete Friedrich Graf von Beichlingen ein Zisterzienserinnenkloster. Die 1287 mit dem Stadtrecht ausgerüstete Siedlung lag an der historischen 'Kaiserstraße' und wechselte häufig als Faustpfand oder Lehen ihren Besitzer. Von den Beichlingern ging Kelbra an die Hohnsteiner Grafen, von diesen an die Markgrafen von Meißen, von diesen an die Schwarzburger und von denen an die Stolberger.

Im Dreißigjährigen Krieg plünderten die Lüneburger und später mehrmals die Schweden und deren Widersacher das Städtchen. So war Kelbra jahrhundertelang immer im Nachteil und blieb es auch, als die Kursachsen den Besitz im Jahre 1815 an Preußen abgeben mußten. Das änderte sich erst, als Kelbra vor einem Vierteljahrhundert für den Fremdenverkehr erschlossen wurde.

Das mittelalterliche Rathaus (Ecke Marktstraße/Langestraße) brannte 1741 nieder und wurde unter Verwendung alter Bauteile wieder aufgebaut. Auf das massive Untergeschoß, in dem sich einst das Gefangenenverlies und eine Waffenschmiede befanden, setzte man ein mächtiges Fachwerkgeschoß mit hohem Satteldach, Dachreiter und Laterne.

In der Ortsmitte steht auch die im 12. Jh. als Klosterkirche erbaute St.-Georg-Kirche, die im 17. Jh. erneuert worden ist und seitdem als Stadtpfarrkirche dient. Sehenswert ist der Flügelaltar, dessen Abendmahlsbild 1619 Christian Richter schuf.
Nordwestlich der Kirche sind Kellerräume und Mauerreste des ehem. Nonnenklosters erhalten.

Der Storkauer Hof diente im 12. Jh. als Rittersitz; er liegt im Südosten der Stadt. Erhalten sind der Turm mit Wendeltreppe.
In der Thomas-Müntzer-Straße sind Reste des 1525 zerstörten Zisterzienserklosters zu sehen.
Im Altendorf steht die im 9. Jh. erbaute Kirche St. Martini, in der zukünftig Ausstellungen stattfinden sollen.

Umgebung von Kelbra

※ Talsperre Kelbra

Am westlichen Stadtrand von Kelbra liegt die 1962–1966 erbaute, 6 km² große Kelbraer Talsperre. Neben dem Hochwasserschutz im Helme-Unstrut-Tal dient sie als Wasserreservoir und zur Bewässerung landwirtschaftlich genutzter Flächen. Im Sommer ist sie darüber hinaus ein beliebtes Ausflugsziel mit einem breiten Wassersportangebot.

Roßla

4 km nördlich von Kelbra liegt der 996 erstmals Mal erwähnte, heute 2900 Einwohner zählende Ort Roßla in der Helmeniederung. 1341 gelangte er an die Grafen von Stolberg, die 1362 ihren Sitz in die vermutlich bereits vorhandene Wasserburg verlegten, die an der Stelle des heutigen Schlosses stand. Im Mittelalter wurde der Ort befestigt. 1706 wurde das bei verheerenden Stadtbränden 1656 und 1683 zerstörte und wiederaufgebaute Roßla Residenz der neugegründeten Linie der Grafen zu Stolberg-Roßla. 1815 kam die Grafschaft an Preußen.
Von der mittelalterlichen Wasserburg, die 1827–1831 als klassizistisches Schloß neu erbaut wurde, ist nur der quadratische Turm in einer der Hofecken erhalten geblieben. Sein Aufsatz mit Haube und Laterne stammt von 1788 (heute durch eine provisorische Turmabdeckung ersetzt). Im Innern befindet sich ein schönes Treppenhaus sowie in einigen Räumen beachtenswerte Stuckdekorationen. Der einst die Burg umgebende Wassergraben wurde Anfang des 19. Jh. zugeschüttet.
Westlich vom Schloß steht die im späten 16. Jh. erbaute ehem. Rentkammer. Über dem massiven Erdgeschoß mit einer rundbogigen Toreinfahrt erhebt sich ein Fachwerkobergeschoß (heute Verwaltungssitz).
Östlich des Schlosses steht das Ende des 19. Jh.s als Witwensitz für die Mutter des regierenden Fürsten zu Stolberg-Roßla erbaute Palais.
Die in der Ortsmitte stehende Trinitatiskirche mit ihrem 53 m hohen Turm wurde 1868–1873 im neugotischen Stil erbaut.
Auf dem am Ostrand von Roßla gelegenen Friedhof wurden die Angehörigen des Roßlaer Fürstenhauses beerdigt.

Periodischer See

3 km nördlich von Roßla befindet sich an der Straße in Richtung Harzgerode ein Park- und Rastplatz. Hier beginnt ein Fußweg (1,5 km), der zum Naturschutzgebiet Bauergraben führt, ein schmales Tal, das im Süden von einer bis 100 m hohen Gipssteilwand eingeschlossen wird. Entweder zeigt sich das Becken als Wiese oder als bis zu 15 m tiefer Waldsee, im Volksmund auch Hungersee genannt.
1480 wird diese 'Laune der Natur' das erste Mal beschrieben, deren Ursache in der Karstgestalt des Harzvorlandes liegt. Der aus dem Harz kommende Glasebach durchfließt das Gipsgebiet und verschwindet innerhalb des Beckens durch Schlucklöcher (Schwinde) in unterirdische Hohlräume, die durch Lösung des Gips entstanden sind. Bei ungewöhnlich starkem Zufluß staut sich im Becken ein See auf. Mittels Färbversuchen wurde nachgewiesen, daß das verschwundene Wasser des Sees sowohl in naher Umgebung als auch im 35 km entfernten Artern wieder zu Tage tritt.

Bennungen

3,5 km östlich von Roßla liegt der kleine Ort Bennungen mit einer spätklassizistischen, 1847–1850 erbauten Kirche. Auf dem östlich gelegenen Schanzenhügel wurde ein mittelsteinzeitliches Kammergrab gefunden.

Questenberg

Questenburg

4,5 km nördlich von Bennungen liegt der kleine Ort Questenberg im Nassetal, das von steil aufragenden Gipsfelsen überragt wird.
Im Norden erhebt sich auf einem Bergsporn die Ruine der im 13. Jh. errichteten Questenburg, die zuletzt den Grafen von Stolberg-Roßla gehörte.
Von der Anlage, die aus Haupt- und Vorburg, Palas, Bergfried, Zwinger, Ringmauern und Gräben bestand, sind noch stattliche Mauerteile und ein Stück des Bergfrieds mit Ritzzeichnungen ehem. Gefangener (im inneren Mauerwerk) erhalten, sie stellen bäuerliche Arbeitsgeräte dar. Die Burg wurde 1525 zerstört.

Auf dem gegenüberliegenden Felsen befindet sich die Queste, ein in den Felsen eingelassener Eichenstamm. Hier war einst eine altgermanische Kultstätte. Seit dem 18. Jh. findet alljährlich am Pfingstmontag das Questenfest statt. Dieses geht einer Legende zufolge auf eine verirrte Ritterstochter zurück, die am zweiten Pfingstfeiertag wohlbehalten gefunden wurde, wie sie Kränze (= Questen) band.

Bei der Ortskirche steht seit 1730 ein hölzerner Roland (die heutige Figur ist vom Anfang des 19. Jh.s), Symbol für den Sitz eines mittelalterlichen Gerichts.

7 km östlich von Kelbra ⟶ Kyffhäuser

7 km südlich von Kelbra ⟶ Kyffhäuser

13 km südlich von Kelbra ⟶ Kyffhäuser

Kelbra, Umgebung, Questenburg (Fortsetzung)

Königspfalz Tilleda

Rotheburg

Barbarossahöhle

Kyffhäuser **M/N 11/12**

Bundesland: Thüringen
Höhe: bis 477 m ü.d.M.

Südlich des Harzes erhebt sich zwischen den fruchtbaren und seit ur- und frühgeschichtlicher Zeit besiedelten Tälern von Helme und Unstrut, der Goldenen und der Diamantenen Aue, der unter Landschaftsschutz gestellte Kyffhäuser, wie das kleine Gebirge genannt wird. Es gehört zusammen mit der Hainleite, der Diamantenen und Goldenen Aue und dem Unstruttal zum 473 km² großen Kyffhäuserkreis (53 100 Einwohner in 36 Städten und Gemeinden).

Lage und Allgemeines

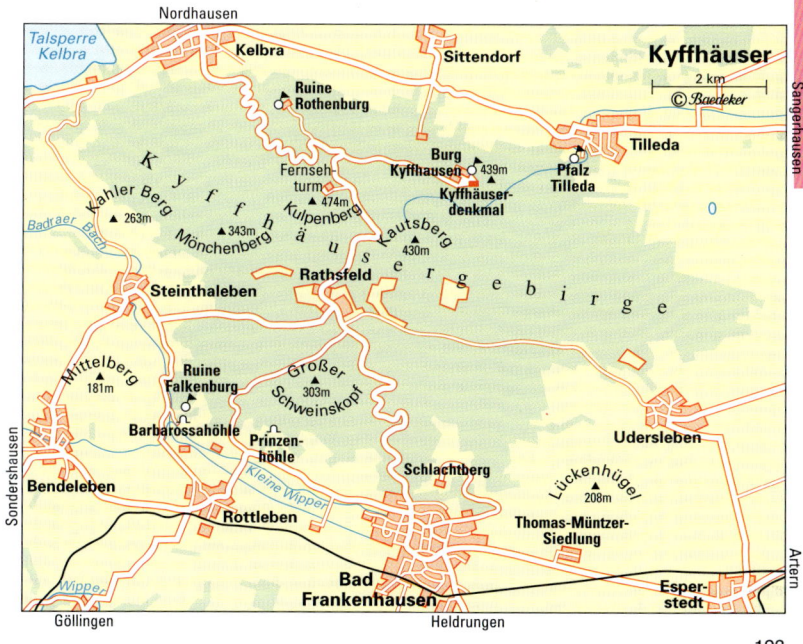

Kyffhäuser

** Landschaftsbild

Sein Höhenrücken mißt von Westen nach Osten rund 13 km und von Norden nach Süden etwa 7 km, mit seinen tiefen Schluchten, wilden Höhlen und Wäldern gilt der Naturpark Kyffhausen als ein kleines Ebenbild des Harzes.

Als Pultscholle ist der Kyffhäuser im Norden wesentlich stärker herausgehoben als im Süden. Seine höchste Erhebung erreicht er im 477 m hohen Kulpenberg, nahe dem Nordrand, der steil etwa 320 m zur Goldenen Aue abfällt, während der Südrand sich sanft zum Frankenhäuser Tal senkt. Der eigentliche Kyffhäuserberg, dessen 457 m hoher Gipfel das weithin sichtbare Denkmal krönt, liegt ebenfalls am Nordrand.

Geologie

Das kleine Gebirge besteht aus Sandsteinen und Konglomeraten des Rotliegenden; während an seinem steilen Nordrand kristalline Gesteine des Grundgebirges hervortreten, die mit Graniten, Porphyren und Gneisen durchsetzt sind, bestimmen an seinem Südrand verkarstete Zechsteinstreifen (Gipslager) das Landschaftsbild.

Eine Eigentümlichkeit des Kyffhäusers sind die verkieselten Baumstämme, die sich in den roten Sandsteinen finden; einige schöne Stücke sind am Obelisken und beim Denkmal aufgestellt, andere bei älteren Mauerbauten, z. B. in Tilleda, verwendet worden.

Flora

Die Pflanzenwelt des Kyffhäusers, der Hainleite und der Umgebung der Solequellen ist außerordentlich bunt und vielfältig. Darunter befinden sich zahlreiche süd- und osteuropäische, vom Aussterben bedrohte Pflanzen. Der Kamm des Kyffhäusers ist von dichten Mischwäldern bewachsen. An den trockenen Kalkhängen und Gipsbergen im Süden wachsen vor allem wärmeliebende Arten, die in den Trockengebieten Südeuropas (in der ungarischen Pußta und im Schwarzmeergebiet) heimisch sind, u. a. Kornelkirsche, Küchenschelle, Frühlingsadonisröschen, Bärenschote und Gipskraut, Haarpfriemgras, das Feder- oder Kyffhäusergras. Knabenkraut und die Zwergsträucher des Sonnenröschens und Berggamanders sind Vertreter der Mittelmeerflora.

Im Niederwald auf der Südseite der Hainleite und am Kyffhäuser finden sich vor allem die Traubeneiche, untermischt mit Wolligem Schneeball, Kornelkirsche, Schlehe, Weißdorn und Hasel. An Lichtungen blüht das Heidekraut.

In der Nähe der Arterner Solequellen und auf Wiesen bei Numburg und in der Nähe von Esperstedt, wo die Böden reich an Natrium- und Kaliumchlorid sind, haben sich typische Salzpflanzen wie Queller, Salzwermut, Salzbinse und Strandwegerich angesiedelt.

Das zusammenhängende Gebiet um die Solequellen in Artern ist unter Naturschutz gestellt.

Rothenburg

Am Nordhang, oberhalb von → Kelbra, steht die zu Beginn des 12. Jh.s errichtete Ruine der Rothenburg, die durch den in Kelbra geborenen Minnesänger Kristian von Luppin, ein Zeitgenosse Walthers von der Vogelweide, bekannt gemacht wurde. Im Jahr 1208 kam sie an die Grafen von Beichlingen und, nach mehrfachem Besitzwechsel, 1407 endgültig an die Schwarzburger Grafen. Erhalten sind beträchtliche, vor allem aus dem 13. Jh. stammende Überreste des Palas (mit dekorativ verzierten großen Fenstern), der Doppelkapelle und des Bergfrieds, der als Aussichtsturm zugängig ist.

Ende des 19. Jh.s wurde an der Nordseite der alten Burgruine der Bismarckturm errichtet.

Kulpenberg

Auf dem höchsten Punkt des Kyffhäusers, dem 477 m hohen Kulpenberg, steht der 1959–1964 erbaute, 94 m hohe Fernsehturm.

** Reichsburg Kyffhausen

Der 457 m hohe sagenumwobene Kyffhäuser ist der nordöstliche Eckpfeiler des Gebirges. Bereits in frühgermanischer Zeit trug er eine befestigte Siedlung. Die erste Burg 'Kuffese' (= Kuppe) entstand vermutlich im 10. Jh.; ihr Ausbau zur großen dreiteiligen Anlage folgte dann unter Heinrich IV.

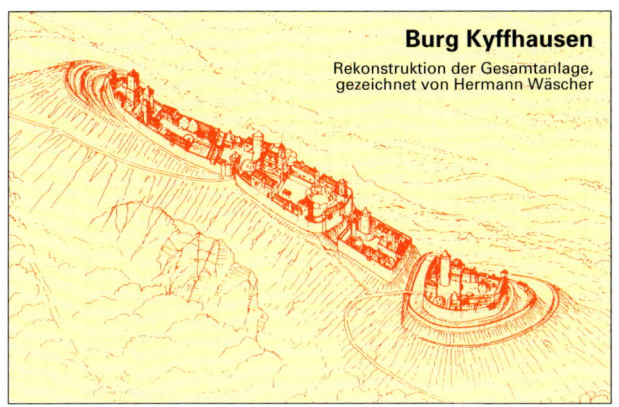

Burg Kyffhausen

Rekonstruktion der Gesamtanlage,
gezeichnet von Hermann Wäscher

Reichsburg
Kyffhausen
(Fortsetzung)

(1056–1106) im Rahmen seines Burgenbauprogramms, zu dem u. a. auch die Harzburg und die Lauenburg gehörten. Eine ihrer Aufgaben war der Schutz der nahegelegenen Kaiserpfalz Tilleda (s. unten). 1118 wurde die Burg bei Kämpfen Heinrichs V. mit den sächsischen Fürsten zerstört und vor 1150 wieder aufgebaut. Unter Friedrich Barbarossa (1152–1190) wurde sie erweitert und verstärkt.

Ende des 12. Jh.s begann der kaiserliche Glanz zu schwinden, und sie verlor ihre strategische Bedeutung. Die Reichsburg Kyffhausen wurde Feudalburg, auf der kaiserliche Vögte und Burggrafen saßen. Bereits im 15. Jh. begann ihr Verfall. Von 1483 bis ins 16. Jh. wurde die Kapelle der Unterburg als Wallfahrtskirche viel besucht; aus dieser Zeit stammen die gotischen Umbauten an dem Palas. Die Burg selber spielte dann geschichtlich keine Rolle mehr.

Die alte Sage von dem im Kyffhäuser, dem alten Wodansberg, schlummernden Herrscher, der auf seine Zeit wartet, bezog sich ursprünglich auf den germanischen Windgott Wodan mit seinen Raben und entstand wohl, als seine Anhänger sich vor dem vordringenden Christentum in das unwegsame Bergland zurückzogen. Später trat an die Stelle Wodans zunächst Friedrich II. und dann nachweisbar seit dem 16. Jh. die volkstümliche Gestalt Kaiser Friedrichs I. Barbarossa.

Burgruine Kyffhausen

Aufstieg

OBERBURG
1 Tor
2 Wohn- oder Wirtschaftsbau
3 Bergfried
4 Palas
5 Küchenbau
6 Torturm

MITTELBURG
7,8 Turm

UNTERBURG
9 Tor
10,13, 14,15 Wohngebäude
11 Wohnturm
12 Bergfried
16 Wachhaus
17 Wirtschaftsbau
18 Kapelle
19 Palas

Eingang
Kasse
Museum Brunnen
Denkmal
Stein-
bruch
Parkplatz
Fußweg
Aufstieg
Aufstieg

100 m
© Baedeker

Oberburg | Mittelburg | Unterburg
Tilleda

Kyffhäuser

Reichsburg Kyffhausen: Bergfried　　　*Kyffhäuserdenkmal*

Reichsburg
Kyffhausen
(Fortsetzung)

Neu belebt wurde die Sage durch Friedrich Rückerts Gedicht "Barbarossa" (1817):

"Der alte Barbarossa, der Kaiser Friederich,
im unterirdischen Schlosse hält er verzaubert sich.
Er ist niemals gestorben, er lebt darin noch jetzt,
er hat im Schloß verborgen zu Schlaf sich hingesetzt.
Er hat hinab genommen des Reiches Herrlichkeit,
und wird einst wiederkommen mit ihr, zu seiner Zeit...
Er spricht im Schlaf zum Knaben 'Seh hin vors Schloß, o Zwerg,
und sieh, ob noch die Raben herfliegen um den Berg.
Und wenn die alten Raben noch fliegen immerdar,
so muß ich auch noch schlafen verzaubert hundert Jahr."

Die einstige Reichsburg Kyffhausen gehörte mit ihrer Ausdehnung (600 m Länge, 60 m Breite) zu den größten Höhenburgen Europas und nahm den ganzen Bergrücken ein. Sie bestand aus drei auf Terrassen übereinander gelagerten Burgen. Am vollständigsten erhalten ist die im Osten gelegene Unterburg (399 m; in den heute genutzten gastronomischen Einrichtungen erhalten). Eine Ringmauer umschließt den geräumigen Hof, in dem die nach 1118 erbaute Burgkapelle, mehrere Keller und Gewölbe und die Grundmauern von zwei Rundtürmen zu erkennen sind, von denen der eine einen kerkerartigen Einbau hat. Ein breiter Graben trennte die Unterburg von der höher gelegenen Mittelburg, die als Steinbruch genutzt wurde und von der nur der Rest eines Rundturms und eine Gebäudeecke übrig geblieben sind. Wieder erhöht liegt die dreiteilige Oberburg (457 m), die jetzt zum großen Teil vom Denkmal eingenommen wird. Hinter diesem erhebt sich als Rest der mächtige, noch etwa 20 m hohe Barbarossaturm, ein in der ersten Hälfte des 12. Jh.s erbauter viereckiger Bergfried mit fast 4 m starken Mauern. Im mittleren Bereich befinden sich der alte, 176 m tiefe Burgbrunnen und ein kleines Museum (tägl. geöffnet), das über die Geschichte der Gegend, der Reichsburg und der Kaiserpfalz Tilleda informiert.

Das Kyffhäuserdenkmal entstand 1890–1896 im Auftrag der deutschen Kriegervereine nach Plänen von Bruno Schmitz. Die Gesamtlänge des kolossalen, einer Pyramide nachempfundenen Monuments beträgt 130 m, seine Höhe von der halbrunden Ringterrasse bis zur Spitze des in einer Kaiserkrone endenden Turmes 81 m. Der Turm ist als Aussichtsturm zugänglich (tgl. 9.00–17.00, im Sommer bis 19.00 Uhr; Unterburg: tgl. 9.00–16.00 Uhr). Zu beachten sind das kupferne Reiterstandbild von Wilhelm I. (Emil Hundrieser) und im Felsenhof die Steinfigur des legendären Kaisers Friedrich Rotbart, genannt Barbarossa (Nikolaus Geiger).

*Kyffhäuser-
denkmal*

7 km östlich von Kelbra, zu erreichen auf dem markierten Wanderweg der 'Alten Kaiserstraße', erreicht man den Ort Tilleda. Auf dem Bergsporn des Pfingstbergs liegen die Überreste des um 972 erstmals erwähnten kaiserlichen Hofes von Tilleda. Zwischen 974 und 1250 hielten hier fast alle deutschen Könige und Kaiser Hof oder gingen hier auf die Jagd. 1180 bereitete Friedrich I. seinen Feldzug gegen Alexandria in 'Tullede' vor, 1189 trafen sich hier Kaiser Heinrich VI. und der Sachsenherzog Heinrich der Löwe und legten auf einem Versöhnungsfest die Familienstreitigkeiten zwischen Welfen und Staufern bei. Nach der Hochzeit Heinrichs VI. mit der Erbin des Normannenreichs 1189 verlagerte sich das staufische Interessengebiet nach Sizilien und Tilleda verlor seine Bedeutung. Nach 1250 wurde die Pfalz nicht mehr genutzt und verfiel. Zunächst wurde sie noch als Lehen an verschiedene Adelsfamilien und später als 'Bullenland' den Bauern zur Nutzung übergeben. 1870 entdeckten Heimatforscher die überwachsenen Ruinen der einstigen Pfalz. Ab 1935 grub man die Hauptburg, ab 1959 die Gesamtanlage aus, die seit 1983 als Freilichtmuseum zugänglich ist.
Die Pfalzburg bestand aus einer im 10. Jh. errichteten, 65 x 90 m großen Hauptburg und einer dreimal größeren Vorburg. In der Hauptburg wohnten die Herrscher mit dem engeren Gefolge. Die wichtigsten Gebäude waren die Pfalzkirche, der Versammlungssaal und das mit einer Warmluftheizung ausgestattete Wohngebäude. Neben anderen Bauresten wurde auch ein Friedhof mit rund 420 Gräbern freigelegt. Noch heute sind in der Hauptburg die Fundamente von Palas, Wohnturm, Kapelle und Tor zu sehen, alles in Stein errichtet. Zu ebener Zugangsseite nach Westen war die Hauptburg durch drei hintereinanderliegende Wälle und Gräben gesichert. An dieses Verteidigungssystem schloß sich die ausgedehnte Vorburg an.

*✻ Königspfalz
Tilleda*

*Öffnungszeiten
tgl. 9.00–17.00*

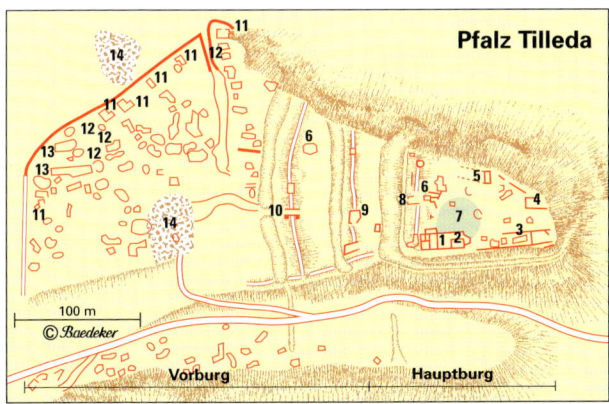

Pfalz Tilleda

100 m
© Baedeker

Vorburg · Hauptburg

1 Pfalzkirche mit königlichem Wohnteil	4 Festhalle	9 Sitz des Pfalzverwalters
2 Nachpfalzzeitliche Kapelle	5 Jüngere Festhalle	10 Jüngeres Tor
3 Wohngebäude mit Heißluftheizung	6 Nachpfalzzeitlicher Sitz von Feudalherren	11 Wachhäuser
	7 Jüngerer Friedhof	12 Grubenvorratshäuser
	8 Kammertor	13 Tuchmacherei
		14 Ehem. Kiesgrube

Kyffhäuser

Königspfalz
Tilleda
(Fortsetzung)

In ihr wohnten und arbeiteten die hörigen Handwerker und die Personen des erweiterten Hofstaates. 233 Gebäude unterschiedlicher Größe und Bauform wurden entdeckt: Wohnhäuser aus gestampftem Lehm mit Herdstelle oder Backofen, Wirtschaftsgebäude zur Eisen-, Elfenbein-, Knochen- und Geweihverarbeitung, darunter auch zwei 166 m² große Bauten, die als Tuchmachereien dienten.

Nach Westen und Nordwesten hin sicherte eine 1,20 bis 2,50 m starke Umfassungsmauer aus Gipsmörtel und Lehm die Vorburg. Erhalten sind davon auch die Reste einer großen Toranlage, die von der Mauer aus 30 m trichterförmig in die Vorburg hineinragte. Bei den Ausgrabungen wurden auch Hausrat und Werkzeug gefunden, u. a. Messer, Scheren, Hufeisen, Münzen, Schnitzereien und sogar ein Spielwürfel.

*Barbarossahöhle

Öffnungszeiten
Apr.–Okt. tgl.
10.00–17.00;
Nov.–März tgl.
10.00–16.00

Am Südwestrand des Kyffhäusers (6 km nordwestlich von → Bad Frankenhausen), zwischen den Orten Steinthaleben und Rottleben sowie unterhalb der Ruine der Falkenburg und des gleichnamigen Bergsporns, liegt die Barbarossahöhle. Sie wurde 1865 zufällig entdeckt, als Bergleute einen Stollen zum Abbau von Kupferschiefer anlegten. Die ca. 24000 m² große Höhle gehört zu den größten Gipshöhlen Mitteleuropas. Ihre Entstehung verdankt sie dem von Süden her unterirdisch eingedrungenen Wasser, welches das Gipsgestein allmählich weglöste.

Die Gesamtlänge der Höhle beträgt 800 m davon sind gegenwärtig rund 600 m für Besucher zugänglich.

Barbarossahöhle

Über den 160 m langen Eingangsstollen gelangt man in eine bizarre unterirdische Karstlandschaft, deren einzelne Abschnitte phantasievolle Namen tragen. An den bereits 70 m unter der Erdoberfläche liegenden weiten Empfangssaal schließt sich das Felsenmeer an, wo ein kleiner See das Deckengewölbe widerspiegelt. Von der Decke der Kristallkammer hängen zahlreiche kleine Gipskristalle herab. In der Neptunsgrotte sind weitere 2 bis 3 m tiefe Seen. Von dort gelangt man über einen Steg zum Tanzsaal. Weitere Räume sind die Gerberei mit fellartig von der Decke herabhängenden Gesteinsablösungen. Sie entstehen, weil sich das Höhlengestein Anhydrit durch Wasseraufnahme in Gips umwandelt und dabei etwa 3–5 cm in einem Jahrhundert 'wächst'. Dazu kommt der 'Wolkenhimmel', dessen reinweiße Anhydritpartien den Eindruck von Wolken vermitteln. An Tisch und Stuhl von Barbarossa vorbei gelangt man zu dem 25 m hohen Olymp. Den Abschluß bildet der 18 m höher gelegene Dom. Über den Ausgangsstollen erreicht man wieder das Tageslicht.

Göllingen

4 km südwestlich von der Barbarossahöhle entfernt liegt das urige Dorf Göllingen in einem markanten Bogen der Wipper am Höhenzug der Hainleite. In der Ortsmitte befinden sich die Reste eines im 11. Jh. erbauten Benediktinerklosters, das um 1650 aufgehoben wurde. Von der Klosterkirche sind der ungewöhnlich große Glockenturm (um 1200; zwei achteckige

Etagen) sowie das Westwerk samt Empore und Krypta erhalten; in dem 16-Säulenraum finden sich bei der Bauweise der Gurtbögen, die in den Kreuzgewölben hufeisenförmig verlaufen, maurisch-byzantinische Bauanklänge (vermutlich südosteuropäische Einflüsse).

Göllingen
(Fortsetzung)

Unweit von Seega (3 km südöstlich von Göllingen) befindet sich nahe dem Durchbruch der Wipper durch die Hainleite die Ruine der 1116 erstmals erwähnten Arensburg. Sie sollte die durch das Tal verlaufende Straße zwischen dem gegenüberliegenden Kohnstein (mit einer vorgeschichtlichen Wallanlage) und dem Schloßberg schützen. Erhalten sind nur ein dreiteiliger romanischer Bogen sowie der Burgkeller. In der Gegend stand die älteste Papiermühle Deutschlands, in der Büttenpapier hergestellt wurde.

Ruine Arensburg

Das 4000 Einwohner zählende Heldrungen liegt am Südrand der Goldenen Aue, 13 km südöstlich von → Bad Frankenhausen entfernt. Am Südostrand des 1530 mit Stadtrechten ausgestatteten Ortes steht die mächtige Wasserburg, ein beeindruckendes Beispiel mitteleuropäischer Festungsbaukunst. Ihr Kern entstand im 12. Jh. an der Stelle einer älteren Fliehburg zum Schutz der Handelsstraße von Frankenhausen nach Querfurt. 1414 gelangte die Burg an die Grafen von Hohnstein und 1479 an die Grafen von Mansfeld. Graf Ernst II. von Mansfeld ließ die Wasserburg 1512–1519 zu einem vierflügeligen Schloß umbauen. Im Auftrag des Herzogs August von Sachsen-Weißenfels wurde die 1645 teilweise geschleifte Anlage von dem sächsischen Baumeister Johann Moritz Richter im Stil der italienisch-französischen Festungsbaukunst neu errichtet. Vom Schloß sind drei Flügel erhalten: der romanische Südflügel mit dem ursprünglich fast doppelt so hohen Bergfried, der aus dem 16. Jh. stammende Westflügel und der Nordflügel, der einstige Hauptwohnbau, mit dem angrenzenden romanischen Wohnturm. Im Winkel zwischen West- und Nordflügel steht ein spätgotischer Treppenturm. Heute befindet sich hier (nach einer umfassenden Restaurierung 1974) eine Jugendherberge und ein kleines Museum mit einer Thomas-Müntzer-Gedenkstätte. Nach seiner Gefangennahme 1525 war Müntzer als 'Beutepfennig' seinem Todfeind Ernst von Mansfeld ausgeliefert, hier eingesperrt und gefoltert worden (geöffnet: Di.–So. 9.00–12.00, 13.00–16.00 Uhr).
Die einschiffige Pfarrkirche St. Wigberti wurde 1682–1696 an der Stelle einer Vorgängerkirche errichtet (im Innern eine Kanzel von 1685 sowie ein Taufstein von 1696).

*Schloß
Heldrungen

Thomas-Müntzer-
Gedenkstätte

Zwei Burgen erheben sich über dem zwischen Hainleite und Schmücke gelegenen Tal (4 km westlich von Heldrungen). Von der unteren Burgruine, der im 13. Jh. erbauten, mehrmals zerstörten und wieder aufgebauten Hakenburg, sind der Bergfried und mehrere Kellergewölbe erhalten; die obere Sachsenburg ist seit dem 17. Jh. Ruine; zu sehen sind noch Reste des ehem. Palas und des Bergfrieds.

Sachsenburgen

Die Kreisstadt Artern (7500 Einwohner) liegt am Ostrand der Goldenen Aue in der Helme-Unstrut-Niederung, etwa 15 km südöstlich des Kyffhäusers. Nach mehrmaligem Besitzerwechsel kam der schon 786 erwähnte Ort 1579 an Kursachsen und 1815 an Preußen. Johann Gottfried Borlach faßte 1722 die schon 1477 bezeugte Salzquelle neu und baute 1726 mit dem Gradierbetrieb das Salzwerk auf, bis ins 19. Jh. die Haupterwerbsquelle der Stadt. Seit 1935 steht das Gebiet Solgraben wegen seiner bedeutenden Salzpflanzenvorkommen unter Naturschutz. Im ehem. Salinengebäude wird heute das Freibad mit der heilkräftigen Sole gespeist. Die dem Schutzpatron gegen das Sumpffieber St. Vitus geweihte, 1250 erbaute Veitskirche wird seit 1750 nicht mehr genutzt (heute Ruine). Die Pfarrkirche St. Marien entstand zwischen dem 15. und dem 17. Jh. (1978 restauriert). Im Haus Harzstraße 10 wohnte der 1622 geborene Urgroßvater von Johann Wolfgang von Goethe.

Artern

→ dort

Bad Franken-
hausen

Langelsheim   C/D 1/2

Bundesland: Niedersachsen
Höhe: 210 m ü. d. M.
Einwohnerzahl: 14 000

Lage und Bedeutung

Die heutige kleine Industriestadt Langelsheim liegt am Nordrand des Harzes, am Austritt der Innerste aus dem Gebirge. Sie entstand 1972 aus dem Zusammenschluß der Gemeinden Astfeld, Bredelem und Wolfshagen, der Bergstadt Lautenthal und der Stadt Langelsheim. Die nördlichen drei Stadtteile Astfeld, Bredelem und Langelsheim liegen am Harzrand inmitten landwirtschaftlicher Nutzflächen. Im Harz bzw. Oberharz, umschlossen vom Naturpark Harz, liegen die beiden Fremdenverkehrsorte Wolfshagen und Lautenthal (s. unten).

Geschichte

Ausgrabungsfunde aus der jüngeren Steinzeit belegen, daß Langelsheim ein alter Siedlungsort ist. Auf dem am rechten Flußufer sich erhebenden Kanstein, einem steilen Kalkfelsen, befand sich im 8. Jh. eine Karolingerburg. Der Ort wurde 1016 das erstemal als Lanchel erwähnt. Wald, Wasser und Bodenschätze, verbunden mit seit jeher günstigen Verkehrsbedingungen, führten ab dem 13. Jh. zum Aufblühen des Harzer Bergbaus und der zahlreichen Erzverhüttungsbetriebe, in denen Erze des ⟶ Goslarer Rammelsbergs verarbeitet wurden. Im 18. Jh. entwickelte sich Langelsheim zum Industrieort, der 1951 zur Stadt erhoben wurde.

Sehenswertes

*Kanzelaltar

Im nördlichen Stadtteil erhebt sich die 1754/55 unter Verwendung älterer Bauteile errichtete Pfarrkirche. Im Innern steht ein barocker Kanzelaltar, der 1755 aus zwei älteren Stücken zusammengesetzt wurde: Kanzel und Altar, zwei Meisterwerke der Holzschnitzkunst im Knorpelstil, beide 1675 von Heinrich Lessen d. Ä. geschaffen (von ihm stammt auch der ähnliche Altar für die Frankenberger Kirche in ⟶ Goslar).
Von den Fachwerkhäusern sind der Große Hof (Braunschweiger Straße; 1557) und das ehem. Amtshaus von 1552, ein schöner, auf einem massiven Erdgeschoß ruhender Fachwerkbau (einst Haus eines Ritterguts) erwähnenswert. Im Heimatmuseum Langelsheim (Mühlenstraße 10; geöffnet: 1. und 3. So. im Monat 10.30–12.00, 2. und 4. So. im Monat 15.00–17.00 Uhr) sind mehrere Sammlungen zu sehen, u. a. zur Ortsgeschichte, verschiedene Handwerkerräume mit alten Werkzeugen und Maschinen und ein Harzer Forstraum.

Astfeld

In der Heimatstube im über tausend Jahre alten Ortsteil Astfeld sind Gebrauchsgegenstände und eine Sammlung historischer Fotografien zu sehen (Hüttenweg 12; geöffnet: 1. Sa. im Monat 15.00–16.00 Uhr).

Umgebung von Langelsheim

*Innerstetalsperre

Südwestlich von Langelsheim erstreckt sich die 1964–1966 erbaute Innerstetalsperre, die zur Regulierung des Hochwassers dient. Ihr Staudamm ist 32 m hoch und 750 m lang. Sie faßt bis zu 20 Mio. m³ Wasser und ist ein beliebtes Ausflugsziel (für den Wassersport freigegeben; Motorboote sind nicht zugelassen).

Wolfshagen

Zwischen der Granetal- und der Innerstetalsperre, umgeben von bewaldeten Bergen, liegt das ehem. Holzhauer- und Köhlerdorf Wolfshagen, heute Stadtteil von Langelsheim und das ganze Jahr über ein beliebter Erholungsort (2800 Einwohner; 6 km südlich). Hier kam 1797 Hans Heinrich Engelhard Steinway zur Welt, der zunächst das Orgelbauhandwerk erlernte, sich 1825 nach seiner Heirat in ⟶ Seesen niederließ und anfing, mit Erfolg Klaviere zu bauen. 1850 wanderte er nach New York aus, wo er mit seinen Söhnen eine eigene Firma gründete, die bald zu den besten der Welt zählte: Steinway & Sons. Er starb 1871.

Wolfshagen (Fortsetzung)

Auf einer Anhöhe steht die ab 1731 erbaute St. Thomaskirche, ein mit Brettern verschalter, zweistöckiger Fachwerkbau. 1846 wurde das Tonnengewölbe im Innern durch eine flache Decke, 1848 die ursprüngliche Welsche Haube durch eine Laterne mit schlanker Spitze ersetzt.

6 km östlich von Wolfshagen liegt der jüngste Harzer Stausee (1966 bis 1969). Sein Staudamm ist 61 m hoch und 600 m lang, über einen 7,5 km langen Stollen wird er mit Wasser aus dem Okerstausee angereichert. Er dient der Trinkwasserversorgung, daher ist kein Wassersport erlaubt.

*Granetalsperre

12 km nordöstlich von Langelsheim liegt Liebenburg mit der 1862/63 nach Plänen des Hannoveraner Architekten C. W. Hase erbauten Kirche. Im Ort steht auch das Bergschloß, ein ehem. Sommersitz der Hildesheimer Bischöfe. Das Rokokoschlößchen entstand an der Stelle einer älteren Burganlage von 1754 bis 1760. Sehenswert ist die Schloßkapelle, die im Westflügel liegt und alle drei Geschosse einnimmt. Die Deckengemälde stammen von Joseph Gregor Winck. Er malte 1758 Szenen aus der Legende des hl. Clemens Romanus; von ihm ist auch die den Hochaltar umgebende, gemalte Scheinarchitektur. Die Orgel stammt vom Orgelbaumeister Johann Conrad Müller (1761). Die romanische Dorfkirche des Ortsteils Liebenburg wurde spätgotisch verändert.

Liebenburg

Der Kur- und Wintersportort Lautenthal (seit 1972 Stadtteil von Langelsheim und 12 km südlich von diesem entfernt; 2300 Einwohner) gehört zu den sieben alten Bergstädten des Oberharzes. Er liegt in dem von bewaldeten Berghängen und Wiesen umgebenen tiefen Tal der Innerste, an der Einmündung der kleinen Laute (300–600 m ü. d. M.).
Bereits im 13. Jh. hatten im Lautenthaler Grubenfeld Schmelzhütten gestanden, die Erze aus dem Rammelsberg bei Goslar verarbeiteten. Einen enormen Aufschwung erlebte der Ort, als im 15. Jh. am Kranichsberg ein reicher Erzgang entdeckt wurde. Herzog Heinrich d. J. von Braunschweig-Wolfenbüttel erteilte dem Ort 1538 die bergfreiheitlichen Stadtrechte, und zahlreiche aus dem Erzgebirge stammende Bergleute sowie ihnen folgende Handwerker und Händler siedelten sich hier an. Die immer geringer werdenden Erzvorkommen führten schließlich zur Einstellung des Bergbaus, die Lautenthaler Silberhütte arbeitete bis 1988.
Auf einem Bergsporn oberhalb des Marktes steht die 1649–1659 erbaute Paul-Gerhardt-Kirche mit einem schönen Kanzelaltar des Goslarer Bildhauers Hünen (1719), die hölzerne Taufe ist von 1652.

Lautenthal

Paul-Gerhardt-Kirche

Das am nordwestlichen Ortsausgang gelegene Besucherbergwerk (Wildemanner Straße 11) wurde 1975 auf dem Grubengelände des bereits seit 1600 existierenden Gold- und Silberbergwerks Lautenthals Glück gegründet. Es umfaßt den rund 1 km langen Tiefen Sachsenstollen (s. unten) sowie Teile der Grubenfelder der ehem. Bergwerke Großer St. Jakob, Güte des Herrn, Maaßen und Lautenthals Glück und vollzieht die über tausendjährige Geschichte des Oberharzer Berg- und Hüttenwesens nach.
Der Haupteingang liegt in einem Schachthaus mit einem 22 m hohen Holzturm, das bis 1915 in Bockswiese stand. Auf dem Freigelände fällt das 15 m hohe, funktionstüchtige Wasserkunstrad auf; früher trieb es die Pumpen und Fahrkünste in den Gruben an. Der Besucher fährt mit der Grubenbahn 'Feuriger Elias' in den 260 m tiefen Tiefen Sachsenstollen bis zum Hauptschacht der Grube Lautenthals Glück ein. Die alte Fördermaschine und auch die anderen Maschinen sind noch im Originalzustand von 1930, dem Jahr der Stillegung. Auf dem Rundgang zu alten Abbauen, wo die Geräte vorgeführt werden, erhält man einen Eindruck von der Arbeit unter Tage. In der im Berginnern gelegenen Barbarakapelle können Trauungen veranstaltet werden. Anschließend gelangt der Besucher mit der Bahn ins Freigelände, wo eine Reihe historischer Grubengeräte und -anlagen aufgebaut sind. In den ehem. Bergwerksgebäuden befindet sich ein Bergbau-

*Historisches Silberbergwerk Lautenthals Glück

Öffnungszeiten tgl. 9.00–18.00

Langelsheim, Umgebung (Fortsetzung)	museum. Ausgestellt sind u. a. Arbeitsgeräte, Gebrauchsgegenstände, Kleidung, Maschinen, Mineralien und Fossilien. In einer Multivisionsschau wird die Gold- und Silbergewinnung vorgeführt. Um den Kranichsberg führt schließlich ein Bergbaulehrpfad herum. Der Tiefe Sachsenstollen wurde 1549–1612 bis zu einer Tiefe von tausend Metern vorgetrieben. Bis 1880 entwässerte er alle östlich der Innerste gelegenen Lautenthaler Gruben, dann kam der 1851 in Gittelde begonnene, 1880 vollendete Ernst-August-Stollen dazu (→ Bad Grund).
*Modellbahn-zentrum	Ein Erlebnis für die ganze Familie ist der Besuch des Modellbahnzentrums gleich nebenan (Wildemanner Str. 9, geöffnet: tgl. 10.00–18.00 Uhr; Informationen: www.spedifix.de/modellbahn). Hier sind mehrere Modellbahnanlagen der Spuren H0, TT, N, Z und 1 aufgebaut. Profimodellbauer haben sie künstlerisch modelliert und mit vielen liebevollen Detailszenen ausgeschmückt.
Lutter am Barenberge	Das 14 km nordwestlich von Langelsheim gelegene Lutter wurde um 1000 erstmals erwähnt. Die im 12. Jh. erbaute Wasserburg gehörte ab 1259 dem Hildesheimer Bischof. Aufgrund ihrer Lage zwischen Hildesheim, Braunschweig und Halberstadt war sie häufig Streitobjekt und wechselte mehrfach ihre Besitzer. 1626 besiegte General Tilly Christian IV. von Dänemark südlich von Lutter. Die geschlossene Rundanlage wurde 1756 zum Domänenhof umgebaut. Um den im Norden stehenden 25 m hohen Bergfried wurde 1700 ein dreigeschossiges quadratisches Wohnhaus gebaut. Im Süden befindet sich der alte Palas, der zu einem Brauhaus verändert wurde.

Lutherstadt Eisleben   R/S 9

	Bundesland: Sachsen-Anhalt Höhe: 120–170 m ü. d. M. Einwohnerzahl: 26 000
Lage und Allgemeines	Eisleben liegt im östlichen Harzvorland im Mansfelder Land (→ Mansfeld) und ist seit über einem Jahrtausend ein wichtiger Verkehrsknotenpunkt zwischen Sachsen-Anhalt und Thüringen. Vom 11. bis 20. Jh. wurde in und um Eisleben Kupfererz abgebaut und der Bergbau bestimmte auch den wirtschaftlichen Aufschwung in der Stadt, jäh unterbrochen durch den Niedergang der Wirtschaft im Dreißigjährigen Krieg und durch die Erbteilung nach dem Aussterben des Mansfelder Grafengeschlechts. Unter den Preußen ab 1815 und nach 1945 wurde die Kupfergewinnung, obwohl unrentabel, stark forciert. Heute ist die Erzförderung eingestellt, und Eisleben setzt große Erwartungen in die Entwicklung eines mittelständischen Gewerbes und auf Einkünfte aus dem Fremdenverkehr. Bekannt ist Eisleben vor allem als Geburts- und Sterbeort des Reformators Martin Luther (1483–1546; → Berühmte Persönlichkeiten). Neben zahlreichen Sehenswürdigkeiten bietet die Stadt viele Veranstaltungen, u. a. findet hier alljährlich im September das größte Volksfest in Sachsen-Anhalt, der Eisleber Wiesenmarkt, statt. Im Jahr 1946 nahm Eisleben den Namen Martin Luthers in den Ortsnamen auf und heißt seitdem Lutherstadt Eisleben.
Geschichte	Die erste Erwähnung des jedoch viel älteren Siedlungsplatzes fand 810 im Hersfelder Zehntverzeichnis als Villa (Dorf) Eslebo statt. Aufgrund der Lage am Schnittpunkt mittelalterlicher Handelsstraßen entwickelte er sich zu einem wichtigen Marktort (seit 994 mit Münz- und Zollrecht ausgestattet), aus dem später der Ochsenmarkt und der bis heute stattfindende Wiesenmarkt hervorgingen. 1229 nahmen die Mansfeldgrafen Besitz von Eisleben, das aufgrund der Entdeckung, des Abbaus und der Verhüttung von Kupferschiefer einen raschen wirtschaftlichen Aufschwung erlebte, was

Lutherstadt Eisleben

sich auch in einer regen Bautätigkeit niederschlug. 1286 erhielt die Stadt ihre erste und 1450 die zweite Stadtmauer. Graf Albrecht von Mansfeld-Hinterort gründete 1511 eine Bergarbeitersiedlung, die als Neustadt-Eisleben 1514 ebenfalls das Stadtrecht erhielt und erst 1818 mit der Altstadt vereinigt wurde. Der Dreißigjährige Krieg führte zum völligen Zusammenbruch von Bergbau, Landwirtschaft, Handel und Gewerbe. Zu einem erneuten Aufschwung kam es unter Kurfürst Georg von Sachsen, der den Bergbau 1671 zur unabhängigen Nutzung freigab. 1798 wurde die Fachschule für Steiger und Bergingenieure gegründet. 1815 fiel die Grafschaft Mansfeld und damit auch Eisleben an Preußen. Nach Erschöpfung der Kupferschiefervorkommen wurden 1970 die letzten Bergwerke um Eisleben stillgelegt, statt dessen entwickelten sich Stahl- und Elektrowerke.

Geschichte (Fortsetzung)

Sehenswertes in Lutherstadt Eisleben

Im Kern von Eisleben liegt der langgestreckte rechteckige Markt, umgeben von schönen alten Bürgerhäusern. Das 1883 zum 400. Geburtstag hier aufgestellte Lutherdenkmal von Rudolf Siemering erinnert an den Reformator; Reliefs mit Szenen aus seinem Leben schmücken den Sockel.

Marktplatz

Dahinter steht das spätgotische Rathaus mit seinem steilen, dreigeschossigen Satteldach, 1519–1530 erbaut, mit einer doppelläufigen Freitreppe an seiner Nordseite. 1874 wurde der zweigeschossige Vorbau angefügt. Der steinerne Kopf mit Lilienkrone an seiner Nordostfassade soll den sog. Knoblauchkönig Hermann von Salm-Luxemburg darstellen, der 1081 zum Gegenkönig von Heinrich IV. gewählt wurde.

Rathaus

Um den Markt liegen auch die ehem. Stadtsitze der drei verschiedenen Mansfelder Grafenfamilien, für die Linie Mittelort (Markt 34; von 1601, heute Mohrenapotheke) sowie für die Linien Vorder- und Hinterort (Markt 56 und 58; in letzterem befindet sich ein wappengeschmückter Rittersaal aus der Erbauungszeit).

Flügelaltar in der St. Andreaskirche

St. Andreas

Hinter dem Rathaus steht die St. Andreaskirche mit einem mächtigen Nordturm sowie zwei achteckigen Türmen an der Westfassade. Sie geht auf einen Vorgängerbau aus dem 13. Jh. zurück, der im 2. Viertel des 15. Jh.s gotisch verändert und nach einem Stadtbrand 1498 als dreischiffige Hallenkirche erneuert wurde. Damals entstanden auch ihre spätgotischen Netz- und Sterngewölbe.

Unter der sehenswerten Ausstattung befindet sich ein gotischer Flügelaltar (um 1520), der zu den bedeutendsten Werken mittelalterlicher Sakralkunst zählt; bei geschlossenem Zustand sind die Kreuzigung und Kreuzabnahme, bei geöffnetem Zustand die vier Freuden der Maria zu sehen. Der Altaraufsatz ist von Joseph Wackerle.

Auf der sog. Lutherkanzel (Anfang 16. Jh.) predigte der große Reformator zwei Tage vor seinem Tod zum letzten Male. Unter den zahlreichen Grabdenkmälern aus dem 13. bis 17. Jh. ist die Tumba für Graf Hoyer VI. von Mansfeld hervorzuheben. Die Liegefigur des Verstorbenen schuf Hans Schlegel 1541, sie gilt als ein Meisterwerk mitteldeutscher Renaissanceplastik (Abb. s. S. 37).

Das Chorgestühl schuf um 1520 der aus Halle stammende Tischler Gabriel Tuntzel; die zwei Messingkronleuchter sind von 1610. Die Bronzebüsten Luthers und Melanchthons in der Vorhalle schuf Gottfried Schadow 1817. An der Nordseite führt eine Wendeltreppe zur Kirchenbibliothek hinauf mit bedeutenden Beständen.

Luthers Sterbehaus

Öffnungszeiten Apr.–Okt. tgl. 9.00–17.00; Nov.–März Di.–Fr. 10.00–16.00, Sa., So. 12.00–16.00

1546 kam Luther noch einmal in seine Heimatstadt zurück, um bei einem Erbstreit zwischen den Mansfelder Grafenbrüdern mit den Stadtvätern von Eisleben schlichten zu helfen. Er bewohnte das um 1500 errichtete zweigeschossige Bürgerhaus (Andreaskirchplatz 7), in dem er in der Nacht zum 18. Februar im Alter von 63 Jahren verstarb.

Seit 1894 befindet sich im Obergeschoß eine Luther-Gedenkstätte, die an den letzten Lebensabschnitt des Reformators erinnert. Von hier überführte man Luthers Leichnam nach Wittenberg und setzte ihn in der Schloßkirche bei.

Heimatmuseum

Im Museum an der Rückseite von Luthers Sterbehaus (Vikariatsgasse 5) wird die Ur- und Frühgeschichte der Region und die mit dem Kupferschieferbergbau eng verknüpfte Entwicklung der Stadt dargestellt, außerdem sind Goldschmuck aus einem 3000 Jahre alten Fürstengrab, Möbel und eine Tellersammlung zu sehen (geöffnet: Di.–So. 9.00–17.00 Uhr).

Ehem. Katharinenstift

Das um 1540 erbaute ehem. Katharinenstift in der Sangerhäuser Straße war 1817–1844 Sitz der Bergschule; der Knappen-Brunnen (Wolfgang Dreysse) erinnert an die Tradition des Kupferschieferbergbaus.

Der verstärkte Kupferabbau im 15. Jh. lockte viele Bergleute an, darunter auch den Bergmann und Schieferhauer Hans, Vater Luthers. Er bezog mit seiner jungen Frau ein recht ansehnliches Haus in der Langen Gasse, der heutigen Lutherstraße 16, und am 10. November 1483 wurde hier beider Sohn Martin geboren. Wenige Monate später zog die Familie in das benachbarte → Mansfeld.

In den Räumen des 1689 bei einem Brand teilweise zerstörten und erneut aufgebauten Hauses wurde eine Luther-Armenschule gegründet und 1693 ein Luther-Museum eingerichtet (der Eingang befindet sich über dem Hof, Seminarstraße 16). Die Ausstellung widmet sich Luthers Kindheit und Jugend bis zum Eintritt ins Erfurter Augustinerkloster 1505. Zu den originalen Räumen jener Zeit gehört eine Küche mit einem nach oben offenen Kamin; in der Ausstellung befinden sich u. a. spätmittelalterliche sakrale Kunstwerke, Kopien der beiden Gemälde der Eltern Luthers, die 1527 von Lucas Cranach d. Ä. gemalt wurden (die Originale sind auf der Wartburg), ferner die Koberger Bibel von 1483, eine vorreformatorische Bibel, sowie die Weimarer Gesamtausgabe der Werke Luthers von 1883 ff.

*Luthers Geburtshaus

Öffnungszeiten Apr.–Okt. tgl. 10.00–18.00; Nov.–März Di.–Fr. 10.00–16.00, Sa., So. 12.00–16.00

Über den Hof liegt die ehem. Lutherschule. Hier ist eine kleine naturkundliche Sammlung mit Harzer Mineralien und Fossilien ausgestellt. Darüber hinaus wird über die Entstehung der Mansfelder Mulde, des Kupferschiefers und der Erzbildung sowie über die Entwicklung des mittelalterlichen Bergbaus im Harz informiert. Die hier stehende Zylinderdruckmaschine geht auf eine Erfindung des Buchdruckers Friedrich Koenig zurück, der 1774 in Eisleben geboren wurde und 1833 in Würzburg starb. Er begann 1802 mit der Konstruktion von Druckmaschinen, ging 1806 nach England, damals die "Werkstadt der Welt". Hier begann die Zusammenarbeit mit dem deutschen Feinmechaniker Andreas Bauer (1783–1860). 1818 gründeten beide in Oberzell bei Würzburg die Firma Koenig und Bauer, die Weltruf erlangte und noch heute als Koenig und Bauer AG besteht.

Luther-Armenschule

Am Ende der Seminarstraße, südlich von Luthers Geburtshaus, steht die St.-Peter-und-Paul-Kirche, eine spätgotische dreischiffige Hallenkirche, in

St. Peter und Paul

Lutherstadt Eisleben

205

Rathaus

St. Peter und Paul

Steinbilder-Bibel und ...

...Kanzel in St. Annen

der Martin Luther am 11. November 1483 auf den Namen des Tagesheiligen getauft wurde. Ihr Westturm ist 1447–1474 erbaut worden; das Kirchenschiff mit seinem Sternnetzgewölbe und dem einschiffigen Chor folgte 1486–1513.

St. Peter und Paul
(Fortsetzung)

Unter der Ausstattung befinden sich einige Gemälde aus der Mitte des 16. Jh.s, u. a. Luthers Eltern und Luther mit seiner Frau, der vergoldete Schnitzaltar aus der Erbauungszeit der Kirche, im Schrein zeigt er die hl. Anna Selbdritt (Mutter der Maria; im Mittelalter war sie Schutzpatronin des Bergbaus), umgeben von Elisabeth und Magdalena.

Im Westen steht etwas erhöht die Pfarrkirche St. Annen der 1511 als Bergmannssiedlung gegründeten Neustadt. Sie wurde 1513 von Albrecht von Mansfeld-Hinterort zusammen mit einem Augustinerkloster gestiftet, das bereits 1522 aufgehoben wurde. Infolge der langen Bauzeit zeigt St. Annen Stilformen der Gotik und der Renaissance; der 1514–1516 fertiggestellte Chor mit seinen Maßwerkfenstern gehört noch zur Gotik, während sein Gewölbe mit dem Hängewerk nach italienischem Vorbild mit Voluten, Löwenköpfen und musizierenden Putten breits im Renaissancestil gehalten ist. Das Langhaus mit seiner bemalten Holzkassettendecke, die daran westlich anschließende Grabkapelle für die Mansfelder Grafen und der Nordturm entstanden 1585–1608.

St. Annen

Unter der Ausstattung befindet sich die sehenswerte sog. Steinbilder-Bibel, 29 Relieffelder der Chorgestühlbrüstungen. Sie wurden 1585 von Hans Thon Uttendrup nach graphischen Vorlagen des Nürnberger Kupferstechers Virgil Solis geschaffen. In den aus Sandsteinblöcken gehauenen Reliefs werden Szenen aus dem Alten Testament dargestellt.

✳ Steinbilder-Bibel

Weiterhin sehenswert sind die Frührenaissance-Glasmalereien in den südlichen Langhausfenstern, die Wappenschilder der Mansfelder Grafen im Chor, der Schnitzaltar (um 1510) und die aus Gipsstuck gefertigte Kanzel (1608). Im Turmuntergeschoß steht das Grabmal des Mansfelder Grafen Karl d. Ä. († 1594).

Südlich der Annenkirche steht an der Ecke Annengasse/Breiter Weg das zweigeschossige ehem. Neustädter Rathaus (1571–1589 mit reichem Portal von 1580), ihm gegenüber die Bergmannsfigur "Kamerad Martin" von 1590 (Kopie; das Original befindet sich im Heimatmuseum).

Ehem. Neustädter
Rathaus

Etwas südlich liegt ebenfalls am Breiten Weg das 1574 für Joachim Tempel erbaute Wohnhaus mit seinem reich verzierten sog. Paradieserker.

Im Norden des Stadtzentrums steht die kleine dreischiffige Hallenkirche St. Nikolai, die 1426 als Pfarrkirche der nördlichen Vorstadt erbaut wurde; im Innern befindet sich ein Schnitzaltar von 1520.

St. Nikolai

Am Klosterplatz, nordöstlich von St. Nikolai, liegt der Kronen- oder auch Alte Friedhof. Er wurde 1533 von Caspar Güttel als Gemeinschaftsfriedhof nach dem Vorbild italienischer Camposanti für alle Kirchengemeinden der Stadt angelegt. Von den ursprünglich geplanten vier Gebäuden wurden jedoch nur zwei ausgeführt.

Kronenfriedhof

Umgebung von Lutherstadt Eisleben

Helfta liegt im Südosten und ist heute ein Stadtteil von Eisleben. Der Fund eines rund 250 000 Jahre alten Faustkeils bestätigt die frühe Anwesenheit von Menschen in diesem Gebiet. Vermutlich war das Gelände Eigengut der Thüringischen Könige, 969 bestand jedenfalls hier ein Königshof. 1229 wurde ein Zisterziensernonnenkloster gegründet, von dem jedoch nur unbedeutende Reste erhalten sind. Unter der Leitung der berühmten Äbtissinnen Mechthild von Magdeburg, Mechthild von Hakeborn, Gertrud von Hakeborn und der sog. Großen Gertrud erlebte das Kloster einen Höhepunkt deutscher mittelalterlicher Frauenbildung und religiösen

Helfta

Lutherstadt Eisleben

Lebens. Der Ort selber verlor jedoch mit dem Erstarken Eislebens seine Bedeutung. Das Kloster zog 1346 nach Eisleben um und wurde 1525 aufgelöst. Nach dem Wiederaufbau der Klosterkirche und des Kreuzganges leben und arbeiten hier seit Ende 1999 wieder Nonnen. In der spätgotischen Ortskirche steht ein Schnitzaltar aus der Zeit um 1500.

Hausberg

2 km südwestlich von Helfta stand auf dem Hausberg die 979 erstmals erwähnte Helphetingaburg, die 1346 mit Helfta an die Grafen von Mansfeld gelangte. Da sie als Steinbruch diente, ist nur wenig von ihr erhalten. An das 1258 hierher verlegte Kloster erinnern noch Reste der Kirche.

Wimmelburg

Im 3 km westlich gelegenen Wimmelburg stehen die Reste der 1170 auf kreuzförmigem Grundriß erbauten Klosterkirche, die 1680 größtenteils abbrannte. Der Hauptchor mit einer Westapsis, die Vierung und der nördliche Kreuzflügel sind erhalten und lassen noch eine Vorstellung von dem ehem. Bauwerk aufkommen. Durch eindringendes Oberflächenwasser entstanden im Raum Wimmelburg unterirdische Hohlräume, die um 1800 entdeckten Wimmelburger Schlotten. Die größte (235 m Durchmesser, 65 m tief) an der Heineburg steht als Naturdenkmal unter Schutz.

Bornstedt

Rund 8 km südwestlich von Eisleben liegt Bornstedt, das von der Ruine der ehem. 'Schweinsburg' überragt wird. Seit dem 8. Jh. bestand an dieser Stelle eine karolingische, 880 als Brunstidburg erstmals erwähnte Reichsburg. Von einer jüngeren Burg – das Gelände war von 1265 bis 1780 im Besitz der Mansfelder Grafen – blieben Ringmauern, Schalenturm und Bergfried stehen. Bei einer Belagerung soll die Burgmannschaft ihr letztes Schwein so sehr drangsaliert haben, daß es wie eine ganze Schweineherde quiekte. In der Meinung, daß in der Burg noch genügend Lebensmittel vorhanden seien, zogen die Belagerer unverrichteter Dinge wieder ab. Zum Dank ließen die Bornstedter unter den Zinnen des Bergfrieds Schweineköpfe als Wasserspeier anbringen.

Klostermansfeld

10 km nordwestlich → Mansfeld, Umgebung

Röblingen am See

Rund 10 km südöstlich von Eisleben liegt Röblingen am See, bis zum 'Verschwinden' des Salzigen Sees 1893 einer der beliebtesten Seebadeorte Mitteldeutschlands (s. unten, Süßer See). Übrig blieben nur die zwei kleinen tiefgelegenen Binder- und Kernerseen. Sehenswert sind die beiden romanischen Kirchen St. Nikolai (11. Jh.) und St. Stephanie (12. Jh.).

*Süßer See

Der Süße See beginnt etwa 10 km östlich von Eisleben. Die Landschaft befindet sich im Regenschatten des Harzes und gehört damit zu den regenärmsten Gegenden Deutschlands. Der Süße See verdankt seine Entstehung den unterirdischen, wasserlöslichen Salzlagern im porösen Zechstein, die im Laufe der Zeit zu einem geologischen Sattel aufgepreßt und im Verlaufe der jüngeren Erdgeschichte immer stärker ausgelaugt wurden, bis die Erdoberfläche sich zu senken begann und in Erdfällen einbrach. So entstand zwischen Eisleben und Seeburg eine etwa 3 km breite und 16 km lange Niederung, die sog. Mansfelder Mulde, die gegenüber der nördlich anschließenden Hochfläche um 130 m tiefer liegt. Ihre tiefsten Stellen füllten zwei Seen, den Salzigen und den Süßen See, auch die 'blauen Augen' des Mansfelder Landes genannt, und einstmals die größten natürlichen Binnengewässer Mitteldeutschlands. Während der 840 ha große Salzige See 1891–1895 in die Schächte des Kupferschieferbergbaus 'verschwand', ist der rund 250 ha große, 8–12 m tiefe Süße See geblieben. Allerdings reichte seine Seefläche einst bis an den Ostrand von Eisleben, und heute ist er durch zunehmende Umweltverschmutzung gefährdet (u. a. Abwässer aus dem Raum Eisleben). An seinem östlichen und nordöstlichen Ufer befindet sich eins der wichtigsten Naherholungsgebiete im südlichen Harzvorland – mit Strandbad, Segel- und Surf-, Ruder- und Paddelparadies (Ausleihe vorhanden). Am Nordufer 'ankert' die Seeperle, eine Schiffsgaststätte, hier erstreckt sich auch ein großer Campingplatz.

In den Nordhängen liegen die Naturschutzgebiete Galgenberg, Fuchshöhle und Lämmerberg. Die Trockenheit führte hier zur Herausbildung einer Vegetation, die an südosteuropäische Binnenseen erinnert, in den tiefen Erosionsrinnen wachsen dichte Gebüsche, an den Steilhängen u. a. Adonisröschen, Tragant, Steppenwolfsmilch und Träubel.

Im Südwesten des Süßen Sees liegt das Mündungsgebiet der Bösen Sieben, ein Schlammdelta mit Schilfgürtel, Salzsümpfen und Salzwiesen, in dem sich eine in Mitteldeutschland seltene Vogelkolonie angesiedelt hat. Rund um den See führt ein markierter Wanderweg.

Umgebung, Süßer See (Fortsetzung)

Am Ostufer des Sees liegt das 700 Einwohner zählende ehem. Bauern- und Fischerdorf Seeburg. An seinen Hängen wurde schon im Mittelalter Wein angebaut und heute ist es ein wichtiges Obstanbaugebiet vor allem für Aprikosen.

Seeburg

Auf einer in den See hineinragenden Halbinsel steht das Schloß Seeburg an der Stelle einer bereits 743 erwähnten Hochseeburg des Sachsen Theoderich. Ab 1036 ist die Seeburg Stammsitz eines gleichnamigen Adelsgeschlechts, aus dieser Zeit stammen die ältesten romanischen Bauteile. 1179 gelangte die Burg an das Bistum Magdeburg, das hier ein Augustinerstift gründete, und 1287 an die Grafen von Mansfeld. Sie ließen die Seeburg 1450–1518 befestigen und zu einem Renaissanceschloß ausbauen. Im 19. Jh. wurde die Anlage stark verändert.

Schloß Seeburg

Heute erheben sich, von mehreren Gräben geschützt, an der Seeseite der ursprünglich 30 m hohe, bereits Ende des 14. Jh.s verkürzte Bergfried (seine Welsche Haube mit Spitze erhielt er im 18. Jh.), und der Palas. Auf seinen romanischen Unterbauten wurde 1515–1518 der Rittersaal erbaut, der schöne Steinmetzarbeiten an Fenstern, Erkern und Portalen zeigt. An die Nordseite der Kernburg schließt ein massiver Steinbau (14. Jh.) an, der 1665 zu einem 'Neuen Wohnhaus' mit Schloßkapelle umgebaut und erweitert wurde. Im 12./13. Jh. wurde der Palas nach Südwesten verlängert. Der jedoch nur noch in seinen unteren Teilen vorhandene Bau (der Rest wurde

Schloß Seeburg am Süßen See

Anfang des 19. Jh.s abgebrochen) wird das sog. Blaue Gebäude oder auch Portenhaus genannt. Zu seinem Schutz entstand im 15./16. Jh. ein mächtiger Geschützturm, der Rote Turm, der nach 1500 zum Wohnschloß bzw. Witwenturm umgebaut wurde.

Westlich der Burganlage und auf der in den See hineinragenden Landspitze lagen der Wirtschaftshof, Lehnhof. Dieser wurde gegen 1180 verkleinert und ein Teil zur Aufnahme des Kollegiatsstiftes genutzt. Von diesem ist jedoch nur noch die einschiffige Kapelle erhalten (heute Pferdestall und Wohnung). Im 16. und 17. Jh. wurde auch dieser Teil der Anlage befestigt und durch eine weitere Ringmauer umgeben.

Mansfeld   Q/R 8

Bundesland: Sachsen-Anhalt
Höhe: 200–250 m ü. d. M.
Einwohnerzahl: 4 800

Lage und
Bedeutung

Mansfeld liegt in den bergigen Ausläufern des Ostharzes. Es verdankt seinen wirtschaftlichen Aufstieg dem Kupferbergbau, der im Mansfelder Land, dem Gebiet zwischen dem östlichen Harzrand und den Städten Mansfeld, Eisleben und Hettstedt, vom 12. bis ins 20. Jh. hinein betrieben worden ist. Heute erinnern noch überall in der Landschaft aufragende kleine und große Halden sowie das Mansfeld-Museum in → Hettstedt-Burgörner an die 800jährige Geschichte des Kupferbergbaus.

Später siedelten sich zahlreiche Betriebe der Holz-, Möbel-, Papier- und Metallwarenindustrie an. Auch der Fremdenverkehr spielt zunehmend eine wichtige Rolle, begünstigt durch die Nähe zum Harz, zahlreichen Sehenswürdigkeiten und die Erinnerung an Martin Luther. Seine aus Möhra bei Eisenach stammenden Eltern waren mit ihm 1484 von → Lutherstadt Eisleben hierher übergesiedelt (→ Berühmte Persönlichkeiten). Der Arzt, Naturwissenschaftler und Erforscher Javas und Sumatras Franz Junghuhn (1809–1864) kam in Mansfeld zur Welt.

Geschichte

Der Besitz des Mansfelder Landes ging 973 vom Kloster Fulda an die Magdeburger Erzbischöfe über. Im 11. Jh. belehnte Kaiser Heinrich IV. die Mansfelder Grafen mit dem Land, dessen Name auf folgende Begebenheit zurückgehen soll: Der Kaiser hatte dem Stammvater des Mansfelder Geschlechts so viel Land versprochen, wie er mit einem Scheffel Gerste umsäen konnte. Als dieser ein so großes Gebiet beanspruchte, daß von Betrug gesprochen wurde, soll der Kaiser jedoch erklärt haben: "Es ist gesagt, und Kaiserliches Wort muß wahr bleiben. Das ist des Mannes Feld und bleibt es!".

Durch die reichen Kupfererzvorkommen stiegen die Mansfelder Grafen zu einem der wichtigsten Adelsgeschlechter auf. 1517–1560 ließen sie ihre Burg zu einer starken Festung ausbauen und ein prächtiges Renaissanceschloß errichten. Die vermutlich im 13. Jh. gegründete Stadt war eines der Zentren der Reformation. Nach dem Aussterben der Grafen von Mansfeld 1780 fiel die Stadt mitsamt der Burg an Preußen.

Erst 1967 wurde der Kupferabbau um Mansfeld beendet, nach Sangerhausen verlagert und dort 1990 endgültig eingestellt.

✳ Schloß Mansfeld

Hinweis

Die Zufahrt zum Schloß liegt etwas versteckt an der Bundesstraße 86 in Richtung Sangerhausen. Nach Verlassen des Ortes windet sie sich den Berg hinauf. Auf der Kuppe zweigt rechts ein kleiner Fußweg (beschildert) ab, der leicht ansteigend zu dem mitten im Wald gelegenen Schloß führt.

Führungen

Führungen durch das Schloß finden von Juni bis September Sa., So. 14.00 Uhr und nach telefonischer Absprache (Tel. 034782–201) statt.

Mansfeld

Östlich der Stadt erhebt sich auf dem 266 m hohen Schloßberg das Mansfelder Schloß, Stammsitz des ehemals mächtigen, 1780 ausgestorbenen
Grafengeschlechts. Die erste Burg wurde vermutlich schon 1050 erbaut
und später erheblich vergrößert. Nach einem Kupferstich von M. Merian
umfaßte die rund 350 m lange und 230 m breite Anlage um 1650 drei
voneinander unabhängige Renaissanceschlösser, die gotische Schloßkirche und gewaltige Befestigungswerke. Jedes der Schlösser, die nach ihrer
Lage als Vorderort, Mittelort und Hinterort bezeichnet wurden, war Sitz
einer Linie der Grafen von Mansfeld. Die Mittel für ihre starke Bautätigkeit
im 15. und 16. Jh. (außer ihrem Stammsitz in Mansfeld besaßen sie weitere
Burgen in der gesamten Grafschaft, u. a. in Heldrungen, Seeburg, Arnstein) erhielten die Mansfelder Grafen aus dem einträglichen Bergbau auf
Kupfer und Silber. Dieser geriet jedoch seit 1536 in eine Krise, die dazu
führte, daß die Grafen 1568 den mansfeldischen Bergwerksbetrieb in kursächsische Verwaltung abtreten mußten und 1570 die Grafschaft zur
Sequestration kam. Damals begann auch der bauliche Verfall der Schlösser. Nur Schloß Vorderort wurde instand gehalten und auch nach dem
Aussterben der Mansfelder Grafen 1780 weiterhin bewohnt.

Im Dreißigjährigen Krieg belagerten die Schweden mehrmals vergeblich
die Festung, die erst 1675 auf Drängen der Städte und Stände, die für ihren
Unterhalt aufkommen mußten, geschleift wurde. 1859 erwarb Freiherr von
der Recke die Reste der Schloßanlage. Er ließ auf dem 1509–1518 für Graf
Hoyer erbauten Vorderort das heutige neugotische Schloß errichten, das
seit 1953 als Tagungs- und Freizeitstätte der evangelischen Kirche dient.
Man betritt das Schloßgelände durch ein 1861 errichtetes Torhaus im neugotischen Stil. Von Schloß Vorderort blieb nur der runde Treppenturm mit
dem Wappen auf der Hofseite erhalten. Ein Graben trennt Vorderort von
Hinterort mit dem geschleiften Festungsbereich. Am 1532 vollendeten
Schloß Mittelort (südlich der Kirche) sind sehenswerte Reste von Renais-
sancereliefs, Ornamenten und Erker zu sehen. Schloß Hinterort, 1511
bis 1523 als Vierflügelanlage erbaut, ist nur als Ruine erhalten. Von der

Baugeschichte

Schloßkirche

Altarbild (Ausschnitt)

Schloß Mansfeld
(Fortsetzung)

Festung (1517–1549) sind die Minenbastei, Rondell, Tiergartenbastei, Katzenbastei und eine Streichwehr noch zu erkennen.

*Schloßkirche

Die sich nach Osten dem Schloß Vorderort anschließende Schloßkirche ist der einzige vollkommen erhaltene Bau der mittelalterlichen Burganlage und gehört zu den schönsten deutschen Schloßkirchen der Gotik. Das schlichte Äußere der zu Beginn des 15. Jh.s errichteten, einschiffigen Kirche ist durch Strebepfeiler und hohe Fenster mit Maßwerk gegliedert. Um 1480 erhielt sie die Kreuzrippengewölbe; seit Anfang des 16. Jh.s trennt ein hohes schmiedeeisernes Gitter Langhaus und Chor. Den hohen Innenraum beleben drei umlaufende Steinemporen in reich bewegten Formen, die auf Arkaden mit zum Teil verzierten Säulen ruhen. Wertvollstes Ausstattungsstück ist der große Flügelaltar, der vermutlich aus der Werkstatt Lucas Cranachs d. Ä. stammt; im Mittelteil zeigt er die Kreuzigung Christi, in der Predella die Grablegung, links die Höllenfahrt und rechts die Auferstehung. Sehenswert sind außerdem ein spätgotischer Taufstein (1522), das hohe holzgeschnitzte Sakramentshäuschen (1537) und das Epitaph für den 1526 gestorbenen Grafen Günther von Hans Schlegel, eines der ersten Werke der vollentwickelten Frührenaissanceplastik im mitteldeutschen Raum.

Weitere Sehenswürdigkeiten:
Lutherstube

In der Lutherstraße 26 steht das zweistöckige Elternhaus von Martin Luther, in dem der Reformator 1484–1497 seine Jugendjahre verbrachte. Nachdem es 1805 teilweise abgebrochen worden war, wurde es 1880 wiederhergestellt. Im Innern befindet sich die sog. Lutherstube mit Erinnerungen an ihn. Besichtigung nach Vereinbarung (Tel. 034782–210). Gegenüber der Kirche St. Georg steht die Lutherschule (Franz-Junghuhn-Straße 2), welche Luther besuchte.

*St. Georg

Die auf einem Hügel mitten in der Stadt stehende St. Georgskirche wurde 1497–1520 an der Stelle eines romanischen Vorgängerbaus errichtet. Die heutige Turmhaube und die Uhr stammen von 1929/30, als die Kirche restauriert wurde. Über dem Stabwerkportal befindet sich ein eichenes Holzrelief des hl. Georg im Kampf mit dem Drachen. Der einschiffige Kirchenraum besitzt eine Flachdecke; sehenswert sind die hölzerne Hufeisenempore mit 49, im 17. Jh. gemalten Bildtafeln, die Szenen aus der Bibel darstellen, ein kostbarer spätgotischer Flügelaltar im Chor sowie zwei weitere Schnitzaltäre. Der achteckige Taufstein entstand um 1520, Luthers Bildnis um 1540 und das Gemälde "Auferstehung Christi" um 1545 aus der Werkstatt Cranachs d. Ä.; zur Ausstattung zählen auch die Särge und Epitaphe einiger Mansfelder Grafen.

Mansfeld, St. Georg (Fortsetzung)

Umgebung von Mansfeld

3 km südöstlich von Mansfeld liegt das um 1040 gegründete ehem. Benediktinerkloster, das im Bauernkrieg beschädigt und 1554 aufgehoben wurde (Führungen durch das Pfarramt nach vorheriger Vereinbarung; Tel. 034772–5250). Erhalten blieb nur die romanische Klosterkirche, die im 15. und 18. Jh. verändert und 1960–1970 umfassend restauriert wurde. Im Innern stehen ein spätgotischer Schnitzaltar mit Marienkrönung, ein Kruzifix (um 1470), ein Taufstein (1582) und zahlreiche figürliche Grabsteine aus dem 16. und 17. Jh.; der Turmaufbau wurde im 18. Jh. angefügt.

Klostermansfeld

Seit 1990 verkehren Dampflokomotiven (Lok-Nr. 7, 9, 10 und 11, Dh2t, Bj. 1931–1939) und Dieselloks (V10C, Bj. 1961/62) zwischen der Bahnwerkstatt Klostermansfeld und dem südlich von Hettstedt gelegenen Eduardschacht (14 km) und führen dabei durch die Mansfelder Haldenlandschaft (Betriebstage: 16.–18. April, 9. und 30. Mai, 13. Juni, 4. und 25. Juli, 8. und 28./29. August, 26. September und 24. Oktober sowie nach Voranmeldung; Auskünfte erteilt die Mansfelder Bergwerksbahn e. V., Weg zum Hutberg 5/03, 06295 Lutherstadt Eisleben, Tel. 03475–8427). Während einer Fahrtunterbrechung besteht die Möglichkeit, das Mansfeld-Museum (⟶ Hettstedt) zu besichtigen.
Die Bergwerksbahn (750 mm Spurbreite) wurde im November 1880 zwischen der Kupferkammerhütte Hettstedt und dem bei Welfesholz liegenden Glückhilfschacht eröffnet. Ursprünglich diente sie dem Transport von Kupferschiefererz in der Mansfelder Mulde. Bereits 1882 wurden mit ihrer Hilfe auch die Beschäftigten zwischen ihren Wohnorten und den Schächten hin und her gefahren. 1920 bestand zwischen 13 Schächten, 6 Hüttenwerken und 2 Umladebetrieben eine 90 km lange Verbindung. Der Rückbau des Gleisnetzes setzte 1972 mit der Auserzung der Mansfelder Mulde und der Einstellung des Schmelzbetriebes der Eislebener Rohhütte ein.

Mansfelder Bergwerksbahn

Das besuchenswerte Mansfeld-Museum liegt im 5 km nordöstlich gelegenen Burgörner, einem Ortsteil von ⟶ Hettstedt.

Mansfeld-Museum

11 km nördlich ⟶ Hettstedt, Umgebung

Burgruine Arnstein

14 km südöstlich ⟶ Lutherstadt Eisleben

Eisleben

Mühlhausen · außerhalb des Kartenbildes

Bundesland: Thüringen
Höhe: 230 m ü. d. M.
Einwohnerzahl: 40000

Die ehem. Freie Reichs- und Hansestadt Mühlhausen liegt zwischen ⟶ Eichsfeld und Thüringer Becken an der Unstrut. Im Mittelalter war sie nach Erfurt die größte und bedeutendste Stadt Thüringens. Daran erinnern

Lage und Allgemeines

Mühlhausen

Lage und Allgemeines (Fortsetzung)

zahlreiche Bauten in der Altstadt. Im Jahr 1524 kam Thomas Müntzer nach Mühlhausen, wo er bis zu seiner Hinrichtung 1525 lebte (→ Berühmte Persönlichkeiten). Alljährlich findet Ende August die Mühlhäuser Kirmes, die größte Stadtkirmes in Deutschland, statt.

Geschichte

Der Ortsname Mühlhausen weist auf eine fränkische Siedlung des 8. Jh.s an der Unstrutfurt. Mittelpunkt des Reichsgutes in und um Mühlhausen war ein Königshof, aus dem sich im 10. Jh. eine Pfalzburg entwickelte. Hier stellte Kaiser Otto II. im Jahre 967 die Urkunde aus, in der Mühlhausen das erste Mal erwähnt wird. In Mühlhausen unterwarf sich 1135 der Gegenkönig Konrad Kaiser Lothar und 1198 huldigten die Reichsfürsten Philipp von Schwaben als König. Der städtische Charakter Mühlhausens wird seit 1170 auch äußerlich durch den Bau der Stadtmauer deutlich. Wohl 1224 schrieben Ritter der Königspfalz das in der Stadt gültige Recht in deutscher Sprache nieder, dies ist die älteste Rechtsaufzeichnung ihrer Art im deutschen Sprachraum. Schließlich zerstörten die Bürger im Jahre 1256 die Pfalzburg und setzten die städtische Selbstverwaltung durch. Mühlhausen war nun eine Freie Reichsstadt. Die Blüte der Stadt beruhte auf Tuchherstellung und Fernhandel. Auch Baumwolle wurde schon verarbeitet. Der Stadt gelang der Erwerb eines Landgebietes mit 19 Dörfern. Rathaus, Kirchen und Bürgerhäuser zeugen von dieser Blüte.
Krisenerscheinungen des 15. und 16. Jh.s spiegeln sich seit 1522 auch in Mühlhausen in innerstädtischen Auseinandersetzungen und der radikalen Durchsetzung der Reformation wider. Unter dem Einfluß Thomas Müntzers wurde die Stadt zu einem Zentrum der Reformation und des Bauernkriegs. Nach der Schlacht bei Frankenhausen mußte die Stadt am 23. Mai 1525 kapitulieren. Die Anführer des Aufstandes wurden zusammen mit Thomas Müntzer hingerichtet. Bis heute spielt die Pflege der protestantischen Kirchenmusik im kulturellen Leben der Stadt eine große Rolle, einer der Höhepunkte war das Wirken J. S. Bachs 1707/1708 als Organist an der Divi-Blasii-Kirche.
Mit dem Jahr 1802 endete für Mühlhausen die Reichsfreiheit. In der nun preußischen Kreisstadt setzte in der zweiten Hälfte des 19. Jh.s v. a. im Textilbereich und Maschinenbau die Industrialisierung ein, das sich u. a. im Anschluß Mühlhausens an das Eisenbahnnetz im Jahre 1870 niederschlug.

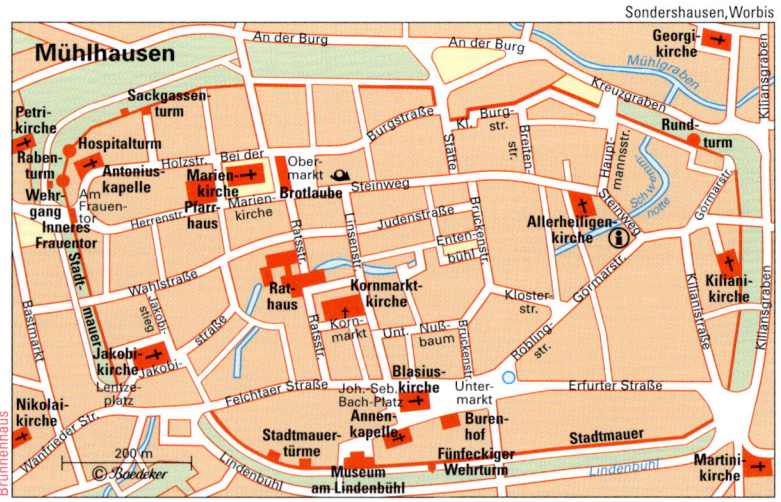

Stadtbefestigung in Mühlhausen

Sehenswertes in Mühlhausen

Mehrere größere Brände zwischen 1244 und 1707 zerstörten ganze Stadt-teile, die anschließend wieder aufgebaut wurden. Dies erklärt, daß Mühl-hausens Stadtbild keineswegs einheitlich mittelalterlich ist, sondern sich vielmehr mittelalterliche, Renaissance-, Barock-, klassizistische und Jugendstilformen mischen. Schöne alte Häuser stehen u. a. am Unter-markt, in der Erfurter-, der Herren- und der Holzstraße (s. unten).

*Stadtbild

Am Anfang des 12. Jh.s bestand die Stadt Mühlhausen aus mehreren recht selbständigen Siedlungen, die verstreut um die Burg herum lagen. Zwi-schen 1170 und 1251 wurden Unter- und Oberstadt durch den inneren Mauerring von ca. 2700 m Länge umschlossen. Mitte des 14. Jh.s wurden dann auch die anderen Siedlungen, nun als fünf Vorstädte, durch einen zweiten Mauerring geschützt. Bis auf das an der Nordwestseite gelegene Innere Frauentor (1654 erneuert) sind alle Stadttore abgebrochen worden. Die Mauer selber ist jedoch fast vollständig erhalten geblieben und vermit-telt auch heute noch einen Eindruck von der Wehrhaftigkeit und der Bedeutung der einstigen Reichsstadt.
Vom Inneren Frauentor aus können rund 200 m der museal gestalteten mittelalterlichen Befestigungsbauten besichtigt werden. Hier stehen Rabenturm (schließlich vor die Mauer gesetzt), Hospitalturm (tritt bereits aus dem Mauerverband heraus) und Sackgassenturm (noch in die Stadt-mauer eingelassen), drei imposante Wehrtürme. Vom Rabenturm hat man einen schönen Blick auf Mühlhausen.
In den erhaltenen Türmen werden Einzelthemen zur Geschichte des Mühl-häuser Befestigungssystems dargestellt. Auf die Stümpfe abgetragener Türme wurden am Ende des 18. Jh.s Gartenhäuser gesetzt, die heute als Stilzimmer ausgestattet sind.
Vor dem Rabenturm steht das 1956 von Will Lammert gestaltete Thomas-Müntzer-Denkmal.

*Stadtbefestigung

Museum
Wehranlage
1.4.–15.10.
Di.–So.
10.00–17.00

Mühlhausen

* Blasiuskirche

Am Untermarkt steht die Blasiuskirche, Hauptpfarrkirche der Altstadt. Sie wurde als romanischer Bau begonnen, gelangte 1227 in den Besitz des Deutschen Ritterordens, in dessen Auftrag 1260 mit einem Neubau begonnen wurde. Bauleute aus Maulbronn und Walkenried begannen mit dem Bau des frühgotischen Chors, der Westbau verblieb romanisch. Seine beiden achteckigen Türme wurden 1270 vollendet. Die dreischiffige Hallenkirche mit Kreuzrippengewölbe und Rundpfeilern folgte bis Mitte des 14. Jh.s, zu der Zeit entstanden auch die Giebel von Chor und Seitenschiffen sowie die Fensterrose an der Nordfassade. Im Innern ersetzt ein schönes schmiedeeisernes Chorgitter von 1640 den Lettner. Das Taufbecken ist von 1596, die Glasmalereien im Chor um 1350/60 entstanden. Marienaltar und Kanzel sind aus dem späten 15. Jahrhundert. Hier wirkte 1707/1708 Johann Sebastian Bach als Organist.

Annenkapelle

Südwestlich der Pfarrkirche steht die im 13. Jh. erbaute, 1715 erneuerte Annenkapelle des Ritterordens.

Kornmarktkirche

Öffnungszeiten
Di.–So.
10.00–16.30

Am Kornmarkt steht die ehem. Barfüßerkloster- oder Kornmarktkirche, ein einschiffiger gotischer Bau aus dem 13. Jh., dessen hoher Turm im frühen 15. Jh. aufgesetzt wurde. Während des Bauernkriegs war das Kloster einer der Hauptorte des Geschehens: Hier versammelten sich die Aufständischen und wurden Geschütze gegossen. Seit 1802 profaniert, beherbergt das 1973–1975 restaurierte Gebäude heute das Bauernkriegsmuseum. In einer Ausstellung über den Bauernkrieg wird in einem Zinnfigurendiorama die Schlacht bei Frankenhausen nachgestellt.
Die nebenstehende ehem. Apotheke (Kornmarkt 3) stammt aus der Zeit nach 1707.

* Rathaus

Das verwinkelte, aus mehreren Gebäuden bestehende Rathaus steht an der Obermarkt und Kornmarkt verbindenden Ratsstraße, über dem Bach Schwemmnote. Hier verlief einst die Grenze zwischen der Altstadt und der Neustadt.
Um 1300 begannen die Mühlhäuser mit dem Bau ihres Rathauses, an das bis ins 17. Jh. weitere Flügel angebaut wurden. Der die Ratsstraße überspannende Bogen gehört zu dem ältesten, zweigeschossigen Teil des Rathauses, in dessen Untergeschoß Kaufhallen und Stadtwaage, in dessen Obergeschoß Ratshalle, Kanzlei und Kämmerei untergebracht waren. Nach 1350 erhielt das Rathaus einen Erweiterungsbau. In der Ratsstube, die im 17. Jh. durch ihre Abtrennung von der Ratshalle entstand, tagte der 1525 gegründete Ewige Rat. Die ursprünglich den ganzen Raum umziehende gotische Ausmalung ist an seiner Ostwand erhalten. Auf dem gegenüberliegenden Gemälde von 1572 ist Kaiser Maximilian II. mit den sieben Kurfürsten abgebildet. Anfang des 17. Jh.s wurden der östliche und der westliche Anbau hinzugefügt.
Im Mittelgeschoß des Südflügels (1595/96) befindet sich heute das Reichsstädtische Archiv mit einer Archivalienausstellung; darunter ist auch das bekannte Mühlhäuser Rechtsbuch. Der in den Jahren 1605/06 angebaute Nordflügel mit seinem dreigeschossigen Giebel beherbergt das moderne Archiv der Stadt. Um 1738 wurde der Fachwerkbau an die älteren Gebäudeteile angefügt.

Öffnungszeiten

Die Rathaushalle und die Große Ratsstube sind während der Dienstzeit sowie von Mai bis Oktober samstags und sonntags 10.00–17.00 Uhr geöffnet. Das Reichsstädtische Archiv ist nach Voranmeldung zu besichtigen, Auskunft erteilt das örtliche Fremdenverkehrsamt.
Im Rathaushof steht ein Brunnen von 1747.

** Marienkirche

Öffnungszeiten
tgl. 10.00–17.00

An der Stelle einer romanischen Basilika (Mitte 11. Jh.), von der noch der Nordturm und das Südturmuntergeschoß erhalten sind, entstand im Auftrag der Deutschritter 1317–1430 die fünfschiffige gotische Hallenkirche St. Marien, nach dem Erfurter Dom die zweitgrößte Kirche Thüringens. Der Haupt- und die zwei Nebenchöre waren 1327, das Querhaus 1380 und das Langhaus um 1430 fertiggestellt.

Stilzimmer auf einem abgetragenen Turm

Blick vom Rabenturm

Kanone in der Kornmarktkirche

Brunnenhaus Popperode

Mühlhausen

Marienkirche (Fortsetzung)

Die dem Stadtzentrum zugewandte Südquerhausfassade trägt ein interessantes mittelalterliches Bildprogramm. Über einem großen Stufenportal befindet sich der sog. Kaiseraltan mit vier lebensnahen Figuren: Kaiser Karl IV., seine Ehefrau sowie Hofleute (die Bildhauer stammen aus der Prager Parler-Schule). Darüber hinaus sind die Anbetung der Hl. Drei Könige, im Giebel Christus als Weltenrichter in der Mandorla, umgeben von Maria, Johannes und zwei Engeln dargestellt. Der 86 m hohe Mittelturm wurde erst Ende des 19. Jh.s, im Rahmen einer gründlichen Renovierung fertiggestellt. Im Turmmuseum informiert eine Ausstellung über die Baugeschichte der Kirche.

Im Innern befinden sich die sehenswerten spätgotischen Flügelaltäre und Skulpturen (15. und 16. Jh.), ein um 1570 entstandenes Stifterbild mit einer Mühlhausener Stadtansicht (im nördlichen Seitenschiff, einem Cranach-Schüler zugeschrieben), ein Ratsstuhl (um 1608); die Verglasung der Chorfenster ist aus dem 14./15. Jahrhundert.

In dieser Kirche verkündete Müntzer sein revolutionäres Programm vor den Bürgern der Stadt und den Bauern der Umgebung. Aus diesem Grunde wurde im nördlichen Nebenchor eine Thomas-Müntzer-Gedächtnisstätte eingerichtet.

Sehenswerte Bauten

In der Stadt gibt es einige sehenswerte Bürgerhäuser, u. a. in der Umgebung der Marienkirche. In der Herrenstraße 1 steht an der Stelle des mittelalterlichen Deutschordenshofs das Pfarrhaus der Marienkirche (der heutige Bau ist von 1689), in dem Thomas Müntzer wohnte und 1800 der Baumeister Friedrich August Stüler geboren wurde.

In der Holzstraße 1, an der Stelle des ehem. städtischen Hofs des Klosters Zella entstand nach dem Brand 1649 ein Gebäude, das im 18. Jh. als Posthaus von Thurn und Taxis diente; das Haus in der Holzstraße 20 besitzt schöne Sitznischenportale, das Antonius-Hospital mit seiner gleichnamigen Kapelle einen schönen Innenhof.

Brotlaube

Östlich der Marienkirche steht am Obermarkt die dreigeschossige Brotlaube (Obermarkt 21–23; der heutigen Gestalt von 1722) an der Stelle eines mittelalterlichen Kaufhauses.

Untermarkt

Der Untermarkt wird ebenfalls von schönen alten Bürgerhäusern umgeben, u. a. dem 1727 erbauten Patrizierhaus 'Zur Tanne' (Untermarkt 23), dem im 13. Jh. erbauten, im 20. Jh. erneuerten Volkenröder Hof (Untermarkt 17), einem Patrizierhaus (um 1750; Untermarkt 16), dem Alten Backhaus (1631; Untermarkt 15) und dem Bürenhof, dem städtischen Hof des Klosters Beuren (um 1300, 1607 umgebaut; Untermarkt 7).

Allerheiligenkirche

In der 1287 geweihten Allerheiligenkirche (im 18. Jh. barockisiert) kamen im März 1525 Müntzer, Pfeiffer und andere reformatorische Prediger zusammen, um mit dem Rat über weitere Forderungen zu verhandeln. Heute zeigen hier Wechselausstellungen Thüringer Malerei und Graphik statt (geöffnet: Di.–So. 10.00 bis 16.30 Uhr).

In der Umgebung sind der sog. Hauptmannshof (Hauptmannstraße 7; 1700) und die ehem. Brauhäuser am Steinweg 65 und 75 sehenswert.

Weitere Kirchen

Mühlhausen besitzt darüber hinaus die im Westen gelegene Jakobikirche (urspr. 14. Jh., 1598 wieder aufgebaut und seither mehrfach verändert) mit schönem Nordportal sowie die Vorstadtkirchen St. Petri (14. und 19. Jh.), St. Georgi (14. Jh.), St. Martini (14. Jh.; Turmhelm und Chor 1464 verändert; die spitze Holztonne im Langhaus 19. Jh.) und schließlich die Nikolaikirche (14. Jh.).

Museum am Lindenbühl

Öffnungszeiten Di.–So. 10.00–16.30

Im Süden der Stadt steht am Lindenbühl das gleichnamige Museum. Der Bau wurde 1868–1871 als Gymnasium errichtet und beherbergt seit 1947 das Heimatmuseum. Zu sehen sind Ausstellungen zur Ur- und Frühgeschichte im Mühlhäuser Raum, eine stadtgeschichtliche Ausstellung vom Mittelalter bis zum 19. Jh. sowie eine naturkundliche Ausstellung zur Geologie und Biologie Nordwestthüringens.

Das 3 km westlich außerhalb gelegene Brunnenhaus Popperode (zu Fuß: etwa 20 Min. schöner Weg am Schwanenteich vorbei in westlicher Richtung; mit dem Auto zunächst in Richtung Eschwege, dann links in den Quellenweg einbiegen) ist eines der eigenwilligsten Bauwerke von Mühlhausen. Die 1199 bei einem Erdbeben entstandene Erdfallquelle (3500 m³ tägliche Schüttung) ist mit einem runden Becken eingefaßt, an das sich halbkreisförmige Sitzreihen anschließen.

✻ Brunnenhaus
Popperode

Öffnungszeiten
1.5.–15.10.
Mi., Sa., So.
14.30–17.00

Auf der gegenüberliegenden Seite steht das 1614 erbaute Brunnenhaus. Sein auf einer massiven Bogenhalle ruhendes Fachwerkgeschoß wird von einem vielgliedrigen Dach bekrönt. In dem Haus befindet sich ein kleines Museum mit einer Ausstellung zur Tradition der Brunnenfeste sowie einer Dokumentation zur geologischen und wasserwirtschaftlichen Bedeutung der Mühlhäuser Erdfallquellen.

Hier wird alljährlich am letzten Tag vor den Sommerferien das Mühlhäuser Brunnenfest gefeiert.

Umgebung von Mühlhausen

8 km südöstlich von Mühlhausen steht die im Kern aus dem 13. Jh. stammende Wasserburg Seebach. Die Burg wurde im 19. Jh. in Fachwerk ergänzt. Sie beherbergt die älteste deutsche Vogelschutzwarte (1908) mit einer Ausstellung und Volieren.

Wasserburg
Seebach

Das in einer ehem. Reichsburg 1130 gegründete Zisterzienserkloster gehörte zu den bedeutendsten in Mitteldeutschland. Im Bauernkrieg 1525 zerstört und wenig später säkularisiert (Anfahrt: 2 km nördlich von Körner, an der Bundesstraße 249 zwischen Mühlhausen und Schlotheim). Chor und Querhaus der 1150 geweihten Basilika sind restauriert. Gegenwärtig entsteht in der Klosteranlage ein europäisches Jugendbildungszentrum.

Kloster Volkenroda

14 km westlich von Mühlhausen steht das romanische Kloster Zella (Anfahrt: auf der Bundesstraße 249, bei Eigenrieden in nördlicher Richtung abzweigen), das Benediktinerinnen im 12. Jh. als erstes Kloster im Eichsfeld gründeten, mit einer im Kern spätromanischen einschiffigen Klosterkirche (später mehrfach umgebaut).

Kloster Zella

15 km westlich von Mühlhausen steht in Anrode, einem Ortsteil von Bikkenriede, die 1590 unter Verwendung frühgotischer Teile für Zisterzienserinnen erbaute einschiffige Klosterkirche (1670–1690 erneuert).

Kloster Anrode

4 km nordwestlich vom Kloster Zella liegt die 1200 Einwohner zählende Ortschaft Effelder. Hier steht leicht erhöht der sogenannte Eichsfelder Dom. Die erstmals 1717 erbaute Barockkirche wurde nach einem Brand neu errichtet.

Effelder

Wenige Kilometer südlich von Effelder liegt Lengenfeld. An dem Ort führte die Kanonenbahn vorbei (→ Zahlen und Fakten, Verkehr), die auf einem 1875–1880 erbauten, 240 m langen und 38 m hohen Eisenbahnviadukt den Ort umfuhr. Hier steht das heruntergekommene Schloß Bischofstein, das im Jahre 1747 nach einem Entwurf von Christoph Heinemann, dem Baumeister des Heiligenstädter Schlosses, erbaut wurde. In der Nähe liegen die Überreste einer mittelalterlichen Burg.

Lengenfeld
unterm Stein

17 km nordwestlich → Heiligenstadt, Umgebung

Dingelstädt

In Schlotheim (17 km nordöstlich von Mühlhausen) verdient die romanische Pfarrkirche, die 1547 nach einem Brand wieder aufgebaut wurde, Beachtung. Unter ihrer Ausstattung befinden sich ein spätgotischen Schnitzfiguren geschmückter Altaraufsatz und Herrschaftslogen (17. Jh.). Am Steinweg ein Bürgerhaus mit reich geschmückter Fachwerkfassade.

Schlotheim

Nordhausen

Bundesland: Thüringen
Höhe: 180–250 m ü. d. M.
Einwohnerzahl: 46 000

Lage und Bedeutung

Nordhausen liegt an der Zorge am Südrand des Harzes, weshalb die Stadt auch 'Tor zum Südharz' genannt wird. Hier fallen die Höhenzüge langsam zur Goldenen Aue hin ab, die sich bis zum → Kyffhäuser erstreckt. Die über tausendjährige ehem. Freie Reichs- und Hansestadt wurde am Ende des Zweiten Weltkriegs fast vollständig zerstört. Einige historische Sehenswürdigkeiten blieben jedoch erhalten. Heute ist die Stadt ein bedeutender Verkehrsknotenpunkt und ein wichtiger Industriestandort (Maschinen- und Apparatebau sowie Textilindustrie). Seit 1490 gibt es in Nordhausen Brennereien, die zuerst Wein, dann Gerste und Weizen verarbeiteten; weit über die Stadtgrenzen hinaus bekannt ist der Nordhäuser Doppelkorn (klarer Schnaps) sowie der Nordhäuser Kautabak.
Im Jahre 1912 kam hier der Essayist und Lyriker Rudolf Hagelstange zur Welt († 1984).
Nordhausen ist Endpunkt der Harzquerbahn (→ Zahlen und Fakten, Verkehr) und über diese auch an die Brockenbahn angeschlossen.

Geschichte

Zum Schutze einer bereits im 8. Jh. entstandenen Siedlung in der Gegend des Frauenbergs (bei der heutigen Frauenberger Kirche) sowie seiner sächsischen Südgrenze ließ König Heinrich I. um 910 unweit nördlich auf einem die sumpfige Aue überragenden Bergvorsprung eine Burg und einen Königshof errichten. Letzterer wurde 927 in einer Schenkungsurkunde an seine Ehefrau Mathilde erstmals als Nordhuse erwähnt. 961 gründete diese in der Burg ein Nonnenkloster, das bereits 962 Markt-, Münz- und Zollrecht erhielt. Im Laufe der Auseinandersetzungen zwischen Friedrich Barbarossa und Heinrich dem Löwen wurde der Ort 1180 zerstört, erholte sich jedoch aufgrund seiner verkehrsgünstigen Lage wieder und wurde zu einem wichtigen Handelsplatz. 1220 wandelte Kaiser Friedrich II. das Kloster in ein weltliches Chorherrenstift um, das erst 1810 aufgehoben wurde und machte Nordhausen zur Reichsstadt. Im 14. und 15. Jh. erlebte Nordhausen seine Blütezeit. 1375 stürzten die durch Getreidehandel reich gewordenen Handwerker und Kaufleute den Patrizierrat und schufen eine freie Ratsverfassung. 1430 trat Nordhausen der Hanse bei. Trotz der Einführung der Reformation 1522 blieb das Domstift katholisch. Mehrere Stadtbrände vernichteten im 17. und 18. Jh. große Teile der Altstadt. Um 1750 entwickelte sich die bis heute betriebene Kautabakverarbeitung. 1802 kam die Stadt an Preußen und verlor damit ihre Reichsfreiheit. Mit dem Anschluß an das Eisenbahnnetz ab 1866 setzte in Nordhausen die Industrialisierung ein.
Nahe bei Nordhausen befand sich das Konzentrationslager Dora (s. S. 224), in dem Waffen hergestellt wurden. Am 3. und 4. April 1945 bombardierten britische Flieger die Stadt und zerstörten sie zu 74 %.

Sehenswertes in Nordhausen

Stadtmauer

Bedeutende Teile der nach 1180 erbauten und im 14./15. Jh. mehrfach erweiterten Stadtmauer sind entlang der Promenade, am Petersberg und westlich des Doms bis zur Rautenstraße erhalten.

* Altes Rathaus

Von der einstigen Bebauung am Marktplatz steht heute nur noch das stattliche 1360 erstmals erwähnte Rathaus. Der heutige dreigeschossige Bau mit seinem vorspringenden achteckigen Treppenturm entstand 1610 im Stil der Spätrenaissance im Rahmen eines Umbaus. Seine heute geschlossenen Arkaden im Erdgeschoß waren einst offen, hier boten Kaufleute ihre Waren an.

Altes Rathaus in Nordhausen

Auf seiner Westseite steht der 1717 als Nachbildung angefertigte Roland, Symbol der Stadtfreiheit, dessen bereits 1441 bezeugter Vorgänger bei einem Brand zerstört wurde.

Roland

Vor dem Rathaus erinnert eine steinerne Stele (Jürgen von Woyski) an die 8800 Opfer des Luftangriffs im April 1945.

Mahnmal

Nördlich vom Rathaus erhebt sich die 1490 geweihte dreischiffige Hallenkirche St. Blasii mit ihren zwei ungleich hohen spätromanischen Achtecktürmen, die von einem 1234 errichteten Vorgängerbau stammen. Der nördliche wurde nach einem Blitzeinschlag 1634 verkürzt wieder aufgebaut. Im Innern steht eine schöne, 1591/92 vom damaligen Bürgermeister Cyriakus Ernst gestiftete steinerne Kanzel, sehenswert ist auch sein Epitaphbild, das Lucas Cranach d. J. gemalt hat.

St. Blasii

Der Dom zum Hl. Kreuz ist das bedeutendste Baudenkmal von Nordhausen. Er geht auf das 961 von Mathilde gegründete Damenstift zurück. Von der 1130–1200 innerhalb der Burg erbauten romanischen Klosterkirche blieben die Untergeschosse der Osttürme (heute dienen beide als Kapellen) und die dreischiffige Krypta mit halbrunder Apsis erhalten, deren Gewölbe auf niedrigen Säulen mit verzierten Würfelkapitellen (vermutlich von Hirsauer Baumeistern) ruht.

*Dom zum Hl. Kreuz

Nach der Umwandlung des Klosters in ein Kanonikerstift begannen Bauleute aus → Walkenried und Maulbronn 1227 den Chor in frühgotischem Stil zu erneuern (1267 geweiht). Das dreischiffige Langhaus wurde um 1340 angefügt; Anfang des 16. Jh.s begann man mit seiner Einwölbung (im Hauptschiff Stern-, in den Seitenschiffen Netzgewölbe; erst im 19. Jh. abgeschlossen).

Zur sehenswerten Ausstattung gehören ein romanischer Taufstein (um 1200; aus dem ehem. Kloster Ilfeld), sechs Stifterfiguren an den seitlichen Chorwänden (um 1270; von Ost nach West, jeweils gegenüberstehend: Heinrich I. und Mathilde, deren Sohn Otto I. und Adelheid sowie den

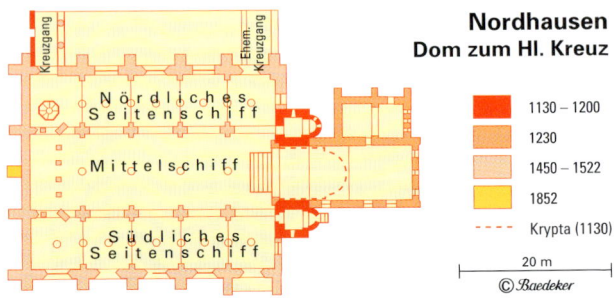

Nordhausen
Dom zum Hl. Kreuz

1130 – 1200

1230

1450 – 1522

1852

– – – Krypta (1130)

20 m

© Baedeker

Dom zum
Hl. Kreuz
(Fortsetzung)

Enkeln Otto II. und Theophanu), das 1370–1400 gefertigte Chorgestühl mit
Szenen aus der Legende des Eustachius, der Auferstehung Christi sowie
der Kirchengründung.

Das Kruzifix im Chorscheitelbogen entstand um 1450; der ursprüngliche
Flügelaltar verbrannte im Dreißigjährigen Krieg, über dem noch vorhandenen steinernen Altartisch steht seit 1726 der jetzige Hochaltar (im 19. und
20. Jh. verändert). Lebensgroße Altarfiguren der Königin Mathilde und der
Kaiserin Helena (die 320 das hl. Kreuz in Jerusalem aufgefunden hat)
schließen das Abendmahls-Gemälde ein. An den Wänden des Doms stehen zahlreiche Grabdenkmäler, u. a. in der Domkrypta das von Friedrich
von Biela († 1327; er war für die inneren Angelegenheiten des Stifts zustän-
dig). In der Schatzkammer des Doms befinden sich weitere sakrale Kunstwerke.

Von den ehem. Stiftsgebäuden ist nur der spätgotische Westflügel, der
Kreuzgang mit dem Kapitelhaus, erhalten geblieben.

Nordhäuser Dom: Ostchor und ...

... Krypta

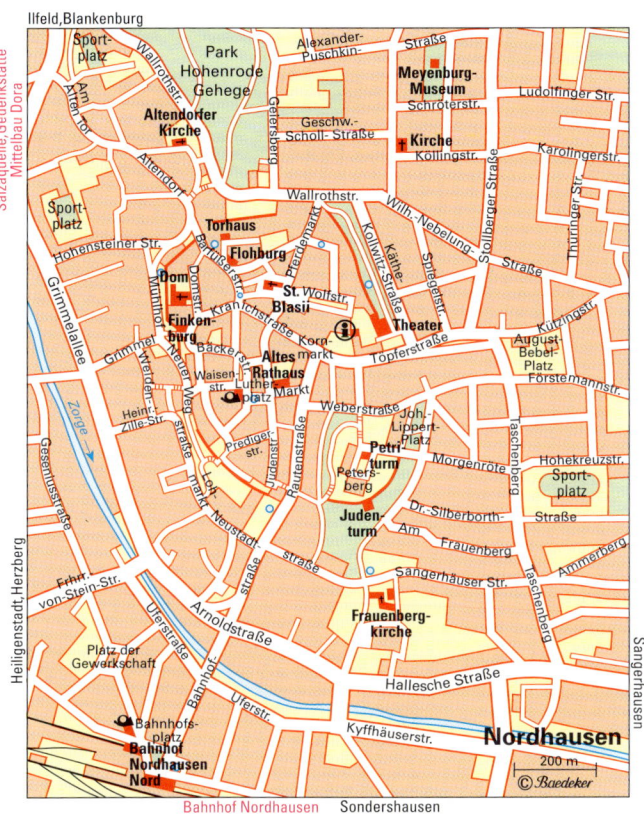

Südlich vom Dom, neben der zur Unterstadt führenden Wassertreppe, steht die um 1550 erbaute, sog. Finkenburg (Domstraße 23; 1927 wieder errichtet). Hier soll sich die ehem. Heinrichsburg befunden haben. Ein weiteres schönes Beispiel für die niedersächsische Fachwerkbaukunst vom Anfang des 16. Jh.s steht in der Domstraße 12.

Zwischen Dom und Blasiikirche stehen entlang der Barfüßerstraße weitere altstädtische Bauten, die auf das Nordhausen von vor 1945 verweisen, die sog. Flohburg (Barfüßerstraße 6; ein bereits 1330 erwähnter Ständerbau, im 16., 17. und 19. Jh. verändert); Barfüßerstraße 3 (1783) und 2 (1713); in der Altendorfer Kirchgasse 3 steht Nordhausens ältestes Fachwerkhaus (um 1400; die Rokokotür stammt aus dem 18. Jh.); in der Georgengasse 5 steht das Fachwerk-Torhaus des einstigen Spendekirchhofs (1667).

Die nördlich gelegene Altendorfer Kirche ist die ehem. Klosterkirche des Zisterziensernonnenordens. Sie wurde 1353 zu einer dreischiffigen Hallenkirche erweitert und 1675 umgebaut.

In der 1901 erbauten Beckerschen Villa (Alexander-Puschkin-Straße 31; geöffnet: Di.–Fr. 10.00–12.00, 14.–17.00, Di. bis 19.00, Sa. und So. 13.00–17.00 Uhr) befindet sich das Meyenburg-Museum mit Sammlungen zur Ur- und Frühgeschichte der Gegend, Stadtgeschichte, sakraler Kunst

Sehenswerte Wohnbauten

Finkenburg

Flohburg

Altendorfer Kirche

Meyenburg-Museum

Nordhausen

Meyenburg-Museum (Fortsetzung)

und Stilmöbeln sowie einer kleinen völkerkundlichen Ausstellung. Darüber hinaus informiert es über die Tradition der Nordhäuser Kornbrennerei und der Kautabakherstellung. Vom Museumsturm hat man einen schönen Blick über die Stadt und die Umgebung.

Park Hohenrode

Im Norden der Stadt beginnt ein 1875 von Heinrich Siesmayer, dem Schöpfer und Direktor des Frankfurter Palmengartens, angelegter Park mit wertvollem Baumbestand.

Petriturm

Auf dem höchsten Punkt der Altstadt steht der 60 m hohe Petriturm mit einem 1986 aufgesetzten Turmhelm, einziger Überrest der 1945 zerstörten St. Petri-Kirche.

Judenturm

Unweit südlich, hinter den Überbleibseln der Stadtmauer, erhebt sich die Ruine des um 1480 erbauten Judenturms, benannt nach den hier einst bestatteten Juden. An der ostwärts führenden Sangerhäuser Straße liegt der 1821 angelegte Jüdische Friedhof.

Frauenbergkirche

An der Sangerhäuser Straße steht die um 1200 erbaute und 1945 bis auf den Chorraum und das Querschiff zerstörte Frauenbergkirche.

Brennerei Seidel

In der Grimmel Allee 11 befindet sich rechts in der Nebengasse noch eine der kleinen Kornbrennereien.

Bahnhof Nordhausen

Das Empfangsgebäude des Nordhäusener Bahnhofs wurde 1864–1866 im neuromanischen Stil erbaut. Nördlich hiervon steht der Bahnhof Nordhausen Nord, Ausgangspunkt der Harzquerbahn nach → Wernigerode.

Umgebung von Nordhausen

Salza

An der Zorgebrücke im Norden der Stadt beginnt ein ausgeschilderter Wanderweg zur Quelle der Salza, die südlich von Nordhausen in die Helme mündet. Am Salza-Quellbad vorbei gelangt man zum Salza-Spring, einem 2500 m² großen, 50–70 cm tiefen Quellteich, in den sich durchschnittlich 704 Liter in der Sekunde ergießen.

Gedenkstätte Mittelbau Dora

Auf dem angrenzenden Gelände, wenig entfernt vom 304 m hohen Kohnstein, befand sich das Konzentrationslager Mittelbau Dora, ein Außenlager des KZ Buchenwald. Unter dem Kohnstein liegen rund 50 unterirdische Fabrikhallen, die zusammen eine Stollenlänge von etwa 10 km ergeben. Hier war von 1943 bis April 1945 der aus Peenemünde an der Ostsee hierher verlegte Rüstungsbetrieb untergebracht, in dem die sog. Vergeltungswaffen V 1 und V 2 hergestellt wurden. Über 16 000 der insgesamt rund 60 000 Lagerinsassen fanden hier den Tod. Nach Kriegsende bauten Amerikaner die Produktionsanlagen großteils ab, danach bedienten sich die Russen. Ein Teil des Stollensystems wurde 1946 gesprengt. Später bauten die Leunawerke, heute ein Privatunternehmer das Anhydrit im Tagebau ab. Auf dem ehem. KZ-Gelände entstand in den sechziger Jahren eine kleine Gedenkstätte (geöffnet: tgl. 10.00–18.00 Uhr). Die Bronzeplastik vor dem Krematorium stammt von Jürgen von Woyski.

Bleicherode

16 km südwestlich liegt das 9000 Einwohner zählende Bleicherode am Ostrand des → Eichsfeldes. Auf den hier betriebenen Kalibergbau weisen riesige Halden und Fördertürme. Der Ort entstand um eine Burg, auf welche der sog. Zinsturm zurückgeht (16. Jh.; im 18. Jh. erneuert). Das Rathaus wurde im 14. Jh. erbaut und erhielt 1540 seinen Fachwerkaufbau. Aus der gleichen Zeit stammt die im 17. Jh. barockisierte Marienkirche. Besuchenswert ist das am Hang über der Stadt gelegene Waldhaus Japan. Die Wände des benachbarten Saalbaus sind mit französischen Tapeten vom Beginn des 19. Jh.s tapeziert.

Großlohra

Von hier lohnt ein Abstecher ins benachbarte Großlohra (südlich der B 80). Sehenswert sind hier die einst zur Burg Lohra gehörende Doppelkapelle

(12. Jh.; im Ortsteil Lohra) sowie die ehem. Zisterzienser-Nonnen-Kloster-kirche mit ihrer hoch aufragenden Doppelturmanlage im Ortsteil München-lohra, die ebenfalls aus der Zeit um 1200 stammt.

Nordhausen, Umgebung (Fortsetzung)

17 km südlich ⟶ dort

Sondershausen

Okertal   E/F 1–4

Bundesland: Niedersachsen

Die Oker entspringt am Bruchberg im Oberharz (⟶ Altenau) und mündet nach 105 km zwischen Gifhorn und Celle in die Aller. Schon bald nach ihrer Quelle wird die Oker ein reißender Fluß. Sein Abschnitt zwischen der Oker-talsperre und dem kleinen Ort Oker wegen seiner landschaftlichen Schönheit auch das Bodetal des Westharzes genannt, sein romantischster Teil liegt zwischen Romkewasserfall und der Stadt Oker. Zwischen schrof-fen Felsen, bewaldeten Berghängen und wild verstreuten Gesteinsbrok-ken schäumt das Flüßchen zu Tal. Der rasche Gesteinswechsel führte im Okertal zu den verschiedensten Felsformen. Unterhalb der Okertalstau-mauer bilden besonders auf dem linken (westlichen) Ufer devonische Kalke (auch Kramenzelkalke genannt) schroffe Abstürze wie die Raben-klippen und die östlich gelegenen Felsen des Romkerhaller Wasserfalls (s. unten). Auf dem rechten Ufer zwischen Romkerhalle und Waldhaus und an den gegenüberliegenden Adlerklippen herrscht Granit vor, der auf den rundkuppigen Höhen Felsklippen auftürmt (Feigenbaumklippe, Hexenkü-che, Mönch, Käste-, Studenten- und Ziegenrückenklippe u. a.) oder in gewaltigen Blöcken in dem aus Hornfels oder Grauwacke bestehenden Flußbett liegt.

Im Oberlauf der Oker wurde 1956 die mehrarmig verzweigte Okertalsperre fertiggestellt, hierfür das Örtchen Schulenberg überflutet (⟶ Altenau, Umgebung). Ihre im Norden des Sees gelegene 75 m hohe, 260 m lange Staumauer kann bis zu 47 Mio. m^3 Wasser stauen und dient vor allem der Energieerzeugung und Wasserregulierung. Im Sommer herrscht hier reger Segel-, Surf- und Bootsverkehr.

Beschrieben wird im folgenden eine in ⟶ Altenau beginnende Wanderung in nördlicher Richtung, die in ⟶ Goslar endet, jedoch auch in verschie-dene Abschnitte zerlegt werden kann. Sie verläuft teilweise auf dem rech-ten, teilweise auf dem linken Flußufer.

An der Ostseite des Stausees verläuft von Altenau aus ein 8,5 km langer asphaltierter, für Autos jedoch verbotener Wanderweg bis zur Staumauer. Unmittelbar vor ihrem Ende führt ein steiler Pfad ins tief eingeschnittene Okertal hinab. Von hier gelangt man auf einem rund 5 km langen Uferweg – stellenweise handelt es sich um einen schmalen, zwischen Fluß und Fel-sen verlaufenden Pfad – bis zur Romkerhalle, einer Kraftwerksturbinen-halle, die besichtigt werden kann. Von hier aus wird über den 7,3 km lan-gen, 1968–1970 angelegten Oker-Grane-Stollen Okerwasser in die Gra-netalsperre zur Trinkwasseraufbereitung zugeleitet.

Gegenüber dem Hotel Romkerhalle fällt ein 1863 künstlich geschaffener Wasserfall 60 m tief hinab. Abstecher: Von hier führt ein 2 km langer steiler Aufstieg über die Feigenbaumklippe und die Mausefalle (auf einer dünnen Granitsäule ruht ein gewaltiger tonnenschwerer Felsblock) zu den vielbe-suchten, 605 m hohen Kästeklippen, von denen man eine großartige Aus-sicht genießt.

Der parallel zur Oker verlaufende Weg wird immer von schroffen Fels-türmen gesäumt und führt schließlich am Waldhaus (auf dem linken Fluß-ufer gelegen) vorbei. Hier beginnt eine asphaltierte, 4 km lange, autofreie Straße, die oberhalb des Ortes Oker nach Westen um den Hahnenberg herumschwenkt, rechts unten im Tal liegen zwei Klärteiche. Am Forsthaus Großes Ammental vorbei gelangt man schließlich nach ⟶ Goslar.

Lage und Bedeutung

**Landschaftsbild

*Okertalsperre

Wanderung von Altenau nach Goslar (21 km)

Romkerhaller Wasserfallfelsen

Osterode   B/C 5/6

Bundesland: Niedersachsen
Höhe: 200–300 m ü. d. M.
Einwohnerzahl: 26 600

Lage und Bedeutung

* Stadtbild

Osterode, das 'Tor zum Südharz', liegt am Südwestrand des Harzes, am Eingang zum Lerbach- und Sösetal. Wegen ihrer gut erhaltenen Altstadt mit malerischen Fachwerkhäusern und dem nahegelegenen Sösestausee ist Osterode eine beliebte Fremdenverkehrsstadt mit einem breiten Unterhaltungsangebot.

Berühmtester Bewohner war der in Heiligenstadt 1460 geborene Bildhauer Tilman Riemenschneider, der hier seine Jugend verbrachte.

Geschichte

Ausgrabungen auf einem der nahen Gipsberge brachten die sog. Pipinsburg, eine durch Wallanlagen gesicherte Siedlung der Spätlatènezeit, und Reste eines frühmittelalterlichen Herrensitzes bei Düna aus dem 5. und 6. Jh. zutage. Das vermutlich nach der germanischen Frühlingsgöttin Ostera benannte Osterode gehört zu den im 9. und 10. Jh. im südwestlichen Harzvorland entstandenen Rodeorten. Im Laufe einer Fehde zwischen Heinrich dem Löwen und dem Markgrafen Albrecht dem Bären wurde 1152 der damals schon blühende Ort (Villa opulentissima) zerstört. Die nordöstlich der Altstadt auf einem Bergsporn gelegene Burg (heute Ruine, s. unten) war vermutlich zum Schutz dieser Siedlung errichtet worden.

1233 ist die Gründung eines Zisterzienserinnenklosters bekannt; bereits 1238 wird eine Neustadt erwähnt. Bei der Teilung des Welfenhauses 1289 gelangte Osterode an die Linie Braunschweig-Grubenhagen, die bis zu ihrem Aussterben 1596 hier residierte. Die Stadt war ein wichtiger Handelsort, erhielt 1293 das Goslarer Stadtrecht und trat der Hanse bei. Zu ihrem Wohlstand trugen auch der in der Umgebung betriebene Bergbau und die Eisenverhüttung bei. 1420 wurde die einstige Klosterschule als stadteigene Lateinschule übernommen.

Rückschläge brachten Stadtbrände (u. a. 1545), Zerstörungen im Dreißigjährigen und später im Siebenjährigen Krieg, eine Pestepidemie 1625 bis 1627 sowie mehrere Hochwasser der Söse. Dennoch entwickelte sich Osterode bis ins 19. Jh. zu einem bedeutenden Handelsplatz der Tuchmacher und Gewerbetreibenden.

Ende des 19. Jh. entstanden Baumwoll- und Tuchfabriken, 1928–1932 brachte der Bau der Sösetalsperre Schutz vor den Hochwassern. Seit 1945 haben sich neue Industriezweige angesiedelt, die Stadt hat sich jedoch ihren Altstadtkern bis heute bewahrt.

Sehenswertes in Osterode

* Kornmarkt

Seit dem Mittelalter ist der von malerischen Fachwerkhäusern umgebene Kornmarkt Mittelpunkt und Hauptplatz der Stadt.

An der Nordseite fällt das um 1610 erbaute Rinnesche Haus auf, der sog. Englische Hof, in dem Heinrich Heine 1824 übernachtete (Kornmarkt 12), auf zwei massiven Steingeschossen ruhen zwei weitere Fachwerkgeschosse mit Doppelfenstern. Über dem alten Torbogen erinnert ein Wappen an den Erbauer Andreas Cludius.

St. Ägidien

Im Nordosten beherrscht die Marktkirche St. Ägidien mit ihrem gewaltigen Bruchsteinturm aus dem 13. Jh. den Kornmarkt, das Kirchenschiff entstand nach dem Stadtbrand von 1545. Im Innern befinden sich eine sehenswerte bemalte Holzdecke (16. Jh.), ein schöner barocker Kanzelaltar von Andreas Duder, ein Taufbecken (1589) sowie im Chor die Grabplatten mit lebensgroßen Darstellungen der Herzöge von Braunschweig-Grubenhagen.

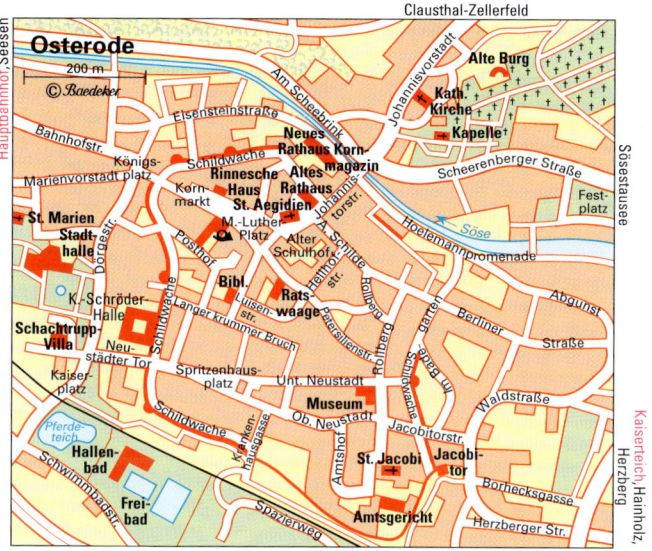

Das bereits 1388 als 'Wordhaus' erwähnte Rathaus war 1545 abgebrannt und bereits 1552 neu aufgebaut worden. Freitreppe und Säulenhalle stammen von 1843. Die Schnitzereien des Fachwerkgiebels wurden im 18. Jh. mit Goslarer Schiefer verkleidet. Einziger Schmuck ist ein Füllhorn mit dem 'O' aus seinem früheren Stadtwappen. Die über dem Haupteingang befindliche Walfischrippe soll nach der Volksmeinung das Haus vor Überflutung durch die Söse schützen.

Altes Rathaus

Die 1550 errichtete Ratswaage ist das älteste Fachwerkhaus der Stadt (nach einem Brand 1969 neu erbaut). Zeitweise diente es als Fest- und Hochzeitshaus, aus dieser Zeit stammt wohl der über dem Eingangsbogen angebrachte Spruch: "Es sind nicht alles Jäger, die die Hörner blasen".

Ratswaage

Am Söseufer erhebt sich das dreistöckige, 1719–1722 als Kornspeicher zur Versorgung der oberharzer Bergstädte errichtete Harzkornmagazin. Der Mittelgiebel wird durch das wuchtige Wappen des englisch-hannoverschen Königshauses abgeschlossen, über dem Eingang steht "Utilitati Herciniae" ("zum Nutzen des Harzes"). Der Speicher faßte 15 000 Malter Korn, das entspricht rund 200 Tonnen. Heute befindet sich hier die Stadtverwaltung.

Harzkornmagazin

Im Nordosten der Altstadt steht auf einem Bergsporn zwischen den Tälern des Lerbachs und der Söse die 1130 als Reichsburg erwähnte Burgruine. Anfang des 16. Jh.s scheint sie bereits aufgegeben und später als Steinbruch benutzt worden zu sein. Erhalten haben sich die Reste eines runden Bergfrieds, dessen westliche Hälfte zwar abgetragen, die östliche immerhin noch 34,50 m hoch ist.

Ruine der Alten Burg

Um 1640 wurde das dreigeschossige reich verzierte Ritterhaus erbaut, in dem heute das Heimatmuseum untergebracht ist (Rollberg 36). An seinem Eckpfosten steht eine als Roland gedeutete Ritterfigur, Sinnbild für den Besitz städtischer Rechte.
In 14 Räumen wird über die Ur- und Frühgeschichte, Stadtgeschichte und das Handwerk unterrichtet. Sehenswert sind auch eine Sammlung sakra-

Heimatmuseum

Öffnungszeiten
Di.–Fr.
10.00–16.00
Sa., So.
nur bis 12.00

Osterode

Heimatmuseum (Fortsetzung)	ler Kunst, Kopien von Werken Tilman Riemenschneiders, Mineralien und eine Ausstellung zur Forst- und Weidewirtschaft des Raums. Im Erdgeschoß lädt die Heimatstube Osterode–Ostpreußen zu einem Besuch ein, Schwerpunkte bilden Ausstellungsstücke zur Entwicklung des Handwerks, historische Kleidung sowie zu wechselnden Themen.
St. Jacobi	Am Schloßplatz steht an der Stelle einer älteren Marktkapelle die 1218 erstmals als Zisterzienserklosterkirche erwähnte Kirche St. Jacobi. Nach der Aufhebung des Klosters 1540 wurde das Kloster zum Schloß und die Kirche zur Schloßkirche umgebaut. In der 1751/52 veränderten, zuletzt 1975 restaurierten Kirche sind die Kanzel und ein Altar sehenswert, seine Seitenflügel mit den Apostelfiguren entstanden um 1420, die Kreuzigungsgruppe in der Mitte des 17. Jh.s und das Auferstehungsbild im Jahr 1657 (E. Richter). Das Amtsgericht ist der einzige Rest des Grubenhagener Schlosses.
*Marienkirche	In der westlich gelegenen Marienvorstadt steht die gleichnamige Kirche, die 1659 ihren Fachwerkaufsatz sowie den achteckigen Dachreiter und damit ihr heutiges Aussehen erhielt. Seit 1258 dient sie als Pfarrkirche. Im Innern steht ein wertvoller Marienaltar des Göttinger Bildschnitzers Berthold Castrop von 1517.
Stadtbefestigung	Von der einstigen Stadtmauer haben sich große Teile erhalten. Von den mindestens zehn Mauertürmen stehen noch vier, darunter der Sonnenturm und daneben der kleinere Pulverturm; in der Nähe befand sich bis 1830 das Neustädter Tor.
Schachtruppsche Villa	Am Kurpark steht die Schachtruppsche Villa, ein klassizistischer Holzbau, der 1819 nach dem Vorbild des italienischen Baumeisters Palladio für den Fabrikanten Wilhelm Schachtrupp erbaut wurde (Mo.–Fr. 14.00–16.00).

Umgebung von Osterode

Allgemeines	Osterode und die in seiner Umgebung gelegenen Orte sind schöne Ausgangspunkte zahlreicher markierter Wanderwege.
Pipinsburg	Auf einer nordöstlich über der Söse gelegenen Felsnase (1 km in Richtung Seesen, gegenüber dem Dorf Katzenstein) liegen die Reste der wegen ihres Aussehens Pipinsburg genannten großen Wallburg, die vermutlich am Ende der Bronzezeit angelegt und bis zu ihrer Zerstörung 1136 als mittelalterlicher Burgstall genutzt wurde.
Burgruine Windhausen	1,5 km nördlich von Osterode stehen die Reste der 1134 erstmals erwähnten Burg Windhausen, die vermutlich die alte Thüringer Heerstraße schützen sollte. Sie bestand aus einer Unter- und einer Oberburg, von dieser sind die Reste der Ringmauer erhalten.
Karstlandschaften Jettenhöhle	Rund 4 km südlich von Osterode liegen die Naturschutzgebiete Hainholz, Bollerkopf und Beierstein, das einzige geschlossene noch unbeeinflußte Gipskarstgebiet in Europa mit zahlreichen Erdfällen und größeren und kleineren Höhlen, u. a. die 160 m lange und bis zu 15 m hohe Jettenhöhle (von Düna geht ein bezeichneter geologischer Lehrpfad aus).
Teufelsbad	Südöstlich von Osterode, an der Straße nach Herzberg, liegen zwei mit Wasser gefüllte Senken, die durch Gipsauslaugung im Untergrund entstanden, das Große und Kleine Teufelsbad, auch Teufelslöcher genannt. Sie sind mit einem breiten Schilfgürtel umgeben, in dem zahlreiche Vogelarten leben.
Lerbach	Das 1300 Einwohner zählende Lerbach gehört zu Osterode und liegt 4 km nordöstlich in dem schönen Lerbachtal. Der ehem. Bergbauort (an die Zeit

erinnert die 1771 angelegte, 131 m lange Grube Sonnenschein) ist heute ein ruhiger Erholungsort mit mildem Mittelgebirgsklima.

Der etwa 3 km lange und 600 m breite Sösestausee liegt im Dreieck Osterode, Lerbach und Riefensbeek-Kamschlacken. Er wurde 1928–1931 vor allem zur Regulierung des Hochwassers der Söse erbaut und versorgt über eine 200 km lange Wasserleitung Bremen und Göttingen mit Trinkwasser. Alle Wassersportarten außer dem Angeln sind daher verboten. Entlang des Südufers verläuft ein Fischereilehrpfad; am Schneiderteich, zwischen Osterode und dem Stausee, befindet sich eine Wildvogelstation mit über 50 verschiedenen Vertretern der heimischen Vogelwelt.

13 km nordöstlich von Osterode liegt der 350 Einwohner zählende Erholungsort, eingebettet zwischen Bergwiesen und Fichtenwäldern, oberhalb des Sösestausees (bis zu 400 m ü.d.M). Er entstand 1850 durch Zusammenschluß der beiden Dörfer Riefensbeek und Kamschlacken.
Ein beliebtes Ausflugsziel von hier ist die südöstlich gelegene Hanskühnenburg (→ Herzberg, Umgebung).

Osterwiewiek

Bundesland: Sachsen-Anhalt
Höhe: 120 m ü. d. M.
Einwohnerzahl: 4 800

Osterwiek liegt im nördlichen Harzvorland an der Ilse, unterhalb des Großen Fallsteins. Die wirtschaftliche Basis der tausendjährigen Kleinstadt bilden seit Jahrhunderten die Landwirtschaft und der Handel mit landwirtschaftlichen Erzeugnissen. Erst im 19. Jh. entwickelten sich kleine Verarbeitungsbetriebe für Nahrungsgüter, Textilien und Lederwaren heraus. Der gut erhaltene mittelalterliche Stadtkern zeigt die Entwicklung des Fachwerkbaus von der Gotik bis zum Barock.

Nach der Überlieferung überschritt Karl der Große in seinen Feldzügen gegen die Sachsen 780 die Oker und gründete in Saligenstede (Seligenstadt), dem späteren Asterwik, eine dem hl. Stephanus geweihte Missionskirche, die jedoch später nach Halberstadt verlegt wurde. Der Ort lag an der Handelsstraße von Braunschweig nach Halberstadt und bekam bereits 974 durch Otto II. die Münz- und Zollrechte verliehen. Der heutige Name Osterwiek wurde 1073 das erste Mal erwähnt (Wiken = Stapelplätze reisender Kaufleute, aus denen sich häufig Marktsiedlungen entwickelten). Die Stadt erhielt Anfang des 13. Jh.s das Halberstädter Stadtrecht erteilt. Eine schwere Überschwemmung der Ilse 1495 und eine Feuersbrunst von 1511 zerstörten Osterwiek fast bis auf die Grundmauern. Doch die zahlreichen erhaltenen, prunkvollen Fachwerkhäuser bezeugen, daß sich die Stadt von diesen Tiefschlägen völlig erholte. Im Dreißigjährigen Krieg war Osterwiek eine starke Festung, die zwar mehrfach besetzt, jedoch von keiner der Kriegsparteien zerstört wurde. Im 18. und 19. Jh. siedelten sich leinen-, flanell- und lederverarbeitende Betriebe an.

Sehenswertes in Osterwiewiek

Rund 400 Fachwerkhäuser, von denen über 100 unter Denkmalschutz stehen, bestimmen das Stadtbild von Osterwiek. Die zwischen der Stephanikirche im Norden und der Nikolaikirche im Süden stehenden Gebäude, v. a. in der Schulzenstraße, der Kapellenstraße und der Mittelstraße, stammen aus dem 15. bis 18. Jh.; an ihnen läßt sich die Entwicklung des Fachwerkbaus ablesen. Zu den Stilmerkmalen der einzelnen Epochen → Geschichte, Kultur und Kunst: Fachwerk im Harz).

Osterwieck

Einzelne
Fachwerkhäuser

Am Marktplatz stehen neben dem Alten Rathaus (s. unten, Heimatmuseum) ein eindrucksvolles Renaissancehaus (Markt 14 von 1570) sowie das Haus Markt 10 mit seinen mit geschnitzten Gesichtsmasken verzierten Balkenköpfen.
Im Hagen 3 liegt das am Anfang des 17. Jh.s errichtete ehem. Hospital; ihm schräg gegenüber steht im Hagen 45 das 1568/69 erbaute ehem. Diakonat.

＊Eulenspiegelhaus

Das in der Schulzenstraße 8 gelegene Eulenspiegelhaus ist 1534 erbaut worden und das bekannteste Fachwerkhaus der Stadt. Seinen Namen erhielt es von den beiden Schnitzfiguren am Torbogen, einem bärtigen Mann mit einem überschäumenden Bierkrug und einem Vogel. Die Bildschnitzereien werden dem Braunschweiger Meister Simon Stappen zugeschrieben, der auch das Brusttuch in → Goslar verziert hat. Die Alte Voigtei (Schulzenstraße 3) ist von 1533.
Das älteste Haus von Osterwieck steht in der Kapellenstraße 4; es ist von 1480 und mit einem gotischen Treppenfries versehen; der ehem. Schäfer Hof (Kapellenstraße 27) gehört zu den ältesten Bauernhöfen in Sachsen-Anhalt (1527 datiert); ein kürzlich restauriertes, renaissancenes Fachwerkhaus von 1610 steht in der Kapellenstraße 42.
Weitere sehenswerte Fachwerkbauten stehen in der Mittelstraße: Nr. 12 gehört zu den ältesten spätgotischen Fachwerkhäusern von 1521; Nr. 20 ist von 1622; Nr. 1 wurde 1549 erbaut und 1614 erhöht; Nr. 2 ist von 1578; das schräg gegenüberstehende Gebäude Nr. 26 ist 1578 erbaut worden. Ferner sind eine Besichtigung wert: in der Nikolaistraße (Nr. 30 ist von 1580) und in der Rosmarinstraße (Nr. 7–9, der ehem. Gasthof zu Tanne besteht aus mehreren Gebäudeteilen, 1500, 1596 und 1614).

Altes Rathaus

Heimatmuseum

Das 1554 erbaute Alte Rathaus (Am Markt 1; geöffnet: Mi. 10.00–12.00, 13.00–17.00, So. 10.00–12.00 Uhr) beherbergt heute das Museum mit Sammlungen zur Ur- und Frühgeschichte, eine historische Waffenkammer und Osterwiecker Ledergeld, eine Rarität aus der Inflationszeit. Der kleine Ratssaal widerspiegelt die Entwicklung der Fachwerkarchitektur im Ort und der Große Ratssaal die Geschichte der Stadt.

Aquarium

Im Fallstein-Gymnasium (Mauerstraße; geöffnet: Sa. 14.00–17.00, So. 10.00–12.00, 14.00–17.00 Uhr) befindet sich ein Aquarium mit 54 Fischarten und rund 800 Fischen.

＊Stephanikirche

Von der im 8. Jh. gegründeten ersten Kirche ist nichts erhalten geblieben, unbekannt ist auch ihr einstiger Standort. In der ersten Hälfte des 12. Jh.s wurde im Westen der Stadt die romanische Stephanikirche erbaut, von der noch die beiden 53 und 54 m hohen Türme stammen. Nach einem Stadtbrand 1511 wurden das an den Turmbau anschließende Langhaus und der Chor neu errichtet. Das Langhaus wurde 1562 geweiht und ist größer als sein Vorgängerbau, von dem noch Reste im Mauerwerk an der Turmseite zu erkennen sind. Im Innern befinden sich zahlreiche Wappen von Osterwiecker Familien, in der Nordostecke die sog. Gildenprieche mit den Namen der sieben Gilden und ihrer Vorsteher. Unter der sehenswerten Ausstattung befinden sich u. a. der auf einem romanischen Steinaltar stehende Schnitzaltar, der vermutlich Ende des 15. Jh.s entstand sowie das Chorgestühl (1620). Die ebenfalls mit Schnitzereien verzierte Kanzel wurde um 1570 geschaffen. Der bronzene Taufkessel stammt vermutlich aus dem 13. Jh., der massive Messing-Kronleuchter von 1665. Außerdem befinden sich in der Kirche zahlreiche Epitaphien und Grabplatten aus dem 16. und 17. Jh. vornehmer Osterwiecker Familien.

Nikolaikirche

Im Südosten der Stadt ragt die 1262 erstmals erwähnte Nikolaikirche empor, deren Westturm ins 13. Jh. zurückgeht. Im Innern des im 16. Jh. umgebauten Langhauses befinden sich eine schöne Balkendecke mit bemalter Mittelstütze und ein gotischer Schnitzaltar (erste Hälfte 15. Jh.), der dem Einfluß des Halberstädter Meisters Konrad von Soest zugerechnet wird.

Hübsches Fachwerkstädtchen Osterwieck, im Hintergrund die Türme der Stephanikirche

Nordöstlich der Nikolaikirche steht in der Rössingstraße 5 der erhaltene Flügel mit einem Treppenturm des 1579 für Ludolph von Rössing gebauten Herrenhauses.

Bunter Hof

Umgebung von Osterwieck

Nördlich der Stadt erstreckt sich der bewaldete Muschelkalkrücken des Großen Fallsteins mit einer besonderen Flora und Fauna (Natur- und Landschaftsschutzgebiet). Vom Kirchberg mit dem Bismarckturm genießt man einen schönen Ausblick auf das nördliche Harzvorland und den Harz.

Großer Fallstein

4 km westlich von Osterwieck liegt auf einer Anhöhe die im 11. Jh. erbaute und mehrfach veränderte Kirche des 995 gegründeten Benediktinerinnenklosters Stötterlingenburg. Das Kloster selber wurde 1525 zerstört.

Lüttgenrode

Die Geschichte von Zilly, 8 km südöstlich von Osterwieck entfernt, beginnt mit einer im 12. Jh. in sumpfiger Niederung errichteten Rundburg, die im 13. Jh. im Westen durch eine kastellartige Wohnburg erweitert wurde. Die Burg, deren Grundfläche 200x300 m einnahm, lag an der Heerstraße von Braunschweig über Osterwieck nach Halberstadt und wechselte häufig ihren Besitzer, zuletzt wurde sie preußische Domäne.
Die Kastell- oder Wohnburg ist erhalten. Je ein Bergfried schützte den Eingang zur Vorburg und zur Wohnburg. Ihren Westflügel nimmt der 19 m hohe, mit dem Kellergeschoß sechsstöckige Palas ein, im Süden schließt sich der Küchenbau an (hier Wappenreihe der Halberstädter Domherren). Auf der Nordseite, zwischen Palas und Bergfried, liegt der später eingefügte Wirtschaftsbau.
Sehenswert ist auch die Dorfkirche von 1838 und ihr Kanzelaltar, beides im klassizistischen Stil gestaltet.

Zilly

Osterwieck,
Umgebung
(Fortsetzung)
*Hornburg

Der über tausendjährige Erholungsort Hornburg (2800 Einwohner) liegt 11 km nordwestlich von Osterwieck. Im Schutz einer 994 erstmals erwähnten Burg, die Heinrich I. in sein Befestigungssystem gegen die Ungarn einbezog, entwickelte sich eine Siedlung, die um 1827 die Stadtrechte erhielt. Ihre Blütezeit erlebte die am Kreuzungspunkt wichtiger Handelsstraßen gelegene Stadt im 16. Jh.; neben dem Handel waren der Hopfenanbau und die Brauwirtschaft der zeitweise 69 Brauhäuser lohnende Einnahmequellen. Die im 16. und 17. Jh. entstandenen schönen Fachwerkhäuser prägen noch heute das Stadtbild, schöne Beispiele stehen u. a. um den Marktplatz, auf dem Damm und in der Wasserstraße (darunter viele aus dem 16. Jh.). Sehenswert sind außerdem das Alte Zeughaus von 1565 (Knick 1),

Heimatmuseum

das Heimatmuseum mit einer Fachwerkabteilung und einem Gedenkraum für den möglicherweise in Hornburg geborenen Papst Clemens II. (1046/ 1047; Montelabbateplatz; geöffnet: Di.–Fr. 14.00–16.00, So. und Fei. 11.00–12.00, 15.00–18.00 Uhr), die 1921 von Bodo Ebhardt teilweise wiederhergestellte mittelalterliche Burg sowie die Pfarrkirche Beatae Mariae Virginis (1614–1616).

Schladen

In Schladen (5 km westlich von Hornburg) liegt die 'Nordharzer Schlangenfarm' mit u. a. Riesen- und Giftschlangen (Vorführungen: tgl. 9.00–18.00).

*Westerburg

Die karolingische Westerburg liegt 16 km nordöstlich von Osterwieck in einer Mulde des sonst flachen Ackerlandes, auf halbem Weg zwischen Dardesheim und Dedeleben. Sie gilt als die älteste erhaltene Wasserburg Deutschlands. Urkundlich belegt ist, daß Karl der Große mit seinem Heere am Elm lagerte und die Westerburg eilig als Verteidigungsanlage ausbauen ließ. Die bereits seit der Steinzeit existierenden Ringwälle wurden mit Palisaden und Steinmauerwerk befestigt. Im 11. Jh. bekam die Burg den heutigen Bergfried und starke Ringmauern. Mit der ständigen Vervollkommnung des Kriegsgeräts brachte man auch die Westerburg laufend auf den neuesten Stand der Festungstechnik. Im 16. Jh. verlor sie jedoch ihre strategische Bedeutung und ihre Gebäude dienten einem Landwirtschaftsbetrieb als Scheunen und Ställe. Der Innenhof der Wohnburg ist von mächtigen viergeschossigen Gebäuden umschlossen. Die kleine Burgkapelle entstand Ende des 17. Jh.s. In der liebevoll restaurierten Burg, die nach Voranmeldung auch besichtigt werden kann, befindet sich heute das Romanik-Hotel Wasserschloß Westerburg (Informationen: Tel. 039422/ 9550, Fax 95566 und www.hotel-westerburg.de).

Quedlinburg **N 4**

Bundesland: Sachsen-Anhalt
Höhe: 122 m ü. d. M.
Einwohnerzahl: 28000

Lage und
Bedeutung

Die alte Stadt Quedlinburg liegt im Osten des nördlichen Harzvorlands, am Bodeufer (→ Bodetal). Ihre große Zeit hatte die Stadt als Lieblingssitz der Ottonen, später regierten die Quedlinburger Äbtissinnen über die zur Reichsabtei erhobene Burg und über die Stadt. Lange Tradition haben in Quedlinburg die Pflanzenforschung, Blumen- und Samenzucht, was ihr den Beinamen 'Stadt der Blumen' einbrachte. Erst Ende des 19. Jh.s siedelten sich erste Unternehmen, wie Gießereien, Metallwaren- und Pharmabetriebe an.

**Stadtbild

Die Altstadt von Quedlinburg – innerhalb des Befestigungsrings stehen über 1400 Fachwerkhäuser des 15. bis 19. Jh.s –, die Stiftskirche und der erst kürzlich zurückgekehrte Domschatz gehören seit 1994 zum Weltkulturerbe der UNESCO. Deshalb und wegen ihrer schönen Lage ist die Stadt ein sehr beliebter Fremdenverkehrsort. In Quedlinburg kamen die Arzttochter Dorothea Erxleben (1715–1762), erste weibliche promovierte Ärztin (→ Berühmte Persönlichkeiten), der Pädagoge und Wegbereiter des Turnunterrichts Johann Christoph Friedrich GutsMuths (1759–1839), der Geograph Carl Ritter (1779 bis 1859) und der Dichter Friedrich Gottlieb Klopstock (1724–1803; → Berühmte Persönlichkeiten) zur Welt.

Bedeutung
(Fortsetzung)

Um 800 befand sich auf der im Süden der Stadt gelegenen, bereits in vorgeschichtlicher Zeit besiedelten Sandsteinkuppe, dem heutigen Schloßberg, eine rechteckige Königshalle, von der Überreste ausgegraben worden sind. Etwa 850 errichtete man daneben eine Missionskapelle, die Vorgängerin der heutigen Stiftskirche. Von dem karolingischen Bau sind noch Fundamente und drei Kapitelle vorhanden, die zu den ältesten Zeugnissen mittelalterlicher Bauplastik in Sachsen-Anhalt gehören. Mit Heinrich I. (919–936), dem ersten König aus sächsischem Geschlecht, beginnt die Entwicklung Quitlingaburgs zur Reichspfalz. Im Jahr 919 war der Liudolfinger Sachsenherzog Heinrich vom Reichstag in Abwesenheit zum König gewählt worden. Eine Abordnung soll dem Ahnungslosen die Reichsinsignien nach Quedlinburg gebracht haben, wo er sich gerade zum Vogel-, bzw. Finkenfang aufhielt (allerdings beanspruchen auch andere Harzorte den sog. Finkenherd für sich). Schon 929 übergab Heinrich die Quedlinburg seiner Ehefrau Mathilde als Witwengut. Diese gründete 937 das Quedlinburger Kanonissenstift. Ihr Sohn, Otto I. (936–973), stattete das weltliche reichsunmittelbare Frauenstift mit großem Landbesitz aus. Nur Töchter des thüringischen und sächsischen Hochadels fanden in der Abtei, die bis 1802 bestand, Aufnahme. Nördlich des Schloßbergs entwickelte sich gegen Ende des 10. Jh.s eine Kaufmannssiedlung, der Otto III. 994 Markt-, Münz- und Zollrecht verlieh. Östlich vom Mühlgraben entstand

Geschichte

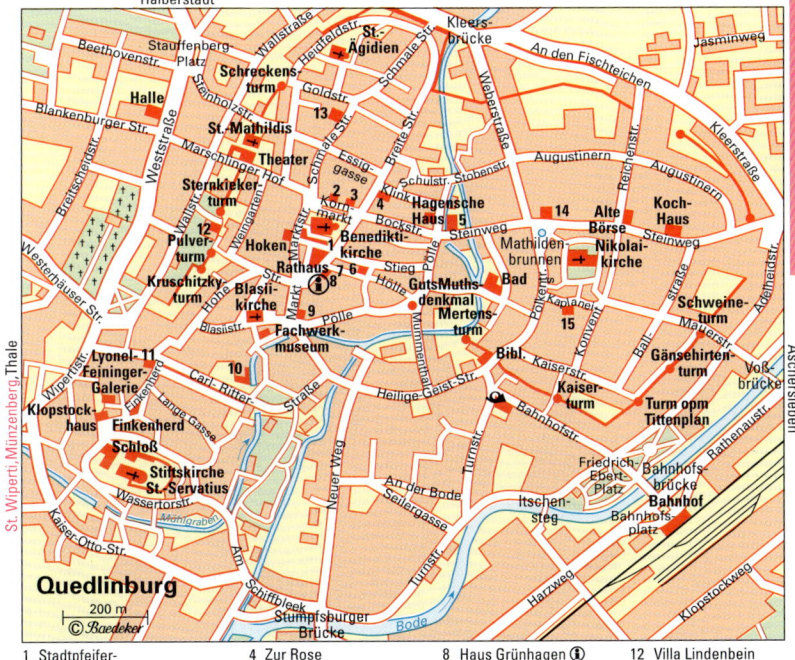

1 Stadtpfeifer-haus	4 Zur Rose	8 Haus Grünhagen ⓘ	12 Villa Lindenbein
2 Salfeldsches Haus	5 St. Annen	9 Zum Bär	13 Schmale Straße 13
3 Ehem. Ratswaage	6 Stieg 28	10 Fleischhof	14 Zur Goldenen Sonne
	7 Schuhhof	11 Weißer Engel	15 Erxlebenhaus

233

Quedlinburg

Geschichte
(Fortsetzung)

eine Neustadt, in der vorwiegend Ackerbürger wohnten, und die 1330 mit der Altstadt vereint wurde. Die Stadt erstarkte durch Handel, Handwerk und Ackerbau und ihre Kaufleute erhielten das Recht zum freien und ungehinderten Handel im ganzen Deutschen Reich. Im 10. und 11. Jh. zählte Quedlinburg bereits zu den vier bedeutendsten Städten des Reichs. 1337 besiegte die selbstbewußt gewordene Stadt im Bündnis mit dem Halberstädter Bischof den sog. Raubgrafen Albrecht II. von Regenstein. Er war Schutzvogt der Stadt und des Stifts und berüchtigt für die hohen Schutzgelder, die er erpreßte.

Quedlinburg, das zunehmend unabhängiger vom Stift wurde, schloß sich 1426 der Hanse an. Als Zeichen ihrer Eigenständigkeit stellte die Stadt auf dem Marktplatz einen steinernen Roland auf. Nun rief die amtierende Äbtissin Hedwig sächsische Truppen unter Führung ihrer Brüder Ernst und Albrecht, Herzöge von Sachsen, herbei, ließ die Stadt besetzen und den Roland stürzen. 1477 zwang sie die Quedlinburger zum Verzicht auf alle Privilegien. Erst 1819 konnte der Roland wieder vor dem Rathaus aufgestellt werden. Das Stift schloß sich 1539 der Reformation an. 1698 gelangte Quedlinburg an Brandenburg und 1803 an Preußen. Nun entwickelten sich Gartenbau und Samenzucht, Straßen und Bahnlinien wurden angelegt und die Stadt wurde ein wichtiges Industriezentrum. Zu DDR-Zeiten entstand die Süderstadt im Plattenbaustil.

Schloßberg

Allgemeines

Der vom Mühlengraben umgebene, bereits in vor- und frühgeschichtlicher Zeit besiedelte Schloßberg ist ein etwa 100 m langer und 50 m breiter Sandsteinfelsen, der nach Süden und Osten schroff abfällt. Im Westen und Norden steht das Schloß, während die Stiftskirche den mittleren Teil der Südseite einnimmt; im Osten liegen heute die Terrassen und Gärten der ehem. Propstei.

Schloßberg

Heinrich I. hatte mit den bis nach Sachsen vordringenden Ungarn einen neunjährigen Waffenstillstand vereinbart. Während dieser Zeit wurde die Quitilingaburg ausgebaut, späterer Lieblingssitz des Königs. Von dieser Anlage sind noch Gewölbe in den heute zur Gaststätte gehörenden Kellerräumen erhalten. Weitere Burgbauten, wie Tor und Zwinger, sind im 15. Jh. erneuert worden. Zwischen Schloß und Mauer führt ein Weg durch zwei Tore zum mittleren Hof hinauf.

Das heutige Schloßgebäude ist eine Dreiflügelanlage, die vom 16. bis 18. Jh. zum großen Teil auf Mauern romanischer Vorgängerbauten errichtet wurde. Im Nordflügel des Schlosses befindet sich seit 1929 das Heimatoder Schloßmuseum mit Ausstellungen zur Ur- und Frühgeschichte, zur Entwicklung des Burgbergs von der Königspfalz bis zum 1802 aufgelösten Damenstift. Gezeigt werden außerdem erhaltene Repräsentations- und Wohnräume der einstigen Reichsabtei mit klassizistischen Dekorationen und schönen Parkettfußböden, darunter der Thronsaal (1736).

Die Originaleinrichtung ist bis auf einige Gemälde und die Öfen verloren gegangen. Das heutige Mobiliar stammt aus der Renaissance- und Barockzeit. In dem berühmt-berüchtigten, 2 m hohen und 2,80 x 2,40 m großen 'Raubgrafenkasten' soll der Regensteiner Graf Albrecht II. (1310 bis 1348) wegen fortgesetzten Landfriedensbruchs gefangen gehalten worden sein, bis er die harten Bedingungen der Stadt annahm.

Die Stifts- oder auch Schloßkirche geht auf die karolingische Missionskapelle und die nachfolgende ottonische Pfalzkapelle zurück. Noch zu Lebzeiten Heinrichs I. hatte man die Burgkapelle als königliche Begräbniskirche zur dreischiffigen St.-Petrus-Basilika erweitert, in der 936 der von Memleben überführte Leichnam Heinrichs I. beigesetzt wurde. Doch dieses Bauwerk erwies sich bald als zu klein für die vielen Gäste, die am Grabe ihres Ahnherrn am Festgottesdienst teilnahmen. So ließ die Äbtissin Mathilde, eine Enkelin Heinrichs I., bei der Grabkirche einen geräumigen, 1021 geweihten Neubau errichten. Der Ostteil dieser Kirche wurde als

*Schloß

Schloßmuseum

Öffnungszeiten
Di.–So.
1.5.–30.9.
10.00–18.00
1.10.–30.4.
9.00–17.00

**Stiftskirche
St. Servatius

Adelheidevangeliar und…   *…Servatiusstab*

235

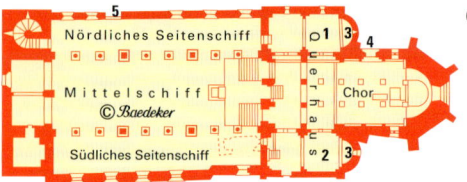

Quedlinburg
Stiftskirche
St. Servatius

1 Schatzkammer
   (Ehem. Sakristei)
2 Schatzkammer
3 Querschiffapsiden
4 Gotisches Portal
5 Säulenportal

Stiftskirche
St. Servatius
(Fortsetzung)

Besichtigung
Di.–Sa.
10.00–18.00
So., Fei.
12.00–18.00
Führungen
11.00, 13.00 und
15.00
So., Fei. 13.00 und
15.00

Krypta gestaltet und darüber ein Hochchor angelegt. 1070 brannten große Teile der Burg und der Kirche ab. Um 1100 wurde mit dem Bau der heutigen dreischiffigen Basilika begonnen, die Weihe fand 1129 statt. Ihr romanischer Chor wurde 1308 abgebrochen und bis 1347 neu errichtet. Von den beiden geplanten Westtürmen war nur der Nordturm ausgeführt worden, der Südturm folgte 1863–1882. Die aus dem 19. Jh. stammenden hohen Turmhelme wurden 1947–1959 verkürzt, damals erhielten sie auch ihre heutigen Zeltdächer. Die neuromanische Chor und die monumentale Treppenanlage, die den östlichen Abschluß des Langhauses bilden, wurden Ende der 1930er-Jahre eingebaut, als hier Heinrich I. als Reichsgründer gefeiert wurde. Die kreuzförmige flachgedeckte Basilika mit sächsischem Stützenwechsel (auf je einen Pfeiler folgen zwei Säulen) gehört heute trotz mehrerer Eingiffe zu den bedeutendsten Architekturdenkmälern der Hochromanik in Deutschland. Die auf den Kämpfern der Pfeiler sitzenden Gesimse sind, wie auch die Würfelkapitelle der Säulen, reich verziert. Aufgrund der Stilmerkmale vermutet man hier oberitalienische Bildhauer am Werk.

Krypta

Unter dem Chor und der Vierung erstreckt sich die hochgewölbte dreischiffige Krypta mit Resten romanischer Wandmalereien. In ihrem Ostteil lagen ursprünglich die Gräber Heinrichs I. und seiner Frau Mathilde. Nachdem sie heiliggesprochen worden war, wurden seine Gebeine in das Langhaus umgebettet (wo sie vermutlich bei dem Feuer 1070 verbrannten), da nach dem damaligen Verständnis eine Heilige nicht neben dem Ehegatten begraben werden durfte. Der halbrunde vertiefte Raum, die sog. Confessio (Betkammer) der Königin, war vor 997 unter dem Hauptaltar der damaligen Kirche angelegt worden. Die Grabsteine Quedlinburger Äbtissinnen entstanden zwischen dem 11. und dem 13. Jh., die drei wertvollsten stehen an der Südwand der Krypta (um 1130).

✳✳Domschatz

In den beiden Schatzkammern, kleine Einbauten von 1170, befindet sich einer der kostbarsten Kirchenschätze des Mittelalters. 1993 waren die wertvollsten Teile nach einer Zahlung von 6 Mio. Mark 'Finderlohn' an ihren Ursprungsort zurückgekehrt. 1945 hatte sie ein amerikanischer Leutnant gestohlen und per Feldpost nach Texas geschickt. Als seine Erben die unschätzbaren Stücke zu Geld machen wollten, waren sie 1991 in den USA wieder aufgetaucht. Besondere Beachtung verdienen mehrere Reliquienschreine aus Gold, Edelsteinen und kostbaren Elfenbeinschnitzereien angefertigt; das Quedlinburger Evangeliar, ein karolingischer Codex aus dem 9. Jh. mit einem um 1225 angefertigten Buchdeckel; ein Kamm Heinrichs I., der mit verzierten Goldblechen beschlagene Servatiusstab, vermutlich ein Geschenk von Kaiser Otto III. im Jahre 999 an seine Schwester Agnes, Äbtissin in Quedlinburg, und das um 1000 entstandene Adelheidevangeliar, dessen Vorderdeckel ein byzantinisches Elfenbeinrelief des 10. Jh.s umschließt.
In der über den Kassenbereich gelegenen sogenannten Teppichkammer wird der um 1200 von der Äbtissin Adelheid gestiftete Knüpfteppich ausgestellt. Auf den fünf erhaltenen Teilen ist die Vermählung der Philologie, der Königin der Wissenschaften, mit Merkur dargestellt (nach einer Schrift des Marcianus Capella vom Anfang des 5. Jh.s).

Krypta der Stiftskirche St. Servatius ▶

Münzenberg

Westlich gegenüber vom Schloßberg erhebt sich der Münzenberg, 99 Stufen führen zum Plateau des mittelalterlich anmutenden Stadtteils. 986 lag hier das Marienkloster, das einzige Frauenkloster von Quedlinburg und die Legende berichtet, daß unterirdische Gänge zu den Männerklostern existiert haben sollen. Im Bauernkrieg wurde das Kloster zerstört, statt dessen siedelte sich nach 1576 in den Ruinen fahrendes Volk an. Mit wenig Geld bauten u. a. Kesselflicker, Quacksalber, Mausefallenhändler, Jahrmarktschreier und Musikanten kleine verwinkelte Häuschen, die teilweise heute noch erhalten sind. Von hier oben genießt man einen schönen Blick auf den Vorharz, den Schloßberg sowie die Stadt Quedlinburg.

*Aussicht

*St. Wiperti

Das südlich des Burgbergs, nahe der Straße nach Thale gelegene Gebiet war ebenfalls schon in der Jungsteinzeit besiedelt. Hier befand sich nach der Wahl Heinrichs I. der Königshof, in den 936, nach der Gründung des Damenstifts auf dem Burgberg, das Kanonikerstift St. Wigbertus verlegt wurde. Mit dem Bau der kreuzförmigen Basilika wurde um 950 begonnen. 1020 folgte der Einbau einer sehenswerten dreischiffigen Krypta mit einem Tonnengewölbe und dem sog. lombardischen Stützenwechsel (Wechsel von Pfeiler und Säule).

Nach der Umwandlung des Stifts in ein Prämonstratenserkloster kam es unter Erhalt von Chor und Krypta 1148 zu einem Neubau der Kirche. Reformation und Bauernkrieg markierten das Ende des Klosters, das 1547 in ein Vorwerk verwandelt wurde. Ab 1816 wurde die Kirche als Scheune benutzt, 1955–1957 restauriert. Damals wurde in die Langhaussüdwand ein um 1220 entstandenes Säulenportal aus der Klosterkirche St. Marien vom Münzenberg eingebaut (im Tympanon eine Darstellung der Anbetung Mariens).

Besichtigung

Von Mai bis Oktober finden täglich um 11.00 Uhr Führungen durch die Kirche statt (Ausgangspunkt ist um 10.30 die Quedlinburg-Information auf dem Marktplatz).

An der Südseite des Wipertifriedhofs befinden sich in den Fels gehauene Familiengrabgewölbe.

** Fachwerkstadt

In Quedlinburg blieben vollständige Straßenzüge und Plätze mit über 1000 historischen Fachwerkhäusern aus dem 14. bis 19. Jh. erhalten (zur baugeschichtlichen Entwicklung → Geschichte, Kultur und Kunst: Fachwerk im Harz).

Bemerkenswerte Fachwerkstraßen sind u. a. die Lange Gasse, die am Marktplatz beginnende Breite Straße (s. unten), die Hölle (ihr Namen kommt vermutlich von Helle, Sauberkeit), Am Schloßberg und der Steinweg (s. unten).

Klopstock-Haus

Öffnungszeiten
Di.–So.
10.00–18.00

Vom Schloßberg gelangt man zunächst zum Schloßplatz. Hier steht das im 16. Jh. erbaute und im 17. Jh. veränderte Geburtshaus von Friedrich Gottlieb Klopstock (1724–1803; Schloßberg 12). Im Jahr 1899 richtete der Klopstock-Verein in dem Haus eine Erinnerungsstätte für den bedeutendsten Dichter des Sturm und Drang und Schöpfer der Gesänge des "Messias" (1773) ein. Gezeigt werden u. a. Sammlungen zum Leben und Schaffen Klopstocks und zeitgenössische Möbel und Wohnkultur des 18. Jahrhunderts. Einige Räume würdigen auch Dorothea Erxleben, Johann Christoph GutsMuths und Carl Ritter.

Finkenherd

Unweit nordöstlich folgt die Finkenherd genannte kleine Häuserzeile, die wie eine Insel von Straßen umgeben wird. Hier soll – so die Legende – 919 der Sachsenherzog Heinrich von seiner Wahl zum König des Ostfränkischen Reiches erfahren und die Reichsinsignien mit der Krone erhalten haben. Auf dieses Ereignis beruft sich das Gedicht von Johann Nepomuk Vogl, das Carl Loewe vertonte: "Herr Heinrich sitzt am Vogelherd recht froh und wohlgemut..."

Finkenherd

Malerische Fachwerkhäuser

Im Haus Finkenherd 5 a befindet sich seit 1986 die Lyonel-Feininger-Galerie. Der deutsch-amerikanische Maler und Grafiker Lyonel Feininger (1871–1956) gehört zu den bedeutendsten Vertretern der Klassischen Moderne. Nachdem Feininger am Dessauer Bauhaus unterrichtet hatte, mußte er 1936 Deutschland verlassen. Die Galerie zeigt u. a. Feiningers Druckgraphiken, Radierungen und Aquarelle aus den Jahren 1906 bis 1937. Darüberhinaus werden Wechselausstellungen zeitgenössischer Künstler gezeigt (geöffnet: Di.–So. 10.00–18.00 Uhr).

*Lyonel-Feininger-Galerie

In der Langen Gasse liegen mehrere sehenswerte Fachwerkhäuser, u. a. Nr. 29 von 1614 und Nr. 33, der 1623 an der Grenze zwischen Westendorf und der Altstadt erbaute einstige Gasthof Weißer Engel (heute Galerie).

Lange Gasse

Östlich von der Hohen Straße steht in der Blasiistraße, die zum unteren Ende des Marktplatzes führt, die gleichnamige, vom Verfall bedrohte Kirche. Ihr Westquerturm stammt noch aus dem 11. Jh., sein spätromanisches Glockengeschoß ist nach 1200 aufgesetzt worden. Schiff und Chor entstanden im 1. Drittel des 18. Jh.s und aus dieser Zeit ist auch die Ausstattung der Kirche.

St. Blasii

Das älteste Fachwerkhaus in der Stadt steht südlich der Blasiikirche in der Wordgasse 3 (das niederdeutsche 'Word' bedeutete inselartig erhöhtes Gebiet). Bei diesem in der 1. Hälfte des 14. Jh.s errichteten Hochständerbau ruhen die Ständer genannten hölzernen Pfosten auf niedrigen Grundmauern und erheben sich ohne Unterbrechung bis zum Dach, das von ihnen getragen wird (Abb. s. S. 54). Bis 1965 war es bewohnt. Seit seiner Rekonstruktion beherbergt es ein Museum, in dem die Entwicklung und die Vielfalt der Fachwerkbaukunst geschildert wird.

*Fachwerkmuseum

Öffnungszeiten
1.5.–31.10.
Mo.–Fr.
9.00–20.00
Sa., So. nur bis
18.00

Der benachbarte Fleischhof (Nr. 4) entstand im 11. Jh. als ritterlicher Freihof, die heutige Anlage wurde in der 2. Hälfte des 16. Jh.s erbaut.

Fleischhof

![Quedlinburger Rathaus]

Quedlinburger Rathaus

*Rathaus

Roland

Weitere
Fachwerkhäuser

Marktstraße

Mittelpunkt der Altstadt ist der im 10. Jh. angelegte dreieckige Marktplatz, auf den insgesamt acht Straßen münden. Er wird vom 1310 erstmals erwähnten Rathaus beherrscht, das bei einem Umbau 1616–1619 seine Renaissancefassade erhielt und um 1900 auf der Nordseite vergrößert wurde. An seiner westlichen Ecke steht ein sechseckiger Erkerturm mit spätgotischem Maßwerk. Eine Freitreppe führt zum schönen Eingangsportal, über dem das Quedlinburger Wappen, ein geöffnetes Burgtor mit einem darin sitzenden Hund zeigt, Gastfreundschaft und Wachsamkeit symbolisierend. Sehenswert ist im Innern der Festsaal mit einem hölzernen Tonnengewölbe, seine Wände sind mit Darstellungen aus der Stadtgeschichte (von Otto Marcus) geschmückt.

Links vor dem Rathaus steht der 1427 zum ersten Mal aufgestellte, 1477 entfernte und 1869 wieder auf seinen alten Platz zurückgebrachte steinerne Roland, Sinnbild für den städtischen Besitz der Markt-, Münz- und Zollrechte.

Der 1979 auf dem Marktplatz aufgestellte Münzenberger Musikanten-Brunnen ist von Wolfgang Dreysee.

Schräg gegenüber vom Rathaus, an der Einmündung der Breiten Straße (Markt 2), steht das dreigeschossige Haus Grünhagen, ein Barockhaus von 1701, das 1780 verändert wurde. Am Markt 5 befindet sich das ehem. Gildehaus der Tuchmacher von 1545, gegenüber das der Lohgerber (Markt 13–14; Ende 17. Jh.).

Links vom Rathaus setzt sich der Markt in der Marktstraße fort mit weiteren sehenswerten Fachwerkhäusern, u. a. der 1569 erbaute Hoken (Nr. 2), in dem früher die Leinenhändler ihre Waren verkauften.
Im Westen der Stadt verläuft parallel zur Marktstraße der bedeutendste Teil der erhaltenen Stadtmauer (s. unten, Stadtbefestigung).

Westlich außerhalb der Mauer steht in der Wallstraße 96 die 1897–1900 nach Plänen des Braunschweiger Architekten F. Staeding im Stil des Historismus erbaute Villa Lindenbein.

Den Kornmarkt umgeben mehrere repräsentative Häuser, u. a. die 1562 errichtete ehem. Ratswaage (1616 umgebaut), daneben die Adlerapotheke von 1615 sowie das von 1737 stammende Salfeldsche Haus (seit 1815 als Gerichtsgebäude genutzt).

Südlich vom Kornmarkt erhebt sich die 1252 erstmals erwähnte Marktkirche St. Benedikti, eine gotische Hallenkirche. Unter ihrer sehenswerten Ausstattung befinden sich zwei kostbare spätgotische Schnitzaltäre, zwei Kruzifixe vom Ende des 15. Jh.s, eine 1595 von dem Quedlinburger Bildschnitzer Georg Steyger angefertigte Holzkanzel und schließlich der prächtige Hochaltar von 1700. Er wurde nach Plänen des Architekturtheoretikers Leonhard Christoph Stumpf von verschiedenen Künstlern ausgeführt.

Zwischen Kornmarkt und Rathaus liegt der Marktkirchhof. Von den Gräbern und Mausoleen ist nur die Gruftkapelle von 1727 für die Familien Gebhardt und Goetze erhalten. Heute wird hier Fachwerk-Geschichte vorgeführt: Das stark vorspringende, grau-blau verputzte Gebäude ist aus dem 15. Jh., das anschließende mit den rollenförmigen Balkenköpfen aus dem 16. Jh.; das sog. Stadtpfeiferhaus wurde 1688 errichtet, hier lebte u. a. der Stadtpfeifer, dessen Standessymbol, die Trompete, am Erker angebracht ist. Zuletzt folgen ein Haus aus dem 17. Jh. mit Diamantschnitt sowie ein für das 18. Jh. typisches, schmuckloses Fachwerkhaus.
Vom Kornmarkt aus verläuft die Schmale Straße in nördlicher Richtung; in der Schmalen Straße 13 ein schönes Fachwerkhaus von 1592.

Im Nordwesten der Stadt steht die 1179 das erste Mal erwähnte Pfarrkirche St. Ägidien. Das Innere der heutigen dreischiffigen spätgotischen Hallenkirche mit hölzernam Tonnengewölbe wurde 1678 barock umgestaltet. Der Flügelaltar entstand um 1420 und die Kanzel um 1700.

In der am Marktplatz beginnenden Breiten Straße steht das 1554 erbaute, 1714 erneuerte Gildehaus der Schuhmacher und Gerber (Breite Straße 51/52) mit einem kleinen Durchgang zum Schuhhof, wo sich im 13. Jh. die Schusterwerkstätten befanden. In der Breite Straße 33 steht ein 1480–1490 erbauter Stockwerkbau; das Gildehaus zur Rose (Breite Straße 39) ist von 1612.
Von der Breiten Straße geht der Klink ab, hier steht das 1561 für Christian von Hagen erbaute, 1695 erneuerte sog. Hagensche Freihaus. Der unweit von hier gelegene Alte Klopstock (hier wohnte ein Verwandter des Dichters; Stieg 28) besteht aus drei miteinander verbundenen, sehr schönen Fachwerkhäusern aus der 2. Hälfte des 16. Jh.s.

Bereits um 1300 war der Steinweg als befestigte Straße über sumpfigem Untergrund angelegt worden, hier stehen noch einige sehenswerte Häuser, u. a. der direkt am Neustädter Marktplatz gelegene historische Gasthof 'Zur Goldenen Sonne' von 1621 (Steinweg 11/12) und die 1683 erbaute Alte Börse (Steinweg 23).

Südlich des Steinwegs erhebt sich die dreischiffige gotische Hallenkirche St. Nikolai mit ihren zwei schlanken, 72 m hohen Türmen über die einstige Neustadt. Die Reste ihres romanischen Vorgängerbaus sind im Ostteil erhalten, sehenswert sind ihr Säulenportal im Westen und das mit Kreuzpfeilern und Kreuzgewölben gestaltete Innere. Ältestes Stück ist eine Sandsteintaufe aus dem 13. Jh., zu beachten sind auch der Barockaltar, die hölzerne Kanzel und die hölzerne Orgelempore.
Über den Neustädter Kirchhof gelangt man zur Kaplanei 10, dem 1683 erbauten Geburtshaus der Dorothea Erxleben mit modernisierten Dachhäuschen.

Quedlinburg
(Fortsetzung)
Stadtbefestigung

Bereits 1150 wird eine Mauer um Quedlinburg erwähnt, die eine zunächst noch kleine Kaufmannssiedlung um die Marktkirche umgab. Die heute noch zu großen Teilen erhaltene und teilweise mit Wehrgängen versehene Stadtmauer entstand ab 1310. Während im 19. Jh. die Stadttore geschleift worden sind, blieben zahlreiche Wachtürme und Bastionen erhalten. Sehenswert sind u. a. der 40 m hohe Schreckensturm nahe der St. Ägidienkirche, der Kruschitzky-Turm (Hohe Straße) und der Pulverturm (alle drei an der Westseite der Altstadt gelegen) sowie die in der Neustadt stehenden Schweinehirten- und Gänsehirtenturm, der Turm op'n Tittenplan (= säugende Kälber; alle drei in der Gasse Hinter der Mauer) und der Kaiser- und Martinsturm (beide verändert).
Vor der Stadt standen außerdem 12 Feldwarten, von denen noch sieben vollständig oder teilweise erhalten sind.

Umgebung von Quedlinburg

Seweckenberg

In den Schluchten der 5 km südöstlich von Quedlinburg gelegenen Sewekkenberge fand man das 'Quedlinburger Einhorn' (Reste von Mammut, Wollnashorn und anderen Säugetieren des Pleistozän). Die Funde sind im Quedlinburger Schloßmuseum ausgestellt (s. oben).

Westerhausen

Westlich von Quedlinburg, 6 km entfernt, liegt Westerhausen mit einer interessanten romanisch-barocken Kirche. Das achteckige Innere der Dorfkirche entstand durch die Kreuzung von Längs- und Querschiff. Die romanischen Kreuzarme sind mit hölzernen Tonnengewölben und Emporen versehen und barock mit Kanzelaltar und Orgel ausgestaltet. Der romanische Turm schließlich trägt zwei Barockhauben.
In der Umgebung von Westerhausen liegen zwei Naturdenkmale, zwei Felsgebilde auf dem Königsstein (1 km nordwestlich) sowie der Kuckucksberg (1 km südlich).

Teufelsmauer

7 km südwestlich von Quedlinburg gelangt man (zwischen Weddersleben und Neinstedt) zu einem eindrucksvollen Teilstück der Teufelsmauer (→ Blankenburg, Umgebung).

*Hoym

Östlich von Quedlinburg, 13 km entfernt, liegt das bereits 961 erwähnte Harzstädtchen Hoym. Die an einem Selkeübergang gelegene Burg entwickelte sich im Mittelalter zu einer Siedlung, der 1543 das Stadtrecht verliehen wurde. Die einstige Burg der Grafen von Hoym wurde 1714 in ein Barockschloß umgebaut und war zeitweise Sitz der anhaltinischen Fürsten. Eine Grafengattin von Hoym ging übrigens als Geliebte Augusts des Starken und Reichsgräfin von Cosel in die sächsische Geschichte ein. Die Stadtkirche St. Johann Baptist, 1461 aus einem romanischen Kirchenbau hervorgegangen, zeigt im Innern ein wertvolles Epitaphgemälde aus der Cranachwerkstatt. Das Rathaus von 1540 erneuerten die Hoymer Stadtväter 1865. Südlich der Straße nach Hoym liegt die Gersdorfer Burg aus dem 10. Jh., 1340 zerstört und 1369 wieder aufgebaut. Aus dieser Zeit stammt auch der Bergfried.

Rappbodetalsperre　　　　　　　　　　　　　　J/K 5/6

Bundesland: Sachsen-Anhalt

Lage und
*Bedeutung

Die Rappbodetalsperre liegt umgeben von bis zu 500 m hohen bewaldeten Bergen in der Mitte des Harzes, im Dreieck zwischen → Rübeland, Wendefurth (→ Bodetal) und → Hasselfelde. Sie wird von der Warmen und Kalten Bode (→ Brocken), Rappbode (die südlich von Benneckenstein entspringt), Bode und Hassel gespeist und ist mit ihren Ausläufern der größte Stausee im Harz. In seiner Umgebung haben sich im Harz eher selten gewordene Pflanzen und Wasservögel angesiedelt. Wegen der reizvollen, abwechslungsreichen Landschaftsbilder ist der Stausee, auf dem (bis auf die Wendefurther Talsperre) jegliche Art von Wassersport verboten ist, ein vielbesuchtes Ausflugsziel geworden.

Bedeutung (Fortsetzung)

Der Harz wird als Wasserüberschußgebiet (im Raum um Schierke, Elend und Benneckenstein) von ausgesprochenen Trockengebieten (Börde, Raum Halle, Thüringer Becken) umgeben. Aus diesem Grund gab es seit dem Mittelalter Versuche, der Gefahr verheerender Überschwemmungskatastrophen einerseits und den Problemen oftmals langer Trockenperioden andererseits durch den Bau von Teichen und Kunstgräben beizukommen. Dies war umso notwendiger, als es auch darum ging, einen ungestörten Abbau der Erze und ihre Verhüttung zu gewährleisten. Auch nach Stilllegung der Harzer Berg- und Hüttenwerke zeugen noch heute die vielen erhaltenen Kunstteiche von dem Können der Menschen, die Wasserkraft zu ihren Zwecken zu nutzen.

Neben dem Hochwasserschutz für die Anwohner des Bodetals, der Energieerzeugung und der Bewässerung für landwirtschaftliche Nutzflächen des nördlichen Harzvorlands steht die Trinkwasserversorgung niederschlagsarmer Gebiete im Vordergrund: Jährlich werden rund 60 Mio. m³ sauberes Trinkwasser (nachdem sie die Trinkwasseraufbereitungsanlage Wienrode durchlaufen haben) in die Ballungsgebiete der wasserarmen Gegenden abgegeben.

Wirksamkeit des Talsperrensystems

Zur Eindämmung der Hochwassergefahren der Bode, dem wasserreichsten Fluß des Harzes, entstanden schon im 19. Jh. Pläne zum Bau einer Bodetalsperre. 1891 legte der aus Thale stammende Ingenieur Arnecke einen Plan zum Bau einer Bodetalsperre vor. Hierfür sollte ein 150 m hoher Staudamm oberhalb von Thale (in der Nähe der Teufelsbrücke) errichtet werden. Bei dieser Verwirklichung wären die Orte Altenbrak und Tresenburg sowie das → Bodetal, eine der schönsten Landschaften des Harzes, überschwemmt worden.

Geschichte

Ein weiterer Entwurf von 1898, der 1900 ergänzt wurde, sah bereits den Bau einer Rappbodetalsperre vor, die aus vier Stausystemen bestehen sollte. Nach weiteren Überlegungen und einem verheerenden Jahrhunderthochwasser 1925/26 begann man mit neuen Planungen, die jedoch erst nach dem Zweiten Weltkrieg wieder aufgenommen wurden. Am 1.9.1952 war die Grundsteinlegung für den Bau des Rappbodetalsperrensystems.

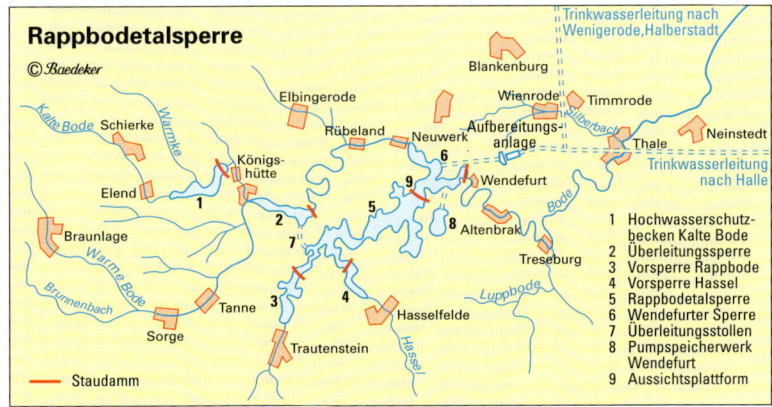

Rappbodetalsperre

© Baedeker

1 Hochwasserschutzbecken Kalte Bode
2 Überleitungssperre
3 Vorsperre Rappbode
4 Vorsperre Hassel
5 Rappbodetalsperre
6 Wendefurter Sperre
7 Überleitungsstollen
8 Pumpspeicherwerk Wendefurt
9 Aussichtsplattform

Staudamm

Rappbodetal-
sperre
(Fortsetzung)
Technische
Daten

Das gesamte Rappbodetalsperrensystem besteht aus einem ganzen System von kleineren Stauseen: dem Hochwasserschutzbecken Kalte Bode (zwischen Mandelholz und Königshütte), einer Überleitungssperre Königshütte (am Zusammenfluß von Kalter und Warmer Bode) mit Überleitungsstollen in die Rappbodesperre; der Rappbodevorsperre (nördlich von Trautenstein), der Vorsperre Hassel (nordwestlich von Hasselfelde), der Rappbodetalsperre, die wichtigste Talsperre des Bodesystems, und der Talsperre Wendefurt.

Im Jahr 1959, bei der Fertigstellung der Rappbodetalsperre, waren über 860 000 m³ Beton für den Bau eingebracht worden. Die 106 m hohe und 415 m lange Mauer ist die größte Gewichtsstaumauer Deutschlands. Der insgesamt 8 km lange und 390 ha große Stausee kann bis zu 110 Mio. m³ Wasser stauen.

Vorsperren
Hassel und
Rappbode

Die beiden Hauptzuflüsse zur Rappbodetalsperre, die Hassel und die Rappbode, erhielten 1956–1960 zwei Vorsperren, die beide jeweils ein Fassungsvermögen von 1,7 Mio. m³ und eine Staufläche von 25 ha haben. Sie halten v. a. Geröll- und Schlamm zurück und klären das Wasser vor, bevor es die Hauptsperre erreicht.

Überleitungssperre
Königshütte

Mit der Überleitungssperre Königshütte erhält die Rappbodesperre zusätzlich Wasser aus den Einzugsgebieten von Kalter und Warmer Bode. Die östlich von Königshütte, in der Nähe der ehem. Trogfurter Brücke gebaute Staumauer ist 17 m hoch und 120 m lang; die Sperre faßt 1,2 Mio. m³. Über einen 1,8 km langen Stollen gelangt ihr Wasser in die Rappbodetalsperre.

Hochwasser-
schutzbecken
Kalte Bode

Oberhalb von Königshütte wird das Hochwasser der Kalten Bode in einem weiteren Hochwasserschutzbecken aufgefangen, dessen Fassungsvermögen 5 Mio. m³ beträgt. Der 24 m hohe Erddamm wurde 1952–1957 fertiggestellt.

Talsperre
Wendefurth

Jüngstes Bauwerk im System der Ostharztalsperren ist die 1966 errichtete Talsperre Wendefurth mit einer 43 m hohen, 230 m langen Betonmauer (10 Mio. m³). Dieses Ausgleichsbecken dient neben der Forellenzucht (in der Nähe der Staumauer) und der Naherholung (Rudern) hauptsächlich als Unterbecken des oberhalb gelegenen, 1967 in Betrieb genommenen Pumpspeicherwerks (Leistung 80 MW) sowie zur Auffüllung der Bode bei Niedrigwasser.

*Ausblick

Den schönsten Blick über die Rappbodetalsperre hat man von der Aussichtsplattform oberhalb der großen Staumauer. Vom Parkplatz auf der Rübeländer Seite führt ein Weg (3 Min.), der als Lehrpfad angelegt ist, zur Aussichtsplatform hinauf.

Roßla

→ Kelbra, Umgebung

Rübeland   J/K 5

Bundesland: Sachsen-Anhalt
Höhe: 360–480 m ü. d. M.
Einwohnerzahl: 1600

Bedeutung

Rübeland, dessen Namen sich von 'rühe lann' (= rauhes Land) ableitet, liegt im engen, hier bis zu 80 m tief eingeschnittenen Tal der Bode im Mittelharz. Wegen seiner bekannten Tropfsteinhöhlen ist es schon von alters her einer der meistbesuchten Orte im Harz. Der Höhlenbär auf der Klippe am Bodeufer ist das Wahrzeichen von Rübeland.

Vermutlich zum Schutz einer Straße entstand im 12. Jh. auf einem schmalen Felsen oberhalb des rechten Bodeufers die Burg Birkenfeld, die später auch den Schutz der 1320 erstmals erwähnten Eisenhütte übernahm. Neben einigen Mauerteilen sind nur der 5 m hohe Stumpf eines Wohnturms erhalten.

Aus der Eisenhütte entwickelte sich vermutlich der Ort, der jedoch jahrhundertelang sehr klein blieb. Im Laufe der Zeit siedelten sich weitere Betriebe an, so eine Marmormühle, eine Pulvermühle (19. Jh.) und im 20. Jh. eine Papierfabrik. Etwa zur selben Zeit nahm ein bis heute arbeitendes Kalkwerk seinen Betrieb auf. Nach der Entdeckung der Baumannshöhle 1536 setzte in Rübeland sehr bald ein reger Besucherstrom ein, und nach dem Zweiten Weltkrieg erlebte der Ort einen wirtschaftlichen und kulturellen Aufschwung.

✳✳Rübeländer Tropfsteinhöhlen

Baumannshöhle und Hermannshöhle stehen beide unter Naturschutz und gehören zu den schönsten Tropfsteinhöhlen in Mitteleuropa.

Von November bis Mitte Februar ist jeweils nur eine Höhle täglich von 9.15 bis 16.15 geöffnet; in der übrigen Zeit sind beide Höhlen täglich von 9.15 bis 16.15 geöffnet; die Führungen dauern etwa 45 Minuten.

Der Zugang der Baumannshöhle liegt auf dem linken Bodeufer an der Blankenburger Straße, der Zugang zur Hermannshöhle auf dem rechten Bodeufer, unterhalb des Felsens mit dem Höhlenbären.

Sinter-Tropfsteine

Während des Tertiärs wurden durch gebirgsbildende tektonische Prozesse ältere devonische Schichten aus dem Erdinnern nach oben gebracht, währenddessen jüngere mesozoische Kalke in die Tiefe abglitten. Diese verkarstungsfähigen Gesteine, v. a. Iberger und Stringocephale Kalke, bilden die Voraussetzung für die Bildung großer Höhlen in der Umgebung von Rübeland, zu denen auch die beiden der Öffentlichkeit zugänglichen Baumanns- und Hermannshöhlen gehören.

Die Verkarstung der devonischen Kalke und damit die Höhlenbildung setzte im Tertiär ein, als in die entstandenen Klüfte und Spalten Niederschläge eindrangen, die mit Kohlendioxyd angereichert waren und diese korrosiv erweiterten.

In den Warmphasen des Pleistozän, als die riesigen Inlandgletscher abschmolzen, drangen die Schmelzwasser in diese Klüfte und Spalten und erweiterten diese durch Erosion zu den heute bekannten Hohlräumen.

Entstehung von
Sinter und Tropf-
steine

Zeitgleich mit der Höhlenbildung begann auch die Auskleidung der Hohlräume mit Sinter und Tropfsteinen in denjenigen Höhlenteilen, die durch Absinken des Karstwasserspiegels trockenfielen.

Niederschläge nehmen in der Luft und beim Durchdringen der Humusschicht Kohlendioxyd auf und reagieren zu einer Säure (Kohlensäure). Das Gebirge aus devonischen Kalken ist eigentlich wasserunlöslich, erst die Kohlensäure reagiert mit dem Kalk zu dem wasserlöslichen Hydrogenkarbonat. Die Lösung durchdringt die Spalten und Klüfte und löst bis zur Sättigung Kalziumkarbonat (Kalk) auf. Beim Eintritt der Lösung in den Hohlraum werden wiederum chemische Reaktionen ausgelöst, so kann sowohl korrosive Hohlraumerweiterung, wie auch die Ausfällung von Kalziumkarbonat und die Bildung von Sinter und Tropfsteinen erfolgen. Da wachsen Tropfsteine von der Decke, Stalagtiten, denen die Stalagmiten als Bodenzapfen entgegenwachsen. Wachsen beide zusammen, werden sie Stalagnaten genannt. Deren Wachstum beträgt etwa drei Zentimeter pro Jahrhundert, so daß die größten, aus beiden Gebilden zusammengewachsenen Stalagnaten von etwa drei Meter Länge ein Alter von rund 150 000 Jahren aufweisen. Die Baumannshöhle ist reicher an Stalagmiten, die Hermannshöhle weist dagegen ausgedehntere Kalzitkristalle auf und besitzt Hohlräume in drei Etagen.

Baumannshöhle

1536 entdeckte der Bergmann Friedrich Baumann auf der Suche nach Erz auf dem linken Bodeufer eine später nach ihm benannte Tropfsteinhöhle. Besonders sehenswert ist der 40x60 m große Goethesaal, in dem gelegentlich Theateraufführungen stattfinden; aber auch der Besuch der Schildkrötenschlucht, der Palmengrotte oder der Säulenhalle bietet beeindruckende Naturerlebnisse. In der rund 600 000 Jahre alten Baumannshöhle entdeckten Höhlenforscher versteinerte Knochen, denen als Einhornknochen große Heilkraft zugesprochen wurde, bis man sie 1734 als Bärenknochen identifizierte, sowie menschliche Spuren aus der Jungsteinzeit, u. a. Tonscherben und Werkzeug.

Goethe besuchte die Höhle in den Jahren 1777, 1783 und 1784.

Baumannshöhle
Rübeland

Hermannshöhle

1866 stieß Wilhelm Angerstein beim Straßenbau auf ein zweites Höhlenlabyrinth, die auf dem rechten Bodeufer gelegene, rund 350 000 Jahre alte Hermannshöhle. Mit ihrer Erkundung wurde 1868 unter der Leitung von Hermann Grotian begonnen. Im Innern der 1,2 km langen, aus drei Stockwerken oder Sohlen bestehenden Höhle wurden zahlreiche Knochen von Höhlenbären gefunden. Besonders sehenswert sind die Kristallkammer und der Olmensee mit seinen 15 Grottenolmen. Die bis zu 25 cm langen Schwanzlurche stammen aus dem jugoslawischen Karst und wurden hier

Hermannshöhle
Rübeland

1932 und 1956 ausgesetzt. Vermutlich sind sie allesamt männliche Tiere, eine weitere Vermehrung ist daher nicht möglich.

Hermannshöhle
(Fortsetzung)

1932 und 1956 ausgesetzt. Vermutlich sind sie allesamt männliche Tiere, eine weitere Vermehrung ist daher nicht möglich.

Von dem Aussichtspavillon auf dem Hohen Kleef (446 m ü. d. M.) genießt man einen schönen Ausblick; in der Nähe liegen die Überreste der Burgruine Birkenfeld (s. oben).

Hoher Kleef

1 km nordöstlich liegt im Kalksteinbruch der Blaue See (Abb. s. S. 15). Sein kalkhaltiges Wasser absorbiert alle Farben des Tageslichts bis auf das Blau, dadurch entsteht die scheinbare Färbung des Wassers. Leider verdient der 1,5 km große Blaue See seinen Namen nur noch im Frühjahr. Im Sommer, wenn der See ein vielbesuchter Badesee ist, übersteigt die damit verbundene Verschmutzung seine Selbstreinigungskräfte.

*Blauer See

Umgebung von Rübeland

3 km südlich → dort

Rappbodetalsperre

Sangerhausen

P 10

Bundesland: Sachsen-Anhalt
Höhe: 158 m ü. d. M.
Einwohnerzahl: 32 000

Die Berg- und Rosenstadt Sangerhausen liegt am Südostrand des Harzes. Einst lebte sie vom Getreidehandel, dann entwickelte sie sich zum Zentrum des Silber- und Kupferbergbaus, der hier vom 16. bis 19. Jh. betrieben, dann aufgegeben und 1951 noch einmal mit großem Aufwand aktiviert worden ist. Seit dem Sommer 1990 stehen die Förderräder der Schachtanlagen für immer still und nur die hohen Abraumhalden erinnern an die wirtschaftliche Blütezeit von Sangerhausen. Statt dessen werden in der Umgebung intensiver Obst- und Gemüseanbau sowie Forstwirtschaft betrieben. Alljährlich findet am letzten Juni-Wochenende das Berg- und Rosenfest statt.

Lage und
Allgemeines

Sangerhausen entstand 991 als ein Fronhof des Klosters Memleben, der im 11. Jh. in den Besitz der Thüringer Landgrafen überging. Ludwig der Springer stiftete 1110 die Ulrichskirche, um die sich bald eine Marktsiedlung bildete. Beide Siedlungskerne verschmolzen im 13. Jh. miteinander. 1291 kauften die Markgrafen von Brandenburg die Stadt, die jedoch als Erbe an das Herzogtum Braunschweig fiel und schließlich Besitz der Wettiner wurde. Westlich des alten Stadtkerns entstand eine Neustadt mit einem eigenen Markt. Im 17. und 18. Jh. nutzten die Herzöge von Sachsen-Weißenfels die durch Kupfer- und Silberbergbau zu etwas Wohlstand gekommene Sangerhausen zeitweilig als Residenz. 1815 fiel die Stadt an der Gonna, einem kleinen Nebenfluß der Helme, an Preußen.

Geschichte

Sehenswertes in Sangerhausen

Marktplatz

Um den rechteckigen Marktplatz gruppieren sich zahlreiche alte Bürgerhäuser mit massiven Untergeschossen und sehenswerten Fachwerkaufsätzen, die in der Mehrzahl aus dem 16. und 17. Jh. stammen.

Rathaus

Am östlichen Ende steht das spätgotische Rathaus, das 1431–1437 aus Bruchstein errichtet worden ist. Eine offene achteckige Laterne krönt das hohe Satteldach. Vor den Giebel wurde 1604 ein Anbau gesetzt. An der Nordseite ist der Sandsteinkopf einer mittelalterlichen Rolandsfigur zu

Neues Schloß

erkennen. An der Südseite des Marktes steht das Neue Schloß, ein dreigeschossiger Renaissancebau aus dem 16. Jh., heute Gerichtsgebäude. Über dem Eingangstor prangt das kursächsische Wappen.

St. Jakobi

Besichtigung
Mo.–Sa.
10.00–12.00
14.00–16.00

An der Südwestseite des Marktes steht die 1457–1542 erbaute spätgotische Hallenkirche St. Jakobi mit ihrem achteckigen schiefen Westturm (1516–1542) mit einer Monduhr an der Ostseite. Chor und Langhaus entstanden nach einem Brand 1971 neu. Das dreischiffige Langhaus besitzt eine Holzdecke, der einschiffige Chor ein dekoratives Netzgewölbe. Unter den sehenswerten Ausstattungsgegenständen befinden sich der Schnitzaltar (um 1400), das Chorgestühl aus dem frühen 16. Jh. (beide kommen aus der 1552 abgebrochenen Kirche des Augustiner-Eremitenklosters), ein spätgotischer Bronzetaufkessel, die hölzerne Kanzel (1593), das Wandepitaph für Caspar Tryller und dessen Frau von G. M. Nosseni (1618) sowie eine Hildebrandt-Orgel von 1728.

Altes Schloß

Vom Markt geht es am Neuen Schloß rechts in die Schloßgasse und dann wieder links in die Schulgasse. Am Ende des sich anschließenden Alten Markts steht das Alte Schloß. Es entstand im 13. Jh. als gutbefestigte Burg, als nach dem Aussterben der Thüringer Landgrafen Heinrich der Erlauchte 1249 Sangerhausen als Grenzfeste der Wettiner ausbauen und über der Stadt die Burg errichten ließ. Noch heute zeugen die starken Außenwände, die stabilen Gewölbe auf starken Pfeilern und die schmalen Fenster vom wehrhaften Charakter der Burg. Nach dem Bau des Neuen Schlosses am Markt nannten die Sangerhäuser dieses Gebäude Altes Schloß und verwendeten es nur noch als Getreidelager und Gefängnis. 1946 brannte der langgestreckte Palas nieder. Etwa die Hälfte davon ist kürzlich wieder errichtet worden und beherbergt jetzt eine Musikschule. Im Konzertsaal finden gelegentlich öffentliche Konzerte statt. Der Schloßhof soll künftig als Freilichtbühne genutzt werden.

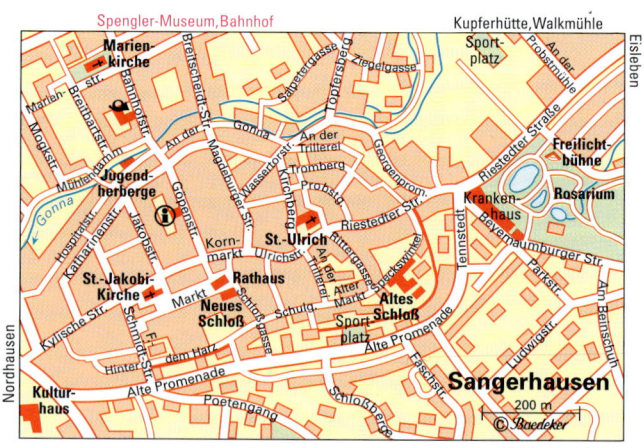

St. Ulrich

Bronzetaufe

Durch die Rittergasse gelangt man zu der an der Ecke Ulrichstraße/Kirchberg stehenden Ulrichskirche. Die romanische kreuzförmige Pfeilerbasilika entstand vermutlich 1116–1123 als Zisterzienserklosterkirche und besitzt baugeschichtlich interessante Kreuzpfeiler, Arkaden und Gewölbeformen. Aus der Gotik stammt der achteckige Vierungsturm. Im Innern ist das im nördlichen Querschiffarm eingemauerte Tympanon mit Stifter und Schutzpatron der Kirche sehenswert, eine Reliefarbeit aus dem 12. Jahrhundert. Links ist vermutlich Ludwig der Springer, rechts der hl. Ulrich abgebildet. Die Nonnenempore wurde 1270 eingebaut. Die Bronzetaufe ist von 1369, der Flügelaltar mit einer Darstellung der Passion Christi von 1570.

Die 1367 erstmals erwähnte Marienkirche war Pfarrkirche der nördlichen Vorstadt. Der hohe Chor stammt aus der 1. Hälfte des 15. Jahrhunderts. In der Nähe des Chors steht das 1956 von dem Bildhauer Gerhard Geyer geschaffene Denkmal für die Opfer des Faschismus.

Das im Norden der Stadt in der Nähe des Bahnhofs gelegene Spengler-Museum (Lengefelder Straße 33) zeigt die heimatkundliche Sammlung des Sangerhäuser Tischlermeisters Gustav Adolf Spengler (1869–1961). Er hatte 1930, nur 6 km südlich der Stadt in einer Kiesgrube bei Edersleben, das Skelett eines Alt-Mammuts entdeckt, es ausgegraben und in jahrelanger Kleinarbeit wieder zusammengesetzt. Das (etwa 6 m lange, 4 m hohe und 8 t schwere) Tier, das wie Riesenhirsch, Nashorn oder Marabu vor 500000 Jahren im Helmetal lebte, ist vermutlich in den Gletschern der Eiszeit umgekommen und später in Tonschichten konserviert worden. In weiteren Ausstellungsräumen wird über die Ur- und Frühgeschichte der Region, der Stadt Sangerhausen sowie über die Gewinnung des Kupferschiefers im einstigen Sangerhäuser Revier unterrichtet.
Das Museum ist dienstags bis freitags von 10.00 bis 17.00 Uhr, samstags von 14.00 bis 17.00 Uhr und sonntags von 10.00 bis 17.00 Uhr geöffnet.

*St. Ulrich

Besichtigung
Mo.–Sa.
10.00–12.00
14.00–16.00
So. 14.00–16.00

Marienkirche

*Spengler-Museum

Öffnungszeiten

Rathaus in Sangerhausen

Rosarium

*Rosarium

Öffnungszeiten
1.5.–15.10
tgl. 8.00–19.00

Das 1903 im Osten von Sangerhausen angelegte Rosarium, das auf einer Fläche von 15 ha 6500 verschiedene Rosenarten und -sorten sowie zahlreiche einheimische und exotische Bäume und Sträucher zeigt, ist weltberühmt. Zu den Attraktionen zählen die Grüne und die Schwarze Rose, historische Moosrosen, violette Teehybriden, Ölrosen, die 'Kleinste Rose der Welt' und zahlreiche neueste Rosenzüchtungen aus aller Welt; die Plastik "Uhu und Esel" ist von Wolfgang Dreyesse.

Kupferhütte

Am nordöstlichen Stadtausgang liegen die Reste der Kupferhütte, in der bis Ende des 19. Jh.s Kupfererz verhüttet wurde. Erhalten blieben u. a. das zu Beginn des 19. Jh.s in gotisierendem Stil erbaute Hüttenhaus und die hölzerne Bergmannskapelle mit Turmuhr.

Walkmühle

Etwas weiter außerhalb erstreckt sich das Naherholungsgebiet Walkmühle; die 1375 erstmals erwähnte Mühle gehörte der Tuchmacherinnung.

Umgebung von Sangerhausen

Wallhausen

6 km westlich von Sangerhausen liegt der kleine Ort Wallhausen. Unweit nördlich befand sich die 1115 zerstörte gleichnamige kaiserliche Pfalz, Geburtsstätte Kaiser Ottos des Großen (912), von der jedoch keine Spuren erhalten sind. Der heutige Bau entstand am Anfang des 17. Jh.s als massives dreigeschossiges Schloß um einen nach Norden offenen Ehrenhof.

**Röhrigschacht
Wettelrode

6 km nördlich von Sangerhausen liegt Wettelrode mit dem sehenswerten Bergbaumuseum Röhrigschacht. Ein hohes stählernes Fördergerüst mit einer Trommelfördermaschine von 1922 (eine der ältesten erhaltenen Anlagen dieser Art in Europa; s. Abb. S. 307) weist den Weg. Die letzten dreißig Jahre bis zu seiner Stillegung im Jahr 1990 diente der Röhrigschacht als

Wetterschacht für den Thomas-Müntzer-Schacht Sangerhausen. Heute wird ein Teil des Grubenfeldes als Schaubergwerk und Museum genutzt, das über die Entstehung des Kupferschieferflözes, die Lagerstätten und über die 800jährige Kupferschiefergewinnung unterrichtet. Auf dem Freigelände stehen Großgeräte, ein nachgebildeter Streckenvortriebsort auf dem Freigelände zeigt, wie die Lagerstätten erschlossen wurden. Hauptanziehungspunkt ist die Fahrt mit dem Förderkorb in den rund 300 m tief gelegenen Schacht; untertage folgt eine Fahrt mit der Grubenbahn und ein Spaziergang, in dessen Verlauf die Abbauentwicklung des Kupferschiefers von 1200 bis 1990 vorgeführt wird. Seilfahrten um 10.00, 11.15, 12.30, 13.45 und 15.00 Uhr (im Sommer ist eine Anmeldung empfehlenswert: Tel. 03464/587816, Fax 582768).

Wettelrode ist ein guter Ausgangsort für Wanderungen: Hinter dem Schaubergwerk führt der Karstwanderweg vorbei, den man hier in zwei Bergbaulehrpfade einbezogen hat; vorbei an vielen bergbaulichen Spuren geht es nach Morungen (4 km westlich) oder zur Grillenburg (3 km östlich).

Im 10 km nordwestlich von Sangerhausen gelegenen Morungen, einer mittelalterlichen Bergbaustadt, stehen die Ruinen der Burgen Alt-Morungen (11. Jh.) und Neu-Morungen (13. Jh.). Hier kam 1150 der Minnesänger Heinrich von Morungen zur Welt († 1222), der mit Walther von der Vogelweide und Wolfram von Eschenbach zu den Vollendern der mittelhochdeutschen Liedkunst gehört.

7 km nördlich von Sangerhausen liegt im Gonnatal das hübsche Dorf Grillenberg (etwa auf halber Strecke nach → Wippra) mit den Überresten der bereits im Hersfelder Zehntverzeichnis um 840 erwähnten Grillenburg. Sie wurde vermutlich um 1200 ausgebaut und im 16. Jh. zerstört.

Nur wenige Kilometer weiter nördlich lohnt ein Halt am Parkplatz Pferdeköpfe. Hier kreuzt die alte Kohlenstraße die Landstraße nach → Wippra. Etwa 500 m westlich der Straße erklärt ein Schaumeiler die Holzkohlenherstellung.

Das 4000 Einwohner zählende kleine Städtchen Allstedt liegt 12 km südlich von Sangerhausen, am Ostrand der Goldenen Aue in der fruchtbaren Rohneniederung. Es entstand vermutlich im Schutze einer bereits im 8. Jh. bestehenden fränkischen Königspfalz, die 880 im Hersfelder Zehntverzeichnis als Burg Altsteti erstmals erwähnt wird. Vom 10. bis zu 12. Jh. war Allstedt ununterbrochen Kaiserpfalz, auf der alle deutschen Herrscher von Heinrich I. bis Friedrich I. zu Gast waren. Barbarossa hielt hier 1188 den letzten Reichstag von Allstedt ab, ehe er zum 3. Kreuzzug nach Kleinasien aufbrach, aus dem er nicht mehr zurückkehren sollte. Ende des 12. Jh.s ging die Pfalz als Lehen zunächst an die Thüringer Grafen und ab 1347 an die sächsischen Herzöge. Von der einstigen Pfalz blieb jedoch kaum etwas übrig.

An gleicher Stelle, auf einem Bergsporn nordöstlich oberhalb der Stadt, entstand Anfang des 16. Jh.s ein eindrucksvolle Renaissanceschloß, das sich aus Kernburg, Vorburg sowie den Wirtschaftshöfen zusammensetzt. Im Norden liegt die Kernburg, die durch Graben von der Vorburg getrennt war. In die Vorburg gelangt man durch einen gotischen Torturm mit schönen Renaissancegiebeln. Sehenswert ist der Palas (1507 bis 1511), später zum Barockschloß umgebaut. In der Kernburg findet die gotische Burgküche mit ihrem riesigen geschwärzten Rauchfang das Interesse der Besucher, vor allem dann, wenn hier zu mittelalterlichen Festmahlen eingeladen wird. Das 1989 restaurierte Schloß ist Museum und kultureller Treffpunkt. Zu sehen sind u. a. Barockzimmer und eine Auswahl der Mägdesprunger Kunstgußproduktion aus der Sammlung "Carl Horn", der ehem. Besitzerfamilie der Eisenhütte Mägdesprung (→ Selketal). Eine kleine Ausstellung informiert über die Baugeschichte des Schlosses.

Im Ostflügel der Burg befindet sich die Thomas-Müntzer-Gedenkstätte, in der an den Bauernführer erinnert wird. Von Ostern 1523 bis August 1524

Umgebung,
Röhrigschacht
Wettelrode
(Fortsetzung)

Öffnungszeiten
Mi.–So.
9.30–17.00

Ausflüge
von Wettelrode

Burgruinen
Morungen

Burgruine
Grillenburg

Kohlenstraße

Allstedt

*Burg- und
Schloßmuseum

Öffnungszeiten
1.4.–31.10.
Di.–So.
10.00–17.00
1.11.–31.3.
Di.–Fr.
10.00–16.30,
Sa., So.
13.00–17.00

Thomas Müntzer
in Allstedt

Schloß Allstedt

Sangerhausen,
Umgebung,
Allstedt
(Fortsetzung)

wirkte Thomas Müntzer (→ Berühmte Persönlichkeiten) in Allstedt als Stadtpfarrer, und in der Schloßkapelle hielt er am 13. Juli 1524 vor Herzog Johann von Sachsen und dessen Sohn, Kurprinz Johann Friedrich, seine berühmte Fürstenpredigt. Er betonte darin, daß "die Herren (das selbst) machen, daß ihnen der arme Mann feind wird".

Weitere Sehens-
würdigkeiten

Zentrum des Ortes ist der Marktplatz. Hier steht das 1268 erbaute, 1638 erneuerte Rathaus mit seinem auffallenden Treppengiebel; im Sitzungs-saal befindet sich noch die Vertäfelung von 1672. Im Ratskeller trugen sich 1524 zahlreiche Müntzer-Anhänger in das 'Christliche Verbündnis' ein. Westlich des Platzes erhebt sich die Stadtkirche St. Johannis, die 1775 anstelle eines gotischen Vorgängerbaus errichtet worden ist. Der Müntzer-turm ist Rest der im 12. Jh. erbauten und im Bauernkrieg zerstörten Wig-bertikirche, an der Müntzer als Stadtpfarrer wirkte.

Sankt Andreasberg   E/F 6

Bundesland: Niedersachsen
Höhe: 600–900 m ü. d. M.
Einwohnerzahl: 2600

Lage und
Bedeutung

Der Kur- und Wintersportort St. Andreasberg ist der höchstgelegene der sieben Oberharzer Bergstädte. Er liegt zwischen wiesen- und waldbe-deckten Berghängen, durch die ca. 200 km markierte Wanderwege führen.

Geschichte

Der St. Andreasberger Silberbergbau wird 1487 das erste Mal erwähnt, er war jedoch vermutlich schon vor dem Ausbruch der Pest 1296 aufgenom-men worden. Im Schutze des Grafen von Hohnstein, die 1487 auf der Hochfläche die Grube St. Andreaskreuz eröffnet hatten, nahmen aus dem

Erzgebirge zugewanderte Bergleute die Arbeit in den Gruben wieder auf. Der Ort erlangte rasch Bedeutung: 1521 erhielt er eine erste, kurz darauf eine zweite Bergfreiheit (→ Zahlen und Fakten, Wirtschaft: Bergbau im Harz). 1537 folgte die Erhebung zur Stadt. Die ersten berühmten silbernen Andreastaler wurden 1535 geprägt (zunächst in Ellrich, dann in St. Andreasberg). Im Jahr 1537 existierten 116 Gruben, 1599 nur noch zwei, denn schon nach wenigen Jahrzehnten ging der Ertrag der Silbergruben zurück. Nach dem Aussterben der Hohnsteiner gelangten die Bergwerke an die Herzöge von Grubenhagen, 1596 nach Wolfenbüttel und 1617 an Christian von Celle. Eine zweite Blütezeit erlebte der Bergbau, nachdem 1729 eine reiche Silberstufe gefunden wurde. Anfang des 19. Jh.s waren die Erze fast aufgebraucht, ab 1860 kam der Bergbau zum Erliegen. 1910 wurde der Erzabbau, 1912 auch der Hüttenbetrieb eingestellt.

Die Anfang des 16. Jh.s aus dem sächsischen und böhmischen Erzgebirge eingewanderten Bergleute brachten ihren eigenen Dialekt mit, und man spricht heute noch von einer Oberharzer Sprachinsel.

Im Jahr 1838 hatte der aus Tirol stammende Bergmann Trute die ersten Kanarienvögel mitgebracht, und der Ort entwickelte sich zur Hochburg der Harzer-Roller-Zucht. Hunderttausende Harzer Roller gelangten seitdem in viele Länder Europas, sogar bis nach Amerika.

Historisches ** Silberbergwerk Grube Samson

Führungen
tgl.
11.00 und 14.30

Das bekannteste der zahlreichen, heute als Museum genutzten Harzer Bergwerke ist die 1521 angelegte Grube Samson, die bereits 1533 zu den Ausbeutegruben gehörte, d. h. mit Gewinn arbeitete. Anfang des 17. Jh.s wurde die Förderung wie in vielen anderen Andreasberger Bergwerken eingestellt und 1666 wieder eröffnet; 1777 besuchte Goethe die Grube. 1891 wurden auf der Grube wieder reiche Silbererzfunde gemacht. Anfang des 20. Jh.s arbeiteten noch 178 Mann in der Grube, die bis 1896 zu den

Sankt Andreasberg

Bergwerksmuseum

Kehrrad in der Grube Samson

Vogelbauer im Museum

Historisches
Silberbergwerk
Grube Samson
(Fortsetzung)

tiefsten Schächten der Welt gehörte: Ihre 42. Sohle lag bei 810 m. 1910 wurde die Grube Samson entgültig stillgelegt; einer der Gründe war der gefallene Silberpreis. Heute ist sie dem Heimatmuseum angegliedert und kann seit 1990 durch den Besucherstollen Katharina Neufang besichtigt werden.

Zu sehen sind neben den erhaltenen Gebäuden wie Gaipel, Seildrift, Kunst- und Kehrradstube die alten Erztonnen mit einem Füllgewicht von 1000 kg sowie die Beschädigungstonne, mit welcher nach einem Unglück Verletzte transportiert wurden. Eindrucksvoll sind das hölzerne Kehrrad (9 m Durchmesser), mit dessen Hilfe die Erze befördert wurden, sowie das Kunstrad (12 m Durchmesser) zum Antrieb der einzigen in Europa noch betriebenen Fahrkunst.

Fahrkunst

Jahrhundertelang mußten die Bergleute auf rutschigen Leitern in die Schächte ein- und wieder heraufsteigen. So benötigten sie z. B. für den morgendlichen Abstieg in die Grube Samson eineinhalb, für den Aufstieg zweieinhalb und mehr Stunden. 1833 entwickelte in Clausthal der Oberberggeschworene Georg Ludwig Dörell auf der Grundlage des von Julius Albert erfundenen Drahtseils die sog. Fahrkunst: Zwei Drahtseilpaare, an denen in Abständen von 3,20 m Trittbreter befestigt waren, wurden gegeneinander versetzt im Schacht aufgehängt und durch das Kunstrad dauernd auf und ab gezogen, so daß sie sich ständig bewegten. Am oberen Ende waren sie durch eine Pleuelstange verbunden, die dafür sorgte, daß in raschem Wechsel immer ein Seil abwärts und das andere aufwärts bewegt wurde. Der Bergmann, der in seiner einen Hand den Harzer Frosch (Grubenleuchte) hielt, stellte sich auf das erste Trittbrett, fuhr 1,60 m tief, hatte dann eine Sekunde Zeit, um auf das 40 cm entfernt gelegene Trittbrett des zweiten Seils zu wechseln, um dann wiederum 1,60 m tiefer auf das nächste Trittbrett des ersten Seils zu treffen. Ein Einsteiger mußte auf diese Weise 500 mal umsteigen, um unten anzukommen.

Weiterhin ist ein 80 m langer, begehbarer Wasserstollen zu besichtigen, der das Aufschlagwasser bis zur nächsten Grube leitete. Das für den

Betrieb der Wasserräder erforderliche Aufschlagwasser wurde über den Rehberger Graben aus dem Oderteich (s. unten) herangeführt.

In dem besuchenswerten Museum (geöffnet: Mo.–Sa. 10.00–16.00 Uhr) ist eine umfangreiche Mineraliensammlung zu sehen sowie Modelle von Bergwerkseinrichtungen, eine Bergmannsstube und zahlreiche Erzeugnisse hier ansässiger Handwerker- und Industriebetriebe. Auch erfährt man etwas über die Harzer-Roller-Zucht.

Darüber hinaus können seit 1990 einige Erzgänge der Grube Katharina Neufang besichtigt werden. Ihre erste Erwähnung ist von 1575; hohe Ausbeute erlebte sie 1715–1763. Zu sehen sind u. a. Schlägel- und Eisenarbeit, das Bohren mit Bohrhammer und eine 240 m tiefe und 40 m breite Gangspalte sowie übertage eine Reihe moderner Bergbaumaschinen und Lokomotiven (der Eingang liegt ganz in der Nähe der Grube Samson).

Die Ende des 18. Jh.s angelegte und bis etwa 1850 von Eigenlehnern betriebene Grube Roter Bär wurde nach ihrer Stillegung 1910 noch einige Jahre bergmännisch untersucht und anschließend zu einem Museumsbergwerk umgewandelt, das ab 1940 zusehends verfiel. Seit 1988 finden Aufräumarbeiten statt. Das ehem. Lehrbergwerk wird wieder befahrbar gemacht. Dem Besucher wird der Eisenerzabbau des 19. Jh.s mit den typischen Lagerstättenverhältnissen gezeigt (geöffnet: Sa. 14.00 Uhr, oder nach vorheriger Vereinbarung; Arbeitsgruppe Bergbau, Roter Bär 1, 037444 Sankt Andreasberg).

Bei einem verheerenden Brand 1796 wurden große Teile der Stadt zerstört. Eines der ältesten Häuser steht in der Mühlenstraße 9 (17. Jh.). Auch die Martinikirche, eine hölzerne Saalkirche, entstand 1798 neu (Entwurf Berthold Mühlenpfordt); die beiden Altarleuchter im Innern sind von 1798.

Vom südöstlich gelegenen Matthias-Schmidt-Berg, auf den ein Fußweg sowie eine Sesselbahn führen, kann man auf einer 550 m langen Superrutsche zur 130 m tiefer gelegenen Talstation gelangen.

Ein schöner Spazierweg führt über den Rehberger Graben zum nördlich von St. Andreasberg gelegenen Oderteich. Er wurde 1714–1721 erbaut und war die erste eropäische Talsperre (Fassungsvermögen: 1,7 Mio. m³). Über seine 18 m hohe Staumauer führt heute die Harzhochstraße. Das Wasser wird dem 1722 vollendeten 7,23 km langen, überdeckten Rehberger Graben nach St. Andreasberg geleitet und trieb zeitweise 88 Räder der Gruben und Pochwerke an. Heute treibt das Wasser die Turbinen zweier Kraftwerke an, die sich in 130 und 190 m Tiefe befinden und jährlich etwa 3,5 Mio. kWh Strom erzeugen.

Scharzfeld

→ Herzberg, Umgebung

Schierke　　　　　　　　　　　　　　　　　　　　　　　G 5

Bundesland: Sachsen-Anhalt
Höhe: 580–640 m ü.d.M.
Einwohnerzahl: 1300

Unmittelbar am Südfuß vom → Brocken liegt der kleine, aus Ober- und Unterdorf bestehende Luftkurort und Wintersportplatz Schierke am südlichen Ufer der Kalten Bode. Das hier mit zahlreichen Granitblöcken übersäte Tal wird von Wiesen, schönen Wäldern und bis zu 1000 m hohen

Schierke

Felsen umgeben. Seine Nähe zum Brocken (Start der Brockenbahn) sowie zu Drei Annen Hohne mit Anschluß an die nach → Wernigerode oder → Nordhausen führende Harzquerbahn (→ Zahlen und Fakten, Verkehr) und über 120 km ausgeschilderte Wanderwege (im Winter 60 km mehrspurige Langlaufloipen sowie Abfahrtspisten) machen Schierke zu einem beliebten Fremdenverkehrsort.

Alljährlich werden in der Stadt von Anfang bis Mitte Februar Winterspiele abgehalten, und am 30. April findet die Walpurgisnacht statt.

Geschichte

Das im Mittelalter als Jagdrevier genutzte Gebiet wurde im Jahre 1590 zum ersten Mal als Standort einer Sägemühle erwähnt. Der Ort selber entstand wohl um ein 1669

Berühmter Kräuterlikör

gegründetes und 1865 wieder stillgelegtes Hüttenwerk. Seit dem Ende des 19. Jh.s und besonders nach dem 1899 erfolgten Bahnanschluß entwickelte sich Schierke zum Fremdenverkehrsort.

Sehenswertes

Nur noch wenige harztyptische Holzhäuser sind erhalten, das Ortsbild wird von im 19./20. Jh. erbauten Villen, Pensionen und Hotels geprägt.
Die alte Kirche an der Kirchstraße wurde 1691 geweiht; 1876–1881 folgte die neugotische Kirche, in der ein von der Ilsenburger Hütte gestifteter gußeiserner Ofen steht. Seine mit einem reichen Figurenprogramm versehenen Platten sind Nachgüsse älterer Platten (→ Ilsenburg).
Das Rathaus ist 1927 erbaut worden. In dem gegenüber gelegenen Haus (u. a. beherbergt es eine Apotheke) erfand 1924 der Apotheker Drube den Schierker Feuerstein, einen berühmten Kräuterlikör, der heute in Bad Lauterberg produziert wird.
In Schierke startet ein 4,5 km langer Naturlehrpfad.

Brocken

Von Schierke führt ein gut ausgeschilderter Wanderweg auf den 1142 m hohen → Brocken. Zum Gipfel starten auch Pferdekutschen, bei Schnee ein Schlittengespann; Auskunft erteilt die örtliche Kurverwaltung (→ Praktische Informationen, Auskunft).

*Feuersteinklippen

Hinter dem Bahnhof erheben sich die bis zu 760 m hohen Feuersteinklippen (mit gutem Schuhwerk zu erwandern). Sie sind zum einen durch ihre ungewöhnliche Form, zum anderen durch den gleichnamigen Kräuterlikör bekannt geworden.

*Schnarcherklippen

Südlich des Ortes (in Richtung Elend), am 696 m hohen Barenberg, erheben sich die Schnarcherklippen, denen Goethe im "Faust" folgenden Vers widmete: "Und die Klippen, die sich bücken, Und die langen Felsnasen, Wie sie schnarchen, wie sie blasen..." (das 'Schnarchen' wird durch den Wind erzeugt).

Schnarcherklippen

Schierke
(Fortsetzung)
✳ Ahrensklint

Nördlich von Schierke erhebt sich die dritte, 822 m hohe und gut zu besteigende Felsgruppe Ahrensklint (Klint = Klippe). Von der Höhe genießt man einen schönen Weitblick.

Elend

4 km südöstlich → Elbingerode, Umgebung

Seesen

Bundesland: Niedersachsen
Höhe: 250 m ü. d. M.
Einwohnerzahl: 22 000

Lage und
Bedeutung

Der von Bergwäldern und hügeligen Wiesen umgebene Erholungsort Seesen liegt am Nordwestrand des Harzes, am Kreuzungspunkt mehrerer alter Fernhandelsstraßen. Alljährlich feiert die Stadt am ersten Septemberwochenende ihr traditionelles Sehusafest, in welchem die tausendjährige Stadtgeschichte lebendig wird.

Geschichte

Im Jahr 974 wird Sehusa in einer Schenkungsurkunde Ottos II. zum ersten Mal erwähnt. Der Kaiser übertrug darin seinen Besitz mit einer dazu gehörenden Burg an das Stift Gandersheim (→ Bad Gandersheim). Im Laufe der Zeit entwickelten sich im Norden und Süden der Burg zwei Siedlungen, die später zusammenwuchsen. Seit dem 13. Jh. besaßen die welfischen Herzöge die Vogteirechte über Seesen, das 1428 die Stadtrechte zugesprochen bekam. 1442 gelangte die Stadt an das Haus Braunschweig-Wolfenbüttel. Im 16. und 17. Jh. wurde Seesen mehrfach zerstört und entstand 1673 auf dem heute noch erkennbaren rechtwinkligen Grundriß neu. Im 18. und 19. Jh. hatte die Stadt eine große jüdische Gemeinde. Mit der Einrichtung eines ersten Badehauses 1812 setzte der Fremdenverkehr ein.

Sehenswertes in Seesen

Burg Sehusa

Die alte und erste Burg Sehusa erhob sich einst zwischen den beiden Siedlungskernen. Der heutige Bau, mitten in der Stadt in einem kleinen Park gelegen und einst von einem Wassergraben umgeben, geht im Kern auf ein 1592 erbautes Renaissanceschloß zurück. Aus dem Mittelalter blieb der viergeschossige Wohnturm erhalten, an den im 16. Jh. ein Wendeltreppenturm vorgesetzt wurde. Über dessen Portal befindet sich das Wappen des Herzogs Heinrich Julius von Braunschweig-Wolfenbüttel und die Jahreszahl 1592. Das Walmdach setzte man nach einem Brand 1673 auf. Anfang des 18. Jh.s fügte man ein zweigeschossiges Fachwerkgebäude und im 19. Jh. die seitlichen Anbauten hinzu. Heute ist die Burg Sitz des Amtsgerichts (Wilhelmsplatz 1).

St. Andreas

Die nordöstlich der Burg stehende kreuzförmige Andreaskirche mit hohen Segmentbogenfenstern wurde 1695–1702 als Schloßkirche erbaut. Die Pläne stammten von dem Festungsbaumeister Caspar Völker. Die Emporen, der Kanzelaltar sowie der Orgelprospekt sind barock; der Altar ist ein Werk von Tilman Riemenschneider.

✝Heimatmuseum im ehem. Jagdschloß

Öffnungszeiten Di.–So. 15.00–17.00

Ganz in der Nähe steht das ehem. Jagdschloß der Herzöge von Braunschweig, in dem das Heimatmuseum untergebracht ist (Wilhelmsplatz 4). Der zweigeschossige Fachwerkbau mit seitlichen Risaliten und drei flachen Dreiecksgiebeln entstand 1707. Es zeigt u. a. die über tausendjährige Entwicklung Seesens von der Ackerbürgerstadt bis heute.
In der Klempnerstube wird die Geschichte der deutschen Konservendosenindustrie deutlich. Nachdem ein Franzose im Auftrag Napoleons die Konservendose erfunden hatte, wurde sie von dem Seesener Klempnermeister Fritz Züchner übernommen und weiterentwickelt. Daneben sind eine Webstube sowie eine Apothekeneinrichtung und eine umfangreiche Sammlung von Mineralien aus den mittlerweile stillgelegten Bergwerken der Umgebung zu sehen.
Im Steinway-Zimmer erinnert eine Ausstellung an Heinrich Engelhard Steinweg (→ Langelsheim, Wolfshagen), der 1839 in Seesen sein erstes Klavier baute, und an seinen 1835 ebenfalls in der Stadt geborenen Sohn William (anglisiert), die nach ihrer Auswanderung nach New York 1851 die weltberühmte Klavierfirma Steinway & Sons gründeten.

Auf der Rückseite des Heimatmuseums sind noch Reste des mittelalterlichen Stadtwalls zu erkennen.

Ratskeller

Das Gasthaus wurde 1592 als Brau- und Hochzeitshaus erbaut und diente zeitweise als Rathaus. Heute befindet sich hier wieder eine Gaststätte (Wilhelmsplatz 5).

St. Viti-Turm

In der Unterstadt wurde im 13. Jh. die Vituskirche erbaut. Sie brannte 1626 bis auf den Turm ab (am Ende der Opferstraße).

Weitere Sehenswürdigkeiten

Der historische Stadtkern liegt zwischen der Jacobson-Straße und dem ehem. Jagdschloß, am Markt und in der Lange Straße. Hier stehen einige schöne Fachwerkhäuser; im Osten der Stadt lädt der Steinway-Kurpark zur Erholung ein.

Umgebung von Seesen

Mechtshausen

Im 5 km nordwestlich von Seesen gelegenen Mechtshausen erinnert die Wilhelm-Busch-Gedenkstätte an den Maler und Dichter, der hier neun Jahre bis zu seinem Tod 1908 lebte und auf dem Mechtshausener Friedhof begraben ist (Pastor-Nöldeke-Weg 7; geöffnet: Mo.–Do. und Sa. 10.00 bis 12.00 und 14.00–17.00 Uhr).

In Rhüden (8 km nördlich) zeigt das Heimatmuseum Funde der Ur- und Frühgeschichte sowie Arbeitsgeräte und Schaustücke, die an den ehem. Kalibergbau erinnern (An der Schule; geöffnet: So. 10.30–12.00 Uhr).

Rhüden

Museum

17 km nördlich von Seesen liegt das 11 000 Einwohner zählende mittelalterliche Städtchen Bockenem. Die dreischiffige, an einen älteren Turm angebaute Hallenkirche St. Pancratius wurde 1403 geweiht; im Innern ein Bronzetaufbecken von 1703. Im Turmuhren- und Heimatmuseum ist eine große Sammlung ehem. Turmuhren ausgestellt (Bucholzmarkt 21; geöffnet: Fr. 16.30–18.00, So. 10.00–12.00 Uhr).

* Bockenem

Museum

Der 4 km südlich gelegene Ortsteil Bornum war Standort der Wilhelmshütte, heute erinnert daran der 1783 errichtete, nach 1803 erneuerte Hochofen. Im nördlich gelegenen Ortsteil Störy befindet sich das nach eigener Aussage "weltgrößte Kleinwagenmuseum" mit über 120 Kleinmobilen (u.a. Messerschmitt, Lloyd, Isetta, Kleinschnittger), mehr als 100 Motorrädern, Rollern und Mopeds aus der Zeit nach 1945 sowie einer großen Modellautosammlung (St. Adriansplatz 5, geöffnet: 15.3.–30.10. Sa., So. und Fei. 10.00–12.00, 13.00–18.00 Uhr).

Kleinwagen-
museum

Selketal

K–P 3–7

Bundesland: Sachsen-Anhalt

Die Selke ist ein rechter Nebenfluß der Bode. Sie entspringt in mehreren Quellflüßchen an der Südseite des 582 m hohen Rambergs, die sich zu dem ab Güntersberge Selke genannten Fluß vereinigen. Nach rund 70 km mündet die Selke bei Quedlinburg in die Bode. Bis zu ihrem Austritt aus dem Harz bei Meisdorf schneidet sich das Flüßchen bis zu 80 m tief in die Unterharzhochfläche ein. Das Tal der Selke gehört vor allem im Abschnitt

Lage und
Bedeutung

zwischen Alexisbad und Meisdorf zu den schönsten Täler des Harzes. Im Vergleich zum → Bodetal ist es relativ breit und von schönen Wiesen ausgefüllt, da die zahlreichen, aus den umgebenden Bergen in die Selke mündenden Nebenflüsse im Laufe der Zeit viel Geröll und Schotter mit sich geführt und in dem Tal abgelagert haben. Felsig ist das Selketal jedoch nur in dem Abschnitt zwischen Alexisbad, Mägdesprung und Scheerenstieg.

** Landschaftsbild

Zwischen Güntersberge und Mägdesprung folgt die Selketalbahn dem Lauf der Selke. Sie ist die älteste noch mit Dampf stehende Schmalspurbahn des Harzes (1000 mm Spurbreite), deren erstes Teilstück am 7.8.1887 eröffnet wurde (→ Zahlen und Fakten, Verkehr).

Selketalbahn

Die Selke

Selketal

Namen wie Silberhütte, Drahtzug, Stahlhammer, Erster bis Vierter Hammer usw. erinnern daran, daß in früheren Jahrhunderten von Straßberg bis hinter Mägdesprung Bergbau betrieben wurde (v. a. Silber- und Eisenerze).

Sehenswertes im Selketal

Hinweis

Durch das Selketal führen viele Wanderwege; auch eine Fahrt mit der Selketalbahn ist sehr zu empfehlen. Im folgenden wird das Selketal von seinem Quellgebiet in der Nähe von Güntersberge bis zu seinem Austritt aus dem Harz bei Meisdorf beschrieben.

Güntersberge

Güntersberge, ein 1200 Einwohner zählender Ferien- und Wintersportort, liegt am linken Ufer der Selke, zwischen den Hochflächen des Rambergs und des Auerbergs, an der Selketalbahn.

Güntersburg

Der 1281 erstmals erwähnte Ort entwickelte sich im Schutz der auf dem Kohlberg stehenden Güntersburg, an die heute nur wenige Mauerreste erinnern. 1491 erhielt Güntersberge, in dem seit dem 14. Jh. Bergbau auf Flußspat betrieben wurde, die Stadtrechte. Das Stadtbild bestimmen schöne Fachwerkhäuser aus dem 17./18. Jh.; die Pfarrkirche St. Martini mit halbkreisförmiger Apsis und quadratischem Westturm wurde um 1870 nach einem Brand neu erbaut. Das Rathaus ist ein Steinbau aus dem 17. Jh. und war früher Hauptgebäude einer Domäne der Fürsten von Anhalt. Oberhalb des Ortes erstreckt sich ein 7 ha großer Bergsee.
Am Winkel beginnt ein 2 km langer Naturlehrpfad durch den Güntersberger Forst, Teil des Landschaftsschutzgebietes Unterharz. Naturfreunden bietet er einen Einblick in die Geologie, in die Fauna und Flora des Harzes.

Straßberg

Der weiter flußabwärts gelegene kleine Ort geht auf eine alte Bergarbeitersiedlung zurück; darauf verweisen auch die vielen Teiche der Umgebung sowie das Schaubergwerk Glasebach. Das Flächendenkmal Unterharzer Teich- und Grabensystem mit seiner Anlage von 1702–1754 blieb als geschlossener Komplex bergbaulicher Wasserhaltung zurück.
Bislang sind nur die Außenanlagen zu besichtigen, die Stollenöffnung wird vorbereitet.
Die Dorfkirche wurde im ersten Drittel des 18. Jh.s nach Plänen des Stolberger Baumeisters Johann Friedrich Penther erbaut. Im Innern befindet sich ein schöner Kanzelaltar.

Silberhütte

Die namengebende, 1692 gegründete Silberhütte wurde um 1900 aufgegeben. Heute lebt der kleine Kurort vor allem vom Fremdenverkehr.

Alexisbad

Das nach Alexius von Anhalt-Bernburg benannte Alexisbad, ein Ortsteil des 3 km südöstlich gelegenen → Harzgerode, liegt in einem waldigen und windgeschützten Kesseltal. Seit dem 18. Jh. ist es wegen seiner drei Eisen-, Mangan- und Schwefelquellen ein beliebter Kur- und Badeort. Zu den berühmten Badegästen gehörten u. a. Wilhelm von Kügelgen (→ Ballenstedt), Heinrich Heine und Carl Maria von Weber.
In seiner Umgebung gibt es viele schöne Wanderwege; südöstlich erhebt sich der 391 m hohe Habichtstein (schöner Ausblick).

Zwischen
Alexisbad und
Mägdesprung

Unweit flußabwärts liegt kurz nach dem Ortsausgang die Selkemühle, anschließend das Karlswehr und dahinter der Selkefall. Der auf dem rechten Selkeufer, hinter dem Selkebahn-Haltepunkt Drahtzug in einer Talweitung gelegene Stahlhammer erinnert an den ehemals hier betriebenen Erzbergbau.

Mägdesprung

In der nächsten Talweitung liegt der Ort Mägdesprung (295 m ü. d. M.; 4 km nordwestlich von Harzgerode). Sein Name geht nach der Sage auf eine Riesin zurück, die verfolgt wurde und in ihrer Not vom Zirlberg über das Tal sprang. Friedrich von Anhalt-Bernburg-Harzgerode, dem zu Ehren 1812

Mägdesprung: "Besiegter Hirsch"

Mägdesprung
(Fortsetzung)

der 27 m hohe Obelisk aufgestellt wurde, gründete 1648 hier das Eisenhüttenwerk Mägdesprung. In dem 1781 eingerichteten Modellkabinett entstanden Kunstgüsse nach Werken berühmter Meister. Zwischen 1843 und 1878 modellierte hier Johann Heinrich Kureck v. a. Tierplastiken, u. a. die auf dem Hüttenplatz aufgestellte Großplastik "Der besiegte Hirsch" (1862). Die Kunstgußsammlung Carl Horn des letzten Eisenhüttenbesitzers ist heute im Burg- und Schloßmuseum Allstedt (→ Sangerhausen, Umgebung) zu sehen.
Vom einstigen Eisenhüttenwerk stehen noch einige Bauten aus dem 18. Jahrhundert.

Heinrichsburg

1 km nördlich von Mägdesprung liegen die spärlichen Überreste der 1290 erstmals erwähnten und im 14. Jh. zerstörten Heinrichsburg. Sie bestand aus einer kleinen Vorburg (im Nordosten des schmalen Bergrückens; hier noch Teile eines Wartturms) und einer im Südwestteil liegenden Kernburg (mit den Resten eines quadratischen Bergfrieds, eines Wohnbaus und einer ovalen Ringmauer).

Hinter Mägdesprung verläßt die Selketalbahn das Tal und führt in nördlicher Richtung nach → Gernrode.
Der Wanderer kommt an weiteren Zeugnissen des Bergbaus vorbei, den vier Friedrichshämmern, ehem. Hammermühlen. Kurz nach der Einmündung des Schiebeeksbaches (zwischen Drittem und Viertem Hammer) erhebt sich der Scheerenstieg, eine Kalkklippe, von der man einen schönen Blick ins Selketal hat.

Selkemühle

Die in einer ehem. Hammermühle untergebrachte Gaststätte Selkemühle liegt unterhalb der Burgruine Anhalt. Sie ist aber auch Ausgangspunkt für einen Abstecher zum nördlich gelegenen Jagdschloß Meiseberg, das 1772 im englischen Tudorstil als zweigeschossiger holzverschalter Bau errichtet wurde (von hier schöner Blick ins Selketal).

Burg Falkenstein

Burgruine Anhalt

Südlich der Selkemühle erhebt sich über dem rechten Selkeufer die 386 m hoch gelegene Burgruine Anhalt, die Graf Esico von Ballenstedt im 11. Jh. errichten ließ, nachdem seine Ballenstedter Burg in ein Kloster umgewandelt worden war. Nach seinem Tod 1059 soll Otto der Reiche die Fortführung des Bauwerkes unternommen haben. 1140 wurde die Anlage zerstört, jedoch bereits 1150 unter Albrecht dem Bären als Stammburg der Anhaltiner neu erbaut. Sie scheint Ende des 15. Jh.s bereits verlassen gewesen zu sein. Bei Grabungen wurden die Fundamente eines gewaltigen runden Wohnturms (18 m Durchmesser) aus dem 11. Jh. freigelegt. Von dem zweiten Bau, der aus einer zweigeteilten Kernburg mit Wall und Graben bestand, die Ende des 13. Jh.s um eine weitläufige Zwinger-Unterburg erweitert wurde, sind der Unterteil des Bergfrieds und Mauerreste von dem Palas und anderen Gebäuden erhalten.

✳✳Burg Falkenstein

Öffnungszeiten
Di.–Fr.
9.00–17.00
Sa., So.
bis 18.00
Im Winter
Di.–So.
9.00–16.00

Etwa weitere 7 km flußabwärts erhebt sich auf einem Bergsporn hoch über dem Selketal die Burg Falkenstein. Sie wurde 1155 erstmals erwähnt und gehört heute zu den besterhaltenen mittelalterlichen Burgen in Deutschland. Der 1,5 km lange Aufstieg vom Selketal ist nur zu Fuß gestattet.
Die Grafen von Konradsburg hatten um das Jahr 1120 ihre bei Ermsleben gelegene Konradsburg (→ Aschersleben, Umgebung) wohl als Sühneopfer einem Kloster übergeben. Als neuen Stammsitz wählten sie Falkenstein, nach dem sie sich später auch benannten. Zwischen 1120 und 1180 entstand in ihrem Auftrag die Kernburg über einem grob dreieckigen Grundriß. Auf ihrer Hauptangriffsseite wird sie durch eine 4 m starke und 17 m hohe Schildmauer geschützt, hinter welcher der runde, ursprünglich 23 m hohe Bergfried steht. Dieser wurde 1592 auf 30 m erhöht (mit Haube 36 m).
Weiteren Schutz boten eine westliche Vorburg, 7 Tore, 5 Zwinger und 3 Gräben. Bei einem weiteren Umbau im Jahre 1491 wurden die um den engen Innenhof gelegenen Gebäude aufgestockt und die Burgkapelle neben dem zum Innenhof führenden Tor errichtet.

Burg Falkenstein

um 1600
nach W. Korf

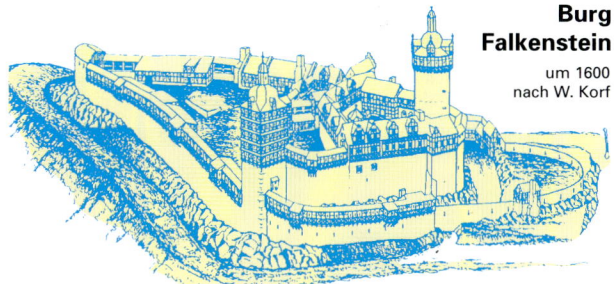

Burg Falkenstein
(Fortsetzung)

Ende des 16. bis Anfang des 17. Jh.s wurde die Anlage zu einem Wohnschloß umgebaut; aus dieser Zeit stammen die Fachwerkaufstockungen im niedersächsischen Stil des 16. Jahrhunderts.

Im Innenhof der Kernburg befindet sich ein 20 m tiefer Brunnen mit einem Holzüberbau. Der älteste erhaltene Raum ist die 1491 erbaute Burgkapelle, deren Kreuzgratgewölbe 1495 mit einer Deckenmalerei verziert wurde; aus derselben Zeit stammt auch das Gestühl. Die Herrschaftsloge wurde um 1700 eingebaut.

Der letzte Falkensteiner, Graf Burchard, vermachte die Burg und den dazugehörenden Besitz 1332 dem Domstift von Halberstadt. 1437 gelangte die Burg an die Grafen von der Asseburg, in deren Besitz die weder im Bauernkrieg noch im Dreißigjährigen Kriege zerstörte Burg bis 1945 blieb. Ihre Grablege befindet sich in der kleinen romanischen Dorfkirche im 6 km südlich gelegenen Pansfelde.

Auf der Burg lebte zeitweilig Eike von Repgow (1180–1233), der in seinem "Sachsenspiegel" das bislang nur mündlich überlieferte sächsische Gewohnheitsrecht aufzeichnete. Im Auftrag des Grafen Hoyer von Falken-

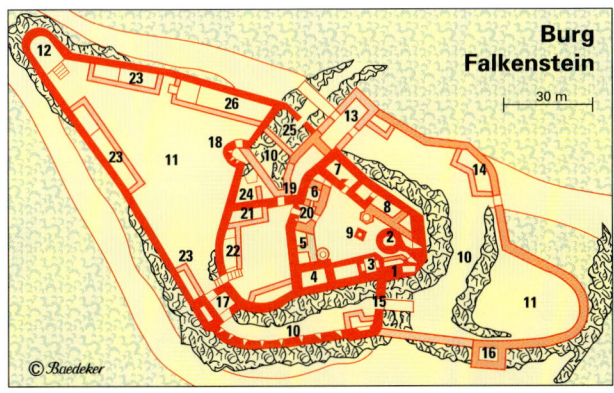

Burg Falkenstein

1 Schildmauer	8 Alte Hofstube mit Treppenturm (17. Jh.)	17 3. Burgtor, Krummes Tor
2 Bergfried	9 Brunnen	18 4. Burgtor, Schalenturm
3 Küche mit angrenzenden Wirtschaftsgebäuden	10 Zwinger	19 5. Burgtor
	11 Vorburg	20 6. Burgtor
4 Dürnitz	12 Nordwestbastion (Altan)	21 Böttcherei
5 Kemenate mit Treppenturm (1601)	13 Älteres 1. Burgtor	22 Badestube und Stall
6 Burgkapelle	14 Jüngeres 1. Burgtor	23 Stall
7 Palas	15 2. Burgtor	24 Waschhaus
	16 Pfortenhaus	25 Amtshaus und Schlupfpforte
		26 Bade- und Brauhaus

263

Selketal, Burg Falkenstein (Fortsetzung)	stein ersetzte er die ursprünglich lateinische, nicht erhaltene Fassung durch das überarbeitete, 1230 abgeschlossene Werk in niederdeutscher Mundart. Es erhielt bald gesetzesgleiche Wirkung und wurde in Thüringen und in Sachsen-Anhalt erst im Jahr 1900 vom Bürgerlichen Gesetzbuch abgelöst. Ein Gedenkstein befindet sich vor dem Eingang zur Burg.
Museum	In einigen Räumen der guterhaltenen Kernburg befindet sich ein Museum mit einer reichen Sammlung von Möbeln, Gemälden (darunter das Porträt der Bernhardine von der Asseburg mit ihren beiden Söhnen, 1833 von Wilhelm von Kügelgen), Jagdwaffen sowie weitere kunsthandwerkliche Ausstellungsstücke. Zahlreiche Zimmer besitzen schöne Stuckdecken, sehenswert sind der Rittersaal, der Herrensaal mit seiner Biedermeier-Ausstattung, die Grüne Stube und das Große Fräuleinzimmer (Öffnungszeiten s. oben). Vom Bergfried genießt man einen schönen Ausblick.
Meisdorf	Der etwa 1000 Einwohner zählende Luftkurort Meisdorf liegt am Ausgang des Selketals, weshalb es auch als Tor zum Selketal bezeichnet wird (5 km östlich von → Ballenstedt). Bis ins 14. Jh. gehörte der seit dem 11. Jh. belegte Ort zur Grafschaft Falkenstein, dann ging er in den Besitz der Asseburger über.
Schloß Meisdorf	Achaz von der Asseburg ließ sich 1787 das Schloß Meisdorf bauen, das seither mehrfach verändert und erweitert wurde (heute Hotel). Im Ort stehen u. a. eine kleine Kirche, die vermutlich im 14. Jh. als Teil der Wehranlage erbaut und nach dem Dreißigjährigen Krieg neu gestaltet wurde mit einer sehenswerten barocken Innenausstattung; der in der Nähe stehende Turm stammt von einer im 12. Jh. errichteten Wasserburg.
Weitere Sehenswürdigkeiten	→ Harzgerode → Ballenstedt → Gernrode → Quedlinburg Konradsburg → Aschersleben, Umgebung

Sondershausen   K 12

	Bundesland: Thüringen Höhe: 230 m ü. d. M. Einwohnerzahl: 24000
Lage und Bedeutung	Im Wippertal, zwischen den bewaldeten Höhenzügen der Hain- und der Windleite, liegt im südlichen Harzvorland die Musik- und ehem. Residenzstadt Sondershausen. Der einst wirtschaftsbestimmende Kalibergbau wurde 1992 eingestellt, die Grube Glückauf wird Erlebnispark. Auf über 200 km Grubenstraßen finden u. a. Untertage-Radrennen und Konzerte statt, eine Solesee wird zum Kanufahren eingerichtet.
Geschichte	Bereits seit fränkischer Zeit entwickelte sich im Schutz der unter Heinrich IV. erbauten Spatenburg eine Siedlung, die erstmals 1125 erwähnt wurde und 1328 das Stadtrecht besaß. Ende des 11. Jh. gelangte Sondershausen an das Mainzer Erzbistum, Mitte des 13. Jh.s an die Grafen von Hohnstein und nach deren Aussterben 1356 an die Grafen von Schwarzburg, die 1697 in den Reichsfürstenstand erhoben wurden. Sie wählten 1571 Sondershausen zu ihrem Hauptsitz und so blieb die Stadt bis 1918 Residenzstadt. Während des Dreißigjährigen Kriegs wurde die Stadt schwer zerstört, jedoch Ende des 17., Anfang des 18. Jh.s als Barockresidenz stark erweitert. Sondershausens Ruf als Musikstadt geht auf die bereits 1637 erwähnte fürstliche Hofkapelle zurück, aus der 1801 das Harmoniecorps hervorging, das als Loh-Orchester (Loh = freier Platz, an dem die Aufführungen stattfanden) unter der Leitung erfolgreicher Kapellmeister wie Eduard Stein, Max Bruch (1867–1870) und Max Erdmannsdörfer

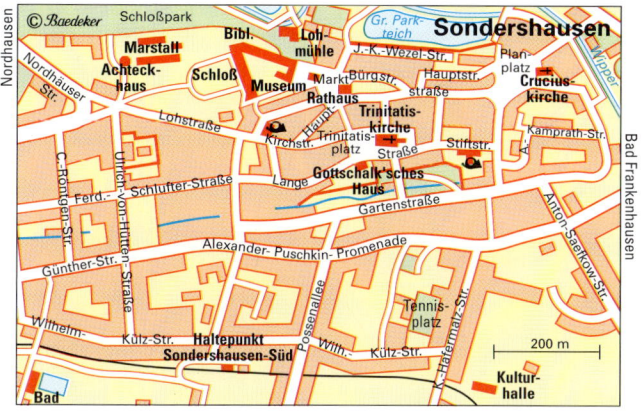

Geschichte
(Fortsetzung)

in ganz Thüringen und darüber hinaus berühmt wurde. 1883 wurde in Sondershausen ein Fürstliches Konservatorium gegründet, an dem u. a. 1890 Max Reger studierte.
Seit 1920 gehört Sondershausen zum Land Thüringen.

Sehenswertes in Sondershausen

Stadtbild

Der historische und bei Stadtbränden im 15. und 16. Jh. zerstörte Stadtkern liegt zwischen dem Schloßberg, der nördlich des Marktes erhalten gebliebenen Stadtmauer und der Trinitatiskirche. In der Mitte des 14. Jh.s dehnte sich die Stadt in östlicher Richtung bis zur Wipper aus. Dieser Stadtteil wurde jedoch im Zweiten Weltkrieg weitgehend zerstört. Der noch erhaltene Altstadtkern wird vor allem von Fachwerkhäusern aus dem 18. Jh. geprägt.

*Schloß

Das Schloß erhebt sich auf einem Felssporn über den Markt und die Altstadt. Es entstand 1548–1563 an der Stelle einer mittelalterlichen Burg und wurde im 17. barock und im 18. Jh. im späten Rokokostil ausgebaut. So zeigen sich an seinem Bau alle möglichen Stilmerkmale vom Hochmittelalter, über Renaissance, Barock, Rokoko bis zum Klassizismus. Ältester Bauteil ist der im Kern auf einen mittelalterlichen Wohnturm (um 1300) zurückgehende Turm im Südosten des Schlosses, der seine Haube 1551 erhielt. Die renaissancenen Ost- und Nordflügel des Schlosses stammen noch aus der Gründungszeit; ab 1680 folgte der barocke Südflügel und ab 1766 der Westflügel mit seinem schönen Schweifgiebel, auf dem sich das fürstliche Wappen befindet. So entstand eine unregelmäßige Vierflügelanlage um einen dreieckigen, nach Süden offenen Schloßhof, in dessen Mitte ein barocker Schloßbrunnen mit einer Herkulesstatue von 1770/71 steht.

Schloß-
besichtigung

Das Schloß kann im Rahmen einer Führung besucht werden; die Führungen finden stündlich, die letzte um 15.00 Uhr, statt. Dabei werden prachtvolle Räume besichtigt, u. a. die auch Hofapotheke genannte Raum im ersten Obergeschoß des Schloßturms, der zwischen Ost- und Nordflügel liegt, mit seiner ungewöhnlichen, um 1616 entstandenen Stuckdekoration, im zweiten Stock des Südflügels der überreich stuckierte und mit Kolossalfiguren dekorierte Riesensaal (26,6 x 13,2 m), an seiner Decke barocke Gemälde mit Szenen aus Ovids "Metamorphosen"; im Erdgeschoß des Westflügels liegen die ehem. Remisen und Pferdeställe, im Obergeschoß

Öffnungszeiten
Di.–So.
10.00–17.00

Marktplatz in Sondershausen

Schloß
(Fortsetzung)

die Repräsentationsräume, darunter der in den Landesfarben Blau-Weiß gehaltene, im Rokokostil stuckierte sog. Weiße Saal.

In dem klassizistisch ausgestalteten sog. Liebhabertheater finden heute wieder Aufführungen statt; nebenan liegt die im 17. Jh. erbaute, im 18. Jh. barockisierte Hofkapelle mit einer Strobel-Orgel.

❋ **Schloßmuseum**

Im Nordflügel befindet sich die Kunstsammlung der Staatlichen Museen Sondershausens; ausgestellt sind Gemälde, Möbel und Kunsthandwerk aus dem 16. bis 19. Jh., u. a. die Goldene Kutsche des 'Diamantenfürsten' Heinrich I. von Schwarzburg (1740–1758), der zur Finanzierung seiner aufwendigen Hofhaltung den Stellenverkauf einführte und dabei so weit ging, daß selbst die Pfarrstellen gegen Höchstgebot vergeben wurden.

Derzeit wird das Schloß umfassend saniert; weitere Schloßräume werden geöffnet und das seit einiger Zeit eingelagerte Regionalgeschichtliche Museum soll auch wieder der Öffentlichkeit zugänglich gemacht werden.

Schloßpark

Westlich des Schlosses schließt sich der Schloßpark an, der nach Norden steil zur Wipperaue abfällt. Er wurde ab 1836 als Landschaftspark nach englischem Vorbild angelegt. Hier befindet sich u. a. das von dem Schinkelschüler Carl Scheppig (1803–1885) entworfene klassizistische Marstallgebäude.

Sehenswert ist auch das dreigeschossige barocke Lust- und Spielhaus, ein Achteckhaus von 1709, auch Karussell genannt. Im Innern laufen zwei Emporen um die Wände, das Deckengemälde "Triumph der Venus" ist von Lazaro Maria Sanguinetti. Die Besonderheit des Spielhauses lag in seiner drehbaren Bühne, auf der durch einen im Untergeschoß gelegenen Pferdegöpel hölzerne Pferde und Schlitten bewegt werden konnten. Heute finden hier die Sommerkonzerte des Loh-Orchesters statt.

Marktplatz

Der Marktplatz wird von Bauten bestimmt, die zum Schloß gehören, von dem 1724–1726 errichteten Prinzenpalais sowie von der Alten Wache, die

der Schloßmauer vorgesetzt ist und die 1838 zusammen mit der Schloß-
treppe nach Plänen von Scheppig erbaut wurde. Die Vereinheitlichung der
Fachwerkfassaden am Marktplatz sowie in der Hauptstraße begann 1835.

Sondershausen,
Marktplatz
(Fortsetzung)

Die östlich gelegene 1620 geweihte Trinitatiskirche mit ihrem älteren
sechsgeschossigen quadratischem Turm steht an der Stelle älterer Vorgängerbauten. 1890/91 entstand neben dem Chor die fürstliche Grabkapelle. Auf dem Friedhof liegt der Sondershäuser Dichter und Philosoph
Johann Carl Wezel (1747–1819), Verfasser mehrerer satirischer Romane.

Trinitatiskirche

In der Langen Straße steht das barocke Gottschalksche Haus, das auf
einen mittelalterlichen Lehnshof aus dem 15. Jh. zurückgeht. Weitere
schöne Bauten stehen in der Pfarrstraße.

Gottschalksche
Haus

Im Osten der Altstadt liegt die Ruine der ehem. Klosterkirche St. Crucis, die
1392 erbaut, im 15. und 16. Jh. durch Brände zerstört und wieder aufgebaut und schließlich 1766 und 1886 restauriert wurde.

St. Crucis

Unmittelbar neben dem Hauptbahnhof steht am Fuß des 411 m hohen
Frauenbergs (mit Überresten einer bronzezeitlichen Wallanlage und den
Fundamenten einer Kapelle aus dem 12. Jh.) ein 40 m hohes offenes Stahl-
bauwerk. Der Förderturm von 1907 über dem Schachtgebäude des Kali-
bergwerks Glückauf erinnert an den 1893 begonnenen Kalibergbau. Bis zu
seiner Einstellung 1991 wurden über 100 Mio. Tonnen Rohsalz zur Produktion von Düngemitteln befördert. Das Ergebnis dieser Ausbeute: 150 Mio.
Kubikmeter Grubenhohlräume, die teils u. a. mit Bauschutt, Keramikabfäl-
len oder Holzabfällen gefüllt wurden, um Einbrüche zu verhindern. In einem
Förderkorb gelangt man 700 Meter in die Tiefe. In dem Stollenlabyrinth
können über 200 km Grubenstraßen befahren werden (Führungen nach
Voranmeldung; Auskunft, auch über Veranstaltungen unter Tage, unter Tel.
03632/655201, Fax 655205 und www.erlebnisbergwerk.com).

Kalibergwerk
Glückauf

Über die Possenallee gelangt man nach etwa 1,5 km zum Rondell, von dort
hat man einen schönen Blick über die Stadt.

Rondell

Unweit südlich von Sondershausen erhebt sich die felsige Kuppe des
Spatenbergs. Hier erinnert ein Aussichtsturm an die vor 1073 durch Heinrich IV. erbaute und im 14. Jh. zerstörte Spatenburg.

Spatenburg

4 km südlich von Sondershausen befindet sich auf einer Höhe der Hainleite
das unter Fürst Christian Günther von Schwarzburg (1758–1794) erbaute
Jagdschloß Possen (heute Restaurant) mit einem Wildgehege.
Vom 1781 in Fachwerkbauweise errichteten, 52 m hohen Possenturm
genießt man einen schönen Blick bis zu → Kyffhäuser und Harz im Norden
und zum Thüringer Wald im Süden.

*Jagdschloß
Possen

Stolberg

Bundesland: Sachsen-Anhalt
Höhe: 222–576 m ü.d.M.
Einwohnerzahl: 1500

Die einstige Bergbau-, Handels- und Residenzstadt Stolberg liegt im Südharz, eingebettet in vier enge Täler: das Lude-, Kalte und Wilde Tal, die sich
am Fuß des Schloßhügels zum Thyratal vereinen. Heute ist der Kurort mit
seinem schönen mittelalterlichen Stadtbild im Sommer wie im Winter ein
beliebter Urlaubsort.
Hier wurde 1489 oder 1490 Thomas Müntzer geboren, der evangelische
Reformator, Bauernkriegsanführer und Gegenspieler Martin Luthers
(→ Berühmte Persönlichkeiten), und hier lebte der Schriftsteller Johann

Lage und
Allgemeines

**Stadtbild

Stolberg

Allgemeines (Fortsetzung)	Gottfried Schnabel (1692–1750), der mit seinem Roman "Die Insel Felsenburg" Daniel Defoe zu seinem berühmten Robinsonbuch anregte.
Geschichte	In dem 794 erstmals erwähnten Stolberg wurden bereits vor eintausend Jahren Eisen, Zinn, Kupfer und Silber gefördert, mit denen die deutschen Könige und Kaiser ihre Schatztruhen füllten. Aus diesem Grunde entstand bereits im 10. Jh. auf einem Bergsporn zwischen Lude und dem Kalten Tal eine Burg, mit der die Herrscher verdienstvolle Ritter aus dem kaiserlichen Heere zu belehnen pflegten. Um 1210 sind erstmals die Grafen von Stolberg erwähnt, die hier bis ins 19. Jh. hinein residierten. Nach dem Aussterben des Wernigeröder Grafengeschlechts fiel deren Grafschaft 1429 an die Grafen von Stolberg, die sich fortan Grafen von Stolberg-Wernigerode nannten. Schon im 13. Jh. entstand der Grundriß des um 1300 mit dem Stadtrecht ausgestatteten Stolberg, der bis heute ohne wesentliche Veränderungen erhalten blieb. Aufgrund der Enge des Tals konnten die Stolberger Bürger auf eine Stadtmauer verzichten und errichteten lediglich ein Stadttor in den Talausgang. Im 15. und 16. Jh. ließen sich zahlreiche Handwerker in der Stadt nieder, die mit ihren Erzeugnissen schwunghaften Handel betrieben. In dieser Zeit entstanden die prächtigen Fachwerkhäuser der Spätgotik und Renaissance, die heute noch zum größten Teil erhalten sind. Landschaftsmaler wie Ludwig Richter und Richard Thierbach machten Stolberg in der zweiten Hälfte des vorigen Jh.s bekannt und lockten erste Feriengäste an. Seit 1923 ist Stolberg an die Eisenbahnstrecke von Berga angebunden.

Sehenswertes in Stolberg

Ratschlag	Die Straßen Stolbergs sind sehr eng, und so wird empfohlen, das Auto z. B. am nördlichen Ortsausgang in Richtung Breitenstein abzustellen und die weitere Besichtigung zu Fuß zu unternehmen.

Rathaus in Stolberg

Das auf einem nach drei Seiten abfallenden Bergsporn stehende Stolber- *Schloß
ger Renaissanceschloß beherrscht die Stadt. Die Umrisse der einst an
gleicher Stelle im 10. Jh. kastellartig angelegten Burg sind noch heute zu
erkennen. Ihr nördlicher Rundturm und ein Wohnturm blieben bei den
Umbauten von 1539 bis 1547 und auch 1690 zu einem repräsentativen
Wohnschloß erhalten. Unter den zahlreichen mit kunstvollen Stuckarbeiten
verzierten Räumen sind v. a. der im Südwestflügel liegende Blaue Saal mit
Gemälden und Wappen, 1703 von Samuel Blütner begonnen und 1710
von Franz April beendet, und der im Südostflügel liegende Rote Saal
sehenswert, dessen Innengestaltung und Möblierung nach Entwürfen von
Karl Friedrich Schinkel entstand. Das Schloss wurde verkauft und ist zur
Zeit nicht zugänglich. Es ist geplant, hier ein Hotel und Schulungszentrum
einzurichten.

Die barock ausgestattete Schloßkapelle mit einem schönen Sterngewölbe   Schloßkapelle
wurde in einen runden Turm aus dem 13. Jh. hineingebaut; in den zwei
untersten Turmgeschossen befand sich das Burgverlies.

Unterhalb des Schlosses ragt am Berghang die dreischiffige spätgotische   *St. Martini
Hallenkirche St. Martini auf, deren älteste Bauteile aus dem 12. und 13. Jh.
stammen. Ende des 15. Jh.s entstand der heutige Bau. Im April 1525 predigte hier Martin Luther und verurteilte die Bauernerhebungen unter Thomas Müntzer. Im Innern der Kirche sind das um 1500 in Erfurt entstandene
Beweinungsrelief, die vermutlich in der Nürnberger Werkstatt Peter
Vischers gefertigten Bronzegrabplatten für Elisabeth von Stolberg (†1505)
und den Pfarrer Ulrich Rispach († 1488; in der Sakristei im südlichen Chor-
anbau), der Taufstein von 1599 sowie der 1701–1703 von Johann Georg
Papenius geschaffene Orgelprospekt zu sehen.

Neben dem Chor der Kirche steht die 1477 gestiftete einschiffige Marien-   Marienkapelle
kapelle, seit 1960 Gedenkstätte für die Kriegstoten der Stadt.

Stolberg

Lutherbuche
***Ausblick**

An Luthers Aufenthalt in Stolberg erinnert auch eine Inschrift an der sogenannten Lutherbuche, die auf dem Berggipfel am gegenüberliegenden Talhang steht. Man erreicht sie auf einem rund 20 minütigem Fußweg, der vom Marktplatz durch die Stubengasse, über die Thyra den Berg hinauf führt. Von hier oben hat man einen schönen Blick über die Stadt und hinüber zum Schloss.

****Markt**

Der Marktplatz mit seinen bunten Fachwerkhäusern der Spätgotik und Renaissance gehört zu den schönsten Plätzen in Deutschland.

Rathaus

Hier steht auch das über asymmetrischem Grundriß errichtete prachtvolle dreigeschossige Rathaus, ein Kuriosum der Architektur. Baubeginn war 1454. Da die untere Etage als Handelshaus genutzt wurde, verzichtete man, um Lagerplatz zu sparen, auf den Einbau von Treppen. 1482 folgten die beiden oberen Stockwerke. Sie erreicht man nur über die Außentreppe, die östlich am Rathausgiebel vorbei vom Markt zur Martinikirche hinauf führt.

Auch kalendarisch ist das Rathaus ein Unikat. Die reichgegliederte Fassade wies ursprünglich 52 Fenster auf, jeweils eins für die Wochen des Jahres, und 365 Fensterscheiben, eine für jeden Kalendertag. Heute sind es allerdings über 400. Die Fenster zählen die Wochen im Jahr und die Türen die Monate. Die Sonnenuhr an der Vorderfront stammt von 1724, sie zeigt die Sonnenstunden, das Stolberger Wappen und trägt eine lateinische Inschrift: "Glückliche Eintracht bleibt, wenn wir zusammenhalten, wenn Phöbus die Zeiten anzeigt, Minerva die Sprachen und Themis die Bürger die alten Rechte lehrt."

Thomas-Müntzer-Denkmal

Vor dem Rathaus steht ein 1989 eingeweihtes Denkmal für Thomas Müntzer (Klaus Messerschmidt). Das bei einem Brand 1851 zerstörte Geburtshaus von Thomas Müntzer stand in der Niedergasse 2; eine Gedenktafel erinnert daran.

Saigerturm

Von der einst im 13. Jh. recht spärlich angelegten Stadtbefestigung ist der runde Saigerturm erhalten (Abschluß und Haube 19. Jh.). Er schützte den südlichen Zugang zum Markt und Rathaus. Sein Name geht auf eine früher benachbarte Schmelzhütte zurück, in der das um Stolberg abgebaute Erzmaterial gesaigert, d.h. ausgeschmolzen wurde.

Rittertor

Am Ende der am Marktplatz beginnenden Rittergasse, die ins Ludetal führt, steht das im 12. Jh. erbaute Rittertor. Es schützte ursprünglich den nördlichen Stadtausgang.

Klingelbrunnen

In der Nähe des Rittertores, hinter dem im Jahre 1717 errichteten ehemaligen Waisenhaus in der Rittergasse 7, befindet sich der Klingelbrunnen, der die Stolberger mit klarem Quellwasser versorgte. Es wurde durch zwei Röhren aus den Bergen hierher geleitet. 'Wasseresel' trugen es dann zum Schloß hinauf.

Heimatmuseum im *Konsistorium

Das ehemalige Konsistorium gilt als der schönste Fachwerkbau in Stolberg. Er steht in der am Marktplatz beginnenden, in Richtung Süden verlaufenden Niedergasse 19.

Öffnungszeiten
Di.–Sa.
10.00–12.30
13.00–18.00
So. 10.00–12.00
13.00–17.00

Das viergeschossige Gebäude entstand 1535 für den Bürgermeister Kilian Keßler im Renaissancestil. Auf einem massiven Erdgeschoß ruhen drei Fachwerketagen, die außen reich mit Konsolen, Palmetten und schönen Vorhangbogenfenstern geschmückt sind. Da Keßler als Bürgermeister gleichzeitig die Rechte des Münzmeisters innehatte, befand sich im Haus auch die Münzwerkstatt.

Spätere Generationen nutzten das Haus als fürstliches Konsistorium und Amtsgericht. Heute sind darin die Sammlungen des Heimatmuseums, u. a. eine Ausstellung zum Bergbau um Stolberg, zur Ortsgeschichte und zum Handwerk, eine naturkundliche Abteilung, die historische Münzwerkstatt sowie eine Thomas-Müntzer-Gedächtnisstätte zu sehen.

Museum Altes Bürgerhaus

Ehemalige Garküche

Im ältesten erhaltenen Stolberger Fachwerkbau von 1450, mit weitvorgekragtem Obergeschoß, befindet sich das Zweigmuseum 'Altes Bürgerhaus' (Rittergasse 14; es gelten die gleichen Öffnungszeiten wie für das Heimatmuseum). Fünf Räume in originaler Ausstattung widerspiegeln die Lebensweise im 15. und 16. Jahrhundert.

Museum
Altes Bürgerhaus

Weitere sehenswerte alte Fachwerkhäuser aus dem 15. Jh. befinden sich im Kalten Tal 3 (der Haupteingang trägt eine Datierung von 1496) und Kalten Tal 10 (2. Hälfte 15. Jh.).
Das Haus in der Niedergasse 39 ist eines der wenigen massiven Stolberger Häuser (1552; mit Büsten, die den Bauherrn und seine Frau darstellen); das Haus in der Niedergasse 6 ist 1529 datiert.
Das Haus in der Rittergasse 44 wurde 1563 als Garküche mit einer dazugehörenden Fleischerei erbaut und versorgte Durchreisende mit warmen Mahlzeiten. Daran erinnert die Verzierung über dem Türsturz: zwei geschnitzte Rinder sowie Messer und Kochlöffel.
In der Rittergasse 24 steht das 1708 erbaute Wohnhaus des Orgelbauers Johann Georg Papenius.
Am Markt fallen die Häuser Nr. 10 und Nr. 23 auf, letzteres mit Palmetten und Zunftzeichen geschmückt; das Haus am Reichen Winkel 3 ist im Jahre 1575 erbaut worden; zu Beginn der Töpfergasse steht das 1672 datierte einstige Spital.

Weitere alte
Wohnhäuser

Verläßt man Stolberg in Richtung Breitenstein, gelangt man zu der etwas außerhalb der Stadt gelegenen, 1437 geweihten Liebfrauenkapelle, die bereits Ludwig Richter auf seinem Gemälde "Brautzug im Frühling" (1847) abbildete.

Liebfrauenkapelle

Im Ludetal (durch die Rittergasse in Richtung Norden, am Rittertor vorbei) liegt das Waldbad, dessen Schwimmbassin mit dem klaren und erfrischenden Quellwasser des Bergbaches gespeist wird.

Waldbad
im Ludetal

Umgebung von Stolberg

Großer Auerberg
* Josephskreuz

Auf dem 5 km östlich von Stolberg gelegenen, 579 m hohen Großen Auerberg steht das eiserne Josephskreuz. (Anfahrt: Man verläßt Stolberg in Richtung Breitenstein, biegt dann auf die nach Harzgerode führende Straße und gelangt zu einem Verkehrsknotenpunkt mit Kiosken, Restaurants und Parkplätzen. Von hier erreicht man den Turm nach rund 20 Min. Fußmarsch; es führen auch schöne Fußwege direkt von Stolberg zum Josephskreuz.)

Das nach seinem Auftraggeber, dem Grafen Joseph von Stolberg, benannte 38 m hohe und 123 Tonnen schwere Doppelkreuz war 1896 nach Entwürfen Schinkels gefertigt worden. Das erste Kreuz von 1839 war in ähnlicher Form aus 365 Eichenbohlen errichtet und 1880 durch einen Blitzeinschlag vernichtet worden. Am Fuße des 1987–1990 restaurierten Aussichtsturmes befindet sich eine Ausflugsgaststätte. Rund 200 Stufen führen zur Aussichtsplattform hinauf, von der man einen prächtigen Blick über den Harz hat. Bei guter Sicht reicht er vom → Kyffhäuser (Süden) bis zum → Brocken (Norden). An außergewöhnlichen Tagen soll man sogar die Kirchtürme von Braunschweig, → Halberstadt und Magdeburg erkennen können.

Rottleberode

6,5 km südlich von Stolberg liegt der für seine Gipsproduktion bekannt gewordene kleine Ort Rottleberode im Tyratal. Vielleicht war er ein ottonischer Königshof auf dem Weg zwischen → Quedlinburg und Wallhausen (→ Sangerhausen, Umgebung); über die westlich des Ortes auf einem Bergsporn sichtbare Burgruine ist jedoch nichts weiter bekannt.

** Heimkehle

Öffnungszeiten
tgl. 10.00–16.00

Die Heimkehle befindet sich am westlichen Hang des Thyratales, zwischen Rottleberode und Uftrungen, 10 km südlich von Stolberg. Die 1357 als 'Heymelnkelle' erstmals erwähnte Höhle ist Deutschlands größte Gips-

Josephskreuz

Gipsabbau in Rottleberode

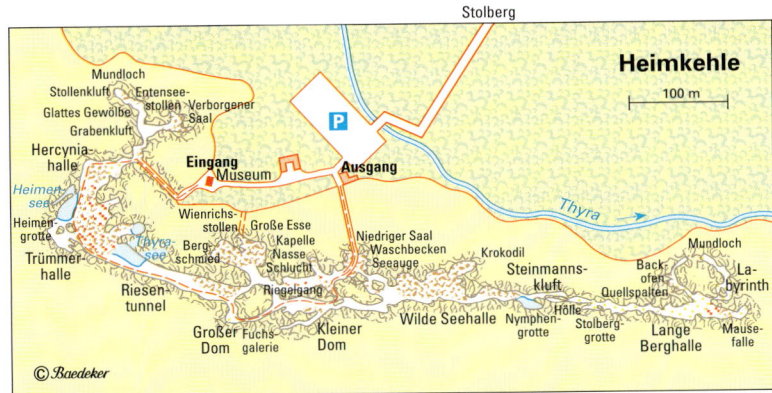

Heimkehle

100 m

Mundloch
Stollenkluft
Glattes Gewölbe
Grabenkluft
Hercynia-halle
Heimerisee
Heimen-grotte
Trümmer-halle
Riesen-tunnel
Entensee-stollen
Verborgener Saal
Wienrichs-stollen
Berg-schmied
Riegelgang
Eingang
Museum
Ausgang
Große Esse
Kapelle
Nasse Schlucht
Großer Dom
Fuchs-galerie
Kleiner Dom
Niedriger Saal
Waschbecken
Seeauge
Wilde Seehalle
Krokodil
Nymphen-grotte
Höhle
Stolberg-grotte
Steinmanns-kluft
Quellspalten
Lange Berghalle
Back-ofen
Quellspalten
La-byrinth
Mundloch
Mause-falle
Thyra

© Baedeker

steinhöhle. Während der letzten Eiszeit hatte sich der Fluß Thyra ein Durchbruchstal durch die Berge des Südharzes geschaffen. Gipse und Anhydrit lösen sich leicht in Wasser, und so drang es an vielen Stellen in das Gestein ein. Im Laufe der Zeit wurden riesige Gesteinsmassen aufgelöst, Hohlräume entstanden, von denen die heutige Heimkehle nur der Rest ist. An den Talhängen wurde der Berg außerdem unterlaugt. Es bildeten sich große Risse und Abrißspalten. Von Zeit zu Zeit brachen ganze Hänge des Berges ab und stürzten zu Tal. Heute noch sieht man oberhalb der Heimkehle solche Abrisse und Spalten. Dadurch wurde die Höhle seitlich angeschnitten, und es entstand ein großer Natureingang.

1920 wurde das über 2 km lange und bis zu 22 m hohe Höhlensystem für den Fremdenverkehr erschlossen. Zugänglich sind jedoch nur 700 m. Im März 1944 wurde in der Höhle ein Rüstungsbetrieb eingebaut, in dem Häftlinge des Konzentrationslagers Dora (→ Nordhausen, Umgebung) Fahrgestellteile für das Kriegsflugzeug JU 88 herstellen mußten. Seit 1954 ist die Höhle für Besucher wieder zugänglich.

Umgebung, Heimkehle (Fortsetzung)

Im Jahre 1979 wurde an der Heimkehle ein Karstmuseum eröffnet. Es widmet sich der Höhlenforschung. Derzeit ist es leider geschlossen, eine Auswahl der Exponate jedoch in der Höhle zu sehen.
Durch die unter Naturschutz stehende eigenwillige Landschaft führt ein 48 km langer Wander- und Lehrpfad.

Karstmuseum

6 km südöstlich von Stolberg liegt Schwenda mit seiner sehenswerten barocken Kirche St. Cyriakus, die 1736 der Stolberger Baumeister Johann Friedrich Penther nach dem Vorbild der Dresdener Frauenkirche von George Bähr errichtete. Das achteckige Bauwerk mit hoher Kuppel ruht auf einem Rund von acht massiven Pfeilern (die Dresdner Kirchenkuppel ruhte auf 16 Pfeilern). Die Ausmalung des Gewölbes ist von 1938; der hölzerne Kanzelaltar von 1695. Nach der Zerstörung der Frauenkirche im Dresdener Inferno des 13. Februar 1945 ist die Barockkirche von Schwenda der einzige in dieser Art erhaltene Sakralbau.
Der idyllisch am Fuße des Großen Auerbergs liegende Ort bietet übrigens passionierten Jägern das Freizeitvergnügen, in seinen Forstrevieren auf die Pirsch zu gehen.

Schwenda

✳ St. Cyriakus

Der um 1200 gegründete, 11 km östlich von Stolberg liegende Harzort wurde erst vor wenigen Jahren für den Fremdenverkehr erschlossen. 1987 entstanden hier ein schönes Freibad und ein Freizeitzentrum. In Wolfsberg beginnt das reizvolle Wippertal, das bis Mansfeld für Wanderungen und Radtouren zu empfehlen ist. Östlich von Wolfsberg liegt das Schloß Neuhaus malerisch in die Landschaft eingebettet.

Wolfsberg

Thale M 5

Bundesland: Sachsen-Anhalt
Höhe: 150–450 m ü. d. M.
Einwohnerzahl: 16 200

Lage und Bedeutung

Thale liegt am nordöstlichen Harzrand, wo die Bode aus dem Gebirge tritt und zwischen den steilen sagenumwobenen Felsen Hexentanzplatz und Roßtrappe eine tiefe Schlucht gegraben hat. Der Ort ist Ausgangspunkt für Wanderungen durch das wildromantische → Bodetal. Sein Stadtbild wird stark von dem ehem. Eisenhüttenwerk geprägt, das technologisch auf die pulvermetallurgische Produktion umgestellt wurde. Eine Solquelle wird seit 1836 im Hubertusbad zu Heilzwecken genutzt.
Alljährlich wird in der Nacht vom 30. April zum 1. Mai auf dem Hexentanzplatz die Walpurgisnacht gefeiert und an Pfingsten singen die Finken um die Wette.

Geschichte

Funde in der Nähe der wasserreichen Quelle Weiberborn, der Heidenwall auf der Roßtrappe und der Sachsenwall auf dem Hexentanzplatz sowie heidnische Kult- und Siedlungsplätze auf dem Hexentanzplatz belegen eine Besiedlung des Gebietes seit der Jungsteinzeit. Bereits im 8. Jh. stand wohl auf dem linken Bodeufer eine karolingische Burg Wendhusen, in die um 840 ein Nonnenkloster hineingebaut wurde. Im Schutze der Burg entwickelte sich ein als 'Dorp to dem Dale' bezeichnetes Dorf, das bis 1559 zur Grafschaft Regenstein, dann zum Hochstift Halberstadt und mit diesem 1648 zu Brandenburg gelangte. Seit 1445 wurde Erz abgebaut, und 1686 entstand am Eingang des Bodetals eine kleine Hammer-

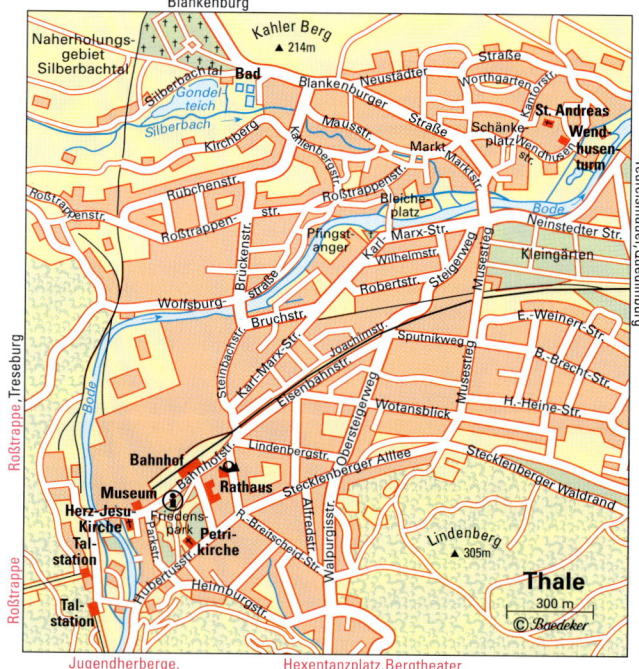

Altweiberdenkmal

Roßtrappe: Hufabdruck

schmiede, aus der sich das spätere Eisen- und Hüttenwerk entwickelte. Kloster und Burg wurden 1525 durch aufständische Bauern zerstört und nicht wieder aufgebaut.

Geschichte (Fortsetzung)

1836 gründete der Oberförster Karl Daude das Hubertusbad, Thale entwickelte sich zu einem Heilbad. 1868 kam der Anschluß an die Eisenbahnlinie nach Halberstadt; ursprünglich mehr für den Transport von Stahl- und Eisenerzeugnissen gedacht, brachte sie Scharen von Ausflüglern und Feriengästen nach Thale, das 1922 die Stadtrechte erteilt bekam.

Sehenswertes in Thale

Der historische Kern von Thale liegt in der Unterstadt auf dem Gelände des ehem. Klosters Wendhusen. Hier stehen auch die ältesten noch erhaltenen Gebäude. Ab 1540 wurde die flachgedeckte Andreaskirche errichtet und 1788–1790 umgebaut. Im Innern befindet sich ein reichgeschnitzter Kanzelaltar von 1718 und Grabtafeln aus dem 16. bis 18. Jahrhundert.

St. Andreas

In der Kirchstraße steht auf der Höhe des Kirchenchors ein 1951 hier aufgestelltes Altweiberdenkmal von R. Propf.

Weiberborn

Hinter der Andreaskirche steht ein fünfgeschossiger, 22 m hoher Wohnturm aus dem 9. Jh. mit Kreuzgratgewölben in den beiden unteren, Balkendecken in den übrigen Geschossen, der lange für das Westwerk der Klosterkirche gehalten worden war. In den Turm gelangte man durch die unteren Geschosse mittels Leitern oder Stiegen, die im Gefahrenfalle eingezogen worden sind; im 16. Jh. wurden im dritten Obergeschoß Kamin und Erker ein- und angebaut.
Östlich folgte ein um das Jahr 1000 erbauter Palas, der mit dem Turm durch einen gotischen Zwischenbau verbunden war, südlich schließt sich ein barocker Wohnanbau an.

* Wendhusenturm

Thale

Hüttenmuseum

Öffnungszeiten
1.4.–31.10.
tgl. 9.00–17.00

Das in der Walther-Rathenau Straße 1 gelegene Hüttenmuseum zeigt die technische Entwicklung der Eisen- und Hüttenwerke von Thale und damit die Geschichte der Stahlproduktion von 1686 bis in die jüngste Vergangenheit; in Thale wurde um 1800 mit der Herstellung von Schwarz- und Weißblechen begonnen und 1831 die erste eiserne Wagenachse Deutschlands geschmiedet. Im 19. Jh. entstand das erste emaillierte Kochgeschirr und vor dem Ersten Weltkrieg wurden hier die Stahlhelme produziert. In einem ehem. Wohnhaus werden die wichtigsten, zum Teil heute noch angewandten Produktionsverfahren vorgestellt; in der 1856 erbauten ehem. Hüttenkapelle finden Sonderausstellungen statt.

Friedenspark

Der 1862 in der Oberstadt als Bahnhofspark angelegte Friedenspark ist Ausgangspunkt fast aller Ausflüge in die Umgebung, ein Aufsteller informiert über die Strecken und ihre Markierungen.

Hier liegen der Bahnhof, das Rathaus, ein ehem. Gasthof, in dem Theodor Fontane (1819–1898) Quartier nahm, und die 1904–1906 erbaute neugotische Petrikirche, neben der ein alter Wasserturm steht.

Folgt man der Bode flußaufwärts, gelangt man in das schluchtenartige Naturschutzgebiet des Bodetals, durch das ein 10 km langer Wanderweg bis nach Treseburg führt (→ Bodetal). Hier befinden sich auch die Talstationen für die 1970 erbaute Schwebebahn zum Hexentanzplatz und für den 1980 eröffneten Sessellift zur Roßtrappe.

**Hexentanzplatz

Der 451 m hohe steile Felsen mit seinem weiten Plateau erhebt sich südlich von Thale und ist ein stets gut besuchtes Ausflugsziel. Die Schwebebahn überwindet den Höhenunterschied von 250 m in 4 Min. Fahrzeit.

Zu Fuß erreicht man ihn u. a. über einen steilen Zickzackweg, den Hexenstieg, der am Waldkater (Jugendherberge und Gasthof) abzweigt oder über den sog. Sachsenwallweg. Bei gutem Wetter kann man von hier oben bis zum → Brocken sehen.

Wie zahlreiche Bodenfunde beweisen, war der Hexentanzplatz in vorchristlicher Zeit eine Kult- und Opferstätte. Da die heidnischen Götter in christlicher Zeit als Hexen- oder Teufelswerk gedeutet worden sind, entstand die Legende von der Walpurgisnacht, heute Anlaß für ein traditionelles Volksfest auf dem Hexentanzplatz und in zahlreichen Harzdörfern (→ Geschichte, Kultur und Kunst: Mythen, Sagen und Brauchtum).

Walpurgishalle

In der 1901 nach den Plänen des Berliner Architekten Bernhard Sehring erbauten Walpurgishalle sind Wandgemälde von Hermann Hendrich nach Motiven aus Goethes "Faust" und anderen Walpurgissagen ausgestellt (geöffnet: 1.5.–31.10. tgl. 9.00–17.00 Uhr). Im Vorraum steht ein münzenübersäter sächsischer Opferstein, der in der Umgebung gefunden wurde.

*Bergtheater

1903 wurde von Ernst Wachler das Harzer Bergtheater gegründet, das von Ende Mai bis Ende August von den Quedlinburger Bühnen und dem Musiktheater Halberstadt bespielt wird. Mit 1400 Plätzen gehört es zu den größten und schönsten Naturbühnen in Deutschland. (Kartenvorbestellungen und Auskünfte über das Programm erteilen die Thale-Information, → Praktische Informationen, Auskunft, sowie das Harzer Bergtheater in Thale, Tel. 03947–2324.)

Tierpark

In dem kleinen Tierpark leben heimischen Wildarten, Reh-, Rot-, Schwarzund Muffelwild, die man gewöhnlich jedoch selten zu Gesicht bekommt. In den Volieren sind zahlreiche Eulenarten, Bussarde, Fasane und andere Vögel zu sehen.

Harzbob

Nun besteht die Möglichkeit, mit dem Harzbob rund 1000 m ins Steinbachtal hinabzusausen (mit einem Lift geht es anschließend wieder hinauf). Die Allwetter-Bobbahn ist die längste ihrer Art in ganz Deutschland.

**Roßtrappe

Gegenüber dem Hexentanzplatz erhebt sich die 403 m hohe Roßtrappe. Ein Sessellift überwindet die 240 m Höhenunterschied in 6 Minuten.

Blick von der Roßtrappe ▶

Bergtheater auf dem Hexentanzplatz

Roßtrappe
(Fortsetzung)

Wer zu Fuß gehen will, folgt entweder dem Präsidentenweg, der an der Tal-station des Sessellifts beginnt, oder dem Zickzackweg über die steile Schurre, der an der Teufelsbrücke beginnt.

Fundstücke und Reste von Wallanlagen zeigen, daß der Felsen seit der Steinzeit als Kultplatz und auch als Fluchtburg besucht war. Auf der Spitze des Felsplateaus befindet sich auch der sagenhafte Hufabdruck von Brun-hildes Riesenpferd (⟶ Bodetal).

Von der Roßtrappe hat man einen schönen Blick zum Hexentanzplatz hin-über und über die dichten Wälder des Unterharzes bis nach ⟶ Quedlin-burg und ⟶ Halberstadt.

Umgebung von Thale

Bodetal

⟶ dort

Warnstedt

Die von weitem sichtbare Warnstedter Windmühle (2,5 km nördlich von Thale) entstand Mitte des 19. Jh.s und war bis 1934 als Getreidemühle in Betrieb. Sie kann nach Voranmeldung besichtigt werden. (Auskunft erteilt die Gemeindeverwaltung, Tel. 03947–2379.)

Teufelsmauer

Fährt man über Neinstedt und Weddersleben in Richtung Quedlinburg, gelangt man nach rund 5 km zu einem eindrucksvollen Teilstück der Teu-felsmauer (⟶ Blankenburg, Umgebung).

Allrode

Das Harzdorf Allrode, 961 erstmals erwähnt, liegt 15 km südwestlich von Thale entfernt auf einer waldreichen Hochfläche des Unterharzes. Abseits großer Straßen und ohne Industrie entwickelte sich Allrode zu einem Luft-kurort im Harz, bietet sich für Wanderungen mit und ohne Ski an und ist idealer Ausgangspunkt für Rad-Erkundungen im Harz.

Vienenburg

Bundesland: Niedersachsen
Höhe: 160 m ü. d. M.
Einwohnerzahl: 11 300

Die kleine Stadt Vienenburg liegt am Nordrand des Harzes, am Zusammenfluß von Oker und Radau. Im Norden erhebt sich das 256 m hohe waldreiche Harlibergzug. Das ehem. Landwirtschaftsstädtchen entwickelte sich nach Anschluß an die Eisenbahnlinie zu einem wichtigen Eisenbahnknotenpunkt, zu dem Ende des 19. Jh.s noch ein Kalibergwerk hinzukam. Am Fuß des Harly erstreckt sich der Vienenburger See, ein beliebtes Erholungsgebiet. Dies und die Nähe zum Harz haben in den letzten Jahren auch zur Entwicklung des Fremdenverkehrs beigetragen.
Alljährlich findet am ersten Wochenende im September das über die Ortsgrenzen hinaus bekannte Vienenburger Seefest statt.

Lage und Bedeutung

Um 1204 entstand im Auftrag Ottos IV. auf dem östlichen Ende des Harlibergs eine gleichnamige, 1291 zerstörte Burg. Um 1300 ließ der Hildesheimer Bischof im Südteil der heutigen Stadt eine Burg zur Sicherung der Ostgrenze des Bistums bauen, die im 14. Jh. an die Grafen von Wernigerode fiel und anschließend mehrfach ihren Besitzer wechselte. 1523 gelangte sie an den Herzog Heinrich d. J. von Braunschweig-Wolfenbüttel. Während des Dreißigjährigen Krieges hielt sich Wallenstein auf der Vienenburg auf und leitete von hier aus seine Operationen gegen Wiedelah und Schladen. Die Burg und das dazugehörende Gelände kam nach 1643 nochmals an das Bistum Hildesheim und 1802 endgültig an Preußen. Seit der Mitte des 19. Jh.s entwickelte sich die im Zentrum mehrerer Eisenbahnlinien gelegene Stadt zu einem Industrie- und Gewerbestandort.

Geschichte

Sehenswertes in Vienenburg

Etwas südlich des Stadtzentrums steht auf einem nach Norden, Westen und Süden abfallenden Landrücken die ehem. Vienenburg, die später zu einem Gutshof umgebaut wurde. Die einstige Ringform der Burganlage sowie die Reste eines Grabens sind noch gut zu erkennen. Erhalten geblieben ist der 24 m hohe runde Bergfried aus dem Mittelalter, der in der Mitte des Burghofs steht; neben ihm liegen die Fundamente des abgebrochenen Palas. Bergfried und Palas bildeten die eigentliche Kernburg. Die in Fachwerk ausgeführten Wirtschaftsgebäude stammen aus dem 18. Jahrhundert.

Vienenburg

Nordwestlich außerhalb des Ortes (über die Oker, an der Straße nach Weddingen) liegt das 1174 vermutlich an der Stelle einer älteren Burg gegründete Benediktinerkloster Wöltingerode, das bald darauf zu einem Zisterzienserinnenkloster wurde. Im 13. Jh. war es ein bedeutendes Scriptorium und im 14./15. Jh. ein vielbesuchter Wallfahrtsort. Nach der Reformation wurde es 1568–1643 ein protestantisches Frauenstift, dann 1643–1807 abermals mit Zisterzienserinnen besetzt. Heute nutzt ein Landwirtschaftsbetrieb die nach dem Brand 1676 barock erneuerte Klausur.
Die Klosterkirche ist eine kreuzförmige Basilika mit einem zweigeschossigen Westbau, an den 1718 ein Turm angebaut wurde. Um 1700 wurde die Kirche eingewölbt. Die romanische kreuzgratgewölbte Krypta besitzt Säulen und Pfeiler mit verzierten Kapitellen.
Hier befindet sich heute der Verkaufsraum und das Lager einer Korn-

Kloster Wöltingerode

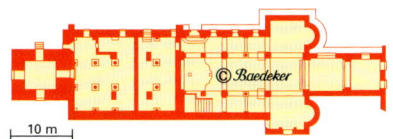

* Krypta

└ 10 m ┘

Vienenburg, Kloster (Fortsetzung)

brennerei. Im Nonnenchor finden regelmäßig Konzerte statt. Die nördlich der Kirche stehenden Gebäude sowie das Klostertor wurden zwischen 1688 und 1728 erbaut.

*Eisenbahnmuseum

Öffnungszeiten
Di., Do., Sa. und
So. 15.00–17.00

1840 entstand das ehem. Bahnhofsgebäude an der 1843 in Betrieb genommenen Eisenbahnlinie Braunschweig–Bad Harzburg. Der holzquaderverkleidete klassizistische Bau mit Eisensäulen im Innern wurde 1844 aufgestockt und 1888 um einen Saalbau erweitert. Heute beherbergt das älteste erhaltene Bahnhofsgebäude in Deutschland neben der Stadtbibliothek ein Eisenbahnmuseum, das die Eisenbahngeschichte der Region vermittelt. Unter den zahlreichen Ausstellungsstücken aus dem Zugverkehr, dem Gleisbau und der Fahrgastabfertigung sind u. a. alte Fotos und Pläne, im Modell nachgebildete Züge, Geräte für den Gleisbau, Signale sowie Dampflokradsätze und vor dem Museum eine Dampflok, ein Schienenbus und ein historischer Güterwagen zu sehen.

Weitere Sehenswürdigkeiten

Im Norden der Stadt entstand der Vienenburger See aus einer Kiesgrube, heute ein beliebtes Naherholungsgebiet.
Der einschiffige Fachwerkbau der Kirche Hl. Familie ist von 1829. Unter den sehenswerten Ausstattungsstücken befinden sich ein 1700 für das Kloster Wöltingerode entstandener Hochaltar, eine lebensgroße Kreuzigungsgruppe, 1677 von Heinrich Lessen d. Ä. geschaffen; im Pfarrhaus steht eine Pietà aus dem 16. Jahrhundert.
In der Pfarrkirche, einem Saalbau mit Westturm aus dem 18. Jh., steht ein Kanzelaltar von 1745.

Wiedelah

Nordöstlich von Vienenburg liegt der Ortsteil Wiedelah. Hier wurde 1229–1297 unter den Rittern von Gowische eine Wasserburg erbaut, seit 1341 wie die Vienenburg auch eine Grenzburg des Stiftes Hildesheim. Mitte des 16. Jh.s gelangte die Burg an das brandenburgische Adelsgeschlecht von Quitzow, die es um 1600 zu einem prächtigen vierflügeligen Renaissanceschloß ausbauen ließ. Die heute nur noch dreiflügelige Anlage (der Ostflügel wurde später abgebrochen) wurde 1626 von Wallenstein erobert und fiel dann wieder an das Hildesheimer Domkapitel. Nach 1802 wurde sie Domäne, und heute ist sie Privatbesitz.

Werla

13 km nördlich → Goslar, Umgebung

Walkenried   G 8

Bundesland: Niedersachsen
Höhe: 280 m ü. d. M.
Einwohnerzahl: 2800

Lage und Bedeutung

Der kleine Luftkurort Walkenried liegt am Südrand des Harzes über dem Tal der Wieda. Er ist durch die Ruine seines im Südosten gelegenen ehem. Zisterzienserklosters bekannt, in dem alljährlich von Mai bis Oktober die über die Ortsgrenzen hinaus bekannten Walkenrieder Kreuzgangkonzerte stattfinden. Diese werden durch Dichterlesungen, Liederabende sowie andere kulturelle Veranstaltungen ergänzt.

****Kloster Walkenried**

Geschichte

Die Geschichte des Ortes ist untrennbar mit der Geschichte des Klosters verbunden. Die Stifterin war Adelheid von Clettenberg, Ehefrau von Volkmar von Thüringen, der 1118 in das Benediktinerkloster Huysburg eintrat und seinen gesamten Besitz dieser Abtei vermachte. Adelheid behielt allerdings das Nutzungsrecht über Walkenried und erhielt es dann im Tausch gegen andere Güter von den Huysburgern zurück. 1129 bezogen

Kloster Walkenried

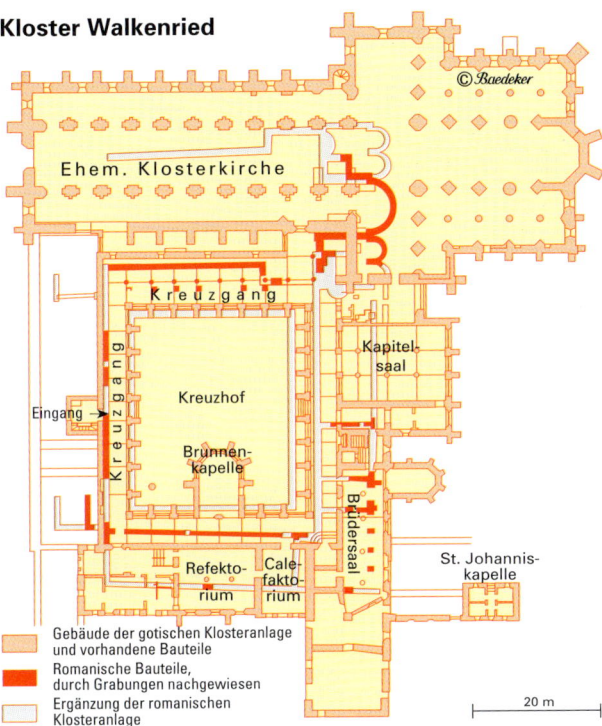

© Baedeker

Ehem. Klosterkirche

Kreuzgang

Kreuzgang

Kapitel-
saal

Kreuzhof

Eingang →

Brünnen-
kapelle

Büdersaal

St. Johannis-
kapelle

Refekto-
rium

Cale-
fakto-
rium

Gebäude der gotischen Klosteranlage
und vorhandene Bauteile

Romanische Bauteile,
durch Grabungen nachgewiesen

Ergänzung der romanischen
Klosteranlage

20 m

Kloster
Walkenried,
Geschichte
(Fortsetzung)

Zisterziensermönche aus dem Mutterkloster Altenkamp bei Moers am Nie-
derrhein Walkenried, das nach der Gründung des ersten Zisterzienserklosters Cîteaux in Frankreich 1098 die dritte Niederlassung dieses Ordens
in Deutschland (nach Altencamp und Ebrach) war. 1137 erfolgte die päpst-
liche Bestätigung. Großzügige Schenkungen und die Arbeit der Mönche
machten das Kloster Walkenried bald zum angesehensten und reichsten
Stützpunkt dieses Ordens im Harz. In seiner Glanzzeit im 13. Jh. war das
Kloster mit rund 80 Mönchen und 180 Laienbrüdern besetzt und besaß
einen Stadthof in → Nordhausen und zahlreiche Güter und weitere Nie-
derlassungen im Reich. Seine Mönche verwandelten vom 12. bis zum 16.
Jh. die sumpfigen Bruchniederungen der Helme in die fruchtbare Goldene
Aue, sie rodeten den Wald, betrieben Ackerbau, Vieh- und Fischzucht –
das Kloster soll 365 Teiche besessen haben. Auch an der Entwicklung des
Harzer Bergbaus und Hüttenwesens hatte das Kloster großen Anteil: Es
besaß Gruben am Rammelsberg und Hüttenwerke im Harz.
Von Walkenried aus folgten Tochtergründungen in Schmölln, das nach
Porta bei Naumburg verlegt wurde und Sittichenbach bei Eisleben. Das
Ende der Blütezeit setzte im 14. Jh. ein, als der Konvent in Verruf geriet.
Verschwendung und prunkvoller Lebenswandel führten dazu, daß Papst
Urban 1399 einen Verwalter berief. Von Anfang an war das Kloster befe-
stigt und die Umfassungsmauer ist noch vielfach zu erkennen.
1525 wurde es von den aufständischen Bauern unter Thomas Müntzer
(→ Berühmte Persönlichkeiten) geplündert, wobei die Kirche schwer
beschädigt wurde. Seitdem wurden in ihr keine Gottesdienste mehr abgehalten. (Sie fanden statt dessen im Kapitelsaal statt.)

Eindrucksvolle Klosterruine Walkenried

Kloster
Walkenried,
Geschichte
(Fortsetzung)

1542 war Walkenried zum Reichsstift ernannt worden (damit erhielt der Abt Sitz und Stimme im Reichstag). Nach der Reformation richteten die Vögte des Klosters, die Hohnsteiner Grafen, in den Abteigebäuden eine Lateinschule ein, die bis 1668 bestand. Nach dem Aussterben der Hohnsteiner übernahmen die Herzöge von Braunschweig-Wolfenbüttel den Klosterbesitz als Lehen.

Während vieler Jahrzehnte wurde das Kloster als Steinbruch genutzt, u. a. wurde das Walkenrieder Jagdschloß 1725–1727 mit seinen Steinen erbaut. Erst in der 2. Hälfte des 19. Jh.s setzte sich der Staat für die Erhaltung der Ruine ein.

Baukünstlerisch war Walkenried ein hervorragendes Zeugnis der Gotik im thüringisch-sächsischen Gebiet, und trotz der Zerstörungen sind die Reste auch heute noch von besonderem Interesse.

Baugeschichte

Die erste romanische Klosterkirche, eine dreischiffige rund 50 m lange Basilika, deren Grundriß teilweise freigelegt ist, wurde 1137 geweiht. Sie mußte einem 1204 begonnenen Neubau im gotischen Stil weichen, dessen Chor 1240 fertiggestellt war. 1290 fand die Schlußweihe der dreischiffigen 92 m langen und 22 m breiten Kirche statt, die ein zweischiffiges, 43 m breites Querhaus und einen abschließenden fünfschiffigen Chor besaß. Schon 1292 wurde der zweischiffige Nordflügel des Kreuzgangs geweiht, der von den Mönchen als Lesesaal benutzt wurde. Um 1300 wurde die gesamte Klausur vergrößert, dabei entstanden die restlichen Kreuzgangflügel und im Ostteil der große zwölfjochige Kapitelsaal, der Versammlungsraum der Mönche sowie im Südflügel Refektorium und Calefaktorium (Speisesaal und Wärmestube). Das Dormitorium (Schlafsaal) nahm das gesamte Obergeschoß des Ostflügels ein.

Den Abschluß bildete um 1350 das Brunnenhaus, das bei zisterziensischen Bauten gegenüber dem Refektorium liegt. Der gotische Kreuzgang mit den angrenzenden Räumen ist erhalten, der nur für die Laienbrüder bestimmte Westflügel wurde 1739 abgerissen. Die Klosterkirche ist nur

Ruine, jedoch vermitteln die Teile der Westfassade und des Chors einen Eindruck von ihrer einstigen Größe.

Von den ehem. Wirtschaftsgebäuden stehen nur noch die Klostermühle (heute Café) und der Mühlgraben. 1902 stürzte der Chor teilweise ein; 1977 begannen dann schließlich die Baumaßnahmen zur Erhaltung der Anlage. 1989 begann man mit dem Wiederaufbau des Hohen Chors.

Kloster Walkenried, Baugeschichte (Fortsetzung)

Das Kloster Walkenried kann im Rahmen einer Führung besichtigt werden. Diese finden jeweils zur vollen Stunde statt: vom Beginn der Osterferien bis zum Ende der Herbstferien Mo.–Sa. 10.00–12.00, 14.00–16.00, So. erst ab 12.00 Uhr; in der übrigen Zeit jeweils Sa. und So. 14.00 und 15.00 Uhr. Während dieser Zeiten ist das Kloster auch zu besichtigen.

Führungen

Der Eingang zu der Klosteranlage liegt am Westflügel des Kreuzgangs. Zunächst betritt man den 1294 geweihten Kreuzgang, der sich zum Innenhof in großen mit Maßwerk verzierten Spitzbogenfenstern öffnet; vor seinem Südflügel ragt das um 1350 erbaute Brunnenhaus (sein Dach ist von 1898) in den Innenhof hinein.

Besichtigung

Der Kreuzgang ist ein Meisterwerk gotischer Baukunst. Vor allem sein mit einem Rippengewölbe überspannter Nordflügel, der durch eine Reihe von neun farbigen, mit reichen Blattkapitellen geschmückten Muschelkalksäulen, die noch vom romanischen Vorgängerbau stammen, in zwei Schiffe geteilt wird.

Gegenüber dem Eingang liegt der dreischiffige Kapitelsaal, der heute als Kirche genutzt wird. Hier stehen Teile des um 1300 gefertigten Chorgestühls, ein kleines Retabel von 1557, das Grabmal des letzten Hohnsteiner Grafen von 1602 und eine barocke Kanzel, die 1667 Konrad Bonifatius anfertigte.

An das Refektorium und das Calefaktorium schließt sich im Osten der Brüdersaal an, der heute als kleines Museum dient. Hier werden die Grabungsfunde ausgestellt, u. a. verschieden gemusterte romanische Tonfliesen der früheren Fußböden.

In der ehem. Klosterkirche sind Teile der Westfassade mit Portal und Fenster, dem Chor und den südlichen Mittelschiffarkaden erhalten; im südlichen Querhaus wurden die Fundamente von zwei Apsiden des romanischen Vorgängerbaus freigelegt.

Im Südosten des Klosters stehen die kleine 1238 geweihte Johanniskapelle, der Klostereingang in Gestalt eines romanischen Portals und verschiedene Wirtschaftsgebäude.

Das ehem. Jagdschloß entstand 1725–1727 für Herzog August Wilhelm von Braunschweig-Wolfenbüttel nach Plänen von Hermann Korb aus den Steinen des Klosters.

Johanniskapelle

Umgebung von Walkenried

Der 2000 Einwohner zählende Luftkurort Wieda liegt in dem schönen gleichnamigen Tal, 3 km nördlich von Walkenried, 321–710 m ü.d.M. Seine Entstehung geht auf Walkenrieder Mönche zurück, die hier im 13. Jh. eine Eisenhütte gründeten.

Wieda

3 km östlich liegt im Tal der Zorge die kleine Stadt Ellrich (4000 Einwohner). Der Ort mit Marienkirche gehörte 876 als Alarici zum Kloster Fulda. 1286 erhielt er Stadtrecht. Der Dreißigjährige Krieg sowie mehrere Großfeuer verzögerten die Entwicklung der Stadt, die 1648 mit Halberstadt zu Brandenburg gelangte. Mitte des 19. Jh. profitierte Ellrich von der aufblühenden Gipsindustrie; diese Entwicklung wurde jedoch durch ihre Lage im Sperrgebiet der ehem. DDR jäh unterbrochen. Zu den Sehenswürdigkeiten gehören Teile der alten Stadtbefestigung, u. a. der Ravensturm und das Wernaer Tor (um 1315), die Ruine der 1860 im gotischen Stil neu aufgebauten Johanniskirche sowie ihr nebenstehendes Pfarrhaus, ein Fachwerkbau

Ellrich

Wernigerode

Walkenried,
Umgebung,
Ellrich
(Fortsetzung)

von 1655. In der aus dem 12.–16. Jh. stammenden Hospitalkirche befindet sich ein bemerkenswertes Wandgemälde mit der Auferstehung von 1598 sowie ein spätromanisches Kruzifix und ein spätgotischer Flügelaltar. In der gleichnamigen Straße stehen noch einige Fachwerkbauten.

Die Frauenbergkirche, die auf einer leichten Anhöhe über der Stadt steht, ist einer der ältesten Kirchenbauten im thüringischen Raum. Sie wurde um 1300 mit Flachdecke und dreiseitig geschlossenem Chor an der Stelle eines älteren Sakralbaus errichtet. Im Chor befindet sich ein Wandbecken, das mit einer Teufelsfratze verziert ist.

Bad Sachsa

5 km westlich ⟶ dort

Zorge

6 km nördlich von Walkenried liegt Zorge in einem engen, von bewaldeten Bergen eingeschlossenen Tal an dem gleichnamigen Fluß. Walkenrieder Mönche gründeten hier eine 1249 erwähnte Erzhütte; heute ist Zorge ein im Sommer und Winter beliebter Luftkurort. Über die Ortsgeschichte informiert eine Ausstellung im Heimatmuseum (Am Kurpark 4; geöffnet: 1.5. bis 31.10. Di., Do. 16.00–18.00, Sa., So. 10.00–12.00 Uhr).

Südlich von Zorge erhebt sich auf dem östlichen Zorgeufer der 554 m hohe Große Staufenberg, südwestlich davon der 420 m hohe Kleine Staufenberg mit den spärlichen Resten einer 1243 durch die Hohnsteiner Grafen erbauten Burg, die kurz darauf in den Besitz des Klosters Walkenried gelangte und dann zerstört wurde.

Wernigerode J 3/4

Bundesland: Sachsen-Anhalt
Höhe: 225–315 m ü.d.M.
Einwohnerzahl: 35 600

Lage und
Bedeutung

Wernigerode liegt am Nordrand des Harzes, am Zusammenfluß der Holtemme und des Zillierbaches, und zieht sich im Mühlental und dem Tal der Holtemme, das im oberen Teil Steinerne Renne heißt (s. unten), in das Gebirge hinein.

Die fast tausendjährige "bunte Stadt am Harz" (Hermann Löns, 1907) besitzt viele gut erhaltene Kunst- und Kulturdenkmäler; dazu zählen die vielen schönen Fachwerkhäuser aus vier Jahrhunderten und das malerische hochgelegene Schloß.

Wirtschaftlich bedeutend sind einige Industriebetriebe (Fahrzeugbau, Arzneimittelherstellung und Bekleidungsindustrie) sowie der Fremdenverkehr.

Harzquerbahn

Die Harzquerbahn (1000 mm Schmalspurbahn), die von den Bahnhöfen Wernigerode und Westerntor ins thüringische Nordhausen verkehrt, wurde 1896–1899 erbaut (⟶ Zahlen und Fakten, Verkehr). Eine Fahrt ins 60 km entfernte ⟶ Nordhausen dauert durchschnittlich zweieinhalb Stunden und manchmal ein wenig länger. In Drei Annen Hohne zweigt auch die Strecke nach ⟶ Schierke ab, die bis auf den ⟶ Brocken hinauf führt.

Geschichte

Während der großen Rodungsperiode (9.–12.Jh.) entstand im Auftrag des Klosters Corvey am heutigen Klint eine Missionssiedlung, die nach dem Abt Warin Waringrode genannt wurde. Anfang des 12. Jh.s wird erstmals ein Graf von Wernigerode erwähnt, der seine Stammburg auf dem Agnesberg hatte. In deren Schutz und aufgrund der Lage am Schnittpunkt zweier wichtiger Handels- und Heerstraßen, entwickelte sich eine Marktsiedlung, die 1229 das Goslarer Stadtrecht erteilt bekam. 50 Jahre später kaufte die Bürgerschaft Wernigerodes den Grafen die Stadtbefestigung ab und erwarb das Zollrecht an den drei Stadttoren. Im 13. Jh. entstand vor dem Osttor eine Neustadt mit der Johanniskirche. Beide Städte umgaben sich mit einer Stadtmauer und blieben bis 1528 selbständig.

Schloß Wernigerode

Geschichte
(Fortsetzung)

Nach dem Aussterben der Wernigeröder Grafen fiel die Grafschaft 1429 an die Grafen von Stolberg, und so bildete sich die Linie der Grafen zu Stolberg-Wernigerode heraus.

Die Blütezeit Wernigerodes lag im 14. und 15. Jh., als der Handel mit Tuchen, Bier und Branntwein die Stadt wohlhabend machte. Ihr Niedergang setzte im 16. Jh. mit mehreren Pestepidemien und dem Dreißigjährigen Krieg ein. Die einstige Hansestadt sank zu einer Ackerbürgerstadt herab. 1714 ging Wernigerode in preußischen Besitz über, und ab 1806 gehörte die Stadt zum neugegründeten Königreich Westfalen. Ende des 18. Jh.s begann ein erneuter Aufschwung, als sich Gerbereibetriebe, Manufakturen der Tuch- und Leineweberei hier ansiedelten. Im 19. Jh. kamen Industriebetriebe hinzu, v. a. Betriebe der Holz-, Stein- und metallverarbeitenden Industrie; 1872 wurde Wernigerode an die Eisenbahnlinie nach Halberstadt angeschlossen, 1884 nach Ilsenburg und 1898/99 an die Harzquer- und über diese an die Brockenschmalspurbahn. Damit setzte auch der Fremdenverkehr ein. Wernigerode ist heute ein sehr beliebter Kur- und Erholungsort.

Sehenswertes in Wernigerode

Obwohl in Wernigerode mehrfach große Stadtbrände wüteten (u. a. 1326, 1455, 1528, 1751 und 1847) und auch der Zweite Weltkrieg nicht spurlos an der Stadt vorüberging, blieben große Teile der historischen Bebauung erhalten.

＊＊Stadtbild

Der etwas erhöht gelegene Klint ist der historische Stadtkern Wernigerodes. Hier hatten im frühen Mittelalter der Adel und die hohe Geistlichkeit ihre Wohnsitze (entlang der heutigen Marktstraße, der ehem. Ritterstraße); die Häuser der wohlhabenden Kaufleute und Handwerker säumten die Breite Straße, den Mittelpunkt der ehem. Kaufmannssiedlung; zwischen Ring- und Westernstraße lag die Hörigensiedlung mit den bescheidenen

Wernigerode

Rathaus

Fassadenschmuck

Stadtbild (Fortsetzung)

Häusern der Tagelöhner und Kleinbauern. An der in der ehem. Neustadt gelegenen Grünen Straße steht auch heute noch eine fast geschlossene Doppelreihe von Fachwerkbauten der einstigen Ackerbürger.

Stadtbefestigung

Von der ehem. Stadtbefestigung sind nur einige Überbleibsel erhalten, z. B. das 36 m hohe, um 1250 erbaute Westerntor, das die Stadt nach Westen begrenzte, einige Mauerabschnitte sowie zwei sog. Schalentürme.

Marktplatz

Belebter Mittelpunkt der Altstadt ist der von farbenprächtigen Häuserfassaden umgebene Marktplatz, um den sich die Straßen in konzentrischen Kreisen herum ordnen.

✳ Rathaus

An der Südseite des Marktplatzes steht das Rathaus, das 1277 als sog. Spelhus erstmals erwähnt wird. Es war gräfliche Gerichtsstätte, in der auch mittelalterliche Vergnügungen stattfanden wie Bälle und Hochzeiten, Auftritte von Gauklern und Possenreißern. Bis 1427 befand es sich in gräflichem Besitz, dann ging es als Schenkung an die Stadt über. Vermutlich wegen der Brandgefahr wurde es 1427–1450 in Bruchstein umgebaut; damals entstand auch das massive Kellergeschoß. 1494–1498 erhielt der Unterbau ein Fachwerkgeschoß, die Pläne stammten zunächst von Thomas Sprengel, später von Thomas Hilleborch, von dem auch die beiden markanten Erkertürme sind. Als 1528 das an der Ostseite des Marktplatz gelegene Rathaus abbrannte, erwarb der Rat 1529/30 ein sich südwestlich an das Spelhus anschließendes Bürgerhaus und richtete dort das städtische Waaghaus ein. Der Umbau des Spelhuses zum Rathaus fand 1539–1544 nach den Plänen von Simon Hilleborch statt, dem Sohn des Thomas Hilleborch. Er verlängerte die Erkertürme um ein Fachwerkgeschoß, verlegte die Freitreppe zum Festsaal im Obergeschoß von der Westseite auf die Vorderseite, zwischen die beiden Erker, und gab der Fassade damit ihr heutiges Aussehen. Damals erhielt das Gebäude auch ein volles Walmdach.

Außergewöhnlich ist sein Figurenschmuck. Auf den Knaggen, den Stützbalken unter den Balkenköpfen, befinden sich 33 holzgeschnitzte Figuren, die Heilige, Narren, Gaukler, Spielleute oder Tänzer darstellen. Die an der Ratswaage befindlichen Moriskentänzer (eine Reihe männlicher Gestalten bemühen sich um die Maienkönigin) entstanden 1430–1450. Die zweite und dritte Gruppe setzt sich vor allem aus Heiligengestalten zusammen (1492–1498 und 1539–1544; darunter die Figuren über dem Portal der Rathausfassade). Die Figuren an der Ostseite des Rathauses und am Gebäude der Sparkasse wurden erst 1939 angebracht und sind von dem Wernigeröder Holzschnitzer Otto Welte.
Über dem Eingangsportal steht der stadtbekannte Spruch: "Einer acht's, der andere betracht's, der dritte verlacht's, was macht's."

Rathaus (Fortsetzung)

Der südwestliche Anbau, der sich auf der rechten Seite hinter dem Rathaus in Richtung Klintgasse erstreckt, entstand als Waaghaus 1480 ebenfalls nach Plänen von Hilleborch. Hier wurden die Kaufwaren amtlich gewogen, heute beherbergt es die Stadtverwaltung.
An der Ostseite des Rathauses entstand ab 1939 der heute von der Sparkasse genutzte, in seinem Aussehen der Rathausfront angepaßte Neubau.

Ratswaage

Rechts neben dem Rathaus steht das bereits 1425 als das "dat grote Hus am markes" erwähnte Haus (mehrfach umgebaut). Seit 1854 wird es als Gaststätte genutzt (heute Nobelhotel und nur noch in der Fassade erhalten; im Innern des Restaurants vier holzgeschnitzte Figuren von 1480; die mittlere ist eine Ergänzung von 1854). Gegenüber dem Rathaus steht das 1760 erstmals erwähnte, vermutlich aber viel ältere Hotel Weißer Hirsch.

Gothisches Haus

Der Marktbrunnen wurde 1848 in der Ilsenburger Eisenkunsthütte im neugotischen Stil gegossen. Die Wappenschilder am oberen Becken verwei-

Wohltäterbrunnen

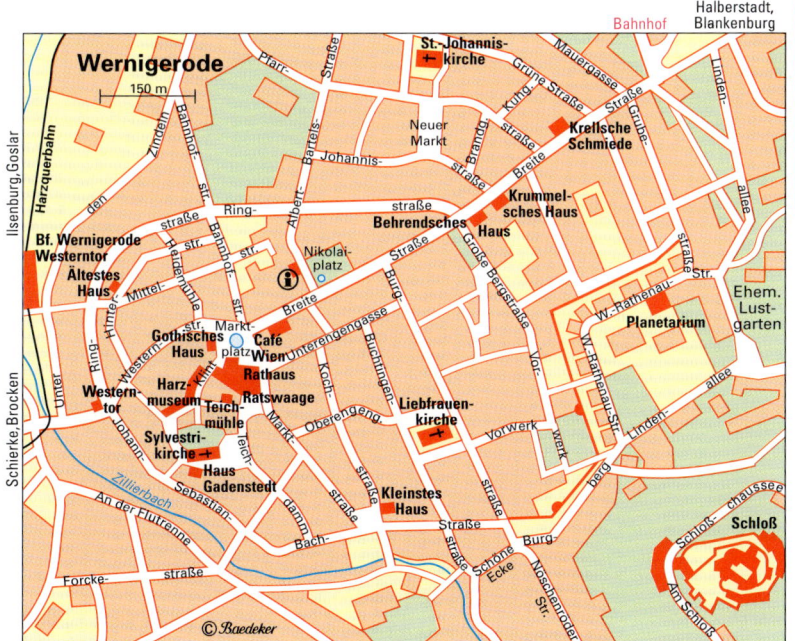

Wernigerode

Wohltäterbrunnen
(Fortsetzung)

sen auf Adlige, die Namen am mittleren Becken erinnern an Bürger, die sich um das Wohl der Stadt verdient gemacht haben. Der letztgenannte Oberst Gustav Petri (1888–1945) war 1945 standrechtlich erschossen worden, da er als Stadtkommandant kurz vor Beendigung des Zweiten Weltkrieges den Befehl zur Verteidigung Wernigerodes verweigert hatte.

Klint

Durch die schmale Gasse westlich vom Rathaus gelangt man auf den Klint, (griech. Ursprungs, sich neigen, senken; bezeichnet einen Abhang), den ältesten Stadtteil Wernigerodes. Alte Häuser säumen die Klintgasse, das Haus Klintgasse 3 entstand um 1580; in der Klintgasse 5 steht die 1680 erbaute Teichmühle, deren Grundmauern von dem Wasser des Mühlgrabens (heute decken ihn Steinplatten ab) solange unterspült wurden, bis sich der Fachwerkbau stark neigte. Heute ist es Wernigerodes 'Schiefes Haus'. Der Erker über dem Mühlgraben diente einst als Abort.

☀ Harzmuseum

**Öffnungszeiten
Mo.–Sa.
10.00–17.00**

Das naturkundliche Museum ist in einem klassizistischen Fachwerkhaus von 1840 eingerichtet (Klint 10). Seine Ausstellungen führen in die Landschafts- und Siedlungsgeschichte des Harzes, seines Vorlandes und in die Wernigeröder Stadtgeschichte ein, darunter befindet sich eine sehenswerte Sammlung kreidezeitlicher Pflanzenfossilien; viel Wert wird auf die Entwicklung der Forst-, Wasser- und Feldwirtschaft und des örtlichen Handwerks gelegt. In weiteren Räumen wird die Fachwerkbauweise erläutert und Harzer Folklore vorgestellt; nebenan befindet sich die umfangreiche Harzbibliothek (geöffnet: Di. und Do. 10.00–18.00 Uhr).

St. Sylvester

Nicht weit von dem Museum entfert steht die Sylvestrikirche (Oberer Pfarrkirchhof), eine dreischiffige gotische Basilika von 1230, die wenig später zur Klosterkirche und Grablege der Wernigeröder Grafen umgebaut und zuletzt 1833–1885 verändert wurde. Damals entstand anstelle der Doppelturmfront der Westturm. Unter den Ausstattungsstücken befinden sich ein spätgotischer Schnitzaltar (Brüssel, 1480; er stand ursprünglich in der 1873 abgebrochenen Nikolaikirche), ein Kruzifix von einem Triumphkreuz (um 1475) und mehrere Grabsteine Wernigeröder Adliger.

Bürgerhäuser

Die schmale Gasse um die Kirche herum ist gesäumt von prächtigen alten Häusern aus dem 16. und 17. Jh., darunter das im 15. Jh. erbaute, 1582 aufgestockte Gadenstedter Haus (Oberpfarrkirchhof 13). Das folgende Haus (Nr. 12) wurde um 1680 im sog. Quedlinburger Stil errichtet, benannt nach dem diamantschnittförmigen Abschluß der Balkenköpfe (eine v. a. in Quedlinburg verbreitete Form). Goethe besuchte am 3. Dezember 1777 den in diesem Haus lebenden jungen Pfarrerssohn Viktor Leberecht Plessing, um mit diesem inkognito über seinen Roman "Die Leiden des jungen Werther" zu sprechen.
Das Haus Oberpfarrkirchhof 7 entstand 1730 als städtisches Gymnasium, das u. a. auch der Dichter J. W. L. Gleim besuchte (→ Berühmte Persönlichkeiten); die Oberpfarre (Oberpfarrkirchhof 6) gehört zu den schönsten barocken Fachwerkhäusern der Stadt und wurde 1718 erbaut; das linke Wappen mit den drei goldenen Ähren erinnern an den ehem. Besitzer, den Sohn eines Bierbrauers.

**Kleinstes
Haus**

Über einen kleinen Durchgang gelangt man zur Johann-Sebastian-Bach-Straße, der man bis zur Kochstraße folgt. Hier steht das 1774 erbaute kleinste Haus der Stadt (Kochstraße 43). Das barocke Fachwerkhaus mißt bis zur Dachtraufe nur 4,20 m, ist 2,95 m breit und hat eine 1,70 m hohe Tür. Der einzige Raum des Hauses ist die 8 m² große Fuhrmannsstube.

Liebfrauenkirche

Nordöstlich hiervon erhebt sich die nach einem Stadtbrand an der Stelle eines romanischen Vorgängerbaus 1756–1762 errichtete barocke Liebfrauenkirche; ihren Westturm erhielt sie erst 1889 nach Plänen des Hannoveraner Architekten C. W. Hase. Die hölzerne Innenausstattung (zwei Doppelemporen, eine Fürstenloge und eine Kanzel) stammt vom fürstlichen Hoftischler Johann Wilhelm Moser.

Kleinstes Haus der Stadt *Haus Krummel*

Am Marktplatz beginnt die nach Osten führende Beite Straße. Hier stehen einige der bedeutendsten Fachwerkhäuser der Stadt, u. a. das 1583 erbaute Café Wien (Breite Straße 4), seit 1897 Konditorei, das Handwerkerhaus von 1580 (Breite Straße 62), das Preysser-Haus (Breite Straße 71) von 1669.

Breite Straße

Zu den schönsten Häusern der Stadt gehört das Haus Krummel (Breite Straße 72), dessen ganze Fassade überreich verziert ist. Es wurde 1674 für den Berliner Kaufmann Heinrich Krummel errichtet (1875 durch den Ladeneinbau im Erdgeschoß verändert). In den 10 Kassettenfeldern unter den Fensterbrüstungen der beiden Obergeschosse sind eindrucksvolle plastische Darstellungen zu sehen, die Geschichtsdarstellungen und Allegorien wiedergeben.
Das im 15. Jh. erbaute Haus Breite Straße 80 beherbergte bis 1528 das Rathaus der ehemals selbständigen Neustadt.

Haus Krummel

Der Pferdekopf und die Hufeisen über der Tür weisen darauf hin, daß sich in dem 1678 für den aus Süddeutschland stammenden Michel Krell erbauten Haus (Breite Straße 95) einst eine Schmiede und im Obergeschoß eine Sattlerwerkstatt befanden. Heute beherbergt es ein kleines Schmiedemuseum (geöffnet: Mi.–So. 10.00–16.00, Fr. 10.00–15.00 Uhr).

Krellsche Schmiede

Im Nordosten von Wernigerode steht die romanische, 1279 geweihte Pfarrkirche der Neustadt St. Johannis. Langhaus und Chor entstanden bei einem Umbau 1497 neu. Unter der Ausstattung befindet sich ein spätgotischer Schnitzaltar von 1430, ein Kruzifix (um 1500), ein Taufstein von 1569 sowie die hölzerne Kanzel (um 1600).

St. Johannis

Das vermutlich älteste Fachwerkhaus Wernigerodes steht in der Hinterstraße 48, es ist ein Ständerbau aus der 1. Hälfte des 15. Jh.s; in der Nähe liegt der Westerntorturm (s. oben, Stadtbefestigung).

Ältestes Haus

Westerntorbahnhof

Vom 1936 nach Plänen des Hamburger Architekten Fritz Höger erbauten Bahnhof verläßt die Harzquerbahn den Ort in Richtung → Nordhausen.

St. Georg

Die Georgskapelle (Ilsenburger Straße) gehörte zu dem 1347 erstmals genannten Hospital für Aussätzige.

Theobaldikapelle

An der die Stadt in Richtung Elbingerode in südöstlicher Richtung verlassenden Straße steht im Ortsteil Nöschenrode die St.-Theobaldi-Kapelle (Mühlental 1). Graf Heinrich zu Wernigerode stiftete sie 1419 als Sühnekapelle für seinen Bruder Dietrich. Anfang des 17. Jh.s wurde sie um eine kreuzgewölbte Sakristei erweitert. Unter der sehenswerten Innenausstattung befinden sich ein reichgeschnitzter gotischer Altar (zwischen 1404 und 1429), fünf Reliquienbüsten und eine Kanzel von 1696.

Wildpark

Sehenswert ist der Wildpark im Christianental (zu Fuß: über die Burgstraße und die Nöschenröder Straße bis zum Holfelder Platz, dann links in den Bohlweg, der bis zum Eingang des Wildparks führt; mit dem Auto: die B 244 in Richtung Elbingerode, bis der Hinweis zum Christianental folgt), der eine Fläche von 7 ha einnimmt und in dem 50 Tierarten miteinander auskommen. Wie auf dem Hexentanzplatz (→ Thale) werden hier vorrangig Tiere aus dem Harz gezeigt, die jedoch in freier Wildbahn nur mit viel Glück zu beobachten sind. So leben hier zahlreiche Eulen- und Greifvogelarten, Marder und Dachse, Rot-, Dam- und Muffelwild, Waschbären, sowie viele, bereits selten gewordene Singvögel. Besonders beliebt sind das Streichelgehege und der Tierkindergarten.

✳✳Schloß

Wernigeröder Bimmelbahn

Auf einer südöstlich der Stadt gelegenen, 350 m hohen Kuppe des Agnesbergs erhebt sich das Wernigeröder Schloß. Es ist nicht gestattet, mit dem Kraftfahrzeug auf den Schloßberg zu fahren. Wer den kurzen, aber steilen Weg umgehen möchte, dem sei die Wernigeröder Bimmelbahn empfohlen. Diese startet von Mai bis Oktober täglich und in kurzen Abständen hinter dem Rathaus bei der Blumenuhr (von November bis April alle 45 Min.).

Baugeschichte

Bereits im 12. Jh. stand an dieser Stelle eine unter Graf Adalbert erbaute Burg, deren Gebäude sich innerhalb einer Ringmauer befanden. Von dieser ersten Burg ist außer einigen Kellergewölben und Mauerbruchstücken nichts erhalten geblieben. Die wesentlichen Gebäude wie Bergfried, Kapelle, Wohnturm und Palas verschwanden im Laufe der Jahrhunderte, an ihrer Stelle entstanden neue Gebäude, Türme oder Mauern, u. a. am Ende des 13. Jh.s unterhalb der Nordwestecke der Hausmannsturm. Um 1500 wurde die Burg modernisiert und vor allem die Verteidigungsanlagen entsprechend des neuesten Standes der Festungstechnik ausgebaut. So entstand eine durch Gräben, Wälle, Mauern, Zwinger sowie durch drei Toranlagen verstärkte Verteidigungsanlage. Während des Bauernkriegs diente die Burg den aus Stolberg vertriebenen Grafen 1525 als Ausweichquartier. Von hier aus leitete Botho III. zu Stolberg-Wernigerode (1511–1538) seinen

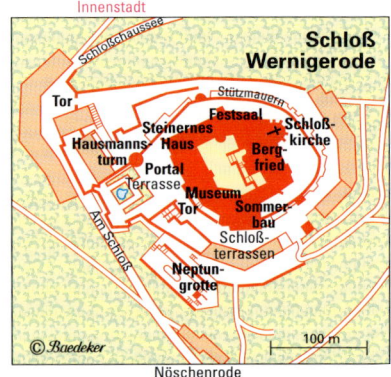

Schloß Wernigerode

Schloßterrasse

Innenhof des Schlosses

Kampf gegen die aufständischen Bauern. Im 17. Jh. wurde die Burg mit dem Aufkommen einer neuen Kriegsführung und schwereren Feuerwaffen verteidigungsunfähig wie ein Schreiben vom 29. Oktober 1642 anschaulich beschreibt: "...da es ihm (dem Schloß) zunächst an Wasser fehle, das durch Esel heraufgetragen werden müsse, und überdies mit (Wall-)Büchsen von dem daran gelegenen (höheren) Berge dergestalt beschossen werden könne, daß niemand sich darauf sehen lassen dürfe." So blieb die Burg auch nach dem Ende des Dreißigjährigen Krieges zunächst unbewohnt und verfiel mit einer Unterbrechung, als 1671–1676 an der Südseite des Innenhofs das in Fachwerk aufgeführte Sommerhaus erbaut wurde. 1710 verlegte dann Graf Christian Ernst seinen Wohnsitz von Ilsenburg nach Wernigerode und begann mit dem Umbau der Burg zu einem Barockschloß, ohne jedoch den Burgcharakter aufzugeben.

Sein heutiges Aussehen erhielt das Schloß erst unter Graf Otto zu Stolberg-Wernigerode (1837–1896; Vizekanzler unter Bismarck), der 1862 eine umfassende Rekonstruktion im historisierenden Stil der Neugotik veranlaßte. Die Arbeiten unter der Leitung des Architekten Karl Frühling zogen sich bis 1885 hin. Nach dem Umbau bildete das Schloß einen in drei größere Gebäudegruppen untergliederten und der Lage entsprechend übereinander gestaffelten umfangreichen Gebäudekomplex. Völlig neu entstanden dabei die große Freiterrasse, das Treppenhaus und der Bergfried. Als bestimmende Blickrichtung blieb wie schon bei der Burg und dem Barockschloß die Westseite mit dem repräsentativen Treppenhaus erhalten. Die drei Hauptgebäudegruppen liegen von hier aus gesehen fast axial hinter- und übereinander: auf die Reihe der Bastionsbauten folgen die darübergelegene Freiterrasse, Hausmannsturm und innere Ringmauer und als oberste Gruppe der Ring der eigentlichen Schloßgebäude. Auf der Nordseite liegt der reich verzierte Saalbau, dem sich östlich die Schloßkirche anschließt, im Süden bestimmen schließlich der Wassmusturm und der Bergfried. So entstand auf engstem Raum und durch den Rückgriff auf die verschiedensten Baustile von der Gotik bis zum

Schloß, Baugeschichte (Fortsetzung)

Barock ein auch "Neuschwanstein des Harz" genanntes Märchenschloß mit 250 Räumen. 1930 gaben die Fürsten zu Stolberg-Wernigerode das Schloß als Wohnschloß auf, und 1945 ging es nach der Bodenreform in Volkseigentum über. Seit 1949 ist es ein Museum.

Schloßmuseum

Öffnungszeiten
1.5.–31.10.
tgl. 10.00–18.00
Nov. Sa., So.
10.00–18.00
1.12.–30.4.
Di.–So.
10.00–18.00

In zwei Rundgängen durch rund 36 Ausstellungsräume findet der Besucher Originalräume des Wohnschlosses, in denen er einen Einblick in die Wohnkultur des Hochadels in der zweiten Hälfte des 19. Jahrhunderts gewinnt. Thematisch gestaltete Räume geben zudem einen Überblick über die Baugeschichte des Schlosses sowie über das politische und geistige Wirken einiger der bedeutendsten Grafen, seit 1890 Fürsten zu Stolberg-Wernigerode.

Beachtung verdienen auch die zahlreichen Gemälde, Handzeichnungen und Grafiken, die v. a. von Künstlern der Romantik stammen, die im Harz gelebt und gearbeitet haben.

Stilzimmer und Räume mit reizvollen kunsthandwerklichen Objekten aus ganz unterschiedlichen Materialien und verschiedenen Jahrhunderten vervollständigen das Erlebnis für den interessierten Museumsbesucher.

Zu den eindrucksvollsten Räumen des Schlosses gehören neben der im Jahre 1880 geweihten Schloßkirche, die an der Stelle eines barocken Vorgängerbaus steht, die Wohn- und Arbeitsräume des Fürstenpaares sowie der Festsaal, dessen Wände drei große Gemälde schmücken (1885 von Conrad Beckmann ausgeführte; auf ihnen werden die Übergabe der Grafschaft Wernigerode an die Stolberger Grafen, die Reformation und die Gegenreformation dargestellt) und schließlich die sogenannten Königszimmer mit Originalmöbeln des 19. Jahrhunderts. Diese Räume waren als Gästezimmer für Personen allerhöchsten Ranges vorbehalten.

Wildwaage im Schloßmuseum

Schloßterrasse

Von der Freiterrasse hat man einen schönen Blick auf Wernigerode, bei schönem Wetter reicht er bis zum Brocken. Hier steht auch die 'Schöne Treiberin', eine Bronzekanone mit Ornamenten verziert und der gravierten Jahreszahl 1521, die vermutlich während des Dreißigjährigen Krieges vergraben wurde. 1864 entdeckte man sie unter dicken Schuttmassen und stellte sie am historischen Platz wieder auf.

Ehem. Lustgarten

Nördlich unterhalb des Schlosses erstreckt sich der ehem. Lustgarten. Die Anfang des 18. Jh.s nach französischem Vorbild gestaltete barocke Gartenanlage wurde Ende des 18. Jh.s von den Grafen zu Stolberg-Wernigerode aus Kostengründen aufgegeben. Statt dessen entstand in einem Zeitraum von mehreren Jahren auf dem Areal des Lustgartens ein englischer Landschaftspark.

Umgebung von Wernigerode

Durch den Ortsteil Hasserode oder mit der Harzquerbahn erreicht man die Steinerne Renne, die neben dem → Bodetal, Ilsetal (→ Ilsenburg) oder → Selketal zu den romantischsten Harztälern gehört. Die Holtemme hat hier eine tiefe Schlucht ausgewaschen, die mit Moos überwachsen den malerischen Hintergrund für zahlreiche Mäander, Strudellöcher und Wasserfälle des stürmischen Wildbaches ergeben. Eine Schrift von 1520 erwähnt bereits den Wasserfall im oberen Teil des Tales als "Steyn Renne am Brogken", und das ergab schließlich den heutigen Namen. Durch die Steinerne Renne erreicht man das Naturdenkmal Ottofels, ein 548 m hohes Granitgebilde, sowie Drei Annen Hohne und den → Brocken.

Steinerne Renne

6 km östlich von Wernigerode liegt der kleine Ort Benzingerode mit seiner 1903 nach Plänen von Johann Pfeifer erbauten Kirche. Als Vorbild diente die Berliner Kaiser-Wilhelm-Gedächtnis-Kirche.
Am Dorfausgang steht rechter Hand der Burghügel, vermutlich in vor- und frühgeschichtlicher Zeit bereits Standort einer Fluchtburg, auf der dann in fränkisch-karolingischer Zeit die Struvenburg erbaut wurde.
Ihr gegenüber liegt auf einem flachen Höhenrücken die Schlichtenburg. Dieses Gebiet war mindestens seit der späten Bronze- und frühen Eisenzeit besiedelt. Am Rand des östlichen Abhangs sind noch die Reste eines gebogenen Wallstücks erhalten, einziger Überrest einer mittelalterlichen oder älteren Burg.

Benzingerode

8 km östlich → Blankenburg, Umgebung

Heimburg

9 km südlich von Wernigerode liegt Drei Annen Hohne, Scheitel- und Haltepunkt der Harzquerbahn. In der Nähe eines unter der Hohne gelegenen Viehhofs bestand zwischen 1770 und 1800 ein Kupfer- und Silberbergwerk, das Graf Christian Friedrich nach seiner Tochter, einer Nichte und der Großmutter der beiden, die alle Anna hießen, Drei Annen nannte. Seit der Inbetriebnahme der Schmalspurbahn ist es ein beliebter Ausgangspunkt für Wanderungen zum Ottofels, zur Steinernen Renne, zu den Hohneklippen und ins Brockengebiet. Von hier fahren fünfmal täglich Züge nach → Schierke und zum → Brockengipfel und zurück.

Drei Annen Hohne

15 km südwestlich → dort

Schierke

Am 1. Oktober 1990 wurde die rund 6 km² große Region um den → Brocken zum Nationalpark Hochharz erklärt, um die interessante, längst vom Aussterben bedrohte Gebirgsfauna- und flora zu schützen, die sich in den letzten Jahren der Isoliertheit hier entwickelte (→ Zahlen und Fakten, Naturschutz).

**Nationalpark Hochharz

Derenburg, 7 km nordöstlich von Wernigerode gelegen, ist im 10. Jh. als ottonische Burg gegründet und der Ort zunächst nur von ihren Bediensteten besiedelt worden. Die Burg wurde 1785 zerstört und auch die Stadtmauer mit ihren drei Toren existieren nicht mehr. Sehenswert sind das Obere Rathaus, ein Fachwerkbau von 1560, und die einst romanische, später mehrfach umgestaltete St. Trinitatiskirche.

Derenburg

Seit syrische Glasmacher im 1. Jh. v. Chr. entdeckt hatten, daß Glas, zähflüssig geschmolzen, mit Hilfe eines Metallrohres, der Glasmacherpfeife, geblasen werden kann, hat sich bis heute an dieser Technik nichts geändert. Die älteste urkundliche Erwähnung einer Glashütte in Deutschland ist 1340 in Bischofsgrün im Fichtelgebirge. Zur gleichen Zeit entwickelte sich auch die Glasherstellung in Thüringen und Böhmen.
1949 brachten Gablonzer Glasmacher die Tradition böhmischer Glaskunst aus dem Sudetenland in den Vorharz mit. Hier waren die Rohstoffe Sand und Holz, aus dessen Asche die Pottasche gewonnen wurde, reichlich vorhanden.

*Glasmanufaktur

Öffnungszeiten Glashütte Di.–Sa. 9.00–15.00

Wernigerode,
Umgebung
(Fortsetzung)

In der Derenburger Manufaktur kann man Glasbläsern über die Schulter schauen. Mit Hilfe erfahrener Meister können auch die Besucher selber Glasgebilde blasen.

Darlingerode

4 km nordwestlich → Ilsenburg, Umgebung

Drübeck

6 km nordwestlich → Ilsenburg, Umgebung

Ilsenburg

9 km nordwestlich → dort

Wippra   O/P 8

Bundesland: Sachsen-Anhalt
Höhe: 250 m ü.d.M.
Einwohnerzahl: 1850

Lage und
Bedeutung

Der kleine Luftkurort Wippra liegt am Südrand des Ostharzes im Tal der Wipper. Der von bewaldeten Hängen und schönen Wiesen umgebene Ort wird auch 'Perle des Wippertals' genannt.

Geschichte

Bereits 840 ist im Hersfelder Zehntverzeichnis der Ort als Wipparaha aufgeführt. Er gehört zu den ältesten Siedlungen des Harzes und entwickelte sich im Schutz einer der wenigen Backsteinburgen in diesem Gebiet. Ab 1500 verfiel die Burg, an die nur noch einige Mauerreste und Wallgraben auf dem nördlich sich erhebenden Schloßberg erinnern. Anfang des 16. Jh.s gelangte Wippra an die Grafen von Mansfeld und gehörte nun zum Amt Rammelsburg. Während der napoleonischen Zeit kam der Ort zum Königreich Westfalen und 1815 zu Preußen.
Haupteinnahmequelle war und ist die Land- und Forstwirtschaft. Eine wichtige Rolle spielt auch der Fremdenverkehr. Wegen seiner schönen

Wippra

Lage und einiger in der Nähe gelegener Ausflugsziele gehört Wippra zu den meistbesuchten Orten des Südostharzes.

Wippras Ortsbild wird von schönen bunten Fachwerkhäusern geprägt. Die Dorfkirche St. Marien ist ein Fachwerkbau, der 1775–1780 an der Stelle eines älteren Vorgängerbaus errichtet wurde. Im Innern befindet sich ein hochgotischer Marienaltar, eine Hildesheimer Schnitzarbeit aus der Zeit um 1500. Bei Reparaturarbeiten wurden barocke Deckengemälde freigelegt.

In einem 1700 erbauten ehem. Wohnhaus befindet sich das Heimatmuseum. Sehenswert sind die Rauchküche mit offenem Kamin und einem gemauerten Herd; an den Türen befinden sich noch die originalen Riegelschlösser; ausgestellt werden Möbel, Kleidung, Hausgeräte, Werkzeuge, Bilder und Dokumente zur Ortsgeschichte.

Bereits seit Anfang des 16. Jh.s wird in Wippra am Bottchenbach Bier gebraut.

Umgebung von Wippra

Schöne Wanderwege führen zur westlich gelegenen, 1951/52 erbauten Wippertalsperre mit Strandbad und Campingplatz, die Brauchwasser für den Mansfelder Kupferbergbau lieferte. Die 17 m dicke Staumauer ist fast 18 m hoch und 126 m lang; sie kann 2 Mio. m^3 Wasser stauen. Heute dient sie zur Regulierung des Wipperwasserstands und versorgt das Hettstedter Industriezentrum mit Wasser.

9 km nordwestlich $\longrightarrow$ Harzgerode, Umgebung

10 km nördlich von Wippra liegt auf einer Hochfläche, zwischen den beiden Flüssen Eine und Lehne, der kleine Ort Molmerswende. Er entstand in der Zeit der großen Rodungen im Harz durch 'Schwendung', d. h. Niederbrennen des Waldes, woraus sich die Endsilbe 'schwende' und später 'wende' herausbildete.
Hier kam 1747 der Lyriker und Balladendichter Gottfried August Bürger zur Welt, Dichter des Sturm und Drang. Ab 1786 übersetzte er die Münchhausenerzählungen aus dem Englischen zurück, erweiterte sie um acht eigene Geschichten und gab ihnen so ihre heutige Form ($\longrightarrow$ Berühmte Persönlichkeiten).

In seinem im 17. Jh. erbauten Geburtshaus, dem ehem. Pfarrhaus, ist ein kleines Museum eingerichtet worden (Hauptstraße 14; geöffnet: Di.–Fr. 13.00–16.00, Sa. 14.00–16.00, So. 10.00–12.00 Uhr).
Die kleine nebenstehende Fachwerkkirche ist von 1771.

Auf der Fahrt ins 14 km östlich von Wippra gelegene $\longrightarrow$ Mansfeld kommt man nach etwa 10 km an der Rammelburg vorbei. Sie erhebt sich auf einem nach Süden vorspringenden, auf drei Seiten von der Wipper umflossenen Bergsporn und gehört zu den schönsten und am besten erhaltenen Burgen im ganzen Harz. Sie beherbergt heute ein Rehabilitationszentrum und ist nur von außen zu besichtigen.
Die 1190 das erstemal erwähnte Burg ging von den Arnsteiner Grafen 1296 an die Falkensteiner Grafen und 1410 an die Grafen von Mansfeld über. 1579 gehörte sie zu Kursachsen, 1808 zum Königreich Westfalen und schließlich zu Preußen. Die heutige Vierflügelanlage steht an der Stelle mittelalterlicher Vorgängerbauten. Nach einem Brand entstand die Kernburg 1896 neu. Von der mittelalterlichen Burg sind nur die beiden runden Bergfriede erhalten geblieben; der westliche bekam später ein achteckiges Fachwerkgeschoß. Der Renaissanceflügel an der Westseite stammt noch aus der 2. Hälfte des 16. Jh.s; die Schloßkapelle wurde 1575 eingerichtet.

Praktische Informationen von A bis Z

Anreise

Der Harz ist verkehrsmäßig gut erschlossen und aus allen Himmelsrichtungen folgendermaßen anzufahren:

Mit dem Auto

Aus Flensburg, Hamburg oder Hannover ist der Harz beispielsweise über die E45/A7 erreichbar. Mögliche Ausfahrten sind Rhüden (weiter auf der B82 über Langesheim nach Goslar), Seesen (weiter auf der B240 nach Bad Gandersheim), Northeim (weiter auf der B241 nach Osterode), Nörten-Hardenberg (weiter auf der B446 nach Duderstadt) oder Göttingen (weiter über die B27 nach Herzberg im Südharz bzw. nach Duderstadt und ins Eichsfeld).

Aus Norddeutschland

Aus Berlin reist man in den Südharz auf der E51/A9 und biegt bei Landsberg in Richtung Halle auf die B80 in Richtung Lutherstadt Eisleben, Sangerhausen und Nordhausen ab, oder man fährt in den Nordharz auf der E30/A2 bis Barleben und reist über Magdeburg auf der B81 Richtung Halberstadt.

Aus Berlin

Ab Dortmund gelangt man auf der E331/A44, die beim Kasseler Kreuz in die E45/A7 mündet, nach Göttingen; Ausfahrten s. oben.

Aus dem Westen

Ab Halle gelangt man auf der B80 über Lutherstadt Eisleben nach Nordhausen ('südliches Eingangstor' zum Harz).

Aus dem Osten

Ab Weimar ist Bad Frankenhausen und die Kyffhäuserregion erreichbar über die B85.

Aus dem Südosten

Ab Erfurt gelangt man auf der B4 über Sondershausen, Nordhausen und Braunlage nach Bad Harzburg.
Ab München fährt man über die E52/A8 nach Ulm; über die E45/A7 über Würzburg–Kassel–Göttingen in Richtung Hannover; Abfahrten: Friedland, Göttingen Nord, Northeim (B241 nach Osterode; B247 nach Herzberg) oder Seesen.

Aus dem Süden

Ab Karlsruhe über die E35 und E451/A5 nach Frankfurt am Main und Gießen; von dort auf der E40/A5 nach Bad Hersfeld, weiter auf der E45/A7 nach Göttingen; Ausfahrten s. zu Beginn dieses Kapitels.

Aus dem Südwesten

Urlauber, die im Winter mit dem Pkw in den Harz reisen, sollten sich über die Schneeverhältnisse unter dem Harzer Schneetelefon (→ Wintersport) informieren.

Hinweise

Die nächstgelegenen Flughäfen sind Leipzig/Halle (50 km von Lutherstadt Eisleben entfernt) und Hannover-Langenhagen (80 km von Goslar, 100 km von Bad Harzburg entfernt).

Mit dem Flugzeug

Auch mit der Eisenbahn ist der Harz bequem zu erreichen. Aus dem Norden und dem Ruhrgebiet erreicht man ihn über Hannover oder Kassel, aus dem Süden über Kassel oder Erfurt, von Berlin über Magdeburg und aus dem Osten über Leipzig, Halle (Saale) und Halberstadt.

Mit der Eisenbahn

→ Eisenbahn

Schmalspureisenbahnen

◀ *Schaugießen in der Fürst-Stolberg-Hütte in Ilsenburg*

Anreise (Fortsetzung)	Bei guten Schneebedingungen werden im Winter Sonderzüge in den Harz eingesetzt. Weitere Auskünfte über Bahnverbindungen (sowie Busanschlüsse) erteilen die örtlichen Reisebüros oder das Bahnpersonal.

Auskunft

Übergeordnete Auskunftsstellen

Internet	www.harzinfo.de
Niedersachsen	Harzer Verkehrsverband Marktstraße 45 (Gildehaus) D-38640 Goslar, Tel. (05321) 34040, Fax 340466
Sachsen-Anhalt	Tourismusverband Sachsen-Anhalt Große Diesdorfer Str. 12 D-39108 Magdeburg, Tel. (0391) 5670, Fax 5677081
Thüringen	Thüringer Tourismus GmbH Weimarische Straße 45 D-99099 Erfurt, Tel. (0361) 37420, Fax 3742388 Kyffhäuser-Fremdenverkehrsverband siehe unten, Bad Frankenhausen

In den Orten

Allrode	Tourist-Information Allrode, Lange Straße 158, D-06507, Tel. (039487) 292, Fax 248
Altenau	Tourist-Information, Hüttenstr. 9, D-38707, Tel. (05328) 80222, Fax 80238 Im Kurgastzentrum von Altenau ist das Informationszentrum der Nationalparkverwaltung unter der gleichen Telefonnummer zu erreichen.
Altenbrak	Kurverwaltung, St. Ritter 32a, D-38889, Tel. und Fax (039456) 205
Artern	Stadtverwaltung, Markt 14, D-06556, Tel. (03466) 325543, Fax 325550
Aschersleben	Verkehrsverein e. V., Taubenstr. 6, D-06449, Tel. und Fax (03473) 4246
Bad Frankenhausen	Kyffhäuser Fremdenverkehrsverband, Am Anger 14, D-06567, Tel. (034671) 7170, Fax 71719
Bad Gandersheim	Städtische Kurverwaltung, Stiftfreiheit 12, D-37581, Tel. (05382) 73479, 73480, Fax 73490
Bad Grund	Bad Grund Touristik GmbH, Elisabethstr. 1, D-37539, Tel. (05327) 7007-10, Fax 700777
Bad Harzburg	Kur- und Wirtschaftsbetriebe der Stadt Bad Harzburg GmbH, Herzog-Wilhelm-Str. 86, D-38667, Tel. (05322) 75330, Fax 75329
Bad Lauterberg	Kur- und Touristikbetrieb, Ritscherstr. 4, D-37431, Tel. (05524) 92040, Fax 5506
Bad Sachsa	Kurbetrieb Bad Sachsa, Am Kurpark 6, D-37441, Tel. (05523) 30090, Fax 300949
Bad Salzdetfurth	Kurbetriebsgesellschaft, Unterstr. 87, D-31162, Tel. (05063) 9000, Fax 1260

Kurverwaltung, Felsenkellerpromenade 4, D-06507,   Bad Suderode
Tel. (039485) 510, Fax 485

Tourist-Information, Allee 37, D-06493, Tel. und Fax (039483) 263   Ballenstedt

Kurverwaltung/Tourist-Information, Straße der Einheit 5, D-38877,   Benneckenstein
Tel. (039457) 2612, Fax 2613

Kurverwaltung, Lange Straße 17, D-38889,   Blankenburg
Tel. (03944) 2898, Fax 63102

Fremdenverkehrsamt, Buchholzmarkt 1, D-31167,   Bockenem
Tel. (05067) 2420, Fax 24270

Kurbetriebsgesellschaft Braunlage mbH, Elbingeröder Str. 17, D-38700,   Braunlage
Tel. (05520) 93070, Fax 2939

Städtischer Verkehrsverein Braunschweig, Langer Hof 6, D-38100,   Braunschweig
Tel. und Fax (0531) 27355

Gemeindeverwaltung, Hüttenstr. 78, D-06547, Tel. (034654) 412   Breitenstein

Tourist-Information, Alte Fuhrherrenstr. 5, D-38678 Clausthal-Zellerfeld,   Buntenbock
Tel. und Fax (05323) 3583

Tourist-Information, Bahnhofstr. 5a, D-38678,   Clausthal-
Tel. (05323) 81024, Fax 83962   Zellerfeld

Gemeindeverwaltung, Markt 115, D-06493,   Dankerode
Tel. (039484) 2123, Fax 2133

Tourismus GmbH Ilsenburg, Marktplatz 1, D-38871,   Darlingerode
Tel. (039452) 19433, Fax 99067

Gästeinformation, Rathaus, Marktstr. 66, D-37115, Tel. (05527) 841-200,   Duderstadt
Fax 841201; Heimat- und Verkehrsverband Eichsfeld, Marktstr. 66,
D-37115, Tel. (05527) 73774, Fax 73775

Stadtverwaltung, Marktplatz 6–8, D-37574, Tel. (05561) 9160   Einbeck

HVE Eichsfeld Touristik, Bahnhofstr. 22, D-37327,   Eichsfeld
Tel. (03605) 503660, Fax 503661

→ Lutherstadt Eisleben   Eisleben

Fremdenverkehrsamt Bodfeld/Harz, Markt 3, D-38875,   Elbingerode
Tel. (039454) 45281, Fax 45283

Kurverwaltung, Hauptstr. 19, D-38875, Tel. und Fax (039455) 375   Elend

Tourist-Information, Hauptstr. 33a, D-06507, Tel. (039487) 288   Friedrichsbrunn

Stadtinformation, Suderoder Straße, D-06507, Tel. (039485) 354   Gernrode

Kur- und Fremdenverkehrsgesellschaft Goslar-Hahnenklee mbH, Markt 7,   Goslar
D-38640, Tel. (05321) 78060, Fax 780644

Tourist-Information, Altes Rathaus, Markt 9, D-37073,   Göttingen
Tel. (0551) 54000, Fax 4002998

Tourist-Information, Marktstr. 52, D-06507,   Güntersberge
Tel. (039488) 79373, Fax 79374

Hahnenklee	Kur- und Fremdenverkehrsgesellschaft, Kurhausweg 7, D-38644, Tel. (05325) 51040, Fax 510420
Hainrode	Gemeindeamt und Kurverwaltung, Hauptstr. 108, D-99735, Tel. (03 63 34) 53231, Fax 50530
Halberstadt	Halberstadt-Information, Hinter dem Rathaus 6, D-38820, Tel. (03941) 551815, Fax 551089
Harzgerode	Stadtinformation, Markt 7, D-06493, Tel. (039484) 32421, Fax 32421
Hasselfelde	Kurverwaltung und Tourist-Information, Lindenstr. 3a, D-38899, Tel. (039459) 71369, Fax 76055
Hattorf	Verkehrsverein Hattorf am Harze e. V., Bahnhofstr. 6a, D-37197, Tel. (05584) 2144, Fax 2408
Heilbad Heiligenstadt	Verkehrsverband Heiligenstadt e. V., Rathaus, Wilhelmstr. 50, D-37308, Tel. (03606) 612538, Fax 603079
Helmstedt	Stadt-Helmstedt, Rathaus, Markt 1, D-38350, Tel. (05351) 17333, Fax 17102
Herzberg	Tourist- und Kulturinformation, Marktplatz 30/32, D-37412, Tel. (05521) 852111, Fax 852120
Hettstedt	Bürgerbüro/Stadtinformation, Markt 1-3, D-06333, Tel. (03476) 812192
Hildesheim	Tourist-Information, Rathausstraße 18-20, D-31134, Tel. (05121) 17980, Fax 179888
Hohegeiß	Kurverwaltung, Kirchstr. 15a, D-38700, Tel. (05583) 241, Fax 1235
Hornburg	Fremdenverkehrsamt, Pfarrhofstr. 5, D-38135, Tel. (05334) 94910, Fax 94912
Hüttenrode	Gemeindeverwaltung, Georgenhofstr. 3, D-38889, Tel. (03944) 352514
Ilfeld	Verwaltungsgemeinschaft Hohnstein/Südharz, Ilgerstr. 23, D-99768, Tel. (036331) 37317, Fax 37312
Ilsenburg	Tourismus GmbH Ilsenburg, Marktplatz 1, D-38871, Tel. (039452) 19433, Fax 99067
Kelbra	Stadt-Information, Lange Str. 8, D-06537, Tel. (034651) 6528, Fax 2405
Königerode	→ Harzgerode
Königshütte	→ Elbingerode
Königslutter	Fremdenverkehrsamt, Am Markt 1, D-38154, Tel. (05353) 912129, Fax 912155
Lamspringe	Verkehrs- und Verschönerungsverein, Hainbuchenweg 9, D-31195, Tel. (05183)361
Langelsheim	→ Wolfshagen
Lautenthal	Tourist INFO Lautenthal, Kaspar-Bitter-Straße 7b, D-38685, Tel. (05325) 4444, Fax 6917

Kurverwaltung, Friedrich-Ebert-Str. 94, D-37520,
Tel. (05522) 31 83 32, Fax 31 82 01
Lerbach

→ Herzberg am Harz
Lonau

Fremdenverkehrsverein Lutherstadt Eisleben/Mansfelder Land e. V.,
Bahnhofstr. 36, D-06295, Tel. (03475) 60 21 24, Fax 60 26 34
Lutherstadt
Eisleben

Samtgemeinde, Bachstr. 18, D-38729, Tel. (05383) 96 0 10, Fax 80 90
Lutter
am Barenberge

Touristik-Information, Hauptstr. 202, D-06463, Tel. (034743) 82 00
Meisdorf

→ Wippra
Molmerswende

Tourist-Information, Ratsstr. 20, D-99974,
Tel. (03601) 45 23 35, Fax 45 23 16
Mühlhausen

Tourist-Information, Schulstr. 79, D-06493, Tel. (039484) 62 84, Fax 62 82
Neudorf

Neustadt-Information und Gemeindeverwaltung, Burgstr. 48, D-99762,
Tel. (036331) 46 2 77, Fax 46 27 77
Neustadt

Tourismusverband "Region Nordhausen" e. V., Bahnhofsplatz 3 a,
D-99734, Tel. und Fax (03631) 90 21 55
Nordhausen

Tourist-Information/Northeim Touristik e. V., Am Münster 6, D-37154,
Tel. (05551) 91 30 66, Fax 91 30 67
Northeim

Tourist-Information, Dörgestraße 40, D-37520,
Tel. (05522) 68 55, Fax 7 54 91
Osterode am Harz

Stadtinfo, Am Markt 1, D-38835, Tel. (039421) 2 94 41
Osterwieck

Gemeindeverwaltung, Lange Str. 1, D-06543, Tel. (034779) 2 04 01
Pansfelde

Verkehrsverein e. V. Pöhlde, Theodor-Heuss-Str. 21, D-37412 Herzberg
am Harz, Tel. (05521) 7 15 18, Fax 85 21 20
Pöhlde

Quedlinburg-Tourismus-Marketin GmbH, Markt 2, D-06494,
Tel. (03946) 90 56 24, Fax 90 56 29
Quedlinburg

Gemeindeverwaltung Questenberg/Agnesdorf, Dorfstr. 47, D-06536,
Tel. (034651) 25 53
Questenberg

Heimat- und Fremdenverkehrsverein, Mühlenbrücke 1, D-37434,
Tel. (05529) 2 41
Rhumspringe

Tourist-Information, Untere Herrentalstraße 2a, D-37520 Osterode am
Harz, Tel. (05522) 41 26
Riefensbeek-
Kamschlacken

Fremdenverkehrsamt Bodfeld/Harz, Markt 3, D-38875,
Tel. (039454) 4 52 81, Fax 4 52 83
Rübeland

Kurverwaltung, Am Glockenberg 12, D-37444,
Tel. (05582) 80 3 36, Fax 80 3 39
Nationalparkverwaltung Harz, Oderhaus, D-37444,
Tel. (05582) 91 8 90, Fax 91 89 19
Sankt
Andreasberg

Tourist-Information, Vorsalzer Str. 11, D-38259, Tel. (05341) 39 37 38,
Fax 39 18 16
Salzgitter-Bad

Sangerhäuser Fremdenverkehrsverein, Schützenplatz, Postfach 10 12 34,
Tel. (03464) 61 33 30, Fax 51 53 36
Sangerhausen

Auskunft

Scharzfeld	→ Herzberg am Harz
Schielo	Tourist-Information, Hauptstr. 90 b, D-06493, Tel. (03 94 84) 81 04, Fax 81 14
Schierke	Kurbetrieb Schierke am Brocken, Brockenstr. 10, D-38879, Tel. (03 94 55) 3 10, Fax 4 03
Schöningen	Verkehrsamt, Markt 1, D-38364, Tel. (0 53 52) 51 21 46, Fax 51 21 99
Schulenberg	Tourist-Information, Wiesenbergstr. 16, D-38707, Tel. (0 53 29) 8 48, Fax 8 49
Seesen	Tourist-Information, Marktstr. 1, D-38723, Tel. (0 53 81) 7 52 43, Fax 7 52 61
Sieber	→ Herzberg am Harz
Sondershausen	Tourist-Information, Markt 9 (Alte Wache), D-99706, Tel. (0 36 32) 78 81 11
Sorge	Kurverwaltung, Benneckensteiner Str. 6, D-38875, Tel. und Fax (03 94 57) 32 39
Steina	→ Bad Sachsa
Stiege	Tourist-Information, Lange Str. 4, D-38899, Tel. und Fax (03 94 59) 7 12 29
Stolberg	Tourist-Information, Markt 2, D-06547, Tel. (03 46 54) 4 54, Fax 7 29
Straßberg	Tourist-Information, Hauptstr. 20, D-06493, Tel. (03 94 89) 2 04
Sülzhayn	Tourist-Information/Haus des Gastes, Dr.-Kremser-Str. 38, D-99755 , Tel. (0 36 32) 2 60, Fax 26 23
Tanne	Kurverwaltung, Schulstr. 2, D-38875, Tel. (03 94 57) 32 26, Fax 32 98
Thale	Tourist-Information, Rathausstr. 1, D-06502, Tel. (03 947) 25 97, Fax 22 77
Timmenrode	Gemeindeverwaltung, Blankenburger Str. 56, D-06502, Tel. und Fax (03 947) 23 73
Trautenstein	Kurverwaltung, Schützenstr. 11, D-38899, Tel. und Fax (03 94 59) 7 19 23
Treseburg	Kurverwaltung, Ortsstr. 24, D-38889, Tel. und Fax (03 94 56) 2 23
Uftrungen	Gemeindeverwaltung, Hauptstr. 20, D-06548 Uftrungen, Tel. (03 46 53) 6 25, Fax 72 2 85
Vienenburg	Tourist-Information, Kattowitzer Str. 10, D-38690, Tel. (0 53 24) 17 77, Fax 40 44
Walbeck	Gemeindeverwaltung, D-06333, Tel. (03 90 61) 40 20
Walkenried	"Die drei Südharzer", Walkenried · Wieda · Zorge, Touristik GmbH, Pfarrplatz 4, D-37445, Tel. (0 55 25) 3 57, Fax 96 60 60
Warnstedt	→ Thale
Wernigerode	Wernigerode-Tourismus GmbH, Nicolaiplatz 1, D-38855, Tel. (0 39 43) 63 30 35, Fax 63 20 40 Nationalparkverwaltung Hochharz, Lindenallee 35, D-38855, Tel. (0 39 43) 5 50 20

"Die drei Südharzer", Walkenried · Wieda · Zorge, Otto-Haberlandt-Str. 49, D-37447, Tel. (05586) 96600,Fax 966060 —

Fremdenverkehrsverein, Neue Str. 22, D-38889, Tel. und Fax (03944) 63542 — Wienrode

Tourist-Information, Bohlweg 5, D-38709, Tel. (05323) 6111, Fax 6112 — Wildemann

Fremdenverkehrsamt, Siedlung 11, D-06543, Tel. (034775) 75248, Fax 75237 — Wippra

Landkreis Wolfenbüttel, Abteilung I/10, Bahnhofstr. 11, D-38300, Tel. (05331) 840, Fax 84307 — Wolfenbüttel

Kurverwaltung, Im Tölletal 21, D-38685 Langelsheim, Tel. (05326) 4088, Fax 7014 — Wolfshagen im Harz

Informations- und Besucherzentrum, Kirchstr. 19, D-37339, Tel. (036074) 94856, Fax 94858 — Worbis

"Die drei Südharzer", Walkenried · Wieda · Zorge, Touristik GmbH, Am Kurpark 4, D-37449, Tel. (05586) 966070, Fax 966060 — Zorge

---

Aussichtspunkte

Unter der großen Anzahl von Aussichtspunkten wurden die nachfolgend genannten Ziele (z. T. bewirtschaftet; man erkundige sich bei den örtlichen Fremdenverkehrsämtern → Auskunft) ausgewählt. — Allgemeines

Iberger Albertturm auf dem Iberg (563 m ü.d.M.), zu Fuß erreichbar. — Bad Grund

Großer Burgberg (483 m ü.d.M.), erreichbar mit Burgbergbahn (Großkabinenseilbahn) — Bad Harzburg

Hausberg (422 m ü.d.M.), erreichbar zu Fuß oder mit dem Sessellift; Bismarckturm, zu Fuß erreichbar. Schöner Blick ins Odertal. — Bad Lauterberg

Burgruine Regenstein (296 m ü.d.M.), Großvaterfelsen (319 m ü.d.M.), Ziegenkopf (408 m ü.d.M.), alle drei erreichbar mit dem Auto. — Blankenburg

Wurmberg (971 m ü.d.M.), erreichbar mit der Wurmberg-Seilbahn; vom Turm der Sprungschanze herrlicher Rundblick. — Braunlage

Aussichtsturm 'Kuckholzklippe' — Buntenbock

Bocksberg (726 m ü.d.M.), erreichbar mit der Kabinen-Seilbahn; Maltermeister-Turm am Rammelsberg, erreichbar über Zufahrt zur Jugendherberge am Rammelsberg; Sudmerberg-Aussichtsturm auf dem Sudmerberg (355 m ü.d.M.), zu Fuß erreichbar. — Goslar

Bocksberg (726 m ü.d.M.), erreichbar mit der Bocksberg-Seilbahn. — Hahnenklee

Von Burg Falkenstein in Meisdorf-Ermsleben (→ Reiseziele, Selketal). — Harzgerode

Iberg-Blick über Stadt und Harzvorland, erreichbar mit dem Auto. — Hornburg

Poppenturm auf dem Poppenberg (600 m ü.d.M.), zu Fuß erreichbar. — Ilfeld

Fernsehturm mit Aussichtsturm auf dem Kulpenberg (477 m ü.d.M.); Kyffhäuserdenkmal mit Aussichtsplattform (457 m ü.d.M.). — Kyffhäuser

Aussichtspunkte

Blick von der Burgruine Regenstein bei Blankenburg

Neustadt	Burg Hohnstein; Aussichtsturm Poppenberg (600 m ü.d.M.), zu Fuß erreichbar (s. auch Ilfeld).
St. Andreasberg	Glockenturm am Glockenberg (627 m ü.d.M.), zu Fuß erreichbar.
Schierke	Brocken (höchste Berg im Harz; 1142 m ü.d.M.; → Reiseziele, Brocken); Hohneklippen (908 m ü.d.M.; → Reiseziele: Wernigerode, Umgebung)
Sieber	Aussichtsturm 'Hanskühnenburg' (811 m ü.d.M.), Aussichtsturm 'Großer Knollen' (687 m ü.d.M.), beide erreichbar über Wanderwege (→ Reiseziele: Herzberg, Umgebung).
Stolberg	Großer Auerberg (580 m ü.d.M.) mit Josephskreuz, erreichbar mit Auto und Reisebus; Linienbus bis Parkplatz Forsthaus Auerberg.
Tanne	Kapitelsberg (→ Reiseziele, Benneckenstein).
Thale	Hexentanzplatz (454 m ü.d.M.), erreichbar mit dem Auto, dem Reise- und Linienbus sowie der Kabinenseilbahn; Roßtrappe (403 m ü.d.M.), erreichbar mit dem Auto, dem Reisebus und dem Sessellift.
Vienenburg-Wöltingerode	Harlyturm-Aussichtsplattform in Vienenburg-Wöltingerode, bis Parkplatz Wöltingerode mit dem Auto, dann zu Fußweg erreichbar.
Viktorshöhe	Aussichtspunkt auf dem Ramberg (582 m ü.d.M.; → Reiseziele, Gernrode).
Walkenried	Juliushütte, erreichbar mit dem Auto.
Wernigerode	Schloß (350 m ü.d.M.); Ottofelsen (auf eisernen Leitern besteigbar); Zeterklippen (929 m ü.d.M.).

Aussichtspunkt oberhalb des Kurparks, zu Fuß erreichbar (→ Reiseziele, Walkenried).

Autobus

Auskünfte über den Busverkehr im Harz sind u. a. an den Schaltern der Deutschen Bahn AG (DB AG) erhältlich oder bei den folgenden Stellen: Regionalbus Braunschweig GmbH (RBB), Braunschweig, Tel. (0531) 80 92 70; diese Stelle informiert u. a. auch über den im Sommerhalbjahr an den Wochenenden verkehrenden RBB-FahrradBus von Goslar über Bad Harzburg nach Braunlage oder von Goslar über Clausthal-Zellerfeld nach Osterode; in den Hängern können bis zu 40 Räder transportiert werden. Bei der RBB, Geschäftsstelle Goslar (im Bahnhof), Hildesheimer Str. 53, D-38640 Goslar, Tel. (05321) 28 11, sind u. a. der Busfahrplan für den ganzen Harz gegen geringe Gebühr sowie ebenfalls Informationen über den FahrradBus erhältlich; Öffnungszeiten: Mo. – Do. 8.00 – 18.00, Fr. 8.00 – 16.00 Uhr. Weitere Informationen erteilen der Kraftverkehr Braunschweig, Dienststelle Bad Harzburg, Tel. (05322) 5 20 17 sowie die Kreisverkehrsbetriebe Osterode, Tel. (05522) 80 31.

Autohilfe

Pannenhilfe des ADAC rund um die Uhr in ganz Deutschland: Tel. (01 80) 2 22 22 22

Badeparadiese

→ Ferien mit Kindern

Behindertenhilfe

Viele öffentliche Einrichtungen – Züge, Hotels und Restaurants – sind auf die Bedürfnisse behinderter Menschen eingestellt. Auskunft erteilt die Bundesarbeitsgemeinschaft der Clubs Behinderter und ihrer Freunde (BAGCBF), Eupener Straße 5, D-55131 Mainz, Tel. (061 31) 22 55 14

Anreise

Der Bundesverband Selbsthilfe Körperbehinderter (BSK) organisiert Gruppenreisen und vermittelt u. a. Reisehelfer: BSK-Reisedienst, Altkrautheimerstr. 17, D-74238 Krautheim/Jagst, Tel. (06294) 68-112

Über behindertengerechte Unterkünfte (in Hotels, Gasthöfen, Pensionen, Ferienwohnungen, Appartements u. a.) im Harz informiert die Broschüre "Der Harz – Zu Gast bei uns", erhältlich beim Harzer Verkehrsverband (Anschrift → Auskunft).
Behindertengerechte Unterkünfte im Harz sind ferner – unter den entsprechenden Bundesländern – enthalten im Hotel- und Reiseratgeber für Rollstuhlfahrer/Behinderte: Handicapped-Reisen Deutschland, erhältlich beim: FMG-Verlag, Postfach 1547, D-53005 Bonn, Tel. (0228) 61 61 33

Unterkünfte

In Hahnenklee-Bockswiese existiert ein spezieller Wanderweg für Rollstuhlfahrer (Ausgangspunkt: Parkplatz an den Teichwiesen; Informationen u. a. bei der Kur- und Fremdenverkehrsgesellschaft Goslar-Hahnenklee → Auskunft).

Wanderweg für Rollstuhlfahrer

Bergbaumuseen

Behindertenhilfe
(Fortsetzung)
Bergwerk
Büchenberg
Durch die Einrichtung eines Schrägaufzuges ist das Schaubergwerk Büchenberg in Elbingerode (Anschrift → Bergbaumuseen) auch für Gehbehinderte und Rollstuhlfahrer zugänglich.

Bergbahnen

→ Aussichtspunkte

Bergbaumuseen

Allgemeines

Im Harz gibt es zahlreiche Bergwerke und Bergbaumuseen, die im Kapitel 'Reiseziele von A bis Z' unter ihren jeweiligen Stichworten mit Öffnungszeiten beschrieben sind.

Bad Grund

Bergbaumuseum am Knesebeck-Schacht; D-37539,
Tel. (05327) 70 07 10;
Schachtanlage Knesebeck, Knesebeck 1, Tel. (05327) 28 58, Fax 28 26

Bad Lauterberg

Besucherstollen Scholmzeche/Aufrichtigkeit, Kurverwaltung, Ritscherstr. 4, D-37431, Tel. (05524) 9 20 40, Fax 55 06

Clausthal-
Zellerfeld

Oberharzer Bergwerksmuseum, Bernhardstr. 16, D-38678,
Tel. (05323) 9 89 50, Fax 8 37 13

Elbingerode

Schaubergwerk Drei Kronen und Ehrt, Mühlental 13, D-38875, Tel. und Fax (039454) 4 29 10; Schaubergwerk Büchenberg, An der B 244, Tel. (039454) 42 200

Im Schaubergwerk Büchenberg in Elbingerode

Röhrigschacht Wettelrode: Untertage...   *...und Fördergerüst auf dem Freigelände*

Der Rammelsberg, Besucherbergwerk und Bergbaumuseum, Bergtal 19, D-38640, Tel. (05321) 7500, Fax 750130   Goslar

Mansfeld-Museum (→ Reiseziele, Mansfeld), D-06333 Hettstedt-Burgörner, Tel. (03476) 200753   Hettstedt

Kali-Bergbaumuseum Bischofferode, Bischofferöder Str. 9, D-37345 Holungen, Tel. (036077) 21844   Holungen

Rabensteiner Stollen; Steinkohlebesucherbergwerk, Netzkater 8, D-99768 Ilfeld, Tel. und Fax (036331) 48153   Ilfeld

Hüttenmuseum Ilsenburg, Marienhöferstr. 9b, D-38781, Tel. (039452) 2222   Ilsenburg

Historisches Silberbergwerk Lautenthals Glück, Bergbau- und Hüttenmuseum (→ Reiseziele, Langelsheim), D-38685 Lautenthal, Tel. (05325) 4490; Bergbaulehrpfad am Kranichsberg-Lautenthal, Schützenstr. 5, Tel. (05325)4197   Lautenthal

Historisches Silberbergwerk Grube Samson und Grube Catharina Neufang, D-37444, Tel. (05582) 1249, Fax 923051; Lehrbergwerk Grube Roter Bär, Roter Bär 1, Tel. (05582)1537, Fax 1547   St. Andreasberg

Schaubergwerk und Bergwerksmuseum Grube Glasebach (→ Reiseziele, Selketal), D-06493 Straßberg, Tel. (039489) 201   Straßberg

Hüttenmuseum, Walter-Rathenau-Str. 1, D-06502, Tel. (03947)72256   Thale

Burgen und Schlösser

Bergbaumuseen (Fortsetzung) Wettelrode	Schaubergwerk und Bergbaumuseum Röhrigschacht, Seilfahrt in rund 300 m Tiefe, Fahrt mit der Grubenbahn, Freigelände und Bergbaumuseum (→ Reiseziele, Sangerhausen), D-06528 Wettelrode, Tel. (03464) 587816, Fax 582768
Wildemann	19-Lachter-Stollen (→ Reiseziele, Clausthal-Zellerfeld), Kurgeschäftsstelle, Bohlweg 5, D-38707 Wildemann, Tel. (05323) 6111; Besucherbergwerk Tel. (05323) 6628

Burgen und Schlösser

Die meisten der Burgen und Schlösser, die in der Übersichtskarte einge-
zeichnet sind, werden im Kapitel 'Reiseziele von A bis Z' ausführlich
beschrieben (einschließlich der Öffnungszeiten). Weitere Hinweise zu Burgen im Harz → Geschichte, Kultur und Kunst: Kulturgeschichte.

Burgen und Schlösser im Harz

Camping

Im Ost- und Westharz gibt es eine ganze Reihe gut ausgestattete, teils
ganzjährig geöffnete Campingplätze. Sie werden im "Campingführer",
einer Broschüre des Harzer Verkehrsverbandes, vorgestellt, die kostenlos
zu beziehen ist (→ Auskunft).

Die Harzer Campingplätze sind auch im ADAC Campingführer (Band 2: Deutschland · Nordeuropa) enthalten, der alljährlich aktualisiert wird und in allen ADAC-Geschäftsstellen und im Buchhandel erhältlich ist.

Camping (Fortsetzung)

Während der Vorsaison oder in der Nachsaison bieten manche Campingplatzbetreiber günstigere Konditionen als in der Hochsaison. Man erkundige sich vor Ort.

Preise

Einkäufe und Souvenirs

Einen guten Überblick über die Arbeiten von Künstlern des Harzes kann man sich u. a. in den verschiedenen Galerien vor Ort verschaffen; im Angebot findet der Reisende neben Gemälden und Graphiken beispielsweise mundgeblasenes Glas, Geschenke aus Holz (u. a. Marionetten, Schnitzereien), schönes Porzellan und Keramik.

Galerien

In Clausthal-Zellerfeld lohnt der Kunsthandwerkerhof 'Alte Zellerfelder Münze', Bornhardtstr. 11, einen Besuch. Neben einer Glasbläserei arbeiten Töpfer und Goldschmiede; andere Künstler beschäftigen sich mit Seiden- oder mit Glasmalerei. Man kann ihnen bei der Arbeit zuschauen oder auch ein hübsches Teil erwerben. Weitere Informationen erteilt u. a. die Kurbetriebsgesellschaft "Die Oberharzer" (→ Auskunft).
Ein Glas-Studio findet man auch im Hof des Großen Heiligen Kreuzes in Goslar (Auskunft: Tel. 0 53 21 – 2 18 00).

Kunsthandwerkerhöfe

Interessant ist u. a. eine Betriebsbesichtigung in der Fürst Stolberg Hütte Ilsenburg (Schmiedestr. 16 – 18, Tel. 03 94 52/4 94), in der werktags zwischen 10.00 und 14.00 Uhr die Möglichkeit besteht, beim Gießen, Einformen und Aufarbeiten von kunstgewerblichen Gegenständen (klassizisti-

Eisenkunstguß

Handgearbeitete Harzhexen: *ein beliebtes Reisemitbringsel*

Einkäufe und
Souvenirs
(Fortsetzung)

scher Schmuck, Wandteller, Figuren, Jagdmotive; Wand- und Kaminplatten) zuzuschauen. Die nach alten Originalmodellen hergestellten Erzeugnisse sind in Ausstellungsräumen zu besichtigen und können erworben werden.

Fenster-, Tisch-
und Wand
schmuck

Die Galerie und Kunsthandwerkstatt am Kornmarkt in Sangerhausen lohnt wegen ihres Angebotes an Fenster-, Tisch- und Wandschmuck einen Besuch.

Glas

In der Glasmanufaktur in Derenburg, unweit nordöstlich von Wernigerode (→ Reiseziele, Wernigerode; Auskunft: Tel. 03 94 53 / 2 25), kann der Besucher sich im Glasblasen versuchen und schöne Exemplare im gut sortierten Glasmarkt einkaufen.

Harzer
Holzspielzeug

Neben Glas-, Kupfer-, Ton- und anderen Waren findet man Harzer Holzspielzeug u. a. im Wernigeröder Kunst- und Kulturverein (Markstraße 1); in den Werkstätten ist sowohl Vorführung als auch Verkauf.

Harzer Uhren

Die Harzer Uhrenfabrik Gernrode fertigt geschnitzte Kuckucksuhren, die direkt ab Werk verkauft werden (Tel. 03 94 85 / 2 13).

Harzer Roller

Unter dem Namen 'Harzer Roller' sind sowohl die im Harz gezüchteten Kanarienvögel als auch der Harzer Käse (→ Essen und Trinken) bekannt.

Holz-
schnitzereien

Holzschnitzarbeiten bekommt man u. a. in der Holzschnitzerei Giebel, in Hasselfelde, Tel. (03 94 59) 7 16 23.

Kräuterliköre
und -schnäpse

→ Essen und Trinken, Getränke

Porzellan

Hochwertiges Porzellan und künstlerisch beachtenswerte Stücke werden in der Porzellanmanufaktur Hütter in Wernigerode (Mittelstr. 6) produziert.

Töpferwaren

Ein Geheimtip für Liebhaber von Töpferwaren ist die Werkstatt des Töpfermeisters Uwe Schellbach in Blankenburg. Auskunft: Tel. (0 39 44) 28 09. Ein Ausstellungs- und Verkaufsraum mit Töpferwaren findet sich auch in der Kemenate (dem Domizil des Kunst- und Kulturvereins) in Wernigerode.

Mineralien
Edelsteine
Harzer Blutstein

Eine schöne Auswahl an Mineralien findet man im Mineralstübchen in Clausthal-Zellerfeld (Bornhardtstr. 1) und im Historischen Silberbergwerk in St. Andreasberg.
An der B 27, zwischen Braunlage und Bad Lauterberg, lohnt die ehemalige Odertaler Sägemühle einen Besuch. Hier befindet sich Norddeutschlands größte Ausstellung an Edelsteinen, Schmuck und Fossilien; außerdem ist hier eine Edelsteinkunstwerkstatt untergebracht.
Schöne Erinnerungsstücke sind auch die in der Schleiferei / Mineralienverkauf des Besucherbergwerks in Elbingerode (→ Bergbaumuseen) zum Verkauf angebotenen Kristalle und Harzer Blutsteine.

Eisenbahn

Schmalspur-
bahnen im Harz

Harzbesucher und Eisenbahnfreunde sollten sich eine Fahrt mit den nostalgischen Harzer Schmalspurbahnen (Dampfloks) nicht entgehen lassen. Das gesamte Streckennetz der Harzquerbahn, der Selketalbahn und der Brockenbahn beträgt 114 km.

Weitere Hinweise

Weitere Informationen zur Geschichte der Schmalspurbahnen und über den Streckenverlauf sowie Auskünfte über Fahrpläne und Sonderfahrten → Zahlen und Fakten, Verkehr.

Eisenbahnmuseum

→ Reiseziele, Vienenburg

Essen und Trinken

Speisen

Die Speisekarte des in diesem Reiseführer beschriebenen Gebietes bevorzugt herzhafte und schmackhafte Gerichte.
Freilich findet man die besonderen Spezialitäten der Region in der Regel weniger in den großen Hotels, die meist eine internationale Küche führen, sondern eher in den Speiserestaurants und vor allem in Landgasthöfen und Waldgaststätten.

Speisekarte

Weithin berühmt ist das herzhaft-würzige Sauermilchprodukt, das seit mehr als 200 Jahren unter dem Namen 'Harzer Käse' (in Supermärkten auch als 'Harzer Roller' erhältlich) bekannt ist und aus mehreren rundgerollten, abgeflachten Laibchen besteht. Kenner berichten, der Harzer Käse habe seine beste Reife einen Monat vor Ablauf des auf der Verpackung aufgedruckten Haltbarkeitstermins). Die bedeutendste Harzkäserei liegt in Vienenburg im Nordharz.

Harzer Käse

Ein vielzitierter Spruch lautet: 'Dem Harzer ist zwar nicht alles Wurscht, aber Wurscht alles', was soviel bedeutet, daß die Wurst die Leib- und Magenspeise der Harzer ist. Geschätzt werden u. a. Leberwurst, Rotwurst, Mettwurst (frisch mit und ohne Knoblauch oder luftgetrocknet; Achtung: im Anhaltischen ist der Name 'Bratwurst' für die Mettwurst gebräuchlich), die Knackwurst sowie die Harzer Schmorwurst.

Wurstwaren

Besondere Leckerbissen sind die echten Harzer Bachforellen, die rote Punkte in ihrer Zeichnung haben; gern gegessen werden u. a. auch verschiedene Wildgerichte, wie Hirsch- oder Wildschweinbraten.

Fisch und Wildgerichte

In der historischen Küche des Eichsfeldes spielte das Lamm als Osteressen oder im Herbst als Dankesessen der Bauern für ihre Landarbeiter bei der Kartoffel- und Rübenernte ('Kartoffelausmacheressen'), eine wichtige Rolle; heutzutage haben Eichsfelder Wirte die traditionsreiche Küche der Region wiederbelebt (die Weidelämmer kommen aus traditioneller Herdenhaltung und wachsen wie die Rinder ohne Kraftfutter auf). Ein echtes 'Eichsfelder Festdagsääten' (Festtagsessen) ist beispielsweise Lammnüßchen mit Speckkohl. Lokale mit 'Eichsfeld-pur-Küche' → Restaurants.

Lamm

Zu den obenerwähnten Harzer Wurstwaren schmecken dunkle und rustikale Brotsorten. Bekannt ist u. a. das Okertaler Keimkorn Brot aus der Bäckerei Muhs in Schulenberg (auch Café → Restaurants), das mit Natursauerteig nach einem alten Rezept in verschiedenen Geschmacksrichtungen erhältlich ist.
Zwiebelkuchen mit Speck und Kümmel wird vielerorts goldbraun serviert. Für seine Baumkuchen berühmt ist die Harzer Bäckerei Friedrich in Wernigerode (Tel. 03943/632726).

Backwaren

Kuchen

Ein Treffpunkt für Naschkatzen ist u. a. die Oberharz-Confiserie Café Kronenplatz in Clausthal-Zellerfeld, die Pralinen, aber auch Kuchen und speziell Baumkuchen in großer Auswahl anbietet.

Konfekt

Zu einer Schärpermahlzeit in einem Bergwerk kann man sich beispielsweise in den Besucherbergwerken Büchenberg oder Drei Kronen und Ehrt, beide in Elbingerode, oder in Clausthal-Zellerfeld anmelden (weitere Informationen erteilen die jeweiligen Fremdenverkehrsämter oder die unter dem Stichwort 'Bergbaumuseen' angegebenen Auskunfts-Adressen).
Die Teilnahme an einem Harzer Kötenessen (einer alten Köhlermahlzeit) ist beispielsweise in Schulenberg möglich (Auskünfte erteilt die Kurbetriebsgesellschaft "Die Oberharzer" in Schulenberg → Auskunft).

Schärpermahlzeit

Harzer Kötenessen

Harzer Spezialität

Bierbrauerei in Wippra

Kochrezepte
Harzer Käsesalat

Zutaten: 2 Stangen Harzer Käse, 3 Zwiebeln, gehackte Petersilie, 1 EL Senf, 2 EL Öl, 1 TL gehackter Kümmel, grob gehackte Pfefferkörner, Paprika, Schwarzbrot, Radieschen oder Rettiche.
Zubereitung: Den Käse in kleine Stücke, die Zwieben in feine Scheiben schneiden und dazu die gehackte Petersilie geben; alles mit Öl, Senf, gehacktem Kümmel, den Pfefferkörnern und etwas Paprika mischen und gut durchziehen lassen. Anschließend den Käsesalat mit Schwarzbrot, Radieschen oder Rettich servieren.

Harzer Knüste

Harzer Knüste sind ein typisches Gericht des Südharzes, deren Zubereitung und Beilagen je nach Ort variieren: Kartoffeln waschen, bürsten, halbieren und mit der Schnittfläche nach oben auf ein eingefettetes Backblech setzen. Die Schnittfläche der Kartoffeln ebenfalls ölen und mit Kümmel und Salz bestreuen. 20 Minuten bei 225°C backen lassen.
In Schwenda (wo die Knüste 'Kartoffelscheiben' heißen), werden die Kartoffeln zusätzlich noch mit Speckscheiben belegt; dazu wird mit Milch und Kümmel angerührter Quark serviert.
In Benneckenstein werden die Knüste nur gesalzen, dann dick mit Thüringer Mett und Zwiebelringen belegt und gebacken.
In Trautenstein wird kalte Rotwurst und Leberwurst dazu gegessen, in Stolberg Hackfleisch, gewürzt mit Pfeffer, Salz und Zwiebeln.
In der Regel wird zu den Harzer Knüsten Salat serviert.

Getränke

Mineralwasser

Als Mineralwasser wird u. a. 'Bad Harzburger Juliushaller', 'Okertaler' oder 'Harzer Grauhof Brunnen' getrunken.

Bier

Bekannt sind u. a. das Einbecker Bier, das schon im 14. Jh. gebraut wurde und vermutlich dem 'Bockbier' seinen Namen gab, die Altenauer Biere

(Pils, Export, Doppel- und Maibock, Malzbier sowie Harzer Urstoff, ein naturtrübes Bier), die Goslarer Gose und das 'Echt Sehusen'sch', auch ein naturtrübes Bier, das in Seesen gebraut wird. Beliebt sind außerdem das in Wernigerode gebraute Hasseröder Bier und das Sangerhäuser Mammut Ur-Pils. Herzhaft-würzig schmeckt das Bier der Privatbrauerei Roland-Bräu in Nordhausen im Südharz (Betriebsbesichtigungen und Verkostungen nach Voranmeldung möglich: Tel. 0 36 31 /62 92 20). In Quedlinburg, im Osten des nördlichen Harzvorlandes, befindet sich die Brauerei Lüdde, die im Quedlinburger Brauhaus – Gasthof ständig vier Sorten frischgebrautes Bier aus eigener Brauerei anbietet: Lüdde-Alt, Lüdde-Pilsener, Lüdde Pubarschknall und Lüdde-Saison.

Das alkoholfreie 'Clausthaler' wird nicht im Harz, sondern in Hessen gebraut.

In Wippra kann man bei der Bierherstellung zuschauen, und in Lautenthal existiert ein privates Brauereimuseum.

Unter den klaren Schnäpsen zählen der Wöltingeroder Edelkorn (auch 'Wölti' genannt; nur erhältlich in der Klostergut-Brennerei in Wöltingerode bei Vienenburg) und der Nordhäuser Korn zu den bekanntesten.

Weitere Harzer Spezialitäten sind u. a. das 'Harzer Grubenlicht' und der bekanntere 'Schierker Feuerstein', zwei Halb-Bitter-Liköre aus erlesenen Kräutern mit 35-Volumen-Prozent-Alkoholgehalt, die Kräuterliköre 'Brokkenfeuer' und 'Schmiedefeuer' oder 'Köhler Liesel', eine Waldbeeren-Mixtur mit 25-Volumen-Prozent-Alkoholgehalt aus Himbeeren, Brombeeren und Heidelbeeren, ferner der Nordhäuser Magenkräuterlikör 'Förstertrunk' und der klare 'Harzgeist', ein Kräuterschnaps.

Getränke (Fortsetzung) Bier

Schnaps

Kräuterliköre

Restaurants

→ dort

Fahrrad

→ Wandern (Radwandern)

Ferien mit Kindern

Der Harz ist ein ideales Urlaubsziel für Ferien mit Kindern. Mehrere Harzer Orte bieten im Sommer spezielle Kinderprogramme an. Bei Jung und Alt gleichermaßen beliebt ist das im Juli veranstaltete, traditionelle Sommerfest im Kurpark von Hahnenklee-Bockswiese (Informationen erteilt die Kur- und Fremdenverkehrsgesellschaft Goslar-Hahnenklee → Auskunft).

Außer Wanderungen (→ Wandern) in reizvoller Landschaft (bzw. durch Tiergehege, Wildparks und Wildvogelstationen s. nachfolgenden Text, auf Lehrpfaden oder durch → Höhlen), Rast auf Grillplätzen, Radtouren (→ Wandern, Radwandern), Wildfütterungen, Schwimmen (beispielsweise im Oderstausee) oder Bootfahren auf den Teichen und Seen sowie Rodeln, Schneemannbauen oder Schneeballschlachten im Sommer (s. nachfolgenden Text) und im Winter seien die nachfolgenden Attraktionen besonders hervorgehoben. Sofern keine speziellen Anschriften oder Telefonnummern angegeben sind, erkundige man sich bei den entsprechenden Fremdenverkehrsämtern (→ Auskunft).

Allgemeines

In Sieber liegt ein Abenteuerspielplatz mit zahlreichen Spielmöglichkeiten und einer langen Bergrutsche.

Abenteuerspielplatz

Ferien mit Kindern

Badeparadiese

Viel Spaß bereiten u. a. Aufenthalte in den Badeparadiesen, wie dem Salztal-Paradies (Freizeit- und Spaßbad mit Wellenbad, Wildwasserkanal, Whirlpool, Wasserfall; Kinderbecken, Elefantenrutsche und Schmerlrutsche für die Kleinsten u. v. a.; Tel. 05523/1464) in Bad Sachsa, der Sehusa-Therme (mit Riesenrutsche, Wasserfall, Kino, Whirlpool u. a.; Tel. 05381/5025) in Seesen oder dem Freizeit- und Erlebnisland Vitamar (mit Hallenwellen- und Freibad, u. a. mit Superrutsche, Wildwasserkanal, Wasserfall, und 33° warmem Kinderparadies zum Planschen; Tel. 05524/850665) in Bad Lauterberg.

Märchenparks
Märchen-
aufführungen
Karl-May-Stück

Sowohl in Bad Sachsa als auch in Bad Harzburg oder in Bad Grund sind Märchenparks vorhanden. Im Märchengrund, 2 km außerhalb von Bad Sachsa in einem schönen Waldtal gelegen, werden die bekanntesten Märchen auf beweglichen Schaubildern dargestellt (u. a. auch Märchengrundmühle). In Bad Harzburg fährt durch den Märchenwald eine Nachbildung der Harzquerbahn im Miniformat.
In Bad Grund, unterhalb der B 242, liegt das Märchental (→ Reiseziele, Bad Grund).

Auf dem durch eine Schwebebahn erreichbaren Hexentanzplatz von Thale befindet sich (neben verschiedenen Freizeiteinrichtungen sowie einem Tierpark) auch eine Naturbühne, auf der im Sommer u. a. Märchen und "Der Schatz im Silbersee" von Karl May aufgeführt werden.

Minigolf

Vielerorts wurden Minigolfplätze angelegt; Hinweise erteilen die örtlichen Fremdenverkehrsämter (→ Auskunft).

Musikinstrumen-
ten- und
Puppenmuseum

Kindern wird u. a. auch ein Besuch im Goslarer Musikinstrumenten- und Puppenmuseum (sowie anderes Spielzeug) viel Freude bereiten:
Musikinstrumenten- und Puppenmuseum
(Privates Museum), Hoher Weg 5
D-38640 Goslar, Tel. (05321) 26945

Planwagen-,
Kutsch-,
Pferde-
schlittenfahrten

Vielerorts werden – je nach Jahreszeit – Planwagen-, Kutsch- und Pferdeschlittenfahrten durch den Harz angeboten. Informationen erteilen außer den örtlichen Fremdenverkehrsämter (→ Auskunft) u. a. der
Kutschbetrieb Horst Piehozki, Mühlental 91, D-38855 Wernigerode, Tel. (03943) 25285,
der Reiterhof Mühlental, Hasso Vaeckenstedt, Friderikental 1, D-38855 Wernigerode, Tel. (03943) 24144, oder
Kalles Reiterhof & Getränkeshop Karl-Heinz Katzer, Wernigeröder Str. 6, D-38877 Benneckenstein, Tel. (03945 7) 2381.

Wandern mit Eseln

Wanderausflüge bzw. Ausrittmöglichkeiten (und Kutschfahrten) mit Eseln bieten u. a. das Hotel Waldwinkel in Bad Grund (Tel. 05327/1280) sowie die Städtische Kurverwaltung St. Andreasberg an.

Ponyhöfe
Pony-Hotel

In Abbenrode, Hahnstr. 11 a, befindet sich ein Ponyhof; Ausritte mit Führern oder auch allein, sind möglich. Auskünfte erteilt Herr Stübig, Tel. (05324) 1512 oder Tel. (039452) 88007.
Informationen über den Pony-Hof "Pöbbeckenmühle" werden unter Tel. (05383) 291 erteilt.
Unterkunft in einem Pony-Hotel bietet in Riefensbeek-Kamschlacken "Zur Linde", Sösetalstr. 17, Tel. (05522) 4124.

Reiten

→ Sport.

Schneemann-
bauen im Sommer
Schneeball-
schlachten

Im Sommer (!) wird zwischen Juni und September an jedem Sonntagnachmittag um 16.00 Uhr auf dem Iberg, oberhalb von Bad Grund, bei der Waldgaststätte Albertturm, ein Schneemann gebaut; sobald er fertiggestellt ist, wird der Kopf abgetrennt, dann beginnt eine Schneeballschlacht. Auskunft: Tel. (05327) 1535 und 1443.

Mit Minirollschlitten können Kinder (und Erwachsene) im Sommer am Schmidthang in St. Andreasberg auf der 550 m langen Super-Rutschbahn hinuntersausen; Auskunft: Firma Alberti-Lift, Tel. (055 82) 2 65.

Super-
Rutschbahn

Lohnende Ziele für Kinder sind u. a. auch die Tierparks und -gehege (z. B. in Aschersleben, Halberstadt, Wernigerode und in Thale, auf dem Hexentanzplatz) sowie die Wildvogelstationen in Osterode und Bad Sachsa.

Tierparks
Wildvogel-
stationen

Am Fuße des Radau-Wasserfalls (oberhalb von Bad Harzburg, an der B 4 nach Braunlage) fährt neben Autoscooter und Kettenkarussell die Kindereisenbahn "Emma" (auch Waldgaststätte).

Kindereisenbahn
"Emma"

→ Eisenbahn

Weitere Hinweise

Ferienparks

→ Hotels

Ferienwohnungen

In zahlreichen Fremdenverkehrsorten werden Ferienwohnungen (Appartements, Ferienhäuser) vermietet; Informationen erteilen die Fremdenverkehrsstellen (→ Auskunft). Ferienwohnungen, -appartements und -bungalows in Ferienparks sind im Kapitel → Hotels erwähnt.

Heilbäder

Lage: 420 ü. d. M.; heilklimatischer Kurort
Heilanzeigen: Herz- und Gefäßerkrankungen, Erkrankungen der Atmungsorgane, Hautkrankheiten, allgemeine Schwächezustände

Altenau

Lage: 132 m ü. d. M.; Solbad und Kindersanatorium
Heilanzeigen: Erkrankungen der Atemwege

Bad
Frankenhausen

Lage: 125 – 275 m ü. d. M.; Heilbad
Heilanzeigen: Entzündlicher Rheumatismus, rheumatische Arthritis, Psoriasisarthritis, Weichteilrheumatismus, rheumatische Erkrankungen der Muskeln und Sehnen, Verschleißerkrankungen der Gelenke und Wirbelsäule (Arthrosen, Bandscheibenschäden), Erkrankungen der Atmungsorgane, Frauenleiden, postoperative Nachbehandlungen

Bad Gandersheim

Lage: 350 – 580 m ü. d. M.; Moorheilbad
Heilanzeigen: Entzündlicher Rheumatismus, rheumatische Arthritis, Psoriasisarthritis, entzündliche Wirbelsäulenerkrankungen, Weichteilrheumatismus, rheumatische Erkrankungen der Muskeln und Sehnen, Verschleißerkrankungen der Gelenke und Wirbelsäule, Zustände nach Gelenkersatz, Nachbehandlungen nach Operationen an Sehnen, Bändern und Gelenken sowie der Wirbelsäule, Nachbehandlung von Verletzungs- und Unfallfolgen, Gelenkveränderungen durch Gicht, Erkrankungen der Atmungsorgane, Magen- und Darmerkrankungen, Frauenleiden, Erkrankungen im Kindesalter, insbesondere Infektanfälligkeit, Konstitutionsschwäche, Chronische Prostatitis, Prostatahypertrophie; Heilung der Atemwege durch Höhlentherapie im Eisensteinstollen (s. Abb. S. 317)

Bad Grund

Lage: 300 m ü. d. M.; Heilbad und heilklimatischer Kurort
Heilanzeigen: Entzündlicher Rheumatismus, rheumatische Arthritis,

Bad Harzburg

**Heilbäder
(Fortsetzung),
Bad Harzburg**

Psoriasisarthritis, Weichteilrheumatismus; rheumatische Erkrankungen der Muskeln und Sehnen, Nachbehandlung von Verletzungs- und Unfallfolgen, Gelenkveränderungen durch Gicht, Herz-, Kreislauf- und Gefäßerkrankungen, Erkrankungen der Atmungsorgane, Magen- und Darmerkrankungen, Hautkrankheiten, Frauenleiden, postoperative Nachbehandlungen, Erkrankungen des Nervensystems und psychosomatische Nachbehandlungen, Erkrankungen im Kindesalter, insbesondere Infektanfälligkeit, Konstitutionsschwäche, Allgemeine Schwächezustände

Bad Lauterberg

Lage: 300–450 m ü. d. M.; Kneippheilbad und Schrothkurort
Heilanzeigen: Herz-, Kreislauf- sowie Gefäßerkrankungen, Erkrankungen der Atmungsorgane, Magen- und Darmerkrankungen, Leber- und Gallenwegerkrankungen, Erkrankungen des Nervensystems und psychosomatische Nachbehandlungen, postoperative Zustände, Stoffwechselleiden, Abhärtung und allgemeine Leistungssteigerung, Vorsorgekuren bei Erkältungsanfälligkeit, vorzeitige Verbrauchs- und Alterserscheinungen

Bad Sachsa

Lage: 330–660 m ü. d. M.; heilklimatischer Kurort
Heilanzeigen: Herz- und Gefäßerkrankungen, Erkrankungen der Atmungsorgane, Hautkrankheiten, allgemeine Schwächezustände

Braunlage

Lage: 560–620 m ü. d. M.; heilklimatischer Kurort
Heilanzeigen: Herz- und Gefäßerkrankungen, Erkrankungen der Atmungsorgane, Hautkrankheiten, allgemeine Schwächezustände

**Clausthal-
Zellerfeld**

Lage: 550–760 m ü. d. M.; heilklimatischer Kurort
Heilanzeigen: Herz- und Gefäßerkrankungen, Erkrankungen der Atmungsorgane, Hautkrankheiten, allgemeine Schwächezustände

**Hahnenklee-
Bockswiese**

Lage: 600 m ü. d. M.; heilklimatischer Kurort
Heilanzeigen: Herz- und Gefäßerkrankungen, Erkrankungen der Atmungsorgane, Hautkrankheiten, allgemeine Schwächezustände

**Heilbad
Heiligenstadt**

Lage: 250–300 m ü. d. M.; Kneipp-Heilbad
Heilanzeigen: Herz-Kreislauf-Erkrankungen

Hohegeiß

Lage: 642 m ü. d. M.; heilklimatischer Kurort
Heilanzeigen: Herz- und Gefäßerkrankungen, Erkrankungen der Atmungsorgane, Hautkrankheiten, allgemeine Schwächezustände

St. Andreasberg

Lage: 600–900 m ü. d. M.; heilklimatischer Kurort
Heilanzeigen: Herz- und Gefäßerkrankungen, Erkrankungen der Atmungsorgane, Hautkrankheiten, allgemeine Schwächezustände

Wieda

Lage: 321–710 m ü. d. M.; heilklimatischer Kurort
Heilanzeigen: Herz- und Gefäßerkrankungen, Erkrankungen der Atmungsorgane, Hautkrankheiten, allgemeine Schwächezustände

Wildemann

Lage: 420 m ü. d. M.; Kneippkurort
Heilanzeigen: Herz- und Gefäßerkrankungen, Magen- und Darmerkrankungen, Erkrankungen des Nervensystems und psychosomatische Nachbehandlungen, postoperative Zustände, Stoffwechselleiden, Abhärtung und allgemeine Leistungssteigerung, Vorsorgekuren bei Erkältungsanfälligkeit, vorzeitige Verbrauchs- und Alterserscheinungen

Höhlen

Allgemeines

In den Höhlen herrschen sowohl im Sommer als auch im Winter niedrige Temperaturen, daher sollte man sich warm anziehen. Darüber hinaus wird festes Schuhwerk und die Mitnahme einer Regenjacke empfohlen.

Iberger Tropfsteinhöhle   *Höhlentherapie in Bad Grund*

Iberger Tropfsteinhöhle bei Bad Grund, an der B 242
Auskunft: Tel. (05327) 700760

Bad Grund

Barbarossahöhle, eine der größten touristisch erschlossenen Gipshöhlen
Europas (→ Reiseziele, Kyffhäuser; Auskunft: 034651–2481)

Kelbra/
Rottleben

Baumannshöhle und Hermannshöhle, die beeindruckensten Tropfsteinhöhlen im Harz (→ Reiseziele, Rübeland); Auskünfte entweder bei der Verwaltung der Tropfsteinhöhlen, Blankenburger Str. 35, Tel. (039454) 9132
oder bei den Höhlen direkt:
Baumannshöhle, Blankenburger Str. 36, Tel. (039454) 9208
Hermannshöhle, Hasselfelder Str. 2, Tel. (039454) 9110

Rübeland

Einhornhöhle, große Kalksteinhöhle (→ Reiseziele: Herzberg, Umgebung;
Auskunft: Tel. 05521/3616)

Scharzfeld

Heimkehle, eine der größten Kalksteinhöhlen Europas (→ Reiseziele: Stolberg, Umgebung; Auskunft: Tel. 034653/305).

Uftrungen

Kräuter-August-Höhle/Waldmänneken-Höhle in Harly; Informationen:
Tourist-Information Vienenburg (→ Auskunft)

Vienenburg

Hotels (Auswahl)

An Unterkunftsstätten (Hotels, Gasthöfe u. a.) konnte aus Platzgründen nur
eine begrenzte Anzahl aufgenommen werden (selbstverständlich sollen
keinerlei Vorurteile gegenüber den nicht genannten Häusern erweckt werden). Die Telefonvorwahlnummern stehen in der Marginalie unter dem
jeweiligen Ort in Klammern.

Allgemeines

Hotels

**Hotels,
Allgemeines
(Fortsetzung)**

Die nun folgenden Angaben beruhen auf amtlichen Unterkunftsverzeichnissen, die der Harzer Fremdenverkehrsverband sowie viele örtliche Informationsstellen, Fremdenverkehrsämter oder Kurverwaltungen regelmäßig herausgeben. Diese sind bei den unter → Auskunft genannten Stellen erhältlich.

Kategorien

Der Harzer Verkehrsverband hat gemeinsam mit dem Deutschen Hotel- und Gaststättenverband zahlreiche Beherbergungsbetriebe, die sich einer freiwilligen Überprüfung ihrer Leistungsfähigkeit gestellt haben, in verschiedene Kategorien eingeteilt, die dem internationalen Standard entsprechen: Die Skala reicht vom Luxushotel (5 Sterne) bis zur Unterkunft für bescheidene Ansprüche (Tourist; 1 Stern). Im folgenden sind die Luxushotels durch ein 'L' und einen Stern vor dem Namen gekennzeichnet. Bei den anderen Hotels sind die Kategorien mit römischen Ziffern angegeben. Im einzelnen gelten folgende Entsprechungen:

*****	L
****	I
***	II
**	III
*	IV

Die Unterkunftsstätten, die an der Hotelklassifizierung nicht teilnahmen, sind ohne Sternbezeichnung (bzw. im vorliegenden Band ohne römische Ziffern). Sie werden nachfolgend ebenfalls z. T. aufgeführt; ein Rückschluß auf ihren Standard ist nicht zu ziehen.

Abkürzungen

B. = Bettenzahl   Hb. = Hallenbad
Z. = Zimmerzahl   Sb. = Schwimmbad
W. = Wohnungen (in Ferienparks)

Alexisbad

s. Harzgerode

Altenau
(0 53 28)

Deutsches Haus (familiäre Atmosphäre, Gästezimmer im Landhausstil; gemütliches Restaurants Alte Auestuben und Altenauer Marktstübchen), Marktstr. 17, Tel. 3 50, Fax 98 01 43, II, 24 B.
Landhaus am Kunstberg (garni; mit Bauernmöbeln eingerichtet), Bergmannsstieg 5, Tel. 2 55, Fax 256, 30 B., Hb., Sauna, Solarium und Whirlpool
Ferienpark: Harz-Ferienpark Altenau (mit mehreren Restaurants, Bar, Diskothek, Supermarkt, Kegelbahnen, Hallenwellenbad und Eissporthalle; Kinderspielplätze; div. Wintersportmöglichkeiten), Tel. 2 44, 150 W.

Altenbrak
(03 94 56)

Weißes Roß (zentrale Lage; behaglich eingerichtete Zimmer), St. Ritter 19, Tel. und Fax 3 30, 15 B.
Jagdschloß Windenhütte (Waldhotel und Restaurant), 10 Z., Tel. 2 33 und 2 34.

Aschersleben
(0 34 73)

Andersen (garni; komfortable Zimmer), Bahnhofstr. 32, Tel. 8 74 60, Fax 87 46 61 50, 93 B.
Nord, Güstener Str. 4, Tel. und Fax 36 68, 69 B.

**Bad
Frankenhausen**
(0 34 671)

Residenz Frankenburg (komfortables Hotel mit Diätkost, Fahrradverleih, Solarium, Sauna), Am Schlachtberg 3, Tel. 75 0, Fax 7 53 00, I, 80 Z., Hb.
Bellevue (Diätküche, Schonkost, Vollwertkost; Reitmöglichkeit), Goethestr. 13, Tel. 30 80, Fax 30 46, 45 B.
Hotel Reichental (Solarium), Rottleberstr. 4, Tel. 680, Fax 68 100, II, 50 Z., Sb.

**Bad
Gandersheim**
(0 53 82)

Kurpark-Hotel Bartels, Dr.-H.-Jasper-Str. 2, Tel. 7 50, Fax 7 51 47, II, 160 B., Hb., Sauna, Solarium
Im Ortsteil Altgandersheim:
Köhlers Hotel und Landgasthaus, Tel. 52 12, Fax 52 59, III, 21 B.

Waldhaus (ruhiges, gemütliches Hotel am Hang; großzügige, rustikal ein- **Bad Grund**
gerichtete Zimmer), Hübichsteg 5, Tel. 1247, Fax 2843, II, 34 B. (05327)
Waldwinkel (Erlebnishotel; Hotel, Restaurant, Café und vor allem Eselstation; es werden Kutschfahrten mit Eselkutschen organisiert; Wandern ohne Gepäck – Esel können als Gepäckträger gemietet werden –
ist möglich), Waldwinkel, Tel. 1280, Fax 2814, II, 15 B.

Braunschweiger Hof (komfortable Zimmer; Suiten mit Südbalkon, gemütli- **Bad Harzburg**
che Hotelbar, rustikale Bierstube, große Kaffeeterrasse, Park mit (05322)
altem Baumbestand; Restaurant mit Fisch- und Wildspezialitäten;
Schönheitsfarm; Kegelbahnen u. v. a.), Herzog-Wilh.-Str. 54, Tel. 7880,
Fax 53349, I, 141 B., Hb.
Harzburger Hof (nahe des Burgberges gelegenes, stilvolles Haus mit
besonderer Atmosphäre, eingebettet in eine reizvolle Parklandschaft;
komfortabel eingerichtete Zimmer; Restaurant, Café/Terrasse, Archiv-
Pub, Bierstube; Spielkasino; Konferenzräume; Kurhausstr. 23, Tel. 782-
0, Fax 78 2246, I, 124 B.
Seela (Sport- und Kurhotel; Schönheitsfarm, Massageabteilung, Fitness-
center, Tanz, Kegelbahn u. v. a.; mehrere Restaurants mit diversen Spe-
zialitäten), Nordhäuserstr. 5, Tel. 796155, Fax 796199, I, 250 B., Hb.
Germania (garni; romantisches Hotel in ruhiger Lage direkt im Kurpark, 2
Min. zum Thermalsole-Hallenbad; Sauna, Solarium, Fitneßräume), Ber-
liner Platz, Tel. 9500, Fax 950195, I, 66 B.
Harz-Autel (modernes, behagliches, im Atriumstil erbautes Haus mit
Restaurant Harzer Stuben), Nordhäuser Str. 3, Tel. 3011–13, Fax
53545, II, 70 B., Hb., Sauna, Solarium, Tennisplatz.
Am Eichenberg (modernes, familienfreundliches Hotel; Kaminzimmer, Ter-
rasse; Fitnesseinrichtungen, hoteleigenes Unterhaltungs- und Ausflugs-
programm), Fritz-König-Str. 17, Tel. 1408, Fax 51931, II, 30 B.
Parkhotel (ruhig gelegenes Jugendstilhotel in großem Park, Kaffeeter-
rasse, gutbürgerliches Restaurant und Bierbar 'Alte Schmiede';
Sportanlagen nahebei), Hindenburgring 12a, Tel. 786-0, Fax 786228, II,
92 B., Sb.
Tannenhof (Hotel-Café im Kurzentrum, Blick auf den Burgberg; hausge-
backener Kuchen sowie Harzer Wurstspezialitäten und Bier vom Faß),
Nordhäuserstr. 6, Tel. 96880, Fax 968899, II, 30 B.
Kurpark-Hotel (beim Kurpark, Badeeinrichtungen in unmittelbarer Nähe;
Kurhausstr. 5–7, Tel. 2061, III, 30 B.

*Revita (am Kurpark gelegenes, komfortables Hotel mit geräumigen **Bad Lauterberg**
Zimmern; mehrere Restaurants mit ausgezeichneter Küche, z. B. Park- (05524)
restaurant, Dachgarten-Restaurant, Diätrestaurant mit Vollwertkost,
Cafés, Bars; rustikales Spezialitäten-Buffet mit Zithermusik; Wochen-
endsonderprogramme mit festlichem Abendessen und Tanz; ferner Fit-
neßclub, Schönheitsfarm, Sauna, Bräunungsstudio; Kegelbahnen, Tennisplätze und Tennishalle, Poolbillard; Promenade 56, Tel. 831, Fax
80412, L, 283 Z., Hb. mit Hot-Whirlpool.
Panoramic Apartment Hotel (gemütliche Apartments mit einem oder zwei
getrennten Schlafräumen; Einrichtungen im Haus: Restaurants, Tanz-
bar, Bierstube Zum Waldschrat, Erlebnisbad Pano-Beach, Sb-Laden,
Kuranwendungen, Leihfahrräder, Tagungstechnik; Einrichtungen
außerhalb: Tennis, Hallenwellenbad, Surfen auf dem Oderstausee,
Angeln; Minigolf, Gartenschach, Badminton, Carrera-Rennen; Kinder-
spielplatz; u. a. saisonale leichte Kost, Vollwertkost), Dietrichstal 1, Tel.
9620, Fax 962632, 305 Apartments, 5 Penthouse-Wohnungen.
Wiesenbeker Teich (Kneipp- und Schroth-Kurhotel), Wiesenbek 75,
Tel. 2995, Fax 2994, 30 B., Hb.
Dietrichstal (Hotel, Café), Dietrichstal 7, Tel. 3806, Fax 922630, III, 13B.
St. Hubertusklause (Sauna, Solarium), Wiesenbek 16, Tel. 8690,
Fax 86950, 31 Z.
Kurpensionen: Waldblick, Wiesenbek 33, Tel. 3654, III, 14 B.
Waldfrieden, Kirchberg 26 und 28, Tel. 2111, Fax 89572, III, 29 B.

319

Hotels

Bad Sachsa
(05523)

Romantischer Winkel (Hotel mit vielen Annehmlichkeiten, wie elegante Restaurants mit bemerkenswerter Küche, Wintergarten, Terrasse mit Seeblick, Bierstube; Badelandschaft, Massagen, Bäder, Sauerstoffkur; Schönheitsfarm u. v. a.), Bismarckstr. 23, Tel. 3040, Fax 304122, I, 133 B., Hb.
Café Elfi (innerhalb des Kurviertels, am Waldrand gelegene Hotel-Pension; Café-Garten), Brandstr. 60, Tel. 3776, Fax 7633, II, 14 B.

Blankenburg
(03944)

Kurhotel Fürstenhof, Mauerstr. 9, Tel. 90440, Fax 9044299, 70 B., Sb.
Am Vogelherd (Sauna, Solarium, Fitneßraum, Kegelbahn), Am Vogelherd 10, Tel. 9260, Fax 365035, 87 Z.

Bodfeld

s. Elbingerode und Rübeland

Braunlage
(05520)

Maritim (elegantes Hotel am Fuß des 1000 m hohen Wurmberges, komfortable Hotelzimmer; von den Balkonen Blick über den Ort und die Umgebung; großes Freizeitangebot, u. a. Billard, Tennis; abwechslungsreiches Animationsprogramm; Kinder-Club), Am Pfaffenstieg, Tel. 8050, Fax 3620, I, 569 B., Hb., Sb.
Zur Erholung (Hotel-Gasthof mit Vogelauer Bauernmöbeln; Restaurant mit guter Küche), Lauterberger Str. 10, Tel. 93000, Fax 575, II, 60 B.
Romantik-Hotel Zur Tanne (Restaurant mit guter Ausstattung, aufmerksamer Service), Herzog-Wilhelm-Str. 8, Tel. 93120, Fax 3992, 22 Z.
Hasselhof (garni; komfortable Zimmer; Mountainbike- und Rodelschlittenverleih), Schützenstr. 6, Tel. 3041/2, Fax 1442, II, 40 B., Hb.
Landhaus Foresta (am Waldrand, liebevoll eingerichtete Zimmer; Küche mit internationalen Speisen, Harz-Spezialitäten, saisonalen Gerichten, Forellen), Am Jermerstein 1, Tel. 93220, Fax 932213, II, 40B.
Hotel-Pension Panorama (direkt am Wald gelegen; guter Ausgangspunkt für Wanderungen), Herzog-Johann-Albrecht-Str. 61, Tel. 2292

Buntenbock
(05323)

Hotel-Pension Tannenhof, Ziegelhütte 2, Tel. 93820, Fax 938228, 12 B.

Clausthal-Zellerfeld
(05323)

Parkhotel Calvör siehe Baedeker Special S. 321
Friese (Hotel in ruhiger Lage; mehrere Restaurants, u. a. Harzer Spezialitäten, gemütliche Bierstube) Burgstätter Str. 2, Tel. 3310, Fax 2431, II, 60 B.
Goldene Krone (Hotel-Restaurant), Kronenplatz 3, Tel. 9300, Fax 930100, II, 46 B.
Wolfs, Goslarsche Str. 60, Tel. 81014, Fax 81015, II, 65 B., Sb.

Duderstadt
(05527)

Zum Löwen (kleines Grandhotel in der Fußgängerzone der historischen Altstadt; behaglich eingerichtete Zimmer; gepflegtes Restaurant, auch Terrassenlokal), Marktstr. 30, Tel. 3072, Fax 72630, I, 70 B., Hb., Sauna, Solarium.
Rosenthaler Hof, Rosenthaler Str. 31, Tel. 9150, Fax 915333, 220 B.
In Fuhrbach, 6 km nördlich: Zum Kronprinzen (Hotel in idyllischem Bergdorf; moderne Zimmer, Sauna, Solarium, Fitneßraum, Kegeln; auch Gartenlokal), Fuhrbacher Str. 31, Tel. 3001, Fax 73355, II, 45 Z.

Eichsfeld

s. Duderstadt, Gieboldehausen und Rhumspringe

Einbeck
(05561)

Haus Johanna (garni), Bürgermeisterwall 8, Tel. 3480, Fax 72435, 15 B.

Elbingerode
(039454)

Pension Born, Bornberg 5, Tel. 42531, 28 B.

Elend
(039455)

Waldmühle (Hotel-Restaurant), Braunlager Str. 15, Tel. 369 oder 289, 35 B.

Friedrichsbrunn
(039487)

Tagungs- und Sporthotel Ostharz (am Waldrand gelegenes Hotel; Kegelbahn, Tennisplatz), Waldstr. 4, Tel. 425, Fax 429, 111 B., Hb.

Gernrode
(039485)

Zum Bären (Gasthof), Marktstr. 21, Tel. und Fax 60740, 43 B.

Wie man sich bettet...

Im Harz gibt es von der Nobelherberge bis zum einfachen Gästezimmer ein breites Angebot ganz verschiedener Unterbringungsmöglichkeiten. Auf Wunsch erhält man vom Harzer Verkehrsverband ein komplettes Unterkunftsverzeichnis "Zu Gast bei uns" zugeschickt (→ Auskunft).

Rund 12 km westlich von Sangerhausen, im Süden des Harzes und ganz in der Nähe vom Kyffhäuser, liegt das 300-Seelendorf **Wickerode**, eines der schönsten Dörfern Sachsen-Anhalts. Hier erfüllten sich die beiden Inhaberinnen – ein Team aus Ost und West – ihren langgehegten Berufswunsch und eröffneten 1993 das Landhotel und Restaurant Fünf Linden. Ursprünglich war das Gebäude die Dorfschule, wo heute im Gastraum der Stammtisch steht, befand sich einst die alte Schultafel. Nach der Renovierung herrscht hier nun eine sehr gemütliche, freundliche Atmosphäre. Hübsche Zimmer, verschiedene Fitneßmöglichkeiten, schöne Terrasse, Wintergarten und vieles mehr laden ein. Ein engagierter Koch, Herr Blameuser, verwöhnt die Gäste mit verfeinerter regionaler Küche. Vor der Haustür liegt ein Kinderspielplatz; Natur- und Kulturfreunde werden in der Nähe viele Unterhaltungsmöglichkeiten finden (Anregungen geben die beiden Inhaberinnen gerne). Ein Konferenzraum steht ebenfalls zur Verfügung. Landhotel und Restaurant Fünf Linden (Abholmöglichkeit vom Bahnhof Sangerhausen), 06536 Wickerode, Schulplatz 94, Tel. (03 46 51) 3 50, II, 70 B.

Mitten in **Neustadt**, einem hübschen kleinen Fachwerkort im Süden des Harzes, wird im Landhotel Neustädter Hof traditionelle Thüringer Gastlichkeit gepflegt. Das unlängst restaurierte Fachwerkhaus, das in den zwanziger

Jahren bereits ein Hotel war, bietet geschmackvoll eingerichtete Zimmer und Appartements, verschiedene Fitneßmöglichkeiten, zwei Restaurants und eine Gartenterrasse (Abholmöglichkeit vom Bahnhof Nordhausen), 99762 Neustadt, Burgstr. 17., Tel. (0 36 31) 3 09 12, Fax 3 09 16, II, 90 B.

In **Clausthal-Zellerfeld** liegt das Parkhotel Calvör geschickt zwischen Bergbaumuseum und Kunsthandwerkerhof. Das Gebäude wurde 1675 erstellt und gehörte viele Jahre dem Superintendenten Caspar Calvör, der 1694 – 1698 Georg Philipp Telemann in diesem Hause unterrichtete; 1703 – 1705 lebte hier auch Henning Calvör, der 'geistige Vater der Technischen Universität'. Heute ist das Gebäude ein ruhiges, komfortabel eingerichtetes Hotel mit gemütlichem Restaurant, einer Gewölbekellerbar Lat(r)inum, in der abends gute Weine, eine kleine Auswahl Spitzenbiere und kleine Gerichte serviert werden, außerdem kann man in der hauseigenen Sauna entspannen. Das Parkhotel Calvör befindet sich in der Treuerstr. 6 (Ecke Bornhardtstraße), 38678 Clausthal-Zellerfeld, Tel. (0 53 23) 95 00, Fax 95 02 22, I, 77 B.

Hotels

Goslar
(05321)

Der Achtermann (Hotel & Tagungs-Centrum in zentraler Lage zwischen Bahnhof und historischer Altstadt; komfortable Zimmer, div. Restaurants und Bars; Harz-Therme, Whirlpool, Fitness-Raum; verschiedene Veranstaltungssäle), Rosentorstr. 20, Tel. 21001, 249 B., Hb., Saunen.

Kaiserworth (das Haus aus dem 15. Jh. mit seiner prächtigen Fassade, einst Gildehaus der Gewandschneider mit einem Schankraum, in dem Gäste auch übernachten konnten, zählt zu den schönsten der Stadt; rustikale Einrichtung; gutbürgerliche Küche), Markt 3, Tel. 21111, Fax 21114, II, 86 B.

Altstadt-Hotel Gosequell (gemütliches Hotel in der Altstadt, unweit der Kaiserpfalz; u.a. Wildspezialitäten und Forellen), An der Gose 23, Tel. 34050, Fax 340549, II, 30 B.

Treff Hotel Das Brusttuch, Hoher Weg 1, Tel. 21081, Fax 18297, 25 B., Hb.

Villa Berger (traditionelles Haus), Oberer Triftweg 6, Tel. 21640, 13 Z.

Bären, Krugwiese 11a, Tel. 7820, Fax 782304, III, 165 Z., Hb.

Göttingen
(0551)

Freizeit In, Dransfelder Str. 3, Tel. 90010, Fax 9001100, I, 210 Z., Sb.

Gebhards, Goetheallee 22–23, Tel. 49680, Fax 4968110, I, 100 B.

Güntersberge
(039488)

Berghotel Glück auf (komfortables Berghotel an der Harzhochstraße B242 mit Blick über das Selketal; modern eingerichtete Gästezimmer; Panoramarestaurant mit gutbürgerlicher, regionaler Küche, Knappenstube und Hotelbar; Sauna; Sportmöglichkeiten), Heimbergsiedlung 15, Tel. und Fax 301.

Zur Güntersburg (gutbürgerliche Küche; Folkloreabende, Tanz und bei schönem Wetter Grillabende möglich; Sauna), Markstr. 24, Tel. 330, Fax 71013, IV, 49 B.

Hahnenklee-Bockswiese
(05325)

Dorint Hotel Kreuzeck, Am Kreuzeck 1–4, Tel. 740, Fax 74839, I, 220 B., Hb.

Walpurgishof, Am Bocksberg 1, Tel. 7090, Fax 3081, I, 140 B.

Apparthotel Bocksbergblick, Klöber-Touristik, Brünneleweg 4+8, Tel. 5000, Fax 500299, 60 B., III, Sauna, Solarium

Eden am See (Hotel-Pension in idyllischer Lage an Wald und See; gutbürgerliche Küche, u.a. Wildspezialitäten), Grabenweg 10, OT Bockswiese, Tel. 2388, Fax 2737, III, 28 B.

Ferienpark Hahnenklee (Freibad, Sauna, Solarium, Minigolf, Kinderspielplatz), Am Hahnenkleer Berg 2, Tel. (05330) 2021, 150 Appartements.

Halberstadt
(03941)

Halberstätter Hof (5 Min. vom Dom entfernt, mit Garten), Trillgasse 10, Tel. 27080, Fax 26189, II, 23 Z.

Harzgerode
(039484)

In Alexisbad (4 km westl.): Harzquell (modernes, zentral gelegenes Hotel mit Restaurant und Bierbar sowie div. Freizeiteinrichtungen, wie Kegelbahn, Fitneßraum, Sauna und Solarium; Seminareinrichtungen), Kreisstr. 10, Tel. 980, Fax 98888, 247 B.

Habichtstein (am Selketalbahnhof gelegenes modernes Erholungs-, Sport- und Tagungshotel mit gemütlichen, komfortablen Zimmern; regionale Küche; Restaurants: Selkestube, Bankettsaal, Lobby-Bar, Fitness-Bar; Harzer Blockhaus; vielfältiges Erlebnisprogramm), Kreisstr. 4, Tel. 2201, Fax 3927, II, 129 B.

Herzberg am Harz (05521)

Waldhotel Zum Paradies, Siebertal 2, Tel. 2483, II, 20 B.

Hohegeiß
(05583)

Landhaus Dicke Tannen (familiär geführtes Haus am Naturdenkmal 'Dicke Tannen': 60 Rottannen bis 4,5 m Umfang; Restaurant mit Harzer Spezialitäten, Wild- und Forellengerichten; auch Café mit selbstgebackenem Kuchen; Aussichtsterrasse), Bohlweg 40, Tel. 9220, Fax 922100, II, 50 B.

Rust (an einem Südhang am Waldrand gelegenes Hotel mit gemütlichen Gästezimmern; gemütlich eingerichtetes Restaurant / Café; von der Kaffeeterrasse Blick; Massageabteilung; Sauna), Am Brande 5, Tel. 831, Fax 364, II, 28 B., Hb.

Brockenblick (Hotel-Restaurant-Café; rustikal eingerichtete Zimmer; Restaurant u. a. mit Spezialitäten aus dem Harz), Wilhelm-Raabe-Str. 1, Tel. 1328, Fax 1329, II, 11 B.

Hohegeiß (Fortsetzung)

Waldhotel Hufhaus (ehem. Gestüt und Revierförsterei, später Ferienheim der Kornbrennerei Nordbrand; Restaurant, Biergarten, Jägerstube, Kellerbar, 2 Terrassen; Gäste-Zubringer vom und zum Bahnhof Nordhausen; Spielplätze, Kutschfahrten), Tel. 48125, Fax 48126, III, 67 B.

Ilfeld
(036331)

*Landhaus "Zu den Rothen Forellen" (1995 eröffnetes Hotel in einer ehem. Fürstenschänke, in der Ortsmitte an einem kleinen See gelegen; ländlich-elegante Gästezimmer, Badelandschaft, Tagungsbereich; Restaurants, rustikale Bierstube im Gewölbekeller, Wintergarten und Terrasse), Marktplatz 2, Tel. 9393, Fax 9399, L, 47 Z.
Schloßhotel Ilsenburg, Schloßstr. 26, Tel. 970, 71 B.
Stadt Stolberg (komfortable Zimmer; Restaurant Harzer Stuben), Faktoreistr. 5, Tel. 97213, Fax 95155, 17 Z.

Ilsenburg
(039452)

Kaiserhof, Frankenhäuser Str. 1, Tel. 6531, Fax 6215, 78 B., Sb.
Heinicke (Hotel-Restaurant; familiäre Atmosphäre; regionale und internationale Gerichte; Kegelbahn, Sauna), Lange Straße/Jochstraße, Tel. 6183, Fax 6383, 27 B.

Kelbra
(034651)

s. Wolfshagen

Langelsheim

Haus Waldesruh (Hotel-Restaurant am Waldrand mit Garten, offener Kamin im Jagdzimmer; Wildspezialitäten, rustikale Harzer Gerichte und täglich frische Harzer Forellen), Am Waldschlößchen 2, Tel. 4126, Fax 4283, II, 47 B., Hb.
Zur Laute (Hotel-Restaurant; behagliche Zimmer, Restaurant mit Spezialitäten der Harzer Küche), Hahnenkleer Str. 7, Tel. 4691, Fax 6264, II, 16 B.

Lautenthal
(05325)

Akzenthotel Sauerbrey (Hotel-Restaurant), Friedrich-Ebert-Str. 129, Tel. 50930, Fax 509350, II, 60 B., Hb.

Lerbach
(05522)

Alter Simpel, Glockenstr. 7, Tel. 71 7733, Fax 716474, 15 B.
In Klostermansfeld: Am Park, Siebigeröder Str. 3, Tel. (034772) 25627, Fax 25319, 61 B.

Lutherstadt Eisleben
(03475)

Hotel im Park Meisdorf (behagliche Zimmer im Forsthaus und im Parkhotel im Schloß, Park, Hotelrestaurant, Jagdgaststätte und Kaminzimmer, Hotelbar), Allee 4 und 5, Tel. 8138, Fax 8231, 150 B., Hb. sowie viele Freizeiteinrichtungen, wie Golfübungsanlage, Tennisplätze, Bocciabahn, Bundeskegelbahn; Fahrradverleih.

Meisdorf
(034743)

Landhotel Neustädter Hof siehe Baedeker Special S. 321

Neustadt
(036331)

Zur Sonne, Hallesche Str. 8 – 10, Tel. 48938, Fax 48937, 68 B.
City-Hotel, Wolfstr. 11, Tel. 80695, Fax 80481, 45 Z.

Nordhausen
(03631)

Tiroler Stuben (auch Terrassenlokal), Scheerenberger Str. 45, Tel. 2022, Fax 75343, III, 24 B.

Osterode am Harz
(05522)

Waldhaus (Hotel-Restaurant-Café; auch Gartenlokal), Im Fallstein 1, Tel. 72232, Fax 2551, 14 B.

Osterwieck
(039421)

Theophano (behaglich eingerichtete Zimmer, romantischer Innenhof; Weinkeller), Markt 13/14, Tel. 96300, Fax 963036, 33 B.
Motel Quedlinburg (moderne Unterkunft), Wipertistr. 9, Tel. 2855, 51 Z.
Zum Bär (schönes altes Haus), Markt 8, Tel. 7770, Fax 700268, 50 Z.
Am Brühl, Billingstr. 11, Tel. 96180, Fax 9618246, 45 B.

Quedlinburg
(03946)

Hotels

Riefensbeek-Kamschlacken
(05522)

Pony Hotel Zur Linde, Sösetalstr. 17, Tel. 4142, Fax 75493, 88 B., Hb.
Landhaus Meyer, Sösetalstr. 23, Tel. 3837, Fax 76060, 20 B.
Zur Fuhrmannsstube (Gast- und Pensionshaus), Lange Wiese 5, Tel. 6393, 10 B.

Sangerhausen
(03464)

Landhaus Blei, Stolberger Str. 26, Tel. (034651) 532255, 23 B.
Katharina (garni), Riestedter Str. 18, Tel. 64290, Fax 642940, 21 B.

Sankt Andreasberg
(05582)

Berghotel Glockenberg (behaglich eingerichtete Zimmer; Blick auf die Harzer Berge und auf St. Andreasberg; Sauna), Am Glockenberg 18, Tel. 219, Fax 832, 49 B.
Tannhäuser (familiäre Atmosphäre; Sauna und Solarium), Clausthaler Str. 2a, Tel. 91880, Fax 918850, II, 41 B.
Landhaus Fischer (ruhige Lage, Blick; Sauna, Solarium), Hangweg 1, Tel. 1311, Fax 1375, 7 Z., Hb.
Skandinavia, An der Rolle, Tel. 644, Fax 8638, 26 B., Hb.
Waldfrieden, Auf der Höhe 38, Tel. 555, Fax 1678, 30 B.

Scharzfeld
(05521)

Harzer Hof (Hotel-Restaurant), Harzstr. 79, Tel. 5095, Fax 5096, 17 B.

Schierke
(039455)

Travel Charme Hotels – Hotel Waldfrieden (in Waldlage, mit modern ausgestatteten Zimmern; Restaurant mit Harzer Spezialitäten, Café, Hotelbar; Friseur; Sauna; Billard, Tischtennis, Tennis; Fitneßraum; Tagungsmöglichkeiten), Brockenstr. 51–52, Tel. 550, Fax 308, 112 B.
Brockenscheideck (großzügige Zimmer; Wanderwege zum Brocken, zum Winterberg und zu vielen anderen Aussichtspunkten unmittelbar vor der Haustüre; hauseigener Kleinbus für Harzrundfahrten), Tel. 268 und 51037, Fax 51039, 30 B.
Bodeblick (garni; Kaffeeterrasse; Sauna, Solarium; Spielplatz), Barenberg 1, Tel. und Fax 359, 30 B.

Schulenberg
(05329)

Sporthotel Schulenberg, Unter den Birken 6, Tel. 6996, Fax 69999, II, 60 B., Hb., Sauna, Solarium.

Seesen
(05381)

Zum Alten Fritz (Hotel/Landhaus in Fachwerkbauweise; Restaurant und Bierstube; Sehusa-Therme nahebei), Frankfurter Str. 2, Tel. 94930, Fax 949340, II, 56 B.

Sieber
(05585)

Haus Iris (garni), An der Sieber 102b, Tel. 355, Fax 1512, 28 B.
Zum Paß, An der Sieber 49, Tel. 332, Fax 453, 20 B.

Sondershausen
(03632)

Thüringer Hof (auch Terrassenlokal), Hauptstr. 30–32, Tel. 6560, Fax 65611, 60 B.
In D-99713 Straußberg: Ferienpark Feuerkuppe (Freibad, Kinderspielplätze, Bastelmöglichkeiten, geführte Wanderungen, Sportgeräte- und Spielzeugverleih), Tel. (036334) 53201, 50 Bungalows, 680 B.

Stolberg
(034654)

Zum Bürgergarten (komfortabel ausgestattete Zimmer in einem schmukkem Fachwerkbau, Whirlpool, Sauna, Solarium; 300 Jahre alte Gaststätte mit rustikalem Innern), Thyratal 1, Tel. 401, Fax 575, II, 52 B.

Thale
(03947)

Berghotel Hexentanzplatz (behaglich rustikal eingerichtete Zimmer in einem Hotel der gehobenen Mittelklasse, Blick in das Bodetal; regionale Küche, Freiluftterrassen, Biergarten, Café; Hexenbuffet; Berghütte), Hexentanzplatz 1, Tel. und Fax 2212, 29 B.
Forelle (Hotel-Gasthaus), Karl-Marx-Str. 84, Tel. 2757, 26 B.

Trautenstein
(039459)

Hotel Haus Druidenstein, Hasselfelder Str. 2, Tel. 71912, Fax 63967, 10 B.

Treseburg
(039456)

Ferienhotel Forelle (gepflegte Zimmer; Harzer Heimatabende, Fahrten mit dem Hotelbus, geführte Wanderungen, Vermittlung von Kremserfahrten), Ortsstr. 28, Tel. 239, Fax 213, 60 B.

Pension Speiser, Am Kronenberg 1, Tel. 601, 20 B.

Travel Charme Hotels – Gothisches Haus (im Kern ein Wohnhaus aus dem 15. Jh., 1848 erstmals Gasthaus; komplett renoviert mit gut ausgestatteten Zimmern; u. a. zwei Restaurants, Wintergarten, Bohlenstube; Fitneßraum, Sauna, Solarium), Am Markt, Tel. 6750, Fax 675537, 243 B.

Weißer Hirsch (am Markt, gegenüber vom Rathaus; ältestes Hotel von Wernigerode, 1790 erbaut; Restaurant; Sauna), Am Markt 5, Tel. 602020, Fax 633139, 47 Z.

Schloßblick, Burgstr. 58, Tel. 32004, Fax 33002, 34 B.

Stadt Wernigerode, Langer Stieg 62, in Hasserode, Tel. 636216, Fax 632891, 260 B.

Landhotel & Restaurant "Fünf Linden" siehe Baedeker Special S. 321

Haus Berlin (Hotel-Pension am Käseberg, idealer Ausgangspunkt für Wanderungen; u. a. Sonnenterrasse; Sauna; Hallen- und Freibad nahebei), Panoramaweg 25, Tel. 472, Fax 8450, 20 B.

Waldgarten, Schützenstr. 31, Tel. 96800, Fax 968050, II, 60 B., Hb.

Rathaus (im Zentrum, am Denkmal des 'Wilden Mannes' gelegen; moderne, großzügig ausgestattete Zimmer; internationale und gutbürgerliche Küche), Bohlweg 37, Tel. 6261, Fax 6713, III, 20 B.

Holiday Inn Wolfsburg, Rathausstr. 1, Tel. 207-0, Fax 207-981, 365 B.

Der Wolfshof, Kreuzallee 22, Tel. 7990, Fax 799119, II, 120 B., Hb.

Drei Rosen (Hotel mit extra langen Betten, Pilsstube, Restaurant, Tagungsräumen, Freiterrasse; Sauna, Solarium; Kosmetikbehandlung; Kinderspielecke; es werden u. a. auch Kutschfahrten durch den Eichsfelder Kessel organisiert), Bergstr. 1, Tel. 9760, Fax 97666, 73 B.

In Reifenstein (PLZ 37335): Reifenstein, Am Sander, Tel. (036076) 470, Fax 47202, 76 B.

Bergschlößchen, Taubentalstr. 24 – 26 a, Tel. 96760, Fax 967656, 20 B.

Café-Restaurant Waldhaus, Waldschwimmbad, Im Kunzental 1, Tel. 561, 4 B.

Pensionen: Altes Forsthaus, Im Förstergarten 12, Tel. 402, Fax 342, II, 28 B., Hb. und Baumgarten, Wilhelmsplatz 11, Tel. 1050, II, 18 B.

Jugendherbergen

Die Harzer Jugendherbergen stehen jedem offen, der im Besitz eines gültigen Jugendherbergsausweises ist. Das komplette Jugendherbergsverzeichnis erhält man beim Deutschen Jugendherbergswerk (DJH; Bismarkstr. 8, D-32756 Detmold, Tel. 05231/74010, Fax 740149) oder im Buchhandel.

In Zusammenarbeit mit dem Harzer Verkehrsverband (→ Auskunft) veröffentlichte das DJH die Broschüre "Der Harz · Jugendherbergen". Diese erhält man auch bei den beiden Landesverbänden des DJH Hannover (Ferd.-Wilh.-Fricke-Weg 1, 30169 Hannover, Tel. 0511/1640222, Fax 1640232) und Sachsen-Anhalt (Bleckenburgstraße 12, 39104 Magdeburg, Tel. 0391/4019635, Fax 4019638).

Karten (Land-, Straßen- und Reisekarten)

Neben der zu diesem Reiseführer gehörenden Übersichtskarte empfehlen wir u. a. folgendes Kartenmaterial:

Empfehlung

Kompass-Wanderkarten: Ostharz sowie Westharz (jeweils mit Kurzführer)

Außerdem sind beim Touring-Kartendienst in Goslar (Tel. 05321/45928) die nachfolgenden Karten (ebenfalls im Maßstab 1:50000) gegen Gebühr erhältlich:
Der Oberharz, Auto+Wanderkarte (mit Wegemarkierungen und touristischen Informationen)
Der Unterharz, Auto+Wanderkarte (mit Wegemarkierungen und touristischen Informationen)
Der ganze Harz, Freizeitkarte (mit Parkplätzen, Sehenswürdigkeiten, Ausflugszielen, Sport- und Freizeitangeboten Rad- und Wanderwegen)

Naturpark Harz, topographische Karte des Niedersächsischen Landesvermessungsamtes (umfaßt nur den Westharz; offizielle Wanderkarte des Harzklubs e.V.)

Wintersport im Harz, topographische Karte des Niedersächsischen Landesvermessungsamtes (komplettes Loipenverzeichnis im Westharz)

Ebenfalls beim Touring-Kartendienst in Goslar sind erhältlich:
die detaillierte Freizeitkarte (mit Rad- und Wanderwegen) "Der Brocken im Nationalpark Hochharz und seine Umgebung" und die
Panoramakarte der Nationalparks Harz und Hochharz (mit Informationen über Fauna und Flora)

Wanderführer → Wandern

Kirchen und Klöster

Allgemeines

Die wichtigsten Kirchen und Klöster sind im Kapitel 'Reiseziele von A bis Z' genannt. Hinweistafeln mit Gottesdienstzeiten stehen an Ortseingängen; von Kirchenbesichtigungen ist während der Gottesdienstzeiten abzusehen. Sonderführungen in Kirchen bzw. Domen sollten mit den entsprechenden Pfarrämtern (Küstern) vereinbart werden.

Ausstellungen
Konzerte
Geistliche
Abendmusik

In einer Reihe von Klöstern finden regelmäßig Ausstellungen und Konzerte statt; in verschiedenen Kirchen erklingt – insbesondere während des Sommerhalbjahres – geistliche Abendmusik (Orgel- oder Chorkonzerte). Über Einzelheiten informieren u.a. die örtlichen Fremdenverkehrsämter (Auskunft). Weitere Hinweise → Veranstaltungen.

Märchenparks

→ Ferien mit Kindern

Museen

Hinweis

Die wichtigsten Museen sind ausführlich im Kapitel 'Reiseziele von A bis Z' im Rahmen ihrer jeweiligen Stichwörter beschrieben; im folgenden lediglich eine kleine Auswahl:

Wunder aus Holz → Altenau
Bauernkriegspanorama → Bad Frankenhausen
Uhrenmuseum → Bad Grund
Grenzlandmuseum in Tettenborn → Bad Sachsa, Umgebung
Herbergsmuseum → Blankenburg

Musikinstrumenten-Museum im Kloster Michaelstein → Blankenburg, Umgebung

Museen (Fortsetzung)

Skimuseum → Braunlage
Mineraliensammlung → Clausthal-Zellerfeld
Klöppelmuseum in Buntenbock → Clausthal-Zellerfeld, Umgebung
Moderne Kunst im Mönchehaus → Goslar
Puppenmuseum → Goslar
Zinnfigurenmuseum → Goslar
Gleimhaus → Halberstadt
Zinnfigurenmuseum im Welfenschloß → Herzberg
Königspfalz-Tilleda-Freilichtmuseum → Kyffhäuser
Fachwerkmuseum im Ständerbau → Quedlinburg
Lyonel-Feininger-Galerie → Quedlinburg
Spengler-Museum → Sangerhausen
Rosarium → Sangerhausen
Burg-Falkenstein-Museum → Selketal
Walpurgishalle Hexentanzplatz → Thale
Harzmuseum → Wernigerode
Krell'sche Schmiede → Wernigerode

Da sich die Öffnungszeiten manchmal ändern, erkundige man sich danach am besten bei den Fremdenverkehrsämtern (→ Auskunft) vor Ort.

Öffnungszeiten

→ Bergbaumuseen
→ Burgen und Schlösser
→ Höhlen

Weitere Hinweise

Die Broschüre "Museumsführer Harz" ist gegen Gebühr beim Harzer Verkehrsverband in Goslar (→ Auskunft) erhältlich.

Museumsführer

Reisezeit

Die bevorzugten Reisemonate für den Harz sind der Juli, der August und die erste Hälfte des Monats September.
Für den Wintersport eignet sich am besten die Zeit von Ende Dezember bis Mitte oder Ende Februar.
In den Orten am Harzrand und im Harzvorland können auch die stilleren Frühlings- bzw. Herbstmonate sehr schön sein, wenn die Obstbäume blühen und die Wälder sich im ersten Grün zeigen bzw. das Laub sich zu verfärben beginnt.
In den höheren Gebirgslagen ist bis Mitte Mai sowie ab Ende September häufig rauhes Wetter, Nebel und gelegentlich Schneefall zu erwarten.

Wetterbericht für den Harz: Tel. (05321) 20024 und 20025

Da über Ostern und an Pfingsten sowie während der Sommerferien alle Harzorte überfüllt sind, wird rechtzeitige Buchung der Zimmer empfohlen.

Restaurants (Auswahl)

→ auch Hotels

Hotelrestaurants

Speisegaststätte Waldschenke (Restaurant und Biergarten; Wild- und Fischgerichte), Waldstr. 6, Tel. (034779) 20033.

Abberode

Restaurant, Biergarten (auch Terrassenlokal) im Hotel Habichtstein, Kreissstr. 4, Tel. (039484) 2201.

Alexisbad

Kaminrestaurant Zur Kleinen Oker (behagliche Atmosphäre, gelobte Küche), Kleine Oker 34, Tel. (05328) 584.

Altenau

Restaurants

Altenbrak

Restaurant, Bierstube und Café im Hotel Weißes Roß, St. Ritter 19, Tel. (039456) 330.
Café Fontane (Restaurant und Café mit Panoramaterrasse; Hausspeziali-tät: Apfelstrudel mit Vanilleeis und Sahne), Forstweg 3, Tel. (039456) 336.

Bad Frankenhausen

Bellevue (im Sommer mit Biergarten), Goethestr. 13, Tel. (034671) 3080.
Gasthof Reichental (mit Kinderspielplatz), Rottleberstr. 4, Tel. (034671) 3050

Bad Gandersheim

Gerichtsschänke, Burgstr. 10, Tel. (05382) 98010.

Bad Grund

Waldgasthaus & Café Iberger Albertturm (Mittagstisch, Kaffee, Kuchen und Eis sowie Brotzeiten im gemütlichen Gastraum; Spielplatz mit Westernfort; Schneemannbauen und Schneeballschlacht mitten im Sommer → Ferien mit Kindern), oberhalb der Iberger Tropfsteinhöhle, Tel. (05327) 1535.

Bad Harzburg

Braunschweiger Hof (Restaurant mit guter Ausstattung; auch Terrassen-lokal; u.a. Wildspezialitäten), Wilhelm-Str. 54, Tel. (05322) 7880.
Brauner Hirsch, Herzog-Julius-Str. 52, Tel. (05322) 2260.
Breitenberg (Hotel und Café bzw. Terrassencafé), Am Breitenberg 54, Tel. (05322) 4041.
Kurhaus (Restaurant, auch Terrassenlokal), Kurhausstr. 11, Tel. (05322) 96170.
Mehrere Restaurants im Hotel Seela (u.a. auch Diät-Restaurant und Schlemmerstube), Nordhäuserstr. 5, Tel. (05322) 7960.
Restaurant im Hotel Wiener Hof, Herzog-Wilhelm-Str. 97, Tel. (05322) 7950.
Cafés: Hotel-Café Tannenhof (Blick auf den Burgberg; Kuchen- und Stru-del- sowie Teespezialitäten), Nordhäuserstr. 6, Tel. (05322) 2071.
Palmen-Café im Badepark (Kaffee-, Kuchen- und Eisspezialitäten; durch-gehend kleine warme und kalte Gerichte; auch Gartenterrasse; ständige Ausstellungen: Tiffany und Seidenmalerei), Tel. (05322) 4805.
Peters (Spezialität: Sponblätter), Herzog-Wilhelm-Str. 106, Tel. (05322) 2827.
Südöstlich von Bad Harzburg, zwischen Burgberg, Kreuz des Deutschen Ostens und Eckertalsperre:
Waldgasthaus Rabenklippe (Blick auf den Brocken; herzhafte Küche), an der Harzburg-Loipe, Tel. (05322) 2855.

Bad Lauterberg im Harz

Park-Restaurant und Dachgarten-Restaurant im Hotel Revita, Promenade 56, Tel. (05524) 831.
Café und Restaurant (auch Terrassenlokal) im Kneippkurhotel Wiesen-beker Teich, 2 km südöstlich außerhalb, Tel. (05524) 2995.

Bad Sachsa

Galerie und Parkrestaurant (auch Terrassenlokale) und Bierstube im Harz-hotel Romantischer Winkel, Bismarckstr. 23, Tel. (05523) 3040.
Café Elfi (am Waldrand gelegenes, gemütliches Café mit Bier- und Café-garten; u.a. selbstgebackene Kuchen und Brotzeitteller; donnerstags zusätzlich leckere frische Waffeln mit heißen Kirschen und Sahne), Brandstr. 60, Tel. (05523) 3776.

Bad Suderode

Kur-Café (auch Restaurant, Bier- und Kaffeegarten), Ellernstr. 12, Tel. (039485) 60052.

Benneckenstein

Café Waldschlößchen (mit Garten; Spezialität: Torten), Tel. (039457) 2460.

Blankenburg

Restaurant (auch Terrassenlokal) im Kurhotel Fürstenhof, Mauerstr. 9, Tel. (03944) 365412.
Ratskeller (im alten Gewölbekeller des Rathauses; gutbürgerliche Küche), Markt, Tel. (03944) 352428.

Landhaus Zum Schultheiss (Restaurant, Bier- und Kaffeegarten; auch Hotel), Heinrich-Jasper-Platz 5, Tel. (05520) 601 **Braunlage**

Linzer Stüberl (Restaurant-Café mit österr. Spezialitäten), Elbingeröder Straße/Ecke Gartenstraße, Tel. (05520) 2096.

Diverse Restaurants (auch Bars) im Maritim Hotel, Am Pfaffenstieg, Tel. (05520) 8050.

Restaurant und Café im Kurhotel Rögener (auch Terrassenlokal), Wurmbergstr. 1, Tel. (05520) 3086.

Restaurant im Romantik-Hotel Zur Tanne, Herzog-Wilhelm-Str. 8, Tel. (05520) 1034.

Goldene Krone (Hotel, Restaurant, Café, auch Terrassenlokal), Am Kronenplatz 3, Tel. (05323) 9300. **Clausthal-Zellerfeld**

Restaurant im Hotel Kronprinz, Goslarsche Str. 20, Tel. (05323) 81088

Zum Wurstezipfel, Sägemüllerstr. 7, Tel. (05323) 3582.

Café Kronenplatz (Spezialitäten: Baumkuchen, Pralinen), Kronenplatz 1, Tel. (05323) 3909.

Zur Linde (beliebtes Ziel vieler Kutschfahrten; bereits 1762 Schankwirtschaft; erwähnt in einer Erzählung Karl Mays; zwei Gaststuben und ein Biergarten mit Riesenfaß), Hinterdorf 79, Tel. (039484) 2140. **Dankerode**

Gourmet-Restaurant und Café im Wintergarten im Hotel Zum Löwen (auch Terrassenlokal), Markstr. 30, Tel. (05527) 3072. **Duderstadt**

Schützenhaus (Eichsfeld-pur-Küche; ⟶ Essen und Trinken), August-Werner-Allee 28, Tel. (05527) 5506.

In Brochthausen: Zur Erholung (Eichsfeld-pur-Küche), Brochthäuser Str. 65, Tel. (05529) 787.

In Fuhrbach: Zum Kronprinzen (Eichsfeld-pur-Küche), Fuhrbacher Str. 31, Tel. (05527) 3001.

In Gerblingerode: Hahletal (Eichsfeld-pur-Küche), Teistunger Str. 43, Tel. (05527) 1478.

In Nesselröden: Schenke (Eichsfeld-pur-Küche), Untere Str. 23, Tel. (05527) 4081.

Berghof, Pfarrstr. 15, Tel. (039454) 42690. **Elbingerode**

In Mandelholz: Restaurant im Hotel Grüne Tanne (auch Terrassenlokal und Biergarten), an der B27, Tel. (039454) 43150. **Elend**

Zum Schwanenteich (an einer Teichanlage mit Schwänen; Wildgerichte und Thüringer Spezialitäten), Goethestr. 7, Tel. (036332) 20554. **Ellrich**

Raststätte Rammelburg-Blick, (rustikales Restaurant, Jägerstube, Terrasse mit Ausblick; Harzer Spezialitäten), Klausstraße, an der B242, Tel. (034775) 20316. **Friesdorf**

Stadt Hannover (Eichsfeld-pur-Küche; ⟶ Essen und Trinken), Germershäuser Str. 8, Tel. (05528) 794. **Germershausen**

Bückemühle (historische Gaststätte), Am Bückeberg 3, Tel. (039485) 419. **Gernrode**

Restaurant und Café im Hotel Niedersachsenhof, Am Schützenplatz 1, Tel. (05528) 92400. **Gieboldehausen**

Niedersachsenhof (Eichsfeld-pur-Küche; ⟶ Essen und Trinken), Am Schützenplatz 1, Tel. (05528) 92400.

Restaurant Altdeutsche Stuben und Café (auch Terrassenlokal) im Hotel Der Achtermann, Rosentorstr. 20, Tel. (05321) 21001. **Goslar**

Restaurant im Treff Hotel Das Brusttuch, Hoher Weg 1, Tel. (05321) 21081.

Zur Börse (Restaurant in einem gepflegten alten Fachwerkhaus; gute Küche; Kegelbahn), Bergstr. 53, Tel. (05321) 2277522220.

Restaurants

Goslar (Fortsetzung)	Café: Barock-Café Anders (auch Terrassenlokal; Spezialität: schlesische Backwaren), Hoher Weg 4, Tel. (05231) 23814.
Göttingen	Junkernschänke (Restaurant mit gehobener Ausstattung), Barfüßerstr. 5, Tel. (0551) 57320. Café: Cron und Lanz, Weender Str. 25, Tel. (0551) 56022.
Grillenberg	Waldgaststätte (Restaurant, Jagdzimmer, Biergarten; Hausmannskost) und Pension Zur Lust (Sauna, Fitneßraum, Tennisplatz), Ludwigs-strauch 80, Tel. (034775) 20532.
Güntersberge	Restaurant im Hotel Zur Güntersburg, Marktstr. 24, Tel. (039488) 330.
Hahndorf	Landgasthaus Zur Eiche, Tel. (05321) 81519.
Hahnenklee-Bockswiese	Restaurant Panorama (auch Terrassenlokal und Biergarten) im Hotel Hahnenkleer Hof, Parkstr. 24, Tel. (05325) 51110. Hotel-Café Erika, Parkstr. 12, Tel. (05325) 2051.
Halberstadt	Restaurant (schöne Ausstattung; auch Terrassenlokal) im Parkhotel Unter den Linden, Klamrothstr. 2, Tel. (03941) 600077. Restaurant im Hotel Halberstädter Hof (auch Gartenlokal), Trillgasse 10, Tel. (03941) 27080. Restaurant im Hotel St. Florian (gutbürgerliche Küche, Harzer Spezialitä-ten), Tel. (03941) 21033/37. Galerie-Café 1580 (Boulevardterrasse), Lichtengraben 15, Tel. (03941) 442335.
Harzgerode	Schloßkeller (vom Schloßhof geht es über viele Treppen in den Schloßkeller; Restaurant; Samstagabend mit Musik; im Sommer Kaffee- und Biergar-ten), Schloßberg 3, Tel. (039484) 2243. Marktklause (gemütliches Restaurant), Markt 10, Tel. (039484) 2345.
Hasselfelde	Waldkrone (beim Waldsee mit Badegelegenheit und Gondelfahrten; gepflegtes Ambiente, gute Küche; auch Terrasse), Am Waldseebad 2, Tel. (039459) 258 und 458.
Hayn	Harzgasthof Zum Auerhahn (regionale Küche), Roßlaer Straße, Tel. (034658) 21550.
Heilbad Heiligenstadt	Restaurant (mit guter Ausstattung) im Stadthotel, Dingelstädter Str. 43, Tel. (03606) 6660. Eichsfelder Hof, Wilhelmstr. 56, Tel. (03606) 66030.
Herzberg am Harz	Gasthof zum Schloß (sehr gute Küche, angenehmer Service), Osteroder Str. 7, Tel. (05521) 89940. In Aschenhütte über Herzberg am Harz: Restaurant im Waldhotel Aschenhütte (auch Tiergehege mit Harzer Wild), an der B243, zwischen Osterode und Herzberg am Harz, Tel. (05521) 89880.
Hohegeiß	Landhaus bei Wolfgang (in einem der ältesten Harzer Holzhäuser Restau-rant und Bildergalerie, darunter viele Harzmotive; u. a. Spezialitäten vom Lamm; an den Wochenenden Live-Programm mit Tanz), Ortsmitte, Anfahrt B4, Tel. (05583) 888. 1 km außerhalb: Waldhaus Wolfsbachmühle (idyllisch im Wald gelegen; gute bürgerliche Küche; Spezialitäten: Lachsforellen, Wildgerichte; hausgemachte Kuchen), Tel. (05583) 625.
Ilfeld	Restaurant und Jägerstube im Waldhotel Gänseschnabel (regionale Küche; auch Biergarten), Ilfelder Tal 7, Tel. (035331) 46331.

Zur Harzbahn (am Bahnhof Ilfeld-Netzkater und nahe Schaubergwerk Rabensteiner Stollen; regionale Küche, Kaffee und Kuchen), Netzkater 6, Tel. (036331) 48141.

Ilfeld
(Fortsetzung)

Zum Harzer Jägereck, Wernigeröder Str. 49, Tel. (039452) 88088.

Ilsenburg

Restaurant im Hotel Heinicke, Lange Straße/Jochstraße, Tel. (034651) 618. Am Stausee, 2,5 km westlich: Barbarossa, Am Stausee, Tel. (034651) 6183.

Kelbra

Zum Schwarzen Adler (traditionsreiches Gasthaus mit Biergarten; herzhafte regionale Gerichte, Harzbier), Klausstr. 123, Tel. (039484) 8214.

Königerode

La Casserolle (Restaurant mit guter Ausstattung, sehr gute Küche, aufmerksamer Service), Mühlenstr. 15, Tel. (05326) 1460.

Langelsheim

Zum Trost (Restaurant mit guter Ausstattung; auch Gartenlokal) im Hotel Sauerbrey, Friedrich-Ebert-Str. 129, Tel. (05522) 50930.

Lerbach

Alter Simpel, Glockenstr. 7, Tel. (03475) 717733.

Lutherstadt Eisleben

Restaurant, Jagdgaststätte (auch Schloßkellerbar) im Parkhotel Schloß Meisdorf, Allee 5, Tel. (034743) 8126

Meisdorf

Haus des Gastes "Tenne" (regionale Küche; nebenbei auch kulturelles Zentrum), Gottfried-August-Bürger-Straße, Tel. und Fax (034779) 20247.

Molmerswende

Brauhaus Zum Löwen, Kornmarkt 3, Tel. (03601) 815632.

Mühlhausen

Bauernstüb'l (regionale Küche; auch Biergarten), Hauptstr. 108, Tel. (039484) 6220.

Neudorf

Verschiedene Restaurants und Gartenterrasse im Landhotel Neustädter Hof siehe Baedeker Special S. 321.

Neustadt

Zur Sonne (auch Biergarten), Hallesche Str. 8, Tel. (03631) 48938. Ratskeller (Wein- und Speiserestaurant mit historischem Ambiente; regionale Küche), Markt 15, Tel. (03631) 2518.

Nordhausen

Tiroler Stuben (auch Terrassenlokal), Scheerenberger Str. 45, Tel. (05522) 2022. Grüner Jäger, Obere Neustadt 7, Tel. (05522) 3367.

Osterode am Harz

Word-Haus (gehobene Küche), Im Wasserwinkel 4, Tel. (03946) 2836. Quedlinburger Brauhaus-Gasthof Lüdde Bräu (gemütliche Atmosphäre in beachtenswerter Architektur; heimische Küche, selbstgebackenes Brot, hausgemachte Kuchen; auch Biergarten), Blasiistr. 14 (unweit vom Markt), Tel. (03946) 705206. Ratskeller, Markt 1, Tel. (03946) 2768. Zur Goldenen Sonne (Hotel- und Speiserestaurant; Biergarten; u. a. Harzer Spezialitäten), Steinweg 11, Tel. (03946) 96250. Schloßkrug am Dom (Restaurant im Schloßgarten gelegen; Terrasse), Schloßberg 1, Tel. 2838 Café am Finkenherd (gemütliches Café an traditionsreicher Stelle gegenüber der Feininger-Galerie am Schloß), Schloßberg 15, Tel. 3841

Quedlinburg

Restaurant (auch Terrassenlokal) im Rhume-Hotel, Dechant-Hartmann-Str. 21, Tel. (05529) 241.

Rhumspringe

Zum Eichenforst (Fleisch- und Wurstwaren aus eigener Schlachtung, regionale Küche), Hauptstr. 12, Tel. (034653) 325.

Rodishain

Restaurants

Sankt Andreasberg	Restaurant im Hotel Skandinavia (auch Terrassenlokal), An der Rolle, Tel. (0 55 82) 6 44.
Schierke	Restaurant im Hotel Brockenscheideck und Café Bodeblick, Brockenstr. 49, Tel. (0 39 45 5) 2 68 Restaurants in den Travel Charme Hotels Heinrich Heine, Tel. (0 39 45 55) 3 54, und Waldfrieden, Brockenstr. 51, Tel. (0 39 45 5) 3 01.
Schulenberg	Harzer Stube (auch Terrassenlokal und Biergarten), im Sporthotel Schulenberg, Unter den Birken 6, Tel. (0 53 29) 2 11. Café Muhs (*Panoramablick auf Okertalsperre und Brocken; Spezialität: Vollwertbackwaren, Okertaler Keimkorn Brot), über der Okertalsperre, Tel. (0 53 29) 8 05.
Schwenda	Harzstube (regionale Küche, Wildspezialitäten; Sportkegelbahn), Hintergasse 36, Tel. (03 46 58) 2 15 32.
Seesen	Restaurant (mit guter Ausstattung; auch Boulevardterrasse) sowie Bierstube/Brasserie im Ringhotel Goldener Löwe, Jacobsonstr. 20, Tel. (0 53 81) 9 3 30. Ratskeller, Wilhelmsplatz 5, Tel. (0 53 81) 55 66.
Silberhütte	Silberblick (Landgasthaus in Harzer Holzbauweise gegenüber dem Bahnhof Silberhütte-Anhalt, auch Biergarten; u.a. Wildspezialitäten), Kreisstr. 1, Tel. (0 39 4 84) 26 27.
Siptenfelde	Forsthaus (gemütliche Gaststätte mit regionaler Küche und Wildspezialitäten), Gernröder Str. 95, Tel. (0 39 4 88) 3 27.
Sondershausen	Ratskeller, Markt 7, Tel. (0 36 32) 6 05 90. Schloßrestaurant (gehobene Ausstattung), Im Schloß, Tel. (0 36 32) 78 22 09.
Stecklenberg	Restaurant, Café (auch Kaffeeterrasse) und Biergarten im Schloßhotel Stecklenberg, Hauptstr. 86, Tel. (0 39 47) 58 05.
Stiege	Weißleder (Harzer Wild- und Fischgerichte), Markstr. 8, Tel. (0 39 4 59) 7 15 73.
Stolberg	Restaurant und Café im Harzhof Nerlich, Niedergasse 60, Tel. (0 34 6 54) 2 96. Kanzler (auch Biergarten), Marktstr. 8, Tel. (0 34 6 54) 2 05. Restaurant (auch Kaffeegarten) im Hotel Zum Bürgergarten, Thyratal 1, Tel. (0 34 6 54) 4 01. Zum Zoll (Gasthaus in einem ehem. Zollhaus, einem der ältesten erhaltenen Gebäude dieser Art im Harz; regionale Küche; auch Biergarten), Thyratal 13, Tel. (0 34 6 54) 2 92. 7 km nordöstlich außerhalb: Restaurant (auch Terrassenlokal und Bar sowie Schindelstube mit Kachelofen für festliche Anlässe; rustikale, gemütliche Atmosphäre) im Harzhotel Schindelbruch, Schindelbruch 1, Tel. (0 34 6 54) 80 80. Auf dem Großen Auersberg: Bergstüb'l Josephshöhe (Harzer Küche in einem ehem. Schinkel-Pavillon), Josephshöhe 1, Tel. (0 34 6 54) 4 76, Parkplatz am Forsthaus Auersberg, Zubringer per Kremser oder Pferdeschlitten.
Sülzhayn	Ratskeller (traditionelle Harzer Küche), Dr.-Kremser-Str. 20, Tel. (0 36 3 32) 2 04 88.
Thale	Zwei Restaurants (auch Biergarten) und Café (auch Terrassenlokal) im Berghotel Roßtrappe, Hexentanzplatz 1, Tel. (0 39 47) 30 11. Walpurgisgaststätte (echte Harzer Küche), Hexentanzplatz, (0 39 47) 27 80. Café Matthiesen, Brückenstr. 4, Tel. (0 39 47) 24 13.

Forellenstube im Ferienhotel Forelle (u. a. Harzspezialitäten, Forellen-
essen, hausgemachte Kuchen), im Bodetal, Tel. (039 56) 2 71.

Zum Thyra-Fuchs (historisches Gasthaus, auch Biergarten; herzhafte regionale Küche), Thyrafuchs 1, Tel. (034 653) 4 53.

Warnstedter Krug (Gasträume im rustikal-ländlichen Stil und Garten-
restaurant; gutbürgerliche Küche und Spezialitäten), Hauptstr. 118, Tel.
und Fax (039 47) 27 10.

Restaurant im Hotel Gothisches Haus, Am Markt, Tel. (039 43) 37 50.
Restaurant und Biergarten im Hotel Nonnenhof, Oberpfarrkirchhof,
Tel. (039 43) 37 50.
Ratskeller (im Kellergeschoß des Rathauses), Am Markt, Tel.
(039 43) 63 27 04
In Silstedt: Restaurant im Hotel Blocksberg, Hauptstr. 55,
Tel. (039 43) 2 12 51.

Restaurant im Hotel Fünf Linden → *Baedeker Special* S. 321

Krone am Park (Restaurant, Café, auch Kaffeeterrasse), Waldstraße, am
Kurpark, Tel. (055 86) 13 25.

Restaurant und Café (auch Kaffeegarten) im Hotel Rathaus (internationale
und gutbürgerliche Küche; Wildgerichte, fangfrische Forellen aus eige-
nem Bassin; Torten und Gebäck aus eigener Herstellung), Bohlweg 37,
Tel. (053 23) 62 61.
Restaurant (auch Gartenlokal) im Hotel Waldgarten, Schützenstr. 31,
Tel. (053 23) 9 68 00.
Tiroler Hütte, am Kurpark-Eingang, Tel. (053 23) 61 90.
Café Sonnenhügel (auch Gartenlokal), gegenüber dem Kurpark,
Tel. (053 23) 62 31.

Wippraer Hof (ehem. Haus eines Forstinspektors; herzhafte, gutbürgerliche Küche), Anger 8, Tel. (034 775) 2 05 88.

Restaurant (auch Terrassenlokal) im Hotel Wolfshof, Kreuzallee 22,
Tel. (053 26) 79 90.

Wiesengrund (Hotel-Restaurant mit Eichsfeld-pur-Küche → Essen und
Trinken), Am Tierpark, Tel. (036 074) 24 63.
Drei Rosen (Eichsfeld-pur-Küche), Bergstr. 1, Tel. (036 074) 9 76 66.

Kleine Kommode, Am Kurpark 9, Tel. (055 86) 16 94.
Restaurant (auch Terrassenlokal) im Hotel Kunzental, Im Förstergarten 7,
Tel. (055 86) 12 61.
Café-Restaurant Waldhaus (u. a. Strudel, Germknödel, Waffeln), Im
Kunzental 1, Tel. (055 86) 5 61.

Sport

Das sportliche Angebot ist – auch für Zuschauer – außerordentlich vielfältig; weitere Hinweise → Veranstaltungen, → Wintersport.

Inhabern des Fischereischeins ist gegen Lösung einer Tages- oder
Wochen-Fischereikarte das Angeln in vielen Harzer Gewässern erlaubt
(weitere Informationen beim Harzer Verkehrsverband → Auskunft).

Drachenfliegen (auch Kurse) wird auf dem Rammelsberg, Gleitschirmflie-
gen in Bad Sachsa von der Harzer Gleitschirmschule angeboten (über

Flugsport
(Fortsetzung)

nähere Einzelheiten informiert der Harzer Verkehrsverband → Auskunft). Rundflüge über das Kyffhäusergebirge ermöglicht der Aeroclub "Hans Grade" in Udersleben (Informationen erteilt u. a. der Kyffhäuser Fremdenverkehrsverband in Bad Frankenhausen → Auskunft). Auch Ballonfahrten über dem Harz werden angeboten: so u. a. von der Ballonwerbung Hamburg, Niederlassung Braunschweig, Tel. (05 31) 79 88 84, oder von der Einbecker Brauhaus AG, Papenstr. 4 – 7, Tel. (0455 61) 79 70.

Golf
Minigolf

Golfplätze mit 9-Loch-Anlagen existieren in Bad Harzburg, Bad Salzdetfurth, Bad Salzgitter; 18-Loch-Anlagen bestehen in Meisdorf, Northeim, Schöningen und Göttingen. In Bad Sachsa kann Indoorgolf betrieben werden.
Minigolf kann man beispielsweise in Bad Harzburg, in Bad Sachsa, in Duderstadt oder an diversen anderen Orten spielen.
Weitere Hinweise sind u. a. bei den Kurverwaltungen oder Verkehrsämtern (→ Auskunft) erhältlich.

Kegeln

Es bestehen in vielen Orten Möglichkeiten zum Kegeln; ein Faltblatt über Kegelbahnen im Harz und Harzvorland gibt der Harzer Verkehrsverband (→ Auskunft) heraus.

Klettern

Ein geeignetes Revier für Klettersportbegeisterte ist Schierke mit seinen Feuersteinklippen sowie den Schnarcherklippen (Kletterausrüstung erforderlich; weitere Informationen erteilt die Kurbetriebsgesellschaft Brocken in Schierke → Auskunft).

Reiten
Pferdekutschen/
Pferdeschlitten
Galopprennen

In zahlreichen Orten gibt es Reit- und Fahrvereine, die Lehrgänge (auch Reitabzeichen), Ausritte und Kutschfahrten sowie auch Unterstellmöglichkeiten für Pferde anbieten. Auch Ponyreiten ist beliebt. Weitere Auskünfte erteilt der Harzer Verkehrsverband (→ Auskunft).
Alljährlich findet in Bad Harzburg auf der Naturrennbahn "Am Weißen Stein" die Galopprennwoche statt (→ Veranstaltungen).

Schlittenhunde-
rennen

Schlittenhunderennen → Veranstaltungen

Squash

Squash ist u. a. in Clausthal-Zellerfeld, Duderstadt, Göttingen, Goslar, Bad Harzburg, Bad Sachsa, Bad Salzgitter, Schöningen, Vienenburg und Wolfenbüttel möglich. Auskünfte erteilen die Kurverwaltungen und Verkehrsämter vor Ort.

Tanzen

Tanzveranstaltungen finden an vielen Orten statt.
Ein beliebter Treffpunkt ist das Kurhaus in Bad Harzburg, wo u. a. alljährlich mehrere internationale Tanzturniere stattfinden (über nähere Einzelheiten informiert die Kurbetriebsgesellschaft von Bad Harzburg → Auskunft).

Tennis

An vielen Orten ist Tennisspielen auf Plätzen, in Hallen, in Tenniszentren (z. B. in Wernigerode) sowie -parks möglich (Informationen erteilen die örtlichen Fremdenverkehrsämter bzw. Kurverwaltungen → Auskunft).

Trimmpfade

In mehreren Harzorten gibt es 2 bis 3 km lange Trimmpfade; Informationen erteilen die unter → Auskunft erwähnten Fremdenverkehrsstellen.

Wassersport

Bootfahren

Auf vielen Seen, Teichen und Stauseen bzw. Talsperren ist Bootfahren erlaubt. Zum Teil werden Paddel-, Ruder-, Tretboote oder Schlauchboote vermietet. Nähere Informationen erteilen die örtlichen Kur-, Gemeindeverwaltungen oder Verkehrsämter (→ Auskunft).

Schwimmen

Wasserratten können in den zahlreichen Frei- sowie Stadtbädern, in den Badeparadiesen (→ Ferien mit Kindern), in Bergseen, Teichen oder an

Haflinger im Reiterhof Mühlental in Wernigerode

einigen Stauseen, wie dem Oderstausee, dem Okerstausee oder dem Innerstestausee, baden. FKK ist u. a. an der Wippertalsperre möglich.

Schwimmen (Fortsetzung)

Segelreviere finden sich auf der Innerstetalsperre bei Lautenthal und Wolfshagen, auf dem Oderstausee bei Bad Lauterberg sowie auf dem Vienenburger See bei Vienenburg (Informationen erteilen die entsprechenden Verkehrsämter → Auskunft). Ein Segelbootverleih besteht in der Regel nicht.

Segeln

Surfer können u. a. am Okerstausee, auf der Innerstetalsperre, auf dem Oderstausee, dem Vienenburger See oder dem Wiedelaher See ihrer Sportart nachgehen (weitere Hinweise erteilt der Harzer Verkehrsverband → Auskunft).

Surfen

Ein Tauchklub existiert in Schulenberg am Okerstausee (Auskunft: Tel. 05321/42233).

Tauchen

Wandern → dort
Radwandern → Wandern
Wintersport → dort

Weitere Informationen

Urlaub auf dem Lande

Über Ferien auf dem Lande informieren u. a. die unter → Auskunft angegebenen Fremdenverkehrsstellen; ferner die Organisation:

Urlaub auf dem Bauernhof – Gütezeichen
c/o Deutsche Landwirtschaftsgesellschaft, Eschborner Landstr. 122
D-60489 Frankfurt am Main, Tel. (069) 24788-0 sowie die

Veranstaltungen

Urlaub auf dem Lande (Fortsetzung)	Arbeitsgemeinschaft "Urlaub und Freizeit auf dem Lande" D-27384 Bothel, Tel. (04266) 2999 (hier ist gegen Gebühr die Broschüre "Heu-Hotels" u.a. mit Fahrradrouten durch den Harz sowie Adressen von Unterkünften in einer Bauernscheune erhältlich; man schläft im Schlafsack; Waschgelegenheit ist gegeben).

Veranstaltungen (Auswahl)

Allgemeines	Aus der großen Anzahl von Veranstaltungen, die im Harz stattfinden, wurden einige der schönsten und interessantesten ausgewählt.
Weitere Hinweise	Die Arbeitsgemeinschaft der Harzer Veranstaltungsleiter gibt die Broschüre "Die schönsten und interessantesten Veranstaltungen im Harz" heraus. Diese ist bei den örtlichen Fremdenverkehrsstellen sowie beim Harzer Verkehrsverband erhältlich (⟶ Auskunft).
	Die wichtigsten Termine enthält u.a. auch der "Harz-Blick", das Magazin für Gäste im Harz. Darüber hinaus erteilen auch die örtlichen Fremdenverkehrsstellen (⟶ Auskunft) Hinweise über Feste und Veranstaltungen.

Januar

Vielerorts	Neujahrskonzerte
Altenau	Bruchberglanglauf für jedermann

Februar

Vielerorts	Faschingsveranstaltungen und Prunksitzungen
St. Andreasberg	Winterfest; Oberharzer Ballontreffen
Clausthal-Zellerfeld	Internationales Schlittenhunderennen (bei Schneemangel finden sie als Wagenrennen statt)
Hohegeiß	Skikarneval unter Flutlicht (Ski-Centrum "Am Brande")
Herzberg	Schloßkonzert

März

Wildemann	Offene Harzer Meisterschaften im Setzbügeleisen-Eisschießen (Eissporthalle Altenau)
Vielerorts	Frühjahrsfeste, -märkte und -konzerte sowie Theateraufführungen
Braunschweig	Frühjahrsmesse auf dem Schützenplatz; Topfmarkt auf dem Burgplatz
Seesen	Frühlingsfest (mit verkaufsoffenem Sonntag; Innenstadt)

Mitte März – Anfang Mai

Hornburg	Altstadt-Theater

Ende März – Anfang April

Osterode	Verbraucherausstellung "Tor zum Harz" (Bleichestelle)

April

Vielerorts	Osterfeuer am Ostersamstag, z.T. mit Umzügen und Fackelwanderungen; Osterbälle, -parties und -konzerte in den Kurorten sowie Ostermärkte
Heiligenstadt	Szenenprozession am Palmsonntag
Schulenberg	Osterwasserholen am Ostersonntag
Wildemann	Osterwasserholen am Ostersonntag
Altenau	Hütten- und Heimatabende
Bad Harzburg	Tanzturnier um den Preis der Spielbank Bad Harzburg
Königslutter	Internationale Niedersachsen-Rundfahrt der Radamateure

Oldtimer-Ferienfahrt	Hahnenklee
Reit- und Fahrturnier des Reit- und Fahrvereins Pöhlde	Pöhlde
Kunsthandwerkermarkt	Osterode
Offene Werkstatt für Kunst und Kunsthandwerk in der Rathausscheune	St. Andreasberg

30. April

Walpurgisfeiern (Abschied vom Winter, Auftritte von Hexen und Teufeln; Zentren: Bad Grund, Bad Sachsa/Steina, Buntenbock, Hahnenklee, Hohegeiß, Schierke, Thale und St. Andreasberg); Tanz in den Mai, Wahl der Maienkönigin — Vielerorts

Ende April – Anfang Mai

Nostalgischer Jahrmarkt (Marktplatz) — Goslar

April – Mai

Cluser Orgelkonzerte (in der Klosterkirche Clus) — Bad Gandersheim

Mai

Maibockanstich	Osterode
Telemann-Musiktage: Eröffnungskonzert in der Calvör-Schule	Clausthal-Zellerfeld
Großes Maisingen	Bad Harzburg
Altstadtfest (in der Fußgängerzonge; mehrere Tage)	Osterode
Ringelheimer Orgeltage in der Klosterkirche	Salzgitter
Geranienmarkt auf dem Marktplatz	Wernigerode
Blütenfest	Blankenburg
Seifenkistenrennen	Herzberg
Frühlingspflanzenmarkt	Quedlinburg
Kunstfest	Aschersleben
Ilsenburger Bücherfrühling mit Bücherlesungen	Ilsenburg
Frühlingsfest	Göttingen
Wahl der Rosenkönigin	Sangerhausen
Bücherfest des Gleimhauses und der Bibliothek	Halberstadt
Fahnenweihe der Schützen; Ostharz-Pokalturnier im Kegeln für Vereine und Gäste (Kegelcenter Ilsenburg)	Ilsenburg
Buntenbocker Musik-Scherper	Buntenbock
Kulturbörse des Landkreises (Markt)	Quedlinburg
Schützenfest	Herzberg
Schmelzteichfest mit Kurparkbeleuchtung	Bad Sachsa
Schützen- und Volksfest (Schloßpark Bündheim)	Bad Harzburg
Spargel- und Wurstmarkt (Eiermarkt)	Braunschweig
Historisches Forellenfest	Ilsenburg
Frühlingsblütenfest und Kuhaustrieb (Festplatz)	Tanne

Mitte Mai – Ende September

Kreuzgangkonzerte — Walkenried

Ende Mai – Anfang Juni

Larifari-Kindertheater-Festival (Cheltenham-Park) — Göttingen

Mai – Juni

Musikfest Sachsen-Anhalt	Blankenburg
Oberharzer Bergbauernmarkt mit einem breiten Angebot landwirtschaftlicher Erzeugnisse aus der Region (donnerstags während des Sommerhalbjahres, 18.00 – 22.00 Uhr, in der Bornbardstraße in Zellerfeld)	Clausthal-Zellerfeld

Veranstaltungen

Ende Mai bis Mitte September

Thale	Festspielsommer im Harzer Bergtheater

Juni

Vielerorts	Pfingst- und Schützenfeste
Questenberg	Questenfest an Pfingsten
Göttingen	Händelfestspiele
Braunschweig	Mittelalterlicher Markt (Burgplatz)
Wernigerode	Wernigeröder Kinderfest
Thale	Finkenmanöver
Altenau	Harzer Musiktreffen am Pfingstmontag auf dem Polsterberg
Hohegeiß	Finkenmanöver mit Brauchtumsfest (Sportplatz)
Wildemann	Viehaustrieb (Pfingstsonntag)
Clausthal-Zeller.	Pfingsttreffen auf dem Polsterberg (Pfingstmontag)
Halberstadt	Domfesttage
St. Andreasberg	Wiesenblütentage
Bad Harzburg	Harzburger Musiktage (Kurhaus, Lutherkirche, Schloß Bündheim und an anderen Orten); Gourmet-Tage (Kurpark)
Stolberg	Südharzer Sängertreffen
Walkenried	Walkenrieder Klostermarkt (Zisterzienserkloster)
Blankenburg	Blankenburger Sommer (mehrere Tage lang)
Lautenthal	Bergstadtfest
Wernigerode	Neustädter Weintage (Marktplatz)

24. Juni

Vielerorts	Johannisfest (z. B. in Altenau, Bad Grund, Buntenbock, Osterode, St. Andreasberg, Wildemann)

Letztes Juniwochenende

Sangerhausen	Berg- und Rosenfest
Lautenthal	Bergstadtfest

Anfang Juni – Mitte Oktober

Quedlinburg	Quedlinburger Musiksommer (St. Servatiuskirche)

Juli

Hohegeiß	Lichterfest
Bad Harzburg	Galopp-Rennwoche (Naturrennbahn "Am Weißen Stein")
Ilsenburg	Ilsefest
Walkenried	Großes Sommerfest (Geiersberg)
Quedlinburg	Altstadtfest (Schloßberg)
St. Andreasberg	Weinfest (mehrere Tage lang)
Wieda	Sommerfest (Kurhaus/Grillplatz)
Altenau und Braunlage	Schützen- und Volksfest (jeweils mehrere Tage lang)
Hahnenklee	Hahnenkleer Sommerfest (Kurpark)
Zorge	Beach-Party (Waldschwimmbad)
Stolberg	Stolberger Waldfest (Josephskreuz/Großer Auersberg)
Ilsenburg	Hüttenwoche (Fürst-Stolberg-Hütte)
Herzberg	Juesseefest (mehrere Tage lang)
Blankenburg	Ritterspiele (mehrere Tage lang)

Mitte Juli – Ende August

Bad Gandersheim	Gandersheimer Domfestspiele

Grasedanz (1. August): Fest am Ende der Heuernte mit Tanz um den Heuhaufen und Krönung der Grasekönigin	Hüttenrode
Kunsthandwerkermarkt (zwei Tage lang)	Goslar
Jodlerwettstreit (Kur- und Waldpark)	Clausthal-Zeller.
Hahnenkleer Volks- und Schützenfest (mehrere Tage lang)	Hahnenklee
Bergstadtfest	Wildemann
Sommer-Tanzturnier (Kurgastzentrum)	Braunlage
Sommerfest	Schulenberg
Buntenbocker Vieh- und Weideaustrieb	Buntenbock
Rollstuhlwandertag des Harzklub-Zweigvereins Hahnenklee-Bockswiese	Hahnenklee
Open Air Summernight (Badepark);	Bad Harzburg
Salz- und Lichterfest (mehrere Tage lang; Badepark u. a.)	
Stolberger Countryfestival (Festplatz am Rittertor)	Stolberg
Volks- und Schützenfest (mehrere Tage lang)	Buntenbock

Ende August

Internationales Eseltreffen (u. a. Eselshow, Eselreiten und Kutschfahrten; Hindernisparcours; letztes Wochenende im August)	Bad Grund

Ende August – Anf. September

Mittelalterlicher Markt (1995 mit Festumzug)	Ilsenburg

September

Seefest	Vienenburg
Blumenfest (Marktplatz; mehrere Tage lang)	Quedlinburg
Stadtfest (mehrere Tage lang)	Herzberg
Folklorefest (mehrere Tage lang)	Osterode
Brockenlauf	Ilsenburg
Ausscheidungs-Schafehüten des Landes Thüringen-Nord	Wieda
Sehusa-Fest: Größtes Historienfest Norddeutschlands	Seesen
Goslarer Altstadtfest (mehrere Tage lang)	Goslar
Altenauer Heimatfest (mehrere Tage lang)	Altenau
Harzfest (Waldbühne; zwei Tage lang)	Altenbrak
Geschichtskulturwoche	Thale
Trucker- und Countryfest (zwei Tage lang)	Blankenburg
Altstadtfest (zwei Tage lang)	Wernigerode
Wanderwoche der Oberharzer Blauröcke	Schulenberg
Harzer Wald- und Wildtage	St. Andreasberg
Internationales Klöppeltreffen (Schautag)	Buntenbock

Oktober

Deutsch-Dänischer Volkswandertag	Wildemann
Internationales Kulturfest	Clausthal-Zellerfeld
(1995 zum zweiten Mal; mehrere Tage lang)	
Erntefest	Thale
Wernigeröder Orgelwoche (in den Kirchen)	Wernigerode
Harzlauf (1996 zum 30. Mal)	Thale
Weinfest (mit verkaufsoffenem Sonntag)	Seesen

November

Martinsmarkt, Geschenkausstellung mit Verkauf (mehrere Tage lang)	Osterode

Ende November – Ende Dezember

Weihnachtsmarkt	Goslar

Wandern

Dezember

Vielerorts	Weihnachtsmärkte, Advents- und Weihnachtsmusik, Kinderweihnacht, Puppentheater- und Märchenaufführungen, Weihnachtstanzturniere
Altenau	Weihnachtsbaumschlagen

24. Dezember

Osterode	Rundgang der Osteroder Weihnachtssänger

25. Dezember

Altenbrak Tresenburg	Am ersten Weihnachtstag ziehen Weihnachtsmänner peitschenknallend und schellenklingelnd ab 5.45 Uhr durch Altenbrak und Treseburg und beschenken die Kinder ihrer Dörfer.

31. Dezember

Vielerorts	Silvesterparties, -discos, -bälle und -konzerte
Bad Harzburg	Harzburger Silvesterlauf

Wandern

Allgemeines

Durch den Harz führt ein über 8 000 km langes Wegenetz mit markierten Wanderwegen; Ruhebänke und Grillplätze laden zur Rast ein, Schutzhütten bieten Unterstand bei schlechtem Wetter. Man achte auf gutes Schuhwerk und vergesse nicht, außer einem zünftigen Vesper auch Regenschutz, eine Taschenlampe sowie Wanderkarten (→ Karten) mitzunehmen. In den meisten Fremdenverkehrsstellen (→ Auskunft) liegen Faltblätter mit ausgearbeiteten Wanderrouten aus.
Außerdem können in vielen Orten Wanderabzeichen oder Urkunden erworben werden.

Reise- und Wanderführer

Beim Harzer Verkehrsverband (Anschrift → Auskunft) sind u. a. folgende Broschüren gegen Gebühr erhältlich:
"Wandern im Harz" (u. a. Beschreibungen und Skizzen von 70 Wanderrouten, allgemeine Informationen sowie Informationen über den Nationalpark und den Bergbau; ferner Verhaltenstips), "Reise- und Wanderführer Harz" (u. a. Wandervorschläge) sowie "Merkwürdigkeiten", ein Naturführer über Täler, Felsen, Schluchten u. v. a. Außerdem ist beim Harzer Verkehrsverband der Wander Atlas "Der Harz" (mit interessanten Tourentips; diverse Wanderkarten können herausgelöst werden) erhältlich. Weitere Wanderführer s. nachfolgenden Text.

"Wandern mit Köpfchen"

Die Broschüre "Wandern mit Köpfchen" des Harzklubs (Bahnhofstr. 5a, D-38678 Clausthal-Zellerfeld, Tel. 05323 – 81758) informiert über den sanften Umgang mit der Natur.

Wandern ohne Gepäck

Informationen über 'Wandern ohne Gepäck' (Tages- und Mehrtagestouren) sind u. a. erhältlich beim Harzer Verkehrsverband (→ Auskunft sowie bei der Kurbetriebsgesellschaft "Die Oberharzer" in Altenau (→ Auskunft). Reizvoll ist auch die zusätzliche Kombination 'Wandern mit Dampf', die vom Fremdenverkehrsverein Harzgerode (→ Auskunft) in den Monaten Mai – Oktober angeboten wird: Die Wanderung rund um Harzgerode ist kombiniert mit Fahrten auf der Selketalbahn (→ Eisenbahn) von Mägdesprung bis Straßberg und mit einem Kremser von der Burg Falkenstein nach Schielo.

Wandern auf Lehrpfaden

In zahlreichen Fremdenverkehrsorten des Harzes sind interessante Lehrpfade eingerichtet, so u. a. Waldlehrpfade, Forstlehrpfade, Fischereilehr-

pfade, bergbaugeschichtliche Lehrpfade, Naturlehrpfade u. v. a. Auskünfte erteilen die Kurverwaltungen, die Forstämter oder der Harzklub (Anschrift nachfolgend).
Die Heimkehle (→ Höhlen) ist auch Ausgangspunkt des ausgeschilderten, 48 km langen Karstwanderweges nach Pölsfeld.

Wandern (Fortsetzung)

Das Gebiet rund um den Brocken ist Nationalpark, doch führen ausgewiesene Wanderwege durch Wälder und Hochmoore auf den Gipfel des 1142 m hohen Berges (→ Reiseziele, Brocken). Der schönste und längste Wanderweg zum Brocken beginnt in Ilsenburg, ist rund 22 km lang und überwindet mehr als 800 Höhenmeter (beim Ilsestein Wandergaststätte).
Weitere Hinweise → Zahlen und Fakten, Naturschutz

Wandern zum Brocken

Vielerorts ist die Teilnahme an geführten Wanderungen möglich, z. B. an geologischen Wanderungen (s. nachfolgenden Text), Brockenwanderungen, Fotowanderungen, Wanderungen mit dem Förster ins Revier, Brunftwanderungen, Wanderungen zur Wildfütterung, Kräuterwanderungen, Abendwanderungen (z. T. mit Einkehr), Fackelwanderungen, aber auch Stadtrundgängen sowie Skiwanderungen im Winter (Veröffentlichung der genauen Termine im "Harz Blick", dem Magazin für Gäste im Harz); Informationen darüber erteilen die Kurverwaltungen oder Verkehrsämter (→ Auskunft).

Geführte Wanderungen

Geführte Wanderungen veranstaltet auch der Harzklub, Bahnhofstr. 5a, D-38678 Clausthal-Zellerfeld, Tel. (05323) 81758.
Die Harzklub-Broschüre "Offene Wanderungen für jedermann" (350 der schönsten Wanderungen durch den Harz; Adressen von Wanderheimen, Übersicht über Wanderkarten, Verhaltenstips im Wald u. v. a.) ist gegen Gebühr sowohl beim Harzklub (Anschrift s. zuvor) als auch u. a. beim Harzer Verkehrsverband (→ Auskunft) erhältlich.

Harzklub

Alljährlich im August veranstaltet die Kurverwaltung von Bad Harzburg (Anschrift → Auskunft) eine mehrtägige Harzdurchquerung unter fachkundiger Führung (Weglänge: 100 km).

Ein Exkursionsprogramm im Nordwestharz für geologisch Interessierte hat die Niedersächsische Akademie der Geowissenschaften in Zusammenarbeit mit der Technischen Universität und dem Harzklub Clausthal zusammengestellt.
Außer den Hinweisen auf Schautafeln während der Wanderungen erhält der Wanderer auch Informationen aus der Broschüre "Die klassische Quadratmeile der Geologie" (Details sind erhältlich beim Harzklub in Clausthal-Zellerfeld, Tel. 05323/81758).

Geologische Wanderungen

Sommer- als auch Winterurlauber können sich auf dem Großen Auerberg bei Stolberg mit Volksliedern auf ihre Wanderung 'einstimmen': Chorleiter Gotthilf Fischer weihte hier die "Straße der Lieder" ein (14 Stationen mit Bänken und Volksliedertafeln).

Wanderweg "Straße der Lieder"

Über den europäischen Fernwanderweg Harz–Niederlande informiert in der Reihe "Europäische Fernwanderwege" der Titel "Wandern in Europa: Harz-Niederlande-Wanderweg" aus dem Deutschen Wanderverlag Dr. Mair & Schnabel & Co., erhältlich im Buchhandel oder in den Buchabteilungen großer Warenhäuser.
Im selben Verlag erscheint auch der Kompass-Wanderführer ('per pedes') "Harz".

Europäischer Fernwanderweg Wanderführer

Der Harz ist zwar kein typisches Radwandergebiet, dennoch bieten sich eine Reihe von schönen Radtouren an; beispielsweise besteht im Landkreis Goslar ein ganzes Netz von Radwanderwegen; eine sehr schöne Harzrandradwanderung bietet sich u. a. auch bei Gernrode. Über Möglichkeiten des Radwanderns im Harz informieren außer dem Kompass-Rad-

Radwandern

Wintersport

Radwandern
(Fortsetzung)

wanderführer ('per pedale'): "Harz/Weser/Leine", ebenfalls erschienen im Deutschen Wanderverlag Dr. Mair & Schnabel & Co. (s. oben), auch die Allianz Freizeitkarte Weserbergland/Harz (Radwanderwege und Freizeittips), die Radtourenkarte des Allgemeinen Deutschen Fahrrad-Clubs (ADFC) sowie die detaillierte Freizeitkarte mit Rad- und Wanderwegen "Der Brocken im Nationalpark Hochharz und seine Umgebung" (→ Karten).

Internationaler
Radfernweg
durch den Harz

Der internationale Radfernweg R 1, der von Calais über die Niederlande durch Nordrhein-Westfalen führt, hat in Höxter einen Anschluß, der von der Oberweser über den nördlichen Harz und das Harzvorland bis kurz vor die Elbe führt. Stationen sind u. a. Goslar, Wernigerode, Blankenburg, Thale und Staßfurth.
Eine Radwegekarte Höxter – Staßfurth im Maßstab 1 : 75000 ist in den Fremdenverkehrsämtern an der Strecke erhältlich.

Fahrräder-/
Mountainbikes-
verleih
Fahrradbuslinie

In zahlreichen Orten können gegen Gebühr halbtags oder tageweise Fahrräder, z. T. auch Mountainbikes, ausgeliehen werden. Informationen erteilen u. a. Kurverwaltungen, Verkehrsvereine und Fahrradgeschäfte.
Informationen über Fahrradbuslinie → Autobus.

Wintersport

Allgemeines

Der Harz ist das nördlichste Mittelgebirge bzw. Wintersportparadies Deutschlands. Winterurlauber, die mit dem Pkw in den Harz anreisen, sollten unbedingt Schneeketten mitnehmen.
Bei guten Schneebedingungen (→ Reisezeit) ist der Harz mit Abfahrtsstrecken aller Schwierigkeitsgrade (mehrere Bergbahnen; über 40 Lifte), rund 500 km gespurten Loipen, vielen hundert Kilometern von Schnee geräumten Wanderwegen und Rodelbahnen ein lohnendes Gebiet für Wintersportler.
Auch eine Fahrt mit dem Pferdeschlitten zählt zu den schönsten Freizeitvergnügungen im Winter.

Flutlichtanlagen

Mancherorts werden Alpin- und Langlaufloipen bis in die späten Nachtstunden flutlichtbeleuchtet.

Informationen

Weitere Informationen erteilen der Harzer Verkehrsverband sowie die örtlichen Fremdenverkehrsstellen → Auskunft.

Veranstaltungen

Winterwettbewerbe, wie Schlittenhunderennen oder Setzbügeleisenschießen, → Veranstaltungen.

Harzer
Schneetelefon

Während der Wintersaison informiert das Harzer Schneetelefon (05321) 20024 oder 20025 rund um die Uhr u. a. über Wintersportbedingungen, Schneehöhen sowie Temperaturen und gibt eine kurze Wettervorhersage durch.

Wintersportkarte

Die Wintersportkarte Harz ist gegen Gebühr beim Harzer Verkehrsverband (→ Auskunft) erhältlich.

Ski alpin

Bekannteste Gebiete für Ski alpin sind u. a. der Wurmberg bei Braunlage, der Matthias-Schmidt-Berg und das Skigebiet-Sonnenberg bei St. Andreasberg, der Bocksberg (Hausberg von Hahnenklee-Bockswiese), das Skizentrum Ski-Alpinum am Großen Wiesenberg bei Schulenberg, Hohegeiß im Oberharz, Ravensberg bei Bad Sachsa im Südharz, Torfhaus zwischen Bad Harzburg und Braunlage sowie Drei Annen Hohne, an der Straße von Wernigerode nach Schierke.
Vielerorts werden Skikurse angeboten und Skiausrüstungen ausgeliehen.

Loipen

Zu den schönsten der insgesamt rund 450 km langen Loipen, die zum Teil untereinander verbunden sind, zählen die Bad Harzburg-Loipe (18 km), die Achtermann-Loipe (20 km), die Ebersberg-Loipe (über 7 km), die Südharz-Loipe (40 km) und die Acker-Loipe (40 km), ferner die Braunlager Loipen

(Hasselkopf-Loipe und Braunlager Loipe), die Loipen in St. Andreasberg (55 km) und die Loipen in Altenau (am Tischlertal und Mühlenberg; 14 km). Die Loipen der Oberharzer Orte Bad Grund, Buntenbock, Clausthal-Zellerfeld, Hahnenklee-Bockswiese, Lautenthal, Wildemann und Wolfshagen sind in einem Loipenverbund von insgesamt 61 km Länge zusammengefaßt. Loipenverbundkarten sind erhältlich.

Wintersport, Loipen (Fortsetzung)

Rodelbahnen (z. T. auch Verleih von Schlitten) bestehen u. a. in Altenbrak, Bad Sachsa, Braunlage, Bad Grund, Hahnenklee, Hohegeiß, Ilsenburg, Schierke, Schulenberg, Schulenberg, Sieber, St. Andreasberg, Walkenried, Wernigerode, Wieda, Wildemann und Wolfshagen.

Rodelbahnen

Eissporthallen (z. T. auch Schlittschuhverleih) befinden sich u. a. in Altenau, Braunlage und Salzgitter-Bad; Natureisbahnen in Bad Gandesheim, Bad Grund, Hahnenklee, Herzberg, Hohegeiß, Bad Sachsa und Schierke.

Eissporthallen
Natureisbahnen

Die Teilnahme an Wildfütterungen im Winter ist u. a. möglich in Bad Grund, Bad Lauterberg, Clausthal-Zellerfeld, Hasselfelde, Hohegeiß, Riefensbeek-Kamschlacken und St. Andreasberg.

Wildfütterungen im Winter

Register

Register

Verzeichnis der Karten und graphischen Darstellungen

Kartenverzeichnis

Bildnachweis

AKG: 57 (links)
Constantin Beyer, Weimar: 37, 46, 204, 206 (oben rechts), 222 (2x), 262
Klaus G. Beyer, Weimar: 43, 164 (2x), 212 (links), 235 (2x), 237
Bildarchiv preussischer Kulturbesitz: 33 (links und Mitte), 59
Fotoagentur Lade: 5, 147 (BAV), 152 (Reiner Elsen)
Hans Krumbholz, Berlin: 187, 245
Nationalpark Hochharz, Wernigerode: 19, 120
W. Schleicher, A. Schliebitz: 1, 3 (2x), 6, 7, 8, 13, 16 (2x), 22, 23, 24, 27, 33
(rechts), 45 (2x), 50 (2x), 54 (3x), 57 (rechts), 76, 80, 87, 99, 107 (2x), 109,
112, 115, 129 (2x), 133 (2x), 135, 136, 140, 142 (2x), 144, 146, 165 (rechts),
170, 175 (2x), 176, 182, 183 (3x), 185, 188, 190 (2x), 191, 196 (2x), 203, 206
(oben links, unten 2x), 209, 211, 212 (rechts), 215, 217 (4x), 231, 234, 239
(2x), 240 (2x), 249 (2x), 250 (2x), 252, 253 (2x), 254 (2x), 256, 259, 261, 266,
268, 269, 271 (2x), 272 (2x), 275 (2x), 277, 278, 285, 286 (2x), 289 (2x), 291
(2x), 292, 294, 296, 304, 307 (2x), 309 (2x), 312 (2x), 317 (2x), 321, 335
Sigrid Schütze-Rodemann und Gert Schütze, Halle/Saale: 13, 15, 83, 104,
163, 165 (links), 221, 257, 282
Touristikstelle GmbH Wernigerode: 306
Joachim Wernecke: 121
Archiv Werner Tübke, Leipzig: 89

Titelbild: ZEFA/Haenel – Stolberg
Hintere Umschlagseite: Schleicher – Quedlinburg, Schloßberg

Impressum

Ausstattung:
161 Abbildungen
64 Karten und graphische Darstellungen, 1 große Reisekarte

Text: Anja Schliebitz
Mit Beiträgen von Vera Beck, Falko Kirsch, Hans Krumbholz und Gisela Roth

Bearbeitung und Nachführung: Baedeker-Redaktion (Anja Schliebitz)

Kartographie: Christoph Gallus, Hohberg-Niederschopfheim; Mairs Geographischer Verlag GmbH & Co., Ostfildern (Reisekarte)

Chefredaktion: Rainer Eisenschmid, Baedeker Ostfildern

5. Auflage 2002

Urheberschaft: Karl Baedeker GmbH, Ostfildern
Nutzungsrecht: Mairs Geographischer Verlag GmbH & Co., Ostfildern

Druck: Mairs Graphische Betriebe GmbH & Co., Ostfildern
Printed in Germany
ISBN 3-87504-554-8

Gedruckt auf 100% chlorfreiem Papier